DIE DEUTSCHE THOMAS-AUSGABE

Vollständige, ungekürzte
deutsch-lateinische Ausgabe der

SUMMA THEOLOGICA

Übersetzt und kommentiert von

DOMINIKANERN UND BENEDIKTINERN
DEUTSCHLANDS UND ÖSTERREICHS

32. BAND

1985

VERLAG STYRIA
GRAZ WIEN KÖLN

T H O M A S   V O N   A Q U I N

DIE SCHLÜSSELGEWALT DER KIRCHE — KRANKENSALBUNG — DAS SAKRAMENT DER WEIHE

Kommentiert von

BURKHARD NEUNHEUSER OSB

Supplement

17—40

1985

VERLAG STYRIA
GRAZ WIEN KÖLN

SCHRIFTLEITUNG

P. Dr. Paulus Engelhardt OP, Bottrop

CIP-Kurztitelaufnahme der Deutschen Bibliothek

Thomas ‹de Aquino›:
Die deutsche Thomas-Ausgabe — Summa theologica /
übers. u. kommentiert von Dominikanern u. Benediktinern Deutschlands
u. Österreichs. — Vollst., ungekürzte dt.-lat. Ausg. —
Graz ; Wien ; Köln : Verlag Styria
Teilw. im Kerle-Verl., Heidelberg
u. Verl. Styria, Graz, Wien, Köln
Bd. 32 — Suppl. 17—40. Thomas ‹de Aquino›:
Die Schlüsselgewalt der Kirche. — 1985

Thomas ‹de Aquino›:
Die Schlüsselgewalt der Kirche. Krankensalbung [u. a.] /
Thomas von Aquin. Kommentiert von Burkhard Neunheuser. —
Graz ; Wien ; Köln : Verlag Styria, 1985
(Die deutsche Thomas-Ausgabe ; Bd. 32 — Suppl. 17—40)
Einheitssacht.: De clavibus Ecclesiae. —
Einheitssacht. d. l. beigef. Werkes: De sacramento
extremae unctionis
ISBN 3-222-10597-9

NE: Neunheuser, Burkhard [Hrsg.];
Thomas ‹de Aquino›: [Sammlung]

ISBN 3-222-10597-9

Einbandentwurf von Prof. Rudolf Koch (†), Offenbach
Druck: Universitäts-Buchdruckerei „Styria“, Graz

EINLEITUNG

Zur Geschichte dieses Bandes

Künftig soll es nicht mehr notwendig sein, die Einleitung mit einer entschuldigenden Erklärung des verzögerten Erscheinungstermins zu beginnen. Aber die Geschichte dieses Bandes 32 muß noch skizziert werden. Damit diese Skizze nicht zu einer Apologie langsamen Arbeitens entartet, bekennt der Schriftleiter zunächst die Hauptschuld an der bedauerlichen Verzögerung. 1962 erschien Band 31, der inzwischen vergriffen ist und wieder aufgelegt werden soll. In seinem historisch-systematischen Kommentar zur Bußlehre des hl. Thomas überbrückte P. Burkhard Neunheuser OSB den Bruch zwischen dem letzten von Thomas selbst ausgearbeiteten Teil und dem „Supplement“, dem von dem Sekretär und Schüler Reginald von Piperno aus Texten des frühen Sentenzenkommentars zusammengefügten Schlußteil. Schon bald nach der Fertigstellung des Bandes begann P. Burkhard die Arbeit an vorliegendem Band. Der Text des Supplements, der die noch nicht ausgereifte Thomaslehre enthält, steht in schmerzlicher Spannung zu den weiteren kirchlichen Entwicklungen, die im 2. Vatikanischen Konzil und seinen liturgischen Auswirkungen einen vorläufigen Abschluß gefunden haben. In dieser Spannung lebt P. Burkhard, der als Liturgiewissenschaftler gegenwärtiges Geschehen in geschichtliche Zusammenhänge zu stellen vermag und als Präses des Päpstlichen Liturgischen Instituts in Rom an der liturgischen Neugestaltung maßgeblich beteiligt war. Zugleich nahmen ihn die Vorlesungstätigkeit an der Päpstlichen Hochschule San Anselmo und die Betreuung zahlreicher Doktorarbeiten einer internationalen Studentenschaft zeitlich sehr in Anspruch. 1966 verbindet der Kommentator mit dem Bedauern, daß der Kommentar noch nicht fertiggestellt ist, die Bemerkung: „Für die Priesterweihe ist es sicher gut, daß der Kommentar dazu noch nicht fertig ist; jetzt nach dem Konzil ist manches klarer...“ Ende 1967 unterbricht eine Operation die Arbeit. Die Hoffnungen verlagern sich in die Mitte der siebziger Jahre. Am 12. Dezember 1975 ist dann der Kommentar als „Erstentwurf“ fertiggestellt. Am

13. April 1976 bringt P. Burkhard den Kommentar zu seiner Heimatabtei Maria Laach.

Bei der Durcharbeitung stellt sich mir (leider etwas spät) die Frage nach dem Stand der Übersetzung. P. Burkhard hatte zunächst im Anschluß an den lateinischen Text gearbeitet und auch noch kein Urteil über die vorliegende Übersetzung mitgeteilt. Diese war in den fünfziger Jahren von dem damaligen Mitarbeiter der Deutschen Thomas-Ausgabe (DThA) P. lect. Bernward Dietsche OP (1903 bis 1973) mit „genialem Schwung" in Stolze-Schrey-Kurzschrift niedergeschrieben worden. In meiner Freiburger Studienzeit Anfang der fünfziger Jahre hatte ich eine alte Dame kennengelernt, eine Konvertitin aus dem Judentum, die nach furchtbaren Schicksalen in der Nazizeit ihre verbleibende Kraft daran setzte, sinnvolle schriftliche Arbeiten unentgeltlich auszuführen. Sie konnte jene nicht mehr übliche Kurzschrift lesen und übertrug sie in ein sorgfältig geschriebenes Typoskript. Bertha Platz, über deren letzte Lebensjahre ich keine Auskünfte mehr erhalten konnte, sei hier ein tief empfundener Dank gesagt. Der Dank an den Übersetzer ist dadurch nicht geschmälert, daß seine Übersetzung nicht ganz den späteren Genauigkeitsmaßstäben und terminologischen Regelungen der DThA entsprach. Nachdem P. Burkhard 1980/81 wichtige Hinweise zur Koordination mit dem Kommentar gegeben hatte, glaubte ich, nur noch einige technische Ergänzungen anbringen zu müssen. Im Herbst 1981 erkannte ich, daß eine gründliche Neubearbeitung notwendig war. Die mühsame Arbeit, das handschriftlich durchsetzte Übersetzungstyposkript ins Reine zu schreiben, führte Anna Maria Risse (Studiensekretärin der Hochschule Walberberg) in vorbildlicher Weise aus, ebenso die Reinschrift des durchgearbeiteten Kommentars. Ihr gilt ein besonderer Dank. Die Arbeit zog sich bis 1983 hin.

Nun zurück zum Kommentar. Ich ließ ihn zu lange liegen und möchte das nicht mit Hinweis auf verschiedenartige Beanspruchungen entschuldigen. Das geduldige Drängen von P. Burkhard brachte es zustande, daß ich ihm den durchgesehenen Kommentar Ende 1980 übersandte, da er ihn auf den gegenwärtigen Forschungsstand bringen wollte und das auch zügig tat.

Bei der genaueren Durcharbeitung der Übersetzung ergab sich die Notwendigkeit, den von P. Burkhard verfaßten Anmerkungen weitere Anmerkungen zu Einzelproblemen des Textes anzufügen. Während dieser Arbeit überholte uns die römische Kommission, die zur Überarbeitung des Codex Iuris Canonici eingesetzt war. Das neue Kirchenrechtswerk wurde am 25. Januar 1983 verkündet und trat am 1. Adventssonntag desselben Jahres in Kraft. P. Burkhard hatte in den zahlreichen kirchenrechtlichen Fragen (z. B. Begrenzungen der Lossprechungsgewalt, Exkommunikation, Zulassung zu den Weihen) der geschichtlichen Entwicklung die kirchenrechtliche Situation des bis 1983 gültigen Codex von 1917 gegenübergestellt. Um Anmerkungen und Kommentar auf den heutigen Stand zu bringen, setzte ich, wo es um weniger bedeutende Änderungen ging, die neuen kirchenrechtlichen Bestimmungen an die Stelle der alten; wo bestimmte Traditionen, die im Codex von 1917 noch erhalten waren, im neuen fortfielen, arbeitete ich einen Vergleich beider Rechtssituationen ein. P. Burkhard erklärte nach Durchsicht sein Einverständnis mit diesen und einigen anderen, vor allem „technischen" Änderungen in seinem Manuskript.

P. Leo Gerken OP hatte inzwischen die mühsame Arbeit der Quellennachweise, die zu der von ihm verantworteten Gestaltung des lateinischen Textes gehören — einige Zeit durch Krankheit unterbrochen —, durchgeführt, außerdem Autoren- und Schriftstellenverzeichnis sowie die kleineren Verzeichnisse erarbeitet. P. Burkhard machte sich auf mein Drängen 1984 an das Namen- und Sachverzeichnis. Unser inzwischen 80jähriger Kommentator machte sich zügig an diese Arbeit, die er „zum ersten Male" unternahm (gewöhnlich überläßt ein Professor solche Arbeiten seinen Assistenten und Hilfskräften). Mit einer Schreibmaschinengliederung und reichem Zettelmaterial lieferte er die Grundlage, auf der P. Leo aufbaute, wobei er das Ganze neu systematisierte. Zum Schluß dieses „historischen" Teils möchte ich dem Kommentator dafür danken, daß er die historische Zusammenarbeit zwischen Benediktinern und Dominikanern mit Kommentar zu Buße, Krankensalbung und Priesterweihe (Bd. 31 und 32) weitergeführt hat. Das Erscheinen des lange ersehnten

Bandes 32 möge als nachträgliches wissenschaftliches Zeugnis zum 80. Geburtstag (12. Dezember 1983) gelten. Dem langjährigen treuen und gewissenhaften Walberberger Mitarbeiter P. Leo Gerken möchte ich für seine schwierige und in der Öffentlichkeit wenig wahrgenommene Arbeit danken.

Aktualität der Sakramentengeschichte

Mit diesem Band ist die Sakramentenlehre der theologischen Summe und des Supplements mit Ausnahme der Ehelehre (Bd. 33/34) abgeschlossen. Leider sind die Bände 29 und 30 seit langem vergriffen. Sie standen als Arbeiten Maria Laacher Benediktiner im Zeichen der Liturgischen Erneuerung und sollten die „alten Quellen neuer Kraft" (ein Leitwort des damaligen Abtes Ildefons Herwegen) erschließen. Der vor 50 Jahren erschienene Band 29 über die allgemeine Sakramentenlehre und das Sakrament der Taufe, an dem P. Burkhard als Übersetzer mitgearbeitet hat, betont den entscheidenden Beitrag der aristotelisch geprägten Ursachenlehre des Thomas zu einem ganzheitlichen Symbolverständnis im Zusammenhang mit einer ganzheitlichen Sicht des Menschen, der in seinem Sein von den sakramentalen Symbolen als wirksamen Zeichen verändert wird. Der Kommentator, der Laacher Mönch Damasus Winzen, nimmt behutsam die Anregungen der Mysterientheologie seines berühmten Mitbruders Odo Casel auf. Heute — in dem Jahr, das als „40 Jahre danach..." zwiespältig begangen wird — darf man darauf hinweisen, wie vor 50 Jahren an versteckter Stelle (S. 449) der Einsatz des hl. Thomas für die Naturrechte jüdischer Eltern verstärkt wird. Derselbe Kommentator kennzeichnet im Eucharistiekommentar des Bandes 30 (1938) die Bedeutung des jüdischen Paschahmahles als Gedächtnis der Befreiung Israels. Ich zitiere zwei Sätze, deren Gehalt erst heute zunehmend ins Bewußtsein der Christen tritt: „... ein jeder sollte sich dabei nach der Vorschrift der Rabbiner betrachten als einer von denen, die damals aus Ägypten gezogen waren. So sollte diese Stunde der Befreiung aus Leiden und Bedrückung durch die Macht Gottes im Gedächtnis wiederum Gegenwart werden für den einzelnen Israeliten"

(S. 485). Diese Deutung öffnete dem damaligen theologischen Verstehen noch nicht den Durchblick auf die Bedeutung des eucharistischen Mahles in einem Prozeß der Befreiung. Die von Thomas dem Eucharistieverständnis zugrundegelegte Lehre von der Transsubstantiation wird umsichtig erläutert und zu einer Diskussion des damals theologisch umstrittenen Verständnisses des Opfercharakters der eucharistischen Feier im Bezug auf das eine und unwiederholbare Opfer Christi ausgeweitet.

Während die Abgrenzung von den Lehren der Reformation sachlich und respektvoll, aber noch mit leichter Polemik geführt wird (S. 408—410), kann die Schriftleitung dem 1962 erschienenen Band 31 über Buße und Bußsakrament auf den Weg geben: „Wir wagen zu wünschen, daß dieser Band in der großen Stunde unmittelbar vor dem Konzil die Bußgesinnung und Heilshoffnung wecken hilft, ohne welche die ersehnte Erneuerung nicht geschenkt werden kann und kein Schritt auf die Einheit der Christen hin möglich ist" (S. [6]). P. Burkhard will mit seinem Kommentar einen wissenschaftlichen Beitrag zum „Ringen unserer Tage um eine Erneuerung und Vertiefung unserer Buß- und Beichtpraxis" leisten. Denn „ein echtes Christentum, das bereit ist, den Anruf Gottes heute zu vernehmen und ihm in Offenheit und Bereitschaft Antwort zu geben, bereit, sich neu formen zu lassen aus der Kraft des Gotteswortes, aus der lebendigen Haltung anbetender, echt vollzogener Liturgie innerhalb der Gemeinschaft der Kirche, die der Leib Christi ist, muß existentiell wissen, was Buße ist, daß wir sie üben, tun müssen, allezeit, etwa im Sinne jenes Herrenwortes bei Lk 13,1—5: ‚... ich sage euch, wenn ihr aber nicht Buße tut, werdet ihr alle (in gleicher Weise) zugrunde gehen'" (S. [12]). Diesem ausdrücklich „praktisch" formulierten Ziel dient auch die Einführung in die Geschichte des Bußsakramentes (S. 475—481). Dabei eröffnet die Spannung von persönlicher Bußtat und (öffentlicher) kirchlich-richterlicher Entscheidung den Horizont, innerhalb dessen die Syntheseleistung des hl. Thomas gewürdigt werden kann. In der heutigen Lage, in der das Interesse an der traditionellen Beichte im Beichtstuhl auffällig zurückgeht und ein Verlangen nach persönlicher Aussprache sowie die Teilnahme an den gemeinsamen Bußfeiern zunehmen, können die geschicht-

lichen Hinweise auf die ostkirchliche Begleitung des Büßenden durch einen geisterfüllten Mönch (S. 567—570) und die damit z. T. kontrastierende öffentlich-rechtliche Zuweisung der Vollmacht, mit Gott und der Kirche wiederzuversöhnen, an den Bischof weitere Entwicklungen anstoßen, die dem personalen und dem öffentlich-kirchlichen Aspekt der Buße gerecht werden.

In dem weitgehend fremd anmutenden Textmaterial des vorliegenden Bandes 32 findet sich die überraschende Untersuchung des „feierlichen Vollzugs der Buße" in der Fr. 28 des Supplements. P. Burkhard untersucht die von Thomas besprochenen „Kümmerformen und geschichtliche(n) Überbleibsel" als „kostbares Erbstück", dessen Spurensicherung Zukunftsperspektiven eröffnet (S. 446). Diese zeichnen sich bereits in der nachkonziliaren Buß-Ordnung von 1974 ab, die mit theologisch bedeutsamen Vorbemerkungen das „Mysterium der Wiederversöhnung" in das öffentliche Leben der Kirche hineinstellt. In den gemeinsamen Bußfeiern sollen auch das (nicht-öffentliche) persönliche Bekenntnis und die persönliche Zusage der Lossprechung einen lebendigen kirchlichen Ort erhalten.

Auch die geschichtliche Entwicklung der Krankensalbung, die bei Thomas und in der folgenden Tradition „Letzte Ölung" genannt wurde, erbringt wertvolle Hinweise für den christlichen Umgang mit Kranken und Krankheit, um den wir uns heute intensiv bemühen. Der Kommentar sammelt die verschiedenen Gesichtspunkte dieser Geschichte — ausgehend von Jak 5,14 f: die Bedeutung von Schmerz und Krankheit, die heilende Zuwendung Jesu zu den Kranken, den leib-seelischen Zusammenhang des von ihm verheißenen und geschenkten Heils, die Angewiesenheit der Kranken auf die kirchliche Gemeinschaft, die ihnen dieses Heil im sakramentalen Symbolgeschehen vermittelt.

Priestertum und Priesterweihe werden in die geschichtlich sich wandelnde Vielfalt der kirchlichen Dienstämter eingefügt und auf den begründenden priesterlichen Dienst Jesu Christi an den Menschen und die Zeugenschaft für diesen Dienst zurückgeführt. Diesen Sinn löst der Kommentar aus der mittelalterlichen Vorstellung hierarchischer Stufen einer kirchlichen

Ordnung (*ordo*: das Überlieferungswort für die Weihe und das durch die Weihe vermittelte Amt) heraus. Den modernen Leser überrascht, wie stark Thomas selbst die Spannung von Dienst und hierarchischer Überordnung spürt (34,1 E.1f) — auch wenn die Lösung ihn nicht befriedigt. Ebenso müssen wir dem Zusammenhang von kultischem Dienst und Dienst an den Menschen weiter nach-denken. In diesem Zusammenhang klärt sich auch der zunächst anstößige Begriff der *potestas* als Vollmacht oder „Gewalt" und das Verständnis ihrer sakramentalen Grundlegung im *character*, dem unauslöschlichen Siegel oder Merkmal. Die Lehre von diesem sakramentalen Mal ist in der allgemeinen Sakramentenlehre grundgelegt (Bd. 29, S. 70—92.400—409.500—502) und heute auf die Ämter des Diakons, des Priesters und des Bischofs bezogen.

Neben den grundlegenden geschichtlichen Überblicken und dogmatischen Klärungen findet der Leser beachtenswerte Themen behandelt wie die theologischen und geistlichen Voraussetzungen des Priesterseins, die ökumenische gegenseitige Anerkennung der Ämter bei unterschiedlichen Kirchenstrukturen, die Diskussion um ein katholisch mögliches Priestertum der Frau. Enttäuscht ist der Leser vielleicht über die knappe Behandlung des Bischofsamtes durch Thomas und die nur beiläufige Erwähnung des Papstamtes. Bei all diesen Fragen zeigt P. Burkhard eine behutsame Aufgeschlossenheit für die uns bewegenden Fragen.

Der Blick auf die Geschichte hilft uns, Wandlungen — auch in der Gestaltung des sakramentalen Lebens — ohne Erschrecken mitzuvollziehen. Er hilft auch, die im 2. Vatikanischen Konzil zeitlich zusammengedrängte Entwicklung der katholischen Kirche von dem Vorgegebenen her und auf das neu Aufgegebene hin zu begreifen. Er lehrt, daß Gott gerade dann Neues schafft, wenn Menschen nicht krampfhaft Neuheiten suchen.

Die Thomas-Traktate über die Sakramente stellen — wie es die Kommentare erschließen — die Verdichtung eines geschichtlichen Prozesses vor über 700 Jahren dar. Sie antworten nicht *unmittelbar* auf unsere gegenwärtigen Fragen. Die Auseinandersetzung mit ihnen *vermittelt* ein Verstehen der Gegenwart und ist unverzichtbar für die denkende Erschließung künftiger Wege.

EINRICHTUNG UND BANDEINTEILUNG DER DEUTSCHEN THOMAS-AUSGABE

NB: Um auch den Leser einzelner Bände über Einrichtung und Einteilung des Gesamtwerkes zu orientieren, geben wir jedem Band an dieser Stelle eine Übersicht bei.

I. AUFBAU DES ARTIKELS

1. Die Titelfrage zum Artikel stammt nicht von Thomas selbst, sondern ist entnommen dem einleitenden „Videtur quod non" oder „Videtur quod".

2. Auf die Titelfrage folgen mehrere, in der Thomas-Literatur oft als „Objectiones" bezeichnete Argumente, welche die Untersuchung einleiten. In der Übersetzung sind sie mit 1., 2., 3. usw., bei Verweisen mit E. (= Einwand) bezeichnet.

3. Im SED CONTRA sucht Thomas die den vorausgehenden Argumenten entgegengesetzte These zu begründen und erweist sich durch dieses lebendige Für und Wider, das er in seinen Quaestiones disputatae bis zu je 30 Argumenten für These und Anti-These ausweitet, als ein echter Aporetiker. Die Übersetzung leitet dieses SED CONTRA ein mit ANDERERSEITS.

4. Mit RESPONDEO dicendum (ursprünglich wohl: „Responsio. Dicendum ..."; in der Übersetzung: ANTWORT) beginnt der Hauptteil des Artikels, der die eigentliche Lehre des hl. Thomas enthält.

5. Auf die Antwort folgt unter AD PRIMUM, AD SECUNDUM ... die Lösung der eingangs vorgebrachten Argumente. Sie führt oft den in der Antwort entwickelten Gedanken wesentlich weiter. Die Übersetzung leitet sie ein mit „Zu 1", „Zu 2" usw.

6. Die Angabe der Fundstelle erfolgt in der Übersetzung nur bei Schriftzitaten, und zwar in der heute üblichen Weise. Bei allen anderen Zitaten, in der Regel aus Autoren, die nur dem Wissenschaftler zugänglich sind, gibt die Übersetzung den Namen des Autors, der lateinische Text den Stellennachweis. Aus Platzmangel wurden die Kirchenväter-Fundstellen des Corpus Scriptorum Ecclesiasticorum Latinorum (CSEL) und des Corpus Christianorum seu nova Patrum collectio, series Latina (CChrL) auf S. 513 zusammengestellt.

II. EINTEILUNG DER SUMMA THEOLOGICA

I. BUCH

Band 1.	Frage 1—13:	Gottes Dasein und Wesen.
Band 2.	Frage 14—26:	Gottes Leben; sein Erkennen und Wollen.
Band 3.	Frage 27—43:	Gott, der Dreifaltige.
Band 4.	Frage 44—64:	Schöpfung und Engelwelt.
Band 5.	Frage 65—74:	Das Sechstagewerk.
Band 6.	Frage 75—89:	Wesen und Ausstattung des Menschen.
Band 7.	Frage 90—102:	Erschaffung und Urzustand des Menschen.
Band 8.	Frage 103—119:	Erhaltung und Regierung der Welt.

I. TEIL DES II. BUCHES

Band 9.	Frage 1—21:	Ziel und Handeln des Menschen.
Band 10.	Frage 22—48:	Die menschlichen Leidenschaften.
Band 11.	Frage 49—70:	Grundlagen der menschlichen Handlung.
Band 12.	Frage 71—89:	Die Sünde.
Band 13.	Frage 90—105:	Das Gesetz.
Band 14.	Frage 106—114:	Der neue Bund und die Gnade.

II. TEIL DES II. BUCHES

Band 15.	Frage 1—16:	Glaube als Tugend.
Band 16.	Frage 17—22:	Die Hoffnung.
Band 17A.	Frage 23—33:	Die Liebe (1. Teil).
Band 17B.	Frage 34—56:	Die Liebe (2. Teil); Klugheit.
Band 18.	Frage 57—79:	Recht und Gerechtigkeit.
Band 19.	Frage 80—100:	Die Tugend der Gottesverehrung.
Band 20.	Frage 101—122:	Tugenden des Gemeinschaftslebens.
Band 21.	Frage 123—150:	Tapferkeit; Maßhaltung (1. Teil).
Band 22.	Frage 151—170:	Maßhaltung (2. Teil).
Band 23.	Frage 171—182:	Besondere Gnadengaben und die zwei Wege menschlichen Lebens.
Band 24.	Frage 183—189:	Stände und Standespflichten.

III. BUCH

Band 25.	Frage	1— 15:	Die Menschwerdung Christi.
Band 26.	Frage	16— 34:	Des Menschensohnes Sein, Mittleramt und Mutter.
Band 27.	Frage	35— 45:	Christi Leben.
Band 28.	Frage	46— 59:	Christi Leiden und Erhöhung.
Band 29.	Frage	60— 72:	Die Sakramente; Taufe und Firmung.
Band 30.	Frage	73— 83:	Das Geheimnis der Eucharistie.
Band 31.	Frage	84— 90:	Das Sakrament der Buße.

ERGÄNZUNG ZUM III. BUCH
(Supplement)

(Band 31.)	Frage	1— 16:	(Das Sakrament der Buße.)
Band 32.	Frage	17— 40:	Schlüsselgewalt der Kirche; Krankensalbung und Sakrament der Weihe.
Band 33.	Frage	41— 54:	Die Ehe (1. Teil).
Band 34.	Frage	55—68:	Die Ehe (2. Teil).
Band 35.	Frage	69— 86:	Auferstehung des Fleisches.
Band 36.	Frage	87— 99:	Die Letzten Dinge.

Zusatzbände: Gesamtregister (Alphabetisches Namen- und Sachverzeichnis, Autorenverzeichnis, Verzeichnis der Schriftstellen für sämtliche Bände).

Ergänzungsband: M.-D. Chenu OP, Das Werk des hl. Thomas von Aquin. 1960. 2. Aufl. 1982.

Weitere Ergänzungsbände in zwangloser Folge.

DIE SCHLÜSSELGEWALT DER KIRCHE — KRANKENSALBUNG — DAS SAKRAMENT DER WEIHE

DIE SCHLÜSSELGEWALT DER KIRCHE

Hierauf ist über die Gewalt der Spender dieses Sakramentes [der Buße] nachzudenken, welche zu den ‚Schlüsseln' gehört [Mt 16, 19; vgl. III 84 Vorw.: Bd. 31]. Dazu ist erstens eine Betrachtung über die Schlüssel anzustellen; zweitens über die Exkommunikation (Fr. 21 ff.); drittens über den Ablaß (Fr. 25 ff.); denn diese beiden [kirchlichen Handlungen] sind der Schlüsselgewalt angeschlossen.

Zum ersten ist über viererlei nachzudenken: erstens über Existenz und Wesen der Schlüsselgewalt; zweitens über deren Wirkung (Fr. 18); drittens über die Diener der Schlüsselgewalt (Fr. 19); viertens über die [Menschen], denen gegenüber die Schlüsselgewalt ausgeübt werden kann (Fr. 20).

Zum ersten ergeben sich drei Einzelfragen:

1. Muß es eine Schlüsselgewalt in der Kirche geben?
2. Besteht die Schlüsselgewalt in der Gewalt, zu binden und zu lösen?
3. Gibt es zwei Schlüsselgewalten oder nur eine?

QUAESTIO XVII

DE CLAVIBUS ECCLESIAE

Consequenter considerandum est de potestate ministrorum hujus sacramenti, quae ad claves pertinet. Circa quod, primo videndum est de clavibus; secundo, de excommunicatione; tertio, de indulgentia; haec enim duo sunt annexa potestati clavium.

Circa primum consideranda sunt quatuor: primo, de entitate et quidditate clavium; secundo, de effectu earum; tertio, de ministris clavium; quarto, de his in quibus potest exerceri usus clavium.

Circa primum quaeruntur tria: 1. Utrum claves in Ecclesia esse debeant. — 2. Utrum clavis sit potestas ligandi atque solvendi. — 3. Utrum sint duae claves vel una.

1. ARTIKEL

Muß es eine Schlüsselgewalt in der Kirche geben?

1. Zum Eintritt in ein Haus, dessen Tür offen ist, bedarf es keiner Schlüssel. Nun aber heißt es Offb 4, 1: „Ich schaute. Und siehe, im Himmel war eine offene Tür", das ist Christus, der von sich selbst sagt: „Ich bin die Tür" [Joh 10, 7]. Also bedarf die Kirche nicht der Schlüsselgewalt, um den Eintritt in den Himmel zu erschließen.

2. Ein Schlüssel dient zum Öffnen und Schließen. Das aber ist ausschließlich Sache Christi, „der öffnet, und niemand schließt, der schließt, und niemand öffnet" (Offb 3, 7). Also besitzt die Kirche in ihren Dienern keine Schlüsselgewalt.

3. Einem jeden, dem der Himmel verschlossen wird, wird die Hölle geöffnet und umgekehrt. Wer immer also die Schlüssel des Himmels besitzt, der besitzt auch die Schlüssel der Hölle. Nun aber wird nirgends gesagt, die Kirche besitze die Schlüssel der Hölle. Also besitzt sie auch nicht die Schlüssel des Himmels.

ANDERSEITS heißt es Mt 16, 19: „Ich will dir die Schlüssel des Himmelreiches geben" [1].

2. Jeder, der etwas austeilt, muß die Schlüssel zu dem besitzen, was er austeilt. Nun aber sind die Diener

ARTICULUS I

Utrum claves in Ecclesia esse debeant

[4 d 18: 1, 1 qa 1]

AD PRIMUM sic proceditur. Videtur quod claves in Ecclesia esse non debeant. Non enim requiruntur claves ad intrandum domum cujus ostium est apertum. Sed Apoc. 4 dicitur: „Vidi, et ecce in caelo ostium apertum": quod Christus est, qui de seipso dicit: „Ego sum ostium." Ergo ad introitum caeli Ecclesia clavibus non indiget.

2. PRAETEREA, clavis est ad aperiendum et claudendum. Sed hoc solius Christi est, qui „aperit et nemo claudit, claudit et nemo aperit", Apoc. 3. Ergo Ecclesia in ministris suis claves non habet.

3. PRAETEREA, cuicumque clauditur caelum, aperitur infernus, et e contrario. Ergo quicumque habet claves caeli, habet claves inferni. Sed Ecclesia non dicitur habere claves inferni. Ergo nec claves caeli habet.

SED CONTRA est quod dicitur Matth. 16: „Tibi dabo claves regni caelorum."

2. PRAETEREA, omnis dispensator debet habere claves eorum

der Kirche „Austeiler [2] der göttlichen Geheimnisse“ (1 Kor 4,1). Also müssen sie Schlüsselgewalt besitzen. 17, 1

ANTWORT: Im körperlichen Bereich wird ein Werkzeug, durch welches eine Tür geöffnet wird, Schlüssel genannt. Nun aber wird uns die Tür zum [Himmel-, Gottes-] Reich verschlossen durch die Sünde sowohl unter dem Gesichtspunkt des Makels [der Schuld] als unter dem Gesichtspunkt der Strafverhaftung [3]. Und darum wird eine Gewalt, durch die ein solches Hindernis auf dem Wege zum Reich beseitigt wird, Schlüsselgewalt genannt.

Diese Gewalt liegt in der göttlichen Dreifaltigkeit kraft des Ursprungs. Und darum wird von einigen gesagt, sie besitze die ‚Schlüsselgewalt des Ursprungs‘.

In Christus als Mensch entstand diese Gewalt zur Beseitigung des genannten Hindernisses aufgrund des Verdienstes des Leidens, von welchem ebenfalls gesagt wird, es öffne die Tür (III 49, 5: Bd. 28). Und darum sagt man einigen zufolge, er besitze die ‚Schlüsselgewalt des Vorzugs‘.

Weil jedoch ‚aus der Seite des am Kreuze Schlafenden die Sakramente geflossen sind, durch welche die Kirche auferbaut wird‘ [vgl. Augustinus] [4], darum bleibt in den Sakramenten die Kraft des Leidens wirksam. Und aus diesem Grunde ist auch den Dienern der Kirche, welche

QUAESTIO 17, 1

quae dispensat. Sed ministri Ecclesiae sunt „dispensatores divinorum mysteriorum“, ut patet 1 Cor. 4. Ergo debent habere claves.

RESPONDEO dicendum quod in corporalibus dicitur clavis instrumentum quo ostium aperitur. Regni autem ostium nobis per peccatum clauditur, et quantum ad maculam, et quantum ad reatum poenae. Et ideo potestas qua tale obstaculum Regni removetur, dicitur clavis.

Haec autem potestas est in divina Trinitate per auctoritatem. Et ideo dicitur a quibusdam[1] quod habet ‚clavem auctoritatis‘.

Sed in Christo homine fuit haec potestas ad removendum praedictum obstaculum per meritum passionis, quae etiam dicitur ‚januam aperire‘. Et ideo dicitur habere, secundum quosdam[2], ‚claves excellentiae‘.

Sed quia ‚ex latere dormientis in cruce sacramenta fluxerunt, quibus Ecclesia fabricatur‘[3], ideo in sacramentis Ecclesiae efficacia passionis manet. Et propter hoc etiam ministris Ecclesiae, qui

---

[1] Cf. Summa Halensis [Ps.-Alexander Hal., Summa theol.], p. IV, q. 20, m. 1. Lugduni (Koburger) 1516.

[2] Cf. ib.

[3] Cf. Augustinus, Enarr. in Ps. 138, 2 (PL 37/1785 A); Walafridus Strabo, Gl. ord. in Rom. 5, 14 (PL 114/486 B); Petrus Lomb., Collect., in Rom. 5, 14 (PL 191/1392 C).

17, 1 Austeiler der Sakramente sind, eine Gewalt verliehen zur Beseitigung des genannten Hindernisses, keine eigene, sondern durch die Kraft Gottes und des Leidens Christi. Diese Gewalt wird bildlich ‚Schlüssel der Kirche' genannt und ist eine ‚Schlüsselgewalt des Dienstes'.

Zu 1. Die Tür des Himmels ist an und für sich immer offen; man sagt jedoch, sie sei jemandem verschlossen wegen des Hindernisses, das in ihm selbst liegt, in den Himmel einzutreten. Das Hindernis, das auf der gesamten menschlichen Natur ruht und auf die Sünde des ersten Menschen folgte, ist durch das Leiden Christi beseitigt worden.

Und darum hat Johannes nach dem Leiden „im Himmel eine offene Tür" gesehen. Sie bleibt auch jetzt noch täglich jemandem verschlossen wegen der Ursünde, die er sich zuzieht, oder wegen der gegenwärtigen Sünde, die er begeht. Und deswegen bedürfen wir der Sakramente und der Schlüsselgewalt der Kirche.

Zu 2. Mit dem Einwand ist das Verschließen der Vorhölle durch Christus gemeint, das verhindern sollte, daß jemand später noch dorthin hinabsteige, und das Aufschließen des Paradieses, welches er dadurch vollbrachte, daß er durch sein Leiden das [durch die Erbsünde] der [menschlichen] Natur [zugefügte Heils-]Hindernis aufhob [5].

QUAESTIO 17, 1

sunt dispensatores sacramentorum, potestas aliqua ad praedictum obstaculum removendum est collata, non propria, sed virtute divina et passionis Christi. Et haec potestas metaphorice ‚clavis Ecclesiae' dicitur, quae est ‚clavis ministerii'[1].

AD PRIMUM ergo dicendum quod ostium caeli, quantum est de se, semper est apertum: sed alicui clausum dicitur propter impedimentum intrandi in caelum quod in ipso est. Impedimentum autem totius humanae naturae, ex peccato primi hominis consecutum, per passionem Christi amotum est. Et ideo Joannes post passionem vidit „in caelo ostium apertum". Sed adhuc quotidie alicui manet clausum propter peccatum originale, quod contrahit, vel actuale, quod committit. Et propter hoc indigemus sacramentis et clavibus Ecclesiae.

AD SECUNDUM dicendum quod hoc intelligitur de clausione qua limbum clausit, ne aliquis ultra in illum descendat; et de apertione qua paradisum aperuit, remoto impedimento naturae per suam passionem.

---

[1] Cf. Summa Halensis, l. c.

Zu 3. Die Schlüsselgewalt über die Hölle, kraft welcher geöffnet oder verschlossen wird [6], besteht in der Macht, Gnade zu verleihen, durch die dem Menschen [der Weg aus der] Hölle eröffnet wird, sofern er aus der Sünde herausgeführt wird, welche die Tür zur Hölle ist; und [der Weg in die Hölle] wird verschlossen, damit der Mensch — durch die Gnade gehalten — nicht mehr in die Sünde falle. Gnade zu verleihen kommt aber allein Gott zu. Und darum hat er die Schlüsselgewalt über die Hölle allein sich selbst vorbehalten. Die Schlüsselgewalt über das Reich jedoch besteht auch in der Macht, die Strafverhaftung nachzulassen, durch die der Mensch vom Reich ferngehalten wird. Und darum kann dem Menschen eher die Schlüsselgewalt über das Reich verliehen werden als die Schlüsselgewalt über die Hölle: denn sie sind nicht dasselbe, wie aus dem Gesagten hervorgeht. Denn man kann aus der Hölle herausgeführt werden durch Nachlassung der ewigen Strafe, ohne sofort ins Reich eingeführt zu werden wegen der Verhaftung in zeitlicher Strafe, die weiter dauert. 17, 1

Oder man muß sagen, wie es einige tun, daß die Schlüsselgewalt über Hölle und Himmel dieselbe ist, denn eben dadurch, daß jemandem das eine geöffnet wird, wird das andere verschlossen: die Benennung aber vom Würdigeren her erfolgt.

QUAESTIO 17, 1

AD TERTIUM dicendum quod clavis inferni, qua aperitur et clauditur, est potestas gratiam conferendi, per quam homini aperitur infernus, ut de peccato educatur, quod est inferni porta; et clauditur, ne ultra homo in peccatum labatur, gratia sustentatus. Gratiam autem conferre solius Dei est. Et ideo clavem inferni sibi soli retinuit. Sed clavis Regni est potestas etiam dimittendi reatum poenae, per quem homo a Regno prohibetur. Et ideo magis potest dari homini clavis Regni quam clavis inferni: non enim idem sunt, ut ex dictis patet. Aliquis enim de inferno educitur per remissionem aeternae poenae, qui non in instanti in Regnum introducitur, propter reatum temporalis poenae, qui manet.

Vel dicendum est, ut quidam dicunt, quod eadem est clavis inferni et caeli, quia ex hoc ipso quod alicui aperitur unum, clauditur alterum: sed denominatur a digniori.

2. ARTIKEL

Besteht die Schlüsselgewalt in der ‚Gewalt zu binden und zu lösen, kraft welcher der kirchliche Richter die Würdigen zulassen, die Unwürdigen ausschließen soll vom Reich' (Lombardus und Glosse)?

1. Die im Sakrament verliehene geistliche Gewalt ist dasselbe wie der sakramentale ‚Charakter' [7]. Nun aber scheinen Schlüsselgewalt und ‚Charakter' nicht dasselbe zu sein: denn durch den ‚Charakter' wird der Mensch in Beziehung gebracht zu Gott, durch die Schlüsselgewalt hingegen zu den Untergebenen. Also ist die Schlüsselgewalt nicht [geistliche] ‚Gewalt'.

2. Kirchlicher Richter wird nur derjenige genannt, der die Rechtsprechungsgewalt hat, die nicht zugleich mit der Weihe verliehen wird. Nun aber wird die Schlüsselgewalt beim Empfang der Weihe verliehen. Also dürfte bei der Begriffsbestimmung der Schlüsselgewalt keine Erwähnung des ‚kirchlichen Richters' erfolgen.

3. Im Bereich dessen, was jemand aus sich selbst besitzt, bedarf er keiner wirkenden Gewalt, um in Tätigkeit überführt zu werden. Nun aber wird jemand eben dadurch, daß er würdig ist, zum Himmelreich zugelassen. Also

QUAESTIO 17, 2

ARTICULUS II

Utrum clavis sit potestas ligandi et solvendi

[4 d 18: 1, 1 qa 2 — In Mt 16]

AD SECUNDUM sic proceditur. Videtur quod clavis non sit ‚potestas ligandi et solvendi, qua ecclesiasticus judex dignos recipere, indignos excludere debet a Regno': ut ex littera[1] habetur, et ex Glossa Hieronymi[2], Matth. 16. Potestas enim spiritualis in sacramento collata est idem quod character. Sed clavis et character non videntur idem esse: quia per characterem homo Deo comparatur, per claves autem ad subditos. Ergo clavis non est ‚potestas'.

2. PRAETEREA, judex ecclesiasticus non dicitur nisi ille qui habet jurisdictionem: quae simul cum ordine non datur. Sed claves in ordinis susceptione conferuntur. Ergo non debuit de ‚ecclesiastico judice' in definitione clavium mentio fieri.

3. PRAETEREA, ad id quod aliquis habet ex seipso, non indiget aliqua potestate activa per quam inducatur ad actum. Sed eo ipso

---

[1] Petrus Lomb., Sent. IV 18, 2 (QR II/356).

[2] Cf. Walafridus Strabo, Gl. ord. in Matth. 16, 19 (PL 114/142 BC); Hieronymus, ib. (PL 26/118 AB); Beda, ib. (PL 92/79 A).

gehört es nicht zur Schlüsselgewalt, ‚die Würdigen zum Reich zuzulassen'. 17, 2

4. Die Sünder sind des Reiches unwürdig. Nun aber betet die Kirche für die Sünder, damit sie zum Reich gelangen. Also schließt sie nicht ‚die Unwürdigen aus', sondern läßt sie eher zu, soweit es möglich ist.

5. Bei allen einander über- und untergeordneten Wirkursachen gehört das letzte Ziel zum Hauptwirkenden, nicht zum werkzeuglich Wirkenden. Nun aber ist Hauptwirkender beim Heil des Menschen Gott. Also gehört die Zulassung zum Reich, welches letztes Ziel ist, ihm zu und nicht dem Inhaber der Schlüsselgewalt, der gleichsam Werkzeug oder Diener ist.

ANTWORT: Die Vermögen werden durch ihre Tätigkeiten bestimmt (Aristoteles). Da nun die Schlüsselgewalt eine Art von Vermögen ist [8], muß sie durch die ihr entsprechende Tätigkeit oder durch ihre Ausübung bestimmt werden; und in der Tätigkeit muß der Gegenstand ausgedrückt werden, von welchem die Tätigkeit und die Weise des Wirkens ihre Artbestimmtheit empfangen, woraus sich ergibt, daß das Vermögen geordnet ist. Die Betätigung der geistlichen Gewalt besteht nun nicht darin, den Himmel überhaupt aufzuschließen, weil er schon aufgeschlossen ist (Art. 1 Zu 1), sondern ihn in bezug auf einen bestimmten Menschen aufzuschließen. Das kann nur dann in geordneter Weise geschehen, wenn die Eignung

quod aliquis est dignus, ad Regnum admittitur. Ergo non pertinet ad potestatem clavium ‚dignos ad Regnum admittere'.

4. PRAETEREA, peccatores indigni sunt Regno. Sed Ecclesia pro peccatoribus orat ut ad Regnum perveniant. Ergo non ‚excludit indignos', sed magis admittit, quantum in se est.

5. PRAETEREA, in omnibus agentibus ordinatis ultimus finis pertinet ad principale agens, non ad agens instrumentale. Sed principale agens ad salutem hominis est Deus. Ergo ad eum pertinet ad Regnum admittere, quod est ultimus finis; et non ad habentem claves, qui est sicut instrumentum vel minister.

RESPONDEO dicendum quod, secundum Philosophum, in 2 de
Anima [c. 4], potentiae per actus definiuntur. Unde, cum clavis sit 415 a 18
potentia quaedam, oportet quod per actum vel per usum suum definiatur; et quod in actu objectum exprimatur, a quo speciem recipit actus et modus agendi, ex quo apparet potentia ordinata. Actus autem potestatis spiritualis non est ut caelum aperiat absolute, quia jam apertum est, ut dictum est: sed ut quantum ad hunc aperiat. Quod quidem ordinate fieri non potest nisi idoneita-

17, 2 dessen geprüft ist, dem der Himmel aufgeschlossen werden soll. Und darum wird bei der Begriffsbestimmung der Schlüsselgewalt die Gattung eingesetzt, nämlich die ‚Gewalt'; und der Träger der Gewalt, nämlich der ‚kirchliche Richter'; und die Tätigkeit: ‚ausschließen und zulassen' im Sinne der beiden Tätigkeiten des handgreiflichen Schlüssels: öffnen und schließen; der Gegenstand der Tätigkeit wird berührt in dem Ausdruck: ‚vom Reich'; die Weise endlich darin, daß ‚Würdigkeit und Unwürdigkeit' derjenigen geprüft wird, auf welche sich diese Tätigkeiten erstrecken.

Zu 1. Eine einzige Kraft kann auf zwei Dinge hingeordnet sein, wenn eines Ursache des anderen ist, wie etwa beim Feuer die Hitze auf das Erwärmen und das Schmelzen. Und weil jede Gnade und Nachlassung im mystischen Leib von dessen Haupt herrührt [vgl. III 8, 6: Bd. 25], darum ist es offensichtlich dem Wesen nach dieselbe Gewalt, kraft deren der Priester die Eucharistie feiern sowie binden und lösen kann, wenn der Auftrag zur Amtsausübung vorhanden ist; ein Unterschied besteht nur dem Begriff nach, sofern sie auf verschiedene Wirkungen bezogen wird; so sagt man ja auch in verschiedener Hinsicht, das Feuer erwärme und schmelze. Und weil der [sakramentale] ‚Charakter' der Priesterweihe nichts anderes ist als die Vollmacht, dasjenige auszuüben, worauf die Priesterweihe hauptsächlich hingeordnet ist (unter der Voraussetzung, daß er dasselbe sei wie die geistliche Gewalt [vgl. III 63, 2:

QUAESTIO 17, 2

te ejus cui aperiendum est caelum pensata. Et ideo in praedicta definitione clavis ponitur genus, scilicet ‚potestas'; et subjectum potestatis, scilicet ‚judex ecclesiasticus'; et actus, scilicet ‚excludere et recipere', secundum duos actus materialis clavis, aperire et claudere; cujus objectum tangit in hoc quod dicit ‚a Regno'; modum autem in hoc quod ‚dignitas et indignitas' in illis, in quos actus exercetur, pensatur.

AD PRIMUM ergo dicendum quod ad duo quorum unum est causa alterius, una potestas ordinatur: sicut in igne calor ad calefaciendum et dissolvendum. Et quia omnis gratia et remissio in corpore mystico ex capite suo provenit, ideo eadem potestas videtur esse per essentiam qua sacerdos conficere potest, et qua potest solvere et ligare si jurisdictio adsit: nec differt nisi ratione, secundum quod ad diversos effectus comparatur; sicut etiam ignis dicitur secundum aliam rationem calefactivus, et liquefactivus. Et quia nihil est aliud character ordinis sacerdotalis quam potestas exercendi illud ad quod principaliter ordo sacerdotii ordinatur

Bd. 29]), sind [sakramentaler] ‚Charakter', die Vollmacht, die Eucharistie zu feiern, und die Schlüsselgewalt dem Wesen nach ein und dasselbe, unterscheiden sich jedoch dem Begriffe nach. 17, 2

Zu 2. Eine jede geistliche Gewalt wird mit irgendeiner Weihung [8a] zusammen verliehen. Und darum wird die Schlüsselgewalt mit der Priesterweihe zusammen verliehen. Die Ausübung der Schlüsselgewalt jedoch bedarf eines genau entsprechenden Bereiches: das ist das aufgrund der Rechtsprechungsgewalt unterworfene Volk. Und darum besitzt er [der Priester] schon, bevor er die Rechtsprechungsgewalt erhält, die Schlüsselgewalt, nicht aber die Ausübung der Schlüsselgewalt. Und weil die Schlüsselgewalt durch die Ausübung bestimmt wird, darum wird bei der Begriffsbestimmung der Schlüsselgewalt etwas eingesetzt, was zur Rechtsprechungsgewalt gehört [9].

Zu 3. Es kann jemand in doppelter Weise einer Sache würdig sein. Entweder so, daß er das Recht hat, sie zu erlangen. Und in dieser Weise hat jeder Würdige jetzt schon den Himmel offen. — Oder so, daß ihm eine gewisse Eignung innewohnt für das, was ihm gegeben werden soll. Und in diesem Sinne betrifft die Schlüsselgewalt Würdige, denen der Himmel noch nicht gänzlich offen steht.

Zu 4. Wie Gott nicht in der Weise verhärtet, daß er die Bosheit selbst bewirkt, sondern so, daß er die Gnade nicht verleiht [10], so sagt man, der Priester schließe aus nicht in

QUAESTIO 17, 2

(sustinendo quod sit idem quod spiritualis potestas), ideo character et potestas conficiendi et potestas clavium est unum et idem per essentiam, sed differt ratione.

AD SECUNDUM dicendum quod omnis potestas spiritualis datur cum aliqua consecratione. Et ideo clavis cum ordine datur. Sed executio clavis indiget materia debita, quae est plebs subdita per jurisdictionem. Et ideo, antequam jurisdictionem habeat, habet claves, sed non habet actum clavium. Et quia clavis per actum definitur, ideo in definitione clavis ponitur aliquid ad jurisdictionem pertinens.

AD TERTIUM dicendum quod aliquis potest esse dignus aliquo dupliciter. Aut ita quod ipsum habendi jus habeat. Et sic quilibet dignus jam habet caelum apertum. — Aut ita quod insit ei congruitas ad hoc quod ei detur. Et sic dignos quibus nondum totaliter apertum est caelum, potestas clavium respicit.

AD QUARTUM dicendum quod, sicut Deus non obdurat impertiendo malitiam, sed non conferendo gratiam, ita sacerdos dicitur

17, 3 der Weise, daß er dem Eintritt ein Hindernis entgegensetzt, sondern in der Weise, daß er das gesetzte Hindernis nicht beseitigt, weil er selbst es nicht beseitigen kann, wenn nicht Gott zuvor es beseitigt hat. Und darum wird Gott gebeten, daß er selbst losspreche, damit die Lossprechung des Priesters auf diese Weise statthaben kann.

Zu 5. Die Tätigkeit des Priesters verfügt nicht unmittelbar über das Reich, sondern über die Sakramente, durch welche der Mensch zum Reich gelangt [11].

3. ARTIKEL

Gibt es zwei Schlüsselgewalten oder nur eine?

1. Zu einem einzigen Schloß ist nur ein Schlüssel erforderlich. Das Schloß aber, zu dessen Öffnung die Schlüssel der Kirche bestimmt sind, ist die Sünde. Also bedarf die Kirche gegen die eine Sünde nicht zweier Schlüssel.

2. Die Schlüssel werden bei der Erteilung der Weihe verliehen. Nun aber stammt das Wissen nicht immer aus Eingießung, sondern bisweilen aus Erwerbung; und es ist nicht im Besitz aller Geweihten, dafür aber auch mancher

QUAESTIO 17, 3

excludere, non quod impedimentum ad intrandum ponat, sed quia impedimentum positum non amovet, quia ipse amovere non potest nisi prius Deus amoverit. Et ideo rogatur Deus ut ipse absolvat, ut sic sacerdotis absolutio locum habeat.

AD QUINTUM dicendum quod actus sacerdotis non est immediate super Regnum, sed super sacramenta, quibus homo ad Regnum pervenit.

ARTICULUS III

Utrum sint duae claves, vel tantum una

[4 d 18: 1, 1 qa 3 — CG IV 72; In Mt 16]

AD TERTIUM sic proceditur. Videtur quod non sint duae claves, sed tantum una. Ad unam enim seram non requiritur nisi una clavis. Sed sera ad quam amovendam ordinantur Ecclesiae claves, est peccatum. Ergo contra unum peccatum non indiget Ecclesia duabus clavibus.

2. PRAETEREA, claves in collatione ordinis conferuntur.[1] Sed scientia non est ex infusione semper, sed quandoque ex acquisitione: nec ab omnibus ordinatis habetur, sed a quibusdam non

[1] Petrus Lomb., Sent. IV 19, 1 (QR II/365).

Ungeweihter. Also ist das ,Wissen' keine Schlüsselgewalt. Und so gibt es nur eine Schlüsselgewalt, nämlich die ,Urteilsgewalt' [vgl. Lombardus: Anders.]. 17, 3

3. Die Macht, welche der Priester über den mystischen Leib besitzt, hängt ab von der Macht, welche er über den wahren Leib Christi besitzt. Nun aber ist die Macht, [Brot] in den wahren Leib Christi zu verwandeln, nur eine. Also ist auch die Schlüsselgewalt, welche eine den mystischen Leib Christi betreffende Macht ist, nur eine.

ANDERSEITS scheint es mehr als zwei Schlüsselgewalten zu geben. Wie zu einer Handlung des Menschen Wissen und Fähigkeit erforderlich sind, so auch Wille. Nun aber wird das ,Wissen der Unterscheidung' als eine Schlüsselgewalt angesehen und ebenso die ,Fähigkeit des Richtens' [Lombardus]. Also müßte auch der ,Wille loszusprechen' Schlüsselgewalt genannt werden.

2. Die ganze Dreifaltigkeit läßt die Sünden nach. Nun ist der Priester aber in Kraft der Schlüsselgewalt Diener für die Nachlassung der Sünden. Also muß er drei Schlüsselgewalten besitzen, um der Dreifaltigkeit gleichgestaltet zu werden.

ANTWORT: Bei jedem Akt, welcher von seiten des Empfangenden eine Eignung erfordert, sind auf seiten dessen, der diesen Akt ausüben soll, zwei Dinge notwendig:

QUAESTIO 17, 3

ordinatis. Ergo ,scientia' non est clavis. Et sic est una tantum clavis, scilicet ,potestas judicandi'.

3. PRAETEREA, potestas quam habet sacerdos super corpus mysticum, dependet ex potestate quam habet super corpus Christi verum. Sed potestas ad conficiendum corpus Christi verum est una tantum. Ergo clavis, quae est potestas respiciens corpus Christi mysticum, est una tantum.

SED CONTRA, videtur quod sint plures quam duae. Quia sicut ad actum hominis requiritur scientia et potentia, ita et voluntas. Sed ,scientia discernendi' ponitur clavis, et similiter ,potentia judicandi'.[1] Ergo et ,voluntas absolvendi' deberet dici clavis.

2. PRAETEREA, tota Trinitas peccatum remittit. Sed sacerdos per claves est minister remissionis peccatorum. Ergo debet habere tres claves, ut Trinitati configuretur.

RESPONDEO dicendum quod in omni actu qui requirit idoneitatem ex parte recipientis, duo sunt necessaria ei qui debet actum illum exercere: scilicet judicium de idoneitate recipientis; et

[1] L. c. 18,2 (QRII/356).

17, 3 das Urteil über die Eignung des Aufnehmenden und die Ausführung des Aktes. So muß auch im Akt der Gerechtigkeit, kraft dessen einem das erstattet wird, dessen er würdig ist [12], ein Urteil erfolgen, durch welches festgestellt wird, ob der Betreffende würdig ist, und die Erstattung selbst. Und zu jedem dieser beiden Dinge ist eine Vollmacht oder Gewalt erforderlich; denn wir können nur das geben, was wir in unserer Gewalt haben; und man kann auch nicht vom Urteil sprechen, wenn ihm keine Erzwingungsgewalt zukommt, weil das Urteil in einem einzigen [Entscheid] seinen Endpunkt findet. Diese Festlegung erfolgt im theoretischen Bereich in Kraft der obersten Grundsätze, denen kein Widerstand geleistet werden kann, und im Bereich der Handlungen in Kraft der Befehlsgewalt, welche dem Urteilenden innewohnt. Und weil der Akt der Schlüsselgewalt bei dem von ihm Betroffenen eine Eignung erfordert — denn in Kraft der Schlüsselgewalt ‚läßt der kirchliche Richter die Würdigen zu und schließt die Unwürdigen aus' (Lombardus in Art. 2) —, bedarf er des Urteils der Unterscheidung, um über die Eignung zu urteilen, und des Aktes der Zulassung, und zu beiden ist eine Art von Gewalt oder Vollmacht erforderlich. Und demgemäß gibt es zwei Schlüsselgewalten: die eine betrifft das Urteil über die Eignung des Loszusprechenden, und die andere betrifft die Lossprechung selbst. Und diese beiden Schlüsselgewalten unterscheiden sich

QUAESTIO 17, 3

expletio actus. Et ideo etiam in actu justitiae per quem redditur alicui hoc quo dignus est, oportet esse judicium quo discernatur an iste sit dignus, et ipsa redditio. Et ad utrumque horum auctoritas, sive potestas quaedam exigitur: non enim dare possumus nisi quod in potestate nostra habemus; nec judicium dici potest nisi vim coactivam habeat, eo quod judicium ad unum jam terminatur; quae quidem determinatio in speculativis fit per virtutem priorum principiorum, quibus resisti non potest, et in rebus practicis per vim imperativam in judicante existentem. Et quia actus clavis requirit idoneitatem in eo in quem exercetur, quia ‚recipit' per clavem ‚judex ecclesiasticus dignos et excludit indignos', ut ex dicta definitione patet; ideo indiget judicio discretionis, quo idoneitatem judicat, et ipso receptionis actu, et ad utrumque potestas quaedam sive auctoritas requiritur. Et secundum hoc, sunt duae claves: quarum una pertinet ad judicium de idoneitate ejus qui absolvendus est; et alia ad ipsam absolutionem. Et hae duae claves non distinguuntur in essentia auctoritatis qua utrum-

nicht im Wesen der Vollmacht, kraft deren [dem Richter] beide von Amts wegen zukommen, sondern in Beziehung auf die Akte, deren einer den andern voraussetzt. 17, 3

Zu 1. Zur Öffnung eines bestimmten Schlosses ist ein bestimmter Schlüssel unmittelbar hingeordnet; doch ist es nicht sinnlos, wenn ein Schlüssel auf die Tätigkeit eines andern hingeordnet ist. Und so verhält es sich im vorliegenden Fall. Denn der zweite Schlüssel, der ‚Gewalt zu binden und zu lösen‘ genannt wird, ist es, der unmittelbar das Schloß der Sünde öffnet; der Schlüssel hingegen, der ‚Wissen‘ genannt wird, zeigt an, wem dieses Schloß zu öffnen ist.

Zu 2. Bezüglich des Schlüssels des Wissens gibt es zwei Meinungen. Einige nämlich haben gesagt, daß hier das Wissen ‚Schlüssel‘ genannt wird, sofern es ein erworbenes oder eingegossenes Gehaben ist; ferner, daß es nicht die wichtigste Schlüsselgewalt ist, sondern nur in Hinordnung auf eine andere Schlüsselgewalt diesen Namen führt. Und darum heißt es ohne die andere Schlüsselgewalt nicht Schlüsselgewalt, so z. B. bei einem Gelehrten, der nicht Priester ist. Und entsprechend ermangeln gelegentlich auch Priester dieser Schlüsselgewalt, weil sie weder das erworbene noch das eingegossene Wissen besitzen, kraft

QUAESTIO 17, 3

que ex officio sibi competit: sed ex comparatione ad actus, quorum unus alium praesupponit.

AD PRIMUM ergo dicendum quod ad unam seram aperiendam una clavis immediate ordinatur: sed non est inconveniens quod una ad actum alterius ordinetur. Et sic est in proposito. Secunda enim clavis, quae dicitur ‚potestas ligandi et solvendi‘, est quae immediate seram aperit peccati: sed clavis, quae dicitur ‚scientia‘, ostendit cui aperienda sit sera illa.

AD SECUNDUM dicendum quod circa clavem scientiae duplex est opinio. Quidam[1] enim dixerunt quod scientia secundum quod est habitus acquisitus vel infusus, dicitur hic clavis; et quod non est principalis clavis, sed in ordine ad aliam clavem clavis dicitur; et ideo, quando est sine alia clavi, non dicitur clavis, sicut in viro litterato qui non est sacerdos. Et similiter etiam quandoque hac clavi aliqui sacerdotes carent, quia non habent scientiam acquisitam neque infusam, qua absolvere et ligare possint: sed quandoque industria naturali ad hoc utuntur, quae secundum eos ‚claviola‘

---

[1] Guilelmus Altissiodorensis, Summa aurea in IV libros Sententiarum, l. IV, De sacramento poenitentiae, De adjum. poenit., c. 1. Emend. Guilelmus de Quercu. Parisiis (Pigouchet impensis Vaultier et Gerlier) 1500, fol. 280 ra (Hain 8324); photomech. Nachdruck Frankfurt (Minerva) 1964.

17, 3 dessen sie lossprechen oder binden könnten. Bisweilen jedoch wenden sie natürlichen Fleiß an, der diesen Vertretern zufolge ‚Schlüsselchen' genannt wird. Obwohl in diesem Sinne der Schlüssel des Wissens nicht mit der Weihe zusammen verliehen wird, so entsteht doch mit der Weihe eine Schlüsselgewalt, die vorher nicht da war. Und das scheint die Meinung des Lombarden gewesen zu sein.

Das aber scheint mit den Worten des Evangeliums (Mt 16, 19) nicht übereinzustimmen, welche dem Petrus die Übergabe von ‚Schlüsseln' versprechen: und darum werden bei der Weihe nicht nur eine, sondern zwei Schlüsselgewalten verliehen.

Aus diesem Grunde geht eine andere Meinung dahin, daß Wissen als Gehaben keine Schlüsselgewalt darstellt, sondern die Vollmacht, den Akt des Wissens auszuüben. Diese Vollmacht besteht zuweilen ohne Wissenschaft, zuweilen jedoch auch Wissenschaft ohne Vollmacht. Das ist auch offensichtlich im weltlichen Rechtswesen so: es gibt Richter, welche die Vollmacht zu richten besitzen, aber nicht die Wissenschaft des Rechts kennen; und umgekehrt kann jemand die Wissenschaft des Rechts kennen, dem die Vollmacht zu richten fehlt. Und weil der Urteilsakt, auf den hin jemand bevollmächtigt wird durch Übernahme der

QUAESTIO 17, 3

dicitur.[1] Et sic clavis scientiae quamvis cum ordine non tradatur, traditur tamen cum ordine quod sit clavis quod prius non erat. Et haec videtur opinio Magistri fuisse.[2]

Sed hoc non videtur verbis Evangelii concordare, quae ‚claves' Petro dandas promittunt: et ita non solum una, sed duae in ordine dantur.

Et propter hoc alia opinio[3] est quod scientia quae est habitus, non est clavis, sed auctoritas actum scientiae exercendi. Quae quandoque sine scientia est: quandoque autem scientia sine ipsa. Sicut patet etiam in judiciis saecularibus[4]: aliquis enim est judex habens auctoritatem judicandi qui non habet juris scientiam; et aliquis e converso habet juris scientiam qui non habet auctoritatem judicandi. Et quia actus judicii, ad quos quis ex auctoritate suscepta ordinatur, non autem ex scientia habita, sine utroque

---

[1] Cf. ib.

[2] Petrus Lomb., Sent. IV 19, 1 (QR II/365 sq.).

[3] Praepositinus, Summa theol. IV [De poenit.], Quae sint claves sacerdotis. Ms. 14526, Bibliothèque nat., Paris, fol. 53 d; Rolandus Bonon., Sententiae, s. v. Hic videndum: Die Sentenzen Rolands ... Ed. Gietl, Freiburg/Br. 1891, 264ff.; Ps.-Hugo de S. Victore, Summa Sentent. VI 14 (PL 176/152 B); Albertus Magnus, In Sent. IV 18, 4 (Borgnet 29/770); Summa Halensis, p. IV, q. 20, m. 3. Lugduni (Koburger) 1516; Bonaventura, In Sent. IV, d. 18, p. 1, a. 3, q. 2 (QR IV/480).

[4] P et L: secularibus.

Gewalt, nicht aber durch den Besitz der Wissenschaft, ohne beides nicht richtig vollzogen werden kann, darum kann die Vollmacht zu urteilen, die eine Schlüsselgewalt darstellt, bei Ausfall des Wissens nur unter Sünde empfangen werden; Wissenschaft hingegen ohne Amtsgewalt kann ohne Sünde gepflegt werden. 17, 3

Zu 3. Die Vollmacht, die Eucharistie zu feiern, ist hingeordnet auf einen einzigen Akt anderer Wesensart. Und darum wird sie nicht den Schlüsselgewalten beigezählt und auch nicht vervielfacht wie die Schlüsselgewalt, die sich auf verschiedene Akte richtet, obwohl sie dem Wesen der Gewalt nach eine einzige ist (Antw.; Art. 2 Zu 1).

Zu 4 [ANDERSEITS 1]. Das Wollen steht einem jeden frei. Darum bedarf es zum Wollen keiner Amtsgewalt. Und darum wird der Wille nicht als Schlüsselgewalt aufgefaßt.

Zu 5 [ANDERSEITS 2]. Die gesamte Dreifaltigkeit läßt Sünden nach in derselben Weise wie eine einzige göttliche Person. Und darum braucht der Priester als Diener der Dreifaltigkeit nicht drei Schlüsselgewalten zu haben. Und dies besonders deswegen, weil der Wille, der dem Heiligen Geist zugeeignet wird [13], keine Schlüsselgewalt erfordert (Zu 4).

bene fieri non potest; ideo auctoritas judicandi, quae clavis est, sine scientia non potest sine peccato accipi; sed scientia sine auctoritate sine peccato haberi potest.

AD TERTIUM dicendum quod potestas conficiendi est ad unum tantum actum alterius generis. Et ideo non connumeratur clavibus: nec multiplicatur sicut potestas clavium, quae est ad diversos actus. Quamvis secundum auctoritatis essentiam sit una, ut dictum est.

AD QUARTUM [S. c. 1] dicendum quod velle unicuique est liberum. Et ideo ad volendum non exigitur auctoritas. Et propter hoc voluntas non ponitur clavis.

AD QUINTUM [S. c. 2] dicendum quod tota Trinitas eodem modo remittit peccata sicut una Persona. Et ideo non oportet quod sacerdos, qui minister est Trinitatis, tres claves habeat. Et praecipue cum voluntas, quae Spiritui Sancto appropriatur, clavem non requirat, ut dictum est.

18. FRAGE

DIE WIRKUNG DER SCHLÜSSELGEWALT

Hierauf ist über die Wirkung der Schlüsselgewalt nachzudenken.

Dazu ergeben sich vier Einzelfragen:
1. Erstreckt sich die Schlüsselgewalt auf die Nachlassung der Schuld?
2. Kann der Priester eine Sünde nachlassen in bezug auf die Strafe?
3. Kann der Priester in Kraft der Schlüsselgewalt binden?
4. Kann er auch nach eigenem Ermessen binden und lösen?

1. ARTIKEL

Erstreckt sich die Schlüsselgewalt auf die Nachlassung der Schuld?

1. Joh 20, 23 wird den Jüngern gesagt: „Welchen ihr die Sünden nachlassen werdet, denen sind sie nachgelassen." Dies aber wird nicht nur zur äußeren Bekundung gesprochen (Lombardus im Text): dann nämlich hätte der Priester des Neuen Bundes keine größere Gewalt als der Priester

QUAESTIO XVIII

DE EFFECTU CLAVIUM

Deinde considerandum est de effectu clavium.

Circa quod quaeruntur quatuor: 1. Utrum potestas clavium se extendat ad remissionem culpae. — 2. Utrum sacerdos possit remittere peccatum quoad poenam. — 3. Utrum sacerdos per potestatem clavium ligare possit. — 4. Utrum possit etiam ligare et solvere secundum proprium arbitrium.

ARTICULUS I

Utrum potestas clavium se extendat ad remissionem culpae

[4 d 18: 1, 3 qa 1 — Supra 10, 1; CG IV 72; Form abs 2; Ql IV 7, 1; In Mt 16; In Jo 20: lect 4]

AD PRIMUM sic proceditur. Videtur quod potestas clavium se extendat ad remissionem culpae. Joan. 20 dicitur discipulis: „Quorum remiseritis peccata, remittuntur eis". Sed hoc non dicitur quantum ad manifestationem tantum, ut Magister in littera[1] dicit: quia sic sacerdos novi Testamenti non haberet

[1] Petrus Lomb., Sent. IV 18, 6. 7 (QR II/862. 864).

des Alten Bundes. Also übt er geistliche Gewalt aus zur Nachlassung der Schuld. 18, 1

2. In der Buße wird Gnade verliehen zur Nachlassung der Sünde. Nun aber ist der Priester Spender dieses Sakramentes in Kraft der Schlüsselgewalt. Da nun Gnade der Sünde nicht entgegensteht unter dem Gesichtspunkt der Strafe, sondern unter dem Gesichtspunkt der Schuld, wirkt der Priester offensichtlich auf die Nachlassung der Schuld in Kraft der Schlüsselgewalt hin.

3. Der Priester erlangt durch seine Weihe größere Kraft als das Wasser durch die Taufwasserweihe. Nun empfängt das Taufwasser die Kraft, „den Leib zu berühren und das Herz rein zu waschen" (Augustinus). Also empfängt der Priester bei seiner Weihe erst recht diese Macht, das Herz vom Makel der Schuld rein zu waschen.

ANDERSEITS: Oben hatte der Lombarde gesagt, Gott habe dem Priester nicht die Macht verliehen, mit ihm mitzuwirken zur inneren Reinigung. Wenn er jedoch Sünde in bezug auf die Schuld nachließe, dann würde er mit Gott mitwirken bei der inneren Reinigung. Also erstreckt sich die Schlüsselgewalt nicht auf die Vergebung der Schuld.

2. Sünde wird nur nachgelassen durch den Heiligen Geist. Nun aber ist die Verleihung des Heiligen Geistes

QUAESTIO 18, 1

majorem potestatem quam sacerdos veteris. Ergo exercet potestatem in culpae remissionem.

2. PRAETEREA, in poenitentia datur gratia ad remissionem peccati. Sed hujus sacramenti dispensator est sacerdos ex vi clavium. Ergo, cum gratia non opponatur peccato ex parte poenae, sed ex parte culpae, videtur quod sacerdos ad remissionem culpae operetur ex vi clavium.

3. PRAETEREA, majorem virtutem recipit sacerdos ex sua consecratione quam aqua baptismi ex sua sanctificatione. Sed aqua baptismi vim accipit „ut corpus tangat et cor abluat", secundum Augustinum [In Joannis Evangelium, tr. 80, super 15,3]. PL
Ergo multo fortius sacerdos in sui consecratione hanc potestatem accipit ut cor a culpae macula abluere possit. 35/1840 B

SED CONTRA, supra[1] Magister dixit quod Deus hanc potestatem non contulit ministro quod ad interiorem mundationem cooperaretur ei. Sed, si peccata quoad culpam remittat, cooperaretur ei in mundatione interiori. Ergo potestas clavium non extendit se ad culpae dimissionem.

2. PRAETEREA, peccatum non remittitur nisi per Spiritum Sanctum. Sed dare Spiritum Sanctum non est alicujus hominis: ut

[1] L. c., IV 5, 2. 3 (QR II/774. 775); 18, 4 (QR II/859).

18, 1 nicht Sache eines Menschen, wie der Lombarde im ersten Buch der Sentenzen erklärt hatte. Also [ist es] auch nicht [Sache eines Menschen], Sünden nachzulassen in bezug auf die Schuld.

ANTWORT: Die Sakramente ‚enthalten aus der Heiligung unsichtbare Gnade' (Hugo von St. Viktor). Diese Heiligung ist zuweilen zum Zustandekommen des Sakramentes erforderlich, sowohl was die Materie betrifft als auch den dienenden Spender, wie das bei der Firmung offensichtlich ist [vgl. III 72, 3. 11: Bd. 29]: und in diesem Falle liegt die sakramentale Kraft in beiden gemeinsam. Bisweilen jedoch ist zum Zustandekommen des Sakraments nur die Heiligung der Materie erforderlich, wie das bei der Taufe zutrifft [14], weil sie nicht notwendig eines bestimmten Spenders bedarf [vgl. III 67, 3—5: Bd. 29]: und in diesem Falle liegt die ganze sakramentale Kraft in der Materie. Bisweilen auch ist zum Zustandekommen des Sakraments eine Weihung oder Heiligung des Spenders erforderlich ohne eine Heiligung der Materie: und dann liegt die ganze sakramentale Kraft im Spender, wie das bei der Buße ersichtlich ist. Darum verhält sich die Schlüsselgewalt im Priester zur Wirkung des Bußsakramentes wie die Kraft, die im Taufwasser liegt, zur Wirkung der Taufe. Nun kommen Taufe und Bußsakrament irgendwie in der Wirkung überein, denn beide sind unmittelbar gegen die

QUAESTIO 18, 1

in libro primo[1] Magister dixit. Ergo nec peccata remittere quoad culpam.

RESPONDEO dicendum quod ‚sacramenta', secundum Hugo-
PL nem [De sacramentis Christianae fidei, l. 1, p. 9, c. 2], ‚ex
176/317 D sanctificatione invisibilem gratiam continent'. Sed haec sanctificatio quandoque ad necessitatem sacramenti requiritur tam in materia quam in ministro, sicut patet in confirmatione: et tunc vis sacramentalis est in utroque conjunctim. Quandoque autem ex necessitate sacramenti non requiritur nisi sanctificatio materiae, sicut est in baptismo, quia non habet ministrum determinatum, quantum ad sui necessitatem: et tunc tota vis sacramentalis consistit in materia. Quandoque vero de necessitate sacramenti requiritur consecratio vel sanctificatio ministri sine aliqua sanctificatione materiae: et tunc tota vis sacramentalis consistit in ministro, sicut est in poenitentia. Unde eodem modo se habet potestas clavium quae est in sacerdote ad effectum sacramenti poenitentiae, sicut se habet virtus quae est in aqua baptismi ad

[1] L. c., I 14, 3 (QR I/94).

Schuld gerichtet, was bei den anderen Sakramenten nicht der Fall ist. Sie unterscheiden sich jedoch darin: das Bußsakrament kann, weil die Akte des Empfängers gleichsam das Materiehafte bilden, nur Erwachsenen gespendet werden, bei welchen eine Vorbereitung erforderlich ist, um die Wirkung der Sakramente zu empfangen. Die Taufe wird jedoch bisweilen Erwachsenen gespendet, bisweilen Kindern und anderen des Vernunftgebrauchs Ermangelnden: und entsprechend wird durch die Taufe Kindern Gnade und Nachlassung der Sünden geschenkt ohne irgendeine vorhergehende Vorbereitung, nicht aber Erwachsenen, bei denen eine Vorbereitung erforderlich ist, welche eine Scheinhandlung ausschließt. Diese Vorbereitung geht manchmal zeitlich voraus und genügt zum Empfang der Gnade, bevor die Taufe tatsächlich empfangen wird, nicht jedoch vor dem Verlangen nach der Taufe, nachdem die Zeit der Verkündigung der Wahrheit eingetreten ist. Bisweilen jedoch geht eine solche Vorbereitung nicht zeitlich voraus, sondern erfolgt zugleich mit dem Empfang der Taufe. In diesem Fall wird die Gnade der Nachlassung der Schuld durch den Empfang der Taufe gewährt. Hingegen wird durch das Sakrament der Buße niemals Gnade gewährt, wenn keine Vorbereitung da ist oder da war. Darum wirkt die Schlüsselgewalt auf die Nachlassung der Schuld hin, sei es, daß sich die Absicht auf sie [die Schlüssel- 18, 1

QUAESTIO 18, 1

effectum baptismi. Baptismus autem et sacramentum poenitentiae conveniunt quodammodo in effectu: quia utrumque contra culpam ordinatur directe, quod non est de aliis sacramentis. Sed in hoc differunt, quia sacramentum poenitentiae, eo quod habet actus suscipientis quasi materiales, non potest dari nisi adultis, in quibus requiritur praeparatio ad suscipiendum effectum sacramentorum. Sed baptismus quandoque datur adultis, et quandoque pueris et aliis carentibus usu rationis: et ideo per baptismum datur gratia et remissio peccatorum püeris sine aliqua sui praeparatione praecedente; non autem adultis, in quibus praeexigitur praeparatio removens fictionem. Quae quidem praeparatio quandoque praecedit sufficiens ad gratiae susceptionem antequam baptismus actu percipiatur, sed non ante votum baptismi, post tempus propalatae veritatis. Quandoque autem talis praeparatio tempore non praecedit, sed est simul cum baptismi susceptione: et tunc per baptismi susceptionem gratia remissionis culpae confertur. Sed per poenitentiae sacramentum nunquam datur gratia nisi praeparatio adsit, vel prius fuerit. Unde virtus clavium operatur ad

18, 1 gewalt] beziehe, sei es, daß sie sich tatsächlich auswirke, wie das auch beim Taufwasser der Fall ist.

Wie nun die Taufe nicht als Hauptwirkendes wirkt, sondern als Werkzeug, und nicht einmal als solches bis zur Herstellung des Gnadenempfangs wirkt, sondern zur Gnade vorbereitet, durch welche die Nachlassung der Schuld erfolgt, so verhält es sich auch mit der Schlüsselgewalt. So läßt Gott allein Schuld nach; und in seiner Kraft wirkt sowohl die Taufe werkzeuglich als unbeseeltes Werkzeug als auch der Priester als ‚beseeltes Werkzeug', was die Definition des ‚Sklaven' ist (Aristoteles) [15]. Und darum wirkt der Priester als dienender Spender.

Und so erhellt, daß die Schlüsselgewalt in gewisser Weise hingeordnet ist auf die Nachlassung der Schuld, indem sie diese nicht als Ursache bewirkt, wohl aber auf sie vorbereitet [16]. Wenn darum jemand vor der Lossprechung nicht vollkommen vorbereitet [17] war zum Empfang der Gnade, so empfängt er [doch] bei der Beichte selbst und bei der sakramentalen Lossprechung die Gnade, wenn er kein Hindernis setzt. Wenn nämlich die Schlüsselgewalt in keinerlei Weise auf die Nachlassung der Schuld hingeordnet wäre, sondern nur auf den Erlaß der Strafe, wie einige sagen, dann wäre keine Absicht erforderlich, die Wirkung der Schlüsselgewalt zur Nachlassung der Schuld

QUAESTIO 18, 1

culpae remissionem, vel in voto existens vel in actu se exercens, sicut et aqua baptismi.

Sed, sicut baptismus non agit sicut principale agens, sed sicut instrumentum, non quidem pertingens ad ipsam gratiae susceptionem creandam, etiam instrumentaliter, sed disponens ad gratiam, per quam fit remissio culpae, ita est de potestate clavium. Unde solus Deus remittit per se culpam; et in virtute ejus agit instrumentaliter et baptismus ut instrumentum inanimatum, et sacerdos ut ‚instrumentum animatum', quod dicitur ‚servus', secundum Philo-
1161 b 4 sophum, in 8 Ethicorum [c. 13]. Et ideo sacerdos agit ut minister.

Et sic patet quod potestas clavium ordinatur aliquo modo ad remissionem culpae, non sicut causans, sed sicut disponens ad eam. Unde, si ante absolutionem aliquis non fuisset perfecte dispositus ad gratiam suscipiendam, in ipsa confessione et absolutione sacramentali gratiam consequeretur, si obicem non poneret. Si enim clavis nullo modo ad culpae remissionem ordinaretur, sed ad dimissionem poenae tantum, ut quidam[1] dicunt, non exigeretur votum recipiendi effectum clavium ad culpae remissionem: sicut

---

[1] Cf. Hugo de S. Victore, De Sacram. II 14,8 (PL 176, 564 sq.).

zu empfangen: wie auch keine Absicht erforderlich ist, andere Sakramente zu empfangen, die nicht auf die [Nachlassung der] Schuld hingeordnet sind, sondern gegen die Strafe. Das aber läßt sichtbar werden, daß sie [die Schlüsselgewalt] nicht [unmittelbar] auf den Nachlaß der Schuld hingeordnet ist, weil der Vollzug der Schlüsselgewalt, wenn er eine Wirkung haben soll, immer eine Vorbereitung erfordert von seiten dessen, der das Sakrament empfängt. Und in ähnlicher Weise würde das augenscheinlich bei der Taufe zutreffen, wenn sie nur Erwachsenen gespendet würde. 18, 1

Zu 1. Wie der Lombarde im Text sagt, ist den Priestern die Macht, Sünden nachzulassen, anvertraut, nicht um sie in eigener Kraft nachzulassen, weil das allein Gottes Sache ist, sondern um das Werk Gottes, der [Sünden] nachläßt, als Diener sichtbar zu machen. Das aber erfolgt auf dreierlei Weise.

Einmal so, daß sie es als [noch] nicht Gegenwärtiges sichtbar machen, sondern es als Zukünftiges verheißen, ohne selbst etwas dazu beizutragen. Und in dieser Weise bezeichneten die Sakramente des Alten Bundes die Tätigkeit Gottes. Darum machte auch der Priester des Alten Bundes nur sichtbar, bewirkte aber nichts.

In anderer Weise so, daß sie es als Gegenwärtiges bezeichnen und nichts dazu beitragen. In diesem Sinne

non exigitur votum suscipiendi alia sacramenta, quae non ordinantur ad culpam sed contra poenam. Sed hoc facit videri quod non ordinantur ad culpae dimissionem: quia semper usus clavium, ad hoc quod effectum habeat, requirit praeparationem ex parte recipientis sacramentum. Et similiter videretur de baptismo, si nunquam daretur nisi adultis.

AD PRIMUM ergo dicendum quod, sicut Magister dicit in littera [cf. arg. 1], sacerdotibus commissa est potestas remittendi peccata, non ut propria virtute remittant, quia hoc Dei est; sed ut operationem Dei remittentis ostendant tanquam ministri. Sed hoc contingit tribus modis.

Uno modo, ut ostendant eam non praesentem, sed promittant eam futuram, sine hoc quod aliquid operentur ad ipsam. Et sic sacramenta veteris legis operationem Dei significabant. Unde et sacerdos veteris legis ostendebat tantum, et nihil operabatur.

Alio modo, ut significent praesentem et nihil ad eam operentur. Et sic quidam[1] dicunt quod sacramenta novae legis significant

---

[1] Bernardus, Sermo in Coena Domini, n. 2 (PL 183/271 C).

18, 1 sagen einige, daß die Sakramente des Neuen Bundes die Verleihung der Gnade bezeichnen, welche Gott bei der Spendung der Sakramente schenkt, ohne daß in den Sakramenten eine Kraft enthalten ist, die zur Gnade beiträgt. Und dieser Auffassung zufolge würde auch die Schlüsselgewalt die göttliche Tätigkeit bei der Nachlassung der Schuld, die bei Spendung des Sakramentes erfolgt, nur sichtbar machen.

Auf die dritte Weise so, daß sie das Werk Gottes als bei der Nachlassung der Schuld gegenwärtig bezeichnen sowie bereitend und werkzeuglich etwas zu ihr beitragen [18]. In diesem Sinne machen die Sakramente des Neuen Gesetzes einer anderen Auslegung zufolge, die allgemeinere Zustimmung findet, die Reinigung als von Gott bewirkt sichtbar. Und in dieser Weise macht auch der Priester des Neuen Bundes die von der Schuld Losgesprochenen [als solche] sichtbar [19]: weil man in entsprechender Weise von den Sakramenten und der Vollmacht der Spender sprechen muß. — Dem steht nicht entgegen, daß die Schlüsselgewalt der Kirche auch dann zur Nachlassung der Schuld bereitet, wenn die Schuld schon nachgelassen ist; wie ja auch die Taufe, soweit es an ihr liegt, auch bei dem bereitend wirkt, der schon geheiligt ist.

Zu 2. Weder das Sakrament der Buße noch das Sakrament der Taufe reichen in ihrer Tätigkeit unmittelbar an

QUAESTIO 18, 1

collationem gratiae, quam Deus in ipsa sacramentorum collatione dat, sine hoc quod in sacramentis sit aliqua virtus operans ad gratiam. Et secundum hanc opinionem etiam potestas clavium esset tantum ostendens divinam operationem in culpae remissione in ipsa sacramentali collatione facta.

Tertio modo, ut significent divinam operationem in remissione[1] culpae praesentem et ad ipsam aliquid dispositive et instrumentaliter operentur. Et sic, secundum aliam opinionem[2], quae sustinetur communius, sacramenta novae legis emundationem ostendunt divinitus factam. Et hoc modo etiam sacerdos novi Testamenti ostendit absolutos a culpa: quia proportionaliter oportet loqui de sacramentis, et potestate ministrorum. — Nec obstat quin claves Ecclesiae ad remissionem culpae disponant quia culpa jam est remissa: sicut nec quod baptismus disponat, quantum in se est, in eo qui jam sanctificatus est.

AD SECUNDUM dicendum quod neque sacramentum poeniten-

[1] In Sent.; L: remissionem.
[2] Summa Halensis, p. IV, q. 5, m. 3, a. 5, § 3. Lugduni (Koburger) 1516.

die Gnade oder an die Nachlassung der Schuld heran, 18, 2
sondern nur in bereitender Weise [20].

Daraus ergibt sich die Lösung Zu 3.

Die anderen Argumente [ANDERSEITS] zeigen, daß die Schlüsselgewalt die Nachlassung der Schuld nicht unmittelbar bewirkt. Das ist zuzugeben [21].

2. ARTIKEL

Kann der Priester eine Sünde nachlassen in bezug auf die Strafe?

1. Der Sünde gebührt ewige und zeitliche Strafe. Nun bleibt der Büßende nach der Lossprechung des Priesters weiterhin verpflichtet zu zeitlicher Strafe, die im Läuterungsort oder in dieser Welt abzubüßen ist. Also läßt er in keiner Weise Strafe nach.

2. Der Priester kann der göttlichen Gerechtigkeit im Urteil nicht vorgreifen. Nun aber ist den Büßenden die Strafe, die sie auf sich nehmen müssen, durch göttliche Gerechtigkeit zugemessen. Also kann der Priester nichts von ihr nachlassen.

tiae, neque sacramentum baptismi, operando pertingit directe ad gratiam nec ad culpae remissionem: sed dispositive.

Unde etiam patet responsio AD TERTIUM.

ALIAE RATIONES [S. c. 1 et 2] ostendunt quod ad remissionem culpae directe clavium potestas non operetur. Quod concedendum est.

ARTICULUS II

Utrum sacerdos possit remittere peccatum quoad poenam

[4 d 18: 1, 3 qa 2 — CG IV 72]

AD SECUNDUM sic proceditur. Videtur quod sacerdos non possit remittere peccatum quoad poenam. Peccato enim debetur poena aeterna et temporalis. Sed adhuc post absolutionem sacerdotis manet poenitens obligatus ad poenam temporalem, in purgatorio vel in hoc mundo faciendam. Ergo non dimittit aliquo modo poenam.

2. PRAETEREA, sacerdos non potest praejudicare justitiae divinae. Sed ex divina justitia taxata est poenitentibus poena quam debent subire. Ergo sacerdos non potest de ea aliquid remittere.

18, 2 3. Wer eine kleine Sünde begangen hat, ist für die Wirkung der Schlüsselgewalt nicht weniger empfänglich als wer eine größere Sünde begangen hat. Wenn nun bei einer größeren Sünde durch die Amtshandlung des Priesters etwas von der Strafe nachgelassen wird, kann man sich eine so kleine Sünde denken, daß ihr nicht mehr an Strafe gebührt als das Strafmaß, das von der größeren Sünde nachgelassen wurde. Also könnte er die ganze Strafe jener kleinen Sünde nachlassen. Das aber ist falsch.

4. Die ganze zeitliche Strafe, die einer Sünde gebührt, steht unter einer einzigen Sinnbezogenheit. Wenn nun durch die erste Lossprechung etwas von der Strafe nachgelassen wird, so würde auch durch eine zweite Lossprechung von derselben Sünde etwas [an Strafe] nachgelassen werden können. Und so würde die Lossprechung soweit vervielfacht werden können, daß in Kraft der Schlüsselgewalt die ganze Strafe getilgt sein wird; denn die zweite Lossprechung ist von nicht geringerer Wirkung als die erste. Und so wird die Sünde ganz unbestraft bleiben. Das aber ist sinnwidrig.

ANDERSEITS: Die Schlüsselgewalt ist die Macht, zu binden und zu lösen. Nun aber kann der Priester eine zeitliche Strafe auferlegen. Also kann er auch von Strafe losmachen.

2. Der Priester kann von der Sünde nicht lossprechen

QUAESTIO 18, 2

3. PRAETEREA, ille qui parvum peccatum commisit, non est minus susceptivus effectus clavium quam ille qui commisit majus peccatum. Sed si aliquid de poena per officium sacerdotis de majori peccato dimittitur, possibile est esse adeo parvum peccatum cui non debeatur plus de poena quam illud quod de majori peccato dimissum est. Ergo poterit totam poenam illius peccati parvi dimittere. Quod falsum est.

4. PRAETEREA, tota poena temporalis peccato debita est unius rationis. Si ergo per primam absolutionem dimittatur aliquid de poena, et per secundam ab eodem peccato absolutionem poterit aliquid remitti. Et sic tantum poterit multiplicari absolutio quod vi clavium tota poena tolletur: cum secunda absolutio non sit minoris efficaciae quam prima. Et sic peccatum remanebit omnino impunitum. Quod est inconveniens.

SED CONTRA, clavis est potestas ligandi et solvendi. Sed potest sacerdos injungere poenam temporalem. Ergo et potest absolvere a poena.

2. PRAETEREA, sacerdos non potest dimittere peccatum quan-

bezüglich der Schuld (Art. 1; Lombardus), aus demselben Grunde auch nicht bezüglich der ewigen Strafe. Wenn er nun [auch] nicht bezüglich der zeitlichen Strafe Nachlassung gewähren kann, so kann er überhaupt nicht Nachlassung gewähren. Das steht aber völlig im Widerspruch zu den Aussagen des Evangeliums (Joh 20, 23). 18, 2

ANTWORT: Die Vollauswirkung, welche die tatsächlich ausgeübte Schlüsselgewalt bei dem hat, in welchem eine zeitlich frühere Zerknirschung [vollkommene Reue] vorausging, ist ebenso zu beurteilen wie die Wirkung der Taufe, die einem schon die Gnade Besitzenden gespendet wird. So hat jemand durch der Taufe vorhergehenden Glauben und Zerknirschung [vollkommene Reue] die Gnade der Nachlassung der Sünden bezüglich der Schuld erlangt; wenn er nachher tatsächlich die Taufe empfängt, wird die Gnade vermehrt und er von der Strafverhaftung gänzlich gelöst, weil er des Leidens Christi teilhaftig wird [22]. In ähnlicher Weise wird bei dem, der durch Zerknirschung Nachlassung der Sünden bezüglich der Schuld und demzufolge bezüglich der ewigen Strafverhaftung erlangt hat, die zugleich mit der Schuld nachgelassen wird, in Kraft der Schlüsselgewalt, welche aus dem Leiden Christi ihre Wirksamkeit schöpft, die Gnade vermehrt und zeitliche Strafe nachgelassen; die Verhaftung an diese war ja noch zurückgeblieben nach der Tilgung der Schuld.

QUAESTIO 18, 2

tum ad culpam, ut in littera[1] dicitur: nec quantum ad poenam aeternam, pari ratione. Si ergo non potest remittere quantum ad poenam temporalem, nullo modo remittere poterit. Quod est omnino contrarium dictis Evangelii.

RESPONDEO dicendum quod idem judicium est de effectu quem potestas clavium actualiter exercita complet in eo in quo contritio tempore praecessit, et effectu baptismi qui jam habenti gratiam datur. Aliquis enim per fidem et contritionem praecedentem baptismum gratiam remissionis peccatorum quantum ad culpam consecutus est: sed quando actualiter postea baptismum suscipit, gratia augetur, et a reatu poenae totaliter absolvitur, eo quod fit particeps passionis Christi. Et similiter illi qui per contritionem consecutus est remissionem peccatorum quantum ad culpam, et per consequens quantum ad reatum poenae aeternae, quae simul cum culpa dimittitur, ex vi clavium, ex passione Christi efficaciam habentium, augetur gratia et remittitur temporalis poena, cujus reatus adhuc remanserat post culpae remissionem. Non tamen

[1] Petrus Lomb., Sent. IV 18, 4—7 (QR II/357—363).

18, 2 Doch [wird] nicht die gesamte Strafverhaftung [nachgelassen] wie bei der Taufe, sondern nur ein Teil davon. Denn bei der Taufe wird der wiedergeborene Mensch dem Leiden Christi gänzlich gleichgestaltet, sofern er die Wirksamkeit des Leidens Christi, welches zur Tilgung jeder Strafe ausreicht, umfassend in sich aufnimmt, so daß von der früheren Sünde keinerlei gegenwärtige Strafe übrigbleibt. Denn niemandem darf etwas zur Strafe angerechnet werden, was er nicht selbst getan hat. In der Taufe aber wird der Mensch, der ein neues Leben empfängt, durch die Taufgnade „ein neuer Mensch" [Eph 4,24]. Und darum bleibt in ihm keinerlei Strafverhaftung zurück hinsichtlich der vorausgegangenen Sünden. Nun aber wird der Mensch durch Buße nicht in ein anderes Leben verwandelt, weil sie keine Wiedergeburt, sondern eine Art Heilung darstellt. Darum wird in Kraft der Schlüsselgewalt, welche beim Sakrament der Buße wirksam ist, nicht die ganze Strafe nachgelassen, sondern etwas von der zeitlichen Strafe, da eine Verhaftung an diese nach der Lossprechung von der ewigen Strafe zurückbleiben konnte. [Die Lossprechung erfolgt] nicht nur von derjenigen Straflast, welche der Beichtende durch das Bekenntnis auf sich nimmt [23], wie einige sagen. Denn so aufgefaßt, würde das Bekenntnis [die Beichte] und die sakramentale Lossprechung nur zur Belastung gereichen, was den Sakramenten des Neuen Gesetzes nicht zukommt. Vielmehr wird auch

QUAESTIO 18, 2

totus, sicut in baptismo: sed pars ejus. Quia in baptismo regeneratus homo configuratur passioni Christi totaliter efficaciam passionis Christi, quae sufficit ad omnem poenam delendam, in se suscipiens, ut nihil de prioris peccati actualis poena remaneat: quia non debet alicui imputari ad poenam nisi quod ipsemet fecit; in baptismo autem homo, novam vitam suscipiens, fit per gratiam baptismalem „novus homo"; et ideo nullus reatus poenae in eo remanet pro praecedenti peccato. Sed in poenitentia non mutatur homo in aliam vitam: quia non est regeneratio, sed sanatio quaedam. Ideo ex vi clavium, quae operatur in sacramento poenitentiae, non tota poena remittitur, sed aliquid de poena temporali, cujus reatus post absolutionem a poena aeterna remanere potuit. Nec solum a poena illa quam habet[1] poenitens in confitendo, ut quidam dicunt: quia sic confessio et sacramentalis absolutio non esset nisi in onus, quod non competit sacramentis novae legis. Sed etiam de illa poena quae in purgatorio debetur

[1] In Sent.; L addit: vel suscipit ab ea.

etwas von jener Strafe nachgelassen, die im Läuterungsort 18, 2
geschuldet wäre, mit dem Ergebnis, daß der vor der Genugtuung hinscheidende Losgesprochene im Läuterungsort weniger bestraft wird als derjenige, der vor der Lossprechung hinscheidet.

Zu 1. Der Priester läßt nicht die gesamte zeitliche Strafe nach, sondern nur einen Teil. Und darum bleibt er [der Büßer] immer noch verpflichtet zu einer genugtuenden Strafe.

Zu 2. Das Leiden Christi hat hinreichend Sühne geleistet „für die Sünden der ganzen Welt" [1 Joh 2, 2]. Und darum kann, ohne dem Urteil der göttlichen Gerechtigkeit vorzugreifen, etwas von der geschuldeten Strafe nachgelassen werden, insoweit die Wirkung des Leidens [Christi] zu ihm [dem Büßenden] durch die Sakramente der Kirche weitergeleitet wird.

Zu 3. Für eine jede Sünde muß eine gewisse genugtuende Strafe zurückbleiben, durch welche die Arznei gegen jene Sünde gewährt wird. Und darum muß, obwohl in Kraft der Lossprechung ein gewisses Maß der für eine bestimmte große Sünde geschuldeten Strafe nachgelassen wird, nicht dasselbe Maß der Strafe für jede beliebige Sünde nachgelassen werden, denn so würde irgendeine Sünde überhaupt ohne Strafe bleiben. Vielmehr wird in Kraft der Schlüsselgewalt von den Strafen für einzelne Sünden etwas nachgelassen in einem ganz bestimmten Verhältnis [24].

QUAESTIO 18, 2

remittitur, ut minus in purgatorio puniatur absolutus ante satisfactionem decedens, quam si ante absolutionem decederet.

AD PRIMUM ergo dicendum quod sacerdos non remittit totam poenam temporalem, sed partem. Et ideo adhuc manet obligatus ad poenam satisfactoriam.

AD SECUNDUM dicendum quod passio Christi sufficienter satisfecit „pro peccatis totius mundi". Et ideo sine praejudicio divinae justitiae aliquid de poena sibi debita remitti potest, secundum quod effectus passionis ad ipsum per sacramenta Ecclesiae pertingit.

AD TERTIUM dicendum quod pro quolibet peccato oportet aliquam poenam satisfactoriam remanere, et per quam medicina contra ipsum praestetur. Et ideo, quamvis virtute absolutionis dimittatur aliqua quantitas poenae debitae pro aliquo magno peccato, non oportet quod tanta quantitas poenae dimittatur respectu cujuslibet peccati, quia secundum hoc aliquod peccatum remaneret omnino sine poena: sed virtute clavium de poenis singulorum peccatorum proportionaliter dimittitur.

18, 2 Zu 4. Einige sagen: Bei der ersten Lossprechung wird in Kraft der Schlüsselgewalt so viel nachgelassen, als nachgelassen werden kann; und trotzdem ist die wiederholte Beichte nützlich sowohl wegen der Belehrung als auch wegen der größeren Gewißheit, ferner wegen der Fürsprache des Beichtvaters und wegen des Verdienstes der Verdemütigung.

Das aber ist offensichtlich nicht wahr. Denn wenn dies der Grund wäre für die Wiederholung der Beichte, so wäre es doch nicht der Grund für die Wiederholung der Lossprechung, besonders bei dem nicht, der keinen Grund besitzt zum Zweifel an der vorhergehenden Lossprechung; so könnte er nämlich nach der zweiten Lossprechung ebenso zweifeln wie nach der ersten. So sehen wir auch, wie das Sakrament der Letzten Ölung nicht bei derselben Krankheit wiederholt wird, weil alles das, was durch das Sakrament geschehen konnte, einmal geschehen ist [33, 2]. — Und darum wäre es bei der zweiten Beichte nicht erforderlich, daß der Beichtvater die Schlüsselgewalt besäße, wenn die Schlüsselgewalt bei dieser Beichte nicht wirksam wäre.

Und darum sagen andere: Auch bei der zweiten Lossprechung wird in Kraft der Schlüsselgewalt etwas von der Strafe nachgelassen. Denn bei der zweiten Lossprechung wird eine Vermehrung der Gnade verliehen; und je größere

QUAESTIO 18, 2

AD QUARTUM dicendum quod quidam[1] dicunt quod in prima absolutione tantum dimittitur vi clavium quantum dimitti potest: sed tamen valet iterata confessio, tum propter instructionem; tum propter majorem certitudinem; tum propter intercessionem confessoris; tum propter verecundiae meritum.

Sed hoc non videtur verum. Quia, si haec esset ratio confessionem iterandi, non tamen esset ratio iterandi absolutionem: praecipue in eo qui non habet aliquam causam dubitationis de praecedenti absolutione; ita enim poterit dubitare post secundam absolutionem sicut post primam. Sicut videmus quod sacramentum extremae unctionis non iteratur super eundem morbum, eo quod totum quod per sacramentum fieri potuit, semel factum est. — Et praeterea in secunda confessione non requireretur quod haberet claves ille cui fit confessio, si nihil ibi vis clavium operatur.

Et ideo dicunt alii[2] quod etiam in secunda absolutione vi clavium dimittitur de poena. Quia in secunda absolutione gratiae confertur augmentum: et quanto major gratia recipitur, minus de

---

[1] Summa Halensis, p. IV, q. 21, m. 2, a. 1 ad ult. Lugduni (Koburger) 1516.
[2] Bonaventura, In Sent. IV, d. 17, p. 2, ad dub. 8 (QR IV/449); p. 3, a. 1, q. 2 ad 5 (QR IV/454 s.).

Gnade empfangen wird, um so weniger bleibt zurück von der Unreinheit der vorhergehenden Sünde; und darum wird eine geringere reinigende Strafe geschuldet [25]. Darum wird auch bei der ersten Lossprechung einem Menschen mehr oder weniger an Strafe nachgelassen, je nachdem er sich mehr für die Gnade bereitet. Und die Bereitschaft kann so tief sein, daß sogar die ganze Strafe durch die Kraft der Zerknirschung [vollkommenen Reue] getilgt wird (5, 2: Bd. 31). Darum ist es auch nicht sinnlos, wenn durch häufige Beichte auch die ganze Strafe nachgelassen wird, so daß eine Sünde gänzlich unbestraft bleibt, für welche die ‚Strafe' Christi Genugtuung geleistet hat. 18, 3

3. ARTIKEL

Kann der Priester in Kraft der Schlüsselgewalt binden?

1. Die sakramentale Kraft ist als Arznei gegen die Sünde bestimmt. Nun ist aber das Binden nicht eine Arznei gegen die Sünde, sondern eher eine Verschlimmerung der Krankheit, wie es scheint. Also kann der Priester durch die Kraft der Schlüsselgewalt, die eine sakramentale Kraft ist, nicht binden.

2. Wie Lossprechen oder Öffnen die Beseitigung des

QUAESTIO 18, 3

impuritate praecedentis peccati manet; et ideo minor poena purgans debetur. Unde etiam in prima absolutione alicui plus et minus dimittitur de poena secundum quod plus se ad gratiam disponit. Et potest esse tanta dispositio quod etiam ex vi contritionis tota poena tollitur, ut praedictum est. Unde etiam non est inconveniens si per frequentem confessionem etiam tota poena tollatur, ut peccatum omnino remaneat impunitum, pro quo poena Christi satisfecit.

ARTICULUS III

Utrum sacerdos per potestatem clavium ligare possit

[4 d 18: 1, 3 qa 3]

AD TERTIUM sic proceditur. Videtur quod sacerdos per potestatem clavium ligare non possit. Virtutes enim sacramentales ordinantur contra peccatum ut medicina. Sed ligare non est medicina peccati, sed magis aggravatio morbi, ut videtur. Ergo sacerdos per vim clavium, quae est vis sacramentalis, non potest ligare.

2. PRAETEREA, sicut absolvere vel aperire est amovere obsta-

18, 3 Hindernisses ist, so bedeutet Binden die Setzung des Hindernisses. Nun aber ist das Hindernis des Reiches [Gottes] die Sünde, die uns von einem anderen nicht aufgezwungen werden kann, denn man sündigt nur durch den Willen. Also kann der Priester nicht binden.

3. Die Schlüsselgewalt hat ihre Wirksamkeit durch das Leiden Christi. Nun aber ist Binden keine Wirkung des Leidens. Also kann der Priester in Kraft der Schlüsselgewalt nicht binden.

ANDERSEITS heißt es Mt 16,19: „Was immer du binden wirst auf Erden, wird auch im Himmel gebunden sein."

2. „Die vernünftigen Kräfte stehen zu zwei entgegengesetzten Möglichkeiten offen" [Aristoteles]. Nun aber ist die Schlüsselgewalt eine vernünftige Kraft, da mit ihr die Unterscheidungsgabe verbunden ist. Also steht sie offen zu entgegengesetzten Möglichkeiten. Wenn er [der Priester] lösen kann, kann er also auch binden.

ANTWORT: Die Tätigkeit des Priesters im Gebrauch der Schlüsselgewalt ist der Tätigkeit Gottes gleichförmig, deren Diener er ist. Gott aber übt seine Tätigkeit aus sowohl gegen die Schuld als gegen die Strafe; so jedoch, daß er auf die Schuld unmittelbar wirkt, um von ihr zu lösen, mittelbar aber, um zu binden, insofern man sagt, er ‚verhärte' durch Nichtgewährung von Gnade [26]. Der Strafe gegenüber jedoch ist seine Tätigkeit unmittelbar unter beiden Gesichtspunkten, weil er sowohl die Strafe

QUAESTIO 18, 3

culum, ita ligare est obstaculum ponere. Sed obstaculum Regni peccatum est, quod nobis ex alio imponi non potest: quia non nisi voluntate peccatur. Ergo sacerdos ligare non potest.

3. PRAETEREA, claves ex passione Christi efficaciam habent. Sed ligare non est effectus passionis. Ergo ex clavium potestate non potest sacerdos ligare.

SED CONTRA est quod dicitur Matth. 16: „Quodcumque ligaveris super terram, erit ligatum et in caelis."

2. PRAETEREA, „potestates rationales sunt ad opposita"
1046 b 4 [Aristoteles, Metaphysica 9,2.5]. Sed potestas clavium est potestas
1048 a 8 rationalis: cum habeat discretionem adjunctam. Ergo habet se ad
opposita. Ergo, si potest solvere, potest et ligare.

RESPONDEO dicendum quod operatio sacerdotis in usu clavium est conformis Dei operationi, cujus minister est. Deus autem habet operationem et in culpam et in poenam. Sed in culpam ad absolvendum quidem directe, ad ligandum autem indirecte, inquantum ‚obdurare' dicitur dum gratia non largitur. Sed in poenam habet operationem directe quantum ad utrumque: quia et

erläßt als auch verhängt. In ähnlicher Weise nun verhält es sich mit dem Priester: wenn er auch bei der Lossprechung in Kraft der Schlüsselgewalt eine gewisse Tätigkeit ausübt, die auf die Nachlassung der Schuld hingeordnet ist in der bereits genannten Weise (Art. 1), so übt er doch keine Tätigkeit im Hinblick auf die Schuld aus durch Binden; es sei denn, man sage, er binde in dem Sinne, daß er nicht losspricht, sondern das Gebundensein sichtbar macht. Im Hinblick auf die Strafe jedoch hat er die Macht, zu binden und zu lösen. Er löst nämlich von der Strafe, welche er nachläßt, bindet jedoch im Hinblick auf die Strafe, welche zurückbleibt. Unter diesem Gesichtspunkt [der Strafe] jedoch besagt Binden zweierlei. Einmal sofern man das Maß der Strafe im allgemeinen betrachtet: in diesem Sinne bindet er nicht, es sei denn, insofern er nicht löst, sondern das Gebundensein sichtbar macht. Sodann insofern man konkret diese oder jene Strafe betrachtet: in diesem Sinne bindet er im Hinblick auf die Strafe, indem er sie auferlegt. 18, 3

Zu 1. Der Rest der Strafe, zu dessen Abbüßung er bindend verpflichtet, ist eine Arznei, welche die Unreinheit der Sünde abwäscht.

Zu 2. Hindernis des Reiches [Gottes] ist nicht nur die Sünde, sondern auch die Strafe; wie der Priester sie auferlegt, ist bereits gesagt (Antw.).

Zu 3. Auch das Leiden Christi verpflichtet uns zu einer Strafe, durch welche wir ihm gleichgestaltet werden [27].

QUAESTIO 18, 3

poenam parcit, et poenam infligit. Similiter ergo et sacerdos, etsi in absolvendo ex vi clavium habeat aliquam operationem ordinatam ad culpae dimissionem modo jam dicto, non tamen ligando aliquam operationem habet in culpam: nisi ligare dicatur inquantum non absolvit sed ligatos ostendit. Sed in poenam habet potestatem et ligandi et solvendi. Solvit enim a poena quam dimittit, sed ligat ad poenam quae remanet. Sed ad hanc ligare dupliciter dicitur. Uno modo, considerando ipsam quantitatem poenae in communi: et sic non ligat, nisi inquantum non solvit sed ligatum ostendit. Alio modo, considerando poenam hanc vel illam determinate: et sic ligat ad poenam imponendo eam.

AD PRIMUM ergo dicendum quod illud residuum poenae ad quod obligat, est medicina purgans peccati impuritatem.

AD SECUNDUM dicendum quod obstaculum Regni non solum est peccatum, sed etiam poena: quam qualiter sacerdos imponat, dictum est.

AD TERTIUM dicendum quod etiam passio Christi obligat nos ad poenam aliquam, per quam ei conformemur.

18, 4

4. ARTIKEL

Kann der Priester nach eigenem Ermessen binden und lösen?

1. Hieronymus sagt: ‚Die kanonischen Vorschriften setzen das Zeitmaß bei der Ableistung der Buße nicht klar fest für das einzelne Verbrechen, so daß sie für jedes ausführten, in welcher Weise es zu sühnen sei, sondern sie bestimmen, das sei dem Ermessen des einsichtigen Priesters zu überlassen' (Gratian). Also scheint, daß er nach seinem Ermessen binden und lösen kann.

2. Der Herr „lobte den ungetreuen Verwalter, daß er klug gehandelt habe" [Lk 16, 8], weil er den Schuldnern seines Herrn freigebige Nachlassung gewährt habe. Gott aber ist mehr bereit zur Erbarmung als irgendein irdischer Herr. Also scheint es, daß der Priester um so mehr zu loben sei, je mehr Strafen er nachläßt.

3. Jede Handlung Christi ist für uns Lehre [Ps.-Bernhard]. Er aber hat einigen Sündern keine Strafe auferlegt, sondern nur Besserung des Lebens, wie das bei der Ehebrecherin offensichtlich ist (Joh 8, 11). Also scheint es, daß

QUAESTIO 18, 4

ARTICULUS IV

Utrum sacerdos possit ligare et solvere secundum proprium arbitrium

[4 d 18: 1, 3 qa 4]

AD QUARTUM sic proceditur. Videtur quod sacerdos possit ligare et solvere secundum proprium arbitrium. Hieronymus enim dicit[1]: ‚Mensuram temporis in agendo poenitentiam non satis aperte praefigunt canones pro unoquoque crimine, ut de singulis dicant[2] qualiter unumquodque sit emendandum, sed magis arbitrio sacerdotis intelligentis relinquendum statuunt.' Ergo videtur quod ipse secundum suum arbitrium possit ligare et solvere.

2. PRAETEREA, Dominus „laudavit villicum iniquitatis quod prudenter fecisset", quia debitoribus domini sui remisisset largiter. Sed Deus magis pronus est ad miserendum quam aliquis dominus temporalis. Ergo videtur quod laudabilior sit quantum plus de poena dimiserit.

3. PRAETEREA, omnis actio Christi nostra est instructio.[3] Sed ipse quibusdam peccantibus nullam poenam imposuit, sed solum emendationem vitae: ut patet de adultera, Joan. 8. Ergo videtur

---

[1] Cf. Gratianus, Decretum, p. II, causa 33, q. 3, d. 1, can. 86 (Frdb I/1183); Petrus Lomb., Sent. IV 20, 3 (QR II/376); De divinis officiis [inter opera Alcuini], c. 13 (PL 101/1199 A).
[2] In Sent.; L: dicat.
[3] Cf. Instructio sacerdotis [inter opera Bernardi], c. 6 (PL 184/776 C—780 C).

auch der Priester als Stellvertreter Christi nach seinem Ermessen die ganze Strafe oder einen Teil davon nachlassen kann. 18, 4

ANDERSEITS sagt Gregor (VII.): ‚Falsche Buße nennen wir, was nicht nach der maßgeblichen Lehre der heiligen Väter je nach der Beschaffenheit des Verbrechens auferlegt wird.' Also scheint es, daß sie nicht völlig im Ermessen des Priesters steht.

2. Zur Ausübung der Schlüsselgewalt ist die [Gabe der] Unterscheidung erforderlich. Wenn es nun ganz und gar im Ermessen des Priesters stünde, soviel an Strafe nachzulassen oder aufzuerlegen, wie er wollte, wäre keine [Gabe der] Unterscheidung dabei nötig; denn es könnte dann kein Mangel an Unterscheidung vorkommen. Also steht es nicht ganz und gar im Ermessen des Priesters.

ANTWORT: Der Priester handelt in der Ausübung der Schlüsselgewalt als Werkzeug und Diener Gottes. Nun aber besitzt kein Werkzeug Wirksamkeit, sofern es nicht vom Hauptwirkenden bewegt wird. Und darum sagt [Ps.-] Dionysius: ‚Die Priester sollen die hierarchischen Kräfte ausüben, so wie die Gottheit sie bewegt.' Zum Zeichen dafür wird Mt 16, 17 vor Verleihung der Schlüsselgewalt an Petrus die ihm geschenkte göttliche Offenbarung erwähnt;

QUAESTIO 18, 4

quod ad arbitrium suum possit etiam sacerdos, qui est vicarius Christi, dimittere totam poenam vel partem.

SED CONTRA, Gregorius dicit[1]: ‚Falsam poenitentiam dicimus quae non secundum auctoritatem sanctorum Patrum pro qualitate criminis imponitur.' Ergo videtur quod non omnino sit in arbitrio sacerdotis.

2. PRAETEREA, ad actum clavium requiritur discretio. Sed, si esset omnino in voluntate sacerdotis dimittere et imponere de poena quantum vellet, non esset ibi necessaria discretio: quia nunquam ibi indiscretio posset accidere. Ergo non est omnino in arbitrio sacerdotis.

RESPONDEO dicendum quod sacerdos operatur in usu clavium sicut instrumentum et minister Dei. Nullum autem instrumentum habet efficacem actum nisi secundum quod movetur a principali agente. Et ideo dicit Dionysius, in fine De Ecclesiastica hierarchia PG
[c. 7, p. 3, § 7], quod ‚sacerdotibus utendum est virtutibus 3/564 C
hierarchicis quando divinitas eos moverit'. In cujus signum, Matth. 16, ante potestatem clavium Petro traditam fit mentio de

[1] Gregorius VII, in Conc. Romano V, anno 1078, can. 5 (Mansi XX/510). — Cf. Gratianus, Decretum, p. II, causa 33, q. 3, d. 5, can. 6 (Frdb I/1241); Petrus Lomb., Sent. IV 16, 3 (QR II/842).

18, 4 und der den Aposteln verliehenen Nachlassungsgewalt wird Joh 20, 22 die Gabe des Heiligen Geistes vorausgeschickt, in deren Kraft ‚die Söhne Gottes bewegt werden' [Röm 8, 14]. Wenn der Priester sich darum anmaßte, seine Kraft nicht in Übereinstimmung mit jener göttlichen Anregung auszuüben, würde er keine Wirkung erreichen (Ps.-Dionysius). Und überdies würde er sich von der göttlichen Ordnung abwenden und so sich Schuld zuziehen.

Die genugtuenden Strafen sind als Arznei zu verhängen, und wie die in der Heilkunde festgelegten Arzneien nicht allen bekommen, sondern nach dem Ermessen des Arztes abzuwandeln sind, der nicht dem eigenen Willen folgt, sondern der Wissenschaft der Heilkunde, so ‚bekommen' die kirchenrechtlich festgelegten genugtuenden Strafen nicht allen, sondern sie sind abzuwandeln nach dem Ermessen des Priesters, das durch göttliche Eingebung geregelt wird [28]. Wie also der Arzt bisweilen eine wirksame Arznei, die zur Heilung der Krankheit ausreichen würde, nicht gibt, damit bei der Schwäche der Natur keine größere Gefahr entstehe, so legt der Priester, von göttlicher Eingebung geführt, nicht immer die ganze Strafe auf, die für eine bestimmte Sünde geziemend wäre, damit ein Kranker nicht wegen der Größe der Strafe verzweifle und der Buße gänzlich den Rücken kehre.

revelatione divinitatis ei facta; et Joan. 20 praemittitur potestati remissionis Apostolis datae Spiritus Sancti donum, quo ‚filii Dei aguntur'. Unde, si praeter illum motum divinum uti sua potestate praesumpserit, non consequeretur effectum, ut Dionysius dicit [l. c.]. Et praeter hoc, a divino ordine averteretur, et sic culpam incurreret.

Et quia poenae satisfactoriae infligendae ut medicinae sunt, sicut medicinae in arte determinatae non omnibus competunt, sed variandae sunt secundum arbitrium medici non propriam voluntatem sequentis, sed scientiam medicinae; ita poenae satisfactoriae in canone determinatae non omnibus competunt, sed variandae sunt secundum arbitrium sacerdotis divino instinctu regulatum. Sicut ergo medicus aliquando prudenter non dat medicinam efficacem, quae ad morbi curationem sufficiat, ne propter debilitatem naturae majus periculum oriatur; ita sacerdos, divino instinctu motus, non semper totam poenam quae uni peccato debetur injungit, ne infirmus aliquis ex magnitudine poenae desperet, et a poenitentia totaliter recedat.

Zu 1. Dieses Ermessen muß durch göttliche Eingebung geregelt sein. 18, 4

Zu 2. Auch dafür wird der Verwalter gelobt, daß er „klug gehandelt habe". Und darum ist bei Nachlassung der zukommenden Strafe Unterscheidung anzuwenden.

Zu 3. Christus besaß die Gewalt ‚des Vorzugs' [vgl. 17, 1] im Bereich der Sakramente [29]. Darum konnte er aus Vollmacht die ganze Strafe oder einen Teil davon nachlassen, wie er wollte. Das gilt aber nicht für die nur als Diener Wirkenden.

QUAESTIO 18, 4

AD PRIMUM ergo dicendum quod arbitrium istud debet esse divino instinctu regulatum.

AD SECUNDUM dicendum quod etiam de hoc laudatur villicus quod „prudenter fecit". Et ideo in remissione poenae debitae discretio adhibenda est.

AD TERTIUM dicendum quod Christus habuit potestatem excellentiae in sacramentis. Unde ipse ex auctoritate poenam totam vel partem poterat dimittere sicut volebat. Nec est simile de his qui operantur tantum ut ministri.

DIE DIENER DER SCHLÜSSELGEWALT UND DEREN AUSÜBUNG

Hierauf ist über die Diener der Schlüsselgewalt und deren Ausübung nachzudenken.

Dazu ergeben sich sechs Einzelfragen:

1. Hat der Priester des [Alten] Gesetzes die Schlüsselgewalt innegehabt?
2. Hat Christus die Schlüsselgewalt innegehabt?
3. Haben nur Priester die Schlüsselgewalt inne?
4. Können heilige Menschen, die nicht Priester sind, die Schlüsselgewalt ausüben?
5. Üben schlechte Priester die Schlüsselgewalt wirksam aus?
6. Können Schismatiker und Irrgläubige, Exkommunizierte, Amtsenthobene und Degradierte die Schlüsselgewalt ausüben?

1. ARTIKEL

Hat der Priester des [Alten] Gesetzes die Schlüsselgewalt innegehabt?

1. Die Schlüsselgewalt ist eine Folge der Einsetzung in die priesterliche Ordnung. Die Priester des Gesetzes aber waren Angehörige dieser Ordnung und wurden deshalb

QUAESTIO XIX

DE MINISTRIS CLAVIUM ET USU EARUM

Deinde considerandum est de ministris clavium et usu earum.

Circa quod quaeruntur sex: 1. Utrum sacerdos legalis claves habuerit. — 2. Utrum Christus claves habuerit. — 3. Utrum soli sacerdotes claves habeant. — 4. Utrum sancti homines non sacerdotes usum clavium habeant. — 5. Utrum mali sacerdotes usum clavium habeant efficacem. — 6. Utrum schismatici et haeretici, excommunicati et suspensi et degradati, usum clavium habeant.

ARTICULUS I

Utrum sacerdos legalis claves habuerit

[4 d 19: 1, 1 qa 1]

AD PRIMUM sic proceditur. Videtur quod sacerdos legalis claves habuerit. Clavis enim est sequela ordinis. Sed ipsi habue-

Priester genannt. Also haben auch die Priester des Geset- 19, 1
zes die Schlüsselgewalt innegehabt.

2. Wie der Lombarde (17, 3) sagt, gibt es zwei Schlüsselgewalten: „das Wissen der Unterscheidung und die Fähigkeit des Richtens". Nun aber besaßen die Priester des Gesetzes Vollmacht zu beidem. Also besaßen sie die Schlüsselgewalt.

3. Der Priester des Gesetzes besaß einige Macht über das übrige Volk. Keine zeitliche, weil sonst die königliche Macht von der Priestermacht nicht unterschieden gewesen wäre. Also eine geistliche. Und das ist die Schlüsselgewalt. Also besaß er die Schlüsselgewalt.

ANDERSEITS: Die Schlüsselgewalt ist hingeordnet auf die Erschließung des himmlischen Reiches, das vor dem Leiden Christi nicht erschlossen werden konnte. Also hat der Priester des Gesetzes die Schlüsselgewalt nicht innegehabt.

2. Die Sakramente des Alten Gesetzes verliehen keine Gnade [vgl. III 62, 6: Bd. 29; I—II 103, 2: Bd. 13]. Nun aber kann der Zugang zum himmlischen Reich nur durch Gnade eröffnet werden. Also konnte er durch jene Sakramente nicht eröffnet werden. Und so besaß auch der Priester, welcher deren Diener war, nicht die Schlüsselgewalt des himmlischen Reiches.

runt ordinem, ex quo sacerdotes dicebantur. Ergo etiam habuerunt clavem sacerdotes legales.

2. PRAETEREA, sicut supra Magister dicit[1], claves sunt duae, scilicet „scientia discernendi et potentia judicandi". Sed ad utramque sacerdotes legales habuerunt auctoritatem. Ergo habebant claves.

3. PRAETEREA, sacerdos legalis habebat aliquam potestatem super reliquum populum. Non temporalem: quia sic potestas regia non fuisset distincta a sacerdotali. Ergo spiritualem. Et haec est clavis. Ergo habebat clavem.

SED CONTRA, claves ordinantur ad aperiendum regnum caelorum, quod aperiri non potest ante Christi passionem. Ergo sacerdos legalis clavem non habuit.

2. PRAETEREA, sacramenta veteris legis gratiam non conferebant. Sed aditus regni caelestis aperiri non potuit nisi per gratiam. Ergo per illa sacramenta non poterat aperiri. Et sic etiam sacerdos, qui minister eorum erat, claves regni caelestis non habebat.

---

[1] Petrus Lomb., Sent. IV 18, 2 (QR II/356).

19, 1 ANTWORT: Einige haben gesagt: Im Alten Gesetz befand sich die Schlüsselgewalt bei den Priestern, weil es ihnen aufgetragen war, Strafen aufzuerlegen für Vergehen (Lev 5), was zur Schlüsselgewalt zu gehören scheint. Doch war sie damals unvollständig, jetzt aber ist sie bei den Priestern des Neuen Bundes durch Christus vollkommen.

Doch scheint das gegen die Absicht des Apostels zu sein nach Hebr 9, 11 f. Dort nämlich wird das Priestertum Christi dem Priestertum des Gesetzes vorgezogen, weil „Christus erscheint als Hoherpriester der zukünftigen Güter"; denn er führt „durch sein eigenes Blut" in die „nicht von Händen gemachte" himmlische Stiftshütte ein, während das Priestertum des Alten Bundes in sie einführte „durch das Blut von Böcken und Stieren". Daraus geht hervor, daß sich die Macht jenes Priestertums nicht auf Himmlisches erstreckte, sondern auf die Schattenbilder der himmlischen Dinge. Und darum muß man anderen zufolge sagen: Sie besaßen nicht die Schlüsselgewalt; sondern die Schlüsselgewalt war in ihnen vorgebildet.

Zu 1. Die Schlüsselgewalt des himmlischen Reiches ist gegeben mit einem Priestertum, durch das der Mensch in die himmlischen Bereiche eingeführt wird. Nun aber war die Ordnung des levitischen Priestertums nicht von der Art. Und darum besaßen sie nicht die Schlüsselgewalt des

QUAESTIO 19, 1

RESPONDEO dicendum quod quidam dixerunt quod in veteri lege erant claves apud sacerdotes, quia eis erat commissum imponere poenam pro delicto, ut dicitur Lev. 5, quod ad claves pertinere videtur: sed fuerunt tunc incompletae, nunc autem per Christum in sacerdotibus novae legis perfectae sunt.

Sed hoc videtur esse contra intentionem Apostoli, in Epistola ad Heb. 9. Ibi enim sacerdotium Christi praefertur sacerdotio legali per hoc quod „Christus assistit Pontifex futurorum bonorum", ad tabernaculum caeleste introducens „per proprium sanguinem: non manufactum", in quod introducebat sacerdotium veteris legis „per sanguinem hircorum et taurorum". Unde patet quod sacerdotii illius potestas non se extendebat ad caelestia, sed ad figuras caelestium. Et ideo, secundum alios[1], dicendum quod non habebant claves, sed in eis clavium figura praecessit.

AD PRIMUM ergo dicendum quod clavis regni caelestis consequitur ad sacerdotium quo homo in caelestia introducitur. Non

[1] Summa Halensis, p. IV, q. 20, m. 6, a. 2. Lugduni (Koburger) 1516; Albertus Magnus, In Sent. IV 18, 4 ad 1—3 (Borgnet 29/788); Bonaventura, In Sent. IV, d. 19, a. 1, q. 1 (QR IV/499).

Himmels, sondern nur die Schlüssel der irdischen Stiftshütte.

Zu 2. Die Priester des Alten Gesetzes besaßen die Vollmacht, zu unterscheiden und zu richten, nicht so jedoch, daß der von ihnen beurteilte Mensch zum Himmel zugelassen wurde, sondern nur zu den Bildern der himmlischen Dinge.

Zu 3. Sie besaßen geistliche Macht, weil sie durch die Sakramente des Gesetzes die Menschen zwar nicht von Schuldverfehlungen, sondern von Irregularitäten [30] reinigten, so daß der Zugang zu der ‚von Händen gemachten Stiftshütte' [vgl. Hebr 9, 11] denen offenstand, die von ihnen gereinigt waren.

2. ARTIKEL

Hat Christus die Schlüsselgewalt innegehabt?

1. Die Schlüsselgewalt folgt aus dem sakramentalen ‚Charakter' der Priesterweihe. Christus aber besaß keinerlei sakramentalen ‚Charakter'. Also hat er auch nicht die Schlüsselgewalt innegehabt.

2. Christus besaß im Bereich der Sakramente die ‚Gewalt des Vorzugs', so daß er die Wirkung des Sakramentes ohne dessen äußeres Zeichen verleihen konnte. Nun aber ist die

autem talis erat ordo sacerdotii Levitici. Et ideo claves caeli non habuerunt, sed claves terreni tabernaculi.

AD SECUNDUM dicendum quod sacerdotes veteris legis habebant auctoritatem discernendi et judicandi, sed non ut admitteretur homo ab eis judicatus in caelestia, sed in figuras caelestium.

AD TERTIUM dicendum quod habebant spiritualem potestatem, quia per sacramenta legalia non a culpis, sed ab irregularitatibus purgabant homines, ut ‚ad manufactum tabernaculum' aditus purgatis per eos pateret.

ARTICULUS II

Utrum Christus habuerit clavem

[4 d 19: 1, 1 qa 2]

AD SECUNDUM sic proceditur. Videtur quod Christus non habuerit clavem. Clavis enim characterem ordinis consequitur. Sed Christus non habuit characterem. Ergo non habuit clavem.

2. PRAETEREA, Christus habuit in sacramentis potestatem excellentiae, ut effectum sacramenti sine sacramentalibus posset

19, 2 Schlüsselgewalt etwas Sakramentales, d. h. Zeichenhaftiges. Also bedurfte er nicht der Schlüsselgewalt. Und so hätte er sie umsonst innegehabt.

ANDERSEITS heißt es Offb 3, 7: „Dies spricht, der den Schlüssel Davids hat ..."

ANTWORT: Die Kraft, etwas zu wirken, befindet sich nicht in derselben Weise im Werkzeug und in dem, was aus eigener Kraft wirkt, sondern in dem selbständig Wirkenden ist sie auf vollkommenere Weise. Die Schlüsselgewalt nun, die wir besitzen, und die Kraft der anderen Sakramente ist werkzeuglich; in Christus aber befindet sie sich als in dem, der durch sich selbst wirksam ist zu unserem Heil: der Vollmacht nach, sofern er Gott ist, dem Verdienst nach, sofern er Mensch ist. Nun bedeutet die Schlüsselgewalt ihrem Wesen nach die Macht, zu öffnen und zu schließen, ob nun jemand öffne als Hauptwirkender oder als Diener. Und darum muß man in Christus die Schlüsselgewalt annehmen, aber auf andere Weise als in seinen Dienern. Und darum heißt es, daß er die ‚Schlüsselgewalt des Vorzugs' besitze [17, 1].

Zu 1. Der sakramentale ‚Charakter' besagt seinem Begriff nach etwas, das von einem andern abgeleitet [31] ist. Und darum folgt die Schlüsselgewalt, welche in uns von Christus abgeleitet ist, aus dem sakramentalen ‚Charakter', durch den wir Christus gleichgestaltet werden. In Christus jedoch folgt sie nicht aus einem sakramentalen

QUAESTIO 19, 2

conferre. Sed clavis est sacramentale quoddam. Ergo non indigebat clavi. Et sic frustra eam habuisset.

SED CONTRA est quod dicitur Apoc. 3: „Haec dicit qui habet clavem David", etc.

RESPONDEO dicendum quod virtus aliquid agendi est in instrumento et in per se agente non eodem modo, sed in per se agente perfectius. Potestas autem clavium quam nos habemus, et aliorum sacramentorum virtus est instrumentalis: sed in Christo est ut in per se agente ad salutem nostram, per auctoritatem quidem inquantum est Deus, sed per meritum inquantum est homo. Clavis autem de ratione sua exprimit potestatem aperiendi et claudendi, sive aliquis aperiat quasi principale agens, sive quasi minister. Et ideo in Christo oportet ponere clavem, sed altero modo quam sit in ejus ministris. Et ideo dicitur quod habet ‚clavem excellentiae'.

AD PRIMUM ergo dicendum quod character de sua ratione dicit aliquid ab aliquo derivatum. Et ideo potestas clavium quae est in nobis a Christo derivata, sequitur characterem quo Christo

‚Charakter‘, sondern aus seiner ‚Gestalt‘, die Ursprung [aller Gleichgestaltung] ist. 19, 3

Zu 2. Jene Schlüsselgewalt, die Christus innehatte, war nicht sakramental, sondern Ursprung der sakramentalen Schlüsselgewalt.

3. ARTIKEL

Haben nur Priester die Schlüsselgewalt inne?

1. Isidor sagt: ‚Die Ostiarier, d. h. Türhüter, haben zu unterscheiden zwischen Guten und Bösen: die Würdigen nehmen sie auf, und die Unwürdigen schließen sie aus.‘ Das aber ist die Begriffsbestimmung der Schlüsselgewalt (17, 2). Also besitzen nicht nur die Priester, sondern auch die Ostiarier Schlüsselgewalt.

2. Die Schlüsselgewalt wird den Priestern verliehen, wenn sie durch Salbung von Gott her Vollmacht empfangen. Aber auch die Könige haben Vollmacht von Gott her über das gläubige Volk und werden durch Salbung geheiligt. Also haben nicht nur Priester die Schlüsselgewalt inne.

3. Das Priestertum ist ein Amt, das einer Einzelperson zukommt. Manchmal aber scheint eine ganze Gemein-

QUAESTIO 19, 3

conformamur. Sed in Christo non consequitur characterem, sed principalem formam.

AD SECUNDUM dicendum quod clavis illa quam Christus habuit, non erat sacramentalis, sed sacramentalis clavis principium.

ARTICULUS III

Utrum soli sacerdotes claves habeant

[4 d 19: 1, 1 qa 3 — 7: 3, 1 qa 3; 18: 2, 2 qa 1 ad 1. qa 2 ad 1; 20: a 3 qa 2 ad 1. a 4 qa 2; 21: 3,1 qa 3; In Mt 16]

AD TERTIUM sic proceditur. Videtur quod non soli sacerdotes claves habeant. Dicit enim Isidorus [Etymologiae 7, 12 n. 32; De ecclesiasticis officiis 2, 15] quod ‚ostiarii inter bonos et malos habent judicium: dignos recipiunt, indignos rejiciunt‘. Sed haec est definitio clavium, ut ex dictis patet. Ergo non solum sacerdotes, sed etiam ostiarii clavem habent. PL 82/293 B 83/794 A

2. PRAETEREA, claves sacerdotibus dantur dum per unctionem potestatem divinitus accipiunt. Sed reges etiam potestatem in populum fidelem divinitus habent, et unctione sanctificantur. Ergo non soli sacerdotes habent claves.

3. PRAETEREA, sacerdotium est ordo uni singulari personae conveniens. Sed clavem aliquando videtur habere tota una congre-

19, 3 schaft Schlüsselgewalt zu besitzen; denn einige [Dom-] Kapitel [u. ä.] können eine Exkommunikation verhängen, was Sache der Schlüsselgewalt ist. Also haben nicht nur Priester die Schlüsselgewalt inne.

4. Eine Frau kann keine Priesterweihe empfangen, weil es ihr nicht zusteht zu lehren (1 Kor 14, 34 f.). Nun aber scheinen einige Frauen Schlüsselgewalt zu besitzen, wie die Äbtissinnen, welche geistliche Gewalt ausüben ihren Untergebenen gegenüber. Also haben nicht nur Priester die Schlüsselgewalt inne.

ANDERSEITS sagt Ambrosius: ‚Dieses Recht', nämlich zu binden und zu lösen, ‚ist nur Priestern zugestanden.'

2. Durch die Schlüsselgewalt wird jemand in die Mitte gestellt zwischen Volk und Gott. Das aber kommt nur Priestern zu, welche „eingesetzt sind für die Menschen zum Dienst vor Gott, um Gaben und Opfer für die Sünden darzubringen" (Hebr 5, 1). Also haben nur Priester die Schlüsselgewalt inne.

ANTWORT: Die Schlüsselgewalt ist zweifach. Die eine erstreckt sich unmittelbar auf den Himmel, indem sie die Hindernisse des Eingangs in den Himmel wegräumt durch Nachlaß der Sünde. Und diese wird ‚Schlüsselgewalt der Weihe' genannt. Diese haben allein Priester inne, weil sie

gatio: quia quaedam capitula excommunicationem inferre possunt, quod ad potestatem clavium pertinet. Ergo non soli sacerdotes clavem habent.

4. PRAETEREA, mulier non est sacerdotalis ordinis susceptiva: quia ei docere non competit, secundum Apostolum, 1 Cor. 14: Sed aliquae mulieres videntur habere claves: sicut abbatissae, quae habent spiritualem potestatem in subditas. Ergo non soli sacerdotes habent clavem.

PL SED CONTRA est quod Ambrosius dicit [De poenitentia 1,2 n.
16/468 B 7]: ‚Hoc jus', scilicet ligandi et solvendi, ‚solum sacerdotibus est concessum'.

2. PRAETEREA, per potestatem clavium efficitur aliquis medius inter populum et Deum. Sed hoc tantum sacerdotibus competit, qui „constituuntur in his quae sunt ad Deum, ut offerant dona et sacrificia pro peccatis", ut dicitur Heb. 5. Ergo soli sacerdotes claves habent.

RESPONDEO dicendum quod clavis est duplex. Una quae se extendit ad ipsum caelum immediate, removendo impedimenta introitus in caelum per remissionem peccati. Et haec vocatur

allein geweiht werden für das Volk zu dessen Dienst unmittelbar „vor Gott“ [Hebr 5, 1].

Die andere Schlüsselgewalt erstreckt sich nicht unmittelbar auf den Himmel, sondern durch Vermittlung der streitenden Kirche, durch die man zum Himmelreich unterwegs ist: insofern man durch diese [Schlüsselgewalt] ausgeschlossen oder zugelassen wird zur Gemeinschaft der streitenden Kirche durch Exkommunikation oder durch Lossprechung [davon]. Und diese wird ‚Schlüsselgewalt der Rechtsprechung im öffentlichen Gerichtsbereich‘ genannt. Und diese können darum auch Nichtpriester innehaben, wie die Archidiakone, die Erwählten [aber noch nicht geweihten Bischöfe] und andere, die exkommunizieren können [32]. Doch heißt diese nicht im eigentlichen Sinne Schlüsselgewalt [zur Erschließung des Himmels], sondern eine Vorbereitung dazu.

Zu 1. Die Ostiarier haben die Schlüsselgewalt, das zu behüten, was im sichtbaren Kirchengebäude enthalten ist; sie haben zu beurteilen, wer von diesem Kirchenraum auszuschließen und zu ihm zuzulassen ist, aber nicht aus eigener Amtsgewalt zu beurteilen, wer würdig oder unwürdig ist, sondern in Ausführung des Urteils der Priester, so daß sie gleichsam als Vollstrecker der priesterlichen Vollmacht erscheinen.

Zu 2. Die Könige besitzen keine Vollmacht im geistlichen Bereich, und darum empfangen sie nicht die Schlüs-

‚clavis ordinis‘. Et hanc soli sacerdotes habent: quia ipsi soli ordinantur populo in his quae directe „sunt ad Deum“.

Alia clavis est quae non directe se extendit ad ipsum caelum, sed mediante militante Ecclesia, per quam aliquis ad caelum vadit: dum per eam aliquis excluditur vel admittitur ad consortium Ecclesiae militantis per excommunicationem et absolutionem. Et haec vocatur ‚clavis jurisdictionis in foro causarum‘. Et ideo nonsacerdotes etiam hanc habere possunt: sicut archidiaconi, et electi, et alii qui excommunicare possunt. Sed non proprie dicitur clavis caeli, sed quaedam dispositio ad ipsam.

AD PRIMUM ergo dicendum quod ostiarii habent clavem custodiendi ea quae in templo materiali continentur; et habent judicium a tali templo excludendi et admittendi, non quidem sua auctoritate judicantes qui sint digni vel indigni, sed judicium sacerdotum exequentes; ut sic quodammodo executores potestatis sacerdotis videantur.

AD SECUNDUM dicendum quod reges non habent aliquam potestatem in spiritualibus, et ideo clavem regni caelestis non

19, 3 selgewalt für das Himmelreich, sondern nur in irdischen Dingen, obwohl auch diese nur von Gott sein kann (Röm 13, 1). Sie werden durch die Salbung auch nicht in eine Weihestufe aufgenommen, sondern es soll dadurch die Erhabenheit ihrer Macht versinnbildet werden, die von Christus herabsteigt, damit auch sie unter Christus im christlichen Volk herrschen.

Zu 3. Wie im politischen Bereich der [eine herrschende] Richter bisweilen die gesamte Macht besitzt, wie bei einem Königreich, bisweilen jedoch viele [Richter], die in verschiedenen Ämtern bestallt sind, oder auch [alle freien Bürger] in gleichberechtigter Weise (Aristoteles) [33], so kann auch die geistliche Gewalt von einem einzigen innegehabt werden, wie vom Bischof, oder von mehreren zugleich, wie von einem Kapitel. Und so besitzen diese alle zusammen die Schlüsselgewalt der Rechtsprechung, nicht aber die Schlüsselgewalt der Weihe.

Zu 4. Die Frau befindet sich dem Apostel zufolge im Stande der Unterwerfung, und darum kann sie keinerlei geistliche Rechtsprechungsgewalt ausüben; denn auch nach Aristoteles bedeutet es einen Zerfall des Gemeinwesens, wenn die Herrschaft an eine Frau übergeht [34]. Darum besitzt die Frau weder die Schlüsselgewalt der Weihe noch die der Rechtsprechung. Doch ist der Frau eine gewisse Ausübung der Schlüsselgewalt übertragen, etwa das Recht zur Zurechtweisung gegenüber untergebenen

accipiunt: sed solum in temporalibus, quae etiam non nisi a Deo esse potest, ut patet Rom. 13. Nec per unctionem in aliquo ordine consecrantur: sed excellentia potestatis ipsorum a Christo descendere significatur, et ut ipsi sub Christo in populo Christiano regnent.

AD TERTIUM dicendum quod, sicut in politicis quandoque
judex habet totam potestatem, sicut est in regno; quandoque
autem multi in diversis officiis constituti, vel etiam ex aequo, ut
1160 a 32 dicitur 8 Ethicorum [c. 12 et 13]: ita etiam spiritualis jurisdictio
1161 a 6 potest haberi ab uno solo, sicut ab episcopo; et pluribus simul,
a 27 sicut a capitulo. Et sic habent clavem jurisdictionis, non tamen
clavem ordinis, simul omnes.

AD QUARTUM dicendum quod mulier, secundum Apostolum,
est in statu subjectionis, et ideo non potest habere aliquam
spiritualem jurisdictionem: quia etiam secundum Philosophum, in
1161 a 1 8 Ethicorum [c. 12], corruptio urbanitatis est quando ad mulierem
dominium pervenit. Unde mulier non habet neque clavem ordinis
neque clavem jurisdictionis. Sed committitur mulieri aliquis usus

Frauen wegen der Gefahr, die drohen könnte, wenn Männer bei den Frauen wohnten. 19, 4

4. ARTIKEL

Können auch heilige Menschen, die nicht Priester sind, die Schlüsselgewalt ausüben?

1. Die Lossprechung und Bindung, welche durch die Schlüsselgewalt erfolgt, zieht ihre Wirksamkeit aus dem Verdienst des Leidens Christi. Nun aber sind diejenigen am meisten Christus gleichgestaltet, die durch Geduld und andere Tugenden dem leidenden Christus folgen. Also scheint es, daß sie, auch wenn sie keine priesterliche Weihe besitzen, binden und lösen können.

2. Es heißt Hebr 7, 7: „Ohne jede Widerrede aber wird, was geringer ist, von dem Größeren gesegnet." Im geistlichen Bereich aber „bedeutet größer sein besser sein" (Augustinus). Also können die Besseren, die nämlich mehr Liebe besitzen, andere durch Lossprechung segnen. Und so gilt dasselbe wie vorher.

ANDERSEITS: „Wessen die Fähigkeit ist, dessen ist die Tat" (Aristoteles). Nun aber ist die Schlüsselgewalt, wel-

clavium: sicut habere correctionem in subditas mulieres, propter periculum quod imminere posset si viri mulieribus cohabitarent.

ARTICULUS IV

Utrum etiam sancti homines non sacerdotes usum clavium habeant

[4 d 19: 1, 2 qa 1]

AD QUARTUM sic proceditur. Videtur quod etiam sancti homines non sacerdotes usum clavium habeant. Absolutio enim et ligatio, quae fit per claves, efficaciam habet ex merito passionis Christi. Sed illi maxime passioni Christi conformantur qui per patientiam et alias virtutes Christum passum sequuntur. Ergo videtur quod, etiam si non habeant sacerdotalem ordinem, quod possint ligare et solvere.

2. PRAETEREA, Heb. 7 dicitur: „Sine ulla contradictione, quod minus est a majori benedicitur." Sed in spiritualibus, secundum
Augustinum [De Trinitate 6, 8], „hoc est majus esse quod melius". PL
Ergo meliores, qui scilicet plus de caritate habent, possunt alios 42/929 D
benedicere absolvendo. Et sic idem quod prius.

SED CONTRA, „cujus est potentia, ejus est actio", secundum
Philosophum [De somno et vigilia, c. 1]. Sed clavis, quae est 454 a 8

19, 4 che eine geistliche Fähigkeit darstellt, nur Priestern zu eigen [Art. 3]. Also kann auch ihre Ausübung nur Priestern zukommen.

ANTWORT: Das durch sich selbst Wirkende und das werkzeuglich Wirkende unterscheiden sich in folgendem: Das werkzeuglich Wirkende bringt in seiner Wirkung nicht sein Abbild zum Ausdruck, sondern das Abbild des Hauptwirkenden; das Hauptwirkende hingegen bringt sein eigenes Abbild zum Ausdruck. Darum ist etwas dadurch ein Hauptwirkendes, daß es eine Gestalt besitzt, die es auf anderes weiterleiten kann; dadurch ist etwas aber nicht ein werkzeuglich Wirkendes, sondern dadurch, daß es vom Hauptwirkenden dazu verwendet wird, eine Wirkung zu erzielen. Da nun im Vollzug der Schlüsselgewalt Hauptwirkender Christus ist — als Gott durch seine Vollmacht und als Mensch durch sein Verdienst —, folgt aus der Fülle göttlichen Gutseins in ihm und aus der Vollkommenheit seiner Gnade, daß er Macht besitzt zum Vollzug der Schlüsselgewalt. Ein anderer Mensch aber besitzt keine Macht zum Vollzug der Schlüsselgewalt als ein durch sich selbst Wirkendes, weil er weder einem anderen Menschen die Gnade verleihen, durch die Sünden nachgelassen werden, noch genügendes Verdienst erwerben kann. Und so handelt er nur wie ein werkzeuglich Wirkender. Darum wird der Empfänger der Wirkung der Schlüsselgewalt nicht dem angeglichen, der sie ausübt,

QUAESTIO 19, 4

potestas spiritualis, est tantum sacerdotum. Ergo et usus ejus non nisi sacerdotibus convenire potest.

RESPONDEO dicendum quod agens per se et agens instrumentale in hoc differunt quod agens instrumentale non inducit in effectu similitudinem suam, sed similitudinem principalis agentis; principale autem agens inducit similitudinem suam. Et ideo ex hoc aliquid constituitur principale agens quod habet aliquam formam quam in alterum transfundere potest: non autem ex hoc constituitur agens instrumentale, sed ex hoc quod est applicatum a principali agente ad effectum aliquem inducendum. Cum ergo in actu clavium principale agens sit Christus, ut Deus per auctoritatem et ut homo per meritum, ex ipsa plenitudine divinae bonitatis in eo et ex perfectione gratiae consequitur quod possit in actum clavium. Sed homo alius non potest in actum clavium sicut per se agens: quia nec ipse alteri gratiam, qua remittuntur peccata, dare potest, nec sufficienter mereri. Et ideo non est nisi sicut agens instrumentale. Unde ille qui effectum clavium consequitur, non assimilatur utenti clavibus, sed Christo. Et propter hoc, quantum-

sondern Christus. Und aus diesem Grunde kann jemand, mag er noch so viel Gnade besitzen, nicht die Wirkung der Schlüsselgewalt vermitteln, wenn er nicht dazu durch den Empfang der Weihe als Diener eingesetzt wird. 19, 4

Zu 1. Wie zwischen Werkzeug und Wirkung keine Ähnlichkeit erfordert ist im Sinne der Übereinstimmung der Gestalt, sondern im Sinne des Verhältnisses zwischen Werkzeug und Wirkung, so auch nicht zwischen Werkzeug und Hauptwirkendem. Und eine solche Ähnlichkeit besteht zwischen den heiligen Menschen und dem leidenden Christus. Aber eine solche Ähnlichkeit verleiht ihnen nicht die Ausübung der Schlüsselgewalt.

Zu 2. Obwohl ein bloßer Mensch einem anderen nicht Gnade verdienen kann mit dem Recht des Anspruchs, so kann doch das Verdienst des einen mitwirken zum Heil des anderen. Darum gibt es eine doppelte Segnung. Die eine stammt vom bloßen Menschen, der durch einen eigenen Akt Verdienste erwirbt. Und diese Segnung kann von jedem Heiligen erfolgen, in dem Christus ja durch die Gnade wohnt. Und diese erfordert ein größeres Gutsein mindestens unter dem gleichen Gesichtspunkt. — Die andere Segnung ist die, mit der der Mensch segnet, insofern er eine Segnung, die aus dem Verdienst Christi stammt, werkzeuglich einem anderen zuwendet. Unter diesem Gesichtspunkt ist das Größersein, das in der Weihe liegt, erfordert, und nicht das Größersein an Tugend.

QUAESTIO 19, 4

cumque aliquis habeat de gratia, non potest pertingere ad effectum clavium nisi applicetur ad hoc quasi minister per ordinis susceptionem.

AD PRIMUM ergo dicendum quod, sicut inter instrumentum et effectum non exigitur similitudo secundum convenientiam in forma, sed secundum proportionem instrumenti ad effectum; ita etiam nec inter instrumentum et principale agens. Et talis similitudo est in sanctis hominibus ad Christum passum. Et talis similitudo eis usum clavium non confert.

AD SECUNDUM dicendum quod, quamvis purus homo non possit alteri ex condigno mereri gratiam, tamen unius meritum potest cooperari ad salutem alterius. Ideo duplex est benedictio. Una quae est ab ipso homine puro sicut merente per proprium actum. Et talis potest fieri a quolibet sancto, in quo Christus habitat per gratiam. Et hoc requirit majoritatem bonitatis ad minus inquantum hujusmodi. — Alia est benedictio qua homo benedicit ut benedictionem quae est ex merito Christi instrumentaliter alicui applicans. Et quantum ad hanc requiritur majoritas ordinis, et non virtutis.

5. ARTIKEL

Können schlechte Priester die Schlüsselgewalt ausüben?

1. Nach Joh 20, 22 f. wird den Aposteln vor der Verleihung der Schlüsselgewalt die Gabe des Heiligen Geistes geschenkt [18, 4 Antw.]. Nun aber besitzen die Bösen nicht den Heiligen Geist. Also besitzen sie auch nicht die Ausübung der Schlüsselgewalt.

2. Kein weiser König vertraut die Verwaltung seines Schatzes seinem Feinde an. Nun aber besteht die Ausübung der Schlüsselgewalt in der Verwaltung des Schatzes des himmlischen Königs, der die Weisheit selbst ist. Also können die Bösen, die aufgrund ihrer Sünden seine Feinde sind, nicht die Schlüsselgewalt ausüben.

3. Augustinus sagt: „Das Sakrament der Gnade verleiht Gott auch durch Vermittlung von Bösen, die Gnade selbst hingegen nur durch sich selbst oder durch seine Heiligen. Und darum bewirkt er die Nachlassung der Sünden durch sich selbst oder durch die Glieder seiner Taube“ [35]. Nun aber ist Nachlassung der Sünden soviel wie Schlüsselgewalt. Also können die Sünder, die nicht Glieder der Taube sind, nicht die Schlüsselgewalt ausüben.

ARTICULUS V

Utrum mali sacerdotes usum clavium habeant

[4 d 19: 1, 2 qa 2 — In Jo 20: lect 4]

AD QUINTUM sic proceditur. Videtur quod mali sacerdotes usum clavium non habeant. Joan. 20, ubi usus clavium Apostolis traditur, Spiritus Sancti donum praemittitur[1]. Sed mali non habent Spiritum Sanctum. Ergo non habent usum clavium.

2. PRAETEREA, nullus sapiens rex dispensationem sui thesauri suo inimico committit. Sed usus clavium in dispensatione consistit thesauri caelestis Regis, qui est ipsa Sapientia. Ergo mali, qui per peccata sunt ejus hostes, non habent usum clavium.

PL 3. PRAETEREA, Augustinus dicit [De baptismo contra Donati-
43/191 D stas 5, 21] quod „sacramentum gratiae dat Deus etiam per malos, ipsam vero gratiam non nisi per seipsum vel per sanctos suos. Et ideo remissionem peccatorum per seipsum facit, vel per ipsius Columbae membra.“ Sed remissio peccatorum est usus clavium. Ergo peccatores, qui non sunt Columbae membra, usum clavium non habent.

[1] In Sent.; L: promittitur.

4. Die Fürsprache eines schlechten Priesters hat keinerlei Wirksamkeit zur Versöhnung, Gregor [d. Gr.] zufolge: „Wird ein Mißfälliger zur Fürsprache abgesandt, so wird der Sinn des Erzürnten zu Schlimmerem gereizt.“ Nun erfolgt die Ausübung der Schlüsselgewalt durch eine Art von Fürsprache, wie aus dem Wortlaut der Lossprechung hervorgeht [vgl. III 84, 3 Zu 2 m. Anm.: Bd. 31]. Also üben sie die Schlüsselgewalt nicht wirksam aus. 19, 5

ANDERSEITS: Niemand kann vom anderen wissen, ob er sich im Stande des Heils befindet. Wenn also niemand die Schlüsselgewalt bei der Lossprechung ausüben könnte, außer wer im Stande des Heils ist, so wüßte niemand, ob er losgesprochen ist. Das ist ganz widersinnig.

2. Die Ungerechtigkeit des Dieners kann die Freigebigkeit des Herrn nicht aufheben. Nun aber ist der Priester nur Diener. Also kann er uns nicht durch seine Bosheit das von Gott her durch ihn weitergeleitete Geschenk entziehen.

ANTWORT: So wenig die Teilhabe an der Form, welche in die Wirkung überführt werden soll, das Werkzeug erstellt [Art. 4 Antw.], so wenig hebt der Entzug einer solchen Form den Gebrauch des Werkzeuges auf. Aus diesem Grunde wird ein Mensch, da er in Ausübung der Schlüsselgewalt nur werkzeuglich tätig ist, in keiner Weise dieser Ausübung beraubt, mag er infolge seiner

4. PRAETEREA, intercessio mali sacerdotis non habet aliquam efficaciam ad reconciliandum: quia, secundum Gregorium [Regula pastoralis 1, 10 al. 11], „cum is qui displicet ad interpellandum mittitur, irati animus ad deteriora provocatur“. Sed usus clavium fit per quandam intercessionem: ut patet in forma absolutionis. Ergo non habent efficacem clavium usum. PL 77/23 C

SED CONTRA, nullus potest scire de alio an sit in statu salutis. Si ergo nullus posset uti clavibus in absolvendo nisi existens in statu salutis, nullus sciret se esse absolutum. Quod est valde inconveniens.

2. PRAETEREA, iniquitas ministri non potest auferre liberalitatem domini. Sed sacerdos est solum minister. Ergo non potest sua malitia donum a Deo transmissum per eum nobis auferre.

RESPONDEO dicendum quod, sicut participatio formae quae est inducenda in effectum, non facit instrumentum; ita nec subtractio talis formae tollit usum instrumenti. Et ideo, cum homo sit tantum instrumentaliter agens in usu clavium, quantumcum-

 Sünde noch so sehr der Gnade ermangeln, durch welche die Nachlassung der Sünden erfolgt.

Zu 1. Die Gabe des Heiligen Geistes ist zur Ausübung der Schlüsselgewalt erforderlich, nicht so, als ob diese ohne jene unmöglich wäre, sondern weil sie ohne jene von seiten des Ausübenden in unangemessener Weise erfolgt, obwohl derjenige, der sich der Schlüsselgewalt unterwirft, deren Wirkung dennoch empfängt.

Zu 2. Ein irdischer König kann bezüglich seines Schatzes betrogen und getäuscht werden und vertraut darum dem Feinde dessen Verwaltung nicht an. Der himmlische König aber kann nicht betrogen werden, weil alles zu seiner Ehre gereicht, auch wenn einige die Schlüsselgewalt schlecht verwalten; denn er kann aus Bösem Gutes hervorbringen und durch böse Menschen sogar viel Gutes bewirken. Und darum gilt der Vergleich nicht.

Zu 3. Augustinus spricht von der Nachlassung der Sünden, insofern heilige Menschen dabei mitwirken nicht in Kraft der Schlüsselgewalt, sondern in Kraft eines entsprechenden Verdienstes. Und darum sagt er, daß er [Gott] auch durch Böse die Sakramente verwaltet. Und unter den Sakramenten muß auch die Lossprechung, das ist die Ausübung der Schlüsselgewalt, mitgezählt werden. Durch die ‚Glieder der Taube' hingegen, d. h. durch heilige Menschen, bewirkt er die Nachlassung der Sünden, insofern er durch deren Fürsprache Sünden nachläßt.

que sit per peccatum gratia privatus, per quam fit remissio peccatorum, nullo modo privatur usu clavium.

AD PRIMUM ergo dicendum quod donum Spiritus Sancti exigitur ad usum clavium non ut sine quo fieri non possit, sed quia sine eo incongrue fit ex parte utentis: quamvis subjiciens se clavibus effectum clavium consequatur.

AD SECUNDUM dicendum quod rex terrenus in thesauro suo defraudari et decipi potest: et ideo hosti ejus dispensationem non committit. Sed Rex caelestis defraudari non potest: quia totum ad ipsius honorem cedit, etiam quod aliqui clavibus male utuntur; quia novit ex malis elicere bona, et per malos etiam multa bona facere. Et ideo non est simile.

AD TERTIUM dicendum quod Augustinus loquitur de remissione peccatorum secundum quod sancti homines cooperantur ad ipsam, non ex vi clavium, sed ex merito congrui. Et ideo dicit quod etiam per malos sacramenta ministrat. Et inter alia sacramenta etiam absolutio, quae est usus clavium, computari debet. Sed per ‚membra Columbae', idest per sanctos homines, facit remissionem peccatorum inquantum eorum intercessionibus peccata remittit.

Oder man kann sagen: ‚Glieder der Taube' nennt er alle nicht von der Kirche Getrennten. Denn wer von ihnen Sakramente empfängt, erlangt Gnade, nicht aber wer Sakramente empfängt von denen, die von der Kirche getrennt sind, weil er eben dadurch sündigt, mit Ausnahme der Taufe, die man im Notfall auch von einem Exkommunizierten empfangen darf. 19, 6

Zu 4. Die Fürsprache, die ein schlechter Priester in eigener Person einlegt, hat keine Wirksamkeit; diejenige aber, die er als Diener der Kirche einlegt, hat Wirksamkeit aus dem Verdienst Christi. Doch soll die Fürsprache des Priesters in beiden Formen dem anvertrauten Volke ersprießlich sein.

6. ARTIKEL

Können Schismatiker und Irrgläubige, Exkommunizierte, Amtsenthobene und Degradierte die Schlüsselgewalt ausüben?

1. Wie die Schlüsselgewalt von der Weihe abhängt, so auch die Gewalt, die Eucharistie zu vollziehen. Nun aber kann man die Ausübung der eucharistischen Vollmacht nicht verlieren; denn wenn jene oben Genannten die Eucharistie vollziehen, ist sie vollzogen, obgleich sie dabei

Vel potest dici quod ‚membra Columbae' nominat omnes ab Ecclesia non praecisos. Qui enim ab eis sacramenta recipiunt, gratiam consequuntur: non autem qui recipiunt ab illis qui sunt ab Ecclesia praecisi, quia hoc ipso peccant: excepto baptismo, quem in casu necessitatis licet ab excommunicato recipere.

AD QUARTUM dicendum quod intercessio quam sacerdos malus ex propria persona facit, non habet efficaciam: sed illa quam facit ut minister Ecclesiae, habet efficaciam ex merito Christi. Utroque tamen modo debet intercessio sacerdotis populo subjecto prodesse.

ARTICULUS VI

Utrum schismatici et haeretici, excommunicati et suspensi et degradati, usum clavium habeant

[4 d 19: 1, 2 qa 3 — Supra 8, 5]

AD SEXTUM sic proceditur. Videtur quod schismatici et haeretici, excommunicati et suspensi et degradati, usum clavium habeant. Sicut enim potestas clavium dependet ab ordine, ita et potestas conficiendi. Sed non possunt amittere usum potestatis

19, 6 sündigen. Also können sie auch die Fähigkeit, die Schlüsselgewalt auszuüben, nicht verlieren.

2. Jede wirkmächtige geistliche Gewalt geht bei dem, der den Gebrauch der freien Selbstbestimmung besitzt, in Tätigkeit über, wann er will. Nun aber bleibt die Schlüsselgewalt in den Genannten zurück; da sie nämlich nur in der Weihe verliehen wird, müßten die Genannten, wenn sie zur Kirche zurückkehren, wieder geweiht werden. Da also eine wirkmächtige Gewalt zurückbleibt, können jene in Tätigkeit treten, wann sie wollen.

3. Geistliche Gnade wird durch Schuld mehr verhindert als durch Strafe. Nun aber sind Exkommunikation, Amtsenthebung und Degradierung Strafen. Da nun niemand die Fähigkeit, die Schlüsselgewalt auszuüben, aufgrund einer Schuld verliert, scheint es, daß [er sie] auch nicht wegen dieser Dinge [verliert].

ANDERSEITS: Augustinus sagt: „Die Liebe der Kirche läßt Sünden nach." Nun aber ist es die Liebe, welche die Einheit der Kirche bewirkt. Da nun die oben Genannten von der Einheit der Kirche abgespalten sind, scheint es, daß sie keine Schlüsselgewalt zur Nachlassung der Sünden ausüben können.

2. Keiner wird dadurch von einer Sünde losgesprochen, daß er sündigt. Nun aber sündigt derjenige, der von den

QUAESTIO 19, 6

conficiendi: quia, si conficiunt, confectum est, quamvis peccent conficientes. Ergo etiam non possunt amittere usum clavium.

2. PRAETEREA, omnis potestas spiritualis activa, in eo qui habet usum liberi arbitrii, exit in actum quando vult. Sed potestas clavium adhuc manet in praedictis: quia, cum non detur nisi in ordine, oporteret reordinari eos quando ad Ecclesiam redeunt. Ergo, cum sit potentia activa, possunt in actum ejus exire cum voluerint.

3. PRAETEREA, spiritualis gratia magis impeditur per culpam quam per poenam. Sed excommunicatio et suspensio et degradatio sunt poenae quaedam. Cum ergo propter culpam non amittat aliquis usum clavium, videtur quod nec propter ista.

PL 35/1958 B SED CONTRA, Augustinus dicit [In Joannis Evangelium, tr. 121, super 20, 23] quod „Ecclesiae caritas peccata dimittit". Caritas autem est quae facit Ecclesiae unionem. Cum ergo praedicti sint ab Ecclesiae unione divisi, videtur quod usum clavium non habent in remittendis peccatis.

2. PRAETEREA, nullus absolvitur a peccato secundum hoc quod peccat. Sed aliquis a praedictis absolutionem petens peccat,

oben Genannten Lossprechung erbittet, indem er gegen das Gebot der Kirche handelt. Also kann er durch sie von seiner Sünde nicht losgesprochen werden. Und so gilt dasselbe wie vorher.

ANTWORT: Bei allen oben Genannten bleibt die Schlüsselgewalt ihrem Wesen nach; ihre Ausübung aber ist unmöglich wegen des fehlenden ‚Gegenstandes'. Da nämlich die Ausübung der Schlüsselgewalt bei den Ausübenden einen Vorrang fordert gegenüber den Betroffenen (17, 2 Zu 2), ist der eigentliche ‚Gegenstand', dem gegenüber die Schlüsselgewalt ausgeübt wird, der *untergebene Mensch*. Und weil ein Mensch dem andern in Kraft der Anordnung der Kirche untergeordnet ist, darum kann auch jemand, der jemandem untergeordnet war, durch die Vorsteher der Kirche ihm wieder entzogen werden. Da nun die Kirche die Irrgläubigen, Schismatiker und andere [Priester] dieser Gruppe entrechtet, indem sie ihnen die Untergebenen entzieht, sei es schlechthin, sei es in bestimmter Hinsicht, so können sie in der Hinsicht, unter welcher sie entrechtet sind, die Schlüsselgewalt nicht ausüben.

Zu 1. Materie [Gegenstand] des Sakramentes der Eucharistie, über welche der Priester seine Gewalt ausübt, ist nicht ein Mensch, sondern das Weizenbrot, und bei der Taufe der *Mensch schlechthin*. Wie darum ein Irrgläubiger, wenn ihm das Weizenbrot entzogen wurde, keine Eucharistie vollziehen könnte, so kann er nicht lossprechen, wenn ihm als geistlichem Vorgesetzten der Vorrang [über

QUAESTIO 19, 6

contra praeceptum Ecclesiae faciens. Ergo per eos a peccato absolvi non potest. Et sic idem quod prius.

RESPONDEO dicendum quod in omnibus praedictis manet clavium potestas quantum ad essentiam, sed usus impeditur ex defectu materiae. Cum enim usus clavium in utente praelationem requirat respectu ejus in quem utitur, ut dictum est, propria materia in quam exercetur usus clavium, est homo subditus. Et quia per ordinationem Ecclesiae subditur unus alteri, ideo etiam per Ecclesiae praelatos potest subtrahi alicui ille qui erat ei subjectus. Unde, cum Ecclesia haereticos et schismaticos, et alios hujusmodi, privet subtrahendo subditos, vel simpliciter vel quantum ad aliquid, quantum ad hoc quo privati sunt, non possunt usum clavium habere.

AD PRIMUM ergo dicendum quod materia sacramenti Eucharistiae, in quam suam potestatem exercet sacerdos, non est homo, sed panis triticeus; et in baptismo homo simpliciter. Unde, sicut si subtraheretur haeretico panis triticeus, conficere non posset; ita si

19, 6 Menschen] entzogen wird. Doch kann er taufen und die Eucharistie vollziehen, wenn auch zu seiner eigenen Verdammung.

Zu 2. Der Grundsatz hat seine Wahrheit, wenn nicht der ‚Gegenstand' fehlt, wie das im vorliegenden Fall zutrifft.

Zu 3. Aus der Schuld folgt nicht, daß der ‚Gegenstand' entzogen wird wie bei einer Strafe. Darum hindert die Strafe nicht wegen einer Gegensätzlichkeit, daß die Wirkung herbeigeführt wird, sondern aus dem angegebenen Grunde (Antw.).

QUAESTIO 19, 6

subtrahatur praelato praelatio, nec absolvere poterit. Potest tamen baptizare et conficere: quamvis ad sui damnationem.

AD SECUNDUM dicendum quod propositio habet veritatem quando non deest materia, sicut est in proposito.

AD TERTIUM dicendum quod ex ipsa culpa non subtrahitur materia, sicut per aliquam poenam. Unde poena non impedit per contrarietatem ad effectum inducendum, sed ratione praedicta.

WELCHEN MENSCHEN GEGENÜBER DIE SCHLÜSSELGEWALT AUSGEÜBT WERDEN KANN

Hierauf ist darüber nachzudenken, welchen Menschen gegenüber die Schlüsselgewalt ausgeübt werden kann. Dazu ergeben sich drei Einzelfragen:

1. Kann ein Priester jedem Menschen gegenüber die Schlüsselgewalt ausüben, die er besitzt?
2. Kann ein Priester jederzeit seinen Untergebenen lossprechen?
3. Kann jemand die Schlüsselgewalt seinem Vorgesetzten gegenüber ausüben?

1. ARTIKEL

Kann ein Priester die Schlüsselgewalt, die er besitzt, jedem Menschen gegenüber ausüben?

1. Die Schlüsselgewalt des Priesters stammt aus dem vollmächtigen Wort des Herrn: ,,Empfanget den Heiligen Geist; welchen ihr die Sünden nachlassen werdet, denen sind sie nachgelassen“ [Joh 20, 22f.]. Das aber hat er unterschiedslos in bezug auf alle gesagt. Also kann auch

QUAESTIO XX

DE HIS IN QUOS USUS CLAVIUM EXERCERI POTEST

Deinde considerandum est de his in quos usus clavium exerceri potest.

Circa quod tria quaeruntur: 1. Utrum sacerdos possit in quemlibet hominem uti clave quam habet. — 2. Utrum sacerdos possit semper suum subditum absolvere. — 3. Utrum aliquis possit uti clavibus in suum superiorem.

ARTICULUS I

Utrum sacerdos possit uti clave quam habet in quemlibet hominem

[4 d 19: 1, 3 qa 1 — Supra 8, 4. 6; 4 d 24: 3, 2 qa 1; CG IV 72; Ql XII 19]

AD PRIMUM sic proceditur. Videtur quod sacerdos possit uti clave quam habet in quemlibet hominem. Potestas enim clavium sacerdote descendit ex illa Domini auctoritate quae dicit: ,,Accipite Spiritum Sanctum: quorum remiseritis peccata, remittuntur

20, 1 ein Inhaber der Schlüsselgewalt sie unterschiedslos allen gegenüber ausüben.

2. Ein stofflicher Schlüssel, der ein Schloß öffnet, öffnet alle anderen Schlösser derselben Art. Nun aber bildet jede Sünde eines jedweden Menschen ein Hindernis derselben Art für den Eingang zum Himmel. Wenn also der Priester einen bestimmten Menschen durch die Schlüsselgewalt, die er besitzt, lossprechen kann, so kann er auch alle anderen [lossprechen].

3. Das Priestertum des Neuen Bundes ist vollkommener als das des Alten. Nun aber konnte der Priester des Alten Bundes seine Gewalt, die ihm gegeben war zur Unterscheidung „von Aussatz und Aussatz“ [Dtn 17, 8 Vg; vgl. Lev 13], unterschiedslos allen gegenüber ausüben. Also kann der Priester des Evangeliums seine Gewalt erst recht allen gegenüber ausüben.

ANDERSEITS heißt es: „Keinem Priester soll es gestattet sein, den Pfarrangehörigen eines anderen [Priesters] loszusprechen oder zu binden“ (Gratian) [36]. Also kann nicht jeder beliebige jeden beliebigen lossprechen.

2. Das geistliche Gericht soll mehr Ordnung aufweisen als das weltliche. Nun aber kann im weltlichen Gericht nicht jeder beliebige Richter jeden beliebigen richten. Da nun die Ausübung der Schlüsselgewalt eine Art Gericht

eis.“ Sed illud indeterminate dixit de omnibus. Ergo habens clavem indeterminate potest ea uti in quoslibet.

2. PRAETEREA, clavis corporalis quae aperit unam seram, aperit omnes alias ejusdem modi. Sed omne peccatum cujuslibet hominis est ejusdem rationis obstaculum respectu introitus caeli. Ergo, si potest unum hominem sacerdos per clavem quam habet absolvere, poterit et quoscumque alios.

3. PRAETEREA, sacerdotium novi Testamenti est perfectius quam veteris. Sed sacerdos veteris Testamenti poterat uti sua potestate quam habebat discernendi „inter lepram et lepram“, indifferenter in omnes. Ergo multo fortius sacerdos Evangelicus potest uti potestate sua in omnes.

SED CONTRA est quod dicitur [causa] XVI, qu. 1 [Decreti Gratiani][1]: „Nulli sacerdotum liceat parochianum alterius absolvere aut ligare.“ Ergo non quilibet potest quemlibet absolvere.

2. PRAETEREA, judicium spirituale debet esse ordinatius quam temporale. Sed in judicio temporali non potest quilibet judex

[1] Gratianus, Decretum, p. II, causa 16, q. 1, can. 19, appendix (Frdb I/765).

darstellt, kann ein Priester seine Schlüsselgewalt nicht jedem beliebigen gegenüber ausüben. 20, 1

ANTWORT: Was im Bereich der Einzelfälle getan werden muß, kommt nicht in ein und derselben Weise allen zu. Wie darum nach den allgemeinen Vorschriften der Heilkunde Ärzte zugezogen werden müssen, durch welche die allgemeinen Vorschriften der Heilkunde auf die einzelnen Kranken, wie es der einzelne Fall erheischt, angewendet werden, so muß es in jedem Herrschaftsbereich neben dem, der die Gesetzesvorschriften im allgemeinen lehrt, solche geben, die sie auf die einzelnen Menschen, wie es der einzelne Fall erheischt, anwenden. Und darum werden in der himmlischen Hierarchie in Unterordnung unter die [Engels-],Mächte', welche allgemein die Herrschaft ausüben, ,Fürstentümer' angenommen, die über die einzelnen Länder gesetzt sind, und unter diesen wiederum die ,Engel', welche zum Schutz einzelner Menschen aufgestellt sind (2 d 9: 1, 3; d 11: 1, 1 qa 1 f.; vgl. I 108, 6: Bd. 8; nach Gregor d. Gr. u. [Ps.-]Dionysius). Darum muß das gleiche Verhältnis des Vorrangs auch in der streitenden Kirche obwalten: so nämlich, daß bei einem Menschen der Vorrang unterschiedslos allen gegenüber gilt und daß diesem untergeordnet andere da sind, die über verschiedene Menschen eine abgegrenzte Gewalt empfangen. Und weil die Ausübung der Schlüsselgewalt eine gewisse Macht des Vorrangs erfordert, kraft deren der Empfänger der Aus-

quemlibet judicare. Ergo, cum usus clavium sit judicium quoddam, non potest sacerdos sua clavi uti in quemlibet.

RESPONDEO dicendum quod ea quae circa singularia operari oportet, non eodem modo omnibus competunt. Unde sicut, post generalia medicinae praecepta, oportet adhiberi medicos, quibus praecepta universalia medicinae singulis infirmis secundum quod debent aptentur; ita in quolibet principatu, praeter illum qui universaliter praecepta legis tradit, oportet esse aliquos qui ea singulis secundum quod debent adaptent. Et propter hoc in caelesti hierarchia sub ,potestatibus', qui indistincte praesunt, ponuntur ,principatus', qui singulis provinciis distribuunter, et sub his ,angeli', qui singulis hominibus in custodiam deputantur: ut patet ex his quae dicta sunt in Secundo Libro [Scripti super Sententiis Lombardi]. Unde et ita esse debet in praelatione Ecclesiae militantis: ut apud aliquem esset praelatio indistincte in omnes; et sub hoc essent alii qui super diversos distinctam potestatem acciperent. Et quia usus clavium requirit aliquam praelationis potestatem per quam ille in quem usus clavium

20, 1 übung der Schlüsselgewalt der ihrem Vollzug eigene Gegenstand [„Materie"] wird, darum kann der Inhaber der unterschiedslosen Gewalt über alle die Schlüsselgewalt allen gegenüber ausüben; diejenigen hingegen, die jenem untergeordnet abgegrenzte Gewalten empfangen haben, können die Schlüsselgewalt nicht allen, sondern nur denjenigen gegenüber ausüben, die ihnen zugeteilt wurden; es sei denn im Notstand, in welchem die Sakramente niemandem zu verweigern sind.

Zu 1. Zur Lossprechung von der Sünde gehört eine zweifache Gewalt: die Weihegewalt und die Rechtsprechungsgewalt. Die erste Gewalt findet sich gleicherweise in allen Priestern, nicht aber die zweite. Wenn darum der Herr allen Aposteln insgemein die Gewalt verlieh, Sünden nachzulassen (Joh 20, 22 f.), so ist das von der Gewalt zu verstehen, die der Weihe eignet. Darum werden diese Worte auch den Priestern bei der Weihe zugesprochen. Doch hat er dem Petrus gesondert die Gewalt verliehen, von Sünden zu lösen (Mt 16, 19), damit man verstehe, daß er vorzugsweise vor den andern die Rechtsprechungsgewalt besitzt. Die Weihegewalt erstreckt sich von sich aus auf alle, die loszusprechen sind, und darum hat der Herr unbestimmt gesagt: „Welchen ihr die Sünden nachlassen werdet..." [Joh 20, 23]; doch es so verstehend, daß nach seiner Anordnung jene Gewalt nur unter der Vorausset-

QUAESTIO 20, 1

communicatur, efficitur materia propria illius actus; ideo ille qui habet indistinctam potestatem super omnes, potest uti clavibus in omnes; illi autem qui sub eo distinctas potestates acceperunt, non in quoslibet uti possunt clavibus, sed in eos tantum qui eis in sortem venerunt; nisi in necessitatis articulo, ubi nemini sacramenta sunt deneganda.

AD PRIMUM ergo dicendum quod ad absolutionem a peccato requiritur duplex potestas: scilicet potestas ordinis, et potestas jurisdictionis. Prima quidem potestas aequaliter est in omnibus sacerdotibus, non autem secunda. Et ideo ubi Dominus, Joan. 20, dedit omnibus Apostolis communiter potestatem remittendi peccata, intelligitur de potestate quae consequitur ordinem. Unde et sacerdotibus, quando ordinantur, illa verba dicuntur. Sed Petro singulariter dedit potestatem dimittendi peccata, Matth. 16: ut intelligatur quod ipse prae aliis habet potestatem jurisdictionis. Potestas autem ordinis, quantum est de se, se extendit ad omnes absolvendos, et ideo indeterminate Dominus dixit: „Quorum remiseritis peccata"; intelligens tamen quod usus illius potestatis

zung der dem Petrus verliehenen Gewalt ausgeübt werden sollte [37]. 20, 2

Zu 2. Auch ein stofflicher Schlüssel kann nur das zu ihm passende Schloß öffnen; und jede Wirkkraft kann nur auf den ihr entsprechenden Gegenstand einwirken. Entsprechender Gegenstand für die Weihegewalt wird jemand aber durch die Rechtsprechungsgewalt. Und darum kann niemand die Schlüsselgewalt einem Menschen gegenüber ausüben, über den ihm keine Rechtsprechungsgewalt gegeben ist.

Zu 3. Das Volk Israel war ein einziges Volk und besaß nur einen einzigen Tempel. Darum war es nicht notwendig, die Rechtsprechungsgewalten der Priester zu unterscheiden wie in der Kirche, in der verschiedene Völker und Nationen zusammengeschlossen sind.

2. ARTIKEL

Kann ein Priester jederzeit seinen Untergebenen lossprechen?

1. Wie [Ps.-]Augustinus im Text (des Lombarden) sagt, darf niemand priesterliche Amtsgeschäfte wahrnehmen, der nicht frei ist von den Vergehen, über die er bei andern urteilt. Gelegentlich aber kommt es vor, daß ein Priester an

QUAESTIO 20, 2

esse deberet praesupposita potestate Petro collata secundum ipsius ordinationem.

AD SECUNDUM dicendum quod etiam clavis materialis non potest aperire nisi seram propriam: nec aliqua virtus activa potest agere nisi in propriam materiam. Materia autem propria potestatis ordinis efficitur aliquis per jurisdictionem. Et ideo non potest aliquis clave uti in eum in quem jurisdictio non datur.

AD TERTIUM dicendum quod populus Israel unus populus erat, et unum tantummodo templum habebat. Unde non oportebat sacerdotum jurisdictiones distingui sicut in Ecclesia, in qua congregantur diversi populi et nationes.

ARTICULUS II

Utrum sacerdos possit semper suum subditum absolvere

[4 d 19: 1, 3 qa 2]

AD SECUNDUM sic proceditur. Videtur quod sacerdos non possit semper suum subditum absolvere. Sicut enim Augustinus in

20, 2 dem Verbrechen teilhat, das sein Untergebener beging; etwa wenn er Verkehr hatte mit einer ihm unterstellten Frau. Also scheint es, daß er die Schlüsselgewalt nicht immer ausüben kann gegenüber seinen Untergebenen.

2. Durch die Schlüsselgewalt wird der Mensch von allen Mängeln geheilt. Manchmal jedoch ist mit einer Sünde der Mangel einer Irregularität [38] verbunden oder der Urteilsspruch der Exkommunikation, von dem ein einfacher Priester nicht befreien kann. Also scheint es, daß er die Schlüsselgewalt gegenüber Menschen, die in solchen Mangel verstrickt sind, nicht ausüben kann.

3. Urteilsspruch und Gewalt unseres Priestertums ist vorgebildet durch den Urteilsspruch des alten Priestertums. Nun kam es den niederen Richtern dem Gesetze nach nicht zu, über alles zu verhandeln, sondern sie wendeten sich an die höheren Richter: „Wenn eine Streitfrage entsteht unter euch, so bringt sie vor diese" (Ex 24, 14). Also scheint es, daß auch der Priester seinen Untergebenen nicht von schweren Sünden lossprechen kann, sondern ihn an den Vorgesetzten weiterleiten soll.

ANDERSEITS: ‚Wem immer das Hauptsächliche anvertraut wird, dem wird auch das dazugehörige Nebensäch-

QUAESTIO 20, 2

littera[1] dicit, nullus officio sacerdotis uti debet nisi immunis ab illis sit quae in aliis judicat. Sed quandoque contingit quod sacerdos est particeps criminis quod subditus suus commisit: sicut cum mulierem subditam cognovit. Ergo videtur quod non semper possit in suos subditos potestate clavium uti.

2. PRAETEREA, per potestatem clavium homo ab omnibus defectibus curatur. Sed quandoque alicui peccato annexus est irregularitatis defectus, vel excommunicationis sententia, a qua simplex sacerdos liberare non potest. Ergo videtur quod non possit uti clavium potestate in illos qui talibus irretiti sunt.

3. PRAETEREA, sacerdotii nostri judicium et potestas per judicium veteris sacerdotii figuratur. Sed minoribus judicibus secundum legem non omnia competebat discutere, sed ad superiores recurrebant: ut dicitur Ex. 24: „Si quid natum fuerit quaestionis inter vos", etc. Ergo videtur quod nec sacerdos de gravibus peccatis possit subditum suum absolvere, sed debeat ad superiorem remittere.

SED CONTRA, ‚cuicumque committitur principale, committitur et accessorium'.[2] Sed sacerdotibus committitur quod subditis

[1] Petrus Lomb., Sent. IV 19, 4 (QR II/369); De vera et falsa poenitentia [inter opera Augustini], c. 20 (PL 40/1129 A).
[2] Decretales Gregorii IX, l. I, tit. 29, c. 21 (Frdb II/165).

liche anvertraut‘ [Gregor IX.]. Nun ist den Priestern die Austeilung der Eucharistie an ihre Untergebenen anvertraut, auf welche die Lossprechung von jeglichen Sünden hingeordnet ist. Also kann der Priester von allen Sünden lossprechen, soweit es die Schlüsselgewalt betrifft. 20, 2

2. Die Gnade, wie gering sie immer sein mag, tilgt jede Sünde. Nun aber teilt der Priester die Sakramente aus, durch welche Gnade verliehen wird. Also kann er, soweit es die Schlüsselgewalt betrifft, von allen Sünden lossprechen.

ANTWORT: Die Weihegewalt erstreckt sich von sich aus auf alle nachzulassenden Sünden; weil jedoch zur Ausübung dieser Gewalt Rechtsprechungsgewalt erforderlich ist, welche von den Oberen auf die Untergebenen niedersteigt, darum kann der Obere sich einiges vorbehalten, worüber er dem Untergebenen keine Zuständigkeit überträgt. Abgesehen davon kann der einfache Priester, der Rechtsprechungsgewalt besitzt, von allem lossprechen.

Es gibt nun fünf Fälle, in welchen der einfache Priester den Büßenden zum höheren Oberen verweisen muß. Der erste Fall: wenn eine ‚feierliche‘ Buße aufzuerlegen ist; denn deren zuständiger Verwalter ist der Bischof. — Der zweite betrifft die Exkommunizierten, wo der niedere

QUAESTIO 20, 2

suis Eucharistiam dispensent, ad quam ordinatur absolutio a peccatis quibuscumque. Ergo sacerdos ab omnibus peccatis potest absolvere, quantum est de clavium potestate.

2. PRAETEREA, gratia omne peccatum tollit, quantumcumque sit parva. Sed sacerdos sacramenta dispensat, quibus gratia datur. Ergo, quantum est de potestate clavium, de omnibus peccatis absolvere potest.

RESPONDEO dicendum quod potestas ordinis, quantum est de se, extendit se ad omnia peccata remittenda: sed quia ad usum hujus potestatis requiritur jurisdictio, quae a majoribus in inferiores descendit, ideo potest superior aliqua sibi reservare, in quibus judicium inferiori non committat. Alias, de quolibet potest simplex sacerdos jurisdictionem habens absolvere.

Sunt autem quinque casus in quibus oportet quod simplex sacerdos poenitentem ad superiorem remittat. Primus est quando est solemnis[1] poenitentia imponenda: quia ejus minister proprius est episcopus.[2] — Secundus est de excommunicatis, quando

[1] P et L: solennis.
[2] Gratianus, Decretum, p. II, causa 26, q. 6, introd. et can. 1 (Frdb I/1036).

20, 2 Priester nicht lossprechen kann. — Der dritte, wenn er findet, daß sich jemand eine Irregularität zugezogen hat, zu deren Behebung er an den höheren Oberen verweisen muß. — Der vierte betrifft Brandstifter. — Der fünfte, wenn in einem Bistum die Gewohnheit besteht, daß außergewöhnlich große Verbrechen zur Abschreckung dem Bischof vorbehalten sind [39]. Denn die Gewohnheit verleiht oder entzieht in solchen Fällen die Gewalt.

Zu 1. In einem solchen Fall darf der Priester nicht einmal die Beichte der Frau, mit welcher er gesündigt hat, bezüglich dieser Sünde hören, sondern er müßte sie an einen anderen verweisen. Und diese Frau dürfte nicht bei ihm beichten, sondern müßte Erlaubnis erbitten, zu einem anderen zu gehen, oder sich an einen höheren Oberen wenden, wenn der erste die Erlaubnis verweigerte. Dieses sowohl wegen der Gefahr als auch wegen der geringeren Beschämung. — Wenn er jedoch losspricht, so wäre sie losgesprochen. Der Ausspruch Augustins nämlich, der Priester dürfe nicht an demselben Verbrechen teilhaben, ist zu verstehen im Sinne der Ziemlichkeit, nicht der Notwendigkeit für das Sakrament [40].

Zu 2. Die Buße befreit von allen Mängeln der Schuld, nicht aber von allen Mängeln der Strafe; denn es bleibt

QUAESTIO 20, 2

inferior sacerdos non potest absolvere.[1] — Tertius, quando invenit irregularitatem contractam, pro cujus dispensatione debet ad superiorem remittere. — Quartus de incendiariis.[2] — Quintus, quando est consuetudo in aliquo episcopatu quod enormia crimina, ad terrorem, reservantur episcopo. Quia consuetudo dat vel aufert in talibus potestatem.

AD PRIMUM ergo dicendum quod in tali casu nec sacerdos deberet audire confessionem mulieris cum qua peccavit de illo peccato, sed deberet ad alium mittere. Nec illa deberet ei confiteri, sed deberet petere licentiam ad alium eundi; vel ad superiorem recurrere, si ille licentiam denegaret. Tum propter periculum. Tum quia est minor verecundia. — Si tamen absolveret, absoluta esset. Quod enim Augustinus dicit, quod non debet esse in eodem crimine, intelligendum est secundum congruitatem, non secundum necessitatem sacramenti.

AD SECUNDUM dicendum quod poenitentia ab omnibus defectibus culpae liberat, non autem ab omnibus defectibus poenae,

---

[1] Ib., introd. et can. 3 et 4 (Frdb I/1036 s.); Raymundus de Pennafort, Summa, l. III, tit. 33, § 3 (al. 8). Ed. Laget. Parisiis 1720, p. 393 a.
[2] Decretales Gregorii IX, l. V, tit. 39, c. 19 (Frdb II/896).

jemand auch nach der vollzogenen Beichte eines Mordes noch irregulär [41]. Darum kann der Priester vom Verbrechen lossprechen; doch bezüglich der Strafaufhebung muß er an den höheren Oberen verweisen; es sei denn, es handle sich um eine Exkommunikation, weil die Lossprechung von dieser der Lossprechung von der Sünde vorausgehen muß, denn solange jemand exkommuniziert ist, kann er kein Sakrament der Kirche empfangen.

Zu 3. Dieses Argument gilt für den Bereich, in welchem sich die höheren Gewalten die Rechtsprechung vorbehalten.

3. ARTIKEL

Kann jemand die Schlüsselgewalt seinem Vorgesetzten gegenüber ausüben?

1. Jede sakramentale Handlung erfordert einen entsprechenden Gegenstand. Der entsprechende Gegenstand aber für die Ausübung der Schlüsselgewalt ist die untergebene Person (19, 6). Also kann der Priester dem gegenüber, der nicht Untergebener ist, die Schlüsselgewalt nicht ausüben.

2. Die streitende Kirche ahmt die triumphierende nach. Nun aber kann der niedere Engel in der himmlischen

quia adhuc post peractam poenitentiam de homicidio aliquis remanet irregularis. Unde sacerdos potest de crimine absolvere, et pro poena amovenda debet ad superiorem remittere: nisi in excommunicatione, quia absolutio ab ipsa debet praecedere absolutionem a peccato, quia, quandiu aliquis est excommunicatus, non potest recipere aliquod Ecclesiae sacramentum.

AD TERTIUM dicendum quod ratio illa procedit quantum ad haec in quibus sibi superiores potestates jurisdictionem reservant.

ARTICULUS III

Utrum aliquis possit uti clavibus in suum superiorem

[4 d 19: 1, 3 qa 3 — 18: 2, 3 qa 1 ad 3]

AD TERTIUM sic proceditur. Videtur quod aliquis non possit uti clavibus in suum superiorem. Actus enim sacramentalis quilibet requirit propriam materiam. Sed propria materia usus clavium est persona subjecta, ut dictum est. Ergo in eo qui non est subditus, non potest clavibus sacerdos uti.

2. PRAETEREA, Ecclesia militans imitatur triumphantem. Sed in caelesti Ecclesia inferior angelus nunquam purgat aut illumi-

 Kirche niemals den höheren Engel läutern, erleuchten oder vollenden [vgl. I 106, 1—3: Bd. 8]. Also kann auch ein niederer Priester keine hierarchische Handlung, wie sie bei der Lossprechung vorliegt, einem Oberen gegenüber vollziehen.

3. Das Urteil im Gewissensbereich muß eine größere Ordnung haben als das Urteil im äußeren Rechtsbereich. Nun aber kann im äußeren Rechtsbereich der niedere [Priester] den höheren nicht exkommunizieren oder [von der Exkommunikation] lossprechen. Also scheint es, daß er es auch nicht im Gewissensbereich kann.

ANDERSEITS: Auch der höhere Vorgesetzte ist „der Schwachheit unterworfen“ [Hebr 5, 2], und es kommt vor, daß er sündigt. Nun aber ist die Schlüsselgewalt Heilmittel gegen die Sünde. Da er nun sich selbst gegenüber die Schlüsselgewalt nicht ausüben kann, weil er nicht zugleich Richter und Angeklagter sein kann, scheint es, daß der niedere [Priester] ihm gegenüber die Schlüsselgewalt ausüben kann.

2. Die Lossprechung, welche in Kraft der Schlüsselgewalt erfolgt, ist auf den Empfang der Eucharistie hingeordnet. Nun aber kann der niedere [Priester] dem höheren die Eucharistie spenden, wenn dieser es wünscht. Also kann er ihm gegenüber auch die Schlüsselgewalt ausüben, wenn dieser sich ihm unterwirft.

ANTWORT: Die Schlüsselgewalt erstreckt sich von sich

QUAESTIO 20, 3

nat aut perficit superiorem. Ergo nec aliquis inferior sacerdos potest uti actione hierarchica, quae est per absolutionem, in superiorem.

3. PRAETEREA, judicium conscientiae debet esse ordinatius quam judicium exterioris fori. Sed in exteriori foro inferior non potest excommunicare aut absolvere superiorem. Ergo videtur quod nec in foro poenitentiali.

SED CONTRA, superior praelatus etiam „circumdatus est infirmitate“ et contingit ipsum peccare. Sed remedium contra peccatum est potestas clavium. Ergo, cum ipse non possit in seipsum clave uti, quia non potest esse simul judex et reus, videtur quod possit inferior in ipsum clavis potestate uti.

2. PRAETEREA, absolutio, quae fit per virtutem clavium, ordinatur ad perceptionem Eucharistiae. Sed inferior potest superiori Eucharistiam dispensare, si petat. Ergo et clavium potestate in ipsum uti, si se ei subjecerit.

RESPONDEO dicendum quod potestas clavium, quantum est de

aus auf alle Menschen (Art. 1 Zu 1). Wenn aber ein Priester seine Schlüsselgewalt einem andern gegenüber nicht ausüben kann, kommt es daher, daß seine Gewalt bezüglich bestimmter Menschen auf besondere Weise eingeschränkt ist. Und darum kann der, welcher die Einschränkung verfügt hat, [die Gewalt] auch ausdehnen, wem gegenüber er will. Und darum kann er einem [ihm Untergebenen] auch Gewalt sich selbst gegenüber verleihen, obwohl er sich selbst gegenüber die Schlüsselgewalt nicht ausüben kann; denn die Schlüsselgewalt erfordert als Gegenstand einen Untergebenen und demnach einen anderen; denn es kann niemand sich selbst untergeben sein.

Zu 1. Obwohl ein Bischof, den ein einfacher Priester losspricht, schlechthin höher steht als dieser, so steht er doch niedriger als dieser, sofern er sich diesem als Sünder unterwirft.

Zu 2. Bei den Engeln kann kein Mangel vorkommen, aufgrund dessen höhere Engel den ihnen gegenüber niedriger gestellten unterworfen wären, wie das bei Menschen zutrifft. Und darum gilt der Vergleich nicht.

Zu 3. Das äußere Urteil gilt vor den Menschen; das Urteil in der Beichte hingegen vor Gott, vor dem jemand niedriger steht, wenn er sündigt; nicht aber gilt das hinsichtlich der Vorrangstellungen unter Menschen. Und darum kann im Rechtsbereich niemand, so wenig er über

se, extendit se ad omnes, ut dictum est: sed quod in aliquem sacerdos non possit potestate clavium uti, contingit ex hoc quod ejus potestas est ad aliquos specialiter limitata. Unde ille qui limitavit, potest extendere in quem voluerit. Et propter hoc etiam potestatem sibi dare potest in seipsum: quamvis ipse in seipsum uti clavium potestate non possit, quia potestas clavium requirit pro materia aliquem subjectum, et ita alium; sibi ipsi enim aliquis subjectus esse non potest.

AD PRIMUM ergo dicendum quod, quamvis episcopus quem simplex sacerdos absolvit, sit superior eo simpliciter, est tamen inferior eo inquantum ei se ut peccatorem subjicit.

AD SECUNDUM dicendum quod in angelis non potest accidere aliquis defectus ratione cujus inferioribus suis superiores subdantur, sicut accidit in hominibus. Et ideo non est simile.

AD TERTIUM dicendum quod judicium exterius est secundum homines: sed judicium confessionis est quoad Deum, apud quem aliquis redditur minor ex hoc quod peccat, non autem apud hominum praelationes. Et ideo in exteriori judicio, sicut nullus in

20, 3 sich selbst die Exkommunikation verhängen kann [22, 4], einem anderen den Auftrag dazu geben oder sich selbst [durch diesen] von der Exkommunikation lösen. Im Gewissensbereich hingegen kann er einem andern seine Lossprechung auftragen, die er selbst nicht vollziehen kann.

Oder man muß sagen: Die Lossprechung im Gewissensbereich liegt wesentlich bei der Schlüsselgewalt und betrifft erst in zweiter Linie die Rechtsprechungsgewalt. Die Exkommunikation hingegen betrifft ausschließlich die Rechtsprechungsgewalt. Was nun die Weihegewalt angeht, so sind alle gleich, nicht aber bezüglich der Rechtsprechungsgewalt. Und darum gilt der Vergleich nicht.

QUAESTIO 20, 3

seipsum sententiam dare potest excommunicationis, ita nec alteri committere, nec se absolvere[1]. Sed in foro conscientiae potest alteri committere suam absolutionem: qua ipse uti non possit.

Vel dicendum quod absolutio in foro confessionis est principaliter potestatis clavium, et ex consequenti respicit jurisdictionem. Sed excommunicatio respicit totaliter jurisdictionem. Quantum autem ad potestatem ordinis omnes sunt aequales, non autem quantum ad jurisdictionem. Et ideo non est simile.

[1] Conj.; L: excommunicare.

DIE EXKOMMUNIKATION

In der Folge ist die Exkommunikation zu betrachten. Im Hinblick auf sie ist erstens über ihre Definition, ihre Angemessenheit und Ursache nachzudenken; zweitens über den, der exkommunizieren und exkommuniziert werden kann [Fr. 22]; drittens über den Umgang mit Exkommunizierten [Fr. 23]; viertens über die Lossprechung von der Exkommunikation [Fr. 24].

Zum ersten ergeben sich vier Einzelfragen:

1. Wird die Exkommunikation richtig definiert?
2. Soll die Kirche jemanden exkommunizieren?
3. Darf jemand für eine weltliche Schädigung [der Kirche] exkommuniziert werden?
4. Zieht eine zu Unrecht verhängte Exkommunikation irgendeine Wirkung nach sich?

QUAESTIO XXI

DE EXCOMMUNICATIONE

Consequenter videndum est de excommunicatione. De qua primo considerandum est de definitione excommunicationis, et congruitate, et causa; secundo, de eo qui potest excommunicare et excommunicari; tertio, de participatione cum excommunicatis; quarto, de absolutione ab excommunicatione.

Circa primum quaeruntur quatuor: 1. Utrum convenienter excommunicatio definiatur. — 2. Utrum Ecclesia debeat aliquem excommunicare. — 3. Utrum aliquis pro aliquo temporali damno sit excommunicandus. — 4. Utrum excommunicatio injuste lata aliquem effectum habeat.

1. ARTIKEL

Ist folgende Definition der Exkommunikation richtig: „Die Exkommunikation ist eine Trennung von der Gemeinschaft der Kirche in bezug auf die ‚Frucht' und die allgemeinen Fürbitten"?

Diese von einigen [vgl. Albert d. Gr.] aufgestellte Definition [42] scheint unzutreffend zu sein. Denn die Fürbitten der Kirche fruchten denen, für die sie verrichtet werden. Nun aber betet die Kirche für die von der Kirche Getrennten, wie etwa für die Irrgläubigen und die Heiden. Also betet sie auch für die Exkommunizierten, die von der Kirche getrennt sind. Und so fruchten ihnen die Fürbitten der Kirche.

2. Niemand geht der Fürbitten der Kirche verlustig, es sei denn durch Schuld. Nun aber ist die Exkommunikation nicht Schuld, sondern Strafe. Also wird niemand durch die Exkommunikation von den allgemeinen Fürbitten der Kirche ausgeschlossen.

3. ‚Frucht' der Kirche scheint nichts anderes zu sein als die Fürbitten; denn sie kann nicht verstanden werden von der Frucht zeitlicher Güter; diese werden ja den Exkommu-

QUAESTIO 21, 1

ARTICULUS I

Utrum competens sit haec definitio excommunicationis: ,,Excommunicatio est separatio a communione Ecclesiae quoad fructum et suffragia generalia''

[4 d 18: 2, 1 qa 1 — In I Cor 5: lect 1. 3; In I Tim 1: lect 4]

AD PRIMUM sic proceditur. Videtur quod incompetens sit haec definitio excommunicationis a quibusdam[1] posita: ,,Excommunicatio est separatio a communione Ecclesiae quoad fructum et suffragia generalia." Suffragia enim Ecclesiae valent eis pro quibus fiunt. Sed Ecclesia orat pro eis qui extra Ecclesiam sunt: sicut pro haereticis et paganis. Ergo etiam pro excommunicatis, qui extra Ecclesiam sunt. Et sic eis suffragia Ecclesiae valent.

2. PRAETEREA, nullus amittit suffragia Ecclesiae nisi per culpam. Sed excommunicatio non est culpa, sed poena. Ergo per excommunicationem non separatur aliquis a suffragiis Ecclesiae communibus.

3. PRAETEREA, fructus Ecclesiae non videtur esse aliud quam suffragia: non enim potest intelligi de fructu bonorum tempora-

---

[1] Albertus Magnus, In Sent. IV 18, 16 (Borgnet 29/792); Bonaventura, In Sent. IV, d. 18, p. 2, a. un., q. 1, s. c. 1. — Cf. Gratianus, Decretum, p. II, causa 11, q. 3, can. 24, appendix (Frdb I/651); Decretales Gregorii IX, l. V, tit. 39, c. 59 (Frdb II/912).

nizierten nicht genommen. Also ist es nicht sinnvoll, beide 21, 1
Bestandteile einzusetzen.

4. Die kleine Exkommunikation ist auch eine Exkommunikation. Durch sie geht aber ein Mensch nicht der Fürbitten der Kirche verlustig. Also ist die angegebene Definition nicht sinnvoll.

ANTWORT: Wer durch die Taufe in die Kirche aufgenommen wird, wird zwei Wirklichkeiten zugeordnet: der Gemeinschaft der Gläubigen und der Teilhabe an den Sakramenten. Und dieses zweite setzt das erste voraus, weil die Gläubigen in der Teilhabe an den Sakramenten auch Gemeinschaft haben. Und darum kann jemand durch die Exkommunikation in zweifacher Weise außerhalb der Kirche gestellt werden. Einmal so, daß er nur von der Teilhabe an den Sakramenten getrennt wird: dann liegt die kleine Exkommunikation vor [43]. — Sodann so, daß er von beidem getrennt wird: dann liegt die große Exkommunikation vor, die hier definiert wird. — Ein drittes aber ist nicht möglich: daß nämlich jemand von der Gemeinschaft der Gläubigen, nicht aber von der Teilhabe an den Sakramenten ausgeschlossen werde, aus dem angegebenen Grunde: weil nämlich die Gläubigen in den Sakramenten Gemeinschaft haben.

Die Gemeinschaft der Gläubigen aber ist eine doppelte: die eine [verwirklicht sich] im geistlichen Bereich wie

QUAESTIO 21, 1

lium, quia haec excommunicatis non auferuntur. Ergo inconvenienter utrumque ponitur.

4. PRAETEREA, excommunicatio minor quaedam excommunicatio est. Sed per eam homo non perdit suffragia Ecclesiae. Ergo definitio non est conveniens.

RESPONDEO dicendum quod ille qui per baptismum in Ecclesia ponitur, ad duo adscribitur: scilicet ad coetum fidelium; et ad participationem sacramentorum. Et hoc secundum praesupponit primum: quia in sacramentis participandis etiam fideles communicant. Et ideo aliquis potest extra Ecclesiam fieri per excommunicationem dupliciter. Uno modo, ita quod separaretur tantum a participatione sacramentorum. Et haec erit excommunicatio minor. — Alio modo, ita quod excludatur ab utroque. Et sic erit excommunicatio major, quae hic definitur. — Non autem potest esse tertium, scilicet quod excludatur a communione fidelium et non a participatione sacramentorum, ratione jam dicta: quia scilicet fideles in sacramentis communicant.

Sed communicatio fidelium est duplex: quaedam in spiritualibus, sicut mutuae orationes, et conventus ad sacra percipienda;

21, 1 wechselseitige Gebete und Zusammenkünfte, um das Heilige zu empfangen; die andere in rechtmäßigen körperlichen Handlungen. Diese rechtmäßigen Gemeinschaftshandlungen sind in dem Vers enthalten: „Wenn jemand gebannt wird ob seiner Sünden, dann wird er Kuß, Gebet, Gruß, Gemeinschaft und Tisch nicht finden“: „Kuß“, d. h. den Friedensgruß; „Gebet“, d. h. das gemeinsame Beten mit Exkommunizierten; „Gruß“, d. h. das Grüßen; „Gemeinschaft“ in den Sakramenten; „Tisch“, d. h. das gemeinsame Essen.

Die vorausgeschickte Definition enthält also die Trennung von den Sakramenten mit den Worten: ‚bezüglich der Frucht‘ und von der geistlichen Gemeinschaft der Gläubigen im Hinblick auf den Gnadenbereich mit den Worten: ‚bezüglich der allgemeinen Fürbitten der Kirche‘.

Es findet sich noch eine andere Definition, die auf die Trennung von beiden Vollzügen [der Gemeinschaft] hinweist. Sie lautet so: „Die Exkommunikation ist die Trennung von jeder erlaubten [geistlichen] Gemeinschaft und von jeder rechtmäßigen [körperlichen] Handlung [welche die Gemeinschaft mit den Gläubigen ausdrückt].“

Zu 1. Für die Ungläubigen wird zwar gebetet, doch empfangen sie die Frucht des Gebetes nur, wenn sie sich

QUAESTIO 21, 1

quaedam in corporalibus actibus legitimis. Qui quidem legitimi actus et licita communio his versibus[1] continentur: „Si pro delictis anathema quis efficiatur: Os, orare, vale, communio, mensa negatur.“ „Os“, scilicet, ne osculum detur; „orare“, ne cum excommunicatis oremus; „vale“, ne salutentur; „communio“, ne scilicet in sacramentis cum ipsis aliquis communicet; „mensa negatur“, ne aliquis cum eis comedat.[2]

Praemissa ergo definitio importat separationem a sacramentis, in hoc quod dicit, ‚quantum ad fructum‘; et a communione fidelium quantum ad spiritualia, in hoc quod dicit, ‚et suffragia Ecclesiae communia‘.

Alia autem definitio invenitur[3] quae datur secundum separationem ab utrisque actibus, quae talis est: „Excommunicatio est a qualibet licita communione vel legitimo actu separatio.“

AD PRIMUM ergo dicendum quod pro infidelibus oratur, sed ipsi orationis fructum non percipiunt nisi ad fidem convertantur.

[1] Raymundus de Pennafort, Summa, l. III, tit. 33, § 5 (al. 10). Ed. Laget. Parisiis 1720, p. 396 b. — Cf. Albertus Magnus, In Sent. IV 18, 16 (Borgnet 29/793); Bonaventura, In Sent. IV, d. 18, p. 2, a. un., q. 1 ad 1 (QR IV/485).

[2] Cf. Gratianus, Decretum, p. II, causa 11, q. 3, can. 17 et 18 (Frdb I/647 s.).

[3] Raymundus de Pennafort, Summa, l. III, tit. 33, § 6. Ed. Laget. Parisiis 1720, p. 380 b; Albertus Magnus, In Sent. IV 18, 16 (Borgnet 29/792).

zum Glauben bekehren. Ebenso kann auch für die Exkommunizierten gebetet werden, wenn auch nicht mit den Gebeten, die für die Glieder der Kirche erfolgen. Und doch empfangen sie die Frucht nicht, solange sie in der Exkommunikation bleiben, sondern es wird gebetet, daß ihnen der Geist der Buße geschenkt werde, damit sie von der Exkommunikation gelöst werden. 21, 1

Zu 2. Die Fürbitten eines Menschen nützen einem andern, insoweit sie eine Verbindung mit ihm herstellen. Nun kann die Handlung eines Menschen in zweifacher Weise mit einem andern in Verbindung stehen.

Einmal in Kraft der Liebe, die alle Gläubigen verbindet, so daß sie eins sind in Gott nach Ps 119 (118), 63: „Ich habe Gemeinschaft [mit allen, die Dich fürchten]." Und diese Verbindung wird durch die Exkommunikation nicht unterbrochen. Denn es kann jemand nur wegen einer tödlichen Schuld berechtigterweise exkommuniziert werden, aufgrund deren er bereits von der Liebe getrennt ist, auch wenn er nicht exkommuniziert wird. Die unberechtigte Exkommunikation aber kann einem die Liebe nicht wegnehmen, da sie zu den ‚höchsten Gütern' gehört, die jemandem nicht gegen seinen Willen genommen werden können [vgl. Augustinus].

In anderer Weise [wird die Verbindung] durch die Absicht des Fürbittenden [hergestellt], welche sich auf

QUAESTIO 21, 1

Similiter et pro excommunicatis orari potest: quamvis non inter orationes quae pro membris Ecclesiae fiunt. Et tamen fructum non percipiunt quandiu in excommunicatione manent: sed oratur ut detur eis spiritus poenitentiae, ut ab excommunicatione solvantur.

AD SECUNDUM dicendum quod suffragia alicujus valent alicui secundum quod ei continuantur. Potest tamen actio unius alteri continuari dupliciter.

Uno modo, ex vi caritatis, quae omnes fideles connectit ut sint unum in Deo: sicut dicitur in Psalmo: „Particeps ego sum", etc. Et hanc continuationem excommunicatio non intercipit. Quia juste quis excommunicari non potest nisi pro culpa mortali, per quam a caritate jam divisus est, etiam si non excommunicetur. Injusta autem excommunicatio caritatem alicui auferre non potest: cum sit de ‚maximis bonis', quae non possunt alicui invito auferri.[1]

Alio modo, per intentionem suffragia facientis, quae in aliquem fertur pro quo fiunt. Et hanc continuationem excommunicatio

---

[1] Cf. Augustinus, De libero Arbitrio II 19 n. 50 (PL 32/1268 A); id., De moribus Ecclesiae Catholicae I 3 n. 5; 6 n. 10; 9 n. 14 (PL 32/1312 C. 1315 A. 1316 C).

21, 1 diejenigen richtet, für welche die Fürbitten erfolgen. Und diese Verbindung wird durch die Exkommunikation unterbrochen. Denn durch den Urteilsspruch der Exkommunikation sondert die Kirche die Exkommunizierten aus der Gesamtheit der Gläubigen aus, für die sie die Fürbitten verrichtet. Darum nützen ihnen die Fürbitten der Kirche, die für die gesamte Kirche verrichtet werden, nichts. Auch von der Kirche als Gesamtperson aus kann kein Gebet für sie verrichtet werden wie für Glieder der Kirche, obschon eine Privatperson in der Lage ist, zu ihrer Bekehrung eine Fürbitte durch die Gebetsabsicht auf sie hinzulenken.

Zu 3. Die geistliche ‚Frucht' der Kirche erwächst nicht nur aus Fürbitten, sondern auch aus dem Empfang der Sakramente und aus dem Zusammenleben der Gläubigen.

Zu 4. Die kleine Exkommunikation erfüllt nicht den vollen Begriff der Exkommunikation, sondern hat nur teil an ihm. Und darum braucht ihr die Definition der Exkommunikation nicht vollständig zuzukommen, sondern nur in bestimmter Hinsicht.

intercipit: quia Ecclesia per excommunicationis sententiam separat excommunicatos ab universitate fidelium, pro quibus suffragia facit; unde suffragia Ecclesiae ei non prosunt, quae pro tota Ecclesia fiunt. Nec ex persona Ecclesiae oratio pro eis inter membra Ecclesiae fieri potest: quamvis aliqua persona privata possit ad ejus conversionem aliquod suffragium per intentionem dirigere.

AD TERTIUM dicendum quod fructus spiritualis Ecclesiae non solum est ex suffragiis, sed etiam ex perceptione sacramentorum et ex convictu fidelium.

AD QUARTUM dicendum quod minor excommunicatio non habet perfectam rationem excommunicationis, sed aliquid ipsius participat. Et ideo non oportet quod totaliter ei excommunicationis definitio conveniat, sed solum quoad aliquid.

2. ARTIKEL

Soll die Kirche jemanden exkommunizieren?

1. Die Exkommunikation ist eine Art Verfluchung. Es wird uns jedoch Röm 12, 14 untersagt zu verfluchen. Also darf die Kirche nicht exkommunizieren.

2. Die streitende Kirche soll die triumphierende nachahmen. Nun aber liest man Jud 9: „Als Michael mit dem Teufel um den Leib des Moses stritt, wagte er es nicht, ein lästerndes Fluchurteil zu fällen, sondern sprach: Der Herr gebiete dir.“ Also darf auch die streitende Kirche gegen niemanden ein Urteil der Verfluchung und der Exkommunikation verhängen.

3. Niemand darf in die Hand des Feindes übergeben werden, es sei denn jemand, für den man alle Hoffnung aufgeben muß. Nun aber wird jemand durch die Exkommunikation in die Hand des Satans überliefert (1 Kor 5, 5). Da man nun bei niemandem in diesem Leben die Hoffnung aufgeben darf, darf die Kirche niemanden exkommunizieren.

ANDERSEITS befiehlt der Apostel 1 Kor 5, 5.13, jemanden zu exkommunizieren.

2. Von einem, der es verachtet, die Kirche zu hören, heißt

ARTICULUS II

Utrum Ecclesia aliquem debeat excommunicare

[4 d 18: 2, 1 qa 2 — II—II 39, 4]

AD SECUNDUM sic proceditur. Videtur quod Ecclesia nullum debeat excommunicare. Quia excommunicatio maledictio quaedam est. Sed Rom. 12 prohibemur maledicere. Ergo Ecclesia excommunicare non debet.

2. PRAETEREA, Ecclesia militans debet imitari triumphantem. Sed, ut in Epistola Judae legitur, „Michael, cum altercaretur cum diabolo de Moysi corpore, non est ausus judicium inferre blasphemiae, sed ait: Imperet tibi Deus“. Ergo nec Ecclesia militans debet alicui judicium maledictionis et excommunicationis inferre.

3. PRAETEREA, nullus est in manum hostis tradendus nisi omnino desperatus. Sed per excommunicationem traditur aliquis in manum Satanae: ut patet 1 Cor. 5. Cum ergo de nemine sit desperandum in vita ista, Ecclesia nullum debet excommunicare.

SED CONTRA est quod Apostolus, 1 Cor. 5, mandat quemdam excommunicari.

2. PRAETEREA, Matth. 18 dicitur de illo qui Ecclesiam audire

21, 2 es Mt 18, 17: „Er sei dir wie ein Heide und öffentlicher Sünder." Die Heiden aber befinden sich außerhalb der Kirche. Diejenigen also, die es verachten, die Kirche zu hören, sind durch die Exkommunikation von der Kirche auszuschließen.

ANTWORT: Das Urteil der Kirche soll dem Urteil Gottes gleichförmig sein. Gott aber bestraft die Sünder auf mannigfaltige Weise, um sie zum Guten zu ziehen: einmal, indem er sie durch Plagen züchtigt; sodann, indem er den Menschen sich selbst überläßt, damit er nach Entzug der Hilfen, durch die er vor dem Bösen bewahrt wurde, seine Schwäche erkenne und demütig zurückkehre zu Gott, von dem er hochmütig geschieden war. In beiderlei Hinsicht ahmt die Kirche im Urteilsspruch der Exkommunikation das göttliche Urteil nach. Sofern sie nämlich jemanden von der Gemeinschaft der Gläubigen trennt, „auf daß er erröte" [Gratian], ahmt sie das göttliche Urteil nach, welches durch Plagen züchtigt. Insofern sie ihn aber von Fürbitten und anderen geistlichen Gütern trennt, ahmt sie das göttliche Urteil nach, das den Menschen sich selbst überläßt, damit er, sich in Demut selbst erkennend, zu Gott zurückkehre.

Zu 1. Eine Verfluchung kann auf doppelte Weise erfolgen. Einmal so, daß sie in ihrer Absicht bei dem Übel, das

QUAESTIO 21, 2

contemnit: „Sit tibi sicut ethnicus et publicanus." Sed ethnici sunt extra Ecclesiam. Ergo illi qui Ecclesiam audire contemnunt, per excommunicationem extra Ecclesiam sunt ponendi.

RESPONDEO dicendum quod judicium Ecclesiae conforme debet esse judicio Dei. Deus autem peccatores multipliciter punit, ut ad bonum eos trahat: uno modo, flagellis castigando; alio modo, hominem sibi relinquendo, ut, auxiliis subtractis quibus a malo praepediebatur, suam infirmitatem cognoscat, et humilis ad Deum redeat, a quo superbus discesserat. Et quantum ad utrumque Ecclesia in excommunicationis sententia imitatur divinum judicium. Inquantum enim eum a communione fidelium separat „ut erubescat"[1], imitatur divinum judicium quo per flagella castigat. Inquantum autem a suffragiis et aliis spiritualibus separat, imitatur divinum judicium quo hominem sibi relinquit, ut per humilitatem seipsum cognoscens ad Deum redeat.

AD PRIMUM ergo dicendum quod maledictio potest esse dupliciter. Uno modo, ita quod in malo quod irrogat vel dicit, per

[1] Gratianus, Decretum, p. II, causa 11, q. 3, can. 21 (Frdb I/649); Petrus Lomb., Sent. IV 18, 6 (QR II/362).

sie herabruft oder ausspricht, stehenbleibt. Und in diesem Sinne ist die Verfluchung in jeder Weise verboten. — Sodann in der Weise, daß sie ein Übel, das durch die Verfluchung heraufbeschworen wird, auf das Heil dessen hinordnet, der verflucht wird. Und so ist die Verfluchung bisweilen erlaubt und heilbringend; wie auch der Arzt bisweilen dem Kranken ein Leid zufügt, wie etwa einen Schnitt, durch welchen der Kranke von seinem Leiden befreit wird. 21, 2

Zu 2. Der Teufel ist unverbesserlich: und darum ist er unfähig, irgendein Gut durch die Strafe der Exkommunikation zu empfangen.

Zu 3. Aus dem Umstand, daß jemand der Fürbitten der Kirche beraubt wird, gerät er in einen dreifachen Nachteil, entsprechend den drei Vorteilen, die man aus den Fürbitten der Kirche erlangt. Sie dienen nämlich zur Vermehrung der Gnade für die im Gnadenstand Befindlichen oder zu ihrem Erwerb für die nicht im Gnadenstand Befindlichen. Unter diesem Gesichtspunkt sagt Lombardus: „Die Gnade Gottes“ wird durch die Exkommunikation „entzogen“. — Sie dienen auch der Bewahrung der Tugend. Unter diesem Gesichtspunkt sagt er, daß „der Schutz entzogen wird“: nicht als ob sie gänzlich von der Vorsehung Gottes ausgeschlossen würden, sondern von jenem Schutz, mit dem er die Kinder der Kirche auf besondere

QUAESTIO 21, 2

intentionem sistat. Et sic maledictio omnibus modis est prohibita. — Alio modo, ita quod malum, quod quidem maledicendo imprecatur, ad bonum illius ordinet qui maledicitur. Et sic maledictio quandoque est licita et salutifera: sicut etiam medicus quandoque nocumentum infert infirmo, ut sectionem, per quam ab infirmitate liberetur.

AD SECUNDUM dicendum quod diabolus incorrigibilis est: et ideo non susceptibilis alicujus boni per excommunicationis poenam.

AD TERTIUM dicendum quod ex hoc ipso quod aliquis suffragiis Ecclesiae privatur, triplex incommodum incurrit, per tria quae quis ex suffragiis Ecclesiae consequitur. Valent enim ad augmentum gratiae eis qui habent, vel ad merendum eis qui non habent. Et quantum ad hoc Magister Sententiarum (l. c.)[1] dicit quod „gratia Dei“ per excommunicationem „subtrahitur“. — Valent etiam ad custodiam virtutis. Et quantum ad hoc dicit quod „protectio subtrahitur“: non quod omnino a Dei providentia excludantur, sed

---

[1] Petrus Lomb., ib.

 Weise behütet. — Sie dienen ebenfalls der Verteidigung gegenüber dem Feind. Unter diesem Gesichtspunkt sagt er, daß „dem Teufel größere Möglichkeit" zur Einwirkung auf ihn „eingeräumt wird", sowohl geistlich als leiblich. Als darum in der Urkirche die Menschen durch Zeichen zum Glauben eingeladen werden mußten, wurde sowohl die Gabe des Heiligen Geistes durch ein sichtbares Zeichen offenkundig gemacht [vgl. Apg 2, 2 ff.; 4, 31; 8, 18; 10, 44 ff.; 19, 6; 1 Kor 12, 3 ff.], wie auch die Exkommunikation durch körperliche Quälerei von seiten des Teufels erkennbar wurde [vgl. Apg 5, 1—11; 1 Kor 5, 5]. Und es ist nicht sinnlos, wenn der, für den man nicht alle Hoffnung aufgegeben hat, dem Feinde überliefert wird; denn er wird ihm nicht zur Verdammung, sondern zur Besserung überliefert, da es in der Macht der Kirche steht, ihn aus seiner Hand zu befreien, wenn er nur will.

3. ARTIKEL

Soll jemand für eine weltliche Schädigung [der Kirche] exkommuniziert werden?

1. Die Strafe darf die Schuld nicht überschreiten. Nun ist die Strafe der Exkommunikation der Entzug eines geist-

ab illa protectione qua filios Ecclesiae specialiori modo custodit. — Valent etiam ad defendendum ab hoste. Et quantum ad hoc dicit quod „diabolo major potestas" faciendi in ipsum „datur", et spiritualiter et corporaliter. Unde in primitiva Ecclesia, quando oportebat per signa homines ad fidem invitare, sicut Spiritus Sancti donum visibili signo manifestabatur, ita et excommunicatio corporali vexatione a diabolo innotescebat. Nec est inconveniens si ille qui non est desperatus hosti datur: quia non datur ei quasi damnandus, sed quasi corrigendus; cum in potestate Ecclesiae sit ex ejus manu ipsum cum voluerit eripere.

ARTICULUS III

Utrum aliquis pro temporali damno debeat excommunicari

[4 d 18: 2, 1 qa 3 — Ql X 7, 1 ad 1; In Mt 18; In I Cor 5: lect 3]

AD TERTIUM sic proceditur. Videtur quod nullus pro temporali damno debeat excommunicari. Quia poena non debet excedere culpam. Sed poena excommunicationis est privatio alicujus boni

lichen Gutes, das alle weltlichen Güter überragt. Also darf niemand wegen weltlicher Dinge exkommuniziert werden. 21, 3

2. „Niemandem" dürfen wir „Böses mit Bösem vergelten" nach der Weisung des Apostels (Röm 12, 17). Es hieße jedoch Böses mit Bösem vergelten, wenn jemand für eine solche Schädigung exkommuniziert wird. Also darf dies unter keinen Umständen geschehen.

ANDERSEITS hat Petrus Ananias und Saphira für die Unterschlagung des Ackererlöses mit dem Todesurteil belegt [Apg 5, 1—10]. Also ist es auch der Kirche erlaubt, wegen weltlicher Schädigungen zu exkommunizieren.

ANTWORT: Durch die Exkommunikation schließt der kirchliche Richter die Exkommunizierten irgendwie vom Reiche [Gottes] aus. Da er nun nur die Unwürdigen vom Reich ausschließen darf, wie aus der Definition der Schlüsselgewalt hervorging (17, 2), und niemand unwürdig wird, es sei denn er habe infolge einer Todsünde die Liebe verloren: den Weg, der zum Reiche führt; darum darf niemand exkommuniziert werden, es sei denn für eine Todsünde [vgl. Gratian]. Und weil jemand, der jemanden körperlich oder an weltlichen Gütern schädigt, eine Todsünde begeht und gegen die Liebe handelt, darum kann er wegen einer der Kirche zugefügten weltlichen Schädigung exkommuniziert werden.

QUAESTIO 21, 3

spiritualis, quod omnibus bonis temporalibus praeeminet. Ergo pro temporalibus nullus est excommunicandus.

2. PRAETEREA, „nulli malum pro malo reddere" debemus, secundum Apostoli praeceptum. Sed hoc esset malum pro malo reddere, si pro tali damno quis excommunicatur. Ergo nullo modo hoc debet fieri.

SED CONTRA est quod Petrus Ananiam et Saphiram pro defraudatione pretii agri sententia mortis damnavit. Ergo et Ecclesiae licet pro temporalibus damnis excommunicare.

RESPONDEO dicendum quod per excommunicationem judex ecclesiasticus excommunicatos excludit a Regno quodammodo. Unde, cum non debeat a regno excludere nisi indignos, ut ex definitione clavis patuit; nec aliquis reddatur indignus nisi per peccatum mortale caritatem amiserit, quae est via ducens ad Regnum: ideo nullus excommunicari debet nisi pro peccato mortali.[1] Et quia in damnificando aliquem corporaliter vel in rebus temporalibus aliquis mortaliter peccat, et contra caritatem facit, ideo pro damno temporali illato Ecclesiae aliquem excommunicare potest.

---

[1] Cf. Gratianus, Decretum, p. II, causa 11, q. 3, can. 41 (Frdb I/655).

21, 3 Weil aber die Exkommunikation die schwerste der Strafen ist, „Strafen“ aber „Arzneien sind“ (Aristoteles), und weil ein weiser Arzt mit leichteren und weniger gefährlichen Arzneien beginnt, darf die Exkommunikation nicht verhängt werden — auch nicht für eine Todsünde —, wenn der Betroffene nicht widersetzlich ist, indem er entweder nicht zum Gericht kommt oder vor Beendigung der Gerichtssitzung ohne Erlaubnis sich entfernt oder der Entscheidung nicht gehorcht [vgl. Gratian]. Dann nämlich wird er, nachdem er ermahnt worden war und zu gehorchen sich weigerte, als widersetzlich betrachtet; und er muß vom Richter exkommuniziert werden, der über kein Rechtsmittel mehr verfügt, das er gegen ihn anwenden könnte.

Zu 1. Die Größe der Schuld wird nicht ermessen aus dem Schaden, den jemand anrichtet, sondern aus dem Willen, mit welchem er handelt und gegen die Liebe verstößt. Und darum überschreitet die Strafe, obwohl sie über die Schädigung hinausgeht, doch nicht die Größe der Schuld.

Zu 2. Wenn jemand durch eine Strafe gebessert wird, so wird ihm nicht Böses, sondern Gutes vergolten. Denn „Strafen sind Arzneien“ (Antw.).

QUAESTIO 21, 3

Sed quia excommunicatio est gravissima poenarum; „poenae“
1104 b 17 autem „medicinae sunt“, secundum Philosophum, in 2 Ethicorum [c. 2] sapientis autem medici est a levioribus incipere medicinis et minus periculosis: ideo excommunicatio infligi non debet, etiam pro peccato mortali, nisi contumax fuerit, vel non veniendo ad judicium, vel ante terminationem judicii sine licentia recedendo, vel determinationi non parendo.[1] Tunc enim, post quam monitus fuerit, si obedire contempserit, contumax reputatur; et excommunicari debet a judice, jam non habente quod contra ipsum faciat amplius.

AD PRIMUM ergo dicendum quod culpae quantitas non mensuratur ex nocumento quod quis facit, sed ex voluntate qua quis facit, contra caritatem agens. Et ideo, quamvis poena excommunicationis excedat nocumentum, non tamen excedit quantitatem culpae.

AD SECUNDUM dicendum quod, cum aliquis per poenam aliquam corrigitur, non redditur ei malum, sed bonum: quia „poenae medicinae sunt“, ut dictum est.

---

[1] Cf. ib., can. 43 et IV p. (Frdb I/656).

Zieht eine zu Unrecht verhängte Exkommunikation irgendeine Wirkung nach sich?

1. Durch die Exkommunikation „werden Schutz und Gnade Gottes entzogen“ [Lombardus]. Diese können aber nicht zu Unrecht entzogen werden. Also hat die zu Unrecht verhängte Exkommunikation keine Wirkung.

2. Hieronymus sagt, es gehöre zum ‚Dünkel der Pharisäer‘, jemanden, der zu Unrecht gebunden oder gelöst wird, für [wirklich] gebunden oder gelöst zu halten. Nun aber war ihr Dünkel hochmütig und irrig. Also hat eine ungerechte Exkommunikation keinerlei Wirkung.

ANDERSEITS gilt das Wort Gregors [d. Gr.; bei Gratian]: ‚Gebote des Hirten, seien sie gerecht oder ungerecht, sind zu fürchten.‘ Sie wären jedoch nicht zu fürchten, wenn solche auch ungerechten Gebote nichts schaden würden. Also . . .

ANTWORT: Eine Exkommunikation kann in zweifacher Weise ungerecht genannt werden. Einmal von seiten des Exkommunizierenden, z. B. wenn jemand aus Haß oder

QUAESTIO 21, 4

ARTICULUS IV

Utrum excommunicatio injuste lata aliquo modo effectum habeat

[4 d 18: 2, 1 qa 4]

AD QUARTUM sic proceditur. Videtur quod excommunicatio injuste lata nullo modo effectum habeat. Quia per excommunicationem „protectio et gratia Dei subtrahitur“[1], quae non injuste subtrahi potest. Ergo excommunicatio injuste lata non habet effectum.

2. PRAETEREA, Hieronymus dicit [In Evangelium Matthaei, l. 3, super 16, 19] quod est de ‚supercilio Pharisaeorum‘ aestimare esse ligatum vel solutum qui ligatur vel solvitur injuste. Sed eorum supercilium erat superbum et erroneum. Ergo excommunicatio injusta nullum habet effectum. PL 26/118 A

SED CONTRA, secundum Gregorium [Quadraginta homiliae in Evangelia, l. 2, hom. 26, n. 6] ‚praecepta pastoris, sive justa sive injusta, timenda sunt‘.[2] Non autem essent timenda nisi aliquid nocerent etiam injusta. Ergo, etc. PL 76/1201 B

RESPONDEO dicendum quod excommunicatio potest dici injusta dupliciter. Uno modo, ex parte excommunicantis: sicut cum

[1] Petrus Lomb., Sent. IV 18, 6 (QR II/362).
[2] Gratianus, Decretum, p. II, causa 11, q. 3, can. 1 (Frdb I/642).

21, 4 Wut exkommuniziert. In diesem Falle hat die Exkommunikation nichtsdestoweniger ihre Wirkung, obwohl der Exkommunizierende sündigt: denn der Straffällige leidet gerechterweise, obwohl jener ungerecht handelt.

Sodann von seiten der Exkommunikation selbst. Dabei ist entweder die Ursache der Exkommunikation unangemessen, oder der Urteilsspruch wird unter Mißachtung der Rechtsordnung verhängt. In diesem [doppelten] Fall hat ein Irrtum, wenn er so liegt, daß der Urteilsspruch null und nichtig ist, keine Wirkung: weil er keine Exkommunikation ist. Wenn der Irrtum jedoch den Urteilsspruch nicht null und nichtig macht, hat er seine Wirkung. Und der Exkommunizierte muß demütig gehorchen, und es wird ihm zum Verdienst gereichen; oder er soll vom Exkommunizierenden Lossprechung erbitten oder Berufung einlegen an einen höheren Richter [44]. Wenn er aber Verachtung an den Tag legte, würde er eben dadurch tödlich sündigen.

Es kommt jedoch gelegentlich vor, daß der Strafgrund ordnungsgemäß ist von seiten des Exkommunizierenden, nicht aber ordnungsgemäß von seiten des Exkommunizierten, z. B. wenn jemand wegen eines angeblichen Verbrechens in einem ordentlichen Gerichtsverfahren exkommuniziert wird. Wenn er sich dann demütig verhält, wiegt das Verdienst der Demut den Schaden der Exkommunikation auf.

QUAESTIO 21, 4

ex odio vel ex ira aliquis excommunicat. Et tunc excommunicatio nihilominus habet effectum suum, quamvis ille qui excommunicat peccet: quia iste juste patitur, quamvis ille injuste faciat.

Alio modo, ex parte excommunicationis ipsius; vel quia causa excommunicationis est indebita; vel quia infertur sententia juris ordine praetermisso. Et tunc, si sit talis error ex parte sententiae qui sententiam nullam esse faciat, non habet effectum: quia non est excommunicatio. Si autem non annullet sententiam, habet effectum suum. Et debet excommunicatus humiliter obedire, et erit ei ad meritum; vel absolutionem petere debet ab excommunicante; vel ad superiorem judicem recurrere. Si autem contemneret, eo ipso mortaliter peccaret.

Contingit autem quandoque quod est debita causa ex parte excommunicantis quae non est debita ex parte excommunicati: sicut cum quis pro falso crimine in judicio probato excommunicatur. Et tunc, si humiliter sustinet, humilitatis meritum recompensat excommunicationis damnum.

Zu 1. Obwohl der Mensch die Gnade Gottes nicht zu Unrecht verlieren kann, so kann er doch zu Unrecht das verlieren, was auf unserer Seite liegt in der Vorbereitung zur Gnade Gottes; das ist offenkundig, wenn jemandem das Wort der Lehrverkündigung entzogen wird, das ihm gebührt [45]. Und in diesem Sinne sagt man, die Exkommunikation entziehe die Gnade Gottes (Art. 2 Zu 3).

Zu 2. Hieronymus spricht von der Schuld und nicht von Strafen; diese können auch von den Vorstehern der Kirche zu Unrecht verhängt werden.

QUAESTIO 21, 4

AD PRIMUM ergo dicendum quod, quamvis homo gratiam Dei injuste amittere non possit, potest tamen injuste amittere illa quae ex parte nostra sunt quae ad gratiam Dei disponunt: sicut patet si subtrahatur alicui doctrinae verbum quod ei debetur. Et hoc modo excommunicatio gratiam Dei subtrahere dicitur, ut in praedictis patet.

AD SECUNDUM dicendum quod Hieronymus loquitur quantum ad culpas, et non quantum ad poenas: quae possunt etiam injuste infligi a rectoribus ecclesiarum.

22. FRAGE

VON DENEN, DIE EXKOMMUNIZIEREN UND EXKOMMUNIZIERT WERDEN KÖNNEN

Hierauf ist über die nachzudenken, die exkommunizieren und exkommuniziert werden können.

Dazu ergeben sich sechs Einzelfragen:

1. Kann jeder Priester exkommunizieren?
2. Kann ein Nichtpriester exkommunizieren?
3. Kann ein Exkommunizierter oder Amtsenthobener exkommunizieren?
4. Kann jemand sich selbst, einen Gleichgestellten oder Höhergestellten exkommunizieren?
5. Kann eine Menschengruppe exkommuniziert werden?
6. Kann ein einmal Exkommunizierter noch einmal exkommuniziert werden?

1. ARTIKEL

Kann jeder Priester exkommunizieren?

1. Die Exkommunikation ist ein Akt der Schlüsselgewalt [vgl. Lombardus]. Nun hat aber jeder Priester die Schlüsselgewalt inne. Also kann jeder exkommunizieren.

QUAESTIO XXII

DE HIS QUI POSSUNT EXCOMMUNICARE ET EXCOMMUNICARI

Deinde considerandum est de his qui possunt excommunicare et excommunicari.

Circa quod quaeruntur sex: 1. Utrum quilibet sacerdos possit excommunicare. — 2. Utrum non-sacerdos excommunicare possit. — 3. Utrum excommunicatus vel suspensus possit excommunicare. — 4. Utrum aliquis seipsum, vel aequalem vel superiorem possit excommunicare. — 5. Utrum aliqua universitas excommunicari possit. — 6. Utrum semel excommunicatus excommunicari possit ulterius.

ARTICULUS I

Utrum quilibet sacerdos possit excommunicare

[4 d 18: 2, 2 qa 1]

AD PRIMUM sic proceditur. Videtur quod quilibet sacerdos possit excommunicare. Excommunicatio enim est actus clavium.[1] Sed quilibet sacerdos habet claves. Ergo quilibet potest excommunicare.

---

[1] Cf. Petrus Lomb., Sent. IV 18, 6 (QR II/362).

2. Es ist etwas Größeres, im Bereich des Bußsakramentes zu lösen und zu binden als im Rechtsbereich. Nun aber kann jeder Priester die ihm Untergebenen im Bereich des Bußsakramentes lossprechen und binden. Also kann auch jeder Priester die ihm Untergebenen exkommunizieren. 22, 1

ANDERSEITS ist Gefahrbringendes den höheren Oberen vorzubehalten. Nun aber ist die Strafe der Exkommunikation sehr gefährlich, wenn sie nicht mit Mäßigung erfolgt. Also darf sie nicht jedwedem Priester anvertraut werden.

ANTWORT: Im Gewissensbereich geht es um das Verhältnis zwischen Mensch und Gott; im Rechtsbereich hingegen geht es um das Verhältnis zwischen Mensch und Mensch. Und darum gehören Lossprechung und Bindung, die für einen einzelnen Menschen nur vor Gott verbindlich sind, zum Bereich des Bußsakramentes; jene [Bindung und Lösung] hingegen, die für den Menschen im Verhältnis zu anderen Menschen verbindlich sind, gehören zum öffentlichen Rechtsbereich. Und weil der Mensch durch die Exkommunikation von der Gemeinschaft der Gläubigen ausgeschlossen wird, darum gehört die Exkommunikation zum öffentlichen Bereich. Und darum können nur diejenigen exkommunizieren, die Rechtsprechungsgewalt besitzen im Rechtsbereich. Und darum können der allgemeine-

QUAESTIO 22, 1

2. PRAETEREA, majus est solvere et ligare in foro poenitentiae quam in foro judicii. Sed quilibet sacerdos potest sibi subditos in foro poenitentiali absolvere et ligare. Ergo etiam potest sibi subditos quilibet sacerdos excommunicare.

SED CONTRA, ea in quibus imminet periculum, sunt majoribus reservanda. Sed poena excommunicationis est valde periculosa, nisi cum moderamine fiat. Ergo non debet cuilibet sacerdoti committi.

RESPONDEO dicendum quod in foro conscientiae causa agitur inter hominem et Deum, in foro autem exterioris judicii causa agitur hominis ad hominem. Et ideo absolutio vel ligatio quae unum hominem obligat quoad Deum tantum, pertinet ad forum poenitentiae: sed illa quae hominem obligat in comparatione ad alios homines, ad forum publicum exterioris judicii pertinet. Et quia homo per excommunicationem a communione fidelium separatur, ideo excommunicatio ad forum exterius pertinet. Et ideo illi soli possunt excommunicare qui habent jurisdictionem in foro judiciali. Et propter hoc soli episcopi propria auctoritate et majores praelati, secundum communiorem opinionem, possunt

22, 1 ren Auffassung nach allein die Bischöfe und die höheren Prälaten aus eigener Vollmacht exkommunizieren [46]; die Pfarrgeistlichen hingegen nur in besonderem Auftrag oder in bestimmten Fällen, wie bei Diebstahl, Raub und dergleichen, in welchen ihnen vom Recht zugestanden ist, exkommunizieren zu können.

Andere wiederum sagen, auch die Pfarrgeistlichen könnten exkommunizieren. Die genannte Auffassung ist aber begründeter.

Zu 1. Die Exkommunikation ist kein unmittelbarer Vollzug der Schlüsselgewalt, sondern erfolgt mehr im Hinblick auf den Rechtsbereich. Doch obwohl die Exkommunikation im Rechtsbereich veröffentlicht wird, betrifft sie doch irgendwie den Zugang zum Reich [Gottes], insofern die streitende Kirche ein Weg ist zur triumphierenden. Und darum kann auch eine solche Rechtsprechungsgewalt, kraft derer ein Mensch exkommunizieren darf, Schlüsselgewalt genannt werden. In diesem Sinne wird von einigen unterschieden: die ‚Schlüsselgewalt der Weihe', die alle Priester innehaben, und die ‚Schlüsselgewalt der Rechtsprechung im Rechtsbereich', die nur die Richter des äußeren Bereiches innehaben. Beide Gewalten aber hat Gott dem Petrus verliehen (Mt 16, 19); und von ihm steigt sie auf die anderen herab, die beide innehaben.

QUAESTIO 22, 1

excommunicare: sed presbyteri parochiales non nisi ex commissione eis facta, vel in certis casibus, sicut in furto et rapina et hujusmodi, in quibus est eis a jure concessum quod excommunicare possint.[1]

Alii[2] autem dixerunt quod etiam sacerdotes parochiales possunt excommunicare. Sed praedicta opinio est rationabilior.

AD PRIMUM ergo dicendum quod excommunicatio non est actus clavis directe, sed magis respectu exterioris judicii. Sed sententia excommunicationis, quamvis in exteriori judicio promulgetur, quia tamen aliquo modo pertinet ad aditum Regni, secundum quod Ecclesia militans est via ad triumphantem; ideo etiam talis jurisdictio per quam homo excommunicare potest, clavis potest dici. Et secundum hoc a quibusdam distinguitur quod est ‚clavis ordinis', quam omnes sacerdotes habent; et ‚clavis jurisdictionis in foro judiciali', quam habent soli judices exterioris fori. Utramque tamen Deus Petro contulit, Matth. 16: et ab ipso in alios descendit qui utramque habent.

---

[1] Cf. Decretales Gregorii IX, l. I, tit. 31, c. 3 (Frdb II/187); Gl. ord. (Bernardus Parmensis de Bottone) in Decretales Gregorii IX, in l. c. Venetiis 1595, p. 285 a.

[2] Cf. Raymundus de Pennafort, Summa, l. III, tit. 33, Infligitur a judice. Ed. Laget. Parisiis 1720, p. 390 a.

Zu 2. Die Pfarrgeistlichen haben ihren Untergebenen gegenüber zwar eine richterliche Vollmacht im Gewissensbereich, nicht aber im Rechtsbereich, weil man nicht in Streitsachen vor sie vorgeladen werden kann. Und darum können sie nicht exkommunizieren, doch können sie lossprechen im Gewissensbereich. Und obwohl der Gewissensbereich erhabener ist, so ist doch im Rechtsbereich größere Feierlichkeit [47] erfordert, weil nicht nur Gott, sondern auch den Menschen Genugtuung geschehen soll. 22, 2

2. ARTIKEL

Können Nichtpriester exkommunizieren?

1. Die Exkommunikation ist ein Akt der Schlüsselgewalt (Lombardus; vgl. 19, 3). Nun aber besitzen Nichtpriester nicht die Schlüsselgewalt. Also können sie nicht exkommunizieren.

2. Zur Exkommunikation ist mehr erfordert als zur Lossprechung im Bereich des Bußsakramentes. Nun aber kann ein Nichtpriester nicht im Bereich des Bußsakramentes lossprechen. Also kann er auch keine Exkommunikation verhängen.

QUAESTIO 22, 2

AD SECUNDUM dicendum quod sacerdotes parochiales habent quidem jurisdictionem in subditos suos quantum ad forum conscientiae, sed non quantum ad forum judiciale: quia non possunt conveniri coram eis in causis contentiosis. Et ideo excommunicare non possunt: sed absolvere possunt in foro poenitentiali. Et quamvis forum poenitentiale sit dignius, tamen in foro judiciali major solemnitas requiritur: quia in eo oportet quod non solum Deo, sed etiam homini satisfiat.

ARTICULUS II

Utrum non-sacerdotes excommunicare possint

[4 d 18: 2, 2 qa 2 — Supra 19, 3]

AD SECUNDUM sic proceditur. Videtur quod non-sacerdotes excommunicare non possint. Quia excommunicatio est actus clavium, ut in IV Sententiarum[1] dicitur. Sed non-sacerdotes non habent claves. Ergo excommunicare non possunt.

2. PRAETEREA, plus requiritur ad excommunicationem quam ad absolutionem in foro poenitentiae. Sed non-sacerdos in foro poenitentiae absolvere non potest. Ergo nec excommunicationem inferre.

---

[1] Petrus Lomb., Sent. IV 18, 6 (QR II/362).

22, 2 ANDERSEITS exkommunizieren auch Archidiakone, Legaten und Erwählte [Bischöfe, die noch nicht geweiht sind] [48], die bisweilen Nichtpriester sind. Also können nicht nur Priester exkommunizieren.

ANTWORT: Sakramente zu spenden, in denen ja Gnade verliehen wird, ist ausschließlich Sache der Priester. Darum können sie allein lossprechen und binden im Bereich des Bußsakramentes. Nun aber betrifft die Exkommunikation nicht unmittelbar die Gnade, sondern nur in der Folge, sofern der Mensch der Fürbitten der Kirche beraubt wird, die zur Gnade vorbereiten oder in der Gnade bewahren [vgl. 21, 1]. Darum können auch Nichtpriester, sofern sie nur Vollmacht im Rechtsbereich besitzen, exkommunizieren.

Zu 1. Wenn sie auch nicht die Schlüsselgewalt der Weihe besitzen, so doch die Schlüsselgewalt der Rechtsprechung.

Zu 2. Die beiden [Bereiche] verhalten sich zueinander wie Überschreitendes und Überschrittenes. Und darum kommt jemandem [die Vollmacht] in dem einen [Bereich] zu und [die Vollmacht] in dem anderen nicht.

QUAESTIO 22, 2

SED CONTRA est quod archidiaconi, legati et electi excommunicant, qui quandoque non sunt sacerdotes.[1] Ergo non solum sacerdotes excommunicare possunt.

RESPONDEO dicendum quod sacramenta, in quibus gratia confertur, dispensare ad solos sacerdotes pertinet. Et ideo ipsi soli possunt absolvere et ligare in foro poenitentiali. Sed excommunicatio non directe respicit gratiam, sed ex consequenti, inquantum homo suffragiis Ecclesiae privatur, quae ad gratiam disponunt vel in gratia conservant. Et ideo etiam non-sacerdotes, dummodo jurisdictionem habeant in foro contentioso, possunt excommunicare.

AD PRIMUM ergo dicendum quod, quamvis non habeant clavem ordinis, habent tamen clavem jurisdictionis.

AD SECUNDUM dicendum quod ista duo se habent sicut excedentia et excessa. Et ideo alicui competit unum cui non competit aliud.

---

[1] Cf. Gl. ord. in Decretales Gregorii IX, in l. I, tit. 23, c. 1. 4. 5; tit. 30, c. 7. Venetiis 1595, p. 223 a. 224 b. 224 b. 281 b.

3. ARTIKEL

Kann ein Exkommunizierter oder Amtsenthobener exkommunizieren?

1. Wer exkommuniziert oder amtsenthoben ist, verliert weder Weihe noch Rechtsprechungsgewalt; denn er wird weder neu geweiht bei der Lossprechung, noch wird ihm die seelsorgerliche Vollmacht neu verliehen. Nun aber erfordert die Exkommunikation nur die Weihe oder die Rechtsprechungsgewalt. Also kann auch ein Exkommunizierter oder ein Amtsenthobener exkommunizieren.

2. Es ist etwas Größeres, Brot in den Leib des Herrn zu verwandeln [49] als zu exkommunizieren [vgl. Lombardus]. Nun aber können die Exkommunizierten Brot in den Leib des Herrn verwandeln [III 82, 7: Bd. 30]. Also können sie auch exkommunizieren.

ANDERSEITS kann kein körperlich Gebundener einen anderen binden. Nun aber ist ein geistliches Band stärker als ein körperliches. Also kann kein Exkommunizierter einen anderen exkommunizieren, denn die Exkommunikation ist ein geistliches Band.

ANTWORT: Die Ausübung der Rechtsprechungsgewalt

QUAESTIO 22, 3

ARTICULUS III

Utrum excommunicatus vel suspensus excommunicare possit

[4 d 18: 2, 2 qa 3 — II-II 39, 3]

AD TERTIUM sic proceditur. Videtur quod excommunicatus vel suspensus excommunicare possit. Ille enim qui est excommunicatus vel suspensus, neque ordinem neque jurisdictionem amittit: quia neque reordinatur cum absolvitur, neque cura iterum ei committitur. Sed excommunicatio non requirit nisi ordinem vel jurisdictionem. Ergo etiam excommunicatus vel suspensus excommunicare possunt.

2. PRAETEREA, majus est conficere corpus Christi quam excommunicare. Sed excommunicati conficere possunt.[1] Ergo et excommunicare possunt.

SED CONTRA, ligatus corporaliter non potest alium ligare. Sed vinculum spirituale est fortius quam corporale. Ergo excommunicatus non potest alium excommunicare: cum excommunicatio sit vinculum spirituale.

RESPONDEO dicendum quod usus jurisdictionis est in compa-

---

[1] Cf. Petrus Lomb., Sent. IV 13, 1 (QR II/311–314).

 betrifft das Verhältnis zum anderen Menschen. Da nun jeder Exkommunizierte von der Gemeinschaft der Gläubigen ausgeschlossen wird, wird jeder Exkommunizierte der Ausübung der Rechtsprechungsgewalt beraubt. Und weil die Exkommunikation eine Sache der Rechtsprechungsgewalt ist, darum kann ein Exkommunizierter nicht exkommunizieren.

Derselbe Grund gilt für den Amtsenthobenen, dem die Rechtsprechungsgewalt genommen ist. Wenn ihm nämlich nur die Ausübung der Weihen genommen ist, dann kann er keine Handlungen vornehmen, die auf der Weihe beruhen, wohl aber Handlungen, die auf der Rechtsprechungsgewalt beruhen. Das Umgekehrte gilt, wenn ihm die Rechtsprechungsgewalt, nicht aber die Weihegewalt genommen ist. Wenn aber beides, dann kann er beides nicht.

Zu 1. Wenn er auch nicht die Rechtsprechungsgewalt verliert, so doch die Ausübung der Rechtsprechungsgewalt.

Zu 2. Die Wandlungsgewalt beruht auf der Vollmacht des [priesterlichen] ‚Charakters', der unaustilgbar ist. Und darum kann ein Exkommunizierter, weil er den ‚Charakter' der Priesterweihe besitzt, immer [Brot und Wein] verwandeln, wenn es auch nicht immer erlaubt ist. Anders verhält es sich jedoch mit der Exkommunikation, die auf der Rechtsprechungsgewalt beruht, die genommen und gebunden werden kann.

QUAESTIO 22, 3

ratione ad alium hominem. Et ideo, cum omnis excommunicatus a communione fidelium separetur, quilibet excommunicatus usu jurisdictionis privatur. Et quia excommunicatio est jurisdictionis, ideo excommunicatus excommunicare non potest.

Et eadem ratio est de suspenso a jurisdictione. Si enim sit suspensus ab ordine tantum, tunc non potest ea quae sunt ordinis, sed potest ea quae sunt jurisdictionis. Et e converso si sit suspensus a jurisdictione et non ab ordine. Si autem ab utroque, tunc neutrum potest.

AD PRIMUM ergo dicendum quod, quamvis non amittat jurisdictionem, amittit tamen jurisdictionis usum.

AD SECUNDUM dicendum quod conficere consequitur potestatem characteris, qui indelebilis est. Et ideo homo, ex quo characterem ordinis habet, semper potest conficere, licet non semper ei liceat. Secus autem est de excommunicatione, quae jurisdictionem sequitur, quae auferri potest et ligari.

4. ARTIKEL

Kann jemand sich selbst, einen Gleichgestellten oder Höhergestellten exkommunizieren? [Vgl. 20, 3]

1. Der Engel Gottes war größer als Paulus: „Der Kleinste im Himmelreich ist größer als dieser", und „keiner der vom Weibe Geborenen ist größer als dieser" (Mt 11, 11) [50]. Nun aber hat Paulus „einen Engel vom Himmel" exkommuniziert (Gal 1, 8). Also kann der Mensch einen Höhergestellten exkommunizieren.

2. Bisweilen exkommuniziert ein Priester ganz allgemein [alle Betroffenen] wegen Diebstahls oder etwas ähnlichem [Art. 1 Antw.]. Nun aber kann es geschehen, daß er selbst die Tat begangen hat bzw. ein Höhergestellter oder ein Gleichgestellter. Also kann jemand sich selbst, einen Gleichgestellten oder Höhergestellten exkommunizieren.

3. Es kann jemand einen Höhergestellten oder einen Gleichgestellten im Bereich des Bußsakramentes lossprechen, so wenn Bischöfe bei ihren Untergebenen beichten und wenn ein Priester einem anderen läßliche Sünden beichtet. Also scheint es, daß er auch einen Höhergestellten oder Gleichgestellten exkommunizieren kann.

ANDERSEITS: Die Exkommunikation ist ein Vollzug

ARTICULUS IV

Utrum aliquis possit seipsum, vel aequalem vel superiorem excommunicare

[4 d 18: 2, 3 qa 1 — Supra 20, 3 ad 3; 4 d 20: a 5 qa 4 ad 3]

AD QUARTUM sic proceditur. Videtur quod aliquis possit seipsum, vel aequalem vel superiorem excommunicare. Quia angelus Dei major erat Paulo: Matth. 11, „Qui minor est in regno caelorum, major est eo" quo „nemo inter natos mulierum major". Sed Paulus excommunicavit „angelum de caelo": ut patet Gal. Ergo homo potest superiorem excommunicare.

2. PRAETEREA, sacerdos aliquando excommunicat in generali pro furto, vel pro aliquo hujusmodi. Sed potest contingere quod ipsemet fecit, vel superior aut aequalis. Ergo aliquis potest se, vel aequalem vel superiorem excommunicare.

3. PRAETEREA, aliquis potest superiorem absolvere in foro poenitentiali, vel aequalem: sicut cum episcopi suis subditis confitentur, et cum unus sacerdos alteri venialia confitetur. Ergo videtur quod etiam excommunicare aliquis superiorem vel aequalem possit.

SED CONTRA, excommunicatio est actus jurisdictionis. Sed

22, 4 der Rechtsprechungsgewalt. Nun hat aber niemand Rechtsprechungsgewalt sich selbst gegenüber; denn es kann niemand in derselben Sache Angeklagter und Richter sein. Auch nicht einem Höhergestellten oder Gleichgestellten gegenüber. Also kann niemand einen Höher- oder Gleichgestellten und auch sich selbst exkommunizieren.

ANTWORT: Da jemand durch die Rechtsprechungsgewalt in einen Vorrang versetzt wird über denjenigen, dem gegenüber er Rechtsprechungsgewalt besitzt, weil er dessen Richter ist, hat niemand Rechtsprechungsgewalt über sich selbst, einen Höher- oder Gleichgestellten. Infolgedessen kann niemand sich selbst exkommunizieren noch einen Höher- oder Gleichgestellten.

Zu 1. Der Apostel spricht hypothetisch, das heißt: wenn man annehmen würde, ein Engel sündigte: in diesem Falle wäre er nämlich dem Apostel gegenüber nicht höher gestellt, sondern niedriger. Es ist nicht sinnlos, wenn in Bedingungsgefügen, deren Vordersätze unmöglich sind, auch die Folgerungen unmöglich sind [Aristoteles].

Zu 2. In einem solchen Falle wird niemand exkommuniziert; denn „ein Gleicher hat keine Befehlsgewalt einem Gleichen gegenüber" [Gregor IX.].

Zu 3. Lossprechung und Bindung im Bereich der Beichte gelten nur vor Gott, bei welchem jemand, der höher steht

QUAESTIO 22, 4

aliquis non habet in se jurisdictionem: quia in eadem causa non potest quis esse reus et judex. Nec iterum in superiorem vel aequalem. Ergo non potest aliquis superiorem vel aequalem, aut se excommunicare.

RESPONDEO dicendum quod, cum per jurisdictionem aliquis constituatur in gradu superioritatis respectu ejus in quem habet jurisdictionem, quia judex est ejus; ideo nullus habet in seipsum, vel in superiorem vel aequalem jurisdictionem. Et per consequens nullus potest seipsum excommunicare, vel superiorem aut aequalem.

AD PRIMUM ergo dicendum quod Apostolus loquitur sub hypothesi, idest, si poneretur angelus peccare: sic enim non esset Apostolo superior, sed inferior. Nec est inconveniens quod in conditionalibus quarum antecedentia impossibilia sunt, et conse-
281 b 15 quentia impossibilia sint [Aristoteles, De caelo et mundo 1, 12].

AD SECUNDUM dicendum quod in tali casu nullus excommunicatur: quia „par in parem non habet imperium".[1]

AD TERTIUM dicendum quod absolutio et ligatio in foro confessionis est quoad Deum tantum, apud quem aliquis alio

[1] Decretales Gregorii IX, l. I, tit. 6, c. 20 (Frdb II/62).

als ein anderer, niedriger gestellt wird aufgrund der Sünde. Die Exkommunikation liegt aber im Rechtsbereich, in welchem niemand aufgrund seiner Sünde seine Überlegenheit verliert. Darum gilt nicht für beide Fälle das gleiche.

Und doch kann auch im Gewissensbereich niemand sich selbst lossprechen; auch nicht einen Höher- oder Gleichgestellten, es sei denn, dieses sei ihm aufgetragen. Für den Bereich läßlicher Sünden jedoch kann er es; denn läßliche Sünden werden durch alle gnadenverleihenden Sakramente nachgelassen. Darum folgt die Nachlassung läßlicher Sünden aus der Weihegewalt [51].

5. ARTIKEL

Kann die Exkommunikation über eine Menschengruppe ausgesprochen werden?

1. Es kommt vor, daß eine Menschengruppe sich in der Bosheit verbündet. Nun aber muß gegen eine Bosheit, in der jemand verstockt bleibt, die Exkommunikation verhängt werden. Also kann die Exkommunikation über eine Menschengruppe verhängt werden.

2. Das Schwerwiegendste bei der Exkommunikation ist der Ausschluß von den Sakramenten der Kirche. Manchmal aber werden einem ganzen Gemeinwesen gottesdienst-

superior redditur inferior per peccatum. Sed excommunicatio est in judicio exteriori, in quo aliquis non amittit superioritatem ex hoc ipso quod peccat. Unde non est similis ratio de utroque.

Et tamen etiam in foro confessionis aliquis non potest seipsum absolvere; nec superiorem aut aequalem, nisi ex commissione sibi facta. De venialibus autem potest: quia venialia ex quibuslibet sacramentis gratiam conferentibus remittuntur; unde remissio venialium sequitur potestatem ordinis.

ARTICULUS V

Utrum in aliquam universitatem sententia excommunicationis ferri possit

[4 d 18: 2, 3 qa 2 — Ql X, 7, 1 ad 1]

AD QUINTUM sic proceditur. Videtur quod in aliquam universitatem sententia excommunicationis ferri possit. Contingit enim quod aliqua universitas sibi in malitia colligatur. Sed pro malitia in qua quis contumax exstitit, debet excommunicatio ferri. Ergo potest in aliquam universitatem ferri excommunicatio.

2. PRAETEREA, illud quod est gravissimum in excommunicatione, est separatio a sacramentis Ecclesiae. Sed aliquando tota

22, 5 liche Handlungen untersagt. Also kann auch eine Menschengruppe exkommuniziert werden.

ANDERSEITS sagt die Glosse Augustins zu Mt 13, 29: „Fürst und Volk sollen nicht exkommuniziert werden."

ANTWORT: Es darf jemand nur aufgrund einer Todsünde exkommuniziert werden. Eine Sünde aber besteht in einer Handlung. Eine Handlung aber wird nicht von der Gemeinschaft gesetzt, sondern in der Mehrzahl der Fälle vom einzelnen. Und darum können einzelne aus einer Gemeinschaft exkommuniziert werden, nicht aber die Gemeinschaft selbst.

Und wenn es bisweilen auch eine Handlung mehrerer Menschen gibt, wie wenn mehrere ein Schiff ziehen, das keiner allein ziehen könnte, so ist es doch nicht wahrscheinlich, daß eine Gemeinschaft so vollständig dem Bösen zustimme, daß nicht einzelne sich davon ausschlössen [52]. Und weil es ‚nicht Gottes, der Richter ist über die ganze Erde, Sache ist, den Gerechten mit den Gottlosen zu verdammen' (Gen 18, 25), darum hat die Kirche, die das Urteil Gottes nachahmen soll, in großer Weisheit bestimmt, daß keine Gemeinschaft exkommuniziert werde, „damit nicht bei der Sammlung des Unkrauts zugleich auch der Weizen ausgerissen werde" [Mt 13, 29].

QUAESTIO 22, 5

civitas interdicitur a divinis. Ergo et excommunicari universitas aliqua potest.

SED CONTRA est Glossa[1] Augustini, Matth. 13, quae dicit quod „princeps et multitudo non est excommunicanda".

RESPONDEO dicendum quod excommunicari non debet aliquis nisi pro peccato mortali. Peccatum autem in actu consistit. Actus autem non est communitatis, sed singularium personarum, ut frequenter. Et ideo singuli de communitate excommunicari possunt, non autem ipsa communitas.

Et si sit quandoque etiam actus alicujus totius multitudinis, ut quando multi navem trahunt quam nullus trahere posset, tamen non est probabile quod aliqua communitas ita tota ad malum consentiat quin aliqui sint dissentientes. Et quia[2] ‚non est Dei, qui judicat omnem terram, ut condemnet justum cum impio', ut dicitur Gen. 18; ideo Ecclesia, quae Dei judicium imitari debet, satis provide statuit ut communitas non excommunicetur[3], „ne, collectis zizaniis, simul eradicetur et triticum".

---

[1] Gl. ord. in Matth. 13, 29 (PL 114/132 C). — Cf. Augustinus, Epistolae, classis IV, epist. 250 (al. 75), n. 2 (PL 33/1066 D).

[2] L false: quia non ‚non est Dei...'

[3] Cf. Gratianus, Decretum, p. II, causa 24, q. 3, Ia p., introd. et can. 1 (Frdb I/988); Liber Sextus Decretalium, l. V, tit. 11, c. 5 (Frdb II/1095).

Zu 1 ergibt sich die Lösung aus dem Gesagten.

Zu 2. Die Amtsenthebung [53] stellt keine so schwere Strafe dar wie die Exkommunikation; denn die Amtsenthobenen sind nicht der Fürbitten der Kirche beraubt wie die Exkommunizierten. Darum kann jemand auch ohne eigene Sünde des Amtes enthoben werden, wie auch ein ganzes Reich für die Sünde des Königs dem Interdikt unterworfen wird. Und darum verhält es sich bei der Exkommunikation und der Amtsenthebung nicht auf die gleiche Weise.

6. ARTIKEL

Kann ein einmal Exkommunizierter noch einmal exkommuniziert werden?

1. Der Apostel sagt 1 Kor 5, 12: „Was geht es mich an, über die zu urteilen, die draußen sind?“ Nun aber sind die Exkommunizierten schon außerhalb der Kirche. Also hat die Kirche keine Urteilsgewalt über sie, als könnte sie diese noch einmal exkommunizieren.

2. Exkommunikation ist ein Ausschluß vom Gottesdienst und von der Gemeinschaft der Gläubigen [vgl. 21, 1]. Nachdem aber jemand eines Gutes beraubt ist, kann er

AD PRIMUM ergo patet solutio ex dictis.

AD SECUNDUM dicendum quod suspensio non tanta poena est quanta excommunicatio: quia suspensi non fraudantur Ecclesiae suffragiis, sicut excommunicati. Unde etiam aliquis sine peccato proprio suspenditur: sicut et totum regnum ponitur sub interdicto pro peccato regis. Et ideo non est simile de excommunicatione et suspensione.

ARTICULUS VI

Utrum ille qui semel est excommunicatus, ulterius excommunicari possit

[4 d 18: 2, 3 qa 3]

AD SEXTUM sic proceditur. Videtur quod ille qui semel est excommunicatus, ulterius excommunicari non possit. 1 Cor. 5 dicit Apostolus: „Quid mihi est de his qui foris sunt judicare?“ Sed excommunicati jam sunt extra Ecclesiam. Ergo super eos Ecclesia judicium non habet, ut possit eos iterum excommunicare.

2. PRAETEREA, excommunicatio est separatio quaedam a divinis et a communione fidelium. Sed postquam est aliquis

 nicht noch einmal dieses Gutes beraubt werden. Also darf der einmal Exkommunizierte nicht wiederum exkommuniziert werden.

ANDERSEITS ist die Exkommunikation eine Strafe und ein ärztliches Heilmittel. Nun aber werden alle Strafen und Heilmittel wiederholt, wenn es die Sache erfordert. Also kann auch die Exkommunikation wiederholt werden.

ANTWORT: Wer durch eine Exkommunikation exkommuniziert ist, kann wiederum exkommuniziert werden. Diese wiederholte Exkommunikation soll zu seiner größeren Beschämung führen, damit er wenigstens auf diese Weise von der Sünde wegkomme, oder [sie erfolgt] aus anderen Gründen. Und dabei gibt es so viele hauptsächliche Exkommunikationen, als es Ursachen gibt, um derentwillen einer exkommuniziert wird.

Zu 1. Der Apostel spricht von den Heiden und anderen Ungläubigen, die nicht den ‚Charakter' besitzen, kraft dessen sie dem Volke Gottes zugezählt werden. Weil jedoch der ‚Taufcharakter', kraft dessen jemand dem Volke Gottes zugezählt wird, untilgbar ist, darum bleibt der Getaufte immer irgendwie [Mitglied] der Kirche. Und so kann die Kirche immer über ihn urteilen.

Zu 2. Obwohl eine Beraubung an sich kein Mehr oder Minder zuläßt, so läßt sie es doch ihrer Ursache nach zu.

QUAESTIO 22, 6

privatus aliquo, non potest iterum illo privari. Ergo unus excommunicatus non debet iterum excommunicari.

SED CONTRA, excommunicatio quaedam poena est et medicinale remedium. Sed poenae omnes et medicinae iterantur cum causa exigit. Ergo excommunicatio iterari potest.

RESPONDEO dicendum quod ille qui excommunicatus est una excommunicatione, potest iterum excommunicari: vel per ejusdem excommunicationis iterationem, ad majorem sui confusionem, ut vel sic a peccato resiliat; vel propter alias causas. Et tunc tot sunt principales excommunicationes quot causae pro quibus quis excommunicatur.

AD PRIMUM ergo dicendum quod Apostolus loquitur de paganis et aliis infidelibus, qui non habent characterem, per quem annumerati sint populo Dei. Sed quia character baptismalis, quo quis populo Dei annumeratur, est indelebilis, ideo semper remanet aliquo modo de Ecclesia baptizatus. Et sic semper Ecclesia de illo judicare potest.

AD SECUNDUM dicendum quod privatio, quamvis non recipiat majus et minus secundum se, recipit tamen secundum causam

Und in diesem Sinne kann die Exkommunikation wiederholt werden. Und wer mehrmals exkommuniziert ist, steht weiter entfernt von den Fürbitten der Kirche, als wer nur einmal [exkommuniziert ist]. 22, 6

QUAESTIO 22, 6

suam. Et secundum hoc, excommunicatio potest iterari. Et magis est elongatus a suffragiis Ecclesiae qui pluries est excommunicatus, quam qui semel tantum.

23. FRAGE

DER VERKEHR MIT EXKOMMUNIZIERTEN

Hierauf ist über den Verkehr mit Exkommunizierten nachzudenken.

Dazu ergeben sich drei Einzelfragen:

1. Ist es erlaubt, mit Exkommunizierten im rein weltlichen Bereich zu verkehren?
2. Ist der mit einem Exkommunizierten Verkehrende exkommuniziert?
3. Ist der Verkehr mit einem Exkommunizierten in nicht erlaubten Fällen immer eine Todsünde?

1. ARTIKEL

Ist es erlaubt, mit einem Exkommunizierten im rein weltlichen Bereich zu verkehren?

1. Die Exkommunikation ist ein Vollzug der Schlüsselgewalt [vgl. Lombardus]. Nun aber erstreckt sich die Schlüsselgewalt auf rein Geistliches. Also wird durch Exkommunikation nicht verboten, daß jemand mit einem anderen im weltlichen Bereich verkehren kann.

QUAESTIO XXIII

DE PARTICIPATIONE CUM EXCOMMUNICATIS

Deinde considerandum est de participatione cum excommunicatis. Circa quod quaeruntur tria: 1. Utrum liceat excommunicato participare in puris corporalibus. — 2. Utrum participans excommunicato sit excommunicatus. — 3. Utrum participare excommunicato in casibus non concessis semper sit peccatum mortale.

ARTICULUS I

Utrum liceat excommunicato communicare in pure corporalibus

[4 d 18: 2,4 qa 1 — II-II 31, 2 ad 3; 39, 4 ad 2]

AD PRIMUM sic proceditur. Videtur quod liceat excommunicato communicare in pure corporalibus. Excommunicatio enim est actus clavium.[1] Sed potestas clavium se extendit ad spiritualia tantum. Ergo per excommunicationem non prohibetur quin unus alii in corporalibus communicare possit.

---

[1] Cf. Petrus Lomb., Sent. IV 18, 6 (QR II/362).

2. ‚Was zugunsten der Liebe festgesetzt ist, widerstreitet der Liebe nicht' [Bernhard]. Nun sind wir durch das Gebot der Liebe verpflichtet, den Feinden zu helfen, was ohne einen Verkehr nicht möglich ist. Also ist es erlaubt, mit einem Exkommunizierten im weltlichen Bereich zu verkehren. 23, 1

ANDERSEITS heißt es 1 Kor 5, 11: „Mit einem solchen [sollt ihr] nicht einmal Speise einnehmen."

ANTWORT: Es gibt zwei Arten von Exkommunikation. Die eine ist die kleine, die nur von der Teilnahme an den Sakramenten ausschließt, nicht aber von der Gemeinschaft der Gläubigen. Und darum ist es erlaubt, mit einem derart Exkommunizierten zu verkehren, nicht aber, ihm Sakramente zu spenden.

Die andere ist die große Exkommunikation: sie schließt den Menschen von den Sakramenten der Kirche und von der Gemeinschaft der Gläubigen aus. Und darum ist es nicht erlaubt, mit einem derart Exkommunizierten zu verkehren [54]. Weil die Kirche aber eine Exkommunikation zur Heilung und nicht zum Untergang verhängt, werden von dieser allgemeinen Bestimmung einige Bereiche ausgenommen, in denen es erlaubt ist zu verkehren, nämlich das, was zum Heil gehört. Weil ein Mensch im Heilsbereich erlaubterweise mit einem Exkommunizierten sprechen kann, kann er auch andere Worte damit verbin-

QUAESTIO 23, 1

2. PRAETEREA, ‚quod est institutum pro caritate, contra caritatem non militat' [Bernardus, De praecepto et dispensatione, c. 2, n. 5]. Sed ex praecepto caritatis tenemur inimicis subvenire, quod sine aliqua communicatione fieri non potest. Ergo licet alicui excommunicato in corporalibus communicare. PL 182/864 A

SED CONTRA est quod dicitur 1 Cor. 5: „cum ejusmodi nec cibum sumere."

RESPONDEO dicendum quod duplex est excommunicatio. Una est minor, quae separat tantum a participatione sacramentorum, sed non a communione fidelium. Et ideo tali excommunicato licet communicare, sed non licet ei sacramenta conferre.

Alia est major excommunicatio: et haec separat hominem a sacramentis Ecclesiae et a communione fidelium. Et ideo tali excommunicato communicare non licet. Sed quia Ecclesia excommunicationem ad medelam, et non ad interitum inducit, excipiuntur ab hac generalitate quaedam in quibus communicare licet, scilicet in his quae pertinent ad salutem. Quia in talibus

23, 1 den, damit die Worte des Heiles aus dem vertrauten Umgang heraus leichter aufgenommen werden.

Es sind auch [von dem Verbot des Verkehrs] einige Personen ausgenommen, denen es eigens zukommt, den Exkommunizierten zu versorgen: so ,die Ehefrau, der Sohn, der Knecht und der Diener' [Gratian]. Dieses ist aber zu verstehen von den noch nicht selbständigen Söhnen; später sind sie gehalten, den Vater zu meiden. Von den anderen genannten Personen aber ist es [die Ausnahmeregelung] so zu verstehen: sie dürfen mit dem Exkommunizierten verkehren, wenn sie vor der Exkommunikation in seine Dienste getreten sind; nicht aber, wenn dies nachher der Fall war. — Manche aber verstehen es umgekehrt, so nämlich, daß Höhergestellte erlaubterweise mit Untergebenen [Exkommunizierten] verkehren können. Andere wiederum sprechen dagegen. Doch müssen sie [die Höhergestellten] mindestens in alledem mit ihnen verkehren, worin sie ihnen verpflichtet sind: denn wie die niedriger Gestellten zum Dienst des Höhergestellten verpflichtet sind, so die Höhergestellten zur Sorge für die niedriger Gestellten.

Es gibt auch gewisse Ausnahmefälle: so wenn die Exkommunikation ,unbekannt ist'; und wenn bestimmte Menschen ,Fremdlinge und Reisende im Lande der Exkom-

QUAESTIO 23, 1

homo licite cum excommunicato loqui potest: et etiam alia verba interserere, ut facilius salutis verba ex familiaritate recipiantur.

Excipiantur etiam quaedam personae, ad quas specialiter pertinet provisio excommunicati: ut ,uxor, filius, servus rusticus et serviens'.[1] Sed hoc intelligendum est de filiis non emancipatis: alias tenentur vitare patrem. De aliis autem intelligitur quod licet excommunicato communicare si ante excommunicationem se ei subdiderunt: non autem si post.[2] — Quidam[3] autem intelligunt e converso, scilicet quod superiores possunt licite communicare inferioribus. Alii[4] vero contradicunt. Sed ad minus in his communicare eis debent in quibus sunt eis obligati: quia, sicut inferiores obligantur ad obsequium superiorum, ita superiores ad providentiam inferiorum.

Sunt etiam quidam casus excepti[5]: sicut quando ,ignoratur' excommunicatio; et quando aliqui sunt ,peregrini et viatores in

---

[1] Gratianus, Decretum, p. II, causa 11, q. 3, can. 103 (Frdb I/672).
[2] Decretales Gregorii IX, l. V, tit. 39, c. 31 (Frdb II/902).
[3] Ib. (Frdb II/901 s.); Summa Halensis, p. IV, q. 23, m. 1, a. 6, § 1. Lugduni (Koburger) 1516.
[4] Gl. ord. in Decretum Gratiani, in p. II, causam 11, q. 3, can. 103. Venetiis 1595.
[5] Gratianus, l. c.

munizierten‘ sind; diese dürfen erlaubterweise bei ihnen ‚kaufen‘ oder auch Almosen ‚annehmen‘ [Gratian]. Ebenfalls, wenn jemand einen Exkommunizierten in Not sieht: denn dann ist er durch Liebesgebot gehalten, für ihn zu sorgen. 23, 1

Diese Ausnahmen sind in dem Vers enthalten: „Das Nützliche, das Gesetz, der Dienst, Unwissenheit und Not“ [bei Albert d. Gr.]. Hierbei bezieht sich das „Nützliche“ auf die Worte des Heils, „Gesetz“ auf die Ehe, „Dienst“ auf die Unterwerfung. Das übrige versteht sich von selbst.

Zu 1. Das Weltliche ist auf das Geistliche hingeordnet. Und darum kann sich eine Gewalt, die sich auf Geistliches erstreckt, auch auf Weltliches erstrecken, wie eine Kunst, die auf ein Ziel ausgerichtet ist, auch über die Mittel zum Ziel verfügt [vgl. Aristoteles].

Zu 2. In dem Fall, wo jemand aufgrund des Liebesgebotes zu verkehren gehalten ist, wird der Verkehr nicht verboten (Antw.).

terra excommunicatorum‘, qui licite possunt ab eis ‚emere‘, vel etiam ‚accipere‘ eleemosynam. Et similiter etiam si aliquis videat excommunicatum in necessitate: quia tunc ex praecepto caritatis tenetur ei providere.

Et ista hoc versu continentur: „Utile, lex, humile, res ignorata, necesse“[1]: ut „utile“ referatur ad verba salutis, „lex“ ad matrimonium, „humile“ ad subjectionem. Cetera patent.

AD PRIMUM ergo dicendum quod corporalia ad spiritualia ordinantur. Et ideo potestas quae se extendit ad spiritualia, etiam ad corporalia se extendere potest: sicut ars quae est de fine, imperat de his quae sunt ad finem [cf. Aristoteles, Ethica 1, 1]. 1094 a 12

AD SECUNDUM dicendum quod in illo casu in quo aliquis ex praecepto caritatis communicare tenetur, non prohibetur communio, ut ex dictis patet.

[1] Albertus Magnus, In Sent. IV 18, 21 sol. (Borgnet 29/799); Bonaventura, In Sent. IV, d. 18, p. 2, a. un., q. 5 c. (QR IV/492); Raymundus de Pennafort, Summa, l. III, tit. 33, § 5 (al. 10). Ed. Laget. Parisiis 1720, p. 398 b.

2. ARTIKEL

Ist der mit einem Exkommunizierten Verkehrende exkommuniziert?

1. Ein Heide ist weiter von der Kirche getrennt als ein Exkommunizierter. Nun aber ist, wer mit einem Heiden oder Juden verkehrt, nicht exkommuniziert. Also auch nicht, wer mit einem exkommunizierten Christen verkehrt.

2. Wenn der mit einem Exkommunizierten Verkehrende exkommuniziert wäre, wäre aus demselben Grunde auch, wer mit diesem Verkehrenden verkehrt, exkommuniziert, und so ginge die Kette ins Unendliche. Das erscheint als sinnwidrig. Also ist nicht exkommuniziert, wer mit einem Exkommunizierten verkehrt.

ANDERSEITS steht der Exkommunizierte außerhalb der Gemeinschaft. Also entfernt sich, wer mit ihm verkehrt, von der Gemeinschaft. Und so ist er offensichtlich exkommuniziert.

ANTWORT: Die Exkommunikation kann in zweierlei Weise gegen jemanden verhängt werden. Entweder so, daß er selbst mit allen exkommuniziert ist, die mit ihm verkehren. Und in diesem Fall ist es nicht zweifelhaft, daß jeder mit ihm Verkehrende mit der großen Exkommunika-

ARTICULUS II

Utrum participans excommunicato sit excommunicatus

[4 d 18: 2, 4 qa 2]

AD SECUNDUM sic proceditur. Videtur quod participans excommunicato non sit excommunicatus. Plus enim separatus est ab Ecclesia gentilis quam excommunicatus. Sed ille qui participat gentili aut Judaeo, non est excommunicatus. Ergo nec ille qui participat Christiano excommunicato.

2. PRAETEREA, si ille qui participat excommunicato est excommunicatus, eadem ratione qui participat participanti erit excommunicatus: et sic in infinitum procedet. Quod videtur absurdum. Ergo non est excommunicatus qui excommunicato participat.

SED CONTRA est quod excommunicatus est positus extra communionem. Ergo qui ei communicat, a communione Ecclesiae recedit. Et sic videtur quod sit excommunicatus.

RESPONDEO dicendum quod excommunicatio potest in aliquem ferri dupliciter. Aut ita quod ipse sit excommunicatus cum omnibus ei participantibus. Et tunc non est dubium quod quicumque participat ei, est excommunicatus majori excommunicatione.

tion exkommuniziert ist. — Oder er ist einfachhin exkommuniziert. Dann nimmt einer entweder an seiner Strafschuld teil, indem er ihm Rat, Hilfe oder Gunst zukommen läßt: in diesem Fall ist er seinerseits mit der großen Exkommunikation exkommuniziert. Oder [er nimmt] in anderen Dingen [an ihm teil], wie Unterhaltung, Umarmung, Tisch: dann ist er mit der kleinen Exkommunikation exkommuniziert. 23, 2

Zu 1. Die Kirche beabsichtigt nicht im selben Maße, die Ungläubigen zurechtzuweisen wie die Gläubigen, deren Obsorge ihr obliegt. Und darum hindert sie nicht den Verkehr mit Ungläubigen, wie sie den Verkehr mit jenen Gläubigen hindert, die sie exkommuniziert und über die sie Vollmacht besitzt.

Zu 2. Es ist erlaubt, mit einem Menschen zu verkehren, der mit der kleinen Exkommunikation exkommuniziert ist. Und so geht die Exkommunikation nicht auf eine dritte Person über.

QUAESTIO 23, 2

— Aut est excommunicatus simpliciter. Et tunc aut participat aliquis in crimine, ei praebendo consilium, auxilium aut favorem: et sic iterum est excommunicatus majori excommunicatione.[1] Aut in aliis, sicut in verbo vel in osculo vel in mensa[2]: et sic est excommunicatus minori excommunicatione.

AD PRIMUM ergo dicendum quod Ecclesia non ita intendit corrigere infideles sicut fideles, quorum cura sibi incumbit. Et ideo non arcet a communione infidelium, sicut a communione fidelium illorum quos excommunicat, super quos habet aliquam potestatem.

AD SECUNDUM dicendum quod excommunicato minori excommunicatione licet communicare. Et sic excommunicatio non transit in tertiam personam.[3]

---

[1] Gratianus, Decretum, p. II, causa 11, q. 3, cann. 3. 4. 5 (Frdb I/642 s.).
[2] Ib., can. 17 (Frdb I/647).
[3] Ib., can. 103 (Frdb I/672).

3. ARTIKEL

Ist der Verkehr mit einem Exkommunizierten in nicht erlaubten Fällen immer eine Todsünde?

1. Eine Rechtsbestimmung (Gregor IX.) antwortet: auch Todesfurcht erlaubt keinen Verkehr mit einem Exkommunizierten, weil jemand eher den Tod erleiden soll, als daß er tödlich sündigt. Dieser Grund wäre aber nichtig, wenn nicht Verkehr mit einem Exkommunizierten eine Todsünde wäre. Also ...

2. Handeln gegen ein Kirchengebot ist Todsünde. Nun aber schreibt die Kirche vor, daß niemand mit einem Exkommunizierten Gemeinschaft habe. Also ist Verkehr mit einem Exkommunizierten Todsünde.

3. Niemand wird wegen einer läßlichen Sünde am Empfang der Eucharistie gehindert. Nun aber wird, wer in nicht erlaubten Fällen mit einem Exkommunizierten verkehrt, am Empfang der Eucharistie gehindert, weil er die kleine Exkommunikation auf sich lädt. Also begeht der mit einem Exkommunizierten in nicht erlaubten Fällen Verkehrende eine Todsünde.

ARTICULUS III

Utrum participare cum excommunicato in casibus non concessis semper sit peccatum mortale

[4 d 18: 2, 4 qa 3 — Ql XI 8, 2]

AD TERTIUM sic proceditur. Videtur quod participare cum excommunicato in casibus non concessis semper sit peccatum mortale. Quia decretalis quaedam[1] respondet quod propter metum mortis non debet aliquis excommunicato communicare, quia aliquis debet prius subire mortem quam mortaliter peccet. Sed haec ratio nulla esset nisi participare excommunicato esset peccatum mortale. Ergo, etc.

2. PRAETEREA, facere contra praeceptum Ecclesiae est peccatum mortale. Sed Ecclesia praecipit quod excommunicato nullus communicet. Ergo participare excommunicato est peccatum mortale.

3. PRAETEREA, nullus arcetur a perceptione Eucharistiae pro peccato veniali. Sed ille qui participat excommunicato in casibus non concessis arcetur a perceptione Eucharistiae: quia incurrit minorem excommunicationem. Ergo participans excommunicato in casibus non concessis peccat mortaliter.

---

[1] Decretales Gregorii IX, l. I, tit. 40, c. 5 (Frdb II/220).

4. Niemand darf mit der großen Exkommunikation exkommuniziert werden, es sei denn für eine Todsünde. Nun aber kann jemand den Rechtsbestimmungen (Gratian) zufolge mit der großen Exkommunikation exkommuniziert werden, weil er mit einem Exkommunizierten verkehrt. Also ist Verkehr mit einem Exkommunizierten Todsünde. 23, 3

ANDERSEITS kann keiner von einer Todsünde lossprechen, wenn er nicht Rechtsprechungsgewalt über ihn besitzt. Nun aber kann jeder Priester vom Verkehr mit einem Exkommunizierten lossprechen. Also ist er keine Todsünde.

2. „Nach dem Maß der Sünde" richtet sich die Weise der Buße [Dtn 25, 2]. Nun wird nach der allgemeinen Gewohnheit für den Verkehr mit Exkommunizierten keine Strafe auferlegt, wie sie einer Todsünde gebührt, sondern eine Strafe, wie sie einer läßlichen Sünde gebührt. Also ist er keine Todsünde.

ANTWORT: Einige sagen so: wenn immer jemand mit einem Exkommunizierten verkehrt, sei es durch ein Wort, sei es auf irgendeine der vorgenannten Weisen (Art. 2), auf die Verkehr mit einem Exkommunizierten nicht erlaubt ist, der sündigt tödlich, außer in den vom Recht (Gratian) ausgenommenen Fällen. — Weil das jedoch sehr belastend erscheint, daß ein Mensch für ein belangloses Wort, mit

QUAESTIO 23, 3

4. PRAETEREA, nullus debet excommunicari majori excommunication nisi pro peccato mortali. Sed aliquis, secundum jura[1], potest excommunicari majori excommunicatione propter hoc quod excommunicato participat. Ergo excommunicato participare est peccatum mortale.

SED CONTRA, a peccato mortali nullus potest absolvere nisi super eum habeat jurisdictionem. Sed potest absolvere a participatione cum excommunicatis quilibet sacerdos. Ergo non est peccatum mortale.

2. PRAETEREA, „pro mensura peccati" debet esse poenitentiae modus. Sed pro participatione excommunicationis secundum communem consuetudinem non imponitur poena debita mortali peccato, sed magis debita veniali. Ergo non est peccatum mortale.

RESPONDEO dicendum quod quidam dicunt quod, quandocumque aliquis participat excommunicato vel verbo vel quocumque dictorum modorum secundum quos ei communicare non licet, peccat mortaliter, nisi in casibus exceptis a jure.[2] — Sed quia hoc videtur valde grave, quod homo pro uno verbo levi, quo excommu-

---

[1] Cf. Gratianus, Decretum, p. II, causa 11, q. 3, cann. 3. 4. 5 (Frdb I/642 s.).
[2] Cf. ib., can. 103 (Frdb I/673).

23, 3 dem er einen Exkommunizierten anredet, tödlich sündigt, und weil die Exkommunizierenden viele mit dem Strick der Verdammung fesselten, der auf sie zurückfiele, darum vertreten andere die wahrscheinlichere Auffassung, daß ein solcher nicht immer eine Todsünde begehe, sondern nur wenn er an der Strafschuld des Exkommunizierten teilnimmt, sei es durch [gemeinsame Teilnahme am] Gottesdienst oder [um] in [dem Verkehr] Verachtung der Kirche [zum Ausdruck zu bringen].

Zu 1. Jene Rechtsbestimmung spricht von der gemeinsamen Teilnahme am Gottesdienst.

Oder man muß sagen: Tod- und läßliche Sünde stimmen darin überein, daß die läßliche Sünde ebensowenig wie die Todsünde etwas Gutes werden kann. Und wie darum der Mensch eher den Tod erleiden soll als eine Todsünde begehen, so gilt das auch für die läßliche Sünde, allerdings mit dem Verpflichtungsgrad, mit dem man verpflichtet ist, läßliche Sünden zu meiden.

Zu 2. Das Gebot der Kirche betrifft unmittelbar das Geistliche und erst in der Folge die gesetzmäßigen Handlungen. Und wer darum am Gottesdienst [der Exkommunizierten] teilnimmt, handelt gegen das Gebot und begeht eine Todsünde; wer aber mit ihnen in anderen Bereichen Verkehr hat, handelt am Gebot vorbei und begeht eine läßliche Sünde.

QUAESTIO 23, 3

nicatum alloquitur, mortaliter poeccet; et multis excommunicantes laqueum damnationis injicerent, quod in eos retorqueretur: ideo aliis probabilius videtur quod non semper peccat mortaliter, sed solum quando in crimine sibi participat, vel in divinis, vel in contemptum Ecclesiae.[1]

AD PRIMUM ergo dicendum quod decretalis illa loquitur de participatione in divinis.

Vel dicendum quod similis ratio est de peccato mortali et de veniali quantum ad hoc quod, sicut peccatum mortale non potest bene fieri, ita nec veniale. Et ideo, sicut homo debet prius sustinere mortem quam peccet mortaliter, ita etiam quam peccet venialiter: illo modo debiti quo debet venialia vitare.

AD SECUNDUM dicendum quod praeceptum Ecclesiae directe respicit spiritualia, et ex consequenti legitimos actus. Et ideo qui communicat eis in divinis, facit contra praeceptum, et mortaliter peccat: qui autem participat eis in aliis, facit praeter praeceptum, et venialiter peccat.

[1] Summa Halensis, p. IV, q. 23, m. 1, a. 6, § 2. Lugduni (Koburger) 1516; Albertus Magnus, In Sent. IV 18, 21 sol. (Borgnet 29/799).

Zu 3. Es wird bisweilen jemand auch ohne seine Schuld von der Eucharistie ferngehalten, wie das bei den Amtsenthobenen und mit dem Interdikt [55] Belegten der Fall sein kann: denn solche Strafen werden jemandem bisweilen für die Schuld eines andern auferlegt, die an ihnen bestraft wird. 23, 3

Zu 4. Obwohl der Verkehr mit einem Exkommunizierten eine läßliche Sünde ist, so ist doch der hartnäckige Verkehr eine Todsünde. Und deswegen kann jemand exkommuniziert werden im Zuge der Rechtsbestimmungen (Gratian).

QUAESTIO 23, 3

AD TERTIUM dicendum quod aliquis etiam sine aliqua culpa quandoque ab Eucharistia arctatur, sicut patet in suspensis vel interdictis: quia tales poenae quandoque alicui pro culpa alterius, quae in eis punitur, inferuntur.

AD QUARTUM dicendum quod, quamvis participare excommunicato sit peccatum veniale, tamen participare pertinaciter est peccatum mortale. Et propter hoc potest aliquis excommunicari secundum jura.[1]

---

[1] Cf. Gratianus, l. c., can. 41 (Frdb I/655).

24. FRAGE

DIE LOSSPRECHUNG VON DER EXKOMMUNIKATION

Hierauf ist über die Lossprechung von der Exkommunikation nachzudenken.

Dazu ergeben sich drei Einzelfragen:

1. Kann jeder Priester seinen Untergebenen von der Exkommunikation lossprechen?
2. Kann jemand gegen seinen Willen von der Exkommunikation losgesprochen werden?
3. Kann jemand von einer bestimmten Exkommunikation losgesprochen werden und von einer anderen nicht?

1. ARTIKEL

Kann jeder Priester seinen Untergebenen von der Exkommunikation lossprechen?

1. Die Fessel der Sünde ist stärker als die Fessel der Exkommunikation. Nun kann aber jeder Priester seinen Untergebenen von der Sünde lossprechen. Also erst recht von der Exkommunikation.

QUAESTIO XXIV

DE ABSOLUTIONE AB EXCOMMUNICATIONE

Deinde considerandum est de absolutione ab excommunicatione.

Circa quod tria quaeruntur: 1. Utrum quilibet sacerdos possit subditum suum ab excommunicatione absolvere. — 2. Utrum aliquis possit invitus ab excommunicatione absolvi. — 3. Utrum aliquis possit absolvi ab una excommunicatione et non ab alia.

ARTICULUS I

Utrum quilibet sacerdos subditum suum possit ab excommunicatione absolvere

[4 d 18: 2, 5 qa 1 — Suppl 8, 6]

AD PRIMUM sic proceditur. Videtur quod quilibet sacerdos subditum suum possit ab excommunicatione absolvere. Majus enim est vinculum peccati quam excommunicationis. Sed quilibet sacerdos potest suum subditum a peccato absolvere. Ergo multo fortius ab excommunicatione.

2. Wird die Ursache beseitigt, so wird auch die Wirkung 24, 1
beseitigt. Nun aber ist die Ursache der Exkommunikation die Todsünde. Da nun jeder Priester von dieser Todsünde lossprechen kann, so dürfte er ebenfalls von der Exkommunikation [lossprechen] können.

ANDERSEITS: Es ist Sache derselben Gewalt, sowohl zu exkommunizieren als von der Exkommunikation loszusprechen. Nun aber können niedere Priester ihre Untergebenen nicht exkommunizieren [22, 1], also auch nicht lossprechen.

ANTWORT: Von der kleinen Exkommunikation [vgl. 21, 1; 23, 2] kann jeder lossprechen, der von der Sünde des Verkehrs [mit Exkommunizierten] lossprechen kann. Handelt es sich jedoch um die große Exkommunikation, so ist diese entweder vom Richter verhängt; und dann kann nur derjenige, der sie verhängt hat, oder dessen Vorgesetzter [von ihr] lossprechen. Oder sie ist vom Recht verhängt; und dann kann ein Bischof oder auch ein Priester [von ihr] lossprechen mit Ausnahme der sechs Fälle, die sich der Urheber des Rechts [Gesetzgeber], nämlich der Papst, vorbehalten hat [56]. Der erste Fall liegt vor, wenn jemand einen Kleriker oder Ordensmann tätlich angreift; der zweite betrifft den, der eine Kirche in Brand steckt und angezeigt wurde; der dritte den, der eine Kirche aufbricht

QUAESTIO 24, 1

2. PRAETEREA, remota causa removetur effectus. Sed excommunicationis causa est peccatum mortale. Ergo, cum possit quilibet sacerdos a peccato illo mortali absolvere, poterit ab excommunicatione similiter.

SED CONTRA, ejusdem potestatis est excommunicare et excommunicatum absolvere. Sed sacerdotes inferiores non possunt suos subditos excommunicare. Ergo nec absolvere.

RESPONDEO dicendum quod a minori excommunicatione quilibet potest absolvere qui potest a peccato participationis absolvere. Si autem est major, aut est lata a judice: et sic ille qui tulit, vel ejus superior, potest absolvere. Vel est lata a jure: et tunc episcopus, vel etiam sacerdos potest absolvere, exceptis sex casibus quos sibi juris conditor, scilicet Papa, reservavit. Primus est quando aliquis injicit manus in clericum vel religiosum[1]; secundus est de illo qui incendit ecclesiam, et est denuntiatus[2]; tertius est de illo qui frangit ecclesiam, et denuntiatus est[3];

---

[1] Gratianus, Decretum, p. II, causa 17, q. 4, can. 29 (Frdb I/822); Decretales Gregorii IX, l. V, tit. 39, c. 5 (Frdb II/891).
[2] Decretales Gregorii IX, l. V, tit. 39, c. 19 (Frdb II/896).
[3] Ib., c. 22 (Frdb II/897).

24, 1 und angezeigt wurde; der vierte den, der Gottesdienstgemeinschaft mit den vom Papst namentlich Exkommunizierten hält; der fünfte den Fälscher von Briefen des Apostolischen Stuhles; der sechste den, der an der Strafschuld der Exkommunizierten teilhat. Ein solcher darf nur von dem losgesprochen werden, der ihn exkommuniziert hat, auch wenn er nicht dessen Untergebener ist; es sei denn, er würde wegen der Schwierigkeiten der Hinreise vom Bischof oder vom eigenen Priester losgesprochen nach Ableistung einer eidlichen Bürgschaft, daß er dem Befehl des Richters gehorchen werde, der den Spruch verhängt hat.

Vom ersten Fall gibt es acht Ausnahmen. Die erste liegt vor bei Todesgefahr, in der man von jeder Exkommunikation durch jeden Priester losgesprochen werden kann; der zweite, wenn jemand als Torwächter eines Machthabers ohne Haß oder Vorsatz Schläge ausgeteilt hat; der dritte Fall, wenn eine Frau Schläge ausgeteilt hat; der vierte Fall, wenn es sich um einen Diener handelt, dessen nichtschuldiger Herr durch Wegnahme des Dieners geschädigt würde; der fünfte Fall, wenn ein Ordensmann den

QUAESTIO 24, 1

quartus est de illo qui in divinis communicat scienter excommunicatis nominaliter a Papa[1]; quintus, de illo qui falsificat litteras Sedis Apostolicae[2]; sextus, de illo qui excommunicatis in crimine communicat.[3] Non enim debet absolvi nisi ab eo qui excommunicavit, etiam si non sit ejus subditus: nisi, propter difficultatem accedendi ad ipsum, absolveretur ab episcopo, vel a sacerdote proprio, praestita juratoria cautione quod parebit mandato illius judicis qui sententiam tulit.[4]

A primo autem casu octo excipiuntur. Primus est in articulo mortis[5], in quo a qualibet excommunicatione potest quis a quolibet sacerdote absolvi[6]; secundus, si sit ostiarius alicujus potentis, et non ex odio vel proposito percussit[7]; tertius, si percutiens sit mulier[8]; quartus, si sit servus, et dominus laederetur de ejus absentia, qui non est in culpa[9]; quintus, si regularis

---

[1] Ib., c. 18 (Frdb II/895).
[2] Ib., l. V, tit. 20, c. 7 (Frdb II/820).
[3] Ib., l. V, tit. 39, c. 29 (Frdb II/900).
[4] Ib.
[5] Ib., c. 58 (Frdb II/912).
[6] Gratianus, Decretum, p. II, causa 26, q. 6, can. 10 (Frdb I/1038).
[7] Decretales Gregorii IX, l. V, tit. 39, c. 3 (Frdb II/890).
[8] Ib., cc. 6. 13 (Frdb II/891. 893).
[9] Ib., c. 37 (Frdb II/905).

andern schlägt und das Vergehen nicht übermäßig groß ist; 24, 1
der sechste Fall, wenn es ein Armer ist; der siebte Fall betrifft Kinder vor der Reifezeit, Greise, Genesende; der achte Fall, wenn tödliche Feindschaften vorliegen.

Es gibt noch andere Fälle, in denen der einen Kleriker Schlagende keiner Exkommunikation verfällt. Der erste, wenn ein Magister oder Vorgesetzter der Zucht wegen zuschlägt; der zweite, wenn aus scherzhafter Leichtfertigkeit; der dritte, wenn er ihn ertappt in schimpflichem Zusammensein mit Gattin, Mutter, Schwester oder Tochter; der vierte, wenn er sofort Gewalt mit Gewalt beantwortet; der fünfte, wenn er nicht weiß, daß es ein Kleriker ist; der sechste, wenn er jemanden nach der dritten [rechtsverbindlichen] Mahnung im Zustand des Glaubensabfalls vorfindet; der siebte, wenn ein Kleriker völlig standeswidrige Dinge tut, so z. B., wenn er Soldat wird oder Bigamie treibt.

Zu 1. Obwohl die Fessel der Sünde schlechthin stärker ist als die Exkommunikation, so ist doch die Fessel der Exkommunikation in bestimmter Hinsicht stärker, insofern sie nicht nur Gott gegenüber bindet, sondern auch

QUAESTIO 24, 1

regularem, et non sit enormis excessus[1]; sextus, si sit pauper[2]; septimus, si sit impubes, vel senex, vel valetudinarius[3]; octavus, si habeat inimicitias capitales.[4]

Sunt etiam alii casus in quibus percutiens clericum excommunicationem non incurrit. Primo, si causa disciplinae, ut magister vel praelatus percusserit[5]; secundo, si jocosa levitate[6]; tertio, si invenerit eum turpiter agentem cum uxore vel matre vel sorore vel filia[7]; quarto, si statim vim vi repellat[8]; quinto, si ignoret eum esse clericum[9]; sexto, si inveniat eum in apostasia post tertiam admonitionem[10]; septimo, si transfert se clericus ad actum penitus contrarium, ut si fiat miles[11], vel ad bigamiam transeat.[12]

AD PRIMUM ergo dicendum quod, quamvis vinculum peccati sit majus simpliciter quam excommunicatio, tamen quoad aliquid vinculum excommunicationis est majus, inquantum non solum

---

[1] Ib., c. 2 (Frdb II/890).
[2] Ib., c. 58 (Frdb II/912).
[3] Ib., cc. 1. 6. 13 (Frdb II/889. 891. 893).
[4] Ib., c. 11 (Frdb II/892).
[5] Ib., c. 1 (Frdb II/890).
[6] Ib.
[7] Ib., c. 3 (Frdb II/890).
[8] Ib.
[9] Ib., c. 4 (Frdb II/890).
[10] Ib., c. 45 (Frdb II/908).
[11] Ib., c. 25 (Frdb II/898).
[12] Gratianus, Decretum, p. I, d. 84, can. 5 (Frdb I/296).

24, 2 angesichts der Kirche. Und darum ist bei der Lossprechung von der Exkommunikation die Rechtsprechungsgewalt im Rechtsbereich erforderlich, nicht aber bei der Lossprechung von der Sünde; auch wird bei letzterer nicht die Bürgschaft des Eides verlangt wie bei der Lossprechung von der Exkommunikation; denn durch den Eid werden Streitigkeiten unter Menschen beendet (Hebr 6, 16).

Zu 2. Da der Exkommunizierte nicht an den Sakramenten der Kirche teilnehmen kann, kann der Priester einen Exkommunizierten nicht von der Schuld lossprechen, wenn er nicht zuvor von der Exkommunikation losgesprochen ist.

2. ARTIKEL

Kann jemand gegen seinen Willen [von der Exkommunikation] losgesprochen werden?

1. Geistliche Güter werden niemandem gegen seinen Willen geschenkt. Nun ist aber die Lossprechung von der Exkommunikation eine geistliche Wohltat. Also kann sie nicht gegen den Willen eines Menschen gewährt werden.

2. Ursache der Exkommunikation ist Widersetzlichkeit. Wenn aber jemand nicht losgesprochen werden will und

obligat quoad Deum, sed etiam in facie Ecclesiae. Et ideo in absolvendo ab excommunicatione requiritur jurisdictio in exteriori foro: non autem in absolutione a peccato; nec exigitur cautio juramenti, sicut exigitur in absolutione ab excommunicatione; per juramentum enim controversiae quae sunt inter homines terminantur, secundum Apostolum.

AD SECUNDUM dicendum quod, cum excommunicatus non sit particeps sacramentorum Ecclesiae, sacerdos non potest absolvere excommunicatum a culpa nisi sit prius absolutus ab excommunicatione.

ARTICULUS II

Utrum aliquis possit absolvi invitus

[4 d 18: 2, 5 qa 2]

AD SECUNDUM sic proceditur. Videtur quod nullus possit absolvi invitus. Spiritualia enim non conferuntur invito alicui. Sed absolutio ab excommunicatione est beneficium spirituale. Ergo non potest praestari invito.

2. PRAETEREA, excommunicationis causa est contumacia. Sed

damit die Exkommunikation verachtet, dann ist er im höchsten Grade widersetzlich. Also kann er nicht losgesprochen werden.

ANDERSEITS kann die Exkommunikation jemandem gegen seinen Willen auferlegt werden. Was aber gegen den Willen zustande kommt, kann auch gegen den Willen beseitigt werden; wie das bei den Glücksgütern der Fall ist. Also kann die Exkommunikation von jemandem genommen werden gegen seinen Willen.

ANTWORT: Das Übel der Schuld und das Übel der Strafe unterscheiden sich darin, daß der Ursprung der Schuld in uns liegt, denn jede Sünde ist freiwillig, der Ursprung der Strafe hingegen liegt bisweilen außerhalb von uns. Es ist nämlich zur Strafe nicht erforderlich, daß sie freiwillig übernommen wird: im Gegenteil, es gehört eher zum Wesen der Strafe, daß sie gegen den Willen verhängt wird. Und wie darum Sünden nur durch den Willen begangen werden, so werden sie auch nicht gegen den Willen eines Menschen nachgelassen; die Exkommunikation hingegen kann ebenso, wie sie gegen den Willen über einen Menschen verhängt werden kann, auch gegen den Willen eines Menschen von ihm genommen werden.

Zu 1. Der Satz hat seine Wahrheit bezüglich jener geistlichen Güter, die in unserem Willen liegen: wie das bei den Tugenden der Fall ist, die nicht verloren werden können, wenn man nicht will. Das Wissen kann ja, obwohl

quando aliquis non vult absolvi, excommunicationem contemnens, tunc est maxime contumax. Ergo non potest absolvi.

SED CONTRA, excommunicatio contra voluntatem alicui potest inferri. Sed quae contra voluntatem eveniunt, etiam contra voluntatem amoveri possunt: sicut patet de bonis fortunae. Ergo excommunicatio potest tolli ab aliquo invito.

RESPONDEO dicendum quod malum culpae et poenae in hoc differunt quod culpae principium est in nobis, quia omne peccatum voluntarium est; poenae autem principium quandoque extra nos est. Non enim requiritur ad poenam quod sit voluntaria: immo est magis de ratione poenae quod sit contra voluntatem. Et ideo, sicut peccata non committuntur nisi voluntate, ita non remittuntur alicui invito: sed excommunicatio sicut in aliquem invitum ferri potest, ita et invitus ab ea absolvi poterit.

AD PRIMUM ergo dicendum quod propositio habet veritatem de illis bonis spiritualibus quae in voluntate nostra consistunt: sicut sunt virtutes, quae non possunt a nolentibus perdi. Scientia

24, 3 es ein geistiges [57] Gut ist, infolge Krankheit verloren werden, ohne daß der Kranke das will. Und darum hat diese Überlegung mit der Frage nichts zu tun.

Zu 2. Auch wenn die Widersetzlichkeit bleibt, kann jemand im stillen eine zu Recht erfolgte Exkommunikation aufheben, wenn er erkennt, daß es zum Heil dessen gereicht, dem die Exkommunikation als Heilmittel auferlegt wurde.

3. ARTIKEL

Kann jemand von einer bestimmten Exkommunikation losgesprochen werden, ohne von allen anderen losgesprochen zu werden?

1. Die Wirkung muß ihrer Ursache entsprechen. Nun aber ist die Ursache der Exkommunikation die Sünde. Da nun jemand nicht von einer bestimmten Sünde losgesprochen werden kann, ohne von allen anderen losgesprochen zu werden, so wird das auch bei der Exkommunikation nicht der Fall sein können.

2. Die Lossprechung von der Exkommunikation erfolgt in der Kirche. Nun aber steht, wer durch eine bestimmte Exkommunikation verstrickt ist, außerhalb der Kirche. So kann er denn, wenn nur eine Exkommunikation bleibt, von keiner anderen losgesprochen werden.

enim, quamvis sit spirituale bonum, tamen potest a nolente per infirmitatem amitti. Et ideo ratio non est ad propositum.

AD SECUNDUM dicendum quod, etiam manente contumacia, potest aliquis discrete excommunicationem juste latam remittere, si videat saluti illius expedire in cujus medicinam excommunicatio lata est.

ARTICULUS III

Utrum aliquis possit absolvi ab una excommunicatione sine hoc quod absolvatur ab omnibus

[4 d 18: 2, 5 qa 3]

AD TERTIUM sic proceditur. Videtur quod aliquis non possit absolvi ab una excommunicatione nisi absolvatur ab omnibus. Effectus enim debet proportionari suae causae. Sed causa excommunicationis est peccatum. Cum ergo aliquis non possit absolvi ab uno peccato nisi absolvatur ab omnibus, nec in excommunicatione hoc esse poterit.

2. PRAETEREA, excommunicationis absolutio in Ecclesia fit. Sed ille qui una excommunicatione est irretitus, extra Ecclesiam est. Ergo, quandiu una manet, ab alia absolvi non potest.

ANDERSEITS ist die Exkommunikation eine Strafe. Nun aber kann jemand von einer bestimmten Strafe befreit werden, während eine andere bleibt. Also kann jemand von einer Exkommunikation losgesprochen werden, während eine andere bleibt. 24, 3

ANTWORT: Die Exkommunikationen haben keine Verbindung unter sich im Innern eines Menschen [58]. Darum ist es möglich, daß jemand von einer Exkommunikation losgesprochen wird und einer anderen verhaftet bleibt.

Hierzu muß man aber wissen: Bisweilen ist jemand von einem einzigen Richter mit mehreren Exkommunikationen belegt. In diesem Falle gilt: Wird er von einer losgesprochen, so ist er von allen losgesprochen; es sei denn, das Gegenteil werde ausdrücklich vermerkt; oder es liegt ein Verfahren vor, in welchem jemand nur von einem bestimmten Fall der Exkommunikation Lossprechung beantragt, während er mit mehreren belegt ist. Bisweilen ist er von mehreren Richtern exkommuniziert. In diesem Falle ist der von der einen Exkommunikation Losgesprochene deswegen nicht von der anderen losgesprochen; es sei denn, daß alle anderen Richter auf dessen Bitten hin die Lossprechung des einen bestätigt hätten oder daß alle einem einzigen Richter die Lossprechung übertragen.

Zu 1. Alle Sünden hängen untereinander zusammen in

QUAESTIO 24, 3

SED CONTRA, excommunicatio quaedam poena est. Sed ab una poena aliquis liberatur alia remanente. Ergo ab una excommunicatione, alia remanente, quis absolvi potest.

RESPONDEO dicendum quod excommunicationes non habent connexionem in aliquo. Et ideo possibile est quod aliquis ab una absolvatur, et in altera remaneat.

Sed circa hoc sciendum est quod aliquis quandoque est excommunicatus pluribus excommunicationibus ab uno judice. Et tunc, quando absolvitur ab una, intelligitur ab omnibus absolvi: nisi contrarium exprimatur; vel nisi in causa qua quis absolutionem impetrat de uno tantum casu excommunicationis, cum pluribus excommunicatus sit.[1] Quandoque est excommunicatus a diversis judicibus. Et tunc absolutus ab una excommunicatione, non propter hoc est absolutus ab altera: nisi omnes alii, ad petitionem ejus, absolutionem ejus confirmaverint; vel nisi omnes demandent uni absolutionem.[2]

AD PRIMUM ergo dicendum quod omnia peccata habent

---

[1] Decretales Gregorii IX, l. V, tit. 39, c. 27 (Frdb II/898); Gl. ord. (Bernardus Parmensis de Bottone) in Decretales Gregorii IX, in l. c. Venetiis 1595, p. 1338 a.
[2] Ib., c. 42 (Frdb II/907).

24, 3 der Abwendung des Willens von Gott [58]; mit dieser ist keine Nachlassung der Sünden vereinbar. Und darum kann keine Sünde ohne die andere nachgelassen werden. Die Exkommunikationen hingegen haben keinen solchen Zusammenhang [58]. Und ferner wird die Lossprechung von der Exkommunikation nicht unmöglich gemacht durch die Gegensätzlichkeit des Willens. Darum ist die Überlegung nicht schlüssig.

Zu 2. Wie jemand aus mehreren Gründen außerhalb der Kirche stand, so ist es möglich, daß diese Trennung aufgehoben wird bezüglich einer Ursache und bezüglich einer andern bleibt.

QUAESTIO 24, 3

connexionem in aversione voluntatis a Deo, cum quo non potest esse peccatorum remissio: et ideo unum peccatum sine altero remitti non potest. Sed excommunicationes non habent aliquam talem connexionem. Nec iterum absolutio ab excommunicatione impeditur propter voluntatis contrarietatem. Et ideo ratio non sequitur.

AD SECUNDUM dicendum quod, sicut pluribus de causis erat aliquis extra Ecclesiam, ita possibile est quod ista separatio removeatur quantum ad unam causam, et maneat quantum ad alteram.

25. FRAGE
DER ABLASS

Hierauf ist über den Ablaß nachzudenken. Erstens über den Ablaß an sich; zweitens über die den Ablaß Gewährenden [Fr. 26]; drittens über die ihn [Ablässe] Empfangenden [Fr. 27].

Zum ersten ergeben sich drei Einzelfragen:

1. Kann durch den Ablaß etwas von der genugtuenden Strafe nachgelassen werden?
2. Nützen Ablässe nur in dem Maße, das bei ihrer Verkündigung angegeben wird?
3. Soll ein Ablaß für ein weltliches Hilfswerk gewährt werden?

1. ARTIKEL
Kann durch den Ablaß etwas von der genugtuenden Strafe nachgelassen werden?

1. Zu 2 Tim 2, 13: ‚Er [Gott] kann sich nicht selbst verneinen', bemerkt die Glosse: „Das würde er tun, wenn er seine Worte nicht wahr machte!" Nun sagt Gott [59] selbst

QUAESTIO XXV
DE INDULGENTIA

Consequenter considerandum est de indulgentia. Et primo, de ea secundum se; secundo, de facientibus indulgentiam; tertio, de recipientibus eam.

Circa primum quaeruntur tria: 1. Utrum per indulgentiam possit aliquid remitti de poena satisfactoria. — 2. Utrum indulgentiae tantum valeant quantum pronuntiantur. — 3. Utrum pro temporali subsidio sit indulgentia facienda.

ARTICULUS I
Utrum per indulgentiam possit aliquid remitti de poena satisfactoria

[4 d 20: a 3 qa 1 — Or Dom pet 5; Ql II 8, 2]

AD PRIMUM sic proceditur. Videtur quod per indulgentiam non possit aliquid remitti de poena satisfactoria. Quia super illud 2 Tim. 2, ‚Negare seipsum non potest', dicit Glossa[1]: „Quod faceret si dicta sua non impleret". Sed ipse dicit, Deut. 25: „Secundum

---

[1] Gl. interl. super 2 Tim. 2, 13: Glossa Ordinaria, cum expositione Lyre... Basileae 1506—08, vol. VI, 125 r; Petrus Lomb., Collectanea, in 2 Tim. 2, 13 (PL 192/370 A).

25, 1 Dtn 25, 2: „Nach dem Maße des Vergehens wird auch die Weise der Bestrafung erfolgen.“ Also kann nichts von der Genugtuungsstrafe nachgelassen werden, die nach dem Maß der Schuld bemessen ist.

2. Der Rangniedrigere kann nicht von dem lossprechen, wozu der Ranghöhere verpflichtet hat. Nun aber verpflichtet Gott bei der Lossprechung von der Schuld zu zeitlicher Strafe ([Ps.-]Hugo von St. Viktor). Also kann kein Mensch von dieser Strafe lossprechen, indem er etwas nachläßt.

3. Es gehört zur ‚Gewalt des Vorzugs‘ [vgl. 17, 1], daß die Wirkung der Sakramente ohne Sakramente mitgeteilt wird. Nun aber besitzt niemand die ‚Gewalt des Vorzugs‘ über die Sakramente als Christus. Da nun die Genugtuung ein Teil des Sakramentes ist, indem sie zur Nachlassung der gebührenden Strafe beiträgt, kann offensichtlich kein bloßer Mensch die Strafschuld nachlassen ohne Genugtuung.

4. Den Dienern der Kirche ist Gewalt verliehen „nicht zur Zerstörung“, sondern „zum Aufbau“ [2 Kor 10, 8; 13, 10]. Es wäre aber im Sinne der Zerstörung, wenn die Genugtuung unterschlagen würde, die unseren Nutzen zum Ziel hat, sofern sie das Heilmittel gewährt. Also erstreckt sich die Gewalt der Diener der Kirche nicht darauf.

QUAESTIO 25, 1

mensuram delicti erit et plagarum modus.“ Ergo non potest aliquid remitti de poena satisfactionis taxata secundum quantitatem culpae.

2. PRAETEREA, inferior non potest absolvere ab eo ad quod superior obligavit. Sed Deus, absolvendo a culpa, obligat ad poenam temporalem: ut dicit Hugo de Sancto Victore.[1] Ergo nullus homo potest absolvere a poena illa aliquid dimittendo.

3. PRAETEREA, hoc ad potestatem excellentiae pertinet ut sine sacramentis effectus sacramentorum tradatur. Sed nullus habet potestatem excellentiae in sacramentis nisi Christus. Cum ergo satisfactio sit pars sacramenti, operans ad dimissionem poenae debitae, videtur quod nullus homo purus possit dimittere debitum poenae sine satisfactione.

4. PRAETEREA, potestas ministris Ecclesiae „non“ est tradita „in destructionem“, sed „in aedificationem“. Sed hoc ad destructionem pertinet, si satisfactio, quae est ad utilitatem nostram, inquantum remedium praebet, tolleretur. Ergo potestas ministrorum Ecclesiae ad hoc se non extendit.

---

[1] Ps.-Hugo de S. Victore, Summa Sententiarum VI 11 (PL 176/147 CD). — Cf. Richardus a S. Victore, De potestate ligandi et solvendi, c. 12 (PL 196/1167 D).

ANDERSEITS heißt es 2 Kor 2, 10: ‚Denn auch ich habe, wenn ich etwas zu vergeben hatte, um euretwillen vergeben an Christi Statt', „d. h. als wenn Christus vergeben hätte" (Glosse). Nun aber konnte Christus ohne jede Genugtuung die Sündenstrafe vergeben, wie aus Joh 8, 11 bezüglich der Ehebrecherin hervorgeht. Also hat es auch Paulus gekonnt. Also auch der Papst, der nicht geringere Gewalt in der Kirche besitzt als Paulus. 25, 1

2. Die Gesamtkirche kann nicht irren; denn „der in allem erhört wurde wegen seiner Gottesfurcht" [Hebr 5, 7] sprach zu Petrus, auf dessen Bekenntnis die Kirche begründet wurde: „Ich habe für dich gebetet, Petrus, daß dein Glaube nicht wanke" (Lk 22, 32). Nun aber billigt und gewährt die Gesamtkirche Ablässe. Also nützen Ablässe etwas.

ANTWORT: Es wird von allen zugegeben, daß Ablässe etwas nützen; denn es wäre frevelhaft zu sagen, daß die Kirche etwas Sinnloses tue. Doch sagen einige, sie nützten nicht zur Lossprechung von der Strafverhaftung, die jemand nach Gottes Urteil im Läuterungsort verdient, sie nützten jedoch zur Lossprechung von der Verpflichtung, durch die der Priester den Büßenden zu einer Strafe verpflichtet hat oder auf die er [der Büßende] durch Rechtsbestimmungen festgelegt ist.

QUAESTIO 25, 1

SED CONTRA, 2 Cor. 2, ‚Nam et ego quod donavi, si quid, propter vos donavi in persona Christi': Glossa[1], „idest, ac si Christus donasset". Sed Christus poterat relaxare absque omni satisfactione poenam peccati: ut patet Joan. 8 de muliere adultera. Ergo et Paulus potuit. Ergo et Papa, qui non est minoris potestatis in Ecclesia quam Paulus fuerit.

2. PRAETEREA, Ecclesia generalis non potest errare: quia ille qui in omnibus „exauditus est pro sua reverentia", dixit Petro, super cujus confessione Ecclesia fundata est [cf. Joannes Chrysostomus, In Matthaeum, hom. 54 (al. 55), n. 2]: „Ego pro te rogavi, PG
Petre, ut non deficiat fides tua", Luc. 22. Sed Ecclesia generalis 58/534 B
indulgentias approbat et facit. Ergo indulgentiae aliquid valent.

RESPONDEO dicendum quod ab omnibus conceditur indulgentias aliquid valere: quia impium esset dicere quod Ecclesia aliquid vanum faceret. Sed quidam dicunt quod non valent ad absolvendum a reatu poenae quam quis in purgatorio secundum judicium Dei meretur, sed valent ad absolvendum ab obligatione qua sacerdos obligavit poenitentem ad poenam aliquam, vel ad quam etiam ordinatur ex canonum statutis.

---

[1] Gl. interl. super 2 Cor. 2, 10: Glossa Ordinaria ... Basileae 1506—08, vol. VI, 63 v; Petrus Lomb., Collectanea, in 2 Cor. 2, 10 (PL 192/19 B).

25, 1 Diese Auffassung aber scheint nicht wahr zu sein. Erstens, weil sie ausdrücklich verstößt gegen das Petrus geschenkte Vorrecht, daß „was er auf Erden nachlassen werde, im Himmel nachgelassen sei" [Mt 16, 19]. Darum gilt die Nachlassung, die vor dem Richterstuhl der Kirche gilt, auch vor dem Richterstuhl Gottes. — Und außerdem würde die Kirche bei der Gewährung solcher Ablässe mehr schaden als helfen; denn sie würde durch Lossprechung von auferlegten Bußen Nachlaß gewähren zugunsten größerer Strafen, nämlich derer des Läuterungsortes.

Und darum muß man anders sagen: Sie nützen sowohl vor dem Richterstuhl der Kirche als vor dem Richterstuhl Gottes zum Nachlaß der Strafe, die nach Reue, Lossprechung und Beichte übrigbleibt [60], ob sie nun auferlegt ist oder nicht. Der Grund aber, warum sie nützen können, ist die Einheit des mystischen Leibes: in dieser [Einheit] haben viele — am Maß ihrer Verpflichtungen gemessen — über Gebühr gesühnt; sie haben überdies viele ungerechte Drangsale geduldig ertragen, durch die eine Menge von Strafen gesühnt werden konnte, falls sie diese hätten tragen müssen; ihrer Verdienste Übermaß ist so groß, daß sie jede Strafe, welche die jetzt Lebenden verdienen, übertreffen. Und dies vor allem wegen des Verdienstes Christi; wenn dieses auch in den Sakramenten wirksam ist, so ist seine Wirksamkeit doch nicht in den Sakramenten

QUAESTIO 25, 1

Sed haec opinio non videtur vera. Primo, quia est expresse contra privilegium Petro datum, ut „quod in terra" remitteret, „in caelo remitteretur". Unde remissio quae fit quantum ad forum Ecclesiae, valet etiam quantum ad forum Dei. — Et praeterea, Ecclesia, hujusmodi indulgentias faciens, magis damnificaret quam adjuvaret: quia remitteret ad graviores poenas, scilicet purgatorii, absolvendo a poenitentiis injunctis.

Et ideo aliter dicendum est, quod valent, et quantum ad forum Ecclesiae et quantum ad judicium Dei, ad remissionem poenae residuae post contritionem et absolutionem et confessionem, sive sit injuncta sive non. Ratio autem quare valere possunt, est unitas corporis mystici: in qua multi in operibus poenitentiae supererogaverunt ad mensuram debitorum suorum; et multas etiam tribulationes injustas sustinuerunt patienter, per quas multitudo poenarum poterat expiari, si eis deberetur; quorum meritorum tanta est copia quod omnem poenam debitam nunc viventibus excedunt. Et praecipue propter meritum Christi: quod etsi in sacramentis

eingeschlossen, sondern überragt durch seine Unendlich- 25, 1
keit die Wirksamkeit der Sakramente.

Nun ist oben (13, 2: Bd. 31) gesagt worden, daß einer für den andern genugtun kann. Die Heiligen aber, bei welchen sich ein Überfluß von Werken der Genugtuung findet, haben solcherlei Werke nicht in bestimmter Weise für denjenigen, der einer Nachlassung bedarf, vollbracht; denn sonst würden diese [Bedürftigen] ohne jeden Ablaß Nachlassung erlangen. Vielmehr [haben sie diese Werke] für die ganze Kirche insgemein [vollbracht], wie der Apostel erklärt: er erfülle, ,,was dem Leiden Christi fehlt, an seinem Leibe für ... die Kirche" (Kol 1, 24). Und so sind die besagten Verdienste der ganzen Kirche gemeinsam nützlich. Dasjenige aber, was einer Menge gemeinsam ist, wird den einzelnen aus der Menge zugeteilt nach dem Ermessen dessen, welcher der Menge vorsteht. Wie nun jemand die Nachlassung der Strafe erlangen würde, wenn ein anderer für ihn genuggetan hätte, so verhält es sich auch, wenn die Genugtuung eines anderen ihm durch den, der es vermag, zugeteilt wird.

Zu 1. Die Nachlassung, welche durch Ablässe erfolgt, hebt das Maß der Strafen nicht in bezug auf die Schuld auf, weil für die Schuld eines Menschen ein anderer freiwillig die Strafe auf sich genommen hat [61].

Zu 2. Wer Ablässe empfängt, wird nicht schlechthin von der Verpflichtung der Strafe losgesprochen, sondern es

QUAESTIO 25, 1

operatur, non tamen efficacia ejus in sacramentis includitur, sed sua infinitate excedit efficaciam sacramentorum.

Dictum est autem supra quod unus pro alio satisfacere potest. Sancti autem, in quibus superabundantia operum satisfactionis invenitur, non determinate pro isto qui remissione indiget, hujusmodi opera fecerunt, alias absque omni indulgentia consequerentur remissionem, sed communiter pro tota Ecclesia, sicut Apostolus ait se implere ,,ea quae desunt passionum Christi in corpore suo pro Ecclesia", ad quam scribit, Col. 1. Et sic praedicta merita sunt communia toti Ecclesiae. Ea autem quae sunt communia multitudinis alicujus, distribuuntur singulis de multitudine secundum arbitrium ejus qui multitudini praeest. Unde, sicut aliquis consequeretur remissionem poenae si alius pro eo satisfecisset, ita si satisfactio alterius sibi per eum qui potest distribuatur.

AD PRIMUM ergo dicendum quod remissio quae per indulgentias fit, non tollit quantitatem poenae ad culpam: quia pro culpa unius alius sponte poenam sustinuit.

AD SECUNDUM dicendum quod iste qui indulgentias suscipit,

25, 1 wird ihm etwas gewährt, aus dem er die Verpflichtung einlösen kann.

Zu 3. Die Wirkung der sakramentalen Lossprechung ist die Minderung der Strafverhaftung. Und diese Wirkung wird nicht durch Ablässe herbeigeführt; vielmehr löst statt dessen der Ablässe Gewährende die Strafe, die einer schuldig war, ein aus den gemeinsamen Schätzen der Kirche (Antw.).

Zu 4. Zur Vermeidung von Sünden ist uns mit der Gnade ein wirksameres Heilmittel geschenkt als mit der Gewöhnung an eigene [gute] Werke. Und weil der Empfänger von Ablässen aus der Sehnsucht, die er gegenüber der Ursache hegt, um deretwillen der Ablaß geschenkt wird, zur Gnade vorbereitet wird, darum wird auch durch Ablässe ein Heilmittel zur Vermeidung von Sünden geschenkt. Und darum bedeutet die Gewährung von Ablässen keine Zerstörung, wenn sie nicht ohne Maß gewährt werden.

Doch ist denen, die Ablässe gewinnen, zu raten, deswegen nicht von den auferlegten Werken der Buße Abstand zu nehmen; damit sie auch durch diese ein Heilmittel erlangen, selbst wenn sie schon frei wären von der geschuldeten Strafe; und das vor allem, weil ihre Schulden manchmal größer sind, als sie glauben.

QUAESTIO 25, 1

non absolvitur, simpliciter loquendo, a debito poenae: sed datur sibi unde debitum solvat.

AD TERTIUM dicendum quod effectus sacramentalis absolutionis est diminutio reatus. Et hic effectus non inducitur per indulgentias: sed pro eo faciens indulgentias solvit poenam quam debuit, de bonis Ecclesiae communibus, ut ex dictis patet.

AD QUARTUM dicendum quod majus remedium praebetur contra peccata vitanda ex gratia quam ex assuetudine nostrorum operum. Et quia ex affectu quem accipiens indulgentias concipit ad causam pro qua indulgentia datur, ad gratiam disponitur; ideo etiam per indulgentias remedium ad peccata vitanda datur. Et ideo non est in destructionem indulgentias dare, nisi inordinate dentur.

Tamen consulendum est eis qui indulgentias consequuntur, ne propter hoc ab operibus poenitentiae injunctis abstineant: ut etiam ex his remedium consequantur, quamvis a debito poenae essent immunes; et praecipue qui quandoque sunt plurium debitores quam credant.

2. ARTIKEL

Nützen Ablässe nur in dem Maße, das bei ihrer Verkündigung angegeben wird?

1. Ablässe haben ihre Wirkung nur aus der Schlüsselgewalt. Nun aber kann der Inhaber der Schlüsselgewalt in Kraft der Schlüsselgewalt ein bestimmtes Maß der Sündenstrafe nachlassen, das sich nach der Schwere der Sünde und der Reue des Büßenden richtet. Da nun Ablässe nach freiem Ermessen des den Ablaß Stiftenden erfolgen, nützen sie offensichtlich nicht in dem Maße, das bei ihrer Verkündigung angegeben wird.

2. Durch die Verpflichtung zur Strafe wird für einen Menschen die Erlangung der Herrlichkeit aufgeschoben, welche er doch in höchster Weise anstreben soll. Wenn aber Ablässe in dem Maße gelten, das bei ihrer Verkündigung angegeben wird, so könnte ein Mensch in kurzer Zeit durch Ablaßhäufung von aller Verhaftung zeitlicher Strafen befreit werden. Also müßte daraus folgen, daß der Mensch sich unter Außerachtlassung aller anderen Werke der Gewinnung von Ablässen zuwenden sollte. [Das aber ist offensichtlich widersinnig.]

3. Bisweilen wird ein Ablaß folgenden Inhalts gewährt: Wer eine Unterstützung gibt zur Errichtung einer Bau-

ARTICULUS II

Utrum indulgentiae valeant tantum quantum pronuntiantur

[4 d 20: a 3 qa 2 — Ql II 8, 2]

AD SECUNDUM sic proceditur. Videtur quod indulgentiae non valeant tantum quantum pronuntiantur. Indulgentiae enim non habent effectum nisi ex vi clavium. Sed ex vi clavium non potest habens clavem dimittere de poena peccati nisi aliquid determinatum, considerata quantitate peccati et contritionis poenitentis. Ergo, cum indulgentiae fiant pro libito instituentis indulgentiam, videtur quod non valent tantum quantum pronuntiantur.

2. PRAETEREA, per debitum poenae homo a gloriae adeptione retardatur, quam summe appetere debet. Sed si indulgentiae tantum valent quantum pronuntiantur, in brevi homo, per indulgentias discurrens, posset ab omni reatu temporalis poenae immunis reddi. Ergo videtur quod deberet his acquirendis, omnibus aliis operibus dimissis, homo vacare.

3. PRAETEREA, aliquando datur indulgentia quod qui dat auxilium ad aliquam fabricam erigendam, tertiam partem remis-

25, 2 hütte, erlangt den dritten Teil des Nachlasses seiner Sünden[strafen]. Wenn nun Ablässe in dem Maße nützen, das bei ihrer Verkündigung angegeben wird, dann wird, wer einen Denar spendet und dann wieder einen und noch einen dritten, eine volle Lossprechung von jeder Sündenstrafe erlangen. Das erscheint sinnwidrig.

4. Bisweilen wird ein Ablaß in folgender Weise gegeben: Wer in eine Kirche geht, erlangt sieben Jahre Nachlassung. Wenn nun ein Ablaß in dem Maße nützt, das bei seiner Verkündigung angegeben wird, dann erlangen, wer sein Haus in der Nähe jener Kirche hat, oder Kleriker der Kirche, die täglich dorthin gehen, genau so viel wie jener, der von fernher kommt. Das erscheint ungerecht. Außerdem scheint er öfters am Tage einen Ablaß zu erlangen, da er öfters hingeht.

5. Es scheint dasselbe zu sein, wenn jemand eine Strafe nachläßt über die gerechte Schätzung hinaus und wenn er sie ohne Grund nachläßt, weil das Übermaß ohne Gegenleistung gegeben wird. Wer nun einen Ablaß gewährt, könnte einem Menschen nicht ohne Grund Strafe nachlassen im ganzen oder teilweise, wie etwa wenn der Papst jemandem sagen würde: Ich lasse dir alle Strafe nach, die dir für deine Sünde gebührt. Also kann er [der einen Ablaß gewährt]

sionis peccatorum consequatur.[1] Si ergo indulgentiae tantum valent quantum praedicantur, tunc qui dat unum denarium, et secundo unum, et iterum tertium, plenam absolutionem ab omni peccatorum poena consequetur. Quod videtur absurdum.

4. PRAETEREA, quandoque datur hoc modo indulgentia quod qui vadit ad aliquam ecclesiam septem annos remissionis consequatur. Si ergo tantum valet indulgentia quantum praedicatur, ille qui habet domum juxta ecclesiam illam, vel clerici ecclesiae, qui quotidie vadunt, consequuntur tantum quantum ille qui a remotis partibus venit: quod videtur injustum. Et iterum, ut videtur, pluries indulgentiam consequetur in die, cum pluries vadat.

5. PRAETEREA, idem videtur remittere alicui poenam ultra justam aestimationem, quam remittere absque causa: quia quantum ad hoc quod excedit, non recompensatur. Sed ille qui facit indulgentiam, non posset remittere absque causa poenam in toto vel in parte alicui: ut si diceret Papa alicui: Ego remitto tibi omnem poenam debitam pro peccato. Ergo videtur quod nec possit

[1] Cf. Abaëlardus, Ethica, seu Liber dictus Scito te ipsum, c. 25 (PL 178/672 D); Gl. ord. in Decretum Gratiani, in p. II, causam 13, q. 2, can. 23. Venetiis 1595, I, 974 a.

offensichtlich nichts über die gerechte Schätzung hinaus nachlassen. Nun aber werden die Ablässe meistens verkündigt über die gerechte Schätzung hinaus. Also nützen sie nicht in dem Maße, das bei der Verkündigung angegeben wird. 25, 2

ANDERSEITS heißt es Ijob 13, 7: „Bedarf denn Gott" unserer „Lüge, damit" wir „zu seinen Gunsten Trug reden?" Also lügt die Kirche nicht, wenn sie Ablässe verkündigt, und so nützen sie dann in dem Maße, das bei ihrer Verkündigung angegeben wird.

2. Der Apostel sagt 1 Kor 15, 14: Wenn „unsere Predigt eitel ist, dann ist auch unser Glaube eitel". Wer immer also bei der Verkündigung Falsches sagt, höhlt den Glauben aus, soweit es an ihm liegt, und begeht so eine Todsünde. Wenn also die Ablässe nicht in dem Maße nützen, das bei ihrer Verkündigung angegeben wird, begehen alle Ablaßverkündiger eine Todsünde. Das aber ist sinnwidrig [62].

ANTWORT: Hierzu bestehen vielerlei Auffassungen. Einige sagen nämlich, daß derartige Ablässe nicht in dem Maße nützen, das bei ihrer Verkündigung angegeben wird, sondern einem jeden in dem Maße nützen, das sein Glaube und seine Frömmigkeit erfordern. Die Kirche hingegen, so sagen sie, würde sich so aussprechen, um die Menschen durch eine Art von frommem Betrug zum Wohltun zu

QUAESTIO 25, 2

aliquid dimittere ultra justam aestimationem. Sed indulgentiae plerumque praedicantur ultra justam aestimationem. Ergo non tantum valent quantum praedicantur.

SED CONTRA, Job 13: „Numquid Deus indiget mendacio" nostro, „ut pro eo" loquamur „dolos"? Ergo Ecclesia, praedicando indulgentias, non mentitur. Et ita tantum valent quantum praedicantur.

2. PRAETEREA, 1 Cor. 15 dicit Apostolus: Si „inanis est praedicatio nostra, inanis est et fides nostra". Ergo quicumque in praedicatione falsum dicit, fidem, quantum est in se, evacuat, et ita mortaliter peccat. Si ergo non tantum valent indulgentiae quantum praedicantur, omnes mortaliter peccant indulgentiam praedicantes. Quod est absurdum.

RESPONDEO dicendum, quod circa hoc est multiplex opinio. Quidam enim dicunt quod hujusmodi indulgentiae non tantum valent quantum praedicantur, sed unicuique tantum valent quantum fides et devotio sua exigit. Sed dicunt quod Ecclesia ad hoc ita pronuntiat ut quadam pia fraude homines ad bene faciendum

25, 2 verlocken, wie eine Mutter ihrem Sohn einen Apfel verspricht, um ihn zum Gehen zu veranlassen.

Doch scheint es sehr gefährlich zu sein, das zu sagen. Wie nämlich Augustinus sagt, ist es um die Lehrgewalt der Heiligen Schrift geschehen, wenn etwas Falsches in der Heiligen Schrift entdeckt wird. In ähnlicher Weise gilt: wenn in der Verkündigung der Kirche etwas Falsches entdeckt würde, dann wären die Zeugnisse der Kirche ohne jene Lehrgewalt, die den Glauben stärken kann.

Und darum haben andere [vgl. Albert d. Gr.] gesagt: sie nützen in dem Maße, das bei ihrer Verkündigung angegeben wird, aber gemäß einer gerechten Einschätzung: jedoch nicht auf seiten dessen, der den Ablaß gewährt, weil er vielleicht geringer einschätzt, was er gibt; auch nicht nach der Einschätzung des Empfängers, der das Geschenk viel zu gering einschätzen könnte; sondern nach einer Einschätzung, die nach dem Urteil der Guten gerecht ist, und zwar unter Abwägung der Lage der Person, der Erfordernisse und Bedürfnisse der Kirche; weil die Kirche zu einer Zeit mehr bedarf als in einer anderen Zeit.

Aber auch diese Auffassung kann offensichtlich nicht stimmen. Erstens weil die Ablässe ihr zufolge nichts nützten zur Nachlassung, sondern nur zu einer Art Austausch. — Und außerdem wäre die Verkündigung der

QUAESTIO 25, 2

alliciat: sicut mater quae, promittens filio pomum, ipsum ad ambulandum provocat.

Sed hoc videtur valde periculosum dicere. Sicut enim dicit
PL Augustinus, in Epistola ad Hieronymum [Ep. 28 (al. 8), c. 3, n. 3], si
33/112 D in sacra Scriptura deprehenditur aliquid falsitatis, jam robur auctoritatis sacrae Scripturae perit. Et similiter, si in praedicatione Ecclesiae aliqua falsitas deprehenderetur, non essent documenta Ecclesiae alicujus auctoritatis ad roborandam fidem.

Et ideo alii[1] dixerunt quod valent tantum quantum pronuntiantur, secundum justam aestimationem: non tamen dantis indulgentiam, qui minus forte aestimat quod dat; aut secundum aestimationem recipientis, qui nimis parum aestimare posset quod datur; sed secundum aestimationem quae justa est secundum judicium bonorum, pensata conditione personae et utilitate et necessitate Ecclesiae; quia uno tempore Ecclesia plus indiget quam alio.

Sed haec etiam opinio stare non potest, ut videtur. Primo, quia secundum hoc indulgentiae non valerent ad remissionem, sed magis ad commutationem quandam. — Et praeterea, praedicatio

[1] Albertus Magnus, In Sent. IV 20, 17 c. (Borgnet 29/850).

Kirche nicht frei vom Vorwurf der Lüge, denn bisweilen würde ein viel größerer Ablaß verkündigt, als es die gerechte Einschätzung — nach Abwägung aller besagten Bedingungen — erfordern könnte; so etwa, wenn der Papst einen Ablaß gewährt, mit dem der zu einer Kirche Pilgernde sieben Jahre Ablaß erhält; derlei Ablässe nämlich sind vom heiligen [Papst] Gregor für die Stationskirchen Roms festgesetzt worden [63]. 25, 2

Und darum sagen andere [vgl. Bonaventura]: die Größe der Nachlassung bei Ablässen ist nicht nur nach der Frömmigkeit des Empfängers zu bemessen — wie die erste Meinung wollte — noch nach der Größe des Geschenkes — wie die zweite Meinung wollte —, sondern nach der Sache, für die der Ablaß gewährt wird, der zufolge jemand für würdig erachtet wird, einen solchen Ablaß zu erlangen. Insoweit also jemand an diese Sache heranreicht, insoweit erlangt er die Nachlassung des Ablasses gänzlich oder teilweise.

Aber auch dieses wiederum kann der Gewohnheit der Kirche nicht gerecht werden, die bisweilen für dieselbe Sache einen größeren Ablaß gewährt: wie etwa z. B. bei ganz gleichen Verhältnissen den Besuchern einer Kirche ein ganzes Jahr [Ablaß] gewährt wird, bisweilen vierzig Tage, je nachdem der den Ablaß gewährende Papst Huld

QUAESTIO 25, 2

Ecclesiae a mendacio non excusaretur: cum quandoque indulgentia praedicetur longe major quam justa aestimatio possit requirere, omnibus praedictis conditionibus pensatis; sicut quando dat Papa indulgentiam quod pergens ad unam ecclesiam habeat septem annos indulgentiae; cujusmodi etiam indulgentiae a beato Gregorio in stationibus Romae institutae sunt.

Et ideo alii[1] dicunt quod quantitas remissionis in indulgentiis non est mensuranda secundum devotionem tantum suscipientis, ut prima opinio dicebat; neque secundum quantitatem ejus quod datur, sicut dicebat secunda; sed secundum causam pro qua indulgentia datur, ex qua reputatur dignus ut talem indulgentiam consequatur. Unde secundum quod accedit ad illam causam, secundum hoc consequitur remissionem indulgentiae vel in toto vel in parte.

Sed hoc iterum non potest salvare consuetudinem Ecclesiae, quae interdum pro eadem causa majorem indulgentiam ponit: sicut, rebus eodem modo se habentibus, quandoque datur unus annus visitantibus ecclesiam unam, quandoque quadraginta dies, prout gratiam Papa facere voluerit indulgentiam constituens.

---

[1] Bonaventura, In Sent. IV, d. 20, p. 2, a. un., q. 6 c. (QR IV/540).

 erweisen wollte. Darum ist die Größe der Nachlassung nicht zu bemessen nach der Sache, welche jemanden des Ablasses würdig macht.

Und darum ist anders zu sagen: die Größe der Wirkung folgt der Größe ihrer Ursache. Ursache aber für die Nachlassung der Strafe bei Ablässen ist nur der Überfluß in den Verdiensten der Kirche, welcher ausreicht zur Sühnung der ganzen Strafe; nicht aber ist wirksame Ursache der Nachlassung die Frömmigkeit oder Mühsal oder eine Gabe des Ablaßgewinnenden oder die Sache, für die der Ablaß gewährt wird. Darum darf man die Größe der Nachlassung nicht mit solchen Umständen vergleichen, sondern mit den Verdiensten der Kirche, die immer im Überfluß da sind: und darum erlangt jemand Nachlassung im Maße der Zuwendung dieser Verdienste. Damit sie ihm aber zugewandt werden können, ist die Verfügungsgewalt über diesen Schatz erforderlich; ebenso eine Verbindung zwischen dem Beschenkten und dem, der die Verdienste erworben hat — diese erfolgt in Kraft der Liebe; weiter ein Austeilungsschlüssel, um die Absicht derjenigen zu wahren, welche die verdienstlichen Werke vollbracht haben; denn sie haben sie vollbracht zur Ehre Gottes und zum Frommen der Kirche im allgemeinen. Was immer darum für eine Sache bestehen mag, die zum Frommen der Kirche und zur Ehre Gottes gereicht, sie ist ein genügender Grund, um Ablässe zu gewähren.

QUAESTIO 25, 2

Unde quantitas remissionis non est mensuranda ex causa quae facit indulgentia dignum.

Et ideo aliter dicendum est quod quantitas effectus sequitur quantitatem suae causae. Causa autem remissionis poenae in indulgentiis non est nisi abundantia meritorum Ecclesiae, quae se habet sufficienter ad totam poenam expiandam: non autem causa remissionis effectiva est vel devotio aut labor aut datum recipientis indulgentiam, aut causa pro qua fit indulgentia. Unde non oportet ad aliquid horum proportionare quantitatem remissionis, sed ad merita Ecclesiae, quae semper superabundant: et ideo, secundum quod applicantur ad istum, secundum hoc remissionem consequitur. Ad hoc autem quod applicentur isti, requiritur auctoritas dispensandi hujusmodi thesaurum; et unio ejus cui dispensatur ad eum qui merebatur, quod est per caritatem; et ratio dispensationis secundum quam salvetur intentio illorum qui opera meritoria fecerunt; fecerunt enim ad honorem Dei et utilitatem Ecclesiae in generali. Unde quaecumque causa adsit quae in utilitatem Ecclesiae et honorem Dei vergat, sufficiens est ratio indulgentias faciendi.

Und darum ist anderen [vgl. Wilhelm von Auvergne] 25, 2
zufolge zu sagen: schlechthin sind Ablässe soviel wert, als bei ihrer Verkündigung angegeben wird, wofern nur von seiten des Gewährenden die ‚Vollmacht‘ vorliegt, von seiten des Gewinnenden die ‚Liebe‘ und von seiten der Sache die ‚Frömmigkeit‘, welche die Ehre Gottes und den Nutzen des Nächsten umgreift. Dabei kommt es nicht so weit, daß ‚der Gnadenbereich Gottes ungebührlich ausgedehnt werde‘, wie einige meinen, und es wird auch der göttlichen Barmherzigkeit nicht Eintrag getan: denn es wird nichts vom Strafleiden erlassen, sondern das Leiden des einen wird dem anderen angerechnet.

Zu 1. Es gibt eine doppelte Schlüsselgewalt: die der Weihe und die der Rechtsprechung [19, 3]. Die Schlüsselgewalt der Weihe ist etwas Sakramentales. Und da die Wirkungen der Sakramente nicht vom Menschen festgesetzt sind, sondern von Gott, kann der Priester nicht abschätzen, wieviel er kraft der Schlüsselgewalt der Weihe im Bereich des Bußsakramentes von der gebührenden Strafe nachläßt, sondern es wird so viel nachgelassen, wie Gott angeordnet hat. Die Schlüsselgewalt der Rechtsprechung hingegen ist nichts Sakramentales, und ihre Wirkung untersteht dem freien Ermessen des Menschen. Und eine Wirkung dieser Schlüsselgewalt ist die Nachlassung,

QUAESTIO 25, 2

Et ideo secundum alios[1], dicendum quod indulgentiae simpliciter tantum valent quantum praedicantur: dummodo ex parte dantis sit ‚auctoritas‘, et ex parte recipientis ‚caritas‘, et ex parte causae ‚pietas‘, quae comprehendit honorem Dei et proximi utilitatem. Nec in hoc fit ‚nimis magnum forum de misericordia Dei‘, ut quidam[2] dicunt, nec divinae justitiae derogatur: quia nihil de poena dimittitur, sed unius poena alteri computatur.

AD PRIMUM ergo dicendum quod clavis est duplex: scilicet ordinis, et jurisdictionis. Clavis ordinis sacramentale quoddam est. Et quia sacramentorum effectus non sunt determinati ab homine sed a Deo, non potest taxare sacerdos quantum per clavem ordinis in foro confessionis de poena debita dimittat, sed tantum dimittitur quantum Deus ordinavit. Sed clavis jurisdictionis non est quid sacramentale, et effectus ejus arbitrio hominis subjacet. Et hujus clavis effectus est remissio quae est per indulgentias: cum

---

[1] Guilelmus Alvernus (Parisiensis), Operum Summa [Magisterium divinale]. 2 voll. Parisiis (Regnault) 1516, tr. De sacramento Ordinis, c. 13; Petrus de Tarantasia, In Sent., l. V, d. 20, q. 3, a. 1 c. Jussu J. B. de Marinis ed. Vol. 4. Tolosae (Colomerius) 1651, p. 231; photomech. Nachdr. Ridgewood/N. J. (Gregg) 1964.
[2] Albertus Magnus, l. c.; Bonaventura, l. c.

25, 2 die durch Ablässe erfolgt: denn diese Nachlassung gehört nicht zur Verwaltung der Sakramente, sondern zur Verwaltung der [geistlichen] Güter, die der Kirche gemeinsam gehören. Darum können auch nichtpriesterliche Legaten Ablässe gewähren. Aus diesem Grunde steht es im freien Ermessen des Ablaß Gewährenden, festzusetzen, wieviel von der Strafe durch den Ablaß nachgelassen werden soll. — Wenn er jedoch ohne Ordnung nachläßt, so daß die Menschen gleichsam für nichts den Werken der Buße entfremdet werden, sündigt der solche Ablässe Gewährende, und trotzdem erlangt man einen vollkommenen Ablaß.

Zu 2. Obwohl solcherlei Ablässe viel beitragen zur Nachlassung der Strafe, so sind doch andere Werke der Genugtuung verdienstlicher im Hinblick auf den wesenhaften Lohn: dieser steht unendlich höher als die Nachlassung zeitlicher Strafe.

Zu 3. Wenn ein Ablaß ohne nähere Bestimmung gewährt wird: ‚Wer einen Beitrag leistet für die Bauhütte einer Kirche‘, so ist damit ein Beitrag gemeint, wie er dem Spender ziemt; und in dem Maße, wie man dem entspricht, erlangt man mehr oder weniger vom Ablaß. Darum erlangt auch ein Armer, der einen Denar gibt, den ganzen Ablaß; nicht aber der Reiche, dem es nicht ansteht, zu einem so frommen Werk so wenig zu spenden; so würde man auch

QUAESTIO 25, 2

non pertineat ad dispensationem sacramentorum talis dimissio, sed ad dispensationem bonorum communium Ecclesiae. Et ideo etiam legati non sacerdotes indulgentias facere possunt. Unde in arbitrio dantis indulgentiam est taxare quantum per indulgentiam de poena dimittatur. — Si tamen inordinate remittat, ita quod homines quasi pro nihilo ab operibus poenitentiae revocentur, peccat faciens tales indulgentias, nihilominus quis plenam indulgentiam consequitur.

AD SECUNDUM dicendum quod, quamvis hujusmodi indulgentiae multum valeant ad remissionem poenae, tamen alia opera satisfactionis sunt magis meritoria respectu praemii essentialis: quod in infinitum melius est quam dimissio poenae temporalis.

AD TERTIUM dicendum quod, quando datur indulgentia indeterminate, qui dant auxilium ad fabricam ecclesiae, intelligitur tale auxilium quod sit conveniens ei qui auxilium dat: et secundum quod accedit ad hoc, secundum hoc plus vel minus de indulgentia consequitur. Unde etiam aliquis pauper dans unum denarium consequitur totam indulgentiam: non autem dives, quem non decet

nicht sagen, der König helfe einem Menschen, wenn er ihm einen Pfennig schenkt. 25, 2

Zu 4. Wer der Kirche benachbart ist und die Priester und Kleriker der Kirche erlangen einen ebenso großen Ablaß wie diejenigen, welche tausend Tagesreisen weit herkämen; denn die Nachlassung ist nicht mit der Mühsal zu vergleichen (Antw.), sondern mit den Verdiensten, welche ausgeteilt werden. Wer jedoch mehr Mühsal trüge, würde größeres Verdienst erwerben.

Doch gilt dies für den Fall, daß ein Ablaß ohne nähere Bestimmung gewährt wird. Denn manchmal wird eine nähere Bestimmung angebracht. So gewährt der Papst denen, die [um als Pilger nach Rom zu gelangen] das Meer befahren, fünf Jahre, denen, welche die Berge überschreiten, drei Jahre, den andern eines [64].

Doch erlangt, wer in der vorgeschriebenen Frist geht, den Ablaß nicht so oft, als er geht. Bisweilen hingegen wird der Ablaß auf eine bestimmte Frist hin gewährt: wenn es heißt: ‚Wer immer zu einer bestimmten Kirche geht bis zu einer bestimmten Zeit, erlangt soviel Ablaß', ist also gemeint: ‚nur einmal'. Wenn jedoch in einer Kirche ein dauernder Ablaß ausgeschrieben ist, wie in der Kirche des heiligen Petrus einer von vierzig Tagen, dann erlangt jemand den Ablaß so oft, wie er geht.

QUAESTIO 25, 2

ad opus tam pium ita parum dare; sicut non diceretur rex alicui homini auxilium facere si ei obolum daret.

AD QUARTUM dicendum quod ille qui est vicinus ecclesiae, et ecclesiae sacerdotes et clerici, consequuntur tantam indulgentiam sicut illi qui venirent a mille diaetis: quia remissio non proportionatur labori, ut dictum est, sed meritis quae dispensantur. Sed ille qui plus laboraret, acquireret plus de merito.

Sed hoc intelligendum quando indistincte indulgentia datur. Quandoque enim distinguitur. Sicut Papa, in generalibus absolutionibus, illis qui transeunt mare, dat quinque annos; aliis, qui transeunt montes, tres; aliis unum.

Nec tamen quotiescumque vadit infra tempus indulgentiae, toties eam consequitur. Quandoque autem ad determinatum tempus datur, ut cum dicitur, ‚Quicumque vadit ad ecclesiam talem usque ad tale tempus, habeat tantum de indulgentia': intelligitur ‚semel tantum'. Sed si in aliqua ecclesia sit indulgentia perennis, sicut in ecclesia beati Petri quadraginta dierum, tunc, quoties aliquis vadit, toties indulgentiam consequitur.

25, 3 Zu 5. Ein Grund [für die Ablaßgewinnung] ist nicht erforderlich als Maß für die Nachlassung der Strafe, sondern damit die Absicht derjenigen, deren Verdienste mitgeteilt werden, sich an den betreffenden [Empfängern des Ablasses] erfüllt. Nun erfolgt die Weiterleitung eines Gutes vom einen zum andern auf zweifache Weise. Einmal durch die Liebe: und so ist jemand auch ohne Ablässe aller guten Werke teilhaftig, die geschehen, wenn er im Stand der Liebe ist. Sodann durch die Absicht dessen, der das Verdienst erworben hat. Und so kann die Absicht dessen, der zum Wohl der Kirche gewirkt hat, wenn ein rechtmäßiger Grund vorhanden ist, durch Ablässe jenem anderen zugeleitet werden.

3. ARTIKEL

Soll ein Ablaß gewährt werden für [das Leisten] eine[r] weltliche[n] Hilfe?

1. Die Nachlassung der Sünde ist etwas Geistliches. Nun aber ist es Simonie, etwas Geistliches zu geben für etwas Weltliches. Also darf das nicht geschehen.

2. Geistliche Hilfen sind notwendiger als weltliche. Nun aber scheinen für [das Leisten] geistliche[r] Hilfen keine Ablässe gewährt zu werden. Also dürfen sie noch viel weniger für weltliche Hilfen gewährt werden.

QUAESTIO 25, 3

AD QUINTUM dicendum quod causa non requiritur ad hoc quod secundum eam mensurari debeat remissio poenae: sed ad hoc quod intentio illorum quorum merita communicantur, ad ipsum pervenire possint. Bonum autem unius continuatur alteri dupliciter. Uno modo, per caritatem: et sic etiam sine indulgentiis aliquis est omnium bonorum particeps quae fiunt, si in caritate sit. Alio modo, per intentionem facientis. Et sic per indulgentias, si causa legitima adsit, potest intentio illius qui pro utilitate Ecclesiae operatus est, ad istum continuari.

ARTICULUS III

Utrum pro temporali subsidio debeat fieri indulgentia

[4 d 20: a 3 qa 3]

AD TERTIUM sic proceditur. Videtur quod pro temporali subsidio non debeat fieri indulgentia. Quia remissio peccatorum est quoddam spirituale. Sed dare spirituale pro temporali est simonia. Ergo hoc fieri non debet.

2. PRAETEREA, spiritualia subsidia sunt magis necessaria quam temporalia. Sed pro spiritualibus subsidiis non videntur fieri indulgentiae. Ergo multo minus pro temporalibus fieri debent.

ANDERSEITS steht die allgemeine Gewohnheit der Kirche dagegen, die für Wallfahrten und Almosen Ablässe gewährt. 25, 3

ANTWORT: Das Weltliche ist hingeordnet auf das Geistliche, denn wir sollen uns des Weltlichen bedienen um des Geistlichen willen. Und darum kann für Weltliches schlechthin ein Ablaß nicht gewährt werden, jedoch für Weltliches, das auf Geistliches hingeordnet ist; so z. B. für die Zurückdrängung der Feinde der Kirche, welche den Frieden der Kirche stören, die Erbauung von Kirchen und Brücken und die Spendung anderer Almosen [65]. Und so ist klar, daß hierbei keine Simonie geschieht, weil nichts Geistliches für Weltliches gegeben wird.

Daraus ergibt sich die Lösung Zu 1.

Zu 2. Auch für rein Geistliches kann ein Ablaß gewährt werden, und das geschieht bisweilen: so gewinnt jeder, der für den König von Frankreich betet, zehn Tage Ablaß vom Papst Innozenz IV. [66]. Und in ähnlicher Weise wird den Kreuzzugspredigern derselbe Ablaß gewährt wie den Kreuzfahrern [67].

QUAESTIO 25, 3

SED CONTRA est communis Ecclesiae consuetudo, quae pro peregrinationibus et eleemosynis faciendis indulgentias facit.

RESPONDEO dicendum quod temporalia ad spiritualia ordinantur: quia propter spiritualia debemus uti temporalibus. Et ideo pro temporalibus simpliciter non potest fieri indulgentia: sed pro temporalibus ordinatis ad spiritualia; sicut repressio inimicorum Ecclesiae, qui pacem Ecclesiae perturbant, sicut constructio ecclesiarum et pontium, et aliarum eleemosynarum. Et per hoc patet quod non fit ibi simonia: quia non datur spirituale pro temporali.

Unde patet solutio AD PRIMUM.

AD SECUNDUM dicendum quod etiam pro pure spiritualibus potest fieri indulgentia, et fit quandoque: sicut quicumque orat pro rege Franciae, habet decem dies pro indulgentia a Papa Innocentio IV.[1] Et similiter crucem praedicantibus datur quandoque eadem indulgentia quae crucem accipientibus.[2]

---

[1] Cf. Acta Capitulorum Generalium O. P. Rec. B. M. Reichert. Vol. 1. Romae—Stuttgardiae 1898, p. 66 (Monumenta O. F. P. Historica, 3); Regesta Pontificum Romanorum. Ed. A. Potthast. Vol. 2. Berolini 1875, p. 1304, regest. 15823 (Alexander IV).

[2] Cf. Recueil des historiens des Gaules et de la France. Ed. M. Bouquet. Nouv. éd. L. Delisle. Vol. 19. Paris 1880, p. 665; Regesta . . . Ed. A. Potthast. Vol. 1. Berolini 1874, p. 517, regest. 5888 s. (Honorius III); Les registres de Grégoire IX. Ed. L. Auvray. 3 voll. Paris 1896—1910, II, p. 955, regest. 4206; Bullarium O. F. P. Ed. Th. Ripoll. Vol. 1. Romae 1729, p. 105 (Gregorius IX); p. 172. 232. 247. 249 (Innocentius IV).

26. FRAGE
WER ABLÄSSE GEWÄHREN KANN

Hierauf ist darüber nachzudenken, wer Ablässe gewähren kann.
Dazu ergeben sich vier Einzelfragen:
1. Kann jeder Pfarrer Ablässe gewähren?
2. Kann ein Diakon oder Nichtpriester sie gewähren?
3. Kann ein Bischof sie gewähren?
4. Kann ein in der Todsünde Befindlicher sie gewähren?

1. ARTIKEL
Kann jeder Pfarrer Ablässe gewähren?

1. Der Ablaß gewinnt seine Wirksamkeit aus dem Überfluß der Verdienste der Kirche. Nun aber gibt es keine Gemeinde, in der sich nicht ein Überfluß an Verdiensten findet. Also kann jeder Pfarrer Ablaß gewähren, wenn er einer Gemeinde vorsteht; und entsprechend jeder kirchliche Obere.

2. Jeder kirchliche Obere repräsentiert die ganze Ge-

QUAESTIO XXVI
DE HIS QUI POSSUNT INDULGENTIAS FACERE

Deinde considerandum est de his qui possunt indulgentias facere.
Circa quod quatuor quaeruntur: 1. Utrum quilibet sacerdos parochialis possit indulgentias facere. — 2. Utrum diaconus vel non-sacerdos possit eas facere. — 3. Utrum episcopus possit eas facere. — 4. Utrum existens in peccato mortali possit eas facere.

ARTICULUS I
Utrum quilibet sacerdos parochialis possit indulgentias facere

[4 d 20: a 4 qa 1]

AD PRIMUM sic proceditur. Videtur quod quilibet sacerdos parochialis possit indulgentias facere. Indulgentia enim habet efficaciam ex abundantia meritorum Ecclesiae. Sed non est aliqua congregatio in qua non sit aliqua meritorum abundantia. Ergo quilibet sacerdos potest facere indulgentiam si habet plebem subjectam: et similiter quilibet praelatus.

2. PRAETEREA, praelatus quilibet gerit personam totius multi-

meinschaft, wie ein Privatmann sich selbst repräsentiert. 26, 1
Nun aber kann ein jeder einem anderen seine [geistlichen] Güter zuwenden, indem er für ihn Genugtuung leistet. Also kann auch ein kirchlicher Oberer die Güter der ihm anvertrauten Gemeinschaft weiterleiten. Und so scheint es, daß er Ablässe gewähren kann.

ANDERSEITS ist Exkommunizieren weniger als Ablässe gewähren. Jenes aber kann der Pfarrer nicht [22, 1]. Also auch nicht dieses.

ANTWORT: Ablässe haben Wirksamkeit, insofern genugtuende Werke des einen dem anderen angerechnet werden, nicht nur in Kraft der Liebe, sondern auch aus der Absicht des Wirkenden, die dieser irgendwie auf ihn hinlenkt. Nun kann die Absicht eines Menschen in dreifacher Weise auf einen anderen hingelenkt werden: entweder im besonderen oder im allgemeinen oder im Einzelfall. — Im Einzelfall, wenn jemand für einen anderen in bestimmter Weise Genugtuung leistet. Und in dieser Weise kann jeder seine Werke einem anderen zuwenden. — Im besonderen aber, wenn jemand betet für seine Gemeinschaft [68], deren Hausgenossen und Wohltäter, und auch seine genugtuenden Werke auf diese hin ausrichtet. Und in diesem Sinne kann der Vorsteher einer Gemeinschaft jene Werke [von Mitgliedern dieser Gemeinschaft] einem anderen zugute kommen lassen, indem er die Intention der Mitglieder seiner Gemeinschaft diesem bestimmten Men-

QUAESTIO 26, 1

tudinis sicut unus homo gerit personam suam. Sed quilibet potest alteri communicare bona sua pro altero satisfaciendo. Ergo et praelatus potest communicare bona multitudinis sibi commissae. Et sic videtur quod possit indulgentias facere.

SED CONTRA, minus est excommunicare quam indulgentias facere. Sed hoc non potest sacerdos parochialis. Ergo nec illud.

RESPONDEO dicendum quod indulgentiae effectum habent secundum quod opera satisfactoria unius alteri computantur, non solum ex vi caritatis, sed ex intentione operantis aliquo modo directa ad ipsum. Sed intentio alicujus potest ad alterum dirigi tripliciter: aut in speciali, aut in generali, aut in singulari. — In singulari quidem, sicut cum quis pro alio satisfacit determinate. Et sic quilibet potest alteri sua opera communicare. — In speciali autem, sicut cum quis orat pro congregatione sua et familiaribus et benefactoribus, et ad hoc etiam ordinat sua opera satisfactoria. Et sic ille qui congregationi praeest, potest opera illa alii communicare, applicando intentionem illorum qui sunt de congrega-

schen zuwendet. — Im allgemeinen jedoch, wenn jemand z. B. seine Werke auf das Gemeinwohl überhaupt hinordnet. Und so kann, wer der Kirche im allgemeinen vorsteht, diese Werke weiterleiten, indem er deren Intention diesem oder jenem zuwendet. Und weil der Mensch ein Teil der Gemeinde ist und die Gemeinde ein Teil der Kirche, darum ist in der auf das Einzelwohl gerichteten Intention die auf das Wohl der Gemeinschaft und auf das Wohl der gesamten Kirche gerichtete Intention eingeschlossen. Und darum kann der Vorsteher der Kirche sowohl das weiterleiten, was von der Gemeinde kommt, als auch das, was von einem bestimmten Menschen kommt, und wer einer Gemeinde vorsteht, kann das weiterleiten, was von einem bestimmten Menschen kommt. Doch gilt nicht die Umkehrung.

Doch wird weder die erste noch die zweite Art der Weiterleitung Ablaß genannt, sondern bloß die dritte; aus zwei Gründen. Erstens, weil ein Mensch durch jene Weiterleitung der ersten und zweiten Art zwar von der Strafverpflichtung gegenüber Gott gelöst wird, nicht aber von der Pflicht, die aufgegebene Genugtuung zu leisten, zu welcher er durch das Gebot der Kirche verpflichtet ist. Durch die dritte Art der Weiterleitung aber wird jemand auch von dieser Verpflichtung gelöst. — Zweitens, weil in einer Einzelperson oder in einer Gemeinde keine Unerschöpflichkeit der Verdienste besteht, so daß diese für sie selbst und alle anderen ausreichen können. Darum wird der

tione sua ad hunc determinate. — Sed in generali, sicut cum quis opera sua ordinat ad bonum commune in generali. Et sic ille qui praeest Ecclesiae generaliter, potest opera illa communicare, applicando intentionem suam ad hunc vel ad illum. Et quia homo est pars congregationis, et congregatio est pars Ecclesiae, ideo in intentione privati boni intentio boni congregationis includitur, et boni totius Ecclesiae. Et ideo ille qui praeest Ecclesiae potest communicare ea quae sunt congregationis, et hujus hominis; et ille qui praeest congregationi, ea quae sunt hujus hominis; sed non convertitur.

Sed neque prima communicatio neque secunda indulgentia dicitur, sed solum tertia: propter duo. Primo, quia per illas communicationes, quamvis homo solvatur a reatu poenae quantum ad Deum, tamen non solvitur a debito faciendi satisfactionem injunctam ad quam obligatus est ex praecepto Ecclesiae. Sed per tertiam communicationem homo etiam ab hoc debito solvitur. — Secundo, quia in una persona, vel in una congregatione, non est indeficientia meritorum, ut sibi et omnibus aliis valere possint.

betreffende Mensch nicht von der Strafe losgesprochen, die 26, 1
für das Ganze geschuldet wird, wenn sie nicht in so genau bestimmter Weise für ihn abgeleistet wird, wie sie geschuldet war. In der Gesamtkirche aber gibt es eine Unerschöpflichkeit der Verdienste, hauptsächlich wegen des Verdienstes Christi. — Aus diesem Grunde kann bloß der Vorsteher der Kirche Ablässe gewähren.

Nun ist die Kirche die ‚Gemeinschaft der Gläubigen'; es gibt aber zwei Arten der Gemeinschaft von Menschen: die Hausgemeinschaft [69], die von den Mitgliedern einer Familie gebildet wird, und die politische, die von den Mitgliedern eines Volkes gebildet wird: die Kirche wird mit der politischen Gemeinschaft verglichen, weil das Volk [Gottes] selbst Kirche genannt wird; hingegen werden die verschiedenen Klöster oder Pfarreien in einem Bistum mit der Gemeinschaft verglichen, die es in verschiedenen Familien oder bezüglich verschiedener Ämter gibt. Und darum wird allein der Bischof im eigentlichen Sinne Vorsteher der Kirche genannt, und er allein empfängt gleichsam als Bräutigam den Ring der Kirche. Und darum besitzt er allein die Vollmacht in der Verwaltung der Sakramente und die Rechtsprechungsgewalt im Rechtsbereich gleichsam als öffentliche Person; die andern aber nur, insoweit es ihnen von ihm aufgetragen ist. Die Priester aber, die dem Volk in den Teilbereichen vorstehen,

QUAESTIO 26, 1

Unde iste non absolvitur a poena debita pro toto, nisi tantum determinate pro eo fiat quantum debebatur. Sed in Ecclesia tota est indeficientia meritorum: praecipue propter meritum Christi. — Et ideo solus ille qui praeficitur Ecclesiae, potest indulgentias facere.

Sed, cum Ecclesia sit ‚congregatio fidelium'; congregatio autem hominum sit duplex, scilicet oeconomica, ut illi qui sunt de una familia, et politica, sicut illi qui sunt de uno populo: Ecclesia assimilatur congregationi politicae, quia ipse populus Ecclesia dicitur; sed conventus diversi vel parochia in una dioecesi, assimilantur congregationi in diversis familiis vel in diversis officiis. Et ideo solus episcopus proprie praelatus Ecclesiae dicitur: et ideo ipse solus, quasi sponsus, anulum Ecclesiae recipit. Et ideo ipse solus habet potestatem plenam in dispensatione sacramentorum, et jurisdictionem in foro causarum, quasi persona publica: alii autem secundum quod ab eo[1] eis committitur. Sed sacerdotes qui plebibus praeficiuntur, non sunt simpliciter praela-

[1] In Sent.; L om.

26, 2 sind nicht schlechthin Vorsteher, sondern gleichsam Mithelfer. Darum sagt der Bischof bei der Priesterweihe: „Je schwächer wir sind, um so mehr bedürfen wir dieser Hilfe“ [70]. Und darum können sie auch nicht alle Sakramente spenden. Aus diesem Grunde können Pfarrer, Äbte oder andere Vorsteher auch keine Ablässe gewähren.

Daraus ergibt sich die Antwort auf die Einwände.

2. ARTIKEL

Kann ein Diakon oder ein anderer Nichtpriester Ablässe gewähren?

1. Nachlassung von Sünden ist eine Wirkung der Schlüsselgewalt. Nun aber besitzt allein der Priester Schlüsselgewalt. Also kann er allein Ablässe gewähren.

2. Die Nachlassung der Strafe ist bei Ablässen vollständiger als im Bußgericht. Dieses aber vermag nur ein Priester [auszuüben]. Also kann auch nur er jenes.

ANDERSEITS: Die Verwaltung des Gnadenschatzes der Schlüsselgewalt ist dem verliehen, dem auch die Leitung

ti, sed quasi coadjutores: unde in consecratione sacerdotum episcopus dicit[1], „Quanto fragiliores sumus, tanto magis auxiliis his indigemus“. Et propter hoc etiam non omnia sacramenta dispensant. Unde sacerdotes parochiales, vel abbates, aut alii hujusmodi praelati, non possunt indulgentias facere.

Et per hoc patet responsio AD OBJECTA.

ARTICULUS II

Utrum diaconus possit indulgentias facere, vel alius non-sacerdos

[4 d 20: a 4 qa 2 — Supra 25, 2 ad 1; Ql II 8, 2 ad 2]

AD SECUNDUM sic proceditur. Videtur quod diaconus non possit indulgentias facere, vel alius non-sacerdos. Quia remissio peccatorum est effectus clavium. Sed non habet claves nisi solus sacerdos. Ergo ipse solus potest indulgentias facere.

2. PRAETEREA, plenior remissio poenae est in indulgentiis quam in foro poenitentiali. Sed hoc non potest nisi sacerdos. Ergo nec illud.

SED CONTRA, eidem confertur dispensatio thesauri Ecclesiae cui committitur regimen Ecclesiae. Sed hoc committitur quando-

[1] De antiquis Ecclesiae ritibus libri tres. Ed. E. Martène. L. I, c. 8, a. 11, ordo 2. 3. 4. 6. 11 etc. T. 2. Venetiis 1788, pp. 36 a. 39 b. 43 b. 50 a. 65 a etc.

der Kirche anvertraut ist. Diese aber wird bisweilen einem Nichtpriester anvertraut. Also kann er Ablässe gewähren: denn sie erhalten ihre Wirksamkeit aus der Verwaltung des Schatzes der Kirche. 26, 3

ANTWORT: Die Gewalt, Ablässe zu gewähren, folgt aus der Gewalt der Rechtsprechung (25, 2 Zu 1). Und weil Diakone und andere Nichtpriester Gewalt der Rechtsprechung besitzen können — sei es übertragene wie die Legaten, sei es ordentliche wie die Erwählten [aber noch nicht geweihten Bischöfe] —, darum können auch Nichtpriester Ablässe gewähren, obwohl sie im Bußgericht nicht lossprechen können; was zur Weihe gehört.

Daraus ergibt sich die Lösung der Einwände. Ablässe gewähren gehört nämlich zur Schlüsselgewalt der Rechtsprechung und nicht zur Schlüsselgewalt der Weihe.

3. ARTIKEL

Kann ein Bischof Ablässe gewähren?

1. Der Gnadenschatz der Kirche ist der ganzen Kirche gemeinsam. Nun aber kann, was der ganzen Kirche gemeinsam ist, nur durch den verwaltet werden, welcher der ganzen Kirche vorsteht. Also kann nur der Papst Ablässe gewähren.

que non-sacerdoti. Ergo potest indulgentias facere: nam ex dispensatione thesauri Ecclesiae efficaciam habent.

RESPONDEO dicendum quod potestas faciendi indulgentias sequitur jurisdictionem, ut supra dictum est. Et quia diaconi et alii non-sacerdotes possunt habere jurisdictionem, vel commissam, sicut legati, vel ordinariam, sicut electi; ideo possunt indulgentias facere etiam non-sacerdotes; quamvis non possunt absolvere in foro poenitentiali, quod est ordinis.

Et per hoc patet solutio AD OBJECTA. Indulgentias enim facere pertinet ad clavem jurisdictionis, et non ad clavem ordinis.

ARTICULUS III

Utrum episcopus possit indulgentias facere

[4 d 20: a 4 qa 3 — Ql II 8, 2]

AD TERTIUM sic proceditur. Videtur quod etiam episcopus non possit indulgentias facere. Quia thesaurus Ecclesiae est communis toti Ecclesiae. Sed id quod est commune toti Ecclesiae, non potest dispensari nisi per illum qui toti Ecclesiae paeest. Ergo solus Papa potest indulgentias facere.

26, 3 2. Niemand kann vom Recht festgesetzte Strafen nachlassen, der nicht die Gewalt besitzt, Recht zu setzen. Nun aber sind die genugtuenden Strafen für die Sünden festgesetzt im Recht. Also kann solche Strafen nur der Papst nachlassen, der das Recht setzt.

DAGEGEN steht die Gepflogenheit der Kirche, der zufolge Bischöfe Ablässe gewähren.

ANTWORT: Der Papst besitzt die Fülle der hohepriesterlichen Gewalt wie der König [die Fülle der Gewalt] im Reich. Die Bischöfe aber sind ‚zur Teilnahme an seiner Sorge' beigesellt, gleichsam als Richter, welche den einzelnen Gemeinwesen vorgesetzt sind. Darum nennt sie der Papst in seinen Briefen ‚Brüder', alle anderen aber nennt er ‚Söhne'. Und darum ruht die Gewalt, Ablässe zu gewähren, im vollsten Sinne beim Papst; denn er kann [sie] gewähren, wie er will, wenn ein gerechter Grund vorhanden ist. Bei den Bischöfen hingegen ist diese Gewalt nach der Anordnung des Papstes zugemessen. Und darum können sie [Ablässe] gewähren, soweit es ihnen zugemessen ist, und nicht darüber hinaus [Gregor IX.] [71].

Daraus ergibt sich die Lösung der Einwände.

QUAESTIO 26, 3

2. PRAETEREA, nullus potest remittere poenas a jure determinatas nisi ille qui habet potestatem jus condendi. Sed poenae satisfactoriae sunt pro peccatis determinatae in jure. Ergo remittere hujusmodi poenas potest solus Papa, qui est conditor juris.

SED CONTRA est consuetudo Ecclesiae, secundum quam episcopi dant indulgentias.

RESPONDEO dicendum quod Papa habet plenitudinem pontificialis potestatis, quasi rex in regno. Sed episcopi assumuntur ‚in partem sollicitudinis', quasi judices singulis civitatibus praepositi, propter quod eos solos in suis litteris Papa ‚fratres' vocat, reliquos autem omnes vocat ‚filios'. Et ideo potestas faciendi indulgentias plene residet in Papa: quia potest facere prout vult, causa tamen existente legitima. Sed in episcopis est taxata secundum ordinationem Papae. Et ideo possunt facere secundum quod eis est taxatum, et non amplius.[1]

Et per hoc patet solutio AD OBJECTA.

---

[1] Decretales Gregorii IX, l. V, tit. 38, c. 14 (Frdb II/888).

4. ARTIKEL

Kann jemand, der sich in der Todsünde befindet, Ablässe gewähren?

1. Ein Bach, in den keine Quelle fließt, kann nicht weiterfließen. Nun aber fließt in den kirchlichen Vorsteher, der sich in der Todsünde befindet, nicht die Quelle der Gnade ein, nämlich der Heilige Geist. Also kann er nichts in andere einfließen lassen, indem er Ablässe gewährt.

2. Es ist etwas Größeres, einen Ablaß zu gewähren, als ihn zu empfangen. Aber wer sich in der Todsünde befindet, empfängt [ihn] nicht (27, 1). Also kann er [ihn] auch nicht gewähren.

ANDERSEITS: Ablässe kommen zustande durch die den Vorstehern der Kirche übertragene Gewalt. Nun aber nimmt eine Todsünde nicht die Gewalt weg, sondern das Gutsein. Also kann jemand, der sich in der Todsünde befindet, Ablässe gewähren.

ANTWORT: Gewährung von Ablässen ist Sache der Rechtsprechungsgewalt. Nun verliert der Mensch aber durch Sünde nicht die Rechtsprechungsgewalt. Und darum sind Ablässe gleicherweise gültig, ob sie nun von einem

QUAESTIO 26, 4

ARTICULUS IV

Utrum ille qui est in peccato mortali possit facere indulgentias

[4 d 20: a 4 qa 4]

AD QUARTUM sic proceditur. Videtur quod ille qui est in peccato mortali, non possit facere indulgentias. Quia rivus cui fons non influit, nihil profluere potest. Sed praelato in peccato mortali existenti non influit fons gratiae, scilicet Spiritus Sanctus. Ergo non potest in alios profluere faciendo indulgentias.

2. PRAETEREA, majus est facere indulgentiam quam recipere. Sed ille qui est in peccato mortali non recipit, ut dicetur. Ergo nec facere potest.

SED CONTRA, indulgentiae fiunt per potestatem praelatis Ecclesiae traditam. Sed peccatum mortale non tollit potestatem, sed bonitatem. Ergo potest aliquis in peccato mortali existens indulgentias facere.

RESPONDEO dicendum quod facere indulgentias pertinet ad jurisdictionem. Sed per peccatum homo non amittit jurisdictionem. Et ideo indulgentiae aeque valent si fiant ab eo qui est in

26, 4 Todsünder kommen oder von einem, der ganz heilig ist: denn er läßt Strafe nicht kraft seiner eigenen Verdienste nach, sondern kraft der Verdienste, die in den Gnadenschätzen der Kirche geborgen sind.

Zu 1. Wenn ein kirchlicher Vorsteher in der Todsünde lebt und Ablässe gewährt, so fließt nichts von dem weiter, was ihm eigen wäre. Und darum ist es nicht erforderlich, daß er eine Einströmung von der Quelle empfängt, damit seine Ablässe gültig seien.

Zu 2. Unter dem Gesichtspunkt der Vollmacht ist es tatsächlich etwas Größeres, Ablässe zu gewähren, als sie zu empfangen; es ist aber etwas Geringeres unter dem Gesichtspunkt des eigenen Nutzens.

QUAESTIO 26, 4

peccato mortali, sicut si fierent ab eo qui est sanctissimus: cum non remittat poenam ex vi meritorum suorum, sed ex vi meritorum reconditorum in thesauris Ecclesiae.

AD PRIMUM ergo dicendum quod iste praelatus in peccato mortali indulgentias faciens non profluit de suo aliquid. Et ideo non requiritur quod influxum recipiat a fonte ad hoc quod ejus indulgentiae valeant.

AD SECUNDUM dicendum quod majus est facere indulgentias quam recipere quantum ad potestatem: sed est minus quantum ad propriam utilitatem.

DIE EMPFÄNGER DES ABLASSES

Hieraufist darüber nachzudenken, für wen der Ablaß gilt.

Dazu ergeben sich vier Einzelfragen:

1. Gilt der Ablaß für die in der Todsünde Befindlichen?
2. Gilt er für Ordensleute?
3. Gilt er für jemanden, der das nicht ausführt, wofür der Ablaß gewährt ist?
4. Gilt er für den Ablaßgewährenden selbst?

1. ARTIKEL

Gilt der Ablaß für die in der Todsünde Befindlichen?

1. Es kann jemand für einen anderen, auch für einen in der Todsünde Befindlichen, Gnade und viele andere Güter verdienen. Nun aber nehmen Ablässe ihre Wirksamkeit aus dem Umstand, daß die Verdienste der Heiligen einem Menschen zugewendet werden. Also haben sie ihre Wirkung in jenen, die sich in der Todsünde befinden.

2. Wo größere Bedürftigkeit ist, soll größere Barmherzig-

QUAESTIO XXVII

DE HIS QUIBUS VALET INDULGENTIA

Deinde considerandum est de his quibus valet indulgentia.

Circa quod quaeruntur quatuor: 1. Utrum indulgentia valeat existentibus in mortali peccato. — 2. Utrum valent religiosis. — 3. Utrum valeat non facienti illud pro quo indulgentia datur. — 4. Utrum valeat ei qui indulgentiam facit.

ARTICULUS I

Utrum indulgentia valeat existentibus in peccato mortali

[4 d 20: a 5 qa 1 — Ql II 8, 2]

AD PRIMUM sic proceditur. Videtur quod indulgentia valeat existentibus in peccato mortali. Quia aliquis potest alteri mereri, etiam in peccato mortali existenti, gratiam et multa alia bona. Sed indulgentiae habent efficaciam ex hoc quod merita sanctorum applicantur ad istum. Ergo habent effectum in illis qui sunt in peccato mortali.

2. PRAETEREA, ubi est major indigentia, magis habet locum

27, 1 keit walten. Nun aber ist der in einer Todsünde Befindliche in der größten Bedürftigkeit. Also muß ihm im höchsten Maße Barmherzigkeit zuteil werden durch Ablässe.

ANDERSEITS: Ein totes Glied empfängt keinen Einfluß von den lebenden Gliedern. Nun aber ist der in Todsünde Befindliche gleichsam ein totes Glied. Also empfängt er durch Ablässe keinen Einfluß aus den Verdiensten der lebenden Glieder.

ANTWORT: Einige [vgl. Albert d. Gr.] sagen, Ablässe würden auch für die in der Todsünde Befindlichen gelten. Zwar nicht zur Nachlassung der Strafe, weil niemandem Strafe nachgelassen werden kann, dem nicht seine Schuld nachgelassen ist. Denn wer nicht das Wirken Gottes in der Nachlassung der Schuld empfangen hat, kann nicht die Nachlassung der Strafe vom Diener der Kirche empfangen, weder im Bereich der Ablässe noch im Bereich des Bußsakramentes [III 86, 4 Zu 2. 3: Bd. 31]; doch würden sie für sie zum Erwerb von Gnade wirksam sein.

Jedoch ist das offensichtlich nicht wahr. Obwohl nämlich die Verdienste, welche durch den Ablaß weitergeleitet werden, zum Verdienen von Gnade wirksam sein können, so werden die Ablässe doch nicht aus diesem Grunde gewährt, sondern in ganz bestimmtem Maße zur Nachlassung der Strafe. Und darum sind sie nicht wirksam für die in der Todsünde Befindlichen. Und darum findet sich bei

QUAESTIO 27, 1

misericordia. Sed ille qui est in peccato mortali maxime indiget. Ergo ei maxime debet fieri misericordia per indulgentias.

SED CONTRA, membrum mortuum non suscipit influentiam ab aliis vivis. Sed ille qui est in peccato mortali est quasi membrum mortuum. Ergo per indulgentias non suscipit influentiam ex meritis vivorum membrorum.

RESPONDEO dicendum quod quidam[1] dicunt indulgentias valere etiam existentibus in mortali peccato. Non quidem ad dimissionem poenae, quia nulli potest dimitti poena nisi cui dimissa est culpa; qui enim non est consecutus operationem Dei in remissionem culpae, non potest consequi remissionem poenae a ministro Ecclesiae, neque in indulgentiis neque in foro poenitentiali: valent tamen eis ad acquirendum gratiam.

Sed hoc non videtur verum. Quia quamvis merita illa quae per indulgentiam communicantur, possunt valere ad merendum gratiam, non tamen propter hoc dispensantur, sed determinate ad remissionem poenae. Et ideo non valent existentibus in mortali. Et

---

[1] Albertus Magnus, In Sent. IV 20, 18 qa. 1 (Borgnet 29/852).

allen Ablässen die Erwähnung, [daß sie gelten für jene], „die wahrhaft bereut und gebeichtet haben" [72].

Wenn jedoch die Weiterleitung der Verdienste in der Weise geschehen würde: ‚Ich mache dich teilhaftig der Verdienste der ganzen Kirche' oder ‚einer Gemeinschaft' oder ‚einer bestimmten Person', dann könnte sie [diese Weiterleitung] auch dem gewisse Verdienste bringen, der in der Todsünde lebt, wie die vorgenannte Meinung will.

Daraus ergibt sich die Lösung Zu 1.

Zu 2. Obwohl der in der Todsünde Befindliche bedürftiger ist, so ist er doch weniger empfangsfähig.

2. ARTIKEL
Gelten Ablässe für Ordensleute?

1. Es ist nicht sinnvoll, daß bei denjenigen Fehlendes ergänzt wird, aus deren Überfluß das anderen Fehlende ergänzt wird. Nun wird aber aus dem bei den Ordensleuten vorhandenen Überfluß der Genugtuungswerke das anderen Fehlende durch Ablässe ergänzt. Also ist es nicht sinnvoll, daß bei ihnen Fehlendes durch Ablässe ergänzt wird.

ideo in omnibus indulgentiis fit mentio de „vere contritis et confessis".

Si autem fieret communicatio per hunc modum, ‚Facio te participem meritorum totius Ecclesiae', vel ‚unius congregationis', vel ‚unius specialis personae', sic posset valere ad merendum aliquid illi qui est in peccato mortali, ut praedicta opinio dicit.

Et per hoc patet solutio AD PRIMUM.

AD SECUNDUM dicendum quod, quamvis sit magis indigens qui est in peccato mortali, tamen est minus capax.

ARTICULUS II
Utrum indulgentiae valeant religiosis
[4 d 20: a 5 qa 2]

AD SECUNDUM sic proceditur. Videtur quod indulgentiae non valeant religiosis. Non enim competit eis suppleri ex quorum abundantia aliis suppletur. Sed ex superabundantia operum satisfactionis quae sunt in religiosis, aliis suppletur per indulgentias. Ergo eis non competit per indulgentiam suppleri.

27, 2 2. Nichts darf in der Kirche geschehen, was zu einer Auflösung des Ordensstandes führt. Wenn nun Ablässe den Ordensleuten nützten, so wäre das ein Anlaß zur Auflösung der klösterlichen Zucht. Denn die Ordensleute würden aufgrund solcher Ablässe allzusehr umherschweifen und die ihnen im Kapitel auferlegten Strafen vernachlässigen. Also nützen die Ablässe den Ordensleuten nicht.

ANDERSEITS: Niemand trägt Schaden aus einem Gut davon. Nun aber ist der Ordensstand ein Gut. Also werden Ordensleute nicht den Schaden davontragen, daß Ablässe für sie nicht gelten.

ANTWORT: Ablässe gelten sowohl für Weltleute wie für Ordensleute, sofern sie nur in der Liebe sind und das befolgen, was für die [Gewinnung der] Ablässe vorgeschrieben ist; denn Ordensleute sind nicht weniger auf Unterstützung durch die Verdienste anderer angewiesen als Weltleute.

Zu 1. Obwohl ein Ordensmann im Stande der Vollkommenheit ist [II—II 184, 5. 7; 186, 1: Bd. 24], so kann er doch nicht ohne Sünde leben. Und wenn er darum bisweilen wegen einer von ihm begangenen Sünde in Strafverhaftung fällt, so kann er durch Ablaß davon entsühnt werden. Es ist nämlich nicht sinnlos, wenn jemand, der an sich im Überfluß steht, eine Weile und in bestimmter Hinsicht bedürftig ist und so einer Ergänzung des ihm Fehlenden

QUAESTIO 27, 2

2. PRAETEREA, in Ecclesia non debet aliquid fieri quod inducat religionis dissolutionem. Sed si religiosis indulgentiae prodessent, esset occasio dissolutionis disciplinae regularis: quia religiosi nimis vagarentur per hujusmodi indulgentias, et poenas impositas in capitulo sibi negligerent. Ergo religiosis non prosunt.

SED CONTRA, nullus ex bono reportat damnum. Sed religio bonum est. Ergo religiosi non consequuntur hoc damnum, ut eis indulgentiae non valeant.

RESPONDEO dicendum quod tam saecularibus quam religiosis valent indulgentiae, dummodo sint in caritate, et servent ea quae pro indulgentiis indicuntur: non enim religiosi sunt minus adjuvabiles meritis aliorum quam saeculares.

AD PRIMUM ergo dicendum quod, quamvis religiosus sit in statu perfectionis, tamen ipse sine peccato vivere non potest. Et ideo, si aliquando propter peccatum aliquod commissum fit reus poenae, potest per indulgentiam ab hoc expiari. Non enim est inconveniens si ille qui est simpliciter superabundans, aliquo tempore indigeat et quantum ad aliquid, et sic indiget supplemento

bedarf, um Erleichterung zu finden. Darum heißt es Gal 6, 2: „Einer trage des anderen Last.“ 27, 3

Zu 2. Wegen der Ablässe braucht die klösterliche Zucht nicht aufgelöst zu werden; denn die Ordensleute erwerben im Hinblick auf den Kampfpreis des ewigen Lebens größere Verdienste, wenn sie ihrem Ordensstand gemäß leben, als wenn sie Ablässe zu gewinnen suchen; freilich geringere Verdienste im Hinblick auf den Strafnachlaß, der ein geringeres Gut ist. — Übrigens werden die im Kapitel auferlegten Strafen durch Ablässe nicht nachgelassen; denn im Kapitel findet eher eine richterliche Verhandlung statt als ein Bußgericht; darum halten auch Nichtpriester Kapitel. Die Lossprechung findet vielmehr von der im Bußgericht auferlegten oder für die Sünde geschuldeten Strafe statt.

3. ARTIKEL

Kann ein Ablaß gelegentlich dem gewährt werden, der das nicht ausführt, wofür der Ablaß gewährt ist?

1. Wer nicht aktuell tätig sein kann, dem ‚wird der Wille für die Tat gerechnet‘ [vgl. 10, 2 E. 2: Bd. 31]. Gelegentlich wird ein Ablaß für das Spenden eines Almosens gewährt,

QUAESTIO 27, 3

quo sublevetur. Unde dicitur Gal. 6: „Alter alterius onera portate.“

AD SECUNDUM dicendum quod propter indulgentias non debet dissolvi regularis observantia: quia religiosi magis merentur religionem suam servando, quantum ad praemium vitae aeternae, quam indulgentias exquirendo; quamvis minus quantum ad dimissionem poenae, quod est minus bonum. — Nec iterum per indulgentias dimittuntur poenae injunctae in capitulo: quia in capitulo agitur quasi forum judiciale magis quam poenitentiale; unde etiam non-sacerdotes capitulum tenent. Sed absolvitur a poena injuncta vel debita pro peccato in foro poenitentiali.

ARTICULUS III

Utrum ei qui non facit hoc pro quo indulgentia datur, possit quandoque indulgentia dari

[4 d 20: a 5 qa 3]

AD TERTIUM sic proceditur. Videtur quod ei qui non facit hoc pro quo indulgentia datur, possit quandoque indulgentia dari. Quia ei qui non potest operari, ‚voluntas pro facto reputatur‘.[1] Sed

[1] Cf. Gratianus, Decretum, p. II, causa 33, q. 3, d. 1, can. 5 (Frdb I/1159); Petrus Lomb., Sent. IV 17, 1 (QR II/343 sq. 346).

27, 3 das irgendein Armer nicht spenden kann und doch gerne spenden würde. Also gilt der Ablaß für ihn.

2. Einer kann für den anderen genugtun. Nun aber wirkt der Ablaß wie auch die Genugtuung zur Nachlassung der Strafe. Also kann einer für den anderen einen Ablaß empfangen. Und so kann jener andere, der das nicht ausführt, wofür der Ablaß gewährt ist, dennoch den Ablaß erlangen.

ANDERSEITS: Durch Beseitigung der Ursache wird die Wirkung beseitigt. Wenn also jemand das nicht ausführt, wofür der Ablaß gewährt wird — und das ist die Ursache des Ablasses —, so erlangt er den Ablaß nicht.

ANTWORT: Wird die Bedingung nicht erfüllt, so erfolgt das unter der Bedingung Gegebene nicht. Da nun der Ablaß unter der Bedingung gewährt wird, daß jemand etwas tut oder schenkt, so erlangt er den Ablaß nicht, wenn er es nicht tut.

Zu 1. Der genannte Grundsatz ist in Hinblick auf den wesentlichen Lohn zu verstehen, nicht aber in Hinblick auf beiläufige Belohnungen wie die Nachlassung der Strafen oder etwas anderes dergleichen.

Zu 2. Das eigene Werk kann man durch seine Absicht jedem zuwenden, dem man will, und darum kann man für jeden genugtun, für den man will. Ein Ablaß hingegen

QUAESTIO 27, 3

aliquando fit indulgentia pro aliqua eleemosyna facienda, quam aliquis pauper facere non potest, et tamen libenter faceret. Ergo indulgentia ei valet.

2. PRAETEREA, unus potest pro alio satisfacere. Sed indulgentia ad remissionem poenae operatur sicut et satisfactio. Ergo unus pro alio potest indulgentiam accipere. Et sic ille consequetur indulgentiam qui non facit hoc pro quo indulgentia datur.

SED CONTRA, remota causa removetur effectus. Si ergo aliquis non facit hoc pro quo indulgentia datur, quod est indulgentiae causa, indulgentiam non consequitur.

RESPONDEO dicendum quod, non existente conditione, non consequitur illud quod sub conditione datur. Unde, cum indulgentia detur sub hac conditione quod aliquis aliquid faciat vel det, si illud non exerceat, indulgentiam non consequitur.

AD PRIMUM ergo dicendum quod hoc intelligitur quantum ad praemium essentiale: sed non quantum ad accidentalia aliqua praemia, sicut est dimissio poenae, vel aliquid hujusmodi.

AD SECUNDUM dicendum quod opus proprium potest quis applicare per intentionem cuicumque voluerit: et ideo potest pro quocumque vult satisfacere. Sed indulgentia non potest applicari

kann einem anderen nur aus der Absicht dessen, der den Ablaß gewährt, zugewendet werden. Da dieser ihn nun dem zuwendet, der dieses oder jenes ausführt oder schenkt, darum kann der Ausführende diese Absicht nicht auf einen anderen übertragen. Wenn der Ablaß jedoch so lauten würde: ‚Wer dieses tut oder für wen dieses geschieht, der soll einen solchen Ablaß erhalten', dann würde er für den gelten, für welchen es geschieht. Dennoch würde nicht der, welcher ein solches Werk ausführt, dem andern den Ablaß gewähren, sondern derjenige, der den Ablaß mit diesem Wortlaut gewährt

4. ARTIKEL

Gilt der Ablaß für den Ablaßgewährenden selbst?

1. Ablässe gewähren ist Sache der Rechtsprechungsgewalt. Nun aber kann niemand sich selbst gegenüber das, was zur Rechtsprechungsgewalt gehört, ausüben. Also kann niemand eines Ablasses teilhaftig werden, den er selbst gewährt hat.

2. Unter dieser Voraussetzung [daß jemand sich selbst einen Ablaß gewähren könnte] könnte der Ablaß Gewährende sich für ein leichtes Werk die Strafen für alle Sünden nachlassen und so ungestraft sündigen. Das ist offensichtlich widersinnig.

ad alterum nisi ex intentione ejus qui dat indulgentiam. Et ideo, cum ipse applicet ad facientem vel dantem hoc aut illud, non potest ille qui hoc facit ad alterum hanc intentionem transferre. Si tamen sic fieret indulgentia, ‚Ille qui facit, vel pro quo hoc fit, habeat tantam indulgentiam', valeret ei pro quo fit. Nec tamen iste qui facit hoc opus, daret alteri indulgentiam: sed ille qui indulgentiam sub tali forma facit.

ARTICULUS IV

Utrum indulgentia valeat ei qui facit

[4 d 20: a 5 qa 4]

AD QUARTUM sic proceditur. Videtur quod indulgentia non valeat ei qui facit. Quia facere indulgentias est jurisdictionis. Sed nullus in seipsum potest exercere ea quae sunt jurisdictionis. Ergo nullus potest indulgentiae a se factae particeps esse.

2. PRAETEREA, secundum hoc, ille qui facit indulgentiam posset pro aliquo modico facto sibi poenam remittere omnium peccatorum, et ita impune peccare. Quod videtur absonum.

27, 4 3. Ablässe gewähren und exkommunizieren kommt derselben Gewalt zu. Nun aber kann niemand sich selbst exkommunizieren. Also kann er auch nicht des von ihm selbst gewährten Ablasses teilhaftig werden.

ANDERSEITS: Er wäre dann in schlechterer Lage als die andern, wenn er selbst den Gnadenschatz der Kirche nicht in Anspruch nehmen könnte, den er andern austeilt.

ANTWORT: Der Ablaß muß aus einem bestimmten Grund gewährt werden, damit jemand durch den Ablaß zu einer Handlung herausgefordert werde, die zum Nutzen der Kirche und zur Ehre Gottes gereicht. Der Vorsteher aber, dem die Sorge für das Wohl der Kirche und die Vermehrung der Ehre Gottes anvertraut ist, hat keinen Grund, sich selbst zu einer solchen Handlung herauszufordern. Und darum kann er sich selbst allein keinen Ablaß gewähren. Doch kann er von einem Ablaß Gebrauch machen, den er anderen gewährt, weil der Grund der Gewährung auch für die anderen vorliegt.

Zu 1. Die Akte der Rechtsprechungsgewalt kann niemand sich selbst gegenüber ausüben. Was aber in Kraft der Rechtsprechungsgewalt anderen gewährt wird, davon kann auch der Vorsteher Gebrauch machen, sowohl im weltlichen als auch im geistlichen Bereich: so empfängt der Priester auch die Eucharistie, die er anderen austeilt. Und

QUAESTIO 27, 4

3. PRAETEREA, ejusdem potestatis est facere indulgentias et excommunicare. Sed aliquis non potest excommunicare seipsum. Ergo nec indulgentiae quam facit particeps esse potest.

SED CONTRA est quia tunc esset ipse pejoris conditionis quam alii, si ipse non posset uti thesauro Ecclesiae, quem aliis dispensat.

RESPONDEO dicendum quod indulgentia debet ex aliqua causa dari, ad hoc quod aliquis per indulgentiam ad actum aliquem provocetur qui in utilitatem Ecclesiae et in honorem Dei vergat. Praelatus autem, cui cura Ecclesiae utilitatis et honoris divini propagandi est commissa, non habet causam, ut seipsum ad hoc provocet. Et ideo non potest facere indulgentiam sibi tantum[1]. Sed potest uti indulgentia quam pro aliis facit, quia aliis subest causa faciendi.

AD PRIMUM ergo dicendum quod actus jurisdictionis non potest aliquis in seipsum exercere. Sed eis quae auctoritate jurisdictionis dantur aliis, potest etiam praelatus uti, tam in temporalibus quam in spiritualibus: sicut etiam sacerdos sibi Eucharistiam accipit, quam aliis dat. Et ita etiam episcopus potest

[1] In Sent.; L: sibi indulgentiam.

so kann auch der Bischof die Fürbitten der Kirche für sich in Anspruch nehmen, die er anderen zugute kommen läßt; und die Nachlassung der Strafen durch Ablässe ist deren unmittelbare Wirkung und nicht [eine unmittelbare Wirkung] der Rechtsprechungsgewalt. 27, 4

Zu 2 ergibt sich die Lösung aus dem Gesagten (Antw.).

Zu 3. Die Exkommunikation wird in der Form eines Urteils verhängt, das niemand gegen sich selbst aussprechen kann, weil im Gerichtsverfahren niemand Richter und Angeklagter zugleich sein kann. Der Ablaß hingegen wird nicht in der Form eines Urteils gewährt, sondern in der Form einer Art Spende, die jemand sich selbst zukommen lassen kann.

QUAESTIO 27, 4

accipere sibi suffragia Ecclesiae, quae aliis dispensat, quorum effectus immediatus est remissio poenae per indulgentias, et non jurisdictionis.

AD SECUNDUM patet solutio ex dictis.

AD TERTIUM dicendum quod excommunicatio profertur per modum sententiae, quam nullus in seipsum ferre potest: eo quod in judicio non potest idem esse judex et reus. Indulgentia autem datur non per modum sententiae, sed per modum dispensationis cujusdam: quam homo potest facere ad seipsum.

28. FRAGE
DER FEIERLICHE VOLLZUG DER BUSSE

Hierauf ist über den feierlichen Vollzug der Buße nachzudenken.

Dazu ergeben sich drei Einzelfragen:
1. Kann eine Buße öffentlich bekanntgemacht oder feierlich begangen werden?
2. Kann die öffentliche Bußfeier wiederholt werden?
3. Der Ritus der feierlichen Buße.

1. ARTIKEL
Soll eine Buße öffentlich bekanntgemacht oder feierlich begangen werden?

1. Es ist dem Priester nicht erlaubt, auch nicht aus Furcht, die Sünde eines Menschen bekanntzumachen, mag sie noch so sehr öffentlich bekannt sein. Nun aber wird eine Sünde durch feierlichen Bußvollzug öffentlich bekanntgemacht. Also darf die Buße nicht feierlich begangen werden.

2. Das Urteil muß der Art des Gerichts entsprechen. Nun ist die Buße ein Gericht, das im geheimen Bereich

QUAESTIO XXVIII

DE SOLEMNITATE POENITENTIAE

Consequenter considerandum est de solemnitate poenitentiae. Circa quod tria quaeruntur: 1. Utrum aliqua poenitentia possit publicari vel solemnizari. — 2. Utrum solemnis poenitentia possit iterari. — 3. De ritu solemnis poenitentiae.

ARTICULUS I
Utrum debeat aliqua poenitentia publicari vel solemnizari

[4 d 14: 1, 5 qa 1]

AD PRIMUM sic proceditur. Videtur quod non debeat aliqua poenitentia publicari vel solemnizari. Quia non licet sacerdoti, etiam metu, peccatum alicujus confiteri, quantumcumque publicum. Sed per poenitentiam solemnem publicatur peccatum. Ergo non debet solemnizari.

2. PRAETEREA, judicium debet esse secundum conditionem

vollzogen wird. Also darf sie nicht öffentlich bekanntgemacht oder feierlich begangen werden. 28, 1

3. Die Buße bringt alle Mängel „zur Vollkommenheit zurück" (Ps.-Augustinus). Nun bewirkt die feierliche Bekanntmachung das Gegenteil, weil sie den Büßenden in viele Mängel verstrickt; denn ein Laie kann nach dem feierlichen Vollzug der Buße nicht in den geistlichen Stand erhoben werden noch ein Geistlicher zu den höheren Weihen. Also ist die Buße nicht feierlich zu begehen.

ANDERSEITS: Die Buße ist ein Sakrament. Nun aber gibt es in jedem Sakrament einen feierlichen Vollzug. Also muß es ihn auch bei der Buße geben.

2. Die Arznei muß der Krankheit entsprechen. Nun ist eine Sünde bisweilen öffentlich und verführt viele durch ihr Beispiel zur Sünde. Also muß auch die Buße als deren Arznei öffentlich und feierlich sein, wodurch viele erbaut werden.

ANTWORT: Ein bestimmter Bußvollzug muß aus vier Gründen öffentlich und feierlich sein. Erstens, damit die öffentliche Sünde ein öffentliches Heilmittel finde. — Zweitens, weil schon in dieser Welt, wer ein besonders schweres Verbrechen begangen hat, auch eine besonders große Bestürzung verdient hat. — Drittens zur Abschrek-

QUAESTIO 28, 1

fori. Sed poenitentia est quoddam judicium quod in foro occulto agitur. Ergo non debet publicari vel solemnizari.

3. PRAETEREA, poenitentia omnes defectus „revocat ad perfectum": ut Ambrosius dicit.[1] Sed solemnizatio facit contrarium, quia poenitentem multis defectibus innectit: non enim laicus potest post solemnem poenitentiam ad clericatum promoveri, nec clericus ad superiores ordines. Ergo poenitentia non est solemnizanda.

SED CONTRA, poenitentia est quoddam sacramentum. Sed in quolibet sacramento solemnitas quaedam adhibetur. Ergo et in poenitentia adhiberi debet.

2. PRAETEREA, medicina debet respondere morbo. Sed peccatum quandoque est publicum, quod multos ad exemplum peccandi trahit. Ergo et poenitentia, quae est medicina ejus, debet esse publica et solemnis, qua multi aedificentur.

RESPONDEO dicendum quod aliqua poenitentia debet esse publica et solemnis, propter quatuor. Primo, ut peccatum publicum publicam habeat medicinam. — Secundo, quia maxima confusione in hoc mundo etiam est dignus qui gravissimum scelus commisit. — Tertio, ut aliis sit ad terrorem. — Quarto, ut sit ad

[1] Ps.-Augustinus, Hypomnesticon (vulgo Hypognosticon) III 9, n. 17 (PL 45/1631 A).

28, 1 kung für andere. — Viertens zum Vorbild des Bußgeistes, damit diejenigen nicht verzweifeln, die durch schwere Sünden gefesselt sind.

Zu 1. Der Priester enthüllt das Bekenntnis nicht, wenn er eine solche Buße auferlegt, obwohl der Verdacht entsteht, daß jener eine ungeheure Sünde begangen habe. Denn die Schuld wird nicht mit Sicherheit aus der Strafe erschlossen, weil manchmal jemand Buße tut für einen andern. So liest man in den Lebensbeschreibungen der Väter, es habe jemand, um seinen Gefährten zur Buße zu veranlassen, mit ihm zusammen Buße getan. Wenn es sich aber um eine öffentliche Sünde handelt, offenbart der Büßende selbst durch Verrichtung der Buße das Bekenntnis, das er abgelegt hatte.

Zu 2. Der feierliche Bußvollzug verläßt bezüglich der Auferlegung nicht den geheimen Gerichtsbereich; denn wie jemand im geheimen seine Sünde bekennt, so wird ihm auch die Buße im geheimen auferlegt. Die Ausführung hingegen verläßt den geheimen Gerichtsbereich. Und das ist nicht unangemessen [73].

Zu 3. Obwohl die Buße alle Mängel aufhebt und zur früheren Gnade zurückführt, so führt sie doch nicht zur früheren Würde zurück. Und darum erhalten auch Frauen keinen Schleier, nachdem sie Buße für Unzucht getan haben, weil sie die Würde der Jungfräulichkeit nicht

QUAESTIO 28, 1

exemplum poenitendi: ne desperent qui in gravibus peccatis detinentur.

AD PRIMUM ergo dicendum quod sacerdos non revelat confessionem talem poenitentiam injungendo, quamvis suspicio oriatur illum aliquod enorme peccatum commisisse. Non enim culpa pro certo scitur ex poena, quia quandoque aliquis poenitentiam pro
PL alio facit: sicut legitur in Vitis Patrum [3, n. 12; 5, libell. 5, n. 27] de
73/744 D quodam qui, ut socium suum ad poenitentiam provocaret, ipse cum
880 CD eo poenitentiam egit. Si autem sit peccatum publicum, ipse poenitens, exequendo poenitentiam, confessionem a se factam manifestat.

AD SECUNDUM dicendum quod poenitentia solemnis, quantum ad injunctionem, non exit forum occultum: quia, sicut occulte quis confitetur, ita occulte ei poenitentia injungitur. Sed executio exit forum occultum. Et hoc non est inconveniens.

AD TERTIUM dicendum quod poenitentia, quamvis revocet omnes defectus restituendo in pristinam gratiam, non tamen restituit in pristinam dignitatem. Et ideo etiam mulieres post peractam poenitentiam de fornicatione non velantur, quia dignita-

wiedererlangen. Und ebenso kehrt ein Sünder nach öffentlichem Bußvollzug nicht in jene Würde zurück, die es erlaubt, daß er in den geistlichen Stand erhoben würde; und einem Bischof, der einen solchen weiht, muß die Weihevollmacht entzogen werden; es sei denn, die Not der Kirche erfordert dies oder der [anders übliche] Brauch; in diesem Falle wird er nämlich auf dem Wege der Dispens zu den niederen Weihen [vgl. 37, 1—3] zugelassen, nicht aber zu den höheren Weihen [Gratian] [74]. Erstens wegen der Würde dieser Weihen. Zweitens wegen der Besorgnis des Rückfalles. Drittens, um Ärgernis zu vermeiden, das im Volke in Erinnerung an die vorhergegangenen Sünden entstehen könnte. Viertens, weil er nicht den Mut haben dürfte, andere zu tadeln, da seine Sünde öffentlich war. 28, 2

2. ARTIKEL

Kann die öffentliche Bußfeier wiederholt werden?

1. Sakramente, die keinen ‚Charakter' einprägen, werden mit ihren feierlichen Riten wiederholt, wie die Eucharistie, die Letzte Ölung usw. Die Buße aber prägt keinen

tem virginitatis non recuperant. Et similiter post publicam poenitentiam peccator non redit ad hanc dignitatem ut possit ad clericatum assumi[1], et episcopus talem ordinans potestate ordinandi privari debet[2]; nisi forte necessitas ecclesiae id exposcat, aut consuetudo[3]; tunc enim dispensative recipitur ad minores ordines, non autem ad sacros ordines.[4] Primo, propter dignitatem ordinum istorum. Secundo, propter timorem recidivi. Tertio, propter scandalum vitandum, quod posset in populo oriri ex memoria praecedentium peccatorum. Quarto, quia non haberet frontem alios corrigendi, cum peccatum ejus fuerit publicum.

ARTICULUS II

Utrum solemnis poenitentia iterari possit

[4 d 14: 1, 5 qa 2 — III 84, 10 ad 2; 4 d 14: exp text]

AD SECUNDUM sic proceditur. Videtur quod solemnis poenitentia iterari possit. Sacramenta enim quae characterem non imprimunt, cum sua solemnitate iterantur: sicut Eucharistia et

---

1 Gratianus, Decretum, p. I, d. 50, cann. 55. 66 (Frdb I/199. 202).
2 Ib., can. 55 (Frdb I/199).
3 Ib., can. 68 (Frdb I/202).
4 Ib.

28, 2 ‚Charakter' ein. Also muß sie mit ihren feierlichen Riten wiederholt werden.

2. Die Buße wird feierlich begangen wegen der Schwere und Ruchbarkeit der Sünde. Nach abgeleisteter Buße kommt es aber vor, daß ähnliche Sünden begangen werden oder noch schwerere. Also muß die öffentliche Bußfeier wiederholt werden.

ANDERSEITS: Die öffentliche Bußfeier weist zeichenhaft auf die Austreibung des ersten Menschen aus dem Paradies hin [Art. 3]. Diese aber ist nur ein einziges Mal geschehen. Also darf auch die öffentliche Bußfeier nur einmal erfolgen.

ANTWORT: Die öffentliche Bußfeier darf nicht wiederholt werden, aus drei Gründen. Erstens, damit sie nicht durch Wiederholung alltäglich werde [vgl. Augustinus]. — Zweitens wegen ihrer Zeichenhaftigkeit. — Drittens, weil der feierliche Vollzug gleichsam ein Bekenntnis darstellt, die Buße für immer zu bewahren: und darum steht die Wiederholung im Widerspruch zum feierlichen Vollzug.

Wenn er [der Büßer] jedoch später sündigt, ist ihm der Weg zur Buße nicht verschlossen; eine öffentliche Bußfeier hingegen ist ihm nicht mehr aufzuerlegen.

Zu 1. Bei jenen Sakramenten, deren Feier wiederholt wird, widerstrebt die Wiederholung der Feierlichkeit

QUAESTIO 28, 2

extrema unctio et hujusmodi. Sed poenitentia non imprimit characterem. Ergo cum sua solemnitate iterari debet.

2. PRAETEREA, poenitentia solemnizatur propter gravitatem et manifestationem peccati. Sed post peractam poenitentiam contingit similia peccata committere, vel etiam graviora. Ergo solemnis poenitentia iterum debet adhiberi.

SED CONTRA, solemnis poenitentia significat ejectionem primi hominis de paradiso. Sed haec tantum semel est facta. Ergo et poenitentia solemnis tantum semel debet fieri.

RESPONDEO dicendum quod solemnis poenitentia iterari non debet, propter tria. Primo, ne ex iteratione vilescat [cf. Augusti-
PL nus, Epistola 153 (al. 54), c. 3, n. 7]. — Secundo, propter significa-
33/656 B tionem. — Tertio, quia solemnizatio est quasi quaedam professio perpetuo poenitentiam conservandi: et ideo iteratio solemnitati resistit.

Si tamen postmodum peccaverit, non clauditur ei locus poenitentiae: sed poenitentia solemnis iterum ei injungenda non est.

AD PRIMUM ergo dicendum quod in illis sacramentis in quibus solemnitas iteratur, iteratio solemnitati non repugnat, ut est in proposito. Et ideo non est simile.

nicht, wie es im vorliegenden Falle zutrifft. Darum gilt der Vergleich nicht. 28, 3

Zu 2. Obwohl einer Sünde unter dem Gesichtspunkt des Verbrechens dieselbe Buße gebührte, so kommt doch die Wiederholung der öffentlichen Bußfeier nicht in Frage aus den angegebenen Gründen (Antw.).

3. ARTIKEL

Ist der Ritus der feierlichen Buße angemessen?

1. Es scheint, daß die öffentliche Bußfeier den Frauen nicht zuzumuten ist. Denn ein Mann, dem sie auferlegt wird, muß sein Haar scheren lassen [Gratian]. Das aber ziemt sich nicht für eine Frau nach 1 Kor 11, 5 ff. Also darf sie keine öffentliche Bußfeier vollziehen.

2. Es scheint, sie sei Geistlichen aufzuerlegen. Denn sie wird wegen der Schwere des Vergehens auferlegt. Nun aber ist dieselbe Sünde schwerer bei einem Geistlichen als bei einem Laien. Also besteht mehr Grund, sie einem Geistlichen aufzuerlegen als einem Laien.

3. Es scheint, daß sie von jedem Priester auferlegt werden kann. Denn Lossprechung im Gewissensbereich ist Sache dessen, der die Schlüsselgewalt besitzt. Ein einfacher

AD SECUNDUM dicendum quod quamvis ratione criminis deberetur sibi eadem poenitentia, tamen solemnitatis iteratio non competit, propter praedictas causas.

ARTICULUS III

Utrum sit conveniens ritus solemnis poenitentiae

[4 d 14: 1, 5 qa 3]

AD TERTIUM sic proceditur. Videtur quod mulieribus non sit imponenda. Quia vir cui imponitur solemnis poenitentia, debet comam abjicere.[1] Sed hoc non competit mulieri: ut patet 1 Cor. 11. Ergo non debet agere solemnem poenitentiam.

2. ITEM, videtur quod clericis sit imponenda. Quia imponitur propter gravitatem delicti. Sed idem peccatum gravius est in clerico quam in laico. Ergo magis debet imponi clerico quam laico.

3. ITEM, videtur quod a quolibet sacerdote possit imponi. Quia absolvere in foro poenitentiali est ejus qui habet claves. Sed

---

[1] Ib., can. 63 (Frdb I/201).

 Priester aber besitzt die Schlüsselgewalt. Also kann er auch Vollstrecker dieser Art von Buße sein.

ANTWORT: Jede feierliche Buße ist öffentlich, nicht aber umgekehrt. Denn die feierliche Buße geschieht auf folgende Weise: Zu Beginn der Fastenzeit stellen sich die betreffenden Büßer zusammen mit ihren Priestern ihren Bischöfen vor [und zwar] vor den Türen der Kirche, mit Sack bekleidet und barfuß, mit gesenktem Gesicht und geschorenem Haupt [E. 1]. Nachdem sie in die Kirche geführt wurden, spricht der Bischof mit dem gesamten Klerus die sieben Bußpsalmen; dann legt er ihnen die Hand auf, nachdem er sie mit Weihwasser besprengt hat, und streut Asche auf ihre Häupter; er bedeckt ihre Schultern mit einem Bußgewand und erklärt ihnen unter Tränen, daß, wie Adam aus dem Paradies hinausgeworfen wurde [vgl. Gen 3, 23 f.], so auch sie selbst aus der Kirche hinausgeworfen werden; er befiehlt den Dienern, daß sie diese aus der Kirche vertreiben, wobei der Klerus sie begleitet und dabei im Wechselchor singt: „Im Schweiße deines Angesichts . . .“ [vgl. Gen 3, 19]. Am Gründonnerstag werden sie jedes Jahr von ihren Priestern in die Kirche zurückgeführt und dürfen dort bleiben bis zur Oktav von Ostern, so jedoch, daß sie weder zum Tisch des Herrn gehen, noch den Friedensgruß empfangen. Und so soll es jedes Jahr geschehen, solange ihnen der Zutritt zur Kirche

QUAESTIO 28, 3

simplex sacerdos habet claves. Ergo potest esse minister hujus poenitentiae.

RESPONDEO dicendum quod omnis solemnis poenitentia est publica, sed non convertitur. Poenitentia enim solemnis hoc modo fit.[1] In capite quadragesimae tales poenitentes praesentant se cum presbyteris suis episcopis civitatum ante fores ecclesiae sacco induti, nudis pedibus, vultibus demissis, coma deposita; et eis in ecclesia deductis, episcopus cum omni clero septem psalmos poenitentiales dicit, et postmodum eis manum imponit aqua benedicta aspersa, et cinerem capitibus imponit, cilicio colla eorum operit, et denuntiat eis lacrimabiliter quod, sicut Adam ejectus est de paradiso, ita ipsi de ecclesia ejiciuntur; et jubet ministris ut eos ab ecclesia pellant, clero eos prosequente cum hoc responsorio, „In sudore vultus tui“, etc. In Cena autem Domini quolibet anno a suis presbyteris in ecclesia reducuntur, et erunt ibi usque ad octavas Paschae: ita tamen quod non communicabunt nec pacem accipient. Et sic fiet quolibet anno quousque aditus

[1] Ib., can. 64 (Frdb I/201).

versagt bleibt. Die endgültige Aussöhnung aber ist dem Bischof vorbehalten, dem es allein zukommt, die feierliche Buße aufzuerlegen [75]. 28, 3

Sie kann Männern und Frauen auferlegt werden, nicht aber Geistlichen, um des Ärgernisses willen. Freilich darf eine solche Buße nur auferlegt werden für eine Sünde, „welche die ganze Stadt in Aufregung versetzt hat" [Gratian].

Die öffentliche, aber nicht feierliche Buße hingegen, welche im Angesicht der Kirche geschieht, jedoch nicht mit der berichteten Feierlichkeit, wie die Wallfahrt durch die Welt mit dem ellenlangen Pilgerstab, kann sowohl wiederholt als auch von einem einfachen Priester auferlegt und einem Geistlichen zugemutet werden.

Bisweilen jedoch wird unter Bußfeier die [einfache] öffentliche Buße verstanden. Dementsprechend sprechen maßgebliche Lehrer in verschiedener Weise von der Bußfeier.

Zu 1. Die Frau trägt das Haar zum Zeichen der Unterwerfung [vgl. 1 Kor 11, 3—15] [76], nicht so der Mann. Und darum ziemt es sich nicht, daß der Frau bei der Buße das Haar geschoren werde wie dem Manne.

Zu 2. Obwohl bei der gleichen Art der Sünde ein

QUAESTIO 28, 3

ecclesiae est eis interdictus. Ultima autem reconciliatio reservatur episcopo, ad quem solum spectat solemnis poenitentiae impositio.[1]

Potest autem imponi viris et mulieribus: sed non clericis[2], propter scandalum. Non autem talis poenitentia debet imponi nisi pro peccato „quod totam commoverit urbem".[3]

Publica autem et non solemnis, quae in facie Ecclesiae fit sed non cum solemnitate praedicta, sicut peregrinatio per mundum cum baculo cubitali, haec potest iterari; et a simplici sacerdote injungi: et potest etiam clerico imponi.[4]

Quandoque tamen solemnis ponitur publica. Et secundum hoc, auctoritates quaedam varie loquuntur de solemni.

AD PRIMUM ergo dicendum quod mulier habet comam in signum subjectionis[5], non autem vir. Et ideo non competit ut in poenitentia mulieri coma deponatur, sicut viro.

AD SECUNDUM dicendum quod quamvis in eodem genere

---

[1] Ib., p. II, causa 26, q. 6, can. 14 (Frdb I/1041).
[2] Ib., p. I, d. 50, can. 66 (Frdb I/202).
[3] Ib., p. II, causa 26, q. 6, can. 14 (Frdb I/1041).
[4] Ib., p. I, d. 28, can. 9 (Frdb I/103).
[5] Ib., p. I, d. 30, can. 2 (Frdb I/107).

28, 3 Geistlicher schwerer sündigt als ein Laie, so wird ihm doch die feierliche Buße nicht auferlegt, damit der Stand nicht in Verruf gerate. Es wird also nicht auf die Person Rücksicht genommen, sondern auf den Stand.

Zu 3. Große Sünden bedürfen größerer Umsicht zu ihrer Heilung. Und darum ist die Auferlegung der feierlichen Buße, die nur für allerschwerste Sünden in Frage kommt, allein dem Bischof vorbehalten.

peccati clericus plus peccet quam laicus, tamen non injungitur ei poenitentia solemnis, ne ordo veniat in contemptum. Unde defertur non personae, sed ordini.

AD TERTIUM dicendum quod magna peccata indigent majori cautela ad sui curationem. Et ideo injunctio poenitentiae solemnis, quae non nisi pro gravissimis peccatis fit, soli episcopo reservatur.

DAS SAKRAMENT DER LETZTEN ÖLUNG

Hieraufist über das Sakrament der Letzten Ölung nachzudenken. Dabei sind fünf Gesichtspunkte zu untersuchen: erstens seine Wesensmerkmale und seine Einsetzung; zweitens seine Wirkung [Fr. 30]; drittens sein Spender [Fr. 31]; viertens: wem und an welchem Körperteil es gespendet werden soll [Fr. 32]; fünftens seine Wiederholung [Fr. 33].

Zum ersten ergeben sich neun Einzelfragen:

1. Ist die Letzte Ölung ein Sakrament?
2. Ist sie ein einheitliches Sakrament?
3. Ist dieses Sakrament von Christus eingesetzt worden?
4. Ist Olivenöl die passende Materie dieses Sakramentes?
5. Muß das Öl geweiht sein?
6. Muß die Materie dieses Sakramentes vom Bischof geweiht sein?
7. Besitzt dieses Sakrament eine Form?
8. Muß diese Form als Bittgebet vollzogen werden?
9. Ist dieses Bittgebet die passende Form dieses Sakramentes?

QUAESTIO XXIX

DE SACRAMENTO EXTREMAE UNCTIONIS

Post hoc considerandum est de sacramento extremae unctionis. De quo quinque videnda sunt: primo, de essentialibus ipsius, et de ejus institutione; secundo, de effectu ipsius; tertio, de ministro ipsius; quarto, de eo cui conferri debet, et in qua parte; quinto, de ejus iteratione.

Circa primum quaeruntur novem: 1. Utrum extrema unctio sit sacramentum. — 2. Utrum sit unum sacramentum. — 3. Utrum hoc sacramentum fuerit a Christo institutum. — 4. Utrum oleum olivae sit conveniens materia hujus sacramenti. — 5. Utrum oporteat oleum esse consecratum. — 6. Utrum hujus sacramenti materia debeat per episcopum consecrari. — 7. Utrum hoc sacramentum habeat aliquam formam. — 8. Utrum forma hujus sacramenti debeat proferri per orationem deprecativam. — 9. Utrum praedicta oratio sit competens forma hujus sacramenti.

1. ARTIKEL

Ist die Letzte Ölung ein Sakrament?

1. Wie Öl für die Kranken verwendet wird, so auch für die Katechumenen [Anwärter im Glauben]. Nun aber ist die Salbung, welche den Katechumenen gespendet wird, kein Sakrament. Also auch nicht die Letzte Ölung, die mit Öl den Kranken gespendet wird.

2. Die Sakramente des Alten Bundes waren [Vor-]Zeichen der Sakramente des Neuen Bundes. Nun aber hat die Letzte Ölung keinerlei Vorbild im Alten Bunde. Also ist sie kein Sakrament des Neuen Bundes.

3. [Ps.-]Dionysius zufolge dient ein jedes Sakrament entweder zur ‚Läuterung' oder zur ‚Erleuchtung' oder zur ‚Vollendung'. Die Letzte Ölung aber wird weder zur Läuterung noch zur Erleuchtung gegeben, denn dieses wird allein der Taufe zugeschrieben; auch nicht zur Vollendung, denn diese ist, wiederum nach [Ps.-]Dionysius, der Firmung und der Eucharistie zugeordnet. Also ist die Letzte Ölung kein Sakrament.

ANDERSEITS: Die Sakramente der Kirche bieten den Mängeln der Menschen in jedem Zustand genügende Abhilfe. Nun aber bietet den Dahinscheidenden nichts

ARTICULUS I

Utrum extrema unctio sit sacramentum

[4 d 23: 1, 1 qa 1 — III 65, 1]

AD PRIMUM sic proceditur. Videtur quod extrema unctio non sit sacramentum. Quia sicut oleum assumitur ad infirmos, ita ad catechumenos. Sed unctio quae fit oleo ad catechumenos non est sacramentum. Ergo nec extrema unctio, quae fit oleo ad infirmos.

2. PRAETEREA, sacramenta veteris legis fuerunt signa sacramentorum novae legis. Sed extrema unctio non habuit aliquam figuram in veteri lege. Ergo non est sacramentum novae legis.

PG 3/504 A 3. PRAETEREA, secundum Dionysium [De ecclesiastica hierarchia, c. 5, p. 1, § 3], omne sacramentum vel ad ‚purgandum' est, vel ad ‚illuminandum', vel ad ‚perficiendum'. Sed extrema unctio non ponitur nec ad purgandum nec ad illuminandum, quia hoc soli PG 3/392 B 504 BC baptismo attribuitur [ib., c. 2, p. 1]; nec ad perficiendum, quia hoc, secundum ipsum Dionysium [ib., c. 5, p. 1, § 3], pertinet ad chrisma et ad Eucharistiam. Ergo extrema unctio non est sacramentum.

SED CONTRA, sacramenta Ecclesiae sufficienter subveniunt defectibus hominum secundum quemlibet statum. Sed exeuntibus

anderes Abhilfe als die Letzte Ölung. Also ist sie ein Sakrament.

2. Sakramente sind nichts anderes als geistliche Arzneien. Nun ist die Letzte Ölung eine Art geistliche Arznei, weil sie wirksam ist zur Nachlassung der Sünden (Jak 5, 14 f.). Also ist sie ein Sakrament.

ANTWORT: Im Bereich des von der Kirche sichtbar Gewirkten gibt es Sakramente, wie die Taufe, und Sakramentalien, wie den Exorzismus. Ihr Unterschied besteht in folgendem: Sakrament wird jene Handlung der Kirche genannt, welche die bei der Spendung der Sakramente hauptsächlich beabsichtigte Wirkung erreicht; Sakramentale hingegen wird jene Handlung genannt, welche irgendwie auf jene hauptsächliche Handlung hingeordnet ist, ohne jedoch diese Wirkung voll zu erreichen [vgl. III 60, 2 Zu 3: Bd. 29]. Nun ist die in der Spendung der Sakramente beabsichtigte Wirkung die Heilung von der Krankheit der Sünde nach Jes 27, 9: „Das ist die ganze Frucht, daß die Sünde weggenommen werde." Da nun die Letzte Ölung diese Wirkung voll erreicht, wie aus den Worten des heiligen Jakobus (5, 15) hervorgeht, und sie auf kein anderes Sakrament hingeordnet ist wie ein Anhängsel davon, steht es fest, daß die Letzte Ölung kein Sakramentale ist, sondern ein Sakrament.

non subvenit aliud quam extrema unctio. Ergo ipsa est sacramentum.

2. PRAETEREA, sacramenta nihil aliud sunt quam quaedam spirituales medicinae.[1] Sed extrema unctio est quaedam spiritualis medicina: quia valet ad remissionem peccatorum, ut habetur Jac. 5. Ergo est sacramentum.

RESPONDEO dicendum quod in his quae Ecclesia visibiliter operatur, quaedam sunt sacramenta, ut baptismus; quaedam sacramentalia, ut exorcismus. Quorum est haec differentia, quia sacramentum dicitur illa actio Ecclesiae quae attingit ad effectum principaliter intentum in administratione sacramentorum: sed sacramentale dicitur illa actio quae, quamvis non pertingat ad illum effectum, tamen ordinatur aliquo modo ad illam actionem principalem. Effectus autem intentus in administratione sacramentorum est curatio morbi peccati: Is. 27, „Hic est omnis fructus, ut tollatur peccatum". Et ideo, cum ad hunc effectum pertingat extrema unctio, ut ex verbis Jacobi patet; nec ordinetur ad aliud sacramentum quasi ei annexum: constat quod extrema unctio non est sacramentale, sed sacramentum.

---

[1] Petrus Lomb., Sent. IV 1, 1 (QR II/231).

29, 1 Zu 1. Das Öl, womit die Katechumenen gesalbt werden, führt durch seine Anwendung nicht zur Nachlassung der Sünden, weil das der Taufe eigen ist, sondern bereitet irgendwie auf die Taufe vor [vgl. III 71, 3: Bd. 29]. Und darum ist jene Salbung kein Sakrament wie die Letzte Ölung.

Zu 2. Dieses Sakrament bereitet den Menschen unmittelbar auf die Herrlichkeit vor, da es den aus dem Leibe Dahinscheidenden gespendet wird. Und weil im Alten Bunde die Zeit noch nicht gekommen war, zur Herrlichkeit zu gelangen, „denn das Gesetz hat niemanden zur Vollendung geführt" [Hebr 7, 19], darum brauchte dieses Sakrament dort nicht vorgebildet zu werden durch ein ihm entsprechendes Sakrament wie durch ein Vorbild derselben Gattung. Freilich ist es durch entfernte Vorbilder im voraus abgebildet in allen Heilhandlungen, von denen wir im Alten Bunde lesen.

Zu 3. [Ps.-]Dionysius bringt keinerlei Erwähnung der Letzten Ölung, wie auch nicht der Buße oder der Ehe, weil er nicht die Absicht hat, die Sakramente genau zu bestimmen [77], es sei denn, insoweit die planvolle Einrichtung der kirchlichen Hierarchie durch sie aufleuchtet im Hinblick auf die Amtsträger, die Tätigkeiten der Amtsträger und die Empfänger. Doch ist es nicht zweifelhaft, daß die

QUAESTIO 29, 1

AD PRIMUM ergo dicendum quod oleum quo catechumeni inunguntur, sua unctione non perducit ad peccati remissionem, quia hoc ad baptismum pertinet: sed aliquo modo ad baptismum disponit. Et ideo non est sacramentum illa unctio, sicut unctio extrema.

AD SECUNDUM dicendum quod hoc sacramentum immediate hominem ad gloriam disponit, cum exeuntibus a corpore detur. Et quia in veteri lege non erat adhuc tempus perveniendi ad gloriam, quia „neminem ad perfectum adduxit lex"; ideo illud sacramentum ibi praefigurari non debuit per aliquod sacramentum sibi respondens, sicut per figuram ejusdem generis. Quamvis per figuras remotas aliquo modo figuratum sit in omnibus curationibus quae leguntur in veteri lege.

AD TERTIUM dicendum quod Dionysius non facit aliquam mentionem de extrema unctione, sicut nec de poenitentia nec de matrimonio, quia ipse non intendit determinare de sacramentis nisi quatenus per ea innotescere potest ecclesiasticae hierarchiae ordinata dispositio quantum ad ministros et actiones ministrorum et recipientes. Tamen cum per extremam unctionem aliquis

Letzte Ölung, wenn man durch sie Gnade und Nachlassung 29, 2
der Sünde erlangt, erleuchtende und läuternde Kraft besitzt wie die Taufe, wenn auch nicht in so vollkommener Weise.

2. ARTIKEL

Ist die Letzte Ölung ein einheitliches Sakrament?

1. Die Einheit eines Dinges stammt aus seiner Materie und aus seiner Form; denn ein Ding besitzt Sein und Einheit durch eines und dasselbe. Nun wird die Form dieses Sakramentes oft wiederholt, auch bei derselben Spendung [nämlich als Salbungsformel über die verschiedenen Körperteile]. Und die Materie wird dem Gesalbten mehrmals, an den verschiedenen Teilen [des Körpers], aufgetragen. Also ist sie [die Letzte Ölung] nicht ein einheitliches Sakrament.

2. Die Ölung macht das Sakrament aus; denn es ist lächerlich zu sagen, das Öl mache das Sakrament aus. Nun aber sind es mehrere [Ölungen]. Also sind es mehrere Sakramente.

3. Ein einheitliches Sakrament muß von einem einzigen Spender vollzogen werden. Nun aber kann in einem bestimmten Falle die Letzte Ölung nicht von einem einzigen

QUAESTIO 29, 2

consequatur gratiam et remissionem peccatorum, non est dubium quod habet vim illuminativam et purgativam, sicut baptismus; quamvis non ita plenam.

ARTICULUS II

Utrum extrema unctio sit unum sacramentum

[4 d 23: 1, 1 qa 2]

AD SECUNDUM sic proceditur. Videtur quod extrema unctio non sit unum sacramentum. Quia unitas rei est ex sua materia et ex sua forma: cum ex eodem habeat res esse et unitatem. Sed forma hujus sacramenti frequenter iteratur, etiam eadem vice; et materia pluries inuncto adhibetur, secundum diversas partes. Ergo non est unum sacramentum.

2. PRAETEREA, ipsa unctio est sacramentum: ridiculum enim est dicere quod oleum sit sacramentum. Sed sunt plures unctiones. Ergo sunt plura sacramenta.

3. PRAETEREA, unum sacramentum ab uno ministro perfici debet. Sed in aliquo casu extrema unctio non potest perfici ab uno

29, 2 Spender vollzogen werden, wenn z. B. der Priester nach der ersten Salbung stirbt; dann nämlich muß ein anderer Priester [mit den übrigen Salbungen] weiterfahren. Also ist die Letzte Ölung nicht ein einheitliches Sakrament.

ANDERSEITS: Wie sich die Eintauchung zur Taufe verhält, so verhält sich die Salbung zu diesem Sakrament. Nun aber machen mehrere Eintauchungen ein einheitliches Sakrament der Taufe aus. Also machen auch mehrere Salbungen ein einziges Sakrament aus.

2. Wenn sie nicht ein einheitliches Sakrament wäre, dann wäre es zur Vollendung des Sakramentes nicht nötig, nach der ersten Salbung eine zweite vorzunehmen; denn ein jedes Sakrament hat sein vollendetes Sein in sich selbst. Das aber ist falsch. Also ist sie ein einheitliches Sakrament.

ANTWORT: Vom Einen der Zahl nach spricht man an sich in dreifacher Weise. Einmal im Sinne des Unteilbaren, das weder dem Akt noch der Potenz nach mehreres ist: wie Punkt und Einheit. Sodann im Sinne des stetig Zusammenhängenden, welches dem Akt nach eines ist, der Potenz nach mehreres: wie die Linie. Drittens im Sinne eines Vollkommenen, das aus mehreren Teilen begründet wird: wie ein Haus, welches aktuell viele [Teile] umfaßt, die aber alle in einer [gemeinsamen] Bestimmung übereinkommen [vgl. Aristoteles] [78]. Und in dieser Weise wird jedes

QUAESTIO 29, 2

ministro: sicut si post primam unctionem factam sacerdos moriatur; tunc enim alius sacerdos debet ulterius procedere. Ergo extrema unctio non est sacramentum unum.

SED CONTRA, sicut se habet immersio ad baptismum, ita se habet unctio ad hoc sacramentum. Sed plures immersiones sunt unum sacramentum baptismi. Ergo et plures unctiones sunt unum sacramentum.

2. PRAETEREA, si non esset unum sacramentum, tunc, facta prima unctione, non oporteret ad perfectionem sacramenti quod fieret secunda: quia quodlibet sacramentum per se habet esse perfectum. Sed hoc falsum est. Ergo est unum sacramentum.

RESPONDEO dicendum quod unum numero, per se loquendo,
1015 b 36 dicitur tripliciter [cf. Aristoteles, Metaphysica 5, 6]. Uno modo,
1016 b 9 sicut indivisibile, quod nec actu nec potentia est plura: ut punctus
b 24 et unitas. Alio modo, sicut continuum, quod quidem actu est unum, sed plura potentia: ut linea. Tertio modo, sicut perfectum aliquod quod ex pluribus partibus constituitur: ut domus, quae est multa quodammodo in actu, sed illa multa conveniunt in aliquo uno. Et hoc modo quodlibet sacramentum dicitur unum: inquantum multa

Sakrament eines genannt: insofern vieles, das sich in 29, 2
einem Sakrament findet, vereinigt wird, um ein einziges Ganzes zu bezeichnen und zu verursachen. Denn das Sakrament verursacht, indem es [die Wirkung] bezeichnet [vgl. III 62, 1 Antw. Zu 1: Bd. 29]. Wenn darum eine einzige Tätigkeit zu einer vollständigen Zeichenhandlung ausreicht, besteht die Einheit des Sakramentes allein in dieser Tätigkeit, wie das bei der Firmung erhellt. Wenn aber die Zeichenhandlung eines Sakramentes in einer oder mehreren Tätigkeiten enthalten sein kann, dann ist das Sakrament sowohl durch eine als durch mehrere Tätigkeiten vollziehbar: etwa die Taufe durch eine Eintauchung und durch drei, weil die Abwaschung, die in der Taufe bezeichnet wird, sowohl durch eine als durch drei Eintauchungen erfolgen kann. Wenn aber die vollständige Zeichenhandlung nur durch mehrere Tätigkeiten erfolgen kann, dann gehören mehrere Tätigkeiten zur Vollständigkeit des Sakramentes, wie das bei der Eucharistie erhellt, weil die leibliche Stärkung, welche eine geistliche bezeichnet, nur durch Speise und Trank geschehen kann. Ähnlich verhält es sich mit diesem Sakrament; denn die Heilung der inneren Wunden kann vollständig nur bezeichnet werden durch die Anbringung der Arznei an den verschiedenen Wurzeln der Wunden. Und darum gehören mehrere Tätigkeiten zur Vollständigkeit dieses Sakramentes.

Zu 1. Die vollendete Einheit eines Ganzen wird nicht aufgehoben durch die Vielheit der Materie oder der Form,

QUAESTIO 29, 2

quae sunt in uno sacramento, adunantur ad unum significandum vel causandum. Quia sacramentum significando causat. Et ideo quando una actio sufficit ad perfectam significationem, unitas sacramenti consistit in illa actione tantum: sicut patet in confirmatione. Quando autem significatio sacramenti potest esse et in una et in multis actionibus, tunc sacramentum perfici potest et una actione et pluribus: sicut baptismus una immersione et tribus, quia ablutio, quae significatur in baptismo, potest esse per unam immersionem et per multas. Quando autem perfecta significatio non potest esse nisi per plures actiones, tunc plures actiones sunt de perfectione sacramenti: sicut patet in Eucharistia, quia refectio corporalis, quae significat spiritualem, non potest esse nisi per cibum et potum. Et similiter est in hoc sacramento: quia curatio interiorum vulnerum non potest perfecte significari nisi per appositionem medicinae ad diversas vulnerum radices. Et ideo plures actiones sunt de perfectione hujus sacramenti.

AD PRIMUM ergo dicendum quod unitas totius perfecta non

29, 2 welche in den Teilen des Ganzen vorliegt. So steht es z. B. fest, daß die Materie von Fleisch und Knochen, aus welchen ein einheitlicher Mensch begründet wird, nicht dieselbe ist, wie auch ihre Form nicht dieselbe ist. In ähnlicher Weise hebt die Mehrheit von Materie und Form im Sakrament der Eucharistie und in diesem Sakrament die Einheit des Sakramentes nicht auf.

Zu 2. Obwohl jene Tätigkeiten schlechthin mehrere sind, so sind sie doch in einer vollständigen Tätigkeit geeint, nämlich der Salbung aller äußeren Sinne, durch welche die innere Krankheit eingesogen wird.

Zu 3. Wenn während der Eucharistiefeier ein Priester nach der Wandlung des Brotes stirbt, kann ein anderer Priester weiterfahren mit der Wandlung des Weines und dort anfangen, wo der erste aufhörte, oder auch von vorn anfangen mit anderen Opfergaben. Bei der Letzten Ölung hingegen kann er nicht von vorne beginnen, sondern muß grundsätzlich weiterfahren. Denn die am selben Körperteil [erneut] erfolgte Salbung gilt genau so, wie wenn dieselbe Opfergabe zweimal verwandelt würde, was unter keinen Umständen geschehen darf. Die Mehrheit der Spender [79] hingegen hebt die Einheit dieses Sakramentes nicht auf, denn sie wirken nur werkzeuglich; so hebt ja auch der Wechsel der Hämmer die Einheit der Schmiedearbeit nicht auf.

QUAESTIO 29, 2

tollitur per diversitatem materiae aut formae quae est in partibus totius. Sicut constat quod non est eadem materia carnis et ossis, ex quibus constituitur unus homo, nec eadem forma. Et similiter in sacramento Eucharistiae, et in hoc sacramento, pluralitas materiae et formae unitatem sacramenti non tollit.

AD SECUNDUM dicendum quod, quamvis illae actiones sint plures simpliciter, tamen uniuntur in una perfecta actione, quae est unctio omnium exteriorum sensuum, quibus hauritur morbus interior.

AD TERTIUM dicendum quod, quamvis in Eucharistia, si post consecrationem panis moriatur sacerdos, alius sacerdos possit procedere ad consecrationem vini, incipiens ubi ille dimisit, vel etiam incipere a capite supra aliam materiam; tamen in extrema unctione non potest a capite incipere, sed debet semper procedere: quia unctio in eadem parte facta tantum valet ac si consecraretur bis eadem hostia, quod nullo modo faciendum est. Nec tamen ministrorum pluralitas tollit unitatem hujus sacramenti: quia instrumentaliter tantum operantur; mutatio autem martellorum non tollit unitatem operationis fabri.

3. ARTIKEL

Ist dieses Sakrament von Christus eingesetzt worden?

1. Die Einsetzung der Sakramente, welche Christus eingesetzt hat, wird im Evangelium erwähnt, wie die der Eucharistie und der Taufe. Keine Erwähnung aber geschieht von der Letzten Ölung. Also ist sie nicht von Christus eingesetzt.

2. Der Lombarde sagt ausdrücklich, daß sie von den Aposteln eingesetzt ist. Also hat Christus sie nicht selbst eingesetzt.

3. Das Sakrament der Eucharistie, das Christus einsetzte, hat er auch selbst gespendet. Dieses Sakrament aber hat er niemandem gespendet. Also hat er es auch nicht selbst eingesetzt.

ANDERSEITS: Die Sakramente des Neuen Bundes sind würdiger als die Sakramente des Alten Bundes. Nun aber sind alle Sakramente des Alten Bundes von Gott selbst eingesetzt. Also haben erst recht alle Sakramente des Neuen Bundes ihre Einsetzung durch Christus.

2. Es ist Sache eines und desselben, etwas einzusetzen und das Eingesetzte aufzuheben. Nun könnte aber die

QUAESTIO 29, 3

ARTICULUS III

Utrum hoc sacramentum fuerit institutum a Christo

[4 d 23: 1, 1 qa 3 — 2: 1, 4 qa 4 ad 1]

AD TERTIUM sic proceditur. Videtur quod hoc sacramentum non fuerit institutum a Christo. Quia de institutione sacramentorum quae Christus instituit, fit mentio in Evangelio: sicut de Eucharistia et baptismo. Sed nulla fit mentio de extrema unctione. Ergo non est a Christo instituta.

2. PRAETEREA, Magister expresse dicit, in Quarto, 23 dist.[1], quod est institutum ab Apostolis. Ergo ipse Christus per se non instituit.

3. PRAETEREA, sacramentum Eucharistiae, quod Christus instituit, etiam ipse per se exhibuit. Sed hoc sacramentum ipse nulli exhibuit. Ergo per se non instituit.

SED CONTRA, sacramenta novae legis sunt digniora quam sacramenta veteris legis. Sed omnia sacramenta veteris legis sunt ab ipso Deo instituta. Ergo, multo fortius, omnia sacramenta novae legis habent institutionem ab ipso Christo.

2. PRAETEREA, ejusdem est instituere, et statutum removere. Sed Ecclesia, quae in successoribus Apostolorum habet eandem

---

[1] Petrus Lomb., Sent. IV 23, 3 (QR II/391).

29, 3 Kirche, welche in den Nachfolgern der Apostel dieselbe Gewalt besitzt, wie sie die Apostel besaßen, das Sakrament der Letzten Ölung nicht aufheben. Also haben es nicht die Apostel eingesetzt, sondern Christus.

ANTWORT: Hierzu besteht eine zweifache Auffassung. Einige sagen: dieses Sakrament [der Letzten Ölung] und das der Firmung habe Christus nicht selbst eingesetzt, sondern den Aposteln zur Einsetzung überlassen, weil diese beiden wegen der Fülle der Gnaden, die in ihnen verliehen wird, nicht eingesetzt werden konnten vor der endgültigen Sendung des Heiligen Geistes. Also sind es [in hervorragendem Maße] Sakramente des Neuen Bundes, so daß sie im Alten Bunde kein Vorbild besaßen. — Doch ist dieser Grund nicht sehr zwingend; denn wie Christus vor seinem Leiden die volle Sendung des Heiligen Geistes verhieß [Joh 16, 13], so konnte er auch diese Sakramente einsetzen.

Und darum sagen andere: Christus hat alle Sakramente selbst eingesetzt: einige aber hat er auch selbst bekanntgemacht, nämlich die, welche dem Glauben größere Schwierigkeit bieten; andere jedoch hat er den Aposteln zur Bekanntmachung vorbehalten, wie die Letzte Ölung

QUAESTIO 29, 3

auctoritatem quam Apostoli habuerunt, non posset auferre sacramentum extremae unctionis. Ergo Apostoli non instituerunt, sed ipse Christus.

RESPONDEO dicendum quod circa hoc est duplex opinio.
PL Quidam [Hugo de S. Victore, De sacramentis Christianae fidei 2, 15
176/577 D c. 2][1] dicunt quod sacramentum illud, et confirmationis, Christus non instituit per se, sed Apostolis instituendum dimisit: quia haec duo, propter plenitudinem gratiae quae in eis confertur, non potuerunt ante Spiritus Sancti missionem plenissimam institui. Unde sunt ita sacramenta novae legis quod in veteri figuram non habuerunt. — Sed haec ratio non multum cogit: quia, sicut Christus ante passionem promisit plenam Spiritus Sancti missionem, ita potuit instituere haec sacramenta[2].

Et ideo alii[3] dicunt quod omnia sacramenta Christus instituit per seipsum: sed quaedam per seipsum promulgavit, quae sunt majoris difficultatis ad credendum; quaedam autem Apostolis promulganda reservavit, sicut extremam unctionem et confirma-

---

[1] Petrus Lomb., ib.; Summa Halensis, p. IV, q. 5, m. 2, a. 1. Lugduni (Koburger) 1516; Bonaventura, In Sent. IV, d. 23, a. 1, q. 2 (QR IV/590).
[2] In Sent.; L: hujusmodi sacramentum.
[3] Albertus Magnus, In Sent. IV 23, 13 c. (Borgnet 30/20).

und die Firmung. Und diese Auffassung erscheint darum als wahrscheinlicher, weil die Sakramente zum Grundbestand des [neuen] Gesetzes gehören und darum ihre Einsetzung Sache des Gesetzgebers ist. Und ferner, weil sie aus der Einsetzung ihre Wirksamkeit empfangen, die ihnen nur von Gott her innewohnt [80]. 29, 3

Zu 1. Der Herr hat vieles getan und gesprochen, was in den Evangelien nicht enthalten ist [Joh 21, 25]. Denn die Evangelisten haben sich hauptsächlich dasjenige weiterzugeben bemüht, was zur Heilsnotwendigkeit und zur Einrichtung der Kirche gehört. Und darum haben sie eher die durch Christus erfolgte Einsetzung der Taufe, der Buße, der Eucharistie und der Priesterweihe erzählt als die der Letzten Ölung, welche weder heilsnotwendig ist, noch zur Einrichtung oder inneren Gliederung der Kirche gehört. Doch wird auch im Evangelium von einer Ölsalbung berichtet (Mk 6, 13), wo es von den Aposteln heißt: „Sie salbten die Kranken mit Öl“ [81].

Zu 2. Der Lombarde sagt, es [das Sakrament der Letzten Ölung] sei von den Aposteln eingesetzt, weil seine Einsetzung nur durch die Lehre der Apostel bekanntgemacht wurde [82].

Zu 3. Christus hat kein Sakrament gespendet, das er nicht selbst, Beispiel gebend, empfangen hat. Die Buße

QUAESTIO 29, 3

tionem. Et haec opinio pro tanto videtur probabilior, quia sacramenta ad fundamentum legis pertinent et ideo ad Legislatorem pertinet eorum institutio. Et iterum, quia ex institutione efficaciam habent; quae eis non nisi divinitus inest.

AD PRIMUM ergo dicendum quod multa Dominus fecit et dixit quae in Evangeliis non continentur. Illa enim praecipue curaverunt Evangelistae tradere quae ad necessitatem salutis et Ecclesiae dispositionem pertinent. Et ideo potius institutionem baptismi et poenitentiae et Eucharistiae et ordinis factam a Christo narraverunt quam[1] extremae unctionis, quae neque est de necessitate salutis, neque ad dispositionem sive distinctionem Ecclesiae pertinet. Tamen etiam de olei unctione fit mentio in Evangelio, Marc. 6, ubi dicitur quod Apostoli „oleo ungebant infirmos“.

AD SECUNDUM dicendum quod Magister dicit ab Apostolis institutum, quia per doctrinam Apostolorum nobis promulgata est ejus institutio.

AD TERTIUM dicendum quod Christus non exhibuit aliquod sacramentum nisi quod ipse accepit in exemplum. Accipere autem

[1] In Sent.; L add.: sacramentum.

 aber und die Letzte Ölung zu empfangen ziemte ihm nicht, weil er ohne Sünde war. Und darum hat er sie auch nicht gespendet.

4. ARTIKEL

Ist Olivenöl die passende Materie dieses Sakramentes?

1. Dieses Sakrament ordnet unmittelbar auf die Unverweslichkeit hin. Unverweslichkeit aber wird durch Balsam versinnbildet, das im Chrisma verwendet wird. Also wäre Chrisma eine passendere Materie dieses Sakramentes.

2. Dieses Sakrament ist ein geistliches Heilmittel. Ein geistliches Heilmittel aber wird durch Aufgießen von Wein versinnbildet, wie aus Lk 10, 34 im Gleichnis vom Verwundeten [und dem Barmherzigen Samariter] hervorgeht. Also wäre Wein eine passendere Materie dieses Sakramentes.

3. Wo die Gefahr größer ist, muß das Heilmittel allgemein zugänglich sein. Nun aber ist Öl kein allgemein zugängliches Heilmittel, weil es nicht in jedem Lande zu finden ist. Also ist Olivenöl offensichtlich keine passende Materie, da dieses Sakrament den Sterbenden gespendet wird, die in höchster Gefahr sind.

poenitentiam et extremam unctionem sibi non competebat: quia sine peccato erat. Et ideo ipse non exhibuit.

ARTICULUS IV

Utrum oleum olivae sit conveniens materia hujus sacramenti

[4 d 23: 1, 3 qa 1 — CG IV 73]

AD QUARTUM sic proceditur. Videtur quod oleum olivae non sit conveniens materia hujus sacramenti. Quia hoc sacramentum immediate ad incorruptionem ordinat. Sed incorruptio significatur per balsamum, quod in chrismate ponitur. Ergo chrisma esset convenientior materia hujus sacramenti.

2. PRAETEREA, hoc sacramentum est spiritualis medicatio. Sed spiritualis medicatio per vini appositionem significatur: sicut patet Luc. 10, in parabola de sauciato. Ergo vinum esset convenientior materia hujus sacramenti.

3. PRAETEREA, ubi est majus periculum, ibi debet esse commune remedium. Sed oleum non est commune remedium: quia non invenitur in qualibet terra. Ergo, cum hoc sacramentum detur exeuntibus, qui sunt in maximo periculo, videtur quod oleum olivae non sit materia conveniens.

ANDERSEITS wird Jak 5, 14 Öl als Materie dieses Sakramentes bestimmt. Nun aber ist nur Olivenöl im eigentlichen Sinne echtes Öl. Also ist dieses Materie dieses Sakramentes. 29, 4

2. Die geistliche Heilung wird durch Salbung mit Öl versinnbildet: Das geht aus Jes 1, 6 hervor, wo es heißt: „Schwärende Wunde... nicht mit Heilmitteln versorgt, noch mit Öl gelindert." Also ist passende Materie dieses Sakramentes das Öl.

ANTWORT: Die geistliche Heilung, die am Lebensende gewährt wird, muß vollkommen sein, weil nach ihr keine andere folgt; und milde, damit die den Hinscheidenden unerläßliche Hoffnung nicht gebrochen, sondern gestärkt werde. Das Öl aber mildert [Schmerzen], dringt bis ins Innere und verteilt sich. Und darum ist es unter den beiden genannten Gesichtspunkten eine sinnvolle Materie dieses Sakramentes. Und weil es hauptsächlich der Saft der Olive ist, der Öl genannt wird, während andere Säfte die Bezeichnung Öl von der Ähnlichkeit mit diesem her empfangen, darum muß es auch Olivenöl sein, welches als Materie dieses Sakramentes verwendet wird.

Zu 1. Die Unverweslichkeit der Herrlichkeit ist eine Wirklichkeit [vgl. III 60, 3; 66, 1: Bd. 29], die in diesem Sakrament nicht [als Gnadenwirkung] enthalten ist; und

QUAESTIO 29, 4

SED CONTRA est quod Jac. 5 oleum materia hujus sacramenti determinatur. Sed oleum proprie non dicitur nisi oleum olivae. Ergo hoc est materia hujus sacramenti.

2. PRAETEREA, spiritualis sanatio per olei inunctionem significatur: ut patet Is. 1, ubi dicitur: „plaga tumens non est curata medicamine neque fota oleo." Ergo conveniens materia hujus sacramenti est oleum.

RESPONDEO dicendum quod spiritualis curatio quae in fine adhibetur, debet esse perfecta, quia post eam alia non relinquitur; et lenis, ut spes, quae exeuntibus est maxime necessaria, non frangatur, sed foveatur. Oleum autem lenitivum est, et penetrativum usque ad intima, est etiam diffusivum. Et ideo quantum ad utrumque praedictorum est conveniens materia hujus sacramenti. Et quia oleum principaliter nominatur olivae liquor, cum alii liquores ex similitudine ad ipsum olei nomen accipiant; ideo oleum olivae etiam debet esse quod assumitur in materia hujus sacramenti.

AD PRIMUM ergo dicendum quod incorruptio gloriae est res non contenta in hoc sacramento: nec oportet quod tali rei

29, 4 [darum] ist es nicht erforderlich, daß der Bedeutungsgehalt der Materie einer solchen Wirklichkeit entspreche. Darum braucht nicht Balsam als Materie dieses Sakramentes verwendet zu werden: denn der Balsam gehört wegen seines Wohlgeruches zum [Bedeutungszusammenhang] ‚Gutsein des Rufes‘, dessen die Hinscheidenden an sich fürderhin nicht mehr bedürfen, während sie der ‚Reinheit des Gewissens‘ bedürfen, die durch das Öl versinnbildet wird.

Zu 2. Der Wein heilt in einer beißenden Art, das Öl durch Linderung. Und darum gehört die Heilung durch Wein eher zur Buße als zu diesem Sakrament.

Zu 3. Obwohl Olivenöl nicht an jedem Orte wächst, so kann es doch leicht an jeden hingebracht werden [83]. — Und außerdem ist dieses Sakrament nicht von solcher Unerläßlichkeit, daß die ohne dieses Sakrament Hinscheidenden das Heil nicht erlangen könnten.

QUAESTIO 29, 4

significatio materiae respondeat. Unde non oportet quod balsamum ponatur materia hujus sacramenti: quia balsamum, propter odorem, pertinet ad[1] ‚bonitatem famae‘[2], qua de cetero non indigent, propter se, exeuntes; sed indigent tantum ‚nitore conscientiae‘[3], qui in oleo significatur.

AD SECUNDUM dicendum quod vinum sanat mordicando: sed oleum leniendo. Et ideo curatio per vinum magis pertinet ad poenitentiam quam ad hoc sacramentum.

AD TERTIUM dicendum quod oleum olivae, quamvis non ubique crescat, tamen de facili potest ad quemlibet locum transferri. — Et praeterea hoc sacramentum non est tantae necessitatis quod exeuntes sine hoc sacramento non possint salutem consequi.

---

1 P et L: ab.
2 Decretales Gregorii IX, l. I, tit. 15, c. 1 (Frdb II/132).
3 Ib.

5. ARTIKEL

Muß das Öl geweiht sein?

1. Dieses Sakrament kennt den einen Heiligungsvorgang durch die Form der Worte. Also ist ein anderer auf seine Materie gerichteter Heiligungsvorgang überflüssig.

2. Die Sakramente haben ihre Wirksamkeit und [deren] Versinnbildung durch die Materie selbst. Die Versinnbildung der Wirkung dieses Sakramentes kommt aber dem Öl aus seiner natürlichen Eigenschaft zu, die Wirksamkeit hingegen aus der göttlichen Einsetzung. Also ist keinerlei Heiligung der Materie nötig.

3. Die Taufe ist ein vollkommeneres Sakrament als die Letzte Ölung. Nun aber ist bei der Taufe keine vorherige Heiligung der Materie erfordert, soweit es sich um die notwendigen Erfordernisse des Sakramentes handelt. Also auch nicht bei der Letzten Ölung.

ANDERSEITS: Bei allen anderen Salbungen wird die Materie vorher geweiht. Da nun dieses Sakrament eine Art Salbung darstellt, erfordert es geweihte Materie.

ANTWORT: Einige sagen: einfaches Öl ist Materie dieses Sakramentes; und bei der Weihe [Heiligung] des

ARTICULUS V

Utrum oporteat esse oleum consecratum

[4 d 23: 1, 3 qa 2 — III 72, 3]

AD QUINTUM sic proceditur. Videtur quod non oporteat esse oleum consecratum. Quia hoc sacramentum habet unam sanctificationem in usu per formam verborum. Ergo superfluit alia sanctificatio si ad materiam ipsius fiat.

2. PRAETEREA, sacramenta habent efficaciam et significationem in ipsa materia. Sed significatio effectus hujus sacramenti competit oleo ex naturali proprietate, efficacia autem ex institutione divina. Ergo non est necessaria aliqua sanctificatio materiae.

3. PRAETEREA, baptismus est perfectius sacramentum quam extrema unctio. Sed in baptismo non praeexigitur materiae sanctificatio, quantum est de necessitate sacramenti. Ergo nec in extrema unctione.

SED CONTRA est, quia in omnibus aliis unctionibus est materia consecrata prius. Ergo, cum hoc sacramentum sit quaedam unctio, requirit materiam consecratam.

RESPONDEO dicendum quod quidam dicunt quod oleum simplex est materia hujus sacramenti; et in ipsa sanctificatione olei,

29, 5 Öles, die durch den Bischof erfolgt, wird das Sakrament vollzogen. — Das aber ist offensichtlich falsch nach dem, was über die Eucharistie gesagt wurde; dort ist gezeigt worden, daß nur jenes Sakrament in der Weihe [Wandlung] einer Materie vollzogen wird (III 75: Bd. 30).

Darum muß man sagen: Dieses Sakrament besteht in der Salbung selbst wie die Taufe in der Abwaschung [84]; und die Materie dieses Sakramentes ist das geweihte Öl. Es kann ein dreifacher Grund angegeben werden, warum die Weihe [Heiligung] der Materie in diesem und in einigen anderen Sakramenten erforderlich ist.

Erster Grund: weil jede Wirksamkeit der Sakramente von Christus herabsteigt. Darum haben diejenigen Sakramente, die er selbst vollzogen hat, ihre Wirksamkeit aus diesem seinem Vollzug: so „hat er durch die Berührung mit seinem Fleisch den Wassern ihre erneuernde Kraft geschenkt". Dieses Sakrament jedoch hat er nicht selbst vollzogen, wie auch keinerlei leibliche Salbung. Und darum ist bei sämtlichen Salbungen die Weihe der Materie erforderlich.

Der zweite Grund liegt in der Fülle der Gnade, welche nicht nur zur Aufhebung der Schuld verliehen wird, sondern auch zur Aufhebung ihrer Rückstände [vgl. III 86, 5: Bd. 31] und der Krankheit des Leibes.

QUAESTIO 29, 5

quae est per episcopum, perficitur sacramentum. — Sed hoc patet esse falsum ex his quae de Eucharistia dicta sunt, ubi ostensum est quod solum illud sacramentum consistit in consecratione materiae.

Et ideo dicendum quod hoc sacramentum consistit in ipsa unctione, sicut baptismus in ablutione: et materia hujus sacramenti est oleum sanctificatum. Potest autem triplex ratio assignari quare exigitur materiae sanctificatio in hoc sacramento et in quibusdam aliis.

Prima est, quia omnis efficacia sacramentorum a Christo descendit. Et ideo sacramenta illa quibus ipse est usus, habent efficaciam ex ipso usu suo: sicut „tactu suae carnis vim regenerativam contulit aquis".[1] Sed hoc sacramento non est usus, nec aliqua corporali unctione. Et ideo in omnibus unctionibus requiritur sanctificatio materiae.

Secunda causa est propter plenitudinem gratiae, quae confertur non solum ut tollat culpam, sed etiam reliquias et infirmitatem corporis.

[1] Petrus Lomb., Sent. IV 3, 5 (QR II/248). — Cf. Beda, In Lucae Evangelium, l. I, super 3, 21 (PL 92/358 B).

Der dritte Grund liegt darin, daß die körperliche Wirkung, nämlich die Heilung, nicht durch die natürliche Eigenschaft der Materie verursacht wird. Darum muß ihr diese Wirksamkeit durch die Weihe verliehen werden. 29, 6

Zu 1. Der erste Heiligungsvorgang [die Weihe] betrifft die Materie an sich, der zweite betrifft mehr deren Verwendung, sofern sie im [sakramentalen] Vollzug ihre Wirkung mitteilt. Und darum sind beide nicht überflüssig; denn auch Werkzeuge empfangen ihre Wirksamkeit vom Handwerker, sowohl während sie hergestellt werden als auch während sie zum [Arbeits-]Vollzug eingesetzt werden.

Zu 2. Jene Wirksamkeit, die sich aus der Einsetzung des Sakramentes ergibt, wird durch die Weihe auf diese bestimmte Materie übertragen.

Zu 3 ergibt sich die Lösung aus dem Gesagten (Antw.).

6. ARTIKEL

Muß die Materie dieses Sakramentes durch den Bischof geweiht sein?

1. Die Weihe der Materie ist beim Sakrament der Eucharistie [als Wandlung] von höherem Rang als bei

Tertia est ex hoc quod effectus ejus corporalis, scilicet sanatio, non causatur ex materiae naturali proprietate. Et ideo oportet quod haec efficacia sibi per sanctificationem detur.

AD PRIMUM ergo dicendum quod prima sanctificatio est materiae secundum se: sed secunda magis pertinet ad usum ipsius, secundum quod est actu conferens effectum suum. Et ideo neuter superfluit: quia etiam instrumenta efficaciam accipiunt ab artifice et dum fiunt, et dum ad actum applicantur.

AD SECUNDUM dicendum quod illa efficacia quae est ex institutione sacramenti, applicatur huic materiae per sanctificationem.

AD TERTIUM patet solutio ex dictis.

ARTICULUS VI

Utrum oporteat materiam hujus sacramenti esse consecratam per episcopum

[4 d 23: 1, 3 qa 3]

AD SEXTUM sic proceditur. Videtur quod non oporteat materiam hujus sacramenti esse consecratam per episcopum. Quia

29, 6 diesem Sakrament. Nun aber kann in der Eucharistiefeier jeder Priester die Materie weihen [wandeln]. Also auch bei diesem Sakrament.

2. Im Bereich körperlicher Werke bereitet die höher stehende Kunst niemals die Materie für die niedere; denn die Kunst, die mit der Materie umgeht, steht höher als diejenige, welche die Materie zubereitet (Aristoteles). Nun aber steht der Bischof über dem Priester. Also bereitet er nicht die Materie zu, mit der der Priester in diesem Sakrament umgeht. Nun aber spendet der Priester dieses Sakrament (31, 3). Also ist die Weihe der Materie nicht Sache des Bischofs.

ANDERSEITS: Auch bei den anderen Salbungen wird die Materie durch den Bischof geweiht. Also muß es sich auch bei dieser so verhalten [85].

ANTWORT: Der Spender des Sakramentes führt die Wirkung des Sakramentes nicht in eigener Kraft herbei wie ein hauptsächlich Wirkender, sondern durch die Wirksamkeit des Sakramentes, das er spendet. Diese Wirksamkeit stammt ursprünglich von Christus her und steigt von ihm in geordneter Weise auf die andern herab: nämlich auf das Volk durch Vermittlung der Spender, welche die Sakramente austeilen; und auf die niederen Spender durch Vermittlung der höheren, welche die Materie weihen. Und darum erfolgt bei allen Sakramenten, die einer geheiligten

QUAESTIO 29, 6

dignior est consecratio materiae in sacramento Eucharistiae quam in hoc sacramento. Sed in Eucharistia materiam sacerdos potest consecrare. Ergo et in hoc sacramento.

2. PRAETEREA, in operibus corporalibus ars dignior nunquam praeparat materiam inferiori: quia dignior est quae utitur quam
194 a 36 quae materiam praeparat, ut dicitur 2 Physicorum [c. 2]. Sed episcopus est supra sacerdotem. Ergo non praeparat materiam in illo sacramento quo sacerdos utitur. Sed sacerdos dispensat hoc sacramentum, ut dicetur. Ergo consecratio materiae ad episcopum non pertinet.

SED CONTRA est, quia in aliis unctionibus etiam materia per episcopum consecratur. Ergo ita debet esse in ista.

RESPONDEO dicendum quod minister sacramenti non propria virtute effectum sacramenti inducit ut principale agens, sed per efficaciam sacramenti quod dispensat. Quae quidem efficacia primo est a Christo, et ab ipso in alios descendit ordinate: scilicet in populum mediantibus ministris, qui sacramenta dispensant; et in ministros inferiores mediantibus superioribus, qui materiam sanctificant. Et ideo in omnibus sacramentis quae indigent mate-

Materie bedürfen, die erste Weihe der Materie durch den Bischof [85]; die Spendung aber manchmal durch den Priester, damit gezeigt wird, wie die priesterliche Gewalt abgeleitet ist von der bischöflichen; nach Ps 133 (132), 2: „Wie das Salböl auf dem Haupte, das" zuerst „herabfließt auf den Bart", dann bis „auf den Saum des Gewandes". 29, 6

Zu 1. Das Sakrament der Eucharistie besteht in der Weihe [Wandlung] der Materie selbst [86], nicht aber in der Austeilung. Und darum ist das, was die Materie des Sakramentes ausmacht, eigentlich gesprochen nichts [schon] Geweihtes. Darum ist eine vorherige Weihe der Materie, die durch den Bischof zu erfolgen hätte, nicht erforderlich. Wohl aber ist die Weihe des Altares und anderer heiliger Einrichtungen erforderlich, sogar des Priesters selbst, die nur durch den Bischof erfolgen kann. Darum zeigt sich auch in diesem Sakrament, wie die Gewalt des Priesters vom Bischof abgeleitet ist ([Ps.-] Dionysius). Darum kann der Priester jene Weihe [Wandlung] der Materie bewirken, die in sich selbst Sakrament ist, und nicht jene, die gleichsam wie ein Sakramentale auf das Sakrament hingeordnet ist, insofern es in der Teilnahme von seiten der Gläubigen besteht. Denn in bezug auf den wahren Leib Christi [nach der Wandlung] gibt es keinen höheren als den priesterlichen Stand; in bezug jedoch auf den mystischen Leib Christi [die Kirche, die sich

ria sanctificata, prima sanctificatio materiae fit per episcopum, et usus quandoque per sacerdotem, ut ostendatur sacerdotalis potestas ab episcopali derivata: secundum illud Psalmi: „Sicut unguentum in capite, quod" prius „descendit in barbam", deinde usque ad „oram vestimenti".

AD PRIMUM ergo dicendum quod sacramentum Eucharistiae consistit in ipsa materiae sanctificatione, non autem in usu. Et ideo, proprie loquendo, illud quod est materia sacramenti, non est quid consecratum. Unde non praeexigitur aliqua sanctificatio circa materiam per episcopum facta. Sed exigitur sanctificatio altaris et hujusmodi, et etiam ipsius sacerdotis, quae non nisi per episcopum fieri potest. Unde in illo etiam sacramento ostenditur potestas sacerdotalis ab episcopo derivata: ut Dionysius dicit [De ecclesiastica hierarchia, c. 5, p. 1, §§ 5. 7]. Ideo autem illam consecrationem materiae potest facere sacerdos quae est in se sacramentum, et non illam quae ut sacramentale quoddam ordinatur ad sacramentum, quod consistit in usu fidelium, quia quantum ad corpus Christi verum nullus ordo est supra sacerdotium, sed PG 3/505 BC 508 C

29, 7 durch die Teilnahme an der Eucharistie verwirklicht] steht der bischöfliche Stand über dem priesterlichen (40, 4).

Zu 2. Materie eines Sakramentes ist nicht Materie in dem Sinne, daß *an ihr* etwas geschieht durch den, der mit ihr umgeht, wie das bei den Handwerkern der Fall ist, sondern Materie in dem Sinne, daß *mittels ihrer Kraft* etwas geschieht und sie so etwas von der Bewandtnis der Wirkursache in sich aufnimmt, sofern sie eine Art Werkzeug für das Wirken Gottes ist. Und darum muß eine solche Kraft durch eine höhere Kunst oder Gewalt der Materie eingeflößt werden. Denn im Bereich der Wirkursachen ist ein Wirkendes, je früher es liegt, um so vollkommener; im Bereich der reinen Materialursachen hingegen ist die Materie, je früher sie liegt, um so unvollkommener [87].

7. ARTIKEL

Besitzt dieses Sakrament eine Form?

1. Da die Wirksamkeit der Sakramente von der Einsetzung herrührt und desgleichen von der Form, muß die Form von dem mitgeteilt werden, der das Sakrament eingesetzt hat. Nun aber findet man die Form dieses

quantum ad corpus Christi mysticum episcopalis ordo est supra sacerdotalem, ut infra dicetur.

AD SECUNDUM dicendum quod materia sacramenti non est talis materia ut in qua fiat aliquid per eum qui ea utitur, sicut est in artibus mechanicis: sed ut cujus virtute aliquid fit, et sic percipiat aliquid de ratione causae agentis, inquantum est instrumentum quoddam divinae operationis. Et ideo oportet quod a superiori arte vel potestate talis virtus materiae acquiratur. Quia in causis agentibus, quanto aliquod agens est prius, tanto est perfectius: in causis autem pure materialibus, quanto materia est prior, tanto imperfectior.

ARTICULUS VII

Utrum hoc sacramentum habeat aliquam formam

[4 d 23: 1, 4 qa 1]

AD SEPTIMUM sic proceditur. Videtur quod hoc sacramentum non habeat aliquam formam. Cum enim efficacia sacramentorum sit ab institutione et item a forma, oportet quod forma tradatur ab ipso qui sacramentum instituit. Sed forma hujus sacramenti non

Sakramentes weder von Christus noch von den Aposteln mitgeteilt. Also besitzt dieses Sakrament keine Form. 29, 7

2. Was zu den notwendigen Erfordernissen des Sakramentes gehört, wird in derselben Weise von allen beobachtet. Nun aber gibt es nichts, das mehr zu den notwendigen Erfordernissen des eine Form besitzenden Sakramentes gehört als diese Form selbst. Da es nun in diesem Sakrament keine Form gibt, die von allen gemeinsam beobachtet wird, weil verschiedene [Riten] verschiedene Worte gebrauchen [Art. 8], besitzt dieses Sakrament offensichtlich keinerlei Form.

3. Bei der Taufe ist eine Form nur erforderlich zur Heiligung der Materie; diese ist „das Wasser, welches durch das Wort des Lebens zur Abwaschung der Sünden geheiligt wurde“ [Hugo v. St. Viktor]. Nun aber besitzt dieses Sakrament eine vorher geheiligte Materie [Art. 5 f.]. Also bedarf es keinerlei Form der Worte.

ANDERSEITS sagt der Lombarde: Jedes Sakrament des Neuen Bundes besteht in ‚Sachen‘ [bewirkte Gnadenwirklichkeit: vgl. III 60, 3; 66, 1: Bd. 29] und Worten. Worte aber sind die Form des Sakramentes. Da es sich nun um ein Sakrament des Neuen Bundes handelt, besitzt es offensichtlich eine Form.

QUAESTIO 29, 7

invenitur tradita neque a Christo neque ab Apostolis. Ergo hoc sacramentum non habet aliquam formam.

2. PRAETEREA, ea quae sunt de necessitate sacramenti, observantur eodem modo apud omnes. Sed nihil magis est de necessitate sacramenti habentis formam quam ipsa forma. Ergo, cum non sit aliqua forma communiter observata ab omnibus in hoc sacramento, quia diversi diversis verbis utuntur, videtur quod hoc sacramentum non habeat aliquam formam.

3. PRAETEREA, in baptismo non requiritur forma nisi ad sanctificationem materiae, quae est „aqua verbo vitae diluendis criminibus sanctificata“ [Hugo de S. Victore, De sacramentis PL
Christianae fidei 2, 6 c. 2]. Sed hoc sacramentum habet materiam 176/443 A
prius sanctificatam. Non ergo indiget aliqua forma verborum.

SED CONTRA est quod Magister dicit[1], quod omne sacramentum novae legis consistit in rebus et in verbis. Verba autem sunt forma sacramenti. Cum ergo hoc sit sacramentum novae legis, videtur quod habeat formam.

---

[1] Petrus Lomb., Sent. IV 1, 5 (QR II/235).

29, 7 2. Dafür spricht der Ritus der Gesamtkirche, die bestimmte Worte bei der Spendung dieses Sakramentes gebraucht.

ANTWORT: Einige haben gesagt, zu den notwendigen Erfordernissen dieses Sakramentes gehöre keine Form [88]. — Das aber verminderte offensichtlich die Wirksamkeit dieses Sakramentes. Denn jedes Sakrament ist wirksam durch eine Zeichenhandlung. Nun aber ist der Zeichengehalt der Materie nicht auf eine bestimmte Wirkung festgelegt, da er zu vielen Möglichkeiten hin offen steht, es sei denn durch die Form der Worte. Und darum müssen bei allen Sakramenten des Neuen Bundes, ‚die bewirken, was sie bezeichnen' [vgl. III 62, 1 Zu 1: Bd. 29], sowohl [bewirkte] ‚Sachen' als Worte gegeben sein. Und überdies scheint Jakobus (5,14f.) die ganze Kraft dieses Sakramentes ins ‚Gebet' zu verlegen, welches die Form dieses Sakramentes ist (Art. 8 f.). Und darum erscheint die vorgenannte Meinung als unverantwortlich und irrig. Und aus diesem Grunde ist zu sagen, wie es gemeinhin geschieht: es hat eine bestimmte Form wie auch die anderen Sakramente.

Zu 1. Die Heilige Schrift wird allen insgesamt vorgelegt. Und darum mußte die Form der Taufe, die von jedermann gespendet werden kann, in der Heiligen Schrift ausgesprochen werden. Und ebenso die Form der Eucharistie, die den Glauben an dieses Sakrament, der heilsnotwendig ist,

QUAESTIO 29, 7

2. PRAETEREA, ad hoc est ritus universalis Ecclesiae, quae quibusdam verbis utitur in collatione hujus sacramenti.

RESPONDEO dicendum quod quidam dixerunt quod nulla forma est de necessitate hujus sacramenti. — Sed hoc videtur derogare effectui hujus sacramenti. Quia omne sacramentum efficit significando. Significatio autem materiae non determinatur ad effectum determinatum, cum ad multa se possit habere, nisi per formam verborum. Et ideo in omnibus sacramentis novae legis, quae ‚efficiunt quod figurant', oportet esse et res et verba. Et praeterea Jacobus totam vim sacramenti hujus videtur constituere in ‚oratione', quae est forma hujus sacramenti, ut dicetur. Et ideo praedicta opinio praesumptuosa videtur, et erronea. Et propter hoc dicendum, sicut communiter dicitur, quod habet formam determinatam, sicut et alia sacramenta.

AD PRIMUM ergo dicendum quod sacra Scriptura omnibus communiter proponitur. Et ideo forma baptismi, qui ab omnibus dari potest, debet in sacra Scriptura exprimi. Et similiter forma Eucharistiae, quae exprimit sacramenti illius fidem, quae est de

ausspricht. Die Form der anderen Sakramente hingegen finden wir in der Schrift nicht überliefert, sondern die Kirche besitzt sie aus der Überlieferung der Apostel [89], die sie vom Herrn empfangen haben, wie der Apostel erklärt: „Ich habe vom Herrn empfangen, was ich euch auch überliefert habe“ (1 Kor 11, 23). 29, 7

Zu 2. Jene Worte, die zum Wesen der Form gehören, nämlich das Bittgebet, werden von allen gesprochen; andere hingegen, die zur Vervollständigung gehören, werden nicht von allen beobachtet.

Zu 3. Die Materie der Taufe besitzt von sich eine gewisse Heiligung durch die Berührung mit dem Fleisch des Erlösers [bei dessen Taufe im Jordan]; aus der Form der Worte hingegen empfängt sie eine Heiligung, die im Akt [der Taufe] heiligt. Und ebenso ist nach der Heiligung der Materie dieses Sakramentes an sich eine Heiligung erforderlich im Vollzug, durch welche sie im Akt [der Salbung] heiligt [90].

QUAESTIO 29, 7

necessitate salutis. Sed formae aliorum sacramentorum non inveniuntur in Scriptura traditae, sed Ecclesia ex traditione Apostolorum habet, qui a Domino acceperunt: ut dicit Apostolus, 1 Cor. 11: „Ego accepi a Domino quod et tradidi vobis.“

AD SECUNDUM dicendum quod illa verba quae sunt de essentia formae, scilicet oratio deprecativa, ab omnibus dicuntur: sed alia, quae sunt de bene esse, non observantur ab omnibus.

AD TERTIUM dicendum quod materia baptismi habet quandam sanctificationem per se ex ipso tactu carnis Salvatoris: sed ex forma verborum accipit sanctificationem actu sanctificantem. Et similiter, post sanctificationem materiae hujus sacramenti secundum se, requiritur sanctificatio in usu, per quam actu sanctificet.

29, 8 8. ARTIKEL

Soll die Form dieses Sakramentes durch einen Aussagesatz [91] statt durch ein Bittgebet ausgesprochen werden?

1. Die Sakramente des Neuen Bundes haben eine bestimmte Wirkung. Die Bestimmtheit der Wirkung aber wird in den Formen der Sakramente nur durch einen Aussagesatz ausgesprochen, so wenn es heißt: „Dies ist mein Leib", oder: „Ich taufe dich." Also muß die Form dieses Sakramentes in einem Aussagesatz bestehen.

2. Bei den Formen der Sakramente muß die Absicht des Spenders ausgesprochen werden, die zum Sakrament erforderlich ist. Die Absicht, das Sakrament zu spenden, wird aber nur durch einen Aussagesatz ausgesprochen. Also ...

3. In einigen Kirchen werden bei der Spendung dieses Sakramentes Worte gesprochen wie diese: „Ich salbe diese Augen mit geheiligtem Öl im Namen des Vaters ..."; das entspricht anderen Formen der Sakramente. Also scheint es, daß darin die Form dieses Sakramentes besteht.

QUAESTIO 29, 8

ARTICULUS VIII

Utrum forma hujus sacramenti debeat proferri per orationem indicativam, et non deprecativam

[4 d 23: 1, 4 qa 2 — Form abs 1]

AD OCTAVUM sic proceditur. Videtur quod forma hujus sacramenti debeat proferri per orationem indicativam, et non deprecativam. Quia sacramenta novae legis habent certum effectum. Sed certitudo effectus non exprimitur in formis sacramentorum nisi per orationem indicativam, cum dicitur, „Hoc est corpus meum", vel, „Ego te baptizo". Ergo debet esse forma hujus sacramenti oratio indicativa.

2. PRAETEREA, in formis sacramentorum debet exprimi intentio ministri, quae requiritur ad sacramentum. Sed intentio conferendi sacramentum non exprimitur nisi per orationem indicativam. Ergo, etc.

3. PRAETEREA, in quibusdam ecclesiis dicuntur hujusmodi verba in collatione hujus sacramenti: „Ungo hos oculos oleo sanctificato in nomine Patris", etc.[1]: et hoc est conforme aliis formis sacramentorum. Ergo videtur quod in hoc consistat forma hujus sacramenti.

---

[1] De antiquis Ecclesiae ritibus libri tres. Ed. E. Martène. L. I, c. 7, a. 4, ordo 1. 3. 6 etc. T. 1. Venetiis 1788, pp. 301 b et 302 a. 305 a. 310 a etc.; Albertus Magnus, In Sent. IV 23, 4 (Borgnet 30/9 s.).

ANDERSEITS: Was Form des Sakramentes ist, muß von allen beobachtet werden. Die vorgenannten Worte (E. 3) aber werden nicht gemäß der Gepflogenheit aller Kirchen ausgesprochen, sondern nur bittende Worte, nämlich: „Durch diese heilige Salbung und seine überaus milde Barmherzigkeit verzeihe dir der Herr, was du gesündigt hast mit den Augen", usw. Also ist die Form dieses Sakramentes ein Bittgebet. 29, 8

2. Aus den Worten des Apostels Jakobus (5, 15), der die Wirksamkeit dieses Sakramentes dem Gebet zuschreibt, ergibt sich offensichtlich dasselbe, wenn er sagt: „Das Gebet des Glaubens wird den Kranken heilen." Da nun die Wirksamkeit des Sakramentes aus der Form stammt, liegt die Form dieses Sakramentes offensichtlich in dem vorgenannten Gebet.

ANTWORT: Das Bittgebet ist die Form dieses Sakramentes: wie aus den Worten des Apostels Jakobus hervorgeht und aus dem Brauch der römischen Kirche, die bei der Spendung dieses Sakramentes nur bittende Worte verwendet. Dafür lassen sich mehrere Gründe angeben.

Erstens, weil der Empfänger dieses Sakramentes der eigenen Kräfte beraubt ist. Daher braucht er die Unterstützung durch Gebete.

Zweitens, weil es Hinscheidenden gespendet wird, die schon nicht mehr zum Rechtsbereich der Kirche gehören

QUAESTIO 29, 8

SED CONTRA, illud quod est forma sacramenti, ab omnibus oportet quod servetur. Sed verba praedicta non dicuntur secundum consuetudinem omnium ecclesiarum, sed tantum verba deprecativa, scilicet: „Per istam sanctam unctionem, et suam piissimam misericordiam, indulgeat tibi Dominus quidquid deliquisti per visum", etc. Ergo forma hujus sacramenti est oratio deprecativa.

2. PRAETEREA, hoc videtur ex verbis Jacobi, qui attribuit efficaciam hujus sacramenti orationi: „Oratio fidei", inquit, „sanabit infirmum." Ergo, cum efficacia sacramenti sit ex forma, videtur quod forma hujus sacramenti sit praedicta oratio.

RESPONDEO dicendum quod oratio deprecativa est forma hujus sacramenti: ut patet per verba Jacobi; et ex usu Romanae Ecclesiae quae solum verbis deprecativis utitur in collatione hujus sacramenti.[1] Cujus ratio multiplex assignatur.

Primo, quia suscipiens sacramentum hoc est viribus propriis destitutus. Unde indiget orationibus sublevari.

Secundo, quia datur exeuntibus, qui jam desinunt esse de foro

[1] De antiquis Ecclesiae ritibus, ib., ordo 1. T. 1. Venetiis 1788. p. 301b.

29, 8 und allein in der Hand Gottes ruhen. Darum werden sie ihm durch Gebet anvertraut.

Drittens, weil dieses Sakrament keine Wirkung besitzt, die immer aus der Tätigkeit des Spenders folgt, wenn alles, was zum Wesen des Sakramentes gehört, rechtens vollzogen ist; wie das der Fall ist bei der Einprägung des sakramentalen ‚Charakters' in der Taufe und Firmung; bei der Wesensverwandlung in der Eucharistie; und bei der Vergebung der Sünde[n] im Bußsakrament unter Voraussetzung der Zerknirschung [vollkommenen Reue], die zum Wesen des Bußsakramentes gehört, nicht aber zum Wesen dieses Sakramentes. Und darum kann es bei diesem Sakrament keine Form in der Gestalt des Aussagesatzes geben wie bei den vorgenannten Sakramenten.

Zu 1. Dieses Sakrament besitzt wie auch die vorgenannten (Antw.) an sich Gewißheit [einer bestimmten Wirkung]; diese kann jedoch vereitelt werden durch Verstellung [vgl. III 69, 9 Zu 3] des Empfängers, auch wenn er sich dem Sakrament der [äußeren] Absicht nach unterwirft, so daß es keine Wirkung nach sich zieht. Und darum besteht nicht derselbe Zusammenhang bei diesem und den anderen Sakramenten, bei denen immer eine gewisse Wirkung folgt.

Zu 2. Durch den Vollzug selbst, der mit der [rechten] Form geschieht, nämlich mit den Worten: „Durch diese

QUAESTIO 29, 8

Ecclesiae, et in solius Dei manu requiescunt. Unde ei per orationem committuntur.

Tertio, quia hoc sacramentum non habet aliquem effectum qui semper ex operatione ministri consequatur, omnibus quae sunt de essentia sacramenti rite peractis: sicut character in baptismo et confirmatione; et transsubstantiatio[1] in Eucharistia; et remissio peccati in poenitentia, existente contritione, quae est de essentia sacramenti poenitentiae, non autem de essentia hujus sacramenti. Et ideo in hoc sacramento non potest esse forma indicativi modi, sicut in praedictis sacramentis.

AD PRIMUM ergo dicendum quod hoc sacramentum, sicut et praedicta, quantum est de se, habet certitudinem, sed potest impediri ex fictione recipientis, etiam si sacramento se subjiciat per intentionem, quod nullum effectum consequatur. Et propter hoc non est simile de hoc et de aliis sacramentis, in quibus semper aliquis effectus consequitur.

AD SECUNDUM dicendum quod per ipsum actum, qui ponitur

[1] P et L: transubstantiatio.

heilige Salbung...“, wird die Absicht hinreichend ausgedrückt. 29, 9

Zu 3. Jene Worte, in der Weise der Aussage, die nach dem Brauch mancher [Kirchen] dem Gebet vorausgeschickt werden, sind nicht die Form dieses Sakramentes; sie sind vielmehr eine Vorbereitung auf die Form, insofern die Absicht des Spenders durch jene Worte auf jenen Vollzug hin bestimmt wird [92].

9. ARTIKEL

Ist das vorgenannte Gebet (Art. 8 Anders.) die passende Form dieses Sakramentes?

1. In den Formen der anderen Sakramente wird die Materie erwähnt, wie das bei der Firmung offensichtlich ist [III 72, 4: Bd. 29]. Das aber geschieht nicht bei den vorgenannten Worten. Also ist es keine passende Form.

2. Wie die Wirkung dieses Sakramentes uns durch die Barmherzigkeit Gottes zukommt, so auch die Wirkung der anderen Sakramente. Bei den Formen der anderen Sakramente aber wird die Barmherzigkeit nicht erwähnt, sondern eher die Dreifaltigkeit und das Leiden [Christi]. Also muß es in ähnlicher Weise auch hier geschehen.

in forma, scilicet, „per istam sanctam unctionem“, satis exprimitur intentio.

AD TERTIUM dicendum quod verba illa indicativi modi quae secundum morem quorundam praemittuntur orationi, non sunt forma hujus sacramenti: sed sunt quaedam dispositio ad formam, inquantum intentio ministri determinatur ad actum illum per illa verba.

ARTICULUS IX

Utrum praedicta oratio sit competens forma hujus sacramenti

[4 d 23: 1, 4 qa 3]

AD NONUM sic proceditur. Videtur quod praedicta oratio non sit competens forma hujus sacramenti. Quia in formis aliorum sacramentorum fit mentio de materia: sicut patet in confirmatione. Quae non fit in verbis praedictis. Ergo non est conveniens forma.

2. PRAETEREA, sicut effectus hujus sacramenti provenit in nos per misericordiam divinam, ita et aliorum sacramentorum. Sed in formis aliorum sacramentorum non fit mentio de misericordia divina, sed magis de Trinitate et de passione. Ergo similiter debet esse hic.

29, 9 3. Im Text (des Lombarden) wird eine doppelte Wirkung dieses Sakramentes angegeben. In den vorgenannten Worten aber wird nur eine erwähnt: nämlich die Nachlassung der Sünden, nicht aber die körperliche Heilung, auf welche Jakobus (5, 15) das Gebet des Glaubens hinordnet mit den Worten: „Das Gebet des Glaubens wird den Kranken heilen." Also ist die vorgenannte Form unpassend.

ANTWORT: Das vorgenannte Gebet ist die passende Form dieses Sakramentes. Denn es nennt das Sakrament [als Zeichenhandlung] mit den Worten: „Durch diese heilige Salbung"; und das, was im Sakrament wirksam ist, nämlich die ‚Barmherzigkeit Gottes'; und die Wirkung, nämlich die ‚Nachlassung der Sünden'.

Zu 1. Die Materie dieses Sakramentes kann mitverstanden werden im [genannten] Vollzug der Salbung; nicht aber die Materie der Firmung in dem durch die Form ausgedrückten Vollzug. Und darum handelt es sich nicht um das gleiche.

Zu 2. Barmherzigkeit betrifft Erbärmlichkeit. Und weil dieses Sakrament gespendet wird im Zustand der Erbärmlichkeit, nämlich der Krankheit, darum wird hier die Barmherzigkeit eher erwähnt als in den anderen Sakramenten.

Zu 3. In der Form muß die hauptsächliche Wirkung

QUAESTIO 29, 9

3. PRAETEREA, duplex effectus hujus sacramenti in littera ponitur.[1] Sed in verbis praedictis non fit mentio nisi de uno, scilicet de remissione peccatorum: non autem de corporali sanatione, ad quam Jacobus ordinat orationem fidei, dicens: „Oratio fidei sanabit infirmum." Ergo forma praedicta est incompetens.

RESPONDEO dicendum quod praedicta oratio est competens forma hujus sacramenti. Quia tangit sacramentum, in hoc quod dicitur, „per istam sanctam unctionem"; et illud quod operatur in sacramento, scilicet ‚divinam misericordiam'; et effectum, scilicet ‚remissionem peccatorum'.

AD PRIMUM ergo dicendum quod materia hujus sacramenti potest intelligi per actum unctionis: non autem materia confirmationis per actum in forma expressum. Et ideo non est simile.

AD SECUNDUM dicendum quod misericordia respicit miseriam. Et quia hoc sacramentum datur in statu miseriae, scilicet infirmitatis, ideo potius hic quam in aliis fit mentio de misericordia.

AD TERTIUM dicendum quod in forma debet exprimi effectus

[1] Petrus Lomb., Sent. IV 23, 3 (QR II/391).

ausgedrückt werden, die durch das Sakrament immer herbeigeführt wird, wenn nicht auf seiten des Empfängers ein Mangel vorliegt. Diese Wirkung ist aber nicht die körperliche Gesundheit (30, 2), obwohl sie bisweilen [aus der Spendung dieses Sakramentes] folgt. Aus diesem Grunde schreibt Jakobus diese Wirkung dem Gebet zu, welches die Form dieses Sakramentes ist [93]. 29, 9

QUAESTIO 29, 9

principalis, et qui semper inducitur ex sacramento, nisi sit defectus ex parte recipientis. Non autem talis effectus est corporalis sanitas, ut ex dictis patet, quamvis quandoque sequatur. Ratione cujus Jacobus hunc effectum attribuit orationi, quae est forma hujus sacramenti.

DIE WIRKUNG DES SAKRAMENTES DER LETZTEN ÖLUNG

Hierauf ist über die Wirkung dieses Sakramentes nachzudenken.

Dazu ergeben sich drei Einzelfragen:

1. Ist die Letzte Ölung wirksam zur Nachlassung der Sünden?
2. Ist die körperliche Gesundheit Wirkung dieses Sakramentes?
3. Prägt dieses Sakrament einen ‚Charakter' ein?

1. ARTIKEL

Ist die Letzte Ölung wirksam zur Nachlassung der Sünden?

1. Zu dem, was durch ein einziges bewirkt werden kann, bedarf es keines anderen. Nun ist bei dem Empfänger der Letzten Ölung das Bußsakrament zur Nachlassung der Sünden erforderlich. Also werden durch die Letzte Ölung keine Sünden nachgelassen.

2. Bei der Sünde gibt es nur dreierlei: Makel, Strafverhaf-

QUAESTIO XXX

DE EFFECTU SACRAMENTI EXTREMAE UNCTIONIS

Deinde considerandum est de effectu hujus sacramenti.

Circa quod quaeruntur tria: 1. Utrum extrema unctio valeat ad remissionem peccatorum. — 2. Utrum sanitas corporalis sit effectus hujus sacramenti. — 3. Utrum hoc sacramentum characterem imprimat.

ARTICULUS I

Utrum extrema unctio valeat ad remissionem peccatorum

[4 d 23: 1, 2 qa 1 — Supra 8, 3 ad 2; 4 d 2: 1, 1 qa 4; CG IV 73; Mal 7, 11 ad 14]

AD PRIMUM sic proceditur. Videtur quod extrema unctio non valeat ad remissionem peccatorum. Ad hoc enim quod per unum potest effici, aliud non exigitur. Sed in eo qui extremam unctionem accipit, requiritur poenitentia ad peccatorum remissionem. Ergo per extremam unctionem non dimittuntur peccata.

2. PRAETEREA, in peccato non sunt nisi tria: macula, reatus

tung und Rückstände der Sünde. Nun wird durch die Letzte Ölung die Sünde nicht hinsichtlich des Makels nachgelassen ohne Reue, welche auch ohne die Ölung zum Nachlaß [der Sünden] führt. Auch hinsichtlich der Strafverhaftung [wird sie] nicht [nachgelassen], weil er [der Kranke] immer noch verpflichtet bleibt, die auferlegte Genugtuung zu verrichten, wenn er wieder gesund wird. Auch hinsichtlich der Rückstände der Schuld [vgl. III 86, 5: Bd. 31] [wird sie] nicht [nachgelassen], weil immer noch [sündhafte] Neigungen aus den vorhergehenden Handlungen zurückbleiben, wie nach der Genesung deutlich wird. Also erfolgt durch die Letzte Ölung keinerlei Nachlassung der Sünden. 30, 1

3. Die Nachlassung der Sünden geschieht nicht allmählich, sondern im Augenblick. Die Letzte Ölung aber geschieht nicht als Ganzes auf einmal; weil mehrere Salbungen erforderlich sind. Also ist ihre Wirkung nicht die Nachlassung der Sünden.

ANDERSEITS heißt es Jak 5, 15: „Wenn er in Sünden ist, werden sie ihm vergeben werden."

2. Jedes Sakrament des Neuen Bundes verleiht Gnade. Durch die Gnade aber erfolgt die Nachlassung der Sünden. Also bewirkt die Letzte Ölung, da sie ein Sakrament des Neuen Bundes ist, Nachlassung der Sünde.

ANTWORT: Jedes Sakrament ist hauptsächlich für eine bestimmte Wirkung eingesetzt worden, obwohl es in der

QUAESTIO 30, 1

poenae, et reliquiae peccati. Sed per extremam unctionem non remittitur peccatum quoad maculam sine contritione: quae etiam sine unctione remittit. Nec iterum quoad poenam: quia adhuc, si convalescat, tenetur perficere satisfactionem injunctam. Nec quoad reliquias culpae: quia adhuc remanent dispositiones ex actibus praecedentibus relictae, ut patet post convalescentiam. Ergo nullo modo per extremam unctionem fit peccatorum remissio.

3. PRAETEREA, remissio peccatorum non fit successive, sed in instanti. Sed extrema unctio non fit tota simul: quia plures unctiones requiruntur. Ergo ejus effectus non est remissio peccatorum.

SED CONTRA est quod dicitur Jac. 5: „Si in peccatis est, dimittentur ei."

2. PRAETEREA, omne sacramentum novae legis gratiam confert. Sed per gratiam fit remissio peccatorum. Ergo extrema unctio, cum sit sacramentum novae legis, operatur ad remissionem peccati.

RESPONDEO dicendum quod quodlibet sacramentum est institutum principaliter ad unum effectum, quamvis etiam alios ex

30, 1 Folge auch andere Wirkungen herbeiführen kann. Und weil das Sakrament ‚bewirkt, was es bezeichnet' [III 62, 1 Zu 1: Bd. 29], darum muß der Zeichenhandlung des Sakramentes seine Hauptwirkung entnommen werden. Nun wird dieses Sakrament in der Weise eines Heilverfahrens vollzogen, wie die Taufe in der Weise einer Abwaschung. Das Heilmittel aber ist dazu da, die Krankheit zu vertreiben. Darum ist dieses Sakrament hauptsächlich dazu eingesetzt, die Krankheit der Sünde zu heilen; wie nun die Taufe eine Art geistlicher Wiedergeburt ist [94] und das Bußsakrament eine Art geistlicher Wiedererweckung, so ist auch die Letzte Ölung eine Art geistlicher Heilung oder geistlichen Heilverfahrens. Und wie das körperliche Heilverfahren das Leben im Patienten voraussetzt, so das geistliche Heilverfahren das geistliche Leben. Und darum wird dieses Sakrament nicht gespendet gegen Mängel, durch die das geistliche Leben zunichte gemacht wird, nämlich gegen Erb- und Todsünde; sondern gegen jene Mängel, an denen der Mensch geistlich krankt, so daß ihm die Vollkraft fehlt zu den Handlungen des Lebens der Gnade oder der Herrlichkeit. Und dieser Mangel ist nichts anderes als eine gewisse Schwäche und Unfähigkeit, die in uns aus der persönlichen oder der Erbsünde zurückbleibt. Und gegen diese Schwäche wird der Mensch gestärkt durch dieses Sakrament.

QUAESTIO 30, 1

consequenti inducere possit. Et quia sacramentum ‚efficit quod figurat', ideo ex ipsa significatione sacramenti debet accipi ejus principalis effectus. Adhibetur autem hoc sacramentum secundum modum cujusdam medicationis: sicut baptismus per modum ablutionis. Medicina autem est ad pellendum infirmitatem. Unde principaliter hoc sacramentum est institutum ad sanandum infirmitatem peccati: ut, sicut baptismus est quaedam spiritualis regeneratio, et poenitentia quaedam spiritualis suscitatio, ita et extrema unctio est quaedam spiritualis sanatio vel medicatio. Sicut autem corporalis medicatio praesupponit corporalem vitam in medicato, ita spiritualis spiritualem. Et ideo hoc sacramentum non datur contra defectus quibus spiritualis vita tollitur, scilicet contra peccatum originale et mortale: sed contra illos defectus quibus homo spiritualiter infirmatur, ut non habeat perfectum vigorem ad actus vitae gratiae vel gloriae. Et hic defectus nihil est aliud quam quaedam debilitas et ineptitudo quae in nobis relinquitur ex peccato actuali vel originali. Et contra hanc debilitatem homo roboratur per hoc sacramentum.

Weil aber die Gnade, die keine Sünde bei sich duldet, diese Kräftigung bewirkt, darum tilgt dieses Sakrament in der Folge, falls es eine läßliche oder Todsünde vorfindet, diese Sünde hinsichtlich der Schuld, wofern nur kein Hindernis von seiten des Empfängers gesetzt wird, wie es schon von der Eucharistie und von der Firmung gesagt wurde (III 80, 4: Bd. 30; 72, 7 Zu 2: Bd. 29). Und darum spricht auch Jakobus bedingungsweise von der Nachlassung der Sünde: „Wenn er in Sünden ist, werden sie ihm vergeben werden" hinsichtlich der Schuld. Es [dieses Sakrament] tilgt nämlich nicht immer die Sünde, weil es sie nicht immer vorfindet; es läßt jedoch immer etwas nach von der vorgenannten Schwäche, die manche ‚Rückstände der Sünde' nennen. 30, 1

Andere aber sagen: dieses Sakrament ist hauptsächlich eingesetzt gegen die läßliche Sünde, die, solange dieses Leben dauert, nicht vollkommen geheilt werden kann; und darum ist das Sakrament der Hinscheidenden in besonderer Weise gegen die läßliche Sünde eingesetzt. — Das aber ist offensichtlich nicht wahr. Denn das Bußsakrament tilgt in hinreichendem Maße bereits während des Lebens die läßlichen Sünden hinsichtlich der Schuld. Was aber nach Vollzug des Bußsakramentes nicht vermieden werden kann, nimmt der vorhergegangenen Buße nichts von ihrer

QUAESTIO 30, 1

Sed quia hoc robur gratia facit, quae secum non compatitur peccatum, ideo ex consequenti, si invenit peccatum aliquod, vel mortale vel veniale, quoad culpam, tollit ipsum, dummodo non ponatur obex ex parte recipientis: sicut etiam de Eucharistia et confirmatione supra dictum est. Et ideo etiam Jacobus de remissione peccati conditionaliter loquitur, dicens: „Si in peccatis sit, dimittentur ei" quoad culpam. Non enim semper delet peccatum, quia non semper invenit: sed semper remittit quoad debilitatem praedictam, quam quidam[1] ‚reliquias peccati' dicunt.

Quidam[2] vero dicunt quod principaliter est institutum contra veniale: quod quidem non potest, dum haec vita agitur, perfecte curari; et ideo sacramentum exeuntium specialiter contra veniale ordinatur. — Sed hoc non videtur verum. Quia poenitentia sufficienter, etiam in vita, delet venialia quoad culpam. Quod autem non potest evitari post peractam poenitentiam, non aufert

[1] Albertus Magnus, In Sent. IV 23, 14 c. (Borgnet 30/21).
[2] Summa Halensis, p. IV, q. 5, m. 7, a. 2. Lugduni (Koburger) 1516; Bonaventura, In Sent. IV, d. 23, a. 2, q. 2 c. (QR IV/598).

30, 1 Wirkung. Und auch dies bezieht sich auf die genannte Schwäche.

Darum muß man sagen: Hauptwirkung dieses Sakramentes ist die Nachlassung der Sünden hinsichtlich der Sündenrückstände; und in der Folge davon auch hinsichtlich der Schuld, wenn es eine solche vorfindet.

Zu 1. Obwohl die Hauptwirkung eines Sakramentes auch ohne wirklichen Empfang dieses Sakramentes empfangen werden kann, sei es ohne Sakrament, sei es durch ein anderes Sakrament als dessen Folge, so kann sie doch niemals empfangen werden ohne das Verlangen nach diesem Sakrament. Und da nun das Bußsakrament hauptsächlich gegen die persönliche Schuld eingesetzt ist, so schließt kein anderes Sakrament, das die persönliche Schuld in der Folgewirkung tilgt, die Notwendigkeit des Bußsakramentes aus.

Zu 2. Die Letzte Ölung läßt irgendwie Sünde in diesen drei Hinsichten nach. Obwohl nämlich die Schuld hinsichtlich des Makels nicht ohne Reue getilgt wird, so bewirkt dieses Sakrament doch durch die Gnade, die es eingießt, daß die Regung des freien Willens gegen die Sünde zur Reue werde, wie dies auch bei der Eucharistie und Firmung zutreffen kann. — In ähnlicher Weise mildert es auch die zeitliche Strafverhaftung; aber als Folgewirkung, insofern

praecedenti poenitentiae suum effectum. Et iterum hoc pertinet ad debilitatem praedictam.

Unde dicendum quod principalis effectus hujus sacramenti est remissio peccatorum quoad reliquias peccati; et ex consequenti etiam quoad culpam, si eam inveniat.

AD PRIMUM ergo dicendum quod, quamvis effectus principalis alicujus sacramenti possit haberi sine actuali perceptione illius sacramenti, vel sine sacramento, vel per aliud sacramentum ex consequenti; nunquam tamen haberi potest sine proposito illius sacramenti. Et ideo, quia poenitentia est principaliter instituta contra actualem culpam, quodcumque aliud sacramentum actualem culpam deleat ex consequenti, non excludit necessitatem poenitentiae.

AD SECUNDUM dicendum quod extrema unctio aliquo modo quantum ad illa tria remittit peccatum. Quamvis enim culpa quoad maculam sine contritione non dimittatur, tamen hoc sacramentum per gratiam quam infundit, facit quod ille motus liberi arbitrii in peccatum sit contritio: sicut etiam in Eucharistia et confirmatione potest accidere. — Similiter etiam et reatum poenae temporalis diminuit: sed ex consequenti, inquantum debilitatem tollit, quia

es die Schwäche aufhebt, weil der Starke dieselbe Strafe leichter trägt als der Schwache. Darum braucht deswegen das Maß der Genugtuung nicht verringert zu werden. — ‚Rückstände der Sünde' endlich heißen hier nicht die durch die Akte zurückgelassenen [sündhaften] Neigungen, die eine Art anfänglicher Haltungen darstellen, sondern eine Art geistlicher Schwäche im Geiste selbst, nach deren Beseitigung der Geist auch dann, wenn diese Haltungen und Neigungen zurückbleiben, nicht so leicht zur Sünde bewegt werden kann. 30, 2

Zu 3. Wenn viele Tätigkeiten auf eine einzige Wirkung hingeordnet sind, ist die letzte ausschlaggebend im Hinblick auf alle vorhergehenden und wirkt in deren Kraft. Und darum wird bei der abschließenden Salbung die Gnade eingegossen, welche dem Sakrament seine Wirkung verleiht [95].

2. ARTIKEL

Ist die körperliche Gesundheit Wirkung dieses Sakramentes?

1. Jedes Sakrament ist ein geistliches Heilmittel. Nun aber ist ein geistliches Heilmittel auf die geistliche Gesundheit hingeordnet wie ein körperliches Heilmittel auf

eandem poenam levius portat fortis quam debilis. Unde non oportet quod propter hoc minuatur satisfactionis mensura. — Reliquiae autem peccati non dicuntur hic dispositiones ex actibus relictae, quae sunt quidam habitus inchoati: sed quaedam spiritualis debilitas in ipsa mente existens, qua sublata, et eisdem habitibus vel dispositionibus manentibus, non ita potest inclinari mens ad peccatum.

AD TERTIUM dicendum quod, quando sunt multae actiones ordinatae ad unum effectum, ultima est formalis respectu omnium praecedentium, et agit in virtute earum. Et ideo in ultima unctione gratia infunditur, quae effectum sacramento praebet.

ARTICULUS II

Utrum sanitas corporalis sit effectus hujus sacramenti

[4 d 23: 1, 2 qa 2 — CG IV 73]

AD SECUNDUM sic proceditur. Videtur quod sanitas corporalis non sit effectus hujus sacramenti. Omne enim sacramentum est medicina spiritualis. Sed spiritualis medicina ad spiritualem

 die körperliche Gesundheit. Also ist die körperliche Gesundheit nicht Wirkung dieses Sakramentes.

2. Ein Sakrament erreicht seine Wirkung immer in dem Menschen, der aufrichtig hinzutritt. Bisweilen jedoch wird, wer dieses Sakrament körperlich empfängt, nicht geheilt, mag er es noch so fromm empfangen. Also ist die körperliche Gesundheit nicht dessen Wirkung.

3. Die Wirksamkeit dieses Sakramentes wird uns durch Jak 5, 15 dargelegt. Dort aber wird die Heilung als Wirkung nicht der Salbung zugeschrieben, sondern dem Gebet; er sagt nämlich: „Das Gebet des Glaubens wird den Kranken heilen." Also ist die körperliche Heilung nicht Wirkung dieses Sakramentes.

ANDERSEITS: Die Tätigkeit der Kirche hat nach dem Leiden Christi größere Wirksamkeit als davor. Vorher aber wurden die von den Aposteln mit Öl Gesalbten geheilt (Mk 6, 13). Also hat sie auch jetzt ihre Wirkung in der körperlichen Heilung.

2. Die Sakramente haben ihre Wirksamkeit als Zeichenhandlung. Nun aber bezeichnet und bewirkt die Taufe durch körperliche Abwaschung, die sie äußerlich vornimmt, auch die geistliche Heilung. Also bezeichnet und verursacht auch die Letzte Ölung durch körperliche Heilung, die sie äußerlich bewirkt, die geistliche Heilung.

sanitatem ordinatur, sicut corporalis ad corporalem. Ergo sanitas corporalis non est effectus hujus sacramenti.

2. PRAETEREA, sacramentum semper habet effectum suum in eo qui non fictus accedit. Sed quandoque non sanatur corporaliter suscipiens hoc sacramentum, quantumcumque devotus accipiat. Ergo sanitas corporalis non est effectus ejus.

3. PRAETEREA, efficacia hujus sacramenti nobis ostenditur Jac. 5. Sed ibi non attribuitur sanatio effectus unctioni, sed orationi; dicit enim: „Oratio fidei sanabit infirmum." Ergo corporalis sanatio non est effectus hujus sacramenti.

SED CONTRA, operatio Ecclesiae habet majorem efficaciam post Christi passionem quam ante. Sed ante oleo inuncti per Apostolos sanabantur: ut patet Marc. 6. Ergo et nunc habet effectum in corporali sanatione.

2. PRAETEREA, sacramenta significando efficiunt. Sed baptismus per ablutionem corporalem, quam exterius facit, significat et efficit spiritualem. Ergo et extrema unctio per sanationem corporalem, quam exterius efficit, significat et causat spiritualem.

ANTWORT: Wie die Taufe durch körperliche Abwaschung eine geistliche Läuterung von geistlichen Makeln bewirkt, so bewirkt dieses Sakrament durch sakramentale äußere Heilbehandlung eine innere Heilung; und wie die Abwaschung in der Taufe die Wirkung einer körperlichen Abwaschung hat, weil auch eine körperliche Reinigung dabei stattfindet, so hat die Letzte Ölung die Wirkung einer körperlichen Heilbehandlung, nämlich die körperliche Gesundheit. Doch besteht folgender Unterschied: die körperliche Abwaschung bewirkt durch die natürliche Beschaffenheit des Elementes die körperliche Reinigung; und darum bewirkt sie diese immer. Die Letzte Ölung hingegen bewirkt die körperliche Heilung nicht durch die natürliche Beschaffenheit der Materie, sondern durch die Kraft Gottes, die vernunftentsprechend wirkt. Und weil die Vernunft in ihrer Tätigkeit nie eine zweitrangige Wirkung herbeiführt, wenn diese nicht im Dienste der Hauptwirkung steht, darum folgt die körperliche Gesundung aus diesem Sakrament nicht immer, sondern nur, wenn sie zur geistlichen Heilung beiträgt. In diesem Falle führt es sie immer herbei; wofern nur auf seiten des Empfängers kein Hindernis entgegensteht. 30, 2

Zu 1. Jener Einwand beweist, daß die körperliche Gesundheit nicht die Hauptwirkung dieses Sakramentes ist. Und das ist wahr.

QUAESTIO 30, 2

RESPONDEO dicendum quod, sicut baptismus per ablutionem corporalem facit spiritualem emundationem a maculis spiritualibus, ita hoc sacramentum per medicationem sacramentalem exteriorem facit sanationem interiorem: et sicut ablutio baptismi habet effectum corporalis ablutionis, quia etiam corporalem mundationem habet; ita extrema unctio habet effectum corporalis medicationis, scilicet corporalem sanationem. Sed haec est differentia, quia corporalis ablutio ex ipsa naturali proprietate elementi facit corporalem mundationem: et ideo semper eam facit. Sed extrema unctio non facit corporalem sanationem ex proprietate naturali materiae, sed virtute divina, quae rationabiliter operatur. Et quia ratio operans nunquam inducit secundarium effectum nisi secundum quod expedit ad principalem, ideo ex hoc sacramento non sequitur corporalis sanatio semper, sed quando expedit ad spiritualem sanationem. Et tunc semper eam inducit: dummodo non sit impedimentum ex parte recipientis.

AD PRIMUM ergo dicendum quod objectio illa probat quod corporalis sanitas non sit effectus principalis hujus sacramenti. Et hoc verum est.

Zu 2 ergibt sich die Lösung aus dem Gesagten (Antw.; 29, 8).

Zu 3. Jenes Gebet ist die Form dieses Sakramentes (29, 8) [96]. Und darum besitzt dieses Sakrament aus dieser seiner Form Wirksamkeit, an und für sich, zur körperlichen Heilung.

3. ARTIKEL

Prägt dieses Sakrament einen ‚Charakter' ein?

1. Der ‚Charakter' ist ein Unterscheidungszeichen. Wie nun der Getaufte vom Nichtgetauften unterschieden ist, so der Gesalbte vom Nichtgesalbten. Wie also die Taufe einen ‚Charakter' einprägt, so auch die Letzte Ölung.

2. Bei den Sakramenten der Priesterweihe und der Firmung wird eine Salbung vorgenommen wie auch in diesem Sakrament. Bei jenen Sakramenten nun wird ein ‚Charakter' eingeprägt. Also auch in diesem.

3. In jedem Sakrament gibt es etwas, das nur ‚Sache' [Gnadenwirklichkeit] ist, etwas, das nur Sakrament [Zeichenhandlung] ist, und etwas, das ‚Sache und Sakrament' [eine Wirklichkeit, die selbst wieder eine andere bezeichnet] ist [97]. Nun aber kann in diesem Sakrament nichts

AD SECUNDUM patet solutio ex dictis.

AD TERTIUM dicendum quod oratio illa est forma hujus sacramenti, ut dicetur. Et ideo hoc sacramentum ex[1] sua forma habet efficaciam, quantum est de se, ad sanationem corporalem.

ARTICULUS III

Utrum hoc sacramentum imprimat characterem

[4 d 23: 1, 2 qa 3 — 23: 2, 1 qa 3 ad 1]

AD TERTIUM sic proceditur. Videtur quod hoc sacramentum imprimat characterem. Character enim signum distinctivum est. Sed, sicut baptizatus distinguitur a non baptizato, ita unctus a non uncto. Ergo, sicut baptismus imprimit characterem, ita et extrema unctio.

2. PRAETEREA, in ordinis et confimationis sacramentis est unctio, sicut in hoc sacramento. Sed in illis imprimitur character. Ergo et in isto.

3. PRAETEREA, in omni sacramento est aliquid quod est res tantum, et aliquid quod est sacramentum tantum, et aliquid quod est res et sacramentum. Sed non potest aliquid assignari in hoc

[1] In Sent.; L: et.

angegeben werden, das ‚Sache und Sakrament' sei, als der ‚Charakter'. Also wird in diesem Sakrament ein ‚Charakter' eingeprägt. 30, 3

ANDERSEITS: Kein Sakrament, das einen ‚Charakter' einprägt, wird wiederholt. Dieses aber wird wiederholt (33, 1). Also prägt es keinen ‚Charakter' ein.

2. Die Unterscheidung, die durch den sakramentalen ‚Charakter' erfolgt, ist eine Unterscheidung derer, die in der gegenwärtigen Kirche leben. Die Letzte Ölung aber wird dem verliehen, der von der gegenwärtigen Kirche scheidet. Also ziemt es sich nicht, daß in diesem Sakrament ein ‚Charakter' eingeprägt werde.

ANTWORT: Ein ‚Charakter' wird nur bei jenen Sakramenten eingeprägt, durch die der Mensch zu etwas Heiligem bestimmt wird. Dieses Sakrament aber dient nur als Heilmittel, und der Mensch wird durch dieses Sakrament nicht dazu bestimmt, etwas Heiliges zu tun oder zu empfangen. Und darum wird in ihm kein ‚Charakter' eingeprägt.

Zu 1. Der ‚Charakter' bewirkt die Unterscheidung der Stände im Bereich dessen, was in der Kirche zu tun ist. Und eine solche Unterscheidung von anderen Menschen empfängt der Mensch nicht durch die Tatsache, daß er [durch die Letzte Ölung] gesalbt ist.

Zu 2. Die Salbung, welche bei der Priesterweihe und bei

sacramento quod sit res et sacramentum nisi character. Ergo in hoc sacramento imprimitur character.

SED CONTRA, nullum sacramentum imprimens characterem iteratur. Hoc autem iteratur, ut dicetur. Ergo non imprimit characterem.

2. PRAETEREA, distinctio quae fit secundum characterem sacramentalem, est distinctio eorum qui sunt in praesenti Ecclesia. Sed extrema unctio confertur ei qui exit de praesenti Ecclesia. Ergo non decet quod in eo character conferatur.

RESPONDEO dicendum quod character non imprimitur nisi in illis sacramentis in quibus homo ad aliquod sacrum deputatur. Sed hoc sacramentum est solum in remedium, et non deputatur per ipsum homo ad aliquod sacrum agendum vel suscipiendum. Et ideo non imprimitur in eo character.

AD PRIMUM ergo dicendum quod character facit distinctionem statuum quantum ad ea quae in Ecclesia sunt agenda. Et talem distinctionem homo non habet ab aliis per hoc quod ipse est inunctus.

AD SECUNDUM dicendum quod unctio quae fit in ordine et

30, 3 der Firmung vollzogen wird, ist eine Salbung der Heiligung, durch die der Mensch zu etwas Heiligem bestimmt wird. Diese Salbung aber ist eine Salbung der Heilung. Und darum handelt es sich nicht um das gleiche.

Zu 3. In diesem Sakrament ist ‚Sache und Sakrament' nicht ‚Charakter', sondern eine innere Frömmigkeit, die geistliche Salbung ist.

QUAESTIO 30, 3

confirmatione, est unctio consecrationis, qua homo deputatur ad aliquod sacrum. Sed haec unctio est unctio medicationis. Et ideo non est simile.

AD TERTIUM dicendum quod in hoc sacramento res et sacramentum non est character, sed quaedam interior devotio, quae est spiritualis unctio.

DER SPENDER DES SAKRAMENTES DER LETZTEN ÖLUNG

Hierauf ist über die Spendung dieses Sakramentes nachzudenken.

Dazu ergeben sich drei Einzelfragen:
1. Kann ein Laie dieses Sakrament spenden?
2. Ein Diakon?
3. Nur der Bischof?

1. ARTIKEL
Kann auch ein Laie dieses Sakrament spenden?

1. Dieses Sakrament erhält seine Wirksamkeit aus dem Gebet, wie Jakobus (5, 15) sagt. Nun aber ist manchmal das Gebet eines Laien Gott so angenehm wie das eines Priesters. Also kann er dieses Sakrament spenden.

2. Von einigen Vätern in [der Wüste in] Ägypten liest man, daß sie Öl zu den Kranken bringen ließen und diese

QUAESTIO XXXI

DE MINISTRO SACRAMENTI EXTREMAE UNCTIONIS

Deinde considerandum est de administratione hujus sacramenti.

Circa quod tria quaeruntur: 1. Utrum laicus possit hoc sacramentum conferre. — 2. Utrum diaconus. — 3. Utrum solus episcopus.

ARTICULUS I
Utrum etiam laicus possit hoc sacramentum conferre

[4 d 23: 2, 1 qa 1]

AD PRIMUM sic proceditur. Videtur quod etiam laicus possit hoc sacramentum conferre. Quia hoc sacramentum habet efficaciam ex oratione, ut Jacobus dicit. Sed oratio laici quandoque est a Deo accepta sicut sacerdotis. Ergo potest hoc sacramentum conferre.

2. PRAETEREA, de quibusdam Patribus in Aegypto legitur quod oleum ad infirmos transmittebant et sanabantur.[1] Et simili-

[1] Vitae Patrum 4, 52; 8, 13. 43 (PL 73/846 D. 1104 D. 1143 AB. 1145 CD); cf. Hieronymus, Vita S. Hilarionis, n. 44 (PL 23/52 B).

31, 1 geheilt wurden. In ähnlicher Weise liest man von der heiligen Genoveva, daß sie Kranke mit Öl salbte. Also kann dieses Sakrament auch von Laien gespendet werden.

ANDERSEITS geschieht in diesem Sakrament die Nachlassung der Sünden. Nun aber besitzen Laien nicht die Vollmacht, Sünden nachzulassen. Also...

ANTWORT: [Ps.-]Dionysius zufolge gibt es in der Kirche Menschen, welche die hierarchischen Handlungen ausüben, und Menschen, die diese nur empfangen; das sind die Laien. Und darum kommt von Amts wegen keinem Laien die Spendung eines Sakramentes zu; daß sie im Notfall taufen können, ist durch göttliche Erlaubnis geschehen, damit niemandem die Möglichkeit zur geistlichen Wiedergeburt vorenthalten wird.

Zu 1. Jenes Gebet spricht der Priester nicht in seiner eigenen Person, da er manchmal ein Sünder und darum nicht erhörenswert wäre [vgl. Joh 9, 31]; vielmehr erfolgt dieses Gebet in der Person der gesamten Kirche, in deren Stellvertretung er gleichsam als Person öffentlichen Rechts beten kann; das gilt aber nicht für den Laien, der nur Privatperson ist.

Zu 2. Jene Salbungen waren nicht sakramental; aufgrund der Frömmigkeit der Empfänger einer solchen

QUAESTIO 31, 1

ter de beata Genovefa quod oleo infirmos ungebat.[1] Ergo hoc sacramentum potest conferri etiam a laicis.

SED CONTRA est, quia in hoc sacramento fit remissio peccatorum. Sed laici non habent potestatem dimittendi peccata. Ergo, etc.

PG 3/501 A RESPONDEO dicendum quod, secundum Dionysium, in De ecclesiastica hierarchia [c. 5, p. 1, § 1], sunt quidam exercentes actiones hierarchicas, et quidam recipientes tantum, qui sunt laici. Et ideo nullius sacramenti dispensatio laico ex officio competit; sed quod baptizare possunt in causa necessitatis est divina dispensatione factum, ut nulli regenerationis spiritualis facultas desit.

AD PRIMUM ergo dicendum quod oratio illa non fit a sacerdote in persona sua, quia, cum sit quandoque peccator, non esset exaudibilis: sed fit in persona totius Ecclesiae, in cujus persona orare potest quasi persona publica; non autem laicus, qui persona privata est.

AD SECUNDUM dicendum quod illae unctiones non erant sacramentales: sed ex quadam devotione recipientium talem

[1] Acta Sanctorum, die 3 Jan., Prima Vita S. Genovefae, c. 10; Secunda Vita S. Genovefae, c. 10 (ActaSS 1/142 b. 147 a).

Salbung und aufgrund der Verdienste der Salbenden oder der das Öl Übersendenden erfolgte die Wirkung körperlicher Gesundheit durch die ‚Gnadengabe der Heilung' [1 Kor 12, 9; vgl. II—II 178, 1 Zu 4: Bd. 23], nicht aber durch die sakramentale Gnade [98]. 31, 2

2. ARTIKEL

Können Diakone dieses Sakrament spenden?

1. [Ps.-]Dionysius zufolge besitzen Diakone ‚reinigende' Kraft. Nun ist dieses Sakrament aber gerade eingesetzt zur Reinigung von der Schwachheit des Geistes und des Körpers. Also können Diakone es spenden.

2. Die Taufe ist ein ranghöheres Sakrament als das, von dem wir hier handeln. Nun aber können Diakone taufen: wie das beim heiligen Laurentius offensichtlich ist. Also können sie auch dieses Sakrament spenden.

ANDERSEITS heißt es Jak 5, 14: „Er rufe die Ältesten (Priester) der Kirche herbei."

ANTWORT: Der Diakon besitzt nur reinigende, nicht erleuchtende Kraft [99]. Da nun die Erleuchtung durch

unctionem, et meritis unguentium vel oleum mittentium, consequebatur effectus sanitatis corporalis per ‚gratiam sanitatum', non per gratiam sacramentalem.

ARTICULUS II

Utrum diaconi possint hoc sacramentum conferre

[4 d 23: 2, 1 qa 2 — 24: 2, 2 ad 1]

AD SECUNDUM sic proceditur. Videtur quod diaconi possint hoc sacramentum conferre. Quia secundum Dionysium [De ecclesiastica hierarchia, c. 5, p. 1, § 6], diaconi habent virtutem ‚purgativam'. Sed hoc sacramentum est institutum ad purgandum tantum ab infirmitate mentis et corporis. Ergo diaconi possunt conferre. PG 3/508 AB

2. PRAETEREA, dignius sacramentum est baptismus quam hoc de quo hic agimus. Sed diaconi possunt baptizare: ut patet de beato Laurentio.[1] Ergo possunt hoc sacramentum conferre.

SED CONTRA est quod dicitur Jac. 5: „Inducat presbyteros ecclesiae."

RESPONDEO dicendum quod diaconus habet vim purgativam tantum, non illuminativam. Unde, cum illuminatio fiat per gra-

[1] Acta Sanctorum, die 10 Aug., Acta alia S. Laurentii, n. 3. 7 (ActaSS 36/518 F. 519 C).

 Gnade zustande kommt, kann der Diakon kein Sakrament, in welchem ja Gnade verliehen wird, von Amts wegen spenden. Und darum auch dieses nicht, da in ihm Gnade verliehen wird.

Zu 1. Dieses Sakrament reinigt durch Erleuchtung in Kraft der Gnadenverleihung. Und darum kommt dessen Spendung dem Diakon nicht zu.

Zu 2. Dieses Sakrament ist nicht heilsnotwendig wie die Taufe. Darum wird seine Spendung im Notfall nicht allen in derselben Weise übertragen, sondern nur den von Amts wegen Berechtigten. Dem Diakon aber kommt auch das Taufen nicht von Amts wegen zu [100].

3. ARTIKEL

Kann nur der Bischof dieses Sakrament spenden?

1. Dieses Sakrament wird durch eine Salbung vollzogen wie auch die Firmung. Nun aber kann nur der Bischof firmen [vgl. III 72, 11 Antw. Zu 3: Bd. 29]. Also kann auch nur er dieses Sakrament spenden.

tiam, nullum sacramentum in quo gratia confertur, diaconus potest dare ex officio. Et ideo nec hoc: cum in eo gratia conferatur.

AD PRIMUM ergo dicendum quod hoc sacramentum illuminando per gratiae collationem purgat. Et ideo diacono ejus collatio non competit.

AD SECUNDUM dicendum quod hoc sacramentum non est necessitatis, sicut baptismus. Unde non ita committitur dispensatio ejus omnibus in articulo necessitatis, sed solum illis quibus ex officio competit. Diaconis autem etiam baptizare non competit ex officio.

ARTICULUS III

Utrum solus episcopus possit hoc sacramentum conferre

[4 d 23: 2, 1 qa 3 — CG IV 73]

AD TERTIUM sic proceditur. Videtur quod solus episcopus possit hoc sacramentum conferre. Quia hoc sacramentum unctione perficitur, sicut et confirmatio. Sed solus episcopus potest confirmare. Ergo solus potest hoc sacramentum conferre.

2. Wer das Geringere nicht vermag, vermag auch das Bedeutendere nicht. Nun aber ist der Gebrauch einer geweihten Materie bedeutender als deren Weihe: weil der Gebrauch deren Ziel ist. Da nun der Priester die Materie nicht weihen kann, kann er auch die geweihte Materie nicht gebrauchen. 31, 3

ANDERSEITS: Der Spender des Sakramentes ‚soll herbeigerufen werden' zum Empfänger des Sakramentes (Jak 5, 14). Nun aber könnte der Bischof nicht zu allen Kranken seines Bistums kommen. Also kann nicht nur der Bischof dieses Sakrament spenden.

ANTWORT: [Ps.-]Dionysius zufolge besitzt der Bischof im eigentlichen Sinne das Amt der ‚Vollendung', wie der Priester das der ‚Erleuchtung' [99]. Darum werden jene Sakramente den Bischöfen allein zur Spendung vorbehalten, die den Empfänger in einen Stand der Vollendung über andere stellen. Das aber trifft bei diesem Sakrament nicht zu, da es allen gespendet wird. Und darum kann es durch einfache Priester gespendet werden [101].

Zu 1. Die Firmung prägt einen ‚Charakter' ein, wodurch der Mensch in den Stand der Vollendung erhoben wird (III 72, 5: Bd. 29). Das aber ist nicht der Fall bei diesem Sakrament. Und darum handelt es sich nicht um dasselbe.

QUAESTIO 31, 3

2. PRAETEREA, qui non potest quod minus est, non potest quod est majus. Sed major est usus materiae sanctificatae quam sanctificatio ejus: quia est finis ipsius. Ergo, cum sacerdos non possit sanctificare materiam, non potest materia sanctificata uti.

SED CONTRA, hujus sacramenti minister ‚inducendus est' ad eum qui suscipit sacramentum: ut patet Jac. 5. Sed episcopus non posset accedere ad omnes infirmos suae dioecesis. Ergo non solus episcopus potest hoc sacramentum conferre.

RESPONDEO dicendum quod, secundum Dionysium [De ecclesiastica hierarchia, c. 5, p. 1, §§ 6. 7], episcopus proprie habet ‚perficiendi' officium, sicut sacerdos ‚illuminandi'. Unde illa sacramenta dispensanda solis episcopis reservantur quae suscipientem in aliquo statu perfectionis super alios ponunt. Hoc autem non est in hoc sacramento: cum omnibus detur. Et ideo per simplices sacerdotes potest administrari. PG 3/505 CD 508 C

AD PRIMUM ergo dicendum quod confirmatio imprimit characterem, quo collocatur homo in statu perfectionis, ut supra dictum est. Non autem hoc est in hoc sacramento. Et ideo non est simile.

31, 3 Zu 2. Obwohl der Gebrauch der geweihten Materie im Bereich der Zielursache vornehmer ist als die Weihe der Materie, so ist doch im Bereich der Wirkursache die Weihe der Materie vornehmer; weil der Gebrauch von dem Weihenden abhängt als von der wirkmächtigen Ursache. Und darum erfordert die Weihe eine höhere wirkmächtige Kraft als der Gebrauch [vgl. 29, 6 Zu 2].

QUAESTIO 31, 3

AD SECUNDUM dicendum quod, quamvis in genere causae finalis usus materiae sanctificatae sit potior quam sanctificatio materiae, tamen in genere causae efficientis sanctificatio materiae est potior: quia ab eodem pendet usus sicut ab activa causa. Et ideo sanctificatio requirit altiorem virtutem activam quam usus.

WEM UND AN WELCHEM KÖRPERTEIL DAS SAKRAMENT DER LETZTEN ÖLUNG GESPENDET WERDEN SOLL

Hierauf ist über diejenigen nachzudenken, denen dieses Sakrament gespendet werden soll, und an welchem Körperteil.

Dazu ergeben sich sieben Einzelfragen:

1. Soll dieses Sakrament Gesunden gespendet werden?
2. Soll es bei jeder Krankheit gespendet werden?
3. Soll es Tobsüchtigen und Geisteskranken gespendet werden?
4. Soll es Kindern gespendet werden?
5. Soll der ganze Körper mit diesem Sakrament gesalbt werden?
6. Sind die Körperteile, an welchen gesalbt wird, richtig bestimmt?
7. Sollen Verstümmelte an den genannten Körperteilen gesalbt werden?

1. ARTIKEL

Soll dieses Sakrament auch Gesunden gespendet werden?

1. Die Heilung des Geistes stellt die hauptsächlichere Wirkung dieses Sakramentes dar gegenüber der Heilung

QUAESTIO XXXII

DE HIS QUIBUS SACRAMENTUM EXTREMAE UNCTIONIS CONFERRI DEBEAT, ET IN QUA PARTE CORPORIS

Deinde considerandum est de his quibus hoc sacramentum conferri debet, et in qua parte corporis.

Circa quod septem quaeruntur: 1. Utrum sanis debeat hoc sacramentum conferri. — 2. Utrum debeat conferri in qualibet infirmitate. — 3. Utrum debeat conferri furiosis et amentibus. — 4. Utrum pueris. — 5. Utrum totum corpus hoc sacramento inungi debeat. — 6. Utrum convenienter determinentur partes in quibus inungitur. — 7. Utrum mutilati in praedictis partibus inungi debeant.

ARTICULUS I

Utrum etiam sanis conferri debeat hoc sacramentum

[4 d 23: 2, 2 qa 1 — CG IV 73]

AD PRIMUM sic proceditur. Videtur quod etiam sanis conferri debeat hoc sacramentum. Quia principalior effectus hujus sacra-

32, 1 des Körpers (30, 2). Aber auch die körperlich Gesunden bedürfen der Heilung des Geistes. Also muß auch ihnen dieses Sakrament gespendet werden.

2. Dieses Sakrament betrifft die [aus dem Leben] Scheidenden wie die Taufe die [ins Leben] Eintretenden. Nun aber wird die Taufe allen [ins Leben] Eintretenden gespendet. Also muß dieses Sakrament allen [aus dem Leben] Scheidenden gespendet werden. Bisweilen jedoch sind Menschen kurz vor dem Hinscheiden gesund, wie etwa die zu Enthauptenden. Also muß solchen Menschen dieses Sakrament gespendet werden.

ANDERSEITS heißt es Jak 5, 14: „Ist jemand unter euch krank ...“ Also kommt es nur Kranken zu.

ANTWORT: Dieses Sakrament ist eine Art geistlicher Heilbehandlung (30, 1 f.), welche durch eine bestimmte Weise körperlicher Heilbehandlung bezeichnet wird. Und darum soll dieses Sakrament den einer körperlichen Heilbehandlung nicht Bedürftigen, nämlich den Gesunden, nicht gespendet werden [102].

Zu 1. Obwohl die geistige Gesundheit die Hauptwirkung dieses Sakramentes darstellt, so muß doch die geistliche Heilbehandlung durch körperliche Heilbehandlung bezeichnet werden, auch wenn eine körperliche Heilung sich nicht einstellt. Und darum kann durch dieses Sakrament nur denjenigen geistige Gesundheit verliehen werden,

QUAESTIO 32, 1

menti est sanatio mentis quam sanatio corporis, ut dictum est. Sed etiam sani corpore indigent sanatione mentis. Ergo eis etiam debet hoc sacramentum conferri.

2. PRAETEREA hoc sacramentum est exeuntium, sicut baptismus intrantium. Sed omnibus intrantibus baptismus datur. Ergo omnibus exeuntibus debet dari hoc sacramentum. Sed quandoque illi qui sunt in propinquo exitu, sani sunt: sicut illi qui decapitandi sunt. Ergo talibus debet hoc sacramentum dari.

SED CONTRA est quod dicitur Jac. 5: „Infirmatur quis in vobis“, etc. Ergo solum infirmis competit.

RESPONDEO dicendum quod hoc sacramentum est quaedam spiritualis curatio, ut dictum est, quae quidem per quendam corporalis curationis modum significatur. Et ideo illis quibus corporalis curatio non competit, scilicet sanis, non debet hoc sacramentum conferri.

AD PRIMUM ergo dicendum quod, quamvis spiritualis sanitas sit principalis effectus hujus sacramenti, tamen oportet quod per curationem corporalem significetur curatio spiritualis, etiam si corporalis sanatio non sequatur. Et ideo solum illis hoc sacramento sanitas spiritualis dari potest quibus corporalis curatio compe-

denen eine körperliche Heilbehandlung zusteht, nämlich den Kranken: wie auch nur derjenige die Taufe empfangen kann, der einer körperlichen Abwaschung fähig ist, nicht aber ein Kind im Mutterschoß [103]. 32, 2

Zu 2. Auch die Taufe steht nur denjenigen unter den [ins Leben] Eintretenden zu, die einer körperlichen Abwaschung unterworfen werden können. Und so kommt dieses Sakrament nur denjenigen unter den [aus dem Leben] Scheidenden zu, denen eine körperliche Heilbehandlung zusteht.

2. ARTIKEL

Soll dieses Sakrament bei jeder Krankheit gespendet werden?

1. Bei Jak 5, 14, wo dieses Sakrament überliefert ist, wird keinerlei Krankheit näher bestimmt. Also soll dieses Sakrament allen Kranken gespendet werden.

2. Je wertvoller das Heilmittel, um so umfassender muß es eingesetzt werden. Nun ist dieses Sakrament wertvoller als körperliche Arznei. Da nun die körperliche Arznei allen Kranken verabreicht wird, [muß] offensichtlich auch dieses Sakrament [allen Kranken gespendet werden].

tit, scilicet infirmis: sicut ille solus potest baptismum suscipere qui potest corporalis ablutionis esse particeps, non autem puer in ventre matris existens.

AD SECUNDUM dicendum quod baptismus etiam non est nisi illorum intrantium qui corporali ablutioni subjici possunt. Et ideo hoc sacramentum illorum tantum exeuntium est quibus corporalis curatio competit.

ARTICULUS II

Utrum hoc sacramentum dari debeat in qualibet infirmitate

[4 d 23: 2, 2 qa 2 — CG IV 73]

AD SECUNDUM sic proceditur. Videtur quod hoc sacramentum dari debeat in qualibet infirmitate. Quia Jac. 5, ubi hoc sacramentum traditur, nulla infirmitas determinatur. Ergo omnibus infirmantibus debet hoc sacramentum conferri.

2. PRAETEREA, quanto remedium est dignius, tanto debet esse generalius. Sed hoc sacramentum est dignius quam medicina corporalis. Cum ergo medicina corporalis omnibus infirmis detur, videtur quod etiam hoc sacramentum.

32, 2 ANDERSEITS: Dieses Sakrament trägt überall den Namen ‚Letzte Ölung'. Nun aber führt nicht jede Krankheit zum Ende des Lebens, da einige Gebrechen sogar Ursachen längeren Lebens sind (Aristoteles). Also darf dieses Sakrament nicht allen Kranken gespendet werden.

ANTWORT: Dieses Sakrament ist das letzte Heilmittel, das die Kirche spenden kann und das gleichsam unmittelbar zur ewigen Herrlichkeit vorbereitet. Und darum darf es nur denjenigen Kranken gespendet werden, die sich im Zustand des Hinscheidens befinden, weil ihr Leiden geeignet ist, den Tod herbeizuführen, und wegen der [Lebens-] Gefahr Furcht besteht [104].

Zu 1. Jede verschlimmerte Krankheit kann den Tod herbeiführen. Wenn nun die Arten der Krankheiten erwogen werden, so kann dieses Sakrament bei jedem Leiden gespendet werden, weil der Apostel keinerlei Krankheit näher bestimmt. Wird jedoch die Weise und der Zustand der Krankheit erwogen, dann darf dieses Sakrament den Kranken nicht immer gespendet werden.

Zu 2. Die körperliche Arznei hat als Hauptwirkung die körperliche Gesundheit, deren alle Kranken in jedem Zustand bedürfen. Dieses Sakrament aber hat als Hauptwirkung jenes ‚Wohlbefinden', das für die [aus dem Leben]

QUAESTIO 32, 2

SED CONTRA, hoc sacramentum dicitur ab omnibus ‚extremae unctionis'. Sed non omnis infirmitas ad extremum vitae perducit: cum quaedam aegritudines sint causa longioris vitae, ut dicit
464 b 28 Philosophus [De longitudine et brevitate vitae, c. 1]. Ergo non omnibus infirmantibus debet hoc sacramentum dari.

RESPONDEO dicendum quod hoc sacramentum est ultimum remedium quod Ecclesia potest conferre, immediate quasi disponens ad gloriam. Et ideo illis tantum infirmantibus debet exhiberi qui sunt in statu exeuntium, propter hoc quod aegritudo nata est inducere mortem, et de periculo timetur.

AD PRIMUM ergo dicendum quod quaelibet infirmitas augmentata potest mortem inducere. Et ideo, si genera infirmitatum pensentur, in qualibet aegritudine potest dari hoc sacramentum: quia Apostolus non determinat infirmitatem aliquam. Sed si pensetur infirmitatis modus est status, non semper debet infirmantibus hoc sacramentum dari.

AD SECUNDUM dicendum quod medicina corporalis habet pro principali effectu sanitatem corporalem, qua omnes infirmi in quolibet statu indigent. Sed hoc sacramentum habet pro principali

Scheidenden und den Weg zur ewigen Herrlichkeit Beginnenden notwendig ist. Und darum gilt der Vergleich nicht. 32, 3

3. ARTIKEL

Soll dieses Sakrament Tobsüchtigen und Geisteskranken gespendet werden?

1. Derartige Leiden sind höchst gefährlich und führen schnell zum Tode. Wo die Gefahr ist, muß aber das Heilmittel angewandt werden. Also muß dieses Sakrament, das Heilmittel menschlicher Schwäche ist, solchen Menschen gespendet werden.

2. Die Taufe ist ein ranghöheres Sakrament als dieses. Nun aber wird die Taufe Tobsüchtigen gespendet. Also muß ihnen auch dieses Sakrament gespendet werden.

ANTWORT: Die Frömmigkeit des Empfängers, das persönliche Verdienst der Spender und das allgemeine der gesamten Kirche tragen in hohem Maße dazu bei, daß die Wirkung des Sakramentes empfangen wird: das geht daraus hervor, daß die Form dieses Sakramentes in der Weise des Bittgebetes gespendet wird. Darum darf dieses Sakra-

QUAESTIO 32, 3

effectu illam sospitatem quae exeuntibus et iter ad gloriam agentibus est necessaria. Et ideo non est simile.

ARTICULUS III

Utrum furiosis et amentibus hoc sacramentum dari debeat

[4 d 23: 2, 2 qa 3]

AD TERTIUM sic proceditur. Videtur quod furiosis et amentibus hoc sacramentum dari debeat. Quia tales aegritudines sunt periculosissimae, et cito ad mortem disponunt. Sed periculo debet adhiberi remedium. Ergo hoc sacramentum, quod est in remedium infirmitatis humanae, debet talibus conferri.

2. PRAETEREA, dignius sacramentum est baptismus quam istud. Sed baptismus datur furiosis, ut supra dictum est. Ergo et hoc sacramentum eis debet dari.

SED CONTRA, hoc sacramentum non est dandum nisi recognoscentibus ipsum. Sed tales non sunt furiosi et amentes. Ergo eis dari non debet.

RESPONDEO dicendum quod ad effectum hujus sacramenti percipiendum plurimum valet devotio suscipientis, et personale meritum conferentium, et generale totius Ecclesiae: quod patet ex hoc quod per modum deprecationis forma hujus sacramenti confertur. Et ideo illis qui non possunt recognoscere et cum

32, 3 ment denen, die es nicht erkennen und mit Andacht empfangen können, nicht gespendet werden; besonders nicht den Tobsüchtigen und Geisteskranken, die dem Sakrament durch irgendeine Unziemlichkeit Schmach antun könnten; es sei denn, sie hätten lichte Augenblicke, in denen sie die Sakramente erkennen würden, und in diesem Zustand könnten ihnen Sakramente gespendet werden.

Zu 1. Obwohl sich solche Menschen manchmal in Todesgefahr befinden, kann bei ihnen doch das Heilmittel nicht vermittels eigener Andacht angewandt werden. Und darum darf es ihnen nicht gespendet werden.

Zu 2. Die Taufe erfordert keine Regung des freien Willens, weil sie hauptsächlich gegen die Erbsünde gespendet wird, die in uns nicht aus unserem freien Willen heraus geheilt werden kann [105]. In diesem Sakrament hingegen ist eine Regung des freien Willens erforderlich. Und darum gilt der Vergleich nicht. — Und außerdem ist die Taufe ein heilsnotwendiges Sakrament; nicht aber die Letzte Ölung.

devotione suscipere hoc sacramentum, dari non debet: et praecipue furiosis et amentibus, qui possent irreverentiam sacramento per aliquam immunditiam facere; nisi haberent lucida intervalla, quibus sacramenta recognoscerent, et sic eis conferri in statu illo possent.

AD PRIMUM ergo dicendum quod, quamvis in periculo mortis tales quandoque sint, tamen remedium per devotionem propriam non potest eis applicari. Et ideo non debet eis conferri.

AD SECUNDUM dicendum quod baptismus non requirit motum liberi arbitrii, quia datur contra originale principaliter, quod non curatur in nobis ex nostro libero arbitrio. Sed in hoc sacramento requiritur motus liberi arbitrii. Et ideo non est simile. — Et praeterea baptismus est sacramentum necessitatis: non extrema unctio.

4. ARTIKEL

Soll dieses Sakrament [unmündigen] Kindern gespendet werden?

1. Kinder und Erwachsene leiden manchmal an denselben Krankheiten. Nun aber muß für dieselbe Krankheit dasselbe Heilmittel angewandt werden. Also muß dieses Sakrament wie den Erwachsenen, so auch den Kindern gespendet werden.

2. Dieses Sakrament wird zur Reinigung von den Rückständen der Sünde gespendet (30, 1), sowohl der Erbsünde als auch der persönlichen Sünde. Nun aber finden sich bei den Kindern Rückstände der Erbsünde. Also muß ihnen dieses Sakrament gespendet werden.

ANDERSEITS: Keinem darf dieses Sakrament gespendet werden, dem nicht die Form des Sakramentes zukommt. Nun aber kommt die Form dieses Sakramentes Kindern nicht zu, weil sie nicht ‚mit dem Gesichtssinn und Gehörsinn' gesündigt haben, wie es in der Form ausgedrückt wird. Also darf ihnen dieses Sakrament nicht gespendet werden.

ANTWORT: Dieses Sakrament erfordert den andächtigen Vollzug im Empfänger wie auch die Eucharistie. Wie nun die Eucharistie [unmündigen] Kindern nicht gespendet werden darf, so auch nicht dieses Sakrament [106].

QUAESTIO 32, 4

ARTICULUS IV

Utrum hoc sacramentum debeat dari pueris

[4 d 23: 2, 2 qa 4]

AD QUARTUM sic proceditur. Videtur quod debeat dari pueris. Quia eisdem infirmitatibus quandoque laborant pueri et adulti. Sed eidem morbo debet adhiberi idem remedium. Ergo, sicut adultis, ita et pueris debet hoc sacramentum dari.

2. PRAETEREA, hoc sacramentum datur ad purgandum reliquias peccati, ut supra dictum est, tam originalis quam actualis. Sed in pueris sunt reliquiae originalis peccati. Ergo eis debet hoc sacramentum dari.

SED CONTRA est quod nulli debet dari hoc sacramentum cui non competit forma sacramenti. Sed forma hujus sacramenti non competit pueris: quia non peccaverunt ‚per visum et auditum', ut in forma exprimitur. Ergo eis dari non debet hoc sacramentum.

RESPONDEO dicendum quod hoc sacramentum exigit actualem devotionem in suscipiente, sicut et Eucharistia. Unde, sicut Eucharistia non debet dari pueris, ita nec hoc sacramentum.

32, 5 Zu 1. Krankheiten bei Kindern sind nicht durch persönliche Sünde verursacht wie bei Erwachsenen [107]. Und hauptsächlich gegen solche Krankheiten wird dieses Sakrament gespendet, welche — gleichsam wie Rückstände der Sünde — durch die Sünde verursacht sind.

Zu 2. Dieses Sakrament wird nur insofern [als Heilmittel] gegen die Rückstände der Erbsünde gespendet, insofern diese gleichsam durch persönliche Sünden verstärkt wurden. Und darum wird es hauptsächlich gegen persönliche Sünden gespendet, wie aus der Form selbst hervorgeht; diese aber sind bei Kindern nicht vorhanden.

5. ARTIKEL

Soll mit diesem Sakrament der ganze Körper gesalbt werden?

1. Augustinus zufolge ‚ist die ganze Seele im ganzen Körper'. Nun aber wird dieses Sakrament hauptsächlich zur Heilung der Seele gespendet. Also muß die Salbung am ganzen Körper erfolgen.

2. Wo die Krankheit ist, dort muß die Arznei angesetzt werden. Nun aber ist eine Krankheit manchmal allgemein

AD PRIMUM ergo dicendum quod infirmitates in pueris non sunt ex peccato actuali causatae, sicut in adultis. Et contra illas praecipue infirmitates hoc sacramentum datur quae sunt ex peccato causatae quasi peccati reliquiae.

AD SECUNDUM dicendum quod non datur contra reliquias originalis peccati nisi secundum quod sunt per actualia peccata quodammodo confortatae. Unde principaliter contra actualia peccata datur, ut ex ipsa forma patet: quae non sunt in pueris.

ARTICULUS V

Utrum hoc sacramento totum corpus inungi debeat

[4 d 23: 2, 3 qa 1]

AD QUINTUM sic proceditur. Videtur quod hoc sacramento
PL 42/929 A totum corpus inungi debeat. Quia secundum Augustinum [De Trinitate 6, 6], ‚tota anima est in toto corpore'. Sed praecipue datur hoc sacramentum ad sanandum animam. Ergo in corpore toto debet inunctio fieri.

2. PRAETEREA, ubi est morbus, ibi debet apponi medicina. Sed

und im ganzen Körper wie das Fieber. Also muß der ganze Körper gesalbt werden. 32, 5

3. Bei der Taufe wird der ganze Körper eingetaucht [vgl. III 66, 7 Zu 3: Bd. 29]. Also müßte er hier auch ganz gesalbt werden.

ANDERSEITS steht der Ritus der Gesamtkirche dagegen, nach welchem ein Kranker nur an bestimmten Teilen des Leibes gesalbt wird.

ANTWORT: Dieses Sakrament wird in der Weise einer Heilbehandlung dargereicht. Eine körperliche Heilbehandlung aber muß nicht in der Weise vor sich gehen, daß die Arznei auf den ganzen Körper verteilt wird, sondern auf jene Teile, wo die Wurzel der Krankheit sitzt. Und darum muß auch die sakramentale Salbung nur an jenen Teilen geschehen, in denen die Wurzel der geistigen Krankheit sitzt [108].

Zu 1. Obwohl die Seele als ganze in jedem Teil des Körpers zugegen ist ihrem Wesen nach, so doch nicht ihren Vermögen nach [I 76, 8: Bd. 6], welche die Wurzeln der sündhaften Handlungen sind. Und darum müssen die Salbungen an den bestimmten Stellen erfolgen, an denen jene Vermögen ihr Sein haben.

Zu 2. Nicht immer wird die Arznei da angesetzt, wo die Krankheit ist, sondern zweckmäßiger da, wo die Wurzel der Krankheit sitzt.

QUAESTIO 32, 5

quandoque morbus est universalis et in toto corpore, sicut febris. Ergo totum corpus debet inungi.

3. PRAETEREA, in baptismo totum corpus immergitur. Ergo et hic totum deberet inungi.

SED CONTRA est universalis Ecclesiae ritus, secundum quem non inungitur infirmus nisi in determinatis partibus corporis.

RESPONDEO dicendum quod hoc sacramentum per modum curationis exhibetur. Curatio autem corporalis non oportet quod fiat per medicinam toti corpori appositam, sed illis partibus ubi est radix morbi. Et ideo etiam unctio sacramentalis debet fieri in illis partibus tantum in quibus est radix spiritualis infirmitatis.

AD PRIMUM ergo dicendum quod anima, quamvis sit tota in qualibet parte corporis quantum ad essentiam, non tamen quantum ad potentias, quae sunt radices actuum peccati. Et ideo oportet quod in determinatis partibus fiant, in quibus illae potentiae habent esse.

AD SECUNDUM dicendum quod non semper apponitur medicina ubi est morbus: sed congruentius ubi est radix morbi.

32, 6 Zu 3. Die Taufe erfolgt in der Weise einer Abwaschung. Nun aber reinigt eine körperliche Abwaschung nur da von Schmutz, wo sie angesetzt wird. Und darum wird die Taufe dem ganzen Körper erteilt. Anders aber verhält es sich mit der Letzten Ölung aus dem bereits angegebenen Grunde (Antw.; Zu 1 f.).

6. ARTIKEL

Sind die zu salbenden Körperteile (Augen, Nase, Ohren, Lippen, Hände und Füße) richtig bestimmt?

1. Ein weiser Arzt behandelt die Krankheit an der Wurzel. Nun aber gilt: „Aus dem Herzen kommen die Gedanken", die „den Menschen verunreinigen" (Mt 15, 18 ff.). Also muß die Salbung an der Brust geschehen.

2. Die Reinheit des Geistes ist den [aus dem Leben] Scheidenden nicht weniger nötig als den [ins Leben] Eintretenden. Nun aber werden die [ins Leben] Eintretenden [bei der Taufe] durch den Priester mit Chrisma gesalbt am Scheitel, um die Reinheit des Geistes zu bezeichnen. Also müssen auch die Scheidenden mit diesem Sakrament am Scheitel gesalbt werden.

3. Das Heilmittel muß dort angesetzt werden, wo die Kraft der Krankheit am größten ist. Nun aber hat die

QUAESTIO 32, 6

AD TERTIUM dicendum quod baptismus fit per modum ablutionis. Ablutio autem corporalis non purgat maculam ab aliqua parte nisi cui apponitur. Et ideo baptismus toti corpori adhibetur. Secus autem est de extrema unctione, ratione jam dicta.

ARTICULUS VI

Utrum convenienter determinentur partes ungendae

[4 d 23: 2, 3 qa 2 — CG IV 73]

AD SEXTUM sic proceditur. Videtur quod inconvenienter determinentur istae partes: ut scilicet infirmans inungatur in oculis, in naribus, in auribus, in labiis, in manibus et pedibus. Quia sapiens medicus curat morbum in radice. Sed „de corde exeunt cogitationes" quae „coinquinant hominem", ut dicitur Matth. 15. Ergo in pectore debet fieri inunctio.

2. PRAETEREA, puritas mentis non minus est necessaria exeuntibus quam intrantibus. Sed intrantes unguntur chrismate in vertice a sacerdote ad significandum mentis puritatem. Ergo et exeuntes hoc sacramento ungi debent in vertice.

3. PRAETEREA, ibi debet adhiberi remedium ubi est major vis morbi. Sed spiritualis morbus praecipue viget in renibus viris, et

geistliche Krankheit ihre Kraft bei Männern hauptsächlich in den Lenden und bei den Frauen am Nabel nach Ijob 40, 11: „Seine Kraft ist in seinen Lenden“, nach der Auslegung Gregors [d. Gr.]. Also muß die Salbung dort erfolgen. 32, 6

4. Wie man mit den Füßen sündigt, so auch mit anderen Gliedern des Körpers. Wie nun die Füße gesalbt werden, so müssen auch andere Glieder des Körpers gesalbt werden.

ANTWORT: Die Ursprungsgründe des Sündigens sind in uns dieselben wie die Ursprungsgründe des Handelns: denn die Sünde besteht in einer [inneren oder äußeren] Handlung. Die Ursprungsgründe des Handelns aber sind in uns dreifach: der erste ist der leitende, nämlich das Erkenntnisvermögen; der zweite ist der befehlende, nämlich das Strebevermögen; der dritte ist der ausführende, nämlich das Bewegungsvermögen. Nun aber hat unsere gesamte Erkenntnis ihren Ursprung in der Sinnestätigkeit. Und weil die Salbung dort, wo der erste Ursprung der Sünde in uns liegt, angesetzt werden soll, darum werden die Orte der fünf Sinne gesalbt: nämlich die Augen wegen des Gesichtssinnes; die Ohren wegen des Gehörsinnes; die Nase wegen des Geruchssinnes, der Mund wegen des Geschmackssinnes; die Hand wegen des Tastsinnes, der an den Fingerspitzen besonders empfindlich ist. Wegen des Strebevermögens aber werden von manchen die Lenden gesalbt. Wegen des Bewegungsvermögens werden die Füße gesalbt, die dessen hauptsächliches Werkzeug sind. Und

mulieribus in umbilico: ut dicitur Job 40, „Potestas ejus in lumbis ejus“, secundum expositionem Gregorii [Moralia 32, 14 (al. 11) n. 20]. Ergo ibi debet fieri inunctio. PL 76/648 AB

4. PRAETEREA, sicut per pedes peccatur, ita et per alia membra corporis. Ergo, sicut inunguntur pedes, ita et alia corporis membra inungi debent.

RESPONDEO dicendum quod principia peccandi in nobis sunt eadem quae et principia agendi: quia peccatum consistit in actu. Principia autem agendi in nobis sunt tria: primum est dirigens, scilicet vis cognoscitiva; secundum est imperans, scilicet vis appetitiva; tertium est exequens, scilicet vis motiva. Omnis autem nostra cognitio a sensu ortum habet. Et quia ubi est in nobis prima origo peccati, ibi debet unctio adhiberi, ideo inunguntur loca quinque sensuum: scilicet oculi, propter visum; aures, propter auditum; nares, propter odoratum; os, propter gustum; manus, propter tactum, qui in pulpis digitorum praecipue viget. Sed propter appetitivam unguntur a quibusdam renes. Propter motivam unguntur pedes, qui sunt principalius ejus instrumentum. Et

32, 6 weil der erste Ursprungsgrund [des Handelns] das Erkenntnisvermögen ist, darum wird — als unerläßlich für das Sakrament — vor allem jene Salbung vorgenommen, die sich auf die fünf Sinne erstreckt. Manche aber beobachten die anderen Salbungen nicht, manche hingegen beobachten die an den Füßen und nicht die an den Lenden; denn das Strebevermögen und das Bewegungsvermögen sind zweitrangige Ursprungsgründe [109].

Zu 1. Die Erkenntnis geht vom Herzen nur vermittels eines Vorstellungsbildes aus, das eine „von den Sinnen verursachte Bewegung" (Aristoteles) darstellt. Und darum ist nicht das Herz die erste Wurzel des Denkens, sondern die Sinnesorgane sind es; es sei denn, insofern das Herz der Ursprungsgrund des ganzen Körpers ist. Dieser Ursprungsgrund aber ist eine entfernte Wurzel [des Handelns].

Zu 2. Die [ins Leben] Eintretenden müssen die Reinheit [des Geistes] erwerben, die [aus dem Leben] Scheidenden hingegen müssen [den Geist] reinigen. Und darum müssen die Scheidenden an jenen Stellen gesalbt werden, an denen die Reinheit des Geistes befleckt werden kann.

Zu 3. Nach dem Brauch einiger [Kirchen] geschieht sie [die Salbung] an den Lenden, weil dort das begehrende Strebevermögen seine größte Kraft hat. Das Strebevermögen aber ist nicht die erste Wurzel [des Handelns] (Antw.).

Zu 4. Die Glieder des Leibes, mit denen sündhafte

QUAESTIO 32, 6

quia primum principium est cognoscitiva, ideo illa unctio ab omnibus observatur quae fit ad quinque sensus, quasi de necessitate sacramenti. Sed quidam non servant alias, quidam vero servant illam quae ad pedes et non quae ad renes: quia appetitiva et motiva sunt secundaria principia.

AD PRIMUM ergo dicendum quod cognitio a corde non exit nisi per aliquam imaginationem, quae est „motus a sensu factus", ut
429 a 1 dicitur in (Aristotelis) 2 [i. e. 3] De anima [c. 3]. Et ideo cor non est prima radix cogitationis, sed organa sensuum: nisi quatenus cor est principium totius corporis. Sed hoc principium est radix remota.

AD SECUNDUM dicendum quod intrantes debent acquirere puritatem: sed exeuntes debent eam purgare. Et ideo exeuntes debent inungi in illis partibus quibus contingit puritatem mentis inquinari.

AD TERTIUM dicendum quod secundum quorundam consuetudinem fit in renibus, propter hoc quod ibi maxime viget appetitus concupiscibilis. Sed appetitiva non est prima radix, ut dictum est.

AD QUARTUM dicendum quod organa corporis quibus actus

Handlungen begangen werden, sind Füße, Hände und Zunge, denen auch die Salbung erteilt wird, und die Geschlechtsteile, denen wegen der Unreinheit dieser Teile [110] und der Würde des Sakramentes eine Salbung nicht erteilt werden darf. 32, 7

7. ARTIKEL

Sind Verstümmelte mit den Salbungen zu versehen, die den genannten (Art. 6) Körperteilen zukommen?

1. Wie dieses Sakrament eine bestimmte Verfassung im Empfänger erfordert, daß er nämlich krank sei, so auch einen bestimmten Körperteil. Wer aber keine Krankheit hat, kann nicht gesalbt werden. Also auch derjenige nicht, dem der Körperteil fehlt, an dem die Salbung geschehen soll.

2. Wer von Geburt an blind ist, sündigt nicht durch den Gesichtssinn. Nun wird bei der Salbung der Augen die ‚Sünde durch den Gesichtssinn' erwähnt. Also sollte eine solche Salbung bei einem Blindgeborenen nicht erfolgen. Und entsprechend bei den anderen [Körperteilen].

ANDERSEITS verhindert ein körperlicher Mangel kein

QUAESTIO 32, 7

peccati exercentur, sunt pedes, manus et lingua, quibus etiam exhibetur unctio; et membra genitalia, quibus, propter immunditiam illarum partium et honestatem sacramenti, non debet unctio adhiberi.

ARTICULUS VII

Utrum mutilati sint ungendi illis unctionibus quae partibus illis competunt

[4 d 23: 2, 3 qa 3]

AD SEPTIMUM sic proceditur. Videtur quod mutilati non sunt ungendi illis unctionibus quae partibus illis competunt. Quia sicut hoc sacramentum exigit determinatam dispositionem in suscipiente, ut scilicet sit infirmus, ita et determinatam partem. Sed ille qui non habet infirmitatem, non potest inungi. Ergo nec ille qui non habet partem illam in qua debet fieri unctio.

2. PRAETEREA, ille qui est caecus a nativitate, non delinquit per visum. Sed in unctione quae fit ad oculos, fit mentio de ‚delicto per visum'. Ergo talis unctio caeco nato non deberet fieri. Et sic de aliis.

SED CONTRA est quod defectus corporis non impedit aliquod

32, 7 anderes Sakrament. Also darf er auch dieses nicht verhindern. Nun aber gehört jede dieser Salbungen zu den notwendigen Erfordernissen dieses Sakramentes. Also müssen den Verstümmelten alle Salbungen erteilt werden.

ANTWORT: Die Verstümmelten sollen gesalbt werden, und zwar so nahe wie möglich an jenen Körperteilen, an denen die Salbung hätte geschehen sollen. Denn wenn sie auch nicht die betreffenden Glieder besitzen, so besitzen sie doch die Vermögen der Seele, die zu jenen Gliedern gehören, wenigstens wurzelhaft: und sie können innerlich in den Bereichen sündigen, die zu jenen Gliedern gehören, wenn auch nicht äußerlich [111].

Und daraus ergibt sich die Lösung der Einwände.

QUAESTIO 32, 7

aliud sacramentum. Ergo nec istud impedire debet. Sed de necessitate istius sacramenti est quaelibet unctionum. Ergo omnes debent fieri mutilatis.

RESPONDEO dicendum quod mutilati inungi debent quam propinquius esse potest ad partes illas in quibus unctio fieri debuerat. Quia, quamvis non habeant membra, habent tamen potentias animae quae illis membris debentur, saltem in radice: et interius peccare possunt per ea quae ad partes illas pertinent, quamvis non exterius.

Et per hoc patet solutio AD OBJECTA.

33. FRAGE
ÜBER DIE WIEDERHOLUNG DES SAKRAMENTES DER LETZTEN ÖLUNG

Hierauf ist über die Wiederholung dieses Sakramentes nachzudenken.

Dazu ergeben sich zwei Einzelfragen:
1. Soll dieses Sakrament wiederholt werden?
2. Soll es in ein und derselben Krankheit wiederholt werden?

1. ARTIKEL
Soll dieses Sakrament wiederholt werden?

1. Die Salbung, die an einem Menschen vollzogen wird, ist würdiger als die an einem Stein vollzogene. Nun wird die Salbung eines Altares nicht wiederholt, sofern der Altar nicht in Stücke ging. Also darf auch die Letzte Salbung [Ölung], die an einem Menschen vollzogen wird, nicht wiederholt werden.

2. Nach dem Letzten gibt es nichts mehr. Nun aber heißt diese Ölung die „Letzte". Also darf sie nicht wiederholt werden.

ANDERSEITS: Dieses Sakrament ist eine Art geist-

QUAESTIO XXXIII
DE ITERATIONE SACRAMENTI EXTREMAE UNCTIONIS

Deinde considerandum est de iteratione hujus sacramenti.

Circa quod duo quaeruntur: 1. Utrum hoc sacramentum debeat iterari. — 2. Utrum in eadem infirmitate debeat iterari.

ARTICULUS I
Utrum hoc sacramentum debeat iterari

[4 d 23: 2, 4 qa 1 — CG IV 73]

AD PRIMUM sic proceditur. Videtur quod hoc sacramentum non debeat iterari. Quia dignior est unctio quae fit homini, quam quae fit lapidi. Sed unctio altaris non iteratur, nisi altare illud fractum fuerit. Ergo nec unctio extrema, quae adhibetur homini, debet iterari.

2. PRAETEREA, post ultimum nihil est. Sed haec unctio dicitur ‚extrema'. Ergo non debet iterari.

SED CONTRA, hoc sacramentum est quaedam spiritualis cura-

 licher Heilbehandlung, die in der Weise einer leiblichen Heilbehandlung durchgeführt wird [30, 1 f.]. Nun aber wird die Behandlung des Leibes wiederholt. Also darf auch dieses Sakrament wiederholt werden.

ANTWORT: Kein Sakrament, das eine dauernde Wirkung hat, darf wiederholt werden; denn es würde offenkundig gemacht werden, daß das Sakrament nicht imstande gewesen sei, diese Wirkung hervorzubringen, und so würde diesem Sakrament Unbill widerfahren. Ein Sakrament hingegen, das keine dauernde Wirkung hat, kann ohne Unbill wiederholt werden, damit die verlorengegangene Wirkung durch die Wiederholung erworben wird. Und weil die Gesundheit des Leibes und des Geistes, welche Wirkungen dieses Sakramentes sind, verloren werden können, nachdem sie durch das Sakrament hervorgebracht worden waren, darum kann dieses Sakrament ohne Unbill wiederholt werden.

Zu 1. Die Salbung des Steines geschieht zur Weihe des Altares selbst; sie bleibt für immer im Steine, solange der Altar erhalten bleibt, und kann darum nicht wiederholt werden. Diese Salbung [Ölung] hingegen geschieht nicht zur Weihe des Menschen, da kein ‚Charakter' eingeprägt wird [vgl. III 63, 5 Antw. 6 Zu 2: Bd. 29]. Und darum gilt der Vergleich nicht.

Zu 2. Was das Letzte ist nach der Einschätzung der Menschen, das ist in Wahrheit bisweilen nicht das Letzte.

QUAESTIO 33, 1

tio per modum curationis corporalis exhibita. Sed curatio corporis iteratur. Ergo et hoc sacramentum iterari debet.

RESPONDEO dicendum quod nullum sacramentum quod habet effectum perpetuum, debet iterari: quia ostenderetur sacramentum non fuisse efficax ad faciendum illum effectum, et sic fieret injuria illi sacramento. Sacramentum autem quod habet effectum non perpetuum, potest iterari sine injuria, ut effectus deperditus iterato recuperetur. Et quia sanitas corporis et mentis, quae sunt effectus hujus sacramenti, possunt amitti postquam fuerint per sacramentum effecta, ideo hoc sacramentum sine sui injuria potest iterari.

AD PRIMUM ergo dicendum quod unctio lapidis fit ad ipsius altaris consecrationem, quae est perpetuo in lapide quandiu altare manet: et ideo non potest iterari. Sed haec unctio non fit ad consecrationem hominis: cum non imprimatur character. Et ideo non est simile.

AD SECUNDUM dicendum quod illud quod secundum aestimationem hominum est extremum, quandoque secundum rei verita-

Und so heißt dieses Sakrament ‚Letzte Ölung‘, weil es nur 33, 2
denjenigen gespendet werden darf, deren Tod bevorsteht nach der Einschätzung der Menschen [112].

2 ARTIKEL

Soll es in ein und derselben Krankheit wiederholt werden?

1. Für ein und dieselbe Krankheit kommt nur ein und dieselbe Arznei in Frage. Dieses Sakrament aber ist eine Art geistlichen Heilmittels [30, 1]. Also kann es gegen ein und dieselbe Krankheit nicht wiederholt werden.

2. Unter der Voraussetzung, daß die Salbung [Ölung] in ein und derselben Krankheit wiederholt werden könnte, könnte ein Kranker den ganzen Tag hindurch gesalbt werden. Das aber ist unsinnig.

ANDERSEITS: Bisweilen dauert eine Krankheit noch lange nach dem Empfang des Sakramentes an: und so werden [erneut] Rückstände der Sünde angesammelt, gegen welche dieses Sakrament hauptsächlich gespendet wird [30, 1 Antw. Zu 2]. Also soll die Ölung wiederholt gespendet werden.

ANTWORT: Dieses Sakrament betrifft nicht nur die Krankheit, sondern auch den Zustand der Krankheit: denn

tem non est extremum. Et sic dicitur hoc sacramentum extrema unctio, quia non debet dari nisi illis quorum mors est propinqua secundum aestimationem hominum.

ARTICULUS II

Utrum in eadem infirmitate debeat iterari

[4 d 23: 2, 4 qa 2 — Supra 18, 2 ad 4]

AD SECUNDUM sic proceditur. Videtur quod in eadem infirmitate non debeat iterari. Quia uni morbo non debetur nisi una medicina. Sed hoc sacramentum est quaedam spiritualis medicina. Ergo contra unum morbum non debet iterari.

2. PRAETEREA, secundum hoc posset aliquis infirmus tota die inungi, si in eodem morbo posset iterari unctio. Quod est absurdum.

SED CONTRA est quod aliquando morbus diu durat post sacramenti perceptionem: et sic reliquiae peccatorum contrahuntur, contra quas principaliter hoc sacramentum datur. Ergo iterato debet inungi.

RESPONDEO dicendum quod hoc sacramentum non respicit tantum infirmitatem, sed etiam infirmitatis statum: quia non debet

33, 2 es darf nur jenen Kranken gespendet werden, die sich nach menschlichem Ermessen dem Tode zu nähern scheinen. Einige Krankheiten sind aber nicht langwierig. Wenn nun bei solchen Krankheiten dieses Sakrament zu dem Zeitpunkt gespendet wird, an dem der Mensch sich dem Zustand der Todesgefahr nähert, dann verläßt er diesen Zustand erst, wenn die Krankheit geheilt ist, und darf [in diesem Zeitraum] nicht wiederum gesalbt werden; wenn er jedoch einen Rückfall erleidet, dann handelt es sich um eine andere Krankheit, und so kann eine neue Salbung erfolgen. Es gibt jedoch auch langwierige Krankheiten wie die Schwindsucht, die Wassersucht und dergleichen. Und bei solchen Krankheiten soll die Salbung erst erfolgen, wenn sie zu Todesgefahr zu führen scheinen. Und wenn jemand dieser Todesgefahr entrinnt, so kann er, während diese Krankheit andauert und er erneut durch sie in einen ähnlichen Zustand gebracht wird, wiederum gesalbt werden: denn es ist schon gleichsam ein anderer Zustand der Krankheit, obwohl es schlechthin keine andere Krankheit ist.

Und hieraus ergibt sich die Lösung der Einwände.

dari nisi infirmis qui, secundum humanam aestimationem, videntur morti appropinquare. Quaedam autem infirmitates non sunt diuturnae. Unde, si in eis datur hoc sacramentum tunc cum homo ad statum illum perveniat quod sit in periculo mortis, non recedit a statu illo nisi infirmitate curata, et ita iterum non debet inungi: sed, si recidivum patiatur, erit alia infirmitas, et poterit alia fieri inunctio. Quaedam vero sunt aegritudines diuturnae: ut ethica[1] et hydropisis, et hujusmodi. Et in talibus non debet fieri unctio, nisi quando videntur perducere ad periculum mortis. Et si homo illum articulum evadat, eadem infirmitate durante, et iterum ad similem statum per illam aegritudinem reducatur, iterum potest inungi: quia jam quasi est alius status infirmitatis, quamvis non sit alia infirmitas simpliciter.

Et per hoc patet solutio AD OBJECTA.

---

[1] I.e. ethica febris, seu hectica, ex graeco ἑκτική = febris habitualis, cf. ital. ètica, Schwindsucht: cf. A. Blaise, Dict. latin-français des auteurs du Moyen-Age. Turnhout 1975, p. 349 (CChrM, Lexicon Lat. Med. Aevi).

DAS SAKRAMENT DER WEIHE

Hierauf ist über das Sakrament der Weihe nachzudenken. Und zwar erstens über die Weihe im allgemeinen; zweitens über die Unterscheidung der Weihen [Fr. 37]; drittens über die Spender der Weihen [Fr. 38]; viertens über die Hindernisse der zu Weihenden [Fr. 39]; fünftens über das, was mit den Weihen zusammenhängt [Fr. 40].

Bezüglich der Weihe selbst im allgemeinen ist dreierlei ins Auge zu fassen: erstens ihre Existenz [in der Kirche], ihr Wesen und ihre Teile; zweitens ihre Wirkung [Fr. 35], drittens ihre Empfänger [Fr. 36].

Zum ersten ergeben sich fünf Einzelfragen:

1. Muß es in der Kirche eine [priesterliche] Ordnung [113] geben?
2. Wird [die Einweisung in] sie angemessen definiert?
3. Ist sie ein Sakrament?
4. Wird dessen Form angemessen zum Ausdruck gebracht?
5. Weist dieses Sakrament eine Materie auf?

QUAESTIO XXXIV

DE SACRAMENTO ORDINIS

Post hoc considerandum est de sacramento ordinis. Et primo, de ordine in communi; secundo, de distinctione ordinum; tertio, de conferentibus ordinem; quarto, de impedimentis ordinandorum; quinto, de his quae sunt ordinibus annexa.

De ipso autem ordine in communi tria videnda sunt: primo, de ejus entitate et quidditate, et partibus ejus; secundo, de ejus effectu; tertio, de suscipientibus ipsum.

Circa primum quaeruntur quinque: 1. Utrum in Ecclesia esse debeat. — 2. Utrum convenienter definiatur. — 3. Utrum sit sacramentum. — 4. Utrum ejus forma exprimatur convenienter. — 5. Utrum hoc sacramentum materiam habeat.

1. ARTIKEL

Muß es eine [priesterliche] Ordnung in der Kirche geben?

1. Ordnung setzt Unterordnung und Überordnung voraus. Nun aber widerstreitet Unterordnung offensichtlich der ‚Freiheit, zu welcher wir berufen sind durch Christus' [Gal 5, 1.13]. Also darf es eine [priesterliche] Ordnung in der Kirche nicht geben.

2. Wer in den Priesterstand eingesetzt wird, wird einem anderen übergeordnet. Nun aber soll in der Kirche jeder sich für niedriger erachten als den anderen, nach Phil 2, 3: „Einer soll den anderen höher halten als sich selbst." Also darf es in der Kirche keinen Priesterstand geben.

3. Es findet sich eine Stufenordnung bei den Engeln aufgrund ihrer Unterschiedenheit in Natur und Gnadengaben. Nun aber sind alle Menschen ihrer Natur nach gleich [114]; auch weiß man nicht, wer die Gnadengaben in höherer Weise besitzt. Also darf es in der Kirche keine [priesterliche] Ordnung geben.

ANDERSEITS heißt es Röm 13, 1 [115]: „Was von Gott stammt, ist geordnet." Die Kirche aber stammt von Gott: weil er selbst sie auferbaut hat in seinem Blut. Also muß es eine [priesterliche] Ordnung in der Kirche geben.

2. Der Stand der Kirche liegt in der Mitte zwischen dem

ARTICULUS I

Utrum ordo in Ecclesia esse debeat

[4 d 24: 1, 1 qa 1 — CG IV 74]

AD PRIMUM sic proceditur. Videtur quod ordo in Ecclesia esse non debeat. Ordo enim requirit subjectionem et praelationem. Sed subjectio videtur repugnare ‚libertati in quam vocati sumus per Christum'. Ergo ordo in Ecclesia esse non debet.

2. PRAETEREA, ille qui in ordine constituitur, alio superior fit. Sed in Ecclesia quilibet debet se altero inferiorem reputare: Phil. 2, „Superiores invicem arbitrantes". Ergo non debet in Ecclesia esse ordo.

3. PRAETEREA, ordo invenitur in angelis propter distinctionem eorum in naturalibus et gratuitis. Sed omnes homines sunt in natura unum: gratiarum etiam dona quis eminentius habeat, ignotum est. Ergo ordo in Ecclesia esse non potest.

SED CONTRA Rom. 13: „Quae a Deo sunt, ordinata sunt." Sed Ecclesia a Deo est: quia ipse eam aedificavit sanguine suo. Ergo ordo in Ecclesia esse debet.

2. PRAETEREA, status Ecclesiae est medius inter statum

Stand der Natur und dem Stand der Herrlichkeit [116]. Nun findet sich in der Natur eine Ordnung, der zufolge einiges höher steht als anderes; und ähnlich in der Herrlichkeit, wie das bei den Engeln offensichtlich ist. Also muß es auch in der Kirche eine [priesterliche] Ordnung geben. 34, 1

ANTWORT: Gott wollte seine Werke hervorbringen in größtmöglicher Ähnlichkeit mit sich selbst, damit sie vollendet wären und er durch sie erkannt werden könnte. Um nun in seinen Werken vergegenwärtigt zu werden nicht nur, sofern er in sich selbst ist, sondern auch, sofern er Einfluß ausübt auf anderes, hat er allen Wesen dieses natürliche Gesetz auferlegt: das Letzte sollte durch Mittleres vollendet werden und das Mittlere durch Erstes ([Ps.-]Dionysius). Damit nun diese Schönheit auch der Kirche nicht abgehe, hat er eine [priesterliche] Ordnung in ihr eingesetzt, so daß bestimmte Menschen anderen die Sakramente spenden, auf ihre Weise Gott darin angeglichen, daß sie gleichsam mit Gott zusammen wirken; wie auch im natürlichen Leibe einige Glieder auf andere Einfluß ausüben.

Zu 1. Die Unterordnung der Knechtschaft widerstrebt der Freiheit; diese Knechtschaft liegt vor, wenn jemand Herrschaft ausübt, indem er sich der Untergeordneten zu seinem eigenen Nutzen bedient [vgl. I 96, 4: Bd. 7]. Eine

naturae et gloriae. Sed in natura invenitur ordo, quo quaedam aliis superiora sunt: et similiter in gloria, ut patet in angelis. Ergo in Ecclesia debet esse ordo.

RESPONDEO dicendum quod Deus sua opera in sui similitudinem producere voluit quantum possibile fuit, ut perfecta essent, et per ea cognosci posset. Et ideo, ut in suis operibus repraesentaretur non solum secundum quod in se est, sed etiam secundum quod aliis influit, hanc legem naturalem imposuit omnibus, ut ultima per media perficerentur et media per prima, ut Dionysius dicit [De caelesti hierarchia, c. 4, § 3; De ecclesiastica hierarchia, c. 5, p. 1, § 4]. Et ideo, ut ista pulchritudo Ecclesiae non deesset, posuit ordinem in ea, ut quidam aliis sacramenta traderent[1], suo modo Deo in hoc assimilati, quasi Deo cooperantes: sicut et in corpore naturali quaedam membra aliis influunt. PG 3/181 A 504 CD

AD PRIMUM ergo dicendum quod subjectio servitutis repugnat libertati: quae servitus est cum aliquis dominatur ad sui utilitatem subjectis utens. Talis autem subjectio non requiritur in ordine, per

[1] In Sent.; L: traderet.

34, 1 solche Unterwerfung ist für die [priesterliche] Ordnung nicht erfordert, kraft derer die Vorsteher ja das Heil ihrer Untergebenen suchen und nicht den eigenen Nutzen.

Zu 2. Jeder Mensch soll sich dem Verdienst nach für niedrig erachten, nicht aber dem Amt nach. Die Stände der [priesterlichen] Ordnung aber sind eine Art von Ämtern.

Zu 3. Die Stufenordnung bei den Engeln [117] bemißt sich nicht nach der Verschiedenheit der Natur; es sei denn beiläufig, insofern bei ihnen die Verschiedenheit der Gaben eine Folge der Verschiedenheit der Natur ist. Vielmehr bemißt sich die Stufenordnung an sich nach der Verschiedenheit in der Gnade; denn ihre Stufen betreffen die Teilhabe am Göttlichen und die [Gottes-]Gemeinschaft im Stande der Herrlichkeit, die nach dem Maß der Gnade verliehen wird, gleichsam als Ziel der Gnade und irgendwie auch deren Wirkung. Die Stufen der streitenden Kirche hingegen betreffen die Teilhabe an den Sakramenten und die [kirchliche] Gemeinschaft, welche Ursache der Gnade sind und irgendwie der Gnade vorausgehen. Und deshalb ist nicht die heiligmachende Gnade für unsere [Weihe-] Stufen erfordert, sondern nur die Gewalt, die Sakramente zu spenden. Und aus diesem Grunde bemißt sich die Ordnung [der kirchlichen Stufen] nicht nach der Verschiedenheit in der heiligmachenden Gnade, sondern nach der Verschiedenheit der Amtsgewalt.

quem qui praesunt salutem subditorum quaerere debent, non propriam utilitatem.

AD SECUNDUM dicendum quod quilibet debet se reputare inferiorem merito, sed non officio. Ordines autem officia quaedam sunt.

AD TERTIUM dicendum quod ordo in angelis non attenditur secundum distinctionem naturae nisi per accidens, inquantum ad distinctionem naturae sequitur in eis distinctio gratiae. Attenditur autem per se secundum distinctionem in gratia: quia eorum ordines respiciunt participationem divinorum, et communicationem in statu gloriae, quae est secundum mensuram gratiae, quasi gratiae finis et effectus quodammodo. Sed ordines Ecclesiae militantis respiciunt participationem sacramentorum et communicationem, quae sunt causa gratiae, et quodammodo gratiam praecedunt. Et sic non est de necessitate nostrorum ordinum gratia gratum faciens, sed solum potestas dispensandi sacramenta. Et propter hoc ordo non attenditur per distinctionem gratiae gratum facientis, sed per distinctionem potestatis.

2. ARTIKEL

Wird die [Einweisung in die kirchliche] Ordnung [Weihe] vom Lombarden angemessen definiert [118]?

Es scheint, daß der Lombarde die Weihe mit folgenden Worten nicht angemessen definiert: „Die Weihe ist ein Siegel“ der Kirche, „durch welches dem Geweihten geistliche Gewalt verliehen wird“.

1. Ein Teil darf nicht als dem Ganzen übergeordneter Gattungsbegriff gesetzt werden. Der ‚Charakter‘ aber, der in der [beim Lombarden] darauffolgenden Definition als ‚Siegel‘ ausgelegt wird, ist ein Teil [des Sakramentes] der Weihe: denn es wird [bei der Bestimmung des Sakramentes] dem gegenübergestellt, was nur ‚Sache‘ oder nur Sakrament ist, da es ‚Sache und Sakrament‘ ist [vgl. 30, 3 E. 3; III 63, 3 Zu 2: Bd. 29]. Also darf ‚Siegel‘ nicht als Gattungsbegriff der Weihe gesetzt werden.

2. Wie im Sakrament der Weihe ein ‚Charakter‘ eingeprägt wird, so auch im Sakrament der Taufe. Nun aber wurde bei der Definition der Taufe [durch den Lombarden] nicht der ‚Charakter‘ genannt. Also darf er auch bei der Definition der Weihe nicht genannt werden.

3. Auch bei der Taufe wird eine geistliche Gewalt

QUAESTIO 34, 2

ARTICULUS II

Utrum convenienter ordo a Magistro Sententiarum definiatur

[4 d 24: 1, 1 qa 2]

AD SECUNDUM sic proceditur. Videtur quod inconvenienter ordo a Magistro Sententiarum, 24 distinctione[1], definiatur, ubi dicitur: „Ordo est signaculum quoddam“ Ecclesiae, „per quod spiritualis potestas traditur ordinato“. Pars enim non debet poni genus totius. Sed ‚character‘, qui per ‚signaculum‘ exponitur in consequenti definitione[2], est pars ordinis: quia dividitur contra id quod est res tantum, vel sacramentum tantum, cum sit res et sacramentum. Ergo ‚signaculum‘ non debet poni quasi genus ordinis.

2. PRAETEREA, sicut in sacramento ordinis imprimitur character, ita in sacramento baptismi. Sed in definitione baptismi non ponebatur character.[3] Ergo nec in definitione ordinis debet poni.

3. PRAETEREA, in baptismo etiam quaedam spiritualis datur

---

[1] Petrus Lomb., Sent. IV 24, 13 (QR II/405).
[2] Ib.
[3] Ib., IV 3, 1 (QR II/243).

34, 2 verliehen, nämlich zu den Sakramenten hinzuzutreten; und weiter ist sie auch ein Zeichen, da sie ein Sakrament ist. Also ist diese Definition der Taufe angemessen. Und deshalb wird sie der Weihe nicht angemessen zugeordnet.

4. ‚Ordnung' bedeutet eine Beziehung, welche in beiden Beziehungsgliedern verwirklicht ist. Die Beziehungsglieder dieser [kirchlichen] Beziehung sind die Übergeordneten und die Untergeordneten. Also ist die [kirchliche] Ordnung in den Untergeordneten wie in den Übergeordneten verwirklicht. Doch gibt es bei den Untergeordneten keine Gewalt des Vorranges, wie sie hier in der Definition der Weihe [als Einweisung in die kirchliche Ordnung verstanden] genannt wird, wie aus der [beim Lombarden] folgenden Erläuterung hervorgeht, in der eine „Beförderung zur [geistlichen] Gewalt" genannt wird. Also wird die Weihe [als Einweisung in die kirchliche Ordnung] hier nicht angemessen definiert.

ANTWORT: Die Definition, die der Lombarde von der Weihe gibt, ist der Weihe angemessen, insofern sie ein Sakrament der Kirche ist. Und darum nennt er zwei Definitionselemente: ein äußeres Zeichen mit den Worten „ein Siegel" im Sinne eines Zeichens; und eine innere Wirkung mit den Worten „durch welches geistliche Gewalt [verliehen wird] ..."

Zu 1. ‚Siegel' wird hier nicht gesetzt für den inneren

QUAESTIO 34, 2

potestas accedendi ad sacramenta: et iterum est quoddam signaculum, cum sit sacramentum. Ergo haec definitio convenit baptismo. Et sic inconvenienter assignatur de ordine.

4. PRAETEREA, ordo relatio quaedam est quae in utroque extremorum salvatur. Extrema autem hujus relationis sunt superior et inferior. Ergo inferiores habent ordinem sicut et superiores. Sed in eis non est aliqua potestas praeeminentiae, qualis ponitur hic in definitione ordinis, ut patet per expositionem sequentem, ubi ponitur „promotio potestatis".[1] Ergo inconvenienter definitur hic ordo.

RESPONDEO dicendum quod definitio quam Magister de ordine ponit, convenit ordini secundum quod est Ecclesiae sacramentum. Et ideo duo ponit: signum exterius, ibi, „signaculum quoddam", etc., idest, signum quoddam; et effectum interiorem, ibi, „quo spiritualis potestas", etc.

AD PRIMUM ergo dicendum quod ‚signaculum' non ponitur hic

---

[1] Ib., IV 24, 13 (QR II/405).

,Charakter', sondern für das, was äußerlich vollzogen wird als Zeichen und Ursache für die innere [geistliche] Gewalt. Und so wird auch ,Charakter' in der anderen Definition genommen. 34, 2

Doch wäre es auch nicht unangemessen, wenn es für den inneren ,Charakter' genommen würde. Denn die Gliederung des Sakramentes in diese drei ist keine eigentliche Gliederung in Ganzheitsteile [vgl. II—II 48 Antw.: Bd. 17 B]. Denn was nur ,Sache' ist, gehört nicht zum Wesen des Sakramentes. Auch was nur Sakrament ist, geht vorüber: während ,Sache und Sakrament' etwas Bleibendes genannt wird. Daraus ergibt sich, daß der innere ,Charakter' wesenhaft und hauptsächlich selbst das Sakrament der Weihe ausmacht [119].

Zu 2. Obwohl in der Taufe eine geistliche Gewalt verliehen wird, nämlich die anderen Sakramente zu empfangen, so daß sie im Hinblick darauf einen ,Charakter' einprägt, so ist dieser ,Charakter' doch nicht ihre Hauptwirkung, sondern die innere Abwaschung, um deretwillen die Taufe auch dann vollzogen würde, wenn die frühere Ursache [der ,Charakter'] nicht gegeben wäre. Hingegen bringt die Weihe hauptsächlich die [geistliche] Gewalt mit sich. Und darum wird ,Charakter', der die geistliche Gewalt darstellt, in der Definition der Weihe eingesetzt, nicht aber in der Definition der Taufe [120].

pro charactere interiori: sed pro eo quod exterius geritur, quod est signum interioris potestatis et causa. Et sic etiam sumitur ,character' in alia definitione.

Si tamen pro interiori charactere sumeretur, non esset inconveniens. Quia divisio sacramenti in illa tria non est in partes integrales, proprie loquendo. Quia illud quod est res tantum, non est de essentia sacramenti. Quod est etiam sacramentum tantum, transit. Sed quod est res et sacramentum[1] manere dicitur. Unde relinquitur quod ipse character interior sit essentialiter et principaliter ipsum sacramentum ordinis.

AD SECUNDUM dicendum quod baptismus, quamvis in eo conferatur aliqua spiritualis potestas recipiendi alia sacramenta, ratione cujus characterem imprimit, non tamen hic est principalis effectus ejus: sed ablutio interior, propter quam baptismus fieret etiam priori causa non existente. Sed ordo potestatem principaliter importat. Et ideo character, qui est spiritualis potestas, in definitione ordinis ponitur, non autem in definitione baptismi.

[1] Conj.; In Sent. et L om.: Sed quod est res.

34, 3 Zu 3. In der Taufe wird ein geistliches Vermögen verliehen zum Empfang der Sakramente, als ein gleichsam passives [Vermögen]. ‚Gewalt' aber besagt im eigentlichen Sinne ‚ein aktives Vermögen mit einem Vorrang'. Und darum kommt diese Definition der Taufe nicht zu.

Zu 4. Das Wort ‚Ordnung' wird in zweifacher Weise verstanden. Bisweilen nämlich bezeichnet es die Beziehung selbst. Und in diesem Sinne findet sie sich sowohl im Untergeordneten als auch im Übergeordneten, wie der Einwand es meint. In diesem Sinne wird es hier nicht verstanden. — Bisweilen aber wird es für jene Rangstufe verstanden, welche die Ordnung in der ersten Bedeutung schafft. Und weil das Wesen der Ordnung, als Beziehung verstanden, sich dort erfüllt, wo etwas Übergeordnetes zuerst auf etwas anderes trifft, darum wird diese wegen ihrer geistlichen Gewalt erhabene Rangstufe Ordnung genannt [121].

3. ARTIKEL

Ist die Weihe ein Sakrament?

1. „Sakrament ist ein materielles Element" (Hugo von St. Viktor). Nun aber besagt ‚Ordnung' [das Wort für die Weihe] nichts dergleichen, sondern eher eine Beziehung

QUAESTIO 34, 3

AD TERTIUM dicendum quod in baptismo datur quaedam potentia spiritualis ad recipiendum, et ita quodammodo passiva. ‚Potestas' autem proprie nominat ‚potentiam activam cum aliqua praeeminentia'. Et ideo haec definitio baptismo non competit.

AD QUARTUM dicendum quod nomen ‚ordinis' dupliciter accipitur. Quandoque enim significat ipsam relationem. Et sic est tam in inferiori quam in superiori, ut objectio tangit. Et sic non accipitur hic. — Aliquando autem accipitur pro ipso gradu qui ordinem primo modo acceptum facit. Et quia ratio ordinis prout est relatio, invenitur ubi primo aliquid superius alteri occurrit, ideo hic gradus eminens per potestatem spiritualem ordo nominatur.

ARTICULUS III

Utrum ordo sit sacramentum

[4 d 24: 1, 1 qa 3 — III 65, 1; CG IV 74]

AD TERTIUM sic proceditur. Videtur quod ordo non sit sacramentum. „Sacramentum" enim, ut dicit Hugo de Sancto
PL Victore [De sacramentis Christianae fidei 1, 9 c. 2], „est materiale
176/317 D elementum". Sed ordo non nominat aliquid hujusmodi, sed magis

oder eine Gewalt; denn Ordnung ist nach Isidor ein Teil der Gewalt. Also ist sie [die ‚Ordnung' bzw. Weihe] kein Sakrament. 34, 3

2. Die Sakramente gehören nicht zur triumphierenden Kirche; dort gibt es jedoch eine Ordnung, wie bei den Engeln ersichtlich ist. Also ist die [Weihe als] ‚Ordnung' kein Sakrament.

3. Wie die geistliche Vorrangstellung, welche die ‚Ordnung' bedeutet, mit einer Art von Weihung [122] verliehen wird, so auch die weltliche Vorrangstellung; denn auch Könige werden gesalbt (19, 3 E. 2). Nun aber ist die königliche Würde kein Sakrament. Also auch nicht die [kirchliche] ‚Ordnung', von der wir sprechen.

ANDERSEITS wird sie [die Weihe] von allen unter den sieben Sakramenten der Kirche aufgezählt.

2. „Das, aufgrund dessen jedes Ding so und so beschaffen ist, ist selbst in höherem Grade so beschaffen" [Aristoteles]. Nun wird derselbe Mensch aufgrund der [Priester-]Weihe Spender anderer Sakramente. Also besitzt die Weihe mehr Grund, ein Sakrament zu sein, als die anderen Sakramente.

ANTWORT: Ein Sakrament [123] ist nichts anderes als eine Heiligung, die dem Menschen unter einem sichtbaren Zeichen erteilt wird (III 60, 2 Antw.: Bd. 29). Da nun beim Empfang der Weihe dem Menschen eine heiligende Wei-

QUAESTIO 34, 3

relationem vel potestatem: quia ordo est pars potestatis, secundum Isidorum [Etymologiae 6, 19 n. 40]. Ergo non est sacramentum. PL 82/255 C

2. PRAETEREA, sacramenta non sunt de Ecclesia triumphante. Sed ordo est ibi: ut patet de angelis. Ergo ordo non est sacramentum.

3. PRAETEREA, sicut praelatio spiritualis, quae est ordo, datur cum quadam consecratione, ita et praelatio saecularis: quia et reges inunguntur, ut dictum est. Sed regia dignitas non est sacramentum. Ergo nec ordo de quo loquimur.

SED CONTRA est, quia ab omnibus enumeratur inter septem Ecclesiae sacramenta.

2. PRAETEREA, „propter quod unumquodque, et illud magis" [Aristoteles, Analytica posteriora 1, 2]. Sed propter ordinem fit homo dispensator aliorum sacramentorum. Ergo ordo habet magis rationem quod sit sacramentum quam etiam alia. 72 a 29

RESPONDEO dicendum quod sacramentum, ut ex dictis patet, nihil est aliud quam quaedam sanctificatio homini exhibita cum aliquo signo visibili. Unde, cum in susceptione ordinis quaedam

34, 3 hung [122] durch sichtbare Zeichen erteilt wird, steht fest, daß die Weihe ein Sakrament ist.

Zu 1. Obwohl die Weihe in ihrem Namen ‚Ordnung' kein materielles Element ausdrückt, so wird sie doch nicht ohne materielles Element verliehen [124].

Zu 2. Gewalten müssen in einem Verhältnis stehen zu denen, für die sie da sind. Die Mitteilung der geistlichen Güter aber, wozu die geistliche Gewalt verliehen wird, geschieht den Engeln nicht durch sinnfällige Zeichen, wie das bei Menschen der Fall ist. Und darum wird die geistliche Gewalt, welche die ‚Ordnung' darstellt, den Engeln nicht unter sichtbaren Zeichen verliehen wie den Menschen. Und darum ist ‚Ordnung' ein Sakrament bei den Menschen, nicht aber bei den Engeln.

Zu 3. Nicht jede Segnung oder Weihung [122], die Menschen erteilt wird, ist ein Sakrament. Denn auch Mönche und Äbte werden gesegnet, und doch sind diese Segnungen keine Sakramente [125]. Desgleichen auch nicht die Salbung des Königs. Denn durch solcherlei Segnungen wird niemand auf die Spendung der göttlichen Sakramente hingeordnet wie durch die Segnungen der [Einsetzung in die priesterliche] Ordnung.

consecratio homini exhibeatur per visibilia signa, constat ordinem esse sacramentum.

AD PRIMUM ergo dicendum quod, quamvis ordo in suo nomine non exprimat aliquod materiale elementum, tamen ordo non confertur sine aliquo elemento materiali.

AD SECUNDUM dicendum quod potestates proportionari debent illis ad quae sunt. Communicatio autem divinorum, ad quam datur spiritualis potestas, non fit angelis per aliqua sensibilia signa, sicut in hominibus contingit. Et ideo potestas spiritualis, quae est ordo, non adhibetur angelis cum aliquibus signis visibilibus sicut hominibus. Et ideo in hominibus est ordo sacramentum, sed non in angelis.

AD TERTIUM dicendum quod non omnis benedictio quae hominibus adhibetur, vel consecratio, est sacramentum. Quia et monachi et abbates benedicuntur: tamen illae benedictiones non sunt sacramenta. Et similiter nec regalis unctio. Quia per hujusmodi benedictiones non ordinantur aliqui ad dispensationem divinorum sacramentorum, sicut per benedictiones ordinis.

4. ARTIKEL

Wird die Form dieses Sakramentes im Text (des Lombarden) angemessen zum Ausdruck gebracht?

1. Die Sakramente haben ihre Wirksamkeit aus der Form. Nun aber stammt die Wirksamkeit der Sakramente aus der „göttlichen Kraft", welche in ihnen „geheimnisvoll das Heil wirkt" [Isidor]. Also müßte in der Form dieses Sakramentes durch die Anrufung der Dreifaltigkeit der göttlichen Kraft Erwähnung getan werden wie bei den anderen Sakramenten.

2. Befehlen ist Sache dessen, der Vollmacht besitzt. Nun aber hat der Spender der Sakramente nicht die Vollmacht inne, sondern nur ein Dienstamt. Also dürfte er nicht die Befehlsform verwenden wie mit den Worten: „Tuet" oder „empfanget" dieses oder jenes, oder entsprechenden Worten.

3. In der Form des Sakramentes darf nur das erwähnt werden, was zum Wesen des Sakramentes gehört. Nun aber gehört die Ausübung der empfangenen Gewalt nicht zum Wesen dieses Sakramentes, sondern folgt erst aus ihm

ARTICULUS IV

Utrum forma hujus sacramenti convenienter in littera exprimatur

[4 d 24: 1, 1 qa 4]

AD QUARTUM sic proceditur. Videtur quod forma hujus sacramenti inconvenienter in littera exprimatur.[1] Quia sacramenta efficaciam habent ex forma. Sed efficacia sacramentorum est ex „virtute divina", quae in eis „secretius operatur salutem" [Isidorus, Etymologiae 6, 19 n. 40].[2] Ergo in forma hujus sacramenti PL
deberet fieri mentio de virtute divina per invocationem Trinitatis: 82/255 C
sicut in aliis sacramentis.

2. PRAETEREA, imperare est ejus qui habet auctoritatem. Sed auctoritas non residet apud eum qui sacramenta dispensat, sed ministerium tantum. Ergo non deberet uti imperativo modo, ut diceret sic: „Agite" vel „Accipite" hoc vel illud, vel aliquid hujusmodi.

3. PRAETEREA, in forma sacramenti non debet fieri mentio nisi de illis quae sunt de essentia sacramenti. Sed usus potestatis acceptae non est de essentia hujus sacramenti, sed consequitur ad

[1] Petrus Lomb., Sent. IV 24, 5 sqq. (QR II/396 sqq.).
[2] Gratianus, Decretum, p. II, causa 1, q. 1, can. 84 (Frdb I/388).

34, 4 [seinem Empfang]. Also darf sie in der Form dieses Sakramentes nicht erwähnt werden.

4. Alle Sakramente ordnen auf die ewige Belohnung hin. Nun aber wird in den anderen Sakramenten die Belohnung nicht erwähnt. Also sollte auch in der Form dieses Sakramentes ihrer keine Erwähnung getan werden, wie es der Fall ist, wenn es heißt: „Du wirst teilhaben, wenn du getreu . . .“

ANTWORT: Dieses Sakrament besteht hauptsächlich in der Übergabe der Gewalt. Nun wird Gewalt von Gewalt abgeleitet wie Ähnliches aus Ähnlichem. Außerdem wird eine Gewalt durch ihre Ausübung offenbar, weil die Vermögen durch ihre Akte bekannt werden [126]. Und darum wird in der Form der Weihe die Ausübung der Weihe zum Ausdruck gebracht durch die befohlene Tätigkeit; und die Übertragung der Gewalt wird zum Ausdruck gebracht durch die Befehlsform [127].

Zu 1. Die anderen Sakramente sind nicht so wie dieses Sakrament in der Hauptsache auf Wirkungen hingeordnet, die der Gewalt ähnlich sind, in Kraft deren Sakramente gespendet werden. Und aus diesem Grunde findet sich in diesem Sakrament eine gleichsam eindeutige Mitteilung. Darum wird bei den anderen Sakramenten ein Wortlaut

QUAESTIO 34, 4

ipsum. Ergo non debet de eo fieri mentio in forma hujus sacramenti.

4. PRAETEREA, omnia sacramenta ordinant ad aeternam remunerationem. Sed in formis aliorum sacramentorum non fit mentio de remuneratione. Ergo nec in forma hujus sacramenti deberet de ea fieri mentio, sicut fit cum dicitur[1]: „Habiturus partem si fideliter“, etc.

RESPONDEO dicendum quod hoc sacramentum principaliter consistit in potestate tradita. Potestas autem a potestate traducitur sicut simile ex simili. Et iterum potestas per usum innotescit: quia potentiae notificantur per actus. Et ideo in forma ordinis exprimitur usus ordinis per actum qui imperatur; et exprimitur traductio potestatis per imperativum modum.

AD PRIMUM ergo dicendum quod alia sacramenta non ordinantur principaliter ad effectus similes potestati per quam sacramenta dispensantur, sicut hoc sacramentum. Et ideo in hoc sacramento

[1] In ordinatione lectoris: De antiquis Ecclesiae ritibus libri tres, l. I, c. 8, a. 11, ordines 2—4. 6—8. 10—11. 13—17. T. 2. Ed. E. Martène. Venetiis 1788, pp. 33. 38. 42. 49. 50. 52. 61. 63. 68. 70. 75. 78. 83; Hugo de S. Victore, De sacramentis Christianae fidei, l. II, p. 3, c. 7 (PL 176/424 B); Gratianus, Decretum, p. I, d. 23, can. 18 (Frdb I/85); Petrus Lombardus, Sent. IV 24, 6 (QR II/397).

gebraucht, in dem etwas von der göttlichen Kraft zum Ausdruck kommt, welcher die Wirkung des Sakramentes angeglichen wird; nicht aber in diesem Sakrament. 34, 5

Zu 2. Obwohl dem Bischof als dem dienenden Spender dieses Sakramentes nicht die Vollmacht bezüglich seiner Spendung eigen ist, so besitzt er doch eine gewisse Gewalt bezüglich der priesterlichen Gewalt, die durch ihn verliehen wird, sofern sie von der seinen abgeleitet ist [128].

Zu 3. Die Ausübung der Gewalt ist die Wirkung der Gewalt im Bereich der Wirkursache; und unter diesem Gesichtspunkt hat sie es nicht an sich, daß sie in der Definition der Priesterweihe eingesetzt werden könnte. Doch ist diese Ausübung auch irgendwie Ursache im Sinne der Zielursache. Und darum kann die Ausübung unter diesem Gesichtspunkt in die Definition der Weihe aufgenommen werden [129].

5. ARTIKEL

Weist dieses Sakrament eine Materie auf?

1. Bei jedem Sakrament, das eine Materie aufweist, befindet sich die im Sakrament wirkende Kraft in dieser

est quasi quaedam communicatio univoca. Unde in aliis sacramentis exprimitur aliquid ex parte divinae virtutis, cui effectus sacramenti assimilatur: non autem in hoc sacramento.

AD SECUNDUM dicendum quod, quamvis in episcopo, qui est minister hujus sacramenti, non sit auctoritas respectu collationis hujus sacramenti, tamen habet aliquam potestatem respectu potestatis ordinis quae confertur per ipsum, inquantum a sua potestate derivatur.

AD TERTIUM dicendum quod usus potestatis est effectus potestatis in genere causae efficientis: et sic non habet quod in definitione ordinis ponatur. Sed est quodammodo causa in genere causae finalis. Et ideo secundum hanc rationem poni potest in definitione ordinis.

ARTICULUS V

Utrum hoc sacramentum habeat materiam

[4 d 24: 1, 1 qa 5]

AD QUINTUM sic proceditur. Videtur quod hoc sacramentum non habeat materiam. Quia in omni sacramento quod habet materiam, virtus operans in sacramento est in materia. Sed in

 Materie. In den materiellen Dingen hingegen, die in diesem Sakrament verwendet werden, wie Schlüssel, Leuchter und dergleichen [130], scheint sich keine Kraft zur Heiligung zu befinden. Also weist es keine Materie auf.

2. In diesem Sakrament wird die Fülle der „siebenfältigen Gnade“ verliehen, wie es im Text des Lombarden heißt, wie auch bei der Firmung. Nun aber erfordert die Materie der Firmung eine im voraus erfolgende Heiligung. Da nun das, was in diesem Sakrament die Rolle der Materie zu haben scheint, nicht im voraus geheiligt ist, ist es offensichtlich nicht Materie dieses Sakramentes.

3. In jedem Sakrament, das eine Materie aufweist, ist eine Berührung dieser Materie mit dem Empfänger dieses Sakramentes erforderlich. Nun aber gehört die Berührung der genannten materiellen Dinge durch den Empfänger nicht zu den notwendigen Erfordernissen des Sakramentes, sondern nur dessen Darreichung, wie einige sagen. Also sind die vorgenannten materiellen Dinge nicht Materie dieses Sakramentes.

ANDERSEITS: Jedes Sakrament besteht aus Dingen und Worten. Nun aber sind die Dinge in jedem Sakrament dessen Materie. Also sind auch die Dinge, die in diesem Sakrament verwendet werden, Materie dieses Sakramentes.

QUAESTIO 34, 5

rebus materialibus quae hic adhibentur, sicut sunt claves et candelabra et hujusmodi, non videtur esse aliqua virtus sanctificandi. Ergo non habet materiam.

2. PRAETEREA, in isto sacramento confertur plenitudo „gratiae septiformis“, ut in littera[1] dicitur, sicut in confirmatione. Sed materia confirmationis praeexigit sanctificationem. Cum ergo ea quae in hoc sacramento videntur esse materialia, non sint praesanctificata, videtur quod non sint materia hujus sacramenti.

3. PRAETEREA, in quolibet sacramento habente materiam requiritur contactus materiae ad eum qui suscipit sacramentum. Sed, ut a quibusdam dicitur, contactus dictorum materialium ab eo qui suscipit sacramentum, non est de necessitate sacramenti, sed solum porrectio. Ergo praedictae res materiales non sunt materia hujus sacramenti.

SED CONTRA est, quia omne sacramentum consistit in rebus et verbis. Sed res in quolibet sacramento sunt materia ipsius. Ergo et res quae in hoc sacramento adhibentur, sunt materia hujus sacramenti.

[1] Petrus Lomb., Sent. IV 24, 2 sq. (QR II/394).

2. Zur Spendung der Sakramente ist mehr erforderlich als zum Empfang der Sakramente. Nun aber bedarf die Taufe, in welcher die Fähigkeit, Sakramente zu empfangen, verliehen wird, einer Materie. Also auch die [Priester-]Weihe, in welcher die Fähigkeit verliehen wird, sie zu spenden. 34, 5

ANTWORT: Die in den Sakramenten äußerlich verwendete Materie ist ein Zeichen dafür, daß die in den Sakramenten wirkende Kraft gänzlich von außen hinzutritt. Da nun die eigentliche Wirkung dieses Sakramentes — nämlich der ‚Charakter' — nicht durch irgendeine Tätigkeit des zum Sakrament Hinzutretenden, wie das bei der Buße der Fall ist [vgl. III 86, 6; Suppl 5, 1: Bd. 31], sondern ganz von außen hinzutritt, kommt es ihm zu, eine Materie zu haben. Jedoch anders als bei den anderen Sakramenten, die eine Materie haben. Denn das, was im Sakrament verliehen wird, stammt bei den anderen Sakramenten ausschließlich von Gott, nicht vom Spender des Sakramentes; dasjenige hingegen, was in diesem Sakrament mitgeteilt wird, nämlich die geistliche Gewalt, stammt auch von dem, der das Sakrament spendet, wie die unvollkommene Gewalt von der vollkommenen Gewalt. Und darum besteht die Wirksamkeit der anderen Sakramente hauptsächlich in der Materie, welche die göttliche Kraft bezeichnet und enthält durch die in der Spendung selbst vollzogene Heiligung. Die Wirksamkeit dieses Sakramentes hingegen

QUAESTIO 34, 5

2. PRAETEREA, plus requiritur ad dispensandum sacramenta quam ad suscipiendum sacramenta. Sed baptismus, in quo datur potestas ad suscipiendum sacramenta, indiget materia. Ergo et ordo, in quo datur potestas ad ea dispensanda.

RESPONDEO dicendum quod materia in sacramentis exterius adhibita significat virtutem in sacramentis agentem ex extrinseco omnino advenire. Unde, cum effectus proprius hujus sacramenti, scilicet character, non percipiatur ex aliqua operatione ipsius qui ad sacramentum accedit, sicut erat in poenitentia, sed omnino ex extrinseco adveniat, competit ei materiam habere. Tamen diversimode ab aliis sacramentis quae materiam habent. Quia hoc quod in sacramento confertur, in aliis sacramentis derivatur tantum a Deo, non a ministro, qui sacramentum dispensat: sed illud quod in hoc sacramento traditur, scilicet spiritualis potestas, derivatur etiam ab eo qui sacramentum dat, sicut potestas imperfecta a perfecta. Et ideo efficacia aliorum sacramentorum principaliter consistit in materia, quae virtutem divinam significat et continet ex sanctificatione per ministerium adhibita. Sed efficacia hujus

34, 5 beruht hauptsächlich auf dem Spender des Sakramentes: die Materie aber wird eher dazu verwendet, die Art der Gewalt zu bestimmen, welche teilweise mitgeteilt wird von dem, der sie vollständig besitzt, als dazu, diese ‚Gewalt' zu verursachen. Das geht schon daraus hervor, daß der Ausübung der [jeweiligen] Gewalt eine Materie zugeordnet ist.

Daraus ergibt sich die Lösung Zu 1.

Zu 2. Die Materie muß bei den anderen Sakramenten geheiligt werden um der Kraft willen, die sie enthält. So aber verhält es sich nicht in dem vorliegenden Fall.

Zu 3. Wird man diese Meinung bejahen, so ergibt sich ihre Begründung aus dem Gesagten (Antw.). Denn die Weihegewalt stammt nicht von der Materie, sondern vom Spender; darum gehört die Darreichung der Materie eher zum Wesen des Sakramentes als die Berührung. — Doch scheinen die Worte der Form zu zeigen, daß die Berührung der Materie zum Wesen des Sakramentes gehört, weil gesagt wird: „Empfange" dieses oder jenes [131].

sacramenti principaliter residet penes eum qui sacramentum dispensat: materia autem adhibetur magis ad determinandum potestatem, quae traditur particulariter ab habente eam complete, quam ad potestatem causandam. Quod patet ex hoc quod materia competit usui potestatis.

Et per hoc patet solutio AD PRIMUM.

AD SECUNDUM dicendum quod materiam in aliis sacramentis oportet sanctificari propter virtutem quam continet. Sed non est ita in proposito.

AD TERTIUM dicendum quod, sustinendo illud dictum, ex dictis apparet causa ejus. Quia enim potestas ordinis non accipitur a materia sed a ministro, ideo porrectio materiae magis est de essentia sacramenti quam tactus. — Tamen ipsa verba formae videntur ostendere quod tactus materiae sit de essentia sacramenti: quia dicitur, „Accipe" hoc vel illud.

DIE WIRKUNG DES SAKRAMENTES DER WEIHE

Hierauf ist über die Wirkung dieses Sakramentes nachzudenken.

Dazu ergeben sich fünf Einzelfragen:

1. Wird im Sakrament der Weihe Gnade verliehen?
2. Wird ein ‚Charakter' eingeprägt?
3. Setzt der ‚Charakter' der Weihe den ‚Charakter' der Taufe voraus?
4. Setzt er den ‚Charakter' der Firmung voraus?
5. Setzt der ‚Charakter' einer bestimmten Weihe den ‚Charakter' einer anderen Weihe voraus?

1. ARTIKEL

Wird im Sakrament der Weihe heiligmachende Gnade verliehen?

1. Es wird gemeinhin gesagt, das Sakrament der Weihe sei angeordnet gegen den Fehler der Unwissenheit [III 65, 1: Bd. 29]. Nun aber wird gegen die Unwissenheit nicht die heiligmachende Gnade verliehen, sondern eine besondere Gnadengabe, weil die heiligmachende Gnade mehr die Willensseite betrifft [vgl. I—II 110, 4 Zu 1; 111, 2 f.; 113, 3. 5:

QUAESTIO XXXV

DE EFFECTU SACRAMENTI ORDINIS

Deinde considerandum est de effectu hujus sacramenti.

Circa quod quaeruntur quinque: 1. Utrum in sacramento ordinis gratia conferatur. — 2. Utrum imprimatur character. — 3. Utrum character ordinis praesupponat characterem baptismalem. — 4. Utrum praesupponat characterem confirmationis. — 5. Utrum character unius ordinis praesupponat characterem alterius.

ARTICULUS I

Utrum in sacramento ordinis conferatur gratia gratum faciens

[4 d 24: 1, 2 qa 1 — CG IV 74]

AD PRIMUM sic proceditur. Videtur quod in sacramento ordinis non conferatur gratia gratum faciens. Quia communiter dicitur quod sacramentum ordinis ordinatur contra defectum ignorantiae. Sed contra ignorantiam non datur gratia gratum faciens, sed gratia gratis data: quia gratia gratum faciens magis

35, 1 Bd. 14]. Also wird in diesem Sakrament keine heiligmachende Gnade verliehen.

2. Ordnung bringt Unterscheidung mit sich. Nun aber werden die Glieder der Kirche nicht unterschieden durch die heiligmachende Gnade, sondern durch die besonderen Gnadengaben, von denen es 1 Kor 12, 4 heißt: „Es gibt verschiedene Gnaden." Also wird in der Ordnung der Weihe keine heiligmachende Gnade verliehen.

3. Keine Ursache setzt ihre Wirkung voraus. In dem zu den Weihen Hinzutretenden aber wird die Gnade vorausgesetzt, durch die er zur Ausübung der Weihen befähigt wird. Also wird eine solche Gnade nicht [erst] bei der Spendung der Weihe verliehen.

ANDERSEITS: Die Sakramente des Neuen Bundes „bewirken, was sie bezeichnen" [III 62, 1 Zu 1: Bd. 29]. Nun aber bezeichnet die Weihe durch ihre Siebenstufigkeit die sieben Gaben des Heiligen Geistes, wie es im Text (des Lombarden) heißt [vgl. aber 37, 2 Antw.]. Also werden die Gaben des Heiligen Geistes, welche ohne die heiligmachende Gnade unmöglich sind, bei der Weihe verliehen.

2. Die Weihe ist ein Sakrament des Neuen Bundes. Nun aber steht in der Definition eines solchen Sakramentes, daß es als Ursache der Gnade wirke [Lombardus]. Also verursacht sie im Empfänger Gnade.

QUAESTIO 35, 1

respicit affectum. Ergo in hoc sacramento ordinis non datur gratia gratum faciens.

2. PRAETEREA, ordo distinctionem importat. Sed membra Ecclesiae non distinguuntur per gratiam gratum facientem, sed secundum gratiam gratis datam, de qua dicitur, 1 Cor. 12: „Divisiones gratiarum sunt." Ergo in ordine non datur gratia gratum faciens.

3. PRAETEREA, nulla causa praesupponit effectum suum. Sed in eo qui accedit ad ordines praesupponitur gratia, per quam fit idoneus ad executionem ordinis. Ergo talis gratia non confertur in ordinis collatione.

SED CONTRA, sacramenta novae legis „efficiunt quod figurant". Sed ordo per numerum septenarium significat septem dona Spiritus Sancti, ut in littera dicitur.[1] Ergo dona Spiritus Sancti, quae non sunt sine gratia gratum faciente, in ordine dantur.

2. PRAETEREA, ordo est sacramentum novae legis. Sed in definitione talis sacramenti ponitur ut causa gratiae existat.[2] Ergo causat gratiam in suscipiente.

---

[1] Petrus Lomb., l. c.
[2] Ib., IV 1, 4 (QR II/233).

ANTWORT: „Die Werke Gottes sind vollkommen" (Dtn 32, 4). Darum gilt: Wem immer von Gott her irgendeine Fähigkeit verliehen wird, dem werden auch die Mittel verliehen, um die angemessene Ausübung dieser Fähigkeit zu ermöglichen. Und das erhellt bereits im Naturbereich: den Tieren werden Glieder verliehen, durch welche die Seelenvermögen in ihre Tätigkeiten übergehen können, falls kein Mangel auf seiten der Materie vorliegt. Wie nun die heiligmachende Gnade unerläßlich ist, damit der Mensch würdig die Sakramente empfange, so auch, damit er die Sakramente würdig spende. Und wie darum in der Taufe, durch welche der Mensch zum Empfang der anderen Sakramente befähigt wird, heiligmachende Gnade verliehen wird, so auch im Sakrament der [Priester-]Weihe, durch das der Mensch zur Spendung anderer Sakramente befähigt wird [132]. 35, 1

Zu 1. Die Weihe wird nicht als Heilmittel für eine einzige Person verliehen, sondern für die ganze Kirche. Darum ist der Ausdruck ‚gegen die Unwissenheit verliehen werden' nicht so zu verstehen, als ob die Unwissenheit durch den Empfang der Weihe im Empfänger vertrieben würde, sondern so, daß der Empfänger der [Priester-] Weihe zum Vorsteher wird, um die Unwissenheit im Volke zu vertreiben.

Zu 2. Obwohl die Gaben der heiligmachenden Gnade allen Gliedern der Kirche gemeinsam sind, so kann doch

QUAESTIO 35, 1

RESPONDEO dicendum quod „Dei perfecta sunt opera", ut dicitur Deut. 32. Et ideo cuicumque datur potentia aliqua divinitus, dantur ea per quae executio illius potentiae potest congrue fieri. Et hoc etiam in naturalibus patet: quia animalibus dantur membra quibus potentiae animae possunt exire in actus suos, nisi sit defectus ex parte materiae. Sicut autem gratia gratum faciens est necessaria ad hoc quod homo digne sacramenta recipiat, ita etiam ad hoc quod homo digne sacramenta dispenset. Et ideo, sicut in baptismo, per quem fit homo susceptivus aliorum sacramentorum, datur gratia gratum faciens; ita in sacramento ordinis, per quod homo ordinatur ad aliorum sacramentorum dispensationem.

AD PRIMUM ergo dicendum quod ordo datur non in remedium unius personae, sed totius Ecclesiae. Unde quod dicitur ‚contra ignorantiam dari', non est intelligendum ita quod per susceptionem ordinis pellatur ignorantia in suscipiente: sed quia suscipiens ordinem praeficitur ad pellendam ignorantiam in plebe.

AD SECUNDUM dicendum quod, quamvis dona gratiae gratum facientis communia sint omnibus membris Ecclesiae, tamen illo-

35, 2 niemand ein geeigneter Empfänger jener Gaben sein, welche die Unterschiede unter den Gliedern der Kirche begründen, wenn ihm die Liebe fehlt: diese Liebe ist aber ohne heiligmachende Gnade unmöglich.

Zu 3. Zur angemessenen Ausübung der Weihen genügt nicht irgendein Gutsein, sondern es ist ein hervorragendes Gutsein erfordert: wie nun die Empfänger der Weihe durch die Stufen der Weihen über dem Volk stehen, so sollen sie auch durch das Verdienst der Heiligkeit überlegen sein. Und darum ist im voraus Gnade erforderlich, die hinreicht, damit sie dem Volke Christi auf würdige Weise beigezählt werden können; im Empfang der Weihe hingegen wird ein größeres Gnadengeschenk verliehen, wodurch sie zu Größerem fähig werden.

2. ARTIKEL

Wird im Sakrament der Weihe ein ‚Charakter' eingeprägt in bezug auf sämtliche Weihestufen?

1. Der ‚Charakter' der Weihe ist eine Art geistlicher Gewalt [vgl. III 63, 2. 6: Bd. 29]. Nun sind einige Weihen nur auf gewisse körperliche Handlungen hingeordnet, wie die

rum actus donorum secundum quae attenditur distinctio in membris Ecclesiae idoneus susceptor aliquis esse non potest nisi caritas adsit: quae quidem sine gratia gratum faciente esse non potest.

AD TERTIUM dicendum quod ad idoneam executionem ordinum non sufficit bonitas qualiscumque, sed requiritur bonitas excellens: ut sicut illi qui ordinem suscipiunt super plebem constituuntur gradu ordinis, ita et superiores sint merito sanctitatis. Et ideo praeexigitur gratia quae sufficiebat ad hoc quod digne connumerentur in plebe Christi: sed confertur in ipsa susceptione ordinis amplius gratiae munus, per quod ad majora reddantur idonei.

ARTICULUS II

Utrum in sacramento ordinis imprimatur character quantum ad omnes ordines

[4 d 24: 1, 2 qa 2]

AD SECUNDUM sic proceditur. Videtur quod in sacramento ordinis non imprimatur character quantum ad omnes ordines. Quia ordinis character est quaedam spiritualis potestas. Sed

des Türhüters und des Akolythen. Also wird in diesen Weihen kein ‚Charakter' eingeprägt. 35, 2

2. Jeder ‚Charakter' ist unaustilgbar. So wird denn der Mensch durch den ‚Charakter' in einen Stand versetzt, den er nicht mehr verlassen kann. Nun aber können diejenigen, die bestimmte Weihen besitzen, in den Laienstand zurücktreten. Also wird nicht in allen Weihen ein ‚Charakter' eingeprägt.

3. Durch den ‚Charakter' wird ein Mensch dazu bestimmt, etwas Heiliges zu geben oder zu empfangen. Nun ist aber der Mensch zum Empfang der Sakramente genügend ausgerüstet durch den ‚Charakter' der Taufe. Doch wird jemand nur durch die Priesterweihe als Spender der Sakramente eingesetzt. Also wird in den anderen Weihen kein ‚Charakter' eingeprägt.

ANDERSEITS: Jedes Sakrament, in welchem kein ‚Charakter' eingeprägt wird, ist wiederholbar [vgl. III 63, 6 Anders.: Bd. 29]. Nun aber ist keine Weihe wiederholbar. Also wird in jeder Weihe ein ‚Charakter' eingeprägt.

2. Der ‚Charakter' ist ein Unterscheidungszeichen. Nun aber begründet jede Weihestufe eine Unterscheidung. Also prägt jede Weihe einen ‚Charakter' ein.

ANTWORT: Hierzu gab es eine dreifache Meinung. Einige nämlich sagten, daß nur in der Priesterweihe ein

QUAESTIO 35, 2

quidam ordines non ordinantur nisi ad quosdam actus corporales, scilicet ostiarii vel acolythi. Ergo in eis non imprimitur character.

2. PRAETEREA, omnis character est indelebilis. Ergo per characterem homo ponitur in tali statu a quo non possit recedere. Sed illi qui habent aliquos ordines, possunt licite redire ad laicatum. Ergo non imprimitur character in omnibus ordinibus.

3. PRAETEREA, per characterem homo adscribitur ad aliquid sacrum dandum vel accipiendum. Sed ad susceptionem sacramentorum homo sufficienter ordinatur per characterem baptismalem. Dispensator autem sacramentorum non constituitur aliquis nisi in ordine sacerdotali. Ergo in aliis ordinibus non imprimitur character.

SED CONTRA, omne sacramentum in quo non imprimitur character, est iterabile. Sed nullus ordo est iterabilis. Ergo in quolibet ordine imprimitur character.

2. PRAETEREA, character est signum distinctivum. Sed in quolibet ordine est aliqua distinctio. Ergo quilibet ordo imprimit characterem.

RESPONDEO dicendum quod circa hoc fuit triplex opinio. Quidam enim dixerunt quod in solo ordine sacerdotali character

35, 2 ‚Charakter' eingeprägt wird. — Das aber ist nicht wahr. Denn nur ein Diakon kann rechtmäßig das Amt des Diakons ausüben. Und so ist offensichtlich, daß er eine besondere Vollmacht zur Spendung der Sakramente besitzt, welche andere nicht besitzen.

Aus diesem Grunde haben andere gesagt, daß bei den Heiligen [‚Höheren'] Weihen ein ‚Charakter' eingeprägt wird, nicht aber bei den Niederen Weihen. — Aber auch das ist nichtig. Denn durch jede Weihe wird jemand dem Volke übergeordnet auf irgendeiner Stufe der Vollmacht, die auf die Spendung der Sakramente hingeordnet ist.

Da nun der ‚Charakter' ein Zeichen ist, das die Unterscheidung von anderen bewirkt, muß bei allen Weihen ein ‚Charakter' eingeprägt werden. Ein Zeichen hierfür liegt darin, daß sie immerwährend bleiben und niemals wiederholt werden. Und das ist die dritte Meinung, welche weiter verbreitet ist [als die anderen] [133].

Zu 1. Jede Weihestufe hat eine Tätigkeit, die entweder das Sakrament selbst betrifft oder auf die Spendung der Sakramente hingeordnet ist: So haben die Türhüter die Tätigkeit, Menschen zuzulassen zur Schau der Sakramente Gottes [134], und so weiter. Und darum ist bei allen eine geistliche Gewalt erforderlich [die im ‚Charakter' begründet ist].

QUAESTIO 35, 2

imprimitur. — Sed hoc non est verum. Quia actum diaconi nullus potest exercere licite nisi diaconus. Et ita patet quod habet aliquam specialem potestatem in dispensatione sacramentorum, quam alii non habent.

Et propter hoc alii dixerunt quod in sacris ordinibus imprimitur character, non autem in minoribus. — Sed hoc iterum nihil est. Quia per quemlibet ordinem aliquis constituitur supra plebem in aliquo gradu potestatis ordinatae ad sacramentorum dispensationem.

Unde, cum character sit signum distinctivum ab aliis, oportet quod in omnibus character imprimatur. Cujus etiam signum est quod perpetuo manent, et nunquam iterantur. Et haec est tertia opinio: quae communior est.

AD PRIMUM ergo dicendum quod quilibet ordo vel habet actum circa ipsum sacramentum, vel ordinatum ad sacramentorum dispensationem: sicut ostiarii habent actum admittendi homines ad divinorum sacramentorum inspectionem, et sic de aliis. Et ideo in omnibus requiritur spiritualis potestas.

Zu 2. Wie oft auch ein Mensch in den Laienstand überwechselt, so bleibt doch der ‚Charakter' fortwährend in ihm. Das geht daraus hervor, daß er die früher einmal gehabte Weihe nicht wieder empfängt, wenn er zum geistlichen Stand zurückkehrt [135]. 35, 3

Zu 3 ist zu antworten wie Zu 1.

3. ARTIKEL

Setzt der ‚Charakter' der Weihe den ‚Charakter' der Taufe voraus?

1. Durch den ‚Charakter' der [Priester-]Weihe wird der Mensch Spender der Sakramente; durch den ‚Taufcharakter' deren Empfänger. Nun aber setzt ein wirkmächtiges Vermögen nicht notwendig ein empfangsfähiges voraus: weil es ohne dieses bestehen kann, wie das offensichtlich ist bei Gott. Also setzt der ‚Charakter' der Weihe nicht notwendig den ‚Taufcharakter' voraus.

2. Es kann geschehen, daß jemand nicht getauft ist, der sich mit hoher Wahrscheinlichkeit getauft glaubt. Wenn nun ein solcher zu den Weihen hinzutritt, würde er den ‚Weihecharakter' nicht empfangen, wenn dieser den ‚Tauf-

QUAESTIO 35, 3

AD SECUNDUM dicendum quod, quantumcumque homo ad laicatum se transferat, semper tamen manet in eo character. Quod patet ex hoc quod, si ad clericatum revertatur, non iterum ordinem quem habuerat, suscipit.

AD TERTIUM dicendum sicut AD PRIMUM.

ARTICULUS III

Utrum character ordinis praesupponat characterem baptismalem

[4 d 24: 1, 2 qa 3 — 7: 2, 1 qa 3]

AD TERTIUM sic proceditur. Videtur quod character ordinis non praesupponat characterem baptismalem. Quia per characterem ordinis homo efficitur dispensator sacramentorum: per characterem baptismalem susceptivus eorundem. Sed potestas activa non praesupponit de necessitate passivam: quia potest esse sine ea, sicut patet in Deo. Ergo character ordinis non praesupponit de necessitate characterem baptismalem.

2. PRAETEREA, potest contingere quod aliquis non sit baptizatus qui se baptizatum existimat probaliliter. Si ergo talis ad ordines accedat, non consequetur characterem ordinis, si charac-

35, 3 charakter' voraussetzt. Und so würde das, was er bei der Wandlung oder Lossprechung tut, nichtig sein, und die Kirche würde darin getäuscht werden. Das aber ist widersinnig.

ANDERSEITS ist die Taufe ‚das Tor der Sakramente' [III 63, 6: Bd. 29]. Da nun die Weihe ein Sakrament ist, setzt sie die Taufe voraus.

ANTWORT: Niemand kann etwas empfangen, wozu ihm die Empfangsfähigkeit fehlt. Nun aber wird der Mensch durch den ‚Taufcharakter' empfangsfähig für die anderen Sakramente. Wer also den ‚Taufcharakter' nicht besitzt, kann kein anderes Sakrament empfangen, und so setzt der ‚Charakter' der Weihe den ‚Taufcharakter' voraus.

Zu 1. Bei demjenigen, der das wirkmächtige Vermögen von sich aus besitzt, setzt das wirkmächtige Vermögen das empfangsfähige nicht voraus. Bei demjenigen hingegen, der das wirkmächtige Vermögen von einem anderen her besitzt, ist zum wirkmächtigen Vermögen ein empfangsfähiges Vermögen vorausgesetzt, welches das wirkmächtige Vermögen aufnehmen kann.

Zu 2. Wenn ein solcher zum Priesterstand erhoben wird, ist er nicht Priester, kann nicht Brot und Wein verwandeln, nicht lossprechen im Bußgericht. Also muß er den Rechtsbestimmungen zufolge (Gregor IX.) erneut getauft

ter ordinis praesupponit characterem baptismalem. Et sic ea quae faciet vel in consecratione vel in absolutione, nihil erunt, et in hoc Ecclesia decipietur. Quod est inconveniens.

SED CONTRA, baptismus est ‚janua sacramentorum'. Ergo, cum ordo sit quoddam sacramentum, praesupponit baptismum.

RESPONDEO dicendum quod nihil potest aliquis accipere cujus receptivam potentiam non habet. Per characterem autem baptismalem efficitur homo receptivus aliorum sacramentorum. Unde qui characterem baptismalem non habet, nullum alterum sacramentum recipere potest. Et sic character ordinis baptismalem characterem praesupponit.

AD PRIMUM ergo dicendum quod in eo qui habet potentiam activam a se, potentia activa non praesupponit passivam. Sed in eo qui habet potentiam activam ab altero, praeexigitur ad potentiam activam potentia passiva, quae recipere possit potentiam activam.

AD SECUNDUM dicendum quod talis, si ad sacerdotium promoveatur, non est sacerdos, nec conficere potest, nec absolvere in foro poenitentiali. Unde secundum canones[1] debet iterato

[1] Decretales Gregorii IX, l. III, tit. 43, cc. 1. 3 (Frdb II/648).

und geweiht werden. Und wenn er auch zum Bischof erhoben würde, so empfangen die von ihm Geweihten keine Weihe. — Doch darf in frommem Sinne geglaubt werden, daß der oberste Hohepriester [Christus] in bezug auf die letzten Wirkungen der Sakramente den Mangel ausfüllen würde; und daß er nicht erlauben würde, daß [der Mangel] so [lange] verborgen bliebe, daß der Kirche Gefahr drohen könnte [136]. 35, 4

4. ARTIKEL

Setzt der ‚Charakter' der Weihe notwendig den ‚Charakter' der Firmung voraus?

1. Im Bereich dessen, was aufeinander hingeordnet ist, setzt das Mittlere ein Erstes, das Letzte ein Mittleres voraus. Nun aber setzt der ‚Charakter' der Firmung den ‚Taufcharakter' als Erstes voraus. Also setzt der ‚Charakter' der Weihe den ‚Charakter' der Firmung als Mittleres voraus.

2. Wer zur Stärkung der anderen aufgestellt ist, muß selbst im höchsten Grade stark sein. Nun aber sind die Empfänger der Weihe diejenigen, welche die anderen bestärken. Also müssen sie mehr als alle das Sakrament der Firmung [Bestärkung] empfangen haben.

baptizari et ordinari. Et si etiam in episcopum promoveatur, illi quos ordinat non habent ordinem. — Sed tamen pie credi potest quod, quantum ad ultimos effectus sacramentorum, Summus Sacerdos suppleret defectum; et quod non permitteret hoc ita latere quod Ecclesiae posset periculum imminere.

ARTICULUS IV

Utrum character ordinis praesupponat de necessitate characterem confirmationis

[4 d 24: 1, 2 qa 4]

AD QUARTUM sic proceditur. Videtur quod praesupponat de necessitate characterem confirmationis. Quia in his quae sunt ordinata ad invicem, sicut medium praesupponit primum, ita ultimum praesupponit medium. Sed character confirmationis praesupponit baptismalem quasi primum. Ergo character ordinis praesupponit characterem confirmationis quasi medium.

2. PRAETEREA, qui ad alios confirmandos ponuntur, maxime debent esse firmi. Sed illi qui sacramentum ordinis suscipiunt sunt aliorum confirmatores. Ergo ipsi maxime debent habere sacramentum confirmationis.

35, 4 ANDERSEITS haben die Apostel die Vollmacht der Priesterweihe vor der Himmelfahrt empfangen nach Joh 20, 22, wo gesagt wird: „Empfanget den Heiligen Geist." Aber erst nach der Himmelfahrt sind sie durch die Herabkunft des Heiligen Geistes gestärkt [gefirmt] worden [137]. Also setzt die Priesterweihe die Firmung nicht voraus.

ANTWORT: Zum Empfang der Weihe ist einiges als Voraussetzung erforderlich im Sinne der Notwendigkeit zum Zustandekommen des Sakramentes und einiges im Sinne der Angemessenheit. Im Sinne der Notwendigkeit ist erforderlich, daß der zu den Weihen Hinzutretende empfangsfähig sei, was ihm durch die Taufe zukommt. Und darum wird der ‚Taufcharakter' vorausgesetzt im Sinne der Notwendigkeit, so daß ohne ihn das Sakrament der Weihe nicht gespendet werden kann. Im Sinne der Angemessenheit hingegen ist jede Vollkommenheit erforderlich, durch die jemand zur Ausübung der Weihen geeignet wird: und eine davon ist, gefirmt zu sein. Darum setzt der ‚Charakter' der Weihe den ‚Charakter' der Firmung im Sinne der Angemessenheit voraus, nicht aber im Sinne der Notwendigkeit.

Zu 1. Das Verhältnis dieses Mittleren zum Letzten ist nicht das gleiche wie das des Ersten zum Mittleren: denn durch den ‚Taufcharakter' wird der Mensch fähig zum Empfang des Sakramentes der Firmung, nicht aber durch

QUAESTIO 35, 4

SED CONTRA, Apostoli receperunt potestatem ordinis ante Ascensionem, Joan. 20, ubi dictum est: „Accipite Spiritum Sanctum." Sed confirmati sunt post Ascensionem per adventum Spiritus Sancti. Ergo ordo non praesupponit confirmationem.

RESPONDEO dicendum quod ad susceptionem ordinis praeexigitur aliquid quasi de necessitate sacramenti, et aliquid de congruitate. De necessitate enim sacramenti exigitur quod ille qui accedit ad ordines sit susceptivus, quod competit ei per baptismum. Et ideo character baptismalis praesupponitur de necessitate sacramenti, ita quod sine eo sacramentum ordinis conferri non potest. Sed de congruitate requiritur omnis perfectio per quam aliquis reddatur idoneus ad executionem ordinis: et unum de istis est ut sit confirmatus. Et ideo de congruitate character ordinis characterem confirmationis praesupponit, et non de necessitate.

AD PRIMUM ergo dicendum quod non est similis habitudo hujus medii ad ultimum, et primi ad medium: quia per characterem baptismalem fit homo susceptivus sacramenti confirmationis, non

das Sakrament der Firmung fähig zum Empfang des Sakramentes der Weihe. Und darum gilt der Vergleich nicht. 35, 5

Zu 2. Jene Überlegung geht aus von der Eignung unter dem Gesichtspunkt der Angemessenheit.

5. ARTIKEL

Setzt der ‚Charakter' einer bestimmten Weihe notwendig den ‚Charakter' einer anderen Weihe voraus?

1. Die Entsprechung einer Weihe zu einer anderen ist größer als die einer Weihe zu einem anderen Sakrament. Nun setzt aber der ‚Charakter' einer Weihe den ‚Charakter' eines anderen Sakramentes voraus, nämlich den der Taufe. Also setzt erst recht der ‚Charakter' einer bestimmten Weihe den ‚Charakter' einer anderen Weihe voraus.

2. Die Weihen stellen gewisse Stufen dar [Lombardus]. Nun aber kann niemand zu einer späteren Stufe gelangen, wenn er nicht die frühere erstiegen hat. Also kann niemand den ‚Charakter' einer nachfolgenden Weihe empfangen, wenn er nicht die vorhergehende Weihe empfangen hat.

ANDERSEITS: Wenn im Sakrament etwas unterlassen

autem per sacramentum confirmationis fit susceptivus sacramenti ordinis. Et ideo non est similis ratio.

AD SECUNDUM dicendum quod illa ratio procedit de idoneitate quantum ad congruitatem.

ARTICULUS V

Utrum character unius ordinis praesupponat de necessitate characterem alterius ordinis

[4 d 24: 1, 2 qa 5 — 7: 2, 1 qa 3 ad 3]

AD QUINTUM sic proceditur. Videtur quod character unius ordinis praesupponat de necessitate characterem alterius ordinis. Quia major est convenientia ordinis ad ordinem quam ordinis ad aliud sacramentum. Sed character ordinis praesupponit characterem alterius sacramenti, scilicet baptismi. Ergo multo fortius character unius ordinis praesupponit characterem alterius.

2. PRAETEREA, ordines sunt quidam gradus.[1] Sed nullus potest pervenire ad posteriorem gradum nisi priorem ascenderit. Ergo nullus potest accipere characterem ordinis sequentis nisi prius accipiat ordinem praecedentem.

SED CONTRA, si omittatur aliquid in sacramento quod sit de

---

[1] Petrus Lombardus, Sent. IV 24, 1—3 (QR II/393 sq.).

 wird, das zum Zustandekommen des Sakramentes notwendig ist, muß das Sakrament wiederholt werden. Wenn aber jemand eine nachfolgende Weihe empfängt unter Auslassung der vorangehenden, wird er nicht wieder geweiht, sondern es wird ihm nach den Rechtsbestimmungen (Gratian) verliehen, was fehlte. Also ist die vorhergehende Weihe nicht notwendig zum Zustandekommen der nachfolgenden [138].

ANTWORT: Es ist nicht notwendig zum Zustandekommen der Höheren Weihen, daß jemand zuerst die Niederen Weihen empfangen hat, weil die Vollmachten unterschieden sind und die eine ihrem Wesen nach nicht die andere in demselben Träger erfordert. Darum wurden auch in der Urkirche manche zu Priestern geweiht, welche nicht zuerst die Niederen Weihen empfangen hatten: und doch vermochten sie alles, was die niederen Weihestände vermögen; denn die niedere Vollmacht ist in der höheren Macht einbegriffen wie der Sinn im Verstand und das Herzogtum im Königreich. Später aber ist durch die Verfassung der Kirche bestimmt worden, daß sich niemand zu den Höheren Weihen vordränge, der sich nicht vorher in den niederen Ämtern verdemütigt hat. Daher kommt es, daß die mit Überspringung [einer Stufe] Geweihten den Rechtsbestimmungen nach nicht wieder geweiht werden,

necessitate sacramenti, oportet quod sacramentum iteretur. Sed si aliquis accipiat sequentem ordinem praetermisso primo, non reordinabitur, sed confertur sibi quod deerat, secundum statuta canonum.[1] Ergo praecedens ordo non est de necessitate sequentis.

RESPONDEO dicendum quod non est de necessitate superiorum ordinum quod aliquis minores ordines prius habeat: quia potestates sunt distinctae; et una, quantum est de sui ratione, non requirit aliam in eodem subjecto. Et ideo etiam in primitiva Ecclesia aliqui ordinabantur in presbyteros qui prius inferiores ordines non susceperant: et tamen poterant omnia quae inferiores ordines possunt; quia inferior potestas comprehenditur in superiori virtute, sicut sensus in intellectu et ducatus in regno. Sed postea per constitutionem Ecclesiae determinatum est quod ad majores ordines se non ingerat qui prius in minoribus officiis se non humiliavit. Et inde est quod qui ordinantur per saltum, secundum

[1] Gratianus, Decretum, p. I, d. 52, can. 1 (Frdb I/205); Decretales Gregorii IX, l. V, tit. 29, c. un. (Frdb II/833).

sondern was an früheren Weihen ausgelassen war, ihnen verliehen wird [Anders.]. 35, 5

Zu 1. Der Artähnlichkeit nach entsprechen die Weihen einander mehr als die Weihe der Taufe, nach dem Verhältnis hingegen zwischen Vermögen und Akt entspricht die Taufe mehr der Weihe als eine Weihe der anderen. Denn durch die Taufe erwirbt der Mensch die passive Fähigkeit, Weihen zu empfangen, nicht aber wird durch eine niedere Weihe die passive Fähigkeit verliehen, höhere Weihen zu empfangen.

Zu 2. Die Weihen sind keine Stufen in dem Sinne, daß sie sich ein und derselben Tätigkeit oder ein und derselben Bewegung darbieten, so nämlich, daß man nur durch die erste zur letzten gelangt; sondern sie sind wie Stufen, die zu verschiedenen Sachbereichen gehören. In diesem Sinne gibt es eine Stufe zwischen Mensch und Engel; deswegen braucht aber der Engel nicht zuerst Mensch gewesen sein. In ähnlicher Weise liegt auch eine Stufe zwischen dem Haupt und allen Gliedern des Leibes vor; und doch braucht das Haupt nicht zuerst Fuß gewesen sein. Und ähnlich verhält es sich in unserem Fall.

QUAESTIO 35, 5

canones, non reordinantur, sed id quod omissum fuerat de praecedentibus ordinibus eis confertur.

AD PRIMUM ergo dicendum quod magis conveniunt ordines ad invicem secundum similitudinem speciei quam ordo cum baptismo: sed secundum proportionem potentiae ad actum magis convenit baptismus cum ordine quam ordo cum ordine. Quia per baptismum acquirit homo potentiam passivam recipiendi ordines: non autem per ordinem inferiorem datur potentia passiva recipiendi majores ordines.

AD SECUNDUM dicendum quod ordines non sunt gradus qui occurrant in actione una vel in uno motu, ut oporteat ad ultimum per primum devenire: sed sunt sicut gradus in diversis rebus constituti. Sicut est gradus inter hominem et angelum: nec oportet quod ille qui sit angelus, prius fuerit homo. Similiter etiam est gradus inter caput et omnia membra corporis: nec oportet quod illud quod est caput, prius fuerit pes. Et similiter est in proposito.

36. FRAGE

DIE BESCHAFFENHEIT DER EMPFÄNGER DIESES SAKRAMENTES

Hierauf ist über die Beschaffenheit der Empfänger dieses Sakramentes nachzudenken.

Dazu ergeben sich fünf Einzelfragen:

1. Ist bei den Empfängern dieses Sakramentes ein [sittlich] gutes Leben erforderlich?
2. Ist die Kenntnis der gesamten Heiligen Schrift erforderlich?
3. Erlangt jemand aufgrund der Verdienstlichkeit des Lebens eine Weihestufe?
4. Begeht, wer Unwürdige zu den Weihestufen erhebt, eine Sünde?
5. Kann jemand, der in der Sünde lebt, die empfangene Weihe ohne Sünde ausüben?

1. ARTIKEL

Ist bei den Empfängern der Weihen ein [sittlich] gutes Leben erforderlich?

1. Durch die Weihe wird jemand auf die Spendung der Sakramente hingeordnet. Nun aber können die Sakra-

QUAESTIO XXXVI

DE QUALITATE SUSCIPIENTIUM HOC SACRAMENTUM

Deinde considerandum est de qualitate suscipientium hoc sacramentum.

Circa quod quaeruntur quinque: 1. Utrum in suscipientibus hoc sacramentum requiratur bonitas vitae. — 2. Utrum requiratur scientia totius sacrae Scripturae. — 3. Utrum ex ipso merito vitae aliquis ordinis gradus consequatur. — 4. Utrum promovens indignos ad ordines peccet. — 5. Utrum aliquis in peccato existens possit sine peccato ordine suscepto uti.

ARTICULUS I

Utrum in suscipientibus ordines requiratur bonitas vitae

[4 d 24: 1, 3 qa 1]

AD PRIMUM sic proceditur. Videtur quod in suscipientibus ordines non requiratur bonitas vitae. Quia per ordinem aliquis

mente durch Gute und Böse gespendet werden. Also ist ein gutes Leben nicht erforderlich. 36, 1

2. Die Dienstleistung, die Gott in den Sakramenten erwiesen wird, ist nicht größer als die ihm körperlich erwiesene. Nun aber hat der Herr die sündhafte und verrufene Frau nicht von körperlicher Dienstleistung an ihm ausgeschlossen (Lk 7, 37 ff.). Also sind solche Menschen auch nicht von der Dienstleistung an ihm im sakramentalen Bereich auszuschließen.

3. Mit jeder Gnade wird ein Heilmittel gegen die Sünde verliehen. Nun aber darf man denen, die eine Sünde haben, keinerlei Heilmittel verweigern, das ihnen nützen könnte. Da nun im Sakrament der Weihe Gnade verliehen wird, sollte dieses Sakrament offensichtlich auch Sündern gespendet werden.

ANDERSEITS heißt es Lev 21, 17 f.: ‚Niemand aus dem Stamme' Aaron, ‚der einen Makel hat, soll Brote darbringen vor dem Herrn und zu seinem Dienste nicht hinzutreten'. Nun aber wird der Glosse zufolge unter ‚Makel' jede Art von ‚Laster' verstanden. Also darf, wer in ein Laster verstrickt ist, nicht zum Weihedienst herangezogen werden.

QUAESTIO 36, 1

ordinatur ad dispensationem sacramentorum. Sed sacramenta possunt dispensari a bonis et malis. Ergo non requiritur bona vita.

2. PRAETEREA, non est majus ministerium quod Deo in sacramentis exhibetur, quam quod ipsi corporaliter exhibetur. Sed a ministerio ipsius corporali non repulit Dominus mulierem peccatricem et infamem, ut patet Luc. 7. Ergo nec a ministerio ejus in sacramentis tales sunt amovendi.

3. PRAETEREA, per omnem gratiam datur aliquod remedium contra peccatum. Sed illis qui habent peccatum, non debet aliquod remedium denegari quod eis valere possit. Cum ergo in sacramento ordinis gratia conferatur, videtur quod debeat etiam peccatoribus hoc sacramentum dari.

SED CONTRA, Lev. 21: ‚Homo de semine' Aaron ‚qui habuerit maculam, non offerat panes coram Domino, nec accedat ad ministerium ejus'. Sed per ‚maculam', ut dicit Glossa[1], omne ‚vitium' intelligitur. Ergo ille qui est aliquo vitio irretitus, non debet ad ministerium ordinis adhiberi.

---

[1] Cf. Hesychius Hierosolymitanus, In Lev., l. VI, super 21, 17 (PG 93/1062 D); Gl. ord. (Walafridus Strabo), super Lev. 21, 17 s. (PL 113/358 D); Glossa Ordinaria, cum expos. Lyre..., super Lev. 21, 17. Vol. 1. Basileae 1506, p. 252 E.

36, 1 2. Hieronymus sagt: „Nicht nur Bischöfe, Priester und Diakone müssen sich auf das gewissenhafteste vornehmen, daß sie dem ganzen Volk, dessen Vorsteher sie sind, in Reden und Wandel voranleuchten, sondern auch die niederen Weihestufen und alle, die dem Worte Gottes dienen: denn es bedeutet einen Krebsschaden für die Kirche Gottes, wenn die Laien besser sind als die Geistlichen." Also ist in allen Weihestufen Heiligkeit des Lebens erforderlich.

ANTWORT: [Ps.-]Dionysius sagt: „Wie die feineren und leuchtenderen Wesen, durch die Einströmung der Sonnenstrahlen erfüllt, das in ihnen überflutende Licht nach dem Gleichnis der Sonne auf andere Körper überströmen lassen, so darf es im ganzen Bereich des Göttlichen niemand wagen, anderen Führer zu sein, wenn er nicht in seiner ganzen Lebensführung in höchstem Maße gottförmig und gottähnlich geworden ist." Da man nun in jeder Weihestufe für andere Führer wird im göttlichen Bereich, so begeht eine Todsünde durch Anmaßung, wer im Bewußtsein der Todsünde zu den Weihen hinzutritt. Und darum ist für die Weihen Heiligkeit des Lebens erforderlich mit der Notwendigkeit des Gebotes. Allerdings nicht mit der Notwendigkeit [die zum Zustandekommen] des Sakramentes [gehört]. Wenn darum ein schlechter Mensch geweiht

QUAESTIO 36, 1

PL 26/590 BC 2. PRAETEREA, Hieronymus dicit [In Epistolam ad Titum, super 2, 15][1] quod „non solum episcopi, presbyteri et diaconi debent magnopere providere ut cunctum populum cui praesident, sermone et conversatione praecedant, verum etiam inferiores gradus, et omnes qui Domini oraculo deserviunt: quia vehementer Ecclesiam Dei destruit meliores esse laicos quam clericos". Ergo in omnibus ordinibus requiritur sanctitas vitae.

PG 3/445 AB RESPONDEO dicendum quod, sicut Dionysius dicit, 3 cap. de Ecclesiastica hierarchia [p. 3, § 14]: „Ut subtiliores et clariores essentiae, repletae influxu solarium splendorum, lumen in eis supereminens, ad similitudinem solis, ad alia corpora invehunt; sic in omni divino non est audendum aliis dux esse, nisi secundum omnem habitum suum factus deiformissimus et Deo simillimus." Unde, cum in quolibet ordine aliquis constituatur dux aliis in rebus divinis, quasi praesumptuosus mortaliter peccat qui cum conscientia peccati mortalis ad ordines accedit. Et ideo sanctitas vitae requiritur ad ordinem de necessitate praecepti. Sed non de

[1] Cf. Gratianus, Decretum, p. II, causa 8, q. 1, can. 21 (Frdb I/597).

wird, so hat er nichtsdestoweniger die Weihe; jedoch unter Sünde.

Zu 1. Wie es wahre Sakramente sind, die der Sünder spendet, so empfängt er auch das wahre Sakrament der Weihe: und wie er unwürdig spendet, so empfängt er auch unwürdig.

Zu 2. Jene Dienstleistung [der salbenden Frau] wurde ausschließlich im körperlichen Bereich vollzogen: und das dürfen auch Sünder erlaubterweise tun. Anders hingegen verhält es sich mit der geistlichen Dienstleistung, zu der die Geweihten beauftragt sind: denn durch diese werden sie in die Mitte gestellt zwischen Gott und das Volk [Hebr 5, 1]; und darum sollen sie erstrahlen im guten Gewissen Gott gegenüber und im guten Ruf den Menschen gegenüber.

Zu 3. Es gibt Arzneien, die eine besondere Kraft der Natur voraussetzen und andernfalls nur unter Lebensgefahr eingenommen werden; und andere, die den Schwachen verabreicht werden dürfen. So sind auch im geistlichen Bereich einige Sakramente als Heilmittel der Sünde aufgestellt: und solche sollen den Sündern gewährt werden, wie Taufe und Buße. Die Sakramente hingegen, welche Vollendung der Gnade verleihen, erfordern einen durch Gnade bereits gestärkten Menschen.

necessitate sacramenti. Unde, si malus ordinatur, nihilominus ordinem habet: tamen cum peccato.

AD PRIMUM ergo dicendum quod, sicut vera sacramenta sunt quae peccator dispensat, ita verum sacramentum ordinis recipit: et sicut indigne dispensat, ita indigne recipit.

AD SECUNDUM dicendum quod illud ministerium erat tantum in executione corporalis obsequii: quod etiam licite peccatores facere possunt. Secus autem est de ministerio spirituali, ad quod applicantur ordinati: quia per ipsum efficiuntur medii inter Deum et plebem; et ideo debent de bona conscientia nitere quoad Deum, et bona fama quoad homines.

AD TERTIUM dicendum quod aliquae medicinae sunt quae exigunt robur naturae, alias cum periculo mortis assumuntur: et aliae sunt quae debilibus dari possunt. Ita etiam in spiritualibus quaedam sacramenta sunt ordinata ad remedium peccati: et talia peccatoribus sunt exhibenda, sicut baptismus et poenitentia. Illa vero quae perfectionem gratiae conferunt, requirunt hominem per gratiam confortatum.

2. ARTIKEL

Ist bei den Empfängern der Weihen die Kenntnis der gesamten Heiligen Schrift erforderlich?

1. Von wessen Munde die Darlegung des Gesetzes erwartet wird, der muß die Kenntnis des Gesetzes besitzen. Nun aber „erwartet man das Gesetz aus dem Munde des Priesters“ (Mal 2, 7). Also muß er die Kenntnis des gesamten Gesetzes [139] besitzen.

2. „Allezeit bereit zur Verantwortung jedem gegenüber, der von euch Rechenschaft fordert über“ den Glauben und „die Hoffnung, die in euch lebt“ (1 Petr 3, 15). Nun aber ist Rechenschaftsablegung über die Dinge des Glaubens und der Hoffnung Sache derer, die eine vollkommene Kenntnis der Heiligen Schriften besitzen. Also müssen, die zu den Weihestufen erhoben werden, eine solche Kenntnis besitzen; denn ihnen werden diese Worte gesagt [140].

3. Keiner liest sinnvoll, der nicht versteht, was er liest; denn „lesen und nicht verstehen heißt nachlässig sein“ (Cato). Nun ist es Sache der Lektoren, die gleichsam die niedrigste Weihestufe darstellen, das Alte Testament zu

ARTICULUS II

Utrum in suscipientibus ordines requiratur scientia totius sacrae Scripturae

[4 d 24: 1, 3 qa 2]

AD SECUNDUM sic proceditur. Videtur quod requiratur scientia totius sacrae Scripturae. Quia ille debet habere legis scientiam a cujus ore lex requiritur. Sed „legem requirunt de ore sacerdotis“, ut patet Mal. 2. Ergo ipse debet legis totius habere scientiam.

2. PRAETEREA, 1 Petr. 3: „Parati semper ad satisfactionem omni poscenti vos rationem de ea quae in vobis est“ fide et „spe“. Sed reddere rationem de his quae sunt fidei et spei, est illorum qui perfectam scientiam sacrarum Scripturarum habent. Ergo talem scientiam debent habere illi qui ponuntur in ordinibus, quibus verba praedicta dicuntur.

3. PRAETEREA, nullus congrue legit qui non intelligit quod legit: quia „legere et non intelligere negligere est“, ut dicit Cato.[1] Sed ad lectores, qui est quasi infimus ordo, pertinet legere vetus

[1] Dionysius Cato, Disticha, prol. In: The Distichs of Cato. A Famous Medieval Textbook. Transl. from the Latin. Ed. W. J. Chase. Madison 1922, p. 12.

lesen (Lombardus). Also ist es ihre Aufgabe, das Verständnis des ganzen Alten Testamentes zu besitzen. Und erst recht gilt das für die höheren Weihestufen. 36, 2

ANDERSEITS: Viele werden zum Priestertum erhoben, die von solchem überhaupt nichts wissen, auch in vielen Orden. Also scheint es, daß solches Wissen nicht erforderlich sei.

2. In den „Lebensbeschreibungen der Väter" liest man, daß einige einfache Mönche zum Priesterstande erhoben wurden, deren Leben sehr heilig war. Also ist das vorgenannte Wissen für die zu Weihenden nicht erforderlich [141].

ANTWORT: Bei jeder Handlung des Menschen muß, wenn sie geordnet sein soll, die Vernunft die Leitung haben. Soll jemand also die Aufgabe seiner Weihestufe wahrnehmen, so muß er ausreichendes Wissen besitzen, um recht geleitet zu sein zur Ausübung der betreffenden Weihestufe. Und darum ist bei dem Anwärter einer Weihestufe ein derartiges Wissen erfordert: nicht, daß er allumfassend in der gesamten Schrift unterrichtet sei, sondern mehr oder weniger, je nachdem sein Amt sich auf mehr oder weniger Aufgaben erstreckt; so müssen z. B. diejenigen, die in der Annahme eines Seelsorgeauftrags

QUAESTIO 36, 2

Testamentum, ut in littera dicitur.[1] Ergo ad eos pertinet habere totius veteris Testamenti intellectum. Et multo fortius ad alios superiores ordines.

SED CONTRA est quod multi promoventur ad sacerdotium qui penitus de talibus nihil sciunt, etiam in religionibus multis. Ergo videtur quod talis scientia non requiratur.

2. PRAETEREA, in Vitis Patrum [4, 49; 8, 19—20. 89] legitur PL
aliquos simplices monachos ad sacerdotium promotos, qui erant 73/844 B
sanctissimae vitae. Ergo non requiritur praedicta scientia in 1109 C
ordinandis. 1186 B

RESPONDEO dicendum quod in quolibet actu hominis, si debeat esse ordinatus, oportet quod adsit directio rationis. Unde ad hoc quod ordinis officium exequatur, oportet quod habeat tantum de scientia quae sufficiat ad hoc quod dirigatur in actum ordinis illius. Et ideo etiam talis scientia requiritur in eo qui debet ad ordines promoveri: et non quod universaliter in tota Scriptura sit instructus, sed plus vel minus secundum quod ad plura vel pauciora se ejus officium extendit; ut scilicet illi qui aliis praeponuntur curam animarum suscipientes, sciant ea quae ad doctri-

[1] Petrus Lombardus, Sent. IV 24, 6. 10 (QR II/397. 402).

36, 2 anderen übergeordnet werden, das wissen, was zur Glaubens- und Sittenlehre gehört, und andere das, was die Ausübung ihrer Weihestufe betrifft.

Zu 1. Der Priester übt zweierlei Tätigkeiten aus: die eine und wichtigste in bezug auf den wahren [eucharistischen] Leib Christi; die andere und zweitrangige in bezug auf den mystischen Leib Christi. Die zweite hängt von der ersten ab, nicht aber umgekehrt. Und darum werden einige zum Priestertum erhoben, denen nur die erste Tätigkeit zukommt: wie jenen Ordensleuten, denen keine Seelsorge anvertraut wird. Vom Munde solcher Menschen wird keine Gesetzesverkündigung erwartet, sondern nur, daß sie die Sakramente recht vollziehen. Und darum genügt es für solche, wenn sie so viel Wissen besitzen, daß sie das den Sakramentenvollzug Betreffende richtig ausführen können.

Andere hingegen werden zu der anderen Tätigkeit erhoben, die sich auf den mystischen Leib Christi erstreckt. Vom Munde solcher erwartet das Volk Gesetzesverkündigung. Darum müssen sie über Kenntnis des Gesetzes verfügen; nicht so freilich, daß sie alle schwierigen Fragen des Gesetzes beherrschen: denn in solchen Fragen muß man sich an die Oberen wenden; vielmehr sollen sie wissen, was das Volk glauben und vom Gesetze beobachten muß [142]. Hingegen ist es Pflicht der höheren Priester, nämlich der Bischöfe, auch das zu wissen, was im Gesetze

QUAESTIO 36, 2

nam fidei et morum pertinent, et alii sciant ea quae ad executionem sui ordinis spectant.

AD PRIMUM ergo dicendum quod sacerdos habet duos actus: unum principalem, supra corpus Christi verum; et alium secundarium, supra corpus Christi mysticum. Secundus autem actus dependet a primo, sed non convertitur. Et ideo aliqui ad sacerdotium promoventur quibus committitur primus actus tantum: sicut religiosi quibus cura animarum non committitur. Et a talium ore lex non requiritur, sed solum quod sacramenta conficiant. Et ideo talibus sufficit si tantum de scientia habeant quod ea quae ad sacramentum perficiendum spectant, rite servare possint.

Alii autem promoventur ad alium actum, qui est supra corpus Christi mysticum. Et a talium ore populus legem requirit. Unde scientia legis in eis debet esse: non quidem ut sciant omnes difficiles quaestiones legis, quia in his debet ad superiores recursus haberi; sed sciant ea quae populus debet credere et observare de lege. Sed ad superiores sacerdotes, scilicet episcopos, pertinet

Schwierigkeiten bereiten kann; und das um so mehr, je höher ihr Rang ist. 36, 2

Zu 2. Die über Glauben und Hoffnung abzulegende Rechenschaft ist nicht so zu verstehen, als genüge sie zum Beweis der Dinge des Glaubens und der Hoffnung, da beides im unsichtbaren Bereich liegt; sondern so, daß sie im allgemeinen wissen, wie man die Glaubwürdigkeit beider aufzeigt. Hierzu ist kein allzu großes Wissen erforderlich [143].

Zu 3. Es ist nicht Aufgabe des Lektors, dem Volk das Verständnis der Heiligen Schrift zu vermitteln, weil das Aufgabe der höheren Weihestufen ist; sondern deutlich vorzulesen. Und darum wird von ihm nicht verlangt, daß er soviel Wissen besitze, um die Heilige Schrift zu verstehen, sondern nur soviel, um sie richtig vorzutragen. Und weil dieses Wissen leicht und von vielen zu erwerben ist, darum darf mit Wahrscheinlichkeit angenommen werden, daß der Geweihte sich ein solches Wissen aneignen wird, auch wenn er es im Augenblick noch nicht besitzt; vor allem, wenn er sich offensichtlich schon auf dem Wege dahin befindet [144].

QUAESTIO 36, 2

ut etiam ea quae difficultatem in lege facere possunt, sciant; et tanto magis quanto in majori gradu collocantur.

AD SECUNDUM dicendum quod ratio reddenda de fide et spe non est intelligenda talis quae sufficiat ad probandum quae fidei vel spei sunt, cum utrumque de invisibilibus sit: sed ut sciant in communi probabilitatem utriusque ostendere. Ad quod non requiritur multum magna scientia.

AD TERTIUM dicendum quod ad lectorem non pertinet tradere intellectum sacrae Scripturae populo, quia hoc est superiorum ordinum: sed solum pronuntiare. Et ideo ab eo non exigitur quod habeat tantum de scientia quod sacram Scripturam intelligat: sed solum quod recte pronuntiare sciat. Et quia talis scientia de facili addiscitur et a multis, ideo probabiliter aestimari potest quod ordinatus talem scientiam acquiret, si etiam tunc eam non habeat; maxime si in via ad hoc esse videatur.

3. ARTIKEL

Erlangt man aufgrund der Verdienstlichkeit des Lebens eine Weihestufe?

1. [Ps.-]Chrysostomus sagt: „Nicht jeder Priester ist heilig, aber jeder Heilige ist Priester." Nun aber wird jemand heilig aufgrund der Verdienstlichkeit seines Lebens, also auch Priester. Und dies um so mehr, wenn er die anderen Weihen besitzt.

2. Im Naturbereich werden Dinge eben dadurch auf eine höhere Stufe gestellt, daß sie Gott näher sind und mehr an seinen Vollkommenheiten teilhaben ([Ps.-]Dionysius). Nun kommt der Mensch durch das Verdienst der Heiligkeit und des Wissens Gott näher und empfängt mehr von seinen Vollkommenheiten. Also wird er durch eben diese Umstände in eine Weihestufe versetzt.

ANDERSEITS kann die einmal erworbene Heiligkeit verloren werden. Die einmal erworbene Weihestufe hingegen geht niemals verloren. Also besteht die Weihestufe nicht im Verdienst der Heiligkeit.

ANTWORT: Die Ursache muß ihrer Wirkung entsprechen. Wie darum in Christus, von welchem die Gnade auf

ARTICULUS III

Utrum ex ipso merito vitae aliquis ordinis gradus consequatur

[4 d 24: 1, 3 qa 3 — Supra 34, 1 ad 3]

AD TERTIUM sic proceditur. Videtur quod ex ipso merito vitae aliquis ordinis gradus consequatur. Quia, sicut dicit Chrysosto-
PG mus [Ps.-Chrysostomus, Opus imperfectum in Matthaeum, hom.
56/876 43, super 23, 2], „non omnis sacerdos sanctus est, sed omnis sanctus sacerdos est". Sed ex merito vitae aliquis efficitur sanctus. Ergo et sacerdos. Et multo fortius alios ordines habens.

2. PRAETEREA, in rebus naturalibus ex hoc ipso aliqua in gradu superiori collocantur quod Deo appropinquant, et magis de
PG ejus bonitatibus participant: ut Dionysius dicit, 4 cap. de Ecclesia-
3/480 B stica hierarchia [p. 3, § 5]. Sed ex merito sanctitatis et scientiae aliquis efficitur Deo propinquior, et plus de ejus bonitatibus recipiens. Ergo ex hoc ipso in gradu ordinis collocatur.

SED CONTRA, sanctitas semel habita posset amitti. Sed ordo semel habitus nunquam amittitur. Ergo ordo non consistit in ipso merito sanctitatis.

RESPONDEO dicendum quod causa debet esse proportionata suo effectui. Et ideo, sicut in Christo, a quo descendit gratia in

alle Menschen herabstieg, die Fülle der Gnade sein muß, so wird bei den Dienern der Kirche, denen es nicht zukommt, die Gnade zu spenden, sondern die Sakramente der Gnade [145], die Weihestufe nicht dadurch begründet, daß sie die Gnade besitzen, sondern dadurch, daß sie ein Sakrament der Gnade empfangen. 36, 3

Zu 1. [Ps.-]Chrysostomus nimmt die Bezeichnung des Priesters unter dem Gesichtspunkt der Etymologie, der zufolge ‚Priester' soviel bedeutet wie ‚Spender von Heiligem' [Isidor]. In diesem Sinne nämlich entspricht jeder Gerechte, sofern er heilige Verdienste einem anderen zur Hilfe schenkt, der Etymologie des Wortes Priester. Nicht aber redet er im Sinne der Wortbedeutung. Denn das Wort ‚Priester' ist eingeführt worden, um denjenigen zu bezeichnen, ‚der Heiliges schenkt bei der Spendung von Sakramenten' [146].

Zu 2. Naturdinge gelangen auf eine Stufe über anderen, sofern sie auf sie kraft ihrer Form einwirken können: und darum sind sie eben dadurch, daß sie eine vorzüglichere Form aufweisen, auf eine höhere Stufe gesetzt. Die Diener der Kirche hingegen sind anderen nicht übergeordnet, um ihnen aus der Kraft eigener Heiligkeit heraus etwas zu gewähren, denn das ist Gott allein vorbehalten; sondern als Diener und gleichsam als Werkzeug jenes Einflusses,

QUAESTIO 36, 3

omnes homines, oportet quod sit gratiae plenitudo; ita in ministris Ecclesiae, quorum non est dare gratiam, sed gratiae sacramenta, non constituitur gradus ordinis ex hoc quod habeat gratiam, sed ex hoc quod percipit aliquod gratiae sacramentum.

AD PRIMUM ergo dicendum quod Chrysostomus accipit sacerdotis nomen quantum ad rationem interpretationis, secundum quod ‚sacerdos' idem est quod ‚sacra dans' [Isidorus, Etymologiae 7, 12 n. 17][1] sic enim quilibet justus, inquantum sacra merita alicui in auxilium dat, sacerdotis interpretationem habet. Non autem loquitur secundum nominis significationem. Est enim hoc nomen ‚sacerdos' institutum ad significandum eum ‚qui sacra dat in sacramentorum dispensatione'. PL 82/291 D

AD SECUNDUM dicendum quod res naturales efficiuntur in gradu super alia secundum quod in ea agere possunt ex forma sua: et ideo ex hoc ipso quod formam nobiliorem habent, in altiori gradu constituuntur. Sed ministri Ecclesiae non proponuntur aliis ut eis ex propriae sanctitatis virtute aliquid attribuant, quia hoc solius Dei est: sed sicut ministri et quodammodo instrumenta illius

[1] Cf. Petrus Lomb., Sent. IV 24, 11 (QR II/403).

 der vom Haupt auf die Glieder herabströmt. Und darum gilt die Entsprechung [mit den Naturdingen] nicht hinsichtlich der Würde der Weihestufe, obwohl eine Entsprechung vorliegt hinsichtlich der Angemessenheit.

4. ARTIKEL

Begeht, wer Unwürdige zu den Weihestufen erhebt, eine Sünde?

1. Der Bischof bedarf der Mitarbeiter, die für geringere Aufgaben eingesetzt sind. Nun könnte er diese nicht in genügender Anzahl finden, wenn er eine solche Eignung verlangte, wie sie von den Heiligen beschrieben wird. So scheint es denn, daß er entschuldbar ist, wenn er einige Nichtgeeignete weiht.

2. Die Kirche bedarf nicht bloß der Diener zur Spendung geistlicher Gaben, sondern auch zur Verwaltung der weltlichen Geschäfte. Nun können bisweilen Menschen, die weder Wissenschaft noch Heiligkeit des Lebens besitzen, zur Verwaltung der weltlichen Geschäfte nützlich sein: entweder wegen ihrer irdischen Macht oder wegen ihres angeborenen Fleißes. Also scheint es, daß solche ohne Sünde geweiht werden können.

effluxus qui fit a capite in membra. Et ideo non est simile quantum ad dignitatem ordinis: quamvis sit simile quantum ad congruitatem.

ARTICULUS IV

Utrum promovens indignos ad ordines peccet

[4 d 24: 1, 3 qa 4]

AD QUARTUM sic proceditur. Videtur quod promovens indignos ad ordines non peccet. Quia episcopus indiget coadjutoribus in minoribus officiis constitutis. Sed non posset eos invenire in sufficienti numero si talem idoneitatem requireret in eis qualis a Sanctis describitur. Ergo, si aliquos non idoneos promovet, videtur quod sit excusabilis.

2. PRAETEREA, Ecclesia non solum indiget ministris ad dispensationem spiritualium, sed ad gubernationem temporalium. Sed quandoque illi qui non habent scientiam vel sanctitatem vitae, possunt esse utiles ad gubernationem temporalium: vel propter potentiam saecularem, vel propter industriam naturalem. Ergo videtur quod tales sine peccato possent promoveri.

3. Jeder Mensch ist gehalten, die Sünde zu vermeiden, soweit er es vermag. Wenn nun ein Bischof sündigt, indem er Unwürdige weiht, dann muß er höchste Sorgfalt aufwenden, um zu erfahren, ob die zu den Weihen Hinzutretenden würdig sind, so daß eine sorgfältige Untersuchung über deren Sitten und Bildung stattfinden müßte. Das scheint an manchen Orten nicht beachtet zu werden. 36, 4

ANDERSEITS: Es ist schlimmer, Böse für die heiligen Geheimnisse zu weihen, als schon Geweihte nicht zu züchtigen. Nun hat Eli eine Todsünde begangen, als er seine Söhne wegen ihrer Bosheit nicht züchtigte. Darum „fiel er nach rückwärts und starb" (1 Sam 4, 18). Also kommt er [ein Bischof] nicht ohne Sünde davon, wenn er Unwürdige weiht.

2. Das Geistliche ist in der Kirche dem Weltlichen vorzuziehen. Nun aber würde eine Todsünde begehen, wer die weltlichen Güter der Kirche wissentlich in Gefahr brächte. Also sündigte noch viel mehr, wer die geistlichen Güter in Gefahr brächte. Nun aber bringt jeder die geistlichen Güter in Gefahr, der Unwürdige weiht: denn „wessen Leben verachtet wird, dessen Predigt wird in der Folge auch geringgeschätzt" (Gregor [d. Gr.]), und aus demselben Grunde auch alle geistlichen Güter, die sie spenden. Also begeht, wer Unwürdige weiht, eine Todsünde.

QUAESTIO 36, 4

3. PRAETEREA, quilibet tenetur vitare peccatum quantum potest. Si ergo episcopus peccat indignos promovens, debet adhibere maximam diligentiam ad sciendum an illi qui accedunt ad ordines sint digni, ut fieret diligens inquisitio de moribus et scientia eorum. Quod non videtur alicubi observari.

SED CONTRA, pejus est promovere malos ad sacra mysteria quam jam promotos non corrigere. Sed Heli mortaliter peccavit non corrigens filios suos de malitia sua: unde, „retrorsum cadens mortuus est", ut dicitur 1 Reg. 4. Ergo non sine peccato evadit si indignos promovet.

2. PRAETEREA, spiritualia temporalibus sunt praeponenda in Ecclesia. Sed mortaliter peccaret qui res Ecclesiae temporales scienter sub periculo poneret. Ergo multo fortius qui poneret res spirituales sub periculo. Sed sub periculo ponit res spirituales quicumque indignos promovet: quia „cujus vita despicitur", ut dicit Gregorius [Quadraginta homiliae in Evangelia, l. 1, hom. 12, n. 1], „restat ut ejus praedicatio contemnatur", et eadem ratione omnia spiritualia ab eis exhibita. Ergo indignos promovens mortaliter peccat. PL 76/1119 A

36, 4 ANTWORT: Vom Herrn selbst wird beschrieben „der treue Diener, der über seine Familie gesetzt ist, damit er ihnen das rechte Maß der Speise reiche“ [Lk 12, 42]. Und darum ist derjenige der Untreue schuldig, der jemandem über dessen Maß hinaus Göttliches übergibt. Das aber tut, wer immer Unwürdige weiht. Und darum begeht er eine Todsünde, sofern er dem höchsten Herrn untreu ist; vor allem, weil das zum Nachteil der Kirche und der göttlichen Ehre ausschlägt, die durch gute Diener gefördert wird. Jemand wäre ja auch einem irdischen Herrn untreu, der Unfähige in dessen Dienst nähme.

Zu 1. Gott verläßt seine Kirche niemals so sehr, daß sich nicht genügend Diener fänden für die Erfordernisse des Volkes, wenn die Würdigen geweiht und die Unwürdigen zurückgewiesen würden. Und wenn trotzdem nicht so viele Diener gefunden werden könnten, wie es jetzt sind, so ‚wäre es besser, weniger gute Diener zu haben als viele schlechte‘, wie der selige [Ps.-]Clemens sagt [Gratian] [147].

Zu 2. Das Weltliche darf nur gesucht werden um des Geistlichen willen. Darum müßte jeder weltliche Nachteil vorgezogen und jeder Gewinn ausgeschlagen werden, um geistliche Wohlfahrt zu fördern.

QUAESTIO 36, 4

RESPONDEO dicendum quod a Domino describitur „fidelis servus, qui est constitutus supra familiam, ut det illis tritici mensuram“. Et ideo infidelitatis reus est qui alicui supra mensuram ejus divina tradit. Hoc autem facit quicumque indignos promovet. Et ideo crimen mortale committit, quasi summo Domino infidelis: et praecipue cum hoc in detrimentum Ecclesiae vergat et honoris divini, qui per bonos ministros promovetur. Esset enim infidelis terreno domino qui in ejus officio aliquos inutiles poneret.

AD PRIMUM ergo dicendum quod Deus nunquam ita deserit Ecclesiam suam quin inveniantur idonei ministri sufficientes ad necessitatem plebis, si digni promoverentur et indigni repellerentur. Et, si non possunt tot ministri inveniri quot modo sunt, ‚melius esset habere paucos ministros bonos quam multos malos‘, ut dicit beatus Clemens.[1]

AD SECUNDUM dicendum quod temporalia non sunt quaerenda nisi propter spiritualia. Unde omne incommodum temporale deberet eligi, et omne lucrum sperni, propter spirituale bonum promovendum.

---

[1] Ps.-Clemens Romanus, Epist. decretalis II ad Jacobum (Mansi I/127 A); Gratianus, Decretum, p. I, d. 23, can. 4 (Frdb I/81).

Zu 3. Es wird mindestens so viel verlangt, daß der Weihende [um ohne Sünde zu weihen] nicht weiß, daß etwas in dem Weiheanwärter der Heiligkeit widerstreitet. Jedoch wird noch mehr verlangt: es muß je nach den Anforderungen der Weihen oder des Amtes, das auferlegt werden soll, gewissenhaftere Aufmerksamkeit walten, damit Gewißheit erlangt wird über die [sittliche] Beschaffenheit der zu Weihenden, mindestens nach dem Zeugnis anderer [148]. Und das meint der Apostel 1 Tim 5, 22: „Niemandem lege vorschnell die Hand auf." 36, 5

5. ARTIKEL

Kann jemand, der in der Sünde lebt, die empfangene Weihe ohne Sünde ausüben?

1. Ein Geweihter sündigt, wenn er seine Weihestufe nicht ausübt, wenn er von Amts wegen dazu gehalten ist. Wenn er also durch die Ausübung sündigt, kann er die Sünde nicht vermeiden. Das aber ist nicht sinnvoll.

2. „Dispens ist Lockerung des Rechts" [Raymund v. Peñafort]. Wenn es also nach dem Recht für einen solchen unerlaubt wäre, die empfangene Weihestufe auszuüben, so würde es ihm doch durch Dispens erlaubt sein.

QUAESTIO 36, 5

AD TERTIUM dicendum quod ad minus hoc requiritur quod nesciat ordinans aliquid contrarium sanctitati in ordinando esse. Sed etiam exigitur amplius ut, secundum mensuram ordinis vel officii injungendi, diligentior cura apponatur ut habeatur certitudo de qualitate promovendorum, saltem ex testimonio aliorum. Et hoc est quod Apostolus dicit, 1 Tim. 5: „Nemini cito manum imposueris."

ARTICULUS V

Utrum aliquis in peccato existens possit sine peccato ordine suscepto uti

[4 d 24: 1, 3 qa 5]

AD QUINTUM sic proceditur. Videtur quod aliquis in peccato existens possit sine peccato ordine suscepto uti. Quia peccat si non utatur, cum ex officio tenetur. Si ergo utendo peccat, non potest peccatum vitare. Quod est inconveniens.

2. PRAETEREA, „dispensatio est juris relaxatio".[1] Ergo, quamvis de jure esset ei illicitum uti ordine suscepto, tamen ex dispensatione ei liceret.

---

[1] Raymundus de Pennafort, Summa, l. III, tit. 29, § 2. Ed. Laget. Paris 1720, p. 346.

36, 5 3. Wer immer mit jemand Gemeinschaft hat, der in einer Todsünde lebt, der begeht selbst eine Todsünde. Wenn nun ein Sünder in der Ausübung seiner Weihestufe eine Todsünde begeht, dann begeht ebenfalls eine Todsünde, wer von ihm etwas Göttliches empfängt oder fordert. Das aber ist offensichtlich sinnwidrig.

4. Wenn der Geweihte in der Ausübung seiner Weihestufe sündigt, so ist folglich jede Handlung, die er aufgrund dieser Weihestufe vollzieht, eine Todsünde. Da nun in ein und derselben Ausübung einer Weihestufe viele Handlungen zusammenlaufen, scheint es, daß er viele Todsünden begeht. Das aber ist offensichtlich sehr hart.

ANDERSEITS sagt [Ps.-]Dionysius von „jemandem", der nicht erleuchtet ist: „Er scheint vermessen, wenn er die Hand an priesterliche Aufgaben legt; er ist ohne Scheu und Scham, wenn er göttliche Dienste ohne Würde vollzieht und meint, Gott wisse nicht, was er selbst von sich weiß, und glaubt, den von ihm mit falschem Namen ‚Vater' Genannten zu täuschen: er erfrecht sich, ich will nicht sagen: Gebete, sondern seine unflätigen Lästerungen nach der Weise Christi auszusprechen über die göttlichen Symbole [Brot und Wein]." Also ist ein Priester, der seine Weihestufe in unwürdiger Weise ausübt, gleichsam Gotteslästerer und Betrüger. Und so begeht er eine Todsünde. Derselbe Grund gilt für jeden anderen Geweihten.

QUAESTIO 36, 5

3. PRAETEREA, quicumque communicat alicui in peccato mortali, peccat mortaliter. Si ergo peccator in usu ordinis peccat mortaliter, tunc etiam peccat mortaliter qui ab eo aliquid divinorum accipit, vel ab eo exigit. Quod videtur absurdum.

4. PRAETEREA, si utendo ordine suo peccat, ergo quilibet actus ordinis quem facit, est peccatum mortale. Et ita, cum in una executione ordinis multi actus concurrant, videtur quod multa peccata mortalia committat. Quod valde durum videtur.

PG SED CONTRA est quod dicit Dionysius, in Epistola [8] ad
3/1092 BC Demophilum [§ 2]: „Talis", scilicet qui non est illuminatus, „audax videtur sacerdotalibus manum apponens; et non timet neque verecundatur divina praeter dignitatem exequens, et putans Deum ignorare quae ipse in seipso cognovit; et decipere existimat falso nomine Patrem ab ipso appellatum: et audet ipsius[1] immundas infamias, non enim dicam orationes, super divina signa Christiformiter enuntiare." Ergo sacerdos est quasi blasphemus et deceptor qui indigne suum ordinem exequitur. Et sic mortaliter peccat. Et eadem ratione quilibet alius ordinatus.

[1] In Sent. add.: muneris; sed non invenitur in versionibus Dionysii.

2. Beim Empfang einer Weihe ist Heiligkeit erfordert, damit der Geweihte zu deren Ausübung geeignet ist. Nun aber begeht eine Todsünde, wer mit einer Todsünde behaftet zu den Weihen hinzutritt. Also begeht er eine viel größere Todsünde bei jeder Ausübung seiner Weihestufe. 36, 5

ANTWORT: Das Gesetz schreibt vor, der Mensch solle „das, was recht ist, auf rechte Weise" ausführen (Dtn 16, 20). Wer nun immer, was ihm aufgrund seiner Weihestufe zusteht, in unwürdiger Weise ausführt, der führt das, was recht ist, auf unrechte Weise aus; er handelt zugleich der Vorschrift des Gesetzes zuwider und begeht dadurch eine Todsünde. Wer immer aber mit einer Todsünde behaftet einen heiligen Dienst verrichtet, tut dies zweifellos in unwürdiger Weise. Daraus ergibt sich, daß er eine Todsünde begeht.

Zu 1. Niemand gerät in Gewissensnot, als ob er notwendig sündigen müßte: denn er kann die Sünde lassen oder auf das Amt verzichten, das ihn zur Ausübung der Weihestufe verpflichtete.

Zu 2. Vom Naturrecht kann nicht dispensiert werden [vgl. I—II 97, 4 Zu 3: Bd. 13]. Daß aber ein Mensch das Heilige auf heilige Weise vollziehe, ist Naturrecht. Darum kann niemand davon dispensieren.

Zu 3. Solange ein Diener der Kirche, der in der Todsünde lebt, von der Kirche geduldet wird, muß der Unter-

QUAESTIO 36, 5

2. PRAETEREA, sanctitas requiritur in susceptione ordinis ut sit idoneus ad exequendum. Sed peccat mortaliter qui cum peccato mortali ad ordines accedit. Ergo multo fortius peccat mortaliter in qualibet executione sui ordinis.

RESPONDEO dicendum quod lex praecipit ut homo „juste ea quae sunt justa" exequatur. Et ideo quicumque hoc quod sibi competit ex ordine facit indigne, quod justum est injuste exequitur, et contra praeceptum legis facit, ac per hoc mortaliter peccat. Quicumque autem cum peccato mortali aliquod sacrum officium pertractat, non est dubium quin indigne illud facit. Unde patet quod mortaliter peccat.

AD PRIMUM ergo dicendum quod non est perplexus, ut necessitatem peccandi habeat: quia potest peccatum dimittere, vel officio resignare ex quo obligabatur ad ordinis executionem.

AD SECUNDUM dicendum quod jus naturale est indispensabile. Hoc autem est de jure naturali, ut homo sancta sancte pertractet. Unde contra hoc nullus potest dispensare.

AD TERTIUM dicendum quod, quandiu minister Ecclesiae qui est in peccato mortali ab Ecclesia sustinetur, ab eo sacramenta

gebene von ihm Sakramente empfangen: weil er [als Untergebener] ihm gegenüber dazu verpflichtet ist [vgl. 19, 5 Zu 3; 6 Antw.]. Doch wäre es nicht sicher, außer im Notfall [149], ihn zu irgendeiner Ausübung seiner Weihestufe zu veranlassen, solange der Untergebene die Überzeugung hat, daß der Geweihte in der Todsünde lebt. Doch könnte der Untergebene diese Überzeugung aufgeben: weil ein Mensch im Augenblick von der göttlichen Gnade geläutert werden kann.

Zu 4. Sooft er in irgendeiner Handlung als Diener der Kirche auftritt, begeht er eine Todsünde, und zwar so oft, als er eine solche Handlung vornimmt: denn „die Unlauteren dürfen nicht einmal die Sinnbilder", das heißt die sakramentalen Zeichen, „berühren" ([Ps.-]Dionysius). Wenn sie also heilige Dinge berühren in Ausübung ihres Amtes, begehen sie eine Todsünde.

Anders freilich verhielte es sich, wenn sie in einem Notstand etwas Heiliges berührten oder in dem auch für Laien erlaubten Fall vollzögen: so, wenn jemand im Notfall taufen oder den auf die Erde gefallenen Leib Christi aufheben würde.

ejus subditus recipere debet: quia ad hoc est ei obligatus. Sed tamen, praeter necessitatis articulum, non esset tutum quod eum induceret ad aliquid sui ordinis exequendum durante tali conscientia quod ille in peccato mortali esset. Quam tamen deponere posset: quia in instanti homo a divina gratia emundatur.

AD QUARTUM dicendum quod quandocumque exhibet se in aliquo actu ut minister Ecclesiae, mortaliter peccat, et toties quoties hujusmodi actum facit: quia, ut Dionysius dicit, 1 cap. de
PG 3/377 A Ecclesiastica hierarchia [p. 1, § 5], „immundis nec symbola", idest sacramentalia signa, „tangere fas est". Unde, quando tangunt res sacras quasi suo officio utentes, peccant mortaliter.

Secus autem esset si in aliqua necessitate aliquod sacrum contingerent vel exequerentur in illo casu in quo et laicis liceret: sicut si baptizaret in articulo necessitatis, vel si corpus Christi in terram projectum colligeret.

DIE UNTERSCHEIDUNG DER WEIHEN, DEREN VOLLZÜGE UND DIE EINPRÄGUNG DES ‚CHARAKTERS'

In der Folge ist über die Unterscheidung der Weihen, deren Vollzüge und die Einprägung des ‚Charakters' zu handeln.

Dazu ergeben sich fünf Einzelfragen:

1. Muß das Weihesakrament in mehrere Weihestufen unterschieden werden?
2. Wie viele sind es?
3. Müssen sie in heilige [höhere] und nichtheilige [niedere] Weihen unterschieden werden?
4. Sind die Vollzüge der Weihestufen angemessen angegeben?
5. Wann werden die ‚Charaktere' der Weihen eingeprägt?

1. ARTIKEL

Müssen mehrere Weihestufen unterschieden werden?

1. Je größer eine Kraft ist, um so weniger ist sie vervielfacht [Buch über die Ursachen]. Nun aber ist dieses

QUAESTIO XXXVII

DE DISTINCTIONE ORDINUM, ET EORUM ACTIBUS, ET CHARACTERIS IMPRESSIONE

Consequenter agendum est de distinctione ordinum, et eorum actibus, et characteris impressione.

Circa quod quaeruntur quinque: 1. Utrum ordo debeat in plures distingui. — 2. Quot sint. — 3. Utrum debeant distingui per sacros et non sacros. — 4. Utrum actus ordinum convenienter assignentur. — 5. Quando ordinum characteres imprimuntur.

ARTICULUS I

Utrum debeant plures ordines distingui

[4 d 24: 2, 1 qa 1 — CG IV 75]

AD PRIMUM sic proceditur. Videtur quod non debeant plures ordines distingui. Quanto enim aliqua virtus est major, tanto

37, 1 Sakrament würdiger als die anderen Sakramente, sofern es die Empfänger in eine Stufe über anderen einsetzt. Da nun die anderen Sakramente nicht in mehrere unterschieden werden, welche mit der Bezeichnung des Ganzen bezeichnet werden, darf auch dieses Sakrament nicht in mehrere Weihestufen unterschieden werden.

2. Wenn geteilt wird, dann handelt es sich um die Aufteilung entweder in Ganzheitsteile oder in Unterteile [vgl. II—II 48 Antw.: Bd. 17 B]; [die Unterscheidung der Weihesakramente ist] aber nicht [eine Aufteilung] in Ganzheitsteile: weil sie dann nicht mit der Bezeichnung des Ganzen bezeichnet würden. Also ist es eine Aufteilung in Unterteile. Nun aber werden Unterteile in der Mehrzahl mit der Bezeichnung der umfassenden Gattung wie auch der engeren Gattung bezeichnet: so sind Mensch und Esel mehrere ‚Sinnenwesen' und mehrere ‚belebte Körper' [150]. Also sind auch Priestertum und Diakonat sowohl mehrere Weihestufen als auch mehrere Sakramente; denn das ‚Sakrament' verhält sich zu den Weihen wie die [umfassende] Gattung.

3. Aristoteles zufolge ist eine Herrschaftsform, in welcher einer allein regiert, eine vorzüglichere Herrschaftsform für die Gemeinschaft als die Aristokratie, bei welcher Verschiedene in verschiedenen Ämtern eingesetzt werden. Nun aber muß die Herrschaftsform der Kirche die vorzüg-

minus est multiplicata.[1] Sed hoc sacramentum est dignius aliis sacramentis: in quantum constituit suscipientes in aliquo gradu super alios. Cum ergo alia sacramenta non distinguantur in plura quae recipiant praedicationem totius, nec hoc sacramentum debet in plures ordines distingui.

2. PRAETEREA, si dividitur, aut est divisio totius in partes integrales, aut in partes subjectivas. Non autem in partes integrales: quia sic non reciperent praedicationem totius. Ergo est divisio in partes subjectivas. Sed partes subjectivae recipiunt in plurali praedicationem generis remoti sicut generis proximi: sicut homo et asinus sunt plura ‚animalia', et plura ‚corpora animata'. Ergo et sacerdotium et diaconatus, sicut sunt plures ordines, ita sunt plura sacramenta: cum ‚sacramentum' sit quasi genus ad ordines.

1160 a 35 3. PRAETEREA, secundum Philosophum, 8 Ethicorum [c. 12], regimen in quo unus tantum principatur, est nobilius regimen communitatis quam aristocratia, qua diversi in diversis officiis

[1] Liber de causis, prop. 16 (al. 17), n. 138. In: Le Liber de causis. Ed. A. Pattin. Tijdschrift voor Filosofie 28 (1966) p. 171; Separatdruck: p. 83.

lichste sein. Also dürfte es in der Kirche keine Unterscheidung der Weihestufen zu verschiedenen Tätigkeiten geben, sondern die ganze Gewalt müßte bei einem einzigen liegen. Und so dürfte es nur eine einzige Weihe[stufe] geben. 37, 1

ANDERSEITS: Die Kirche ist der mystische Leib Christi, ähnlich einem natürlichen Leib, wie der Apostel sagt (Röm 12, 4 f. usw.). Nun aber gibt es in einem natürlichen Leib verschiedene Aufgaben der Glieder. Also muß es auch in der Kirche verschiedene Weihestufen geben.

2. Die Dienstwaltung des Neuen Bundes ist würdiger als die des Alten (2 Kor 3, 7 ff.). Nun aber wurden im Alten Bunde nicht nur die Priester, sondern auch deren Diener, die Leviten, geheiligt [Num 8, 6 ff.]. Also müssen auch im Neuen Bunde nicht nur Priester durch das Weihesakrament geweiht werden, sondern auch ihre Diener. Und so muß es mehrere Weihestufen geben.

ANTWORT: Die Vielfalt der Weihestufen ist in der Kirche aus drei Gründen eingeführt worden. Erstens, um die Weisheit Gottes herauszustellen, die in der geordneten Unterscheidung der Dinge am hellsten aufleuchtet, sowohl im Naturbereich als im Gnadenbereich. Das ist versinnbildet durch „die Königin von Saba: als sie die Ordnung der Diener Salomons sah, geriet sie außer sich“ [3 (1) Kön 10, 4f.],

QUAESTIO 37, 1

constituuntur. Sed regimen Ecclesiae debet esse nobilissimum. Ergo non deberet esse in Ecclesia distinctio ordinum ad diversos actus, sed tota potestas deberet apud unum residere. Et sic deberet esse tantum unus ordo.

SED CONTRA, Ecclesia est corpus Christi mysticum, simile corpori naturali, secundum Apostolum. Sed in corpore naturali sunt diversa membrorum officia. Ergo et in Ecclesia debent esse diversi ordines.

2. PRAETEREA, ministerium novi Testamenti est dignius quam veteris: ut patet 2 Cor. 3. Sed in veteri Testamento non solum sacerdotes, sed etiam ministri eorum, levitae, sanctificabantur. Ergo et in novo Testamento debent consecrari per ordinis sacramentum non solum sacerdotes, sed ministri eorum. Et ita oportet quod sint plures ordines.

RESPONDEO dicendum quod ordinum multitudo est inducta in Ecclesia propter tria. Primo quidem, propter Dei sapientiam commendandam, quae in distinctione ordinata rerum maxime relucet, tam in naturalibus quam in spiritualibus. Quod significatur in hoc quod „regina Saba, videns ordinem ministrorum

37, 1 da sie in der Bewunderung seiner Weisheit nicht mehr mitkam.

Zweitens, um der menschlichen Schwäche zu Hilfe zu kommen: denn durch einen Menschen allein könnte nicht alles, was zu[r Vermittlung der] göttlichen Mysterien gehörte, ohne große Beschwernisse ausgeführt werden. Und darum werden verschiedene Weihestufen im Hinblick auf verschiedene Ämter unterschieden. Und das erhellt daraus, daß Gott dem Moses „siebzig [Älteste] des Volkes" zur Seite gab (Num 11, 16) [151].

Drittens, damit den Menschen ein breiterer Weg gebaut würde für den Fortschritt, insofern mehrere in verschiedene Ämter aufgeteilt werden, so daß sie alle Gottes Mitarbeiter seien: Göttlicheres gibt es nicht ([Ps.-]Dionysius).

Zu 1. Die anderen Sakramente werden gespendet, damit bestimmte Wirkungen empfangen werden; dieses Sakrament hingegen wird hauptsächlich gespendet, damit bestimmte Tätigkeiten vollzogen werden. Und so muß das Sakrament der Weihe unterschieden werden je nach der Verschiedenheit der Tätigkeiten: wie die Vermögen [überhaupt] durch Tätigkeiten unterschieden werden [152].

Zu 2. Die Unterscheidung der Weihe ist nicht die eines zusammengesetzten Ganzen in seine Teile noch die eines logisch allgemeinen Ganzen in seine Unterteile, sondern die eines Mächtigkeitsganzen [150]. Dessen Natur besteht

Salomonis, non habebat ultra spiritum", deficiens in admiratione sapientiae illius.

Secundo, ad subveniendum humanae infirmitati: quia per unum non poterant omnia quae ad divina mysteria pertinebant expleri sine magno gravamine. Et ideo distinguuntur ordines diversi ad diversa officia. Et hoc patet per hoc quod Dominus, Num. 11, dedit Moysi „septuaginta senes populi" in adjutorium.

Tertio, ut via proficiendi hominibus amplior detur, dum plures in diversis officiis distribuuntur, ut omnes sint Dei cooperatores:
PG quo nihil est divinius, ut Dionysius dicit [De caelesti hierarchia,
3/165 B c. 3, § 2].

AD PRIMUM ergo dicendum quod illa sacramenta dantur ad effectus aliquos percipiendos: sed hoc sacramentum datur principaliter ad actus aliquos agendos. Et ideo secundum diversitatem actuum oportet quod ordinis sacramentum distinguatur: sicut potentiae distinguuntur per actus.

AD SECUNDUM dicendum quod distinctio ordinis non est totius integralis in partes, neque totius universalis, sed totius potestativi. Cujus haec est natura, quod totum secundum comple-

darin, daß das Ganze in seinem vollen Wesen in einem sich findet, in den anderen Teilen hingegen eine Teilhabe daran vorliegt. So ist es auch hier. Denn die ganze Fülle dieses Sakramentes liegt in einer einzigen Weihe, nämlich in der Priesterweihe; in den anderen findet sich eine Teilhabe an der Priesterweihe. Und das ist versinnbildet in dem Wort des Herrn an Moses: „Ich will von deinem Geiste nehmen und ihn weitergeben, damit sie mit dir die Last des Volkes tragen“ (Num 11, 17). Und darum sind alle Weihen ein einziges Sakrament. 37, 2

Zu 3. Obwohl in einem Reiche die ganze Fülle der Macht beim König ruht, so sind doch Vollmachten der Minister nicht ausgeschlossen, welche eine Teilhabe an der königlichen Macht darstellen. Und ähnlich verhält es sich bei der Weihe. Im Rahmen der Aristokratie hingegen ruht die Fülle der Macht bei keinem einzelnen, sondern bei allen.

2. ARTIKEL

Gibt es sieben Weihen?

1. Die Weihen der Kirche sind hingeordnet auf die hierarchischen Tätigkeiten. Nun aber gibt es nur drei hierarchische Tätigkeiten: ‚läutern‘, ‚erleuchten‘ und

tam rationem est in uno, in aliis autem est aliqua participatio ipsius. Et ita est hic. Tota enim plenitudo hujus sacramenti est in uno ordine, scilicet sacerdotio: sed in aliis est quaedam participatio ordinis. Et hoc significatum est in hoc quod Dominus dixit, Num. 11, Moysi: „Auferam de spiritu tuo et tradam eis, ut sustentent tecum onus populi.“ Et ideo omnes ordines sunt unum sacramentum.

AD TERTIUM dicendum quod in regno, quamvis tota potestatis plenitudo resideat penes regem, non tamen excluduntur ministrorum potestates, quae sunt participationes quaedam regiae potestatis. Et similiter est in ordine. In aristocratia autem apud nullum residet plenitudo potestatis, sed apud omnes.

ARTICULUS II

Utrum sint septem ordines

[4 d 24: 2, 1 qa 2 — CG IV 75; CI 4; In I Tim 3: lect 2]

AD SECUNDUM sic proceditur. Videtur quod non sint septem ordines. Ordines enim Ecclesiae ordinantur ad actus hierarchicos. Sed tres sunt tantum actus hierarchici, scilicet ‚purgare‘, ‚illumi-

37, 2 ‚vollenden'; diesen zufolge unterscheidet [Ps.-]Dionysius drei Weihestufen. Also sind es nicht sieben.

2. Alle Sakramente haben ihre Wirksamkeit und Vollmacht aus der Einsetzung Christi oder doch wenigstens seiner Apostel. Nun aber werden in der Lehre Christi und der Apostel nur Priester und Diakone erwähnt. Also gibt es offensichtlich keine anderen Weihestufen.

3. Durch das Sakrament der Weihe wird jemand eingesetzt als Spender der anderen Sakramente. Die anderen Sakramente aber sind sechs. Also dürfen es nur sechs Weihestufen sein.

ANDERSEITS [4.] scheint es, daß es mehr sein müssen. Denn je höher eine Kraft steht, um so weniger ist sie vervielfachbar [Buch über die Ursachen]. Nun aber befindet sich die hierarchische Gewalt auf höhere Weise in den Engeln als in uns ([Ps.-]Dionysius). Da es nun in der Hierarchie der Engel neun Rangstufen gibt, müßten es [mindestens] ebenso viele in der Kirche sein oder [eher] noch mehr.

2. [5.] Die Weissagung der Psalmen ist edler als alle anderen Weissagungen [Lombardus]. Nun aber gibt es in der Kirche für die Vorlesung der anderen Weissagungen eine Weihestufe, nämlich die der Lektoren. Also muß es zur

nare' et ‚perficere', secundum quos Dionysius distinguit tres
PG ordines, in 5 cap. de Ecclesiastica hierarchia [p. 1, § 6. 7]. Ergo non
3/505 D sunt septem.
508 C 2. PRAETEREA, omnia sacramenta habent efficaciam et auctoritatem ex institutione Christi, vel saltem Apostolorum ejus. Sed in doctrina Christi et Apostolorum non fit mentio nisi de presbyteris et diaconibus. Ergo videtur quod non sint alii ordines.

3. PRAETEREA, per sacramentum ordinis constituitur aliquis dispensator aliorum sacramentorum. Sed alia sacramenta sunt sex. Ergo debent esse tantum sex ordines.

SED CONTRA, videtur quod debeant esse plures. Quia quanto aliqua virtus est altior, tanto est minus multiplicabilis.[1] Sed potestas hierarchica est altiori modo in angelis quam in nobis: ut
PG Dionysius dicit [ib., c. 1, p. 1, § 4]. Cum ergo in hierarchia angelica
3/376 B sint novem ordines, totidem deberent esse in Ecclesia, vel plures.

2. PRAETEREA, prophetia psalmorum est nobilior inter omnes
PL alias prophetias [Petrus Lomb., Praefatio in librum Psalmorum].
113/842 B Sed ad pronuntiandum in Ecclesia alias prophetias est unus ordo, scilicet lectorum. Ergo et ad pronuntiandum psalmos deberet esse

[1] Liber de causis, l. c.

Vorlesung der Psalmen eine andere Weihestufe geben: vor allem, da in den Rechtsbestimmungen der ,Psalmist' als zweiter nach dem Türhüter unter den Weihestufen aufgezählt wird (Gratian). 37, 2

ANTWORT: Einige begründen die ausreichende Zahl der Weihestufen in Hinblick auf die besonderen Gnadengaben, von welchen in 1 Kor 12, 4 ff. die Rede ist. Sie sagen: die ,Rede der Weisheit' kommt dem Bischof zu, weil er den anderen ihre Ordnung gibt, was Aufgabe der Weisheit ist; die ,Rede der Wissenschaft' dem Priester, der den Schlüssel des Wissens [Lk 11, 52] besitzen muß; der ,Glaube' dem Diakon, der das Evangelium verkündet; die ,Machttaten' dem Subdiakon, der sich emporschwingt zu den Werken der Vollkommenheit durch das Gelübde der Enthaltsamkeit; die ,Auslegung der Reden' dem Akolythen, was in dem von ihm getragenen Licht versinnbildet ist; die ,Gabe der Heilungen' dem Exorzisten; die ,Gabe der Zungen' dem Psalmisten; die ,Weissagung' dem Lektor; die ,Unterscheidung der Geister' dem Türhüter, der einige zurückweist und andere einläßt.

Diese Zuordnung ist aber unsinnig. Denn die besonderen Gnadengaben werden nicht ein und demselben geschenkt, während alle Weihen ein und demselben erteilt werden; denn es heißt 1 Kor 12, 4: „Es sind verschiedene Gnadengaben." — Und außerdem sind hier einige Ämter aufge-

QUAESTIO 37, 2

alius ordo: et praecipue cum in Decretis, dist. 21[1], ,psalmista' secundus ab ostiario inter ordines ponatur.

RESPONDEO dicendum quod quidam sufficientiam ordinum assumunt per quandam adaptationem ad gratias gratis datas, de quibus habetur 1 Cor. 12. Dicunt enim quod ,sermo sapientiae' competit episcopo, quia ipse aliorum ordinator est, quod ad sapientiam pertinet; ,sermo scientiae' sacerdoti, quia debet habere clavem scientiae; ,fides' diacono, qui praedicat Evangelium; ,opera virtutum' subdiacono, qui se ad opera perfectionis extendit per votum continentiae; ,interpretatio sermonum' acolytho, quod significatur in lumine quod defert; ,gratia sanitatum' exorcistae; ,gratia linguarum' psalmistae; ,prophetia' lectori; ,discretio spirituum' ostiario, qui quosdam repellit et quosdam admittit.

Sed hoc nihil est. Quia gratiae gratis datae non dantur eidem sicut omnes ordines dantur eidem, dicitur enim 1 Cor. 12: „Divisio-

[1] Gratianus, Decretum, p. I, d. 21, can. 1 (Frdb I/69).

37, 2 stellt, die nicht als Weihestufen bezeichnet werden, nämlich Bischofs- [40, 4] und Psalmisten-Amt [unten Zu 5].

Und darum schreiben andere [bestimmte Tätigkeiten bestimmten Weihestufen] zu aufgrund der Angleichung an die himmlische Hierarchie, in welcher die Stufen unterschieden sind unter dem Gesichtspunkt der Läuterung, Erleuchtung und Vollendung. Sie sagen: der Türhüter ‚läutert' äußerlich, indem er die Guten von den Schlechten sogar körperlich absondert; innerlich hingegen [läutert] der Akolyth, weil er durch das von ihm getragene Licht die Vertreibung der inneren Finsternis bezeichnet; in beiderlei Weise aber der Exorzist, weil er den Teufel, den er austreibt, in beiderlei Weise in Verwirrung bringt. Die ‚Erleuchtung' aber, die durch die Lehre erfolgt, erfolgt in bezug auf die prophetische Lehre durch die Lektoren; in bezug auf die apostolische Lehre durch die Subdiakone; in bezug auf die evangelische Lehre durch die Diakone. Die allgemeine ‚Vollendung' hingegen, die von der Buße, der Taufe und dergleichen abhängt, wird durch den Priester bewirkt; die hervorragende [Vollendung] aber durch den Bischof, wie die Weihe der Priester und Jungfrauen; die hervorragendste durch den Papst, in welchem die Fülle der Vollmacht ist.

Aber auch diese Zuordnung ist unsinnig. Sowohl, weil die Stufen der himmlischen Hierarchie nicht durch die

QUAESTIO 37, 2

nes gratiarum sunt." — Et iterum ponuntur quaedam quae ordines non dicuntur: scilicet episcopatus et psalmistatus.

Et ideo alii assignant secundum quandam assimilationem ad caelestem hierarchiam, in quibus ordines distinguuntur secundum purgationem, illuminationem et perfectionem. Dicunt enim quod ostiarius ‚purgat' exterius, segregando bonos a malis etiam corporaliter; interius vero acolythus, quia per lumen quod portat significat se interiores tenebras pellere; sed utroque modo exorcista, quia diabolum, quem expellit, utroque modo perturbat. Sed ‚illuminatio', quae fit per doctrinam, quantum ad doctrinam propheticam fit per lectores; quantum ad Apostolicam fit per subdiaconos; quantum ad Evangelicam fit per diaconos. Sed ‚perfectio' communis, utpote quae est poenitentiae et baptismi et hujusmodi, fit per sacerdotem; excellens vero per episcopum, ut consecratio sacerdotum et virginum; sed excellentissima per Summum Pontificem, in quo est plenitudo auctoritatis.

Sed hoc nihil est. Tum quia ordines caelestis hierarchiae non distinguuntur per praedictas actiones hierarchicas: cum quaelibet

vorgenannten hierarchischen Tätigkeiten unterschieden werden: da jede von ihnen jeder Stufe zukommt. — Aber auch, weil es [Ps.-]Dionysius zufolge allein den Bischöfen zukommt zu vollenden, zu erleuchten hingegen den Priestern und zu läutern allen Dienern. 37, 2

Und darum ordnen andere die Weihestufen den sieben Gaben [des Heiligen Geistes] zu; dann entspricht dem Priestertum die Gabe der Weisheit, welche uns speist „mit dem Brot des Lebens und der Einsicht" [Sir 15, 3], insofern uns der Priester stärkt mit dem himmlischen Brot; dem Türhüter die [Gabe der] Furcht, weil er uns von den Bösen trennt; und in dieser Reihenfolge entsprechen die Zwischenstufen den dazwischen aufgeführten Gaben.

Aber auch diese Zuordnung ist unsinnig. Denn in jeder Weihestufe wird die siebenfältige Gnadengabe verliehen.

Und darum muß man anders sagen: das Sakrament der Weihe ist hingeordnet auf das Sakrament der Eucharistie, die das Sakrament der Sakramente ist ([Ps.-]Dionysius). Wie nämlich Gotteshaus und Altar, Gefäße und Gewänder, so bedürfen auch die Dienste, welche auf die Eucharistie hingeordnet sind, der Weihung, und diese Weihung ist das Sakrament der Weihe. Und darum ist die Unterscheidung [von Stufen innerhalb] des Weihesakramentes aus der Beziehung zur Eucharistie zu nehmen.

cuilibet ordinum conveniat. — Tum quia, secundum Dionysium [De Ecclesiastica hierarchia, c. 5, p. 1, §§ 5. 6], solis episcopis convenit perficere, illuminare autem sacerdotibus, purgare autem ministris omnibus. PG 3/505 BC 508 AB

Et ideo alii [cf. Hugo de S. Victore, De sacramentis Christianae fidei, l. 2, p. 3, c. 5][1] approprient ordines septem donis: ut sacerdotio respondeat donum sapientiae, quae nos „pane vitae et intellectus" cibat, sicut sacerdos nos pane caelesti reficit; sed timor ostiario, quia nos separat a malis; et sic intermedii ordines respondent mediis donis. PL 176/423 D

Sed hoc iterum nihil est. Quia in quolibet ordine septiformis gratia datur.

Et ideo aliter dicendum quod ordinis sacramentum ad sacramentum Eucharistiae ordinatur, quod est sacramentum sacramentorum, ut Dionysius dicit [De Ecclesiastica hierarchia, c. 3, p. 1]. Sicut enim templum et altare, et vasa et vestes, ita et ministeria quae ad Eucharistiam ordinantur, consecratione indigent: et haec consecratio est ordinis sacramentum. Et ideo distinctio ordinis est accipienda secundum relationem ad Eucharistiam. PG 3/425 A

---

[1] Cf. Petrus Lomb., Sent. IV 24, 2 sq. (QR II/394).

37, 2 Denn die Weihegewalt erstreckt sich entweder auf die Wandlung der Eucharistie selbst oder auf einen darauf hinzuordnenden Dienst. Im ersten Fall handelt es sich um die Stufe der ‚Priester'; und darum empfangen sie bei ihrer Weihe den Kelch mit Wein und die Opferschale mit Brot und damit die Gewalt, [Brot und Wein] in den Leib und das Blut Christi zu wandeln.

Die Mitwirkung der Diener erfolgt entweder in Hinordnung auf das Sakrament selbst oder in Hinordnung auf die Empfänger. Im ersten Fall geschieht sie in dreifacher Weise. Erstens nämlich handelt es sich um den Dienst, in welchem der Diener mit dem Priester im sakramentalen Geschehen selbst zusammenwirkt, und zwar bezüglich der Austeilung, nicht aber bezüglich der Wandlung, die der Priester allein vornimmt. Und das ist Sache des ‚Diakons'. Darum heißt es im Text (des Lombarden nach Gratian): „Es ist Sache des Diakons, den Priestern in allem zu dienen, was bei den Sakramenten Christi getan wird." Darum teilen sie sogar das Blut aus. — Zweitens handelt es sich um den Dienst, der auf die Materie des Sakramentes hingeordnet ist, die in den heiligen Gefäßen des Sakramentes selbst ordentlich zu bewahren ist. Und das ist Sache des ‚Subdiakons'. Darum heißt es im Text: sie tragen die Gefäße des Leibes und Blutes des Herrn und stellen die Opfergaben auf

QUAESTIO 37, 2

Quia potestas ordinis aut est ad consecrationem Eucharistiae ipsius, aut ad aliquod ministerium ordinandum ad hoc. Si primo modo, sic est ordo ‚sacerdotum'. Et ideo, cum ordinantur, accipiunt calicem cum vino et patenam cum pane, potestatem accipientes consecrandi corpus et sanguinem Christi.

Cooperatio autem ministrorum est vel in ordine ad ipsum sacramentum, vel in ordine ad suscipientes. Si primo modo, sic tripliciter. Primo enim est ministerium quo minister cooperatur sacerdoti in ipso sacramento, quantum ad dispensationem, sed non quantum ad consecrationem, quam solus sacerdos facit. Et hoc pertinet ad ‚diaconum'. Unde in littera[1] dicitur quod „ad diaconum pertinet ministrare sacerdotibus in omnibus quae aguntur in sacramentis Christi". Unde et ipsi sanguinem dispensant. — Secundo est ministerium ordinatum ad materiam sacramenti ordinandam in sacris vasis ipsius sacramenti. Et hoc pertinet ad ‚subdiaconum'. Unde dicitur in littera[2] quod corporis et sanguinis Domini vasa portant, et oblationes in altari ponunt. Et ideo

[1] Petrus Lomb., Sent. IV 24, 10 (QR II/401); Gratianus, Decretum, p. 1, d. 25, can. 1 (Frdb I/90).
[2] Ib., c. 9 (QR II/400).

den Altar. Aus diesem Grunde empfangen sie bei der Weihe den Kelch aus der Hand des Bischofs, jedoch einen leeren. — Drittens handelt es sich um den Dienst, der auf die Darreichung der Materie des Sakramentes hingeordnet ist. Und das kommt dem ‚Akolythen' zu; denn er bereitet, wie es im Text heißt, das Kännchen mit Wein und Wasser. Darum empfangen sie [bei der Weihe] ein leeres Kännchen. 37, 2

Der Dienst hingegen, der auf die Vorbereitung der Empfänger hingeordnet ist, kann sich nur auf Unreine erstrecken; denn wer rein ist, eignet sich bereits zum Empfang der Sakramente. Nun aber gibt es dreierlei Arten von Unreinen ([Ps.-]Dionysius). Einige nämlich sind gänzlich ungläubig: sie wollen nicht glauben. Und diese sind gänzlich fernzuhalten sowohl von der Schau der göttlichen Geheimnisse als auch von der Versammlung der Gläubigen [vgl. 35, 2 Zu 1]. Und das betrifft die ‚Türhüter'. — Andere wiederum wollen glauben, sind aber nicht unterrichtet, nämlich die Katechumenen. Auf deren Unterweisung ist die Stufe der ‚Lektoren' hingeordnet. Darum wird ihnen aufgetragen, die ersten Keimgründe der Glaubenslehre, nämlich das Alte Testament, vorzulesen. — Wieder andere sind gläubig und unterrichtet, haben jedoch ein Hindernis durch die Macht des bösen Geistes, nämlich die Besessenen. Und für den Dienst an ihnen gibt es die Stufe der ‚Exorzisten'.

QUAESTIO 37, 2

accipiunt calicem de manu episcopi, sed vacuum, cum ordinantur. — Tertio est ministerium ordinatum ad praesentandum materiam sacramenti. Et hoc competit ‚acolytho'. Ipse enim, ut in littera[1] dicitur, urceolum cum vino et aqua praeparat. Unde accipiunt urceolum vacuum.

Sed ministerium ad praeparationem recipientium ordinatum non potest esse nisi super immundos: quia qui mundi sunt, jam sunt ad sacramenta percipienda idonei. Triplex autem est genus immundorum, secundum Dionysium [De Ecclesiastica hierarchia, PG
c. 3, p. 3, §§ 6. 7]. Quidam enim sunt omnino infideles, credere 3/432 C
nolentes. Et hi totaliter etiam a visione divinorum et a coetu 436 AB
fidelium arcendi sunt. Et hoc pertinet ad ‚ostiarios'. — Quidam autem sunt volentes credere, sed non instructi, scilicet catechumeni. Et ad horum instructionem ordinatur ordo ‚lectorum'. Et ideo prima rudimenta doctrinae fidei, scilicet vetus Testamentum, eis legendum committitur. — Quidam vero sunt fideles et instructi, sed impedimentum habentes ex daemonis potestate, scilicet energumeni. Et ad hoc habet ministerium ordo ‚exorcistarum'.

---

[1] Ib., c. 8 (QR II/399); Gratianus, l. c.

37, 2 Und so erhellt der Grund für die Anzahl und Stufen der Weihen [153].

Zu 1. [Ps.-]Dionysius spricht von den Weihestufen nicht, insofern sie Sakramente sind, sondern sofern sie auf die hierarchischen Tätigkeiten hingeordnet sind. Und darum unterscheidet er im Hinblick auf jene Tätigkeiten drei Stufen. Deren erste umfaßt alle drei [Tätigkeiten]: nämlich der Bischof; die zweite umfaßt zwei: nämlich der Priester; die dritte hingegen umfaßt nur eine, nämlich das Läutern: nämlich der Diakon, welcher ‚Diener' genannt wird; und in dieser [Stufe] sind alle niederen Weihestufen einbegriffen [154]. — Daß die Weihestufen jedoch Sakramente sind, das kommt ihnen aus der Beziehung auf das größte der Sakramente zu. Und darum muß die Anzahl der Weihestufen von diesem aus bestimmt werden.

Zu 2. In der Urkirche wurden alle niederen Dienste wegen des Mangels an Dienern den Diakonen [‚Dienern'] übertragen, wie aus [Ps.-]Dionysius hervorgeht: „Einige der Diener stehen an den verschlossenen Pforten des Gotteshauses, andere verrichten ein anderes Amt ihrer eigenen Weihestufe, andere wieder bringen den Priestern das heilige Brot und den Kelch der Segnung auf den Altar." Trotzdem waren alle genannten Vollmachten früher, freilich einschlußweise, in der einen Vollmacht des Diakons

QUAESTIO 37, 2

Et sic patet ratio numeri et gradus ordinum.

AD PRIMUM ergo dicendum quod Dionysius loquitur de ordinibus non secundum quod sunt sacramenta, sed secundum quod ad hierarchicas actiones ordinantur. Et ideo secundum actiones illas tres ordines distinguit. Quorum primus habet omnes tres, scilicet episcopus; secundus habet duas, scilicet sacerdos; sed tertius habet unam, scilicet purgare, scilicet diaconus, qui ‚minister' dicitur; et sub hoc omnes inferiores ordines comprehenduntur. — Sed ordines habent quod sint sacramenta ex relatione ad maximum sacramentorum. Et ideo secundum hoc debet numerus ordinum accipi.

AD SECUNDUM dicendum quod in primitiva Ecclesia, propter paucitatem ministrorum, omnia inferiora ministeria diaconibus
PG committebantur: ut patet per Dionysium, 3 cap. [ib., c. 3, p. 2], ubi
3/425 C dicit: „Ministrorum alii stant ad portas templi clausas, alii aliud quid proprii ordinis operantur, alii autem sacerdotibus proponunt super altare sacrum panem et benedictionis calicem." Nihilominus erant omnes praedictae potestates, sed implicite, in una diaconi potestate. Sed postea ampliatus est cultus divinus, et

enthalten. Später aber ist der Kult Gottes erweitert worden, und die Kirche hat, was sie einschlußweise in einer einzigen Weihestufe besaß, in verschiedene ausgefaltet überliefert. Und in diesem Sinne sagt der Lombarde im Text [nach Gratian], daß „die Kirche sich" andere Weihestufen „eingerichtet hat" [155]. 37, 2

Zu 3. Die Weihestufen sind hauptsächlich auf das Sakrament der Eucharistie hingeordnet, auf die anderen Sakramente aber in der Folge davon: denn auch die anderen Sakramente werden von dem im Hauptsakrament Enthaltenen [Christus] abgeleitet. Darum brauchen die Weihestufen nicht nach den Sakramenten unterschieden zu werden.

Zu 4. Die Engel unterscheiden sich der Art nach [156]; und darum kann es bei ihnen wesentlich verschiedene Weisen, das Göttliche zu empfangen, geben. Und darum werden auch verschiedene Hierarchien bei ihnen unterschieden. Bei den Weihestufen hingegen gibt es nur eine Hierarchie wegen der einzigen Weise, das Göttliche zu empfangen, die der menschlichen Artbestimmtheit entspricht, nämlich durch den Symbolcharakter der sinnenhaften Dinge. Und darum kann die Unterscheidung der Rangstufen bei den Engeln nicht im Verhältnis zu einem Sakrament erfolgen, wie das bei uns der Fall ist; sondern nur im Verhältnis zu den hierarchischen Tätigkeiten, welche jede Stufe der Engelwelt den untergeordneten

QUAESTIO 37, 2

Ecclesia quod implicite habebat in uno ordine, explicite tradidit in diversis. Et secundum hoc dicit Magister in littera[1] quod „Ecclesia" alios ordines „sibi instituit".

AD TERTIUM dicendum quod ordines ordinantur principaliter ad sacramentum Eucharistiae, ad alia autem per consequens: quia etiam alia sacramenta ab eo quod in Sacramento continetur, derivantur. Unde non oportet quod distinguantur ordines secundum sacramenta.

AD QUARTUM [S. c. 1] dicendum quod Angeli differunt specie: et propter hoc in eis potest esse modus diversus recipiendi divina. Et ideo etiam diversae hierarchiae in eis distinguuntur. Sed in ordinibus tantum est una hierarchia, propter unum modum accipiendi divina, qui consequitur humanam speciem, scilicet per similitudinem rerum sensibilium. Et ideo distinctio ordinum in angelis non potest esse per comparationem ad aliquod sacramentum, sicut est apud nos: sed solum per comparationem ad hierar-

[1] Petrus Lomb., Sent. IV 24, 12 (QR II/405); Gratianus, Decretum, p. I, d. 21 (Frdb I/67).

37, 3 Wesen gegenüber ausübt. Und in diesem Sinne entsprechen ihnen unsere Weihestufen; denn in unserer [kirchlichen] Hierarchie gibt es drei Weihestufen, welche nach den hierarchischen Tätigkeiten unterschieden werden [Bischofsstand, Priesterstand, untergeordnete Dienste: vgl. Antw.; Zu 1], wie in jeder Hierarchie der Engel *eine* [hierarchische Tätigkeit ausgeübt wird].

Zu 5. Der Psalmistenstand ist keine Weihestufe, sondern ein den Weihestufen angeschlossenes Amt; denn weil die Psalmen mit Gesang gebetet werden, darum heißt der Psalmist ‚Kantor'; das aber ist nicht der Name einer besonderen Weihestufe. Sowohl, weil das Singen Sache des ganzen Chores ist. — Als auch, weil es keine Beziehung eigener Art zum Sakrament der Eucharistie aufweist. — Aber auch, weil es ein Amt darstellt, das bisweilen unter den im weiten Sinne aufgefaßten Weihestufen mitgezählt wird [157].

3. ARTIKEL

Müssen die Weihestufen in heilige [höhere] und nichtheilige [niedere] Weihen unterschieden werden?

1. Alle Weihen sind sakramental. Nun aber sind alle Sakramente heilig. Also sind alle Weihestufen heilig.

QUAESTIO 37, 3

chicas actiones quas in inferiores exercet quilibet ordo in eis. Et secundum hoc nostri ordines eis respondent: quia in nostra hierarchia sunt tres ordines secundum hierarchicas actiones distincti, sicut in qualibet hierarchia una angelorum.

AD QUINTUM [S. c. 2] dicendum quod psalmistatus non est ordo, sed officium ordini annexum: quia enim psalmi cum cantu pronuntiantur, ideo dicitur psalmista cantor. ‚Cantor' autem non est nomen ordinis specialis. Tum quia cantare pertinet ad totum chorum. — Tum quia non habet aliquam specialem relationem ad Eucharistiae sacramentum. — Tum quia officium quoddam est: quod inter ordines largo modo acceptos computatur quandoque.

ARTICULUS III

Utrum ordines debeant distingui per sacros et non sacros

[4 d 24: 2, 1 qa 3 — 7: 3, 1 qa 3; CG IV 75]

AD TERTIUM sic proceditur. Videtur quod ordines non debeant distingui per sacros et non sacros. Omnes enim ordines sacramenta quaedam sunt. Sed omnia sacramenta sunt sacra. Ergo omnes ordines sunt sacri.

2. Aufgrund der Weihestufen der Kirche wird jemand nur zu gottesdienstlichen Ämtern bestimmt. Nun aber sind alle diese heilig. Also sind alle Weihestufen heilig. 37, 3

ANDERSEITS: Die heiligen Weihestufen verhindern den Abschluß einer Ehe und lösen eine schon geschlossene auf [53, 3: Bd. 33]. Nun aber verhindern die vier Niederen Weihen nicht den Abschluß einer Ehe, noch lösen sie eine abgeschlossene auf. Also sind sie keine heiligen Weihen.

ANTWORT: Eine Weihestufe wird in zweifachem Sinn heilig genannt. Einmal an sich. Und in diesem Sinne ist jede Weihestufe heilig; denn sie ist sakramental. — Sodann aufgrund der Materie, an welcher der Geweihte eine Tätigkeit auszuüben hat. Und in diesem Sinne wird eine Weihestufe heilig genannt, wenn der Geweihte eine Tätigkeit an einer geweihten Sache ausübt. In diesem Sinne sind nur drei Weihestufen heilig: der Priester; der Diakon, dessen Tätigkeit den Leib Christi und das verwandelte Blut betrifft; und der Subdiakon, dessen Tätigkeit geweihte Gefäße betrifft. Und darum wird ihnen auch Enthaltsamkeit auferlegt, auf daß rein sei, wer das Heilige berührt [vgl. Jes 52, 11] [158].

Und hieraus ergibt sich die Lösung zu den Einwänden.

QUAESTIO 37, 3

2. PRAETEREA, secundum ordines Ecclesiae non deputatur aliquis nisi ad divina officia. Sed omnia talia sunt sacra. Ergo omnes ordines sunt sacri.

SED CONTRA est quod ordines sacri impediunt matrimonium contrahendum et dirimunt jam contractum. Sed quatuor inferiores ordines non impediunt contrahendum nec dirimunt contractum. Ergo non sunt sacri ordines.

RESPONDEO dicendum quod ordo sacer dicitur dupliciter. Uno modo, secundum se. Et sic quilibet ordo est sacer: cum sit sacramentum quoddam. — Alio modo, ratione materiae circa quam habet aliquem actum. Et sic ordo sacer dicitur qui habet aliquem actum circa rem aliquam consecratam. Et sic sunt tantum tres ordines sacri: scilicet sacerdos; et diaconus, qui habet actum circa corpus Christi et sanguinem consecratum; et subdiaconus, qui habet actum circa vasa consecrata. Et ideo etiam eis continentia indicitur, ut mundi sint qui sancta tractant.

Et per hoc patet solutio AD OBJECTA.

4. ARTIKEL

Sind die Vollzüge der Weihestufen im Text (des Lombarden) angemessen angegeben?

1. Durch die Lossprechung wird jemand vorbereitet zum Genuß des Leibes Christi. Nun aber ist die Vorbereitung der Empfänger des Sakramentes Sache der niederen Weihestufen. Also wird die Lossprechung von Sünden nicht angemessen unter die Tätigkeiten des Priesters gerechnet.

2. Der Mensch wird durch die Taufe unmittelbar Gott gleichgestaltet, da er den gleichgestaltenden ‚Charakter' empfängt. Nun aber sind Gebet und Darbringung von Opfergaben unmittelbar auf Gott hingeordnete Tätigkeiten. Also kann jeder Getaufte diese Tätigkeiten vollziehen und nicht allein die Priester.

3. Verschiedenen Weihestufen kommen verschiedene Tätigkeiten zu. Nun aber ist es Sache des Subdiakons, die Opfergaben auf den Altar zu legen und die Epistel vorzulesen. Auch tragen die Subdiakone das Kreuz vor dem Papst her. Also dürfen diese Tätigkeiten nicht als Tätigkeiten des Diakons aufgeführt werden.

4. Ein und dieselbe Wahrheit ist im Neuen und im Alten Testament enthalten. Nun ist die Vorlesung des Alten

ARTICULUS IV

Utrum actus ordinum convenienter in littera assignentur

[4 d 24: 2, 2 — CG IV 75]

AD QUARTUM sic proceditur. Videtur quod actus ordinum inconvenienter in littera[1] assignentur. Quia per absolutionem praeparatur aliquis ad corpus Christi sumendum. Sed praeparatio suscipientium sacramentum pertinet ad inferiores ordines. Ergo inconvenienter absolutio a peccatis inter actus ponitur sacerdotis.

2. PRAETEREA, homo per baptismum est immediate Deo configuratus, characterem configurantem suscipiens. Sed orare et offerre oblationes sunt actus immediate ad Deum ordinati. Ergo quilibet baptizatus potest hos actus facere, et non soli sacerdotes.

3. PRAETEREA, diversorum ordinum diversi sunt actus. Sed oblationes in altari ponere et epistolam legere ad subdiaconum pertinet. Crucem etiam ferunt subdiaconi coram Papa. Ergo hi non debent poni actus diaconi.

4. PRAETEREA, eadem veritas continetur in novo et in veteri

---

[1] Petrus Lomb., Sent. IV 24, 5—11 (QR II/396—404).

Testamentes Sache der Lektoren. Also ist es aus demselben Grunde auch ihre Sache, das Neue Testament vorzulesen; und nicht Sache der Diakone. 37, 4

5. Die Apostel haben nichts anderes gepredigt als das Evangelium Christi (Röm 1, 1). Nun aber wird die Lehre der Apostel den Subdiakonen zur Verkündigung aufgetragen. Also auch die Lehre des Evangeliums.

6. Was der höheren Weihestufe zukommt, darf nicht der niederen Weihestufe zukommen ([Ps.-]Dionysius). Nun aber ist das Dienen mit dem Kännchen eine Tätigkeit der Subdiakone. Also darf es nicht den Akolythen zugeschrieben werden.

7. Geistliche Tätigkeiten müssen den Vorrang haben vor den körperlichen Tätigkeiten. Nun aber üben Akolythen nur eine körperliche Tätigkeit aus. Also übt der Exorzist nicht die geistliche Tätigkeit aus, die bösen Geister zu vertreiben: da er unter diesen steht.

8. Was mehr miteinander übereinstimmt, muß nebeneinander gestellt werden. Nun aber dürfte das Vorlesen des Alten Testamentes am meisten übereinstimmen mit der Vorlesung des Neuen Testamentes, die den höheren Dienern [den Diakonen] zukommt. Also muß das Vorlesen des Alten Testamentes nicht als Tätigkeit des Lektors, sondern

Testamento. Sed legere vetus Testamentum est lectorum. Ergo, eadem ratione, et legere novum: et non diaconorum.

5. PRAETEREA, Apostoli nihil aliud praedicaverunt quam Evangelium Christi, ut patet Rom. 1. Sed doctrina Apostolorum committitur subdiaconibus enuntianda. Ergo et doctrina Evangelii.

6. PRAETEREA, secundum Dionysium [De Ecclesiastica hierarchia, c. 5, p. 1, § 7], quod est superioris ordinis, non debet inferiori convenire. Sed ministrare cum urceolo est actus subdiaconorum. Ergo non debet acolythis attribui. PG 3/508 C

7. PRAETEREA, actus spirituales debent corporalibus praeeminere. Sed acolythus non habet nisi actum corporalem. Ergo exorcista non habet actum spiritualem pellendi daemones: cum sit inferior.

8. PRAETEREA, quae magis conveniunt, juxta se ponenda sunt. Sed legere vetus Testamentum maxime debet convenire cum lectione[1] novi Testamenti, quae[2] competit superioribus ministris. Ergo legere vetus Testamentum non debet poni actus lectoris, sed

[1] In Sent.; L: lectore.
[2] In Sent.; L: quod.

 eher als Tätigkeit des Akolythen aufgeführt werden; vor allem auch, weil das sichtbare Licht, das die Akolythen vorantragen, das geistliche Licht der Lehre bezeichnet.

9. In jeder Tätigkeit einer geistlichen Weihestufe muß eine geistliche Macht liegen, welche die Geweihten anderen voraus besitzen. Nun aber besitzen die Türhüter bei der Öffnung und Schließung von Türen keine andere Gewalt als andere Menschen. Also darf dieses nicht als deren Tätigkeit aufgeführt werden.

ANTWORT: Da die Weihung, die im Sakrament der Weihe erteilt wird, auf das Sakrament der Eucharistie hingeordnet ist (Art. 2), so ist jene die Haupttätigkeit einer jeden Weihestufe, die den Geweihten am engsten in Verbindung bringt mit dem Sakrament der Eucharistie. Und eine Weihestufe steht höher als die andere, sofern eine Tätigkeit enger auf das genannte Sakrament hingeordnet ist [als eine andere]. Weil aber auf das Sakrament der Eucharistie als auf das würdigste vielerlei hingeordnet ist, ist es nicht unangemessen, daß dieselbe Weihestufe neben der hauptsächlichen auch noch viele andere Tätigkeiten aufweist; und zwar um so mehr [Tätigkeiten], je höher sie steht, weil eine Kraft, je höher sie steht, sich auf einen um so weiteren Bereich erstreckt [159].

Zu 1. Die Vorbereitung der Empfänger des Sakramentes [der Eucharistie] ist eine zweifache. Eine entfernte, die

QUAESTIO 37, 4

magis acolythi: et praecipue cum lumen corporale quod acolythi deferunt, significet lumen spirituale doctrinae.

9. PRAETEREA, in quolibet actu ordinis spiritualis debet esse aliqua vis spiritualis quam habeant ordinati prae aliis. Sed in apertione et clausione ostiorum non habent aliam potestatem ostiarii quam alii homines. Ergo non debet poni actus ipsorum.

RESPONDEO dicendum quod, cum consecratio quae fit in ordinis sacramento, ordinetur ad sacramentum Eucharistiae, ut dictum est; ille est principalis actus uniuscujusque ordinis secundum quem magis proxime ordinatur ad Eucharistiae sacramentum. Et secundum hoc etiam unus ordo est alio eminentior, secundum quod unus actus magis de proximo ad praedictum sacramentum ordinatur. Sed quia ad Eucharistiae sacramentum, quasi dignissimum, multa ordinantur; ideo non est inconveniens ut, praeter principalem actum, etiam multos actus unus ordo habeat; et tanto plures quanto est eminentior, quia virtus, quanto est superior, tanto ad plura se extendit.

AD PRIMUM ergo dicendum quod duplex est praeparatio suscipientium sacramentum. Quaedam remota: et haec per mini-

durch die Diener [der niederen Weihestufen] vollzogen wird. Und die unmittelbare, durch welche die Menschen unverzüglich zum Empfang der Sakramente befähigt werden. Und diese ist Sache der Priester. Denn auch im Naturbereich wird die Materie durch ein und dieselbe Wirkursache in unmittelbare Ausrichtung zur Form hin gebracht und empfängt die Form [160]. Und weil jemand in die nächste Ausrichtung zur Eucharistie hin durch die Reinigung von den Sünden gebracht wird, darum ist der Priester der eigentliche Spender all der Sakramente, die hauptsächlich zur Reinigung von den Sünden eingesetzt sind: nämlich der Taufe, der Buße und der Letzten Ölung. 37, 4

Zu 2. Tätigkeiten sind in zweifacher Weise unmittelbar auf Gott hingeordnet. Einmal nur von seiten einer Einzelperson, wie Privatgebete, Gelübde und dergleichen. Eine solche Tätigkeit kommt jedem Getauften zu. — Dann von seiten der ganzen Kirche. In diesem Zusammenhang kommen allein dem Priester die Tätigkeiten zu, die unmittelbar auf Gott hingeordnet sind: weil allein derjenige im Namen der Gesamtkirche handeln kann, der die Eucharistie vollzieht, die das Sakrament der Gesamtkirche ist.

Zu 3. Die vom Volk dargebrachten Opfergaben werden durch den Priester dargebracht. Und darum ist bezüglich der Opfergaben ein zweifacher Dienst notwendig. Der eine von seiten des Volkes: und der ist Sache des Subdiakons, der die Opfergaben vom Volk entgegennimmt und auf den

QUAESTIO 37, 4

stros efficitur. Quaedam proxima, qua statim efficiuntur idonei ad sacramentorum susceptionem. Et haec pertinet ad sacerdotes. Quia etiam in naturalibus ab eodem agente fit materia in ultima dispositione ad formam, et recipit formam. Et quia in proxima dispositione ad Eucharistiam fit aliquis per hoc quod a peccatis purgatur, ideo omnium sacramentorum quae sunt instituta principaliter ad purgationem peccatorum, est minister proprius sacerdos: scilicet baptismi, poenitentiae et extremae unctionis.

AD SECUNDUM dicendum quod actus aliqui immediate ad Deum ordinantur dupliciter. Uno modo, ex parte unius personae tantum, sicut facere orationes singulares, et vovere, et hujusmodi. Et talis actus competit cuilibet baptizato. — Alio modo, ex parte totius Ecclesiae. Et sic solus sacerdos habet actus immediate ad Deum ordinatos: quia ipse solus potest gerere personam totius Ecclesiae qui consecrat Eucharistiam, quae est sacramentum universalis Ecclesiae.

AD TERTIUM dicendum quod oblationes a populo oblatae per sacerdotem offerunter. Et ideo duplex ministerium circa oblationes est necessarium. Unum ex parte populi: et hoc est subdiaconi,

 Altar bringt oder dem Diakon übergibt. Der andere von seiten des Priesters: und dieser ist Sache des Diakons, der dem Priester bei der Darbringung der Opfergaben zur Seite steht. Und darin besteht die hauptsächliche Tätigkeit beider Weihestufen. Aus diesem Grunde ist die Weihestufe des Diakons höher. — Die Epistel vorzulesen hingegen ist keine Tätigkeit des Diakons; es sei denn, insofern die Tätigkeiten der niederen Weihestufen auch höheren zugesprochen werden. — Dasselbe gilt vom Tragen des Kreuzes. Und zwar nach dem Brauch einiger Kirchen: denn daß bei zweitrangigen Tätigkeiten verschiedene Bräuche bestehen, ist nicht unangemessen.

Zu 4. Die Lehre ist eine entfernte Vorbereitung zum Empfang des Sakramentes [der Eucharistie]; und darum wird die Verkündigung der Lehre Dienern anvertraut. Die Lehre des Alten Testamentes aber ist noch weiter entfernt als die Lehre des Neuen; weil sie über dieses Sakrament nur in Vorbildern unterrichtet [161]. Und darum wird das Neue Testament den höheren Dienern zur Verkündigung anvertraut, das Alte aber den niederen. Weiterhin ist die Lehre des Neuen Testamentes, die der Herr in eigener Person vortrug, vollkommener als deren Kundmachung durch die Apostel. Und darum wird das Evangelium den Diakonen, die Epistel den Subdiakonen anvertraut.

Und daraus ergibt sich die Lösung Zu 5.

qui accipit oblationes a populo et altari imponit, vel offert diacono. Aliud ex parte sacerdotis: et hoc diaconi est, qui oblationes ministrat ipsi sacerdoti. Et in hoc est actus principalis utriusque ordinis. Et propter hoc ordo diaconi est superior. — Legere autem epistolam non est actus diaconi: nisi secundum quod actus inferiorum ordinum superioribus attribuuntur. — Similiter etiam crucem ferre. Et hoc secundum consuetudinem aliquarum ecclesiarum: quia in actibus secundariis non est inconveniens diversas consuetudines esse.

AD QUARTUM dicendum quod doctrina est remota praeparatio ad sacramentum suscipiendum: et ideo pronuntiatio doctrinae ministris committitur. Sed doctrina veteris Testamenti adhuc est magis remota quam doctrina novi: quia non instruit de hoc sacramento nisi in figuris. Et ideo novum Testamentum superioribus ministris pronuntiandum committitur, vetus autem inferioribus. Doctrina etiam novi Testamenti perfectior est quam Dominus per seipsum tradidit, quam ipsius manifestatio per Apostolos. Et ideo Evangelium diaconis, epistola subdiaconis committuntur.

Et secundum hoc patet solutio AD QUINTUM.

Zu 6. Die Tätigkeit der Akolythen erstreckt sich nur auf das Kännchen, nicht auf das, was im Kännchen enthalten ist. Die Tätigkeit des Subdiakons hingegen erstreckt sich auf das im Kännchen Enthaltene: weil er Wasser und Wein gebraucht zum Einschütten in den Kelch und außerdem Wasser darreicht für die Hände des Priesters. Und die Tätigkeit des Diakons erstreckt sich wie auch die des Subdiakons allein auf den Kelch, nicht auf das darin Enthaltene; die Tätigkeit des Priesters hingegen auf das darin Enthaltene. Und wie nun der Subdiakon bei seiner Weihe einen leeren Kelch empfängt, der Priester einen gefüllten, so empfängt der Akolyth ein leeres Kännchen, der Subdiakon hingegen ein gefülltes. Und so besteht ein gewisser Zusammenhang unter den Weihen. 37, 4

Zu 7. Die körperlichen Tätigkeiten des Akolythen sind unmittelbarer auf die Tätigkeit der heiligen Weihestufen hingeordnet als die Tätigkeit der Exorzisten, obwohl diese irgendwie eine geistliche ist: denn die Akolythen haben ihren Dienst an den Gefäßen, in welchen die Materie des Sakramentes enthalten ist, was den Wein betrifft, der wegen seiner Flüssigkeit eines Gefäßes bedarf. Und darum ist die Weihestufe der Akolythen unter den niederen Weihegraden die höchste.

Zu 8. Die Tätigkeit der Akolythen steht in einem engeren Verhältnis zu den hauptsächlichen Tätigkeiten

QUAESTIO 37, 4

AD SEXTUM dicendum quod acolythi habent actum super urceolum tantum, non super ea quae in urceolo continentur. Sed subdiaconus habet actum super contentis in urceolo: quia utitur aqua et vino ad ponendum in calice, et aquam iterum manibus sacerdotis praebet. Et diaconus, sicut et subdiaconus, solum actum habet super calicem, non super contenta: sed sacerdos super contenta. Et ideo, sicut subdiaconus in sui ordinatione accipit calicem vacuum, sacerdos plenum; ita acolythus urceolum vacuum, sed subdiaconus plenum. Et sic est quaedam connexio in ordinibus.

AD SEPTIMUM dicendum quod corporales actus acolythi magis de proximo ordinantur ad actum sacrorum ordinum quam actus exorcistarum, quamvis sit aliquo modo spiritualis: quia acolythi habent ministerium super vasa in quibus materia sacramenti continetur, quantum ad vinum, quod vase continente indiget propter sui humiditatem. Et ideo inter minores ordines ordo acolythorum superior est.

AD OCTAVUM dicendum quod actus acolythorum se habet propinquius ad actus principales superiorum ministrorum quam

 der höheren Diener als die Tätigkeiten der anderen niederen Weihestufen, was von selbst einleuchtet. Ebenso verhält es sich bezüglich der zweitrangigen Tätigkeiten, durch die sie das Volk kraft der Lehre [auf das Sakrament] vorbereiten: denn der Akolyth versinnbildet die Lehre des Neuen Testamentes sichtbar, indem er den Leuchter trägt, der Lektor hingegen, indem er andere Sinnbilder [des AT] vorträgt. Darum steht der Akolyth höher. — In einem ähnlichen Verhältnis steht der Exorzist. Denn so wie sich die Tätigkeit des Lektors zu der zweitrangigen Tätigkeit des Diakons und Subdiakons verhält, so verhält sich die Tätigkeit des Exorzisten zur zweitrangigen Tätigkeit des Priesters, nämlich zu binden und zu lösen, wodurch der Mensch gänzlich von der Knechtschaft des Teufels befreit wird.

Und so enthüllt sich die aufsteigende Folge der Weihestufen als in höchster Sinnfülle geordnet. Mit dem Priester nämlich wirken hinsichtlich seiner hauptsächlichen Tätigkeit — Wandlung in den Leib Christi — nur die drei höheren Weihestufen zusammen. Hinsichtlich seiner zweitrangigen Tätigkeit aber — lösen und binden — wirken sowohl höhere als auch niedere Weihestufen mit ihm zusammen.

Zu 9. Einige sagen: Bei dem Empfang seiner Weihe wird dem Türhüter eine geistliche Kraft verliehen, so daß er manche Menschen vom Eintritt ins Gotteshaus abzuhalten

actus aliorum minorum ordinum, ut per se patet. Et similiter etiam quantum ad actus secundarios, quibus populum per doctrinam disponunt: quia acolythus doctrinam novi Testamenti visibiliter figurat lumen portans, sed lector recitando figuras alias. Ideo acolythus est superior. — Similiter etiam exorcista. Quia, sicut se habet actus lectorum ad actum secundarium diaconi et subdiaconi, ita se habet actus exorcistae ad secundarium actum sacerdotis, scilicet ligare et solvere, per quem totaliter homo a servitute diaboli liberatur.

Et in hoc patet ordinatissimus ordinis progressus. Quia sacerdoti, quantum ad actum ejus principalem, scilicet consecrare corpus Christi, cooperantur tantum tres superiores ordines. Sed quantum ad actum ejus secundarium, qui est absolvere et ligare, cooperantur superiores et inferiores.

AD NONUM dicendum quod quidam[1] dicunt quod in susceptione ordinis ostiario datur quaedam vis divina ut arcere possit

---

[1] Albertus Magnus, In Sent. IV 24, 16 ad 3. 17 ad 6 (Borgnet 30/51. 53).

vermag, wie sie in Christus war, als er die Verkäufer aus dem Tempel vertrieb [Mk 11, 15 f. par]. — Doch gehört dies mehr zu einer besonderen Gnadengabe als zur Gnade des Sakramentes. 37, 5

Und darum muß man sagen: Er empfängt die Gewalt, in Kraft seines Amtes solches zu tun; obwohl dies auch durch andere geschehen könnte, aber nicht von Amts wegen. Und so verhält es sich mit allen Tätigkeiten der niederen Weihestufen, daß sie durch andere erlaubterweise verrichtet werden können, obwohl sie dazu kein Amt besitzen. So kann ja auch in einem nicht geweihten Hause die Messe gefeiert werden, obwohl die Weihe der Kirche darauf hingeordnet ist, daß in ihr die Messe gefeiert werde.

5. ARTIKEL

Wird dem Priester der ‚Charakter' bei der Darreichung des Kelches eingeprägt?

1. Die Weihung des Priesters erfolgt mit einer Salbung wie auch die Firmung. Nun aber wird bei der Firmung gerade durch die Salbung der ‚Charakter' eingeprägt. Also auch bei der Priesterweihe; und nicht bei der Darreichung des Kelches.

aliquos ab introitu templi, sicut in Christo fuit quando ejecit vendentes de Templo. — Sed hoc magis pertinet ad gratiam gratis datam quam ad gratiam sacramenti.

Et ideo dicendum quod suscipit potestatem ut ex officio hoc agere possit: quamvis etiam et hoc ab aliis fieri possit, sed non ex officio. Et ita est in omnibus actibus minorum ordinum, quod possunt per alios licite fieri, quamvis illi ad hoc non habeant officium. Sicut etiam in domo non consecrata potest dici missa, quamvis consecratio ecclesiae ad hoc ordinetur ut in ea missa dicatur.

ARTICULUS V

Utrum sacerdoti character imprimatur in ipsa calicis porrectione

[4 d 24: 2, 3]

AD QUINTUM sic proceditur. Videtur quod sacerdoti character non imprimatur in ipsa calicis porrectione. Quia consecratio sacerdotis fit cum quadam unctione sicut et confirmatio. Sed in confirmatione in ipsa unctione imprimatur character. Ergo et in sacerdotio: et non in calicis porrectione.

2. Der Herr verlieh den Jüngern priesterliche Gewalt mit den Worten: „Empfanget den Heiligen Geist; welchen ihr die Sünden nachlassen werdet..." (Joh 20, 22 f.). Nun aber wird der Geist verliehen durch Auflegung der Hände. Also wird der ‚Charakter' der Priesterweihe bei der Handauflegung eingeprägt.

3. Wie die Diener geweiht werden, so auch die Gewänder der Diener. Nun aber genügt zur Weihe der Gewänder die einfache Segnung. Also wird die Weihung des Priesters bei der Segnung des Bischofs bewirkt.

4. Wie dem Priester der Kelch dargereicht wird, so auch das priesterliche Gewand. Wenn nun der ‚Charakter' bei der Darreichung des Kelches eingeprägt wird, dann aus demselben Grunde auch bei der Darreichung der Kasel. Und so hätte er zweierlei ‚Charakter'; was falsch ist.

5. Die Weihestufe des Diakons ist der Weihestufe des Priesters gleichförmiger als die Weihestufe des Subdiakons. Wenn aber dem Priester der ‚Charakter' bei der Darreichung des Kelches eingeprägt würde, wäre der Subdiakon dem Priester gleichförmiger als der Diakon; denn der Subdiakon empfängt den ‚Charakter' bei der Darreichung des Kelches, nicht aber der Diakon. Also wird der priesterliche ‚Charakter' nicht bei der Darreichung des Kelches eingeprägt.

6. Die Weihestufe der Akolythen steht der Tätigkeit des

QUAESTIO 37, 5

2. PRAETEREA, Dominus dedit discipulis sacerdotalem potestatem quando dixit: „Accipite Spiritum sanctum: quorum remiseritis peccata", etc., Joan. 20. Sed Spiritus datur per manus impositionem. Ergo in ipsa manus impositione imprimitur character ordinis.

3. PRAETEREA, sicut consecrantur ministri, ita et vestes ministrorum. Sed vestes sola benedictio consecrat. Ergo in ipsa benedictione episcopi consecratio sacerdotis efficitur.

4. PRAETEREA, sicut sacerdoti datur calix, ita et vestis sacerdotalis. Ergo, si in datione calicis imprimitur character, eadem ratione et in datione casulae. Et sic haberet duos characteres: quod falsum est.

5. PRAETEREA, ordo diaconi conformior est ordini sacerdotis quam ordo subdiaconi. Sed, si character imprimeretur sacerdoti in ipsa calicis porrectione, subdiaconus conformior esset sacerdoti quam diaconus: quia subdiaconus characterem recipit in ipsa calicis porrectione, non autem diaconus. Ergo character sacerdotalis non imprimitur in ipsa calicis porrectione.

6. PRAETEREA, acolythorum ordo magis appropinquat ad

Priesters näher, sofern er eine Tätigkeit mit dem Kännchen ausübt, als insofern er eine Tätigkeit mit dem Leuchter ausübt. Nun aber wird bei der Akolythenweihe der ‚Charakter' eher bei der Entgegennahme des Leuchters eingeprägt als bei der Entgegennahme des Kännchens; denn der Name ‚Akolyth' bedeutet Kerzenträger [Isidor] [162]. Also wird auch bei der Priesterweihe der ‚Charakter' nicht eingeprägt, wenn er den Kelch empfängt. 37, 5

ANDERSEITS: Die hauptsächliche Tätigkeit der priesterlichen Weihestufe ist die Konsekration des Leibes [und Blutes] Christi. Dazu aber wird ihm Gewalt verliehen bei der Entgegennahme des Kelches. Also wird auch in diesem Augenblick der ‚Charakter' eingeprägt.

ANTWORT: Dasselbe ist es, das die Form einführt und die Materie unmittelbar für [den Empfang der] Form vorbereitet (Art. 4 Zu 1). Darum tut der Bischof bei der Erteilung der Weihen zwei Dinge: er bereitet die zu Weihenden auf den Empfang der Weihe vor; und er verleiht die Gewalt der Weihestufe.

Er bereitet sie vor, indem er sie sowohl über ihr besonderes Amt unterrichtet, als auch etwas an ihnen tut, damit sie fähig werden, die Gewalt zu empfangen. Dieses Tun besteht in dreierlei: in der Segnung, der Handauflegung und der

QUAESTIO 37, 5

actum sacerdotis per hoc quod habet actum super urceolum, quam per hoc quod habet actum super candelabrum. Sed magis imprimitur character in acolythatu quando accipiunt candelabrum, quam quando accipiunt urceum: quia nomen ‚acolythi' cerei portationem significat [Isidorus, Etymologiae 7, 12 n. 29].[1] Ergo et in sacerdotio non imprimitur character quando calicem accipit. PL 82/293 A

SED CONTRA, principalis actus ordinis sacerdotis est consecrare corpus Christi. Sed ad hoc datur sibi potestas in acceptione calicis. Ergo tunc imprimitur character.

RESPONDEO dicendum quod, sicut dictum est, ejusdem est formam aliquam inducere, et materiam de proximo praeparare ad formam. Unde episcopus in collatione ordinum duo facit: praeparat enim ordinandos ad ordinis susceptionem; et ordinis potestatem tradit.

Praeparat quidem et instruendo eos de proprio officio; et aliquid circa eos operando ut idonei sint potestatem accipiendi. Quae quidem operatio in tribus consistit: scilicet benedictione, manus

[1] Gratianus, Decretum, p. I, d. 21, can. 1, § 17 (Frdb I/69); Petrus Lomb., Sent. IV 24, 8 (QR II/399).

37, 5 Salbung. Durch die Segnung werden sie in Beschlag genommen für die geistlichen Dienste. Und darum wird die Segnung allen gegeben. — Durch die Handauflegung aber wird die Fülle der Gnade verliehen, wodurch sie zu hohen Ämtern befähigt werden. Und darum wird nur den Diakonen und Priestern die Hand aufgelegt, weil ihnen die Spendung der Sakramente zukommt; freilich dem einen als dem eigentlich Handelnden, dem anderen als dem Diener. — Durch die Salbung aber werden sie geweiht zum Umgang mit einem Sakrament. Darum geschieht die Salbung nur an den Priestern, die mit ihren eigenen Händen den Leib Christi berühren; wie ja auch der Kelch gesalbt wird, der das heilige Blut enthält, und die Patene, die den Leib trägt.

Die Verleihung der Gewalt hingegen erfolgt dadurch, daß etwas übergeben wird, was Bezug hat auf die besondere Tätigkeit. Und weil die Konsekration von Leib und Blut Christi die hauptsächliche Tätigkeit des Priesters ist, darum wird bei der Überreichung des Kelches unter der Form bestimmter Worte der priesterliche ‚Charakter' eingeprägt [163].

Zu 1. Bei der Firmung wird nicht das Amt verliehen, mit einer äußerlichen Materie umzugehen. Und darum wird dort der ‚Charakter' nicht bei der Darreichung eines Dinges eingeprägt, sondern allein bei der Handauflegung

impositione, et unctione. Per benedictionem divinis obsequiis mancipantur. Et ideo benedictio omnibus datur. — Sed per manus impositionem datur plenitudo gratiae, per quam ad magna officia sunt idonei. Et ideo solis diaconibus et sacerdotibus fit manus impositio, quia eis competit dispensatio sacramentorum: quamvis uni sicut principali, alteri sicut ministro. — Sed unctione ad aliquod sacramentum tractandum consecrantur. Et ideo unctio solis sacerdotibus fit, qui propriis manibus corpus Christi tangunt: sicut etiam calix inungitur, qui tenet sanguinem, et patena, quae continet corpus.

Sed potestatis collatio fit per hoc quod datur eis aliquid quod ad proprium actum pertinet. Et quia principalis actus sacerdotis est consecrare corpus et sanguinem Christi, ideo in ipsa datione calicis, sub forma verborum determinata, character sacerdotalis imprimitur.

AD PRIMUM ergo dicendum quod in confirmatione non datur officium operandi super aliquam materiam exteriorem. Et ideo character ibi non imprimitur in aliqua exhibitione alicujus rei, sed

und Salbung. Bei der Priesterweihe hingegen verhält es sich anders. Und somit handelt es sich nicht um das gleiche. 37, 5

Zu 2. Der Herr hat den Jüngern die priesterliche Gewalt bezüglich ihrer Haupttätigkeit vor den Leiden beim Abendmahl verliehen, als er sprach: „Nehmet hin und esset“ [Mt 26, 26]. Darum fügte er bei: „Dies tut zu meinem Andenken“ [Lk 22, 19; 1 Kor 11, 24]. Nach der Auferstehung hingegen hat er ihnen die priesterliche Gewalt verliehen bezüglich der zweitrangigen Tätigkeit, nämlich zu binden und zu lösen.

Zu 3. Bei den Gewändern ist keine andere Weihung erforderlich als diejenige, die in der Beschlagnahme für den göttlichen Dienst besteht. Und darum genügt bei den Gewändern die Segnung als Weihung. Anders verhält es sich mit den zum Priestertum Geweihten (Antw.).

Zu 4. Das priesterliche Gewand bezeichnet nicht die dem Priester verliehene Gewalt, sondern die Eignung, die bei ihm für die Ausübung der Gewalt gefordert wird. Und darum wird weder dem Priester noch einem anderen bei der Darreichung eines Gewandes ein ‚Charakter‘ eingeprägt.

Zu 5. Die Gewalt des Diakons liegt in der Mitte zwischen der Gewalt des Subdiakons und der des Priesters: der Priester nämlich hat unmittelbar Gewalt über den Leib Christi, der Subdiakon aber nur über die Gefäße, der

QUAESTIO 37, 5

in sola manus impositione et unctione. Sed in ordine sacerdotali aliter est. Et ideo non est simile.

AD SECUNDUM dicendum quod Dominus discipulis dedit potestatem sacerdotalem quantum ad principalem actum, ante passionem in Cena, quando dixit: „Accipite et manducate“. Unde subjunxit: „Hoc facite in meam commemorationem.“ Sed post resurrectionem dedit eis potestatem sacerdotalem quantum ad actum secundarium, qui est ligare et solvere.

AD TERTIUM dicendum quod in vestibus non requiritur alia consecratio nisi quod divino cultui mancipentur. Et ideo sufficit eis pro consecratione benedictio. Sed aliter est de ordinatis, ut ex dictis patet.

AD QUARTUM dicendum quod vestis sacerdotalis non significat potestatem sacerdoti datam, sed idoneitatem quae in eo requiritur ad actum potestatis exequendum. Et ideo nec sacerdoti nec alicui alii imprimitur character in alicujus vestis datione.

AD QUINTUM dicendum quod potestas diaconi est media inter potestatem subdiaconi et sacerdotis: sacerdos enim directe habet potestatem super corpus Christi, subdiaconus autem super vasa

 Diakon über den im Gefäß enthaltenen Leib. Darum ist es nicht seine Aufgabe, den Leib Christi zu berühren, sondern den Leib auf der Patene zu tragen und das Blut im Kelch auszuteilen. Und darum konnte die Gewalt zur Ausübung seiner besonderen Tätigkeit weder nur durch die Überreichung eines Gefäßes noch durch die Darreichung der Materie zum Ausdruck gebracht werden. Vielmehr wird seine Gewalt zur Ausübung der zweitrangigen Tätigkeit zum Ausdruck gebracht durch die Übergabe des Evangelienbuches; und in dieser Gewalt wird die andere mitverstanden. Und darum wird bei der Übergabe des Buches der ‚Charakter' eingeprägt.

Zu 6. Der Dienst am Kännchen ist verglichen mit dem Dienst des Leuchtertragens die wichtigere Tätigkeit des Akolythen; obgleich sein Name von der zweitrangigen Tätigkeit her genommen wird, weil sie offenkundiger und ihm eigentümlicher ist. Und darum wird dem Akolythen der ‚Charakter' bei der Übergabe des Kännchens eingeprägt, in Kraft der von Bischof gesprochenen Worte.

tantum, sed diaconus super corpus in vase contentum. Unde ejus non est tangere corpus Christi, sed portare corpus in patena, et dispensare sanguinem cum calice. Et ideo ejus potestas ad actum principalem non potuit exprimi nec per dationem vasis tantum, nec per dationem materiae. Sed exprimitur potestas ejus ad actum secundarium, in hoc quod datur ei liber Evangeliorum: et in hac potestate intelligitur alia. Et ideo in ipsa libri datione imprimitur character.

AD SEXTUM dicendum quod principalior actus acolythi est quo ministrat in urceolo quam quo ministrat in candelabro; quamvis denominetur ab actu secundario, propter hoc quod est magis notus et magis proprius ei. Et ideo in datione urceoli imprimitur acolytho character, virtute verborum ab episcopo prolatorum.

DIE SPENDER DIESES SAKRAMENTES

Hierauf ist über die Spender dieses Sakramentes nachzudenken.

Dazu ergeben sich zwei Einzelfragen:

1. Kann nur der Bischof dieses Sakrament spenden?
2. Kann ein Irrgläubiger oder ein sonst von der Kirche Getrennter dieses Sakrament spenden?

1. ARTIKEL

Spendet nur der Bischof dieses Sakrament?

1. Die Handauflegung trägt etwas zur Weihe bei. Nun aber legt nicht nur der Bischof den zu weihenden Priestern die Hand auf, sondern auch die anwesenden Priester. Also spendet nicht nur der Bischof das Sakrament der Weihe.

2. Die einer Weihestufe zukommende Gewalt wird einem jeden dann verliehen, wenn ihm das, was zur Ausübung seiner Weihe gehört, dargereicht wird. Nun wird aber dem Subdiakon das Kännchen mit Wasser, Schüsselchen und Handtuch vom Archidiakon überreicht; in ähnlicher Weise dem Akolythen der Leuchter mit der Kerze und das

QUAESTIO XXXVIII

DE CONFERENTIBUS HOC SACRAMENTUM

Deinde considerandum est de conferentibus hoc sacramentum. Circa quod quaeruntur duo: 1. Utrum solus episcopus possit hoc sacramentum conferre. — 2. Utrum haereticus, vel quicumque ab Ecclesia praecisus, possit hoc sacramentum conferre.

ARTICULUS I

Utrum tantum episcopus ordinis sacramentum conferat

[4 d 25: 1, 1 — III 65, 3 ad 2; 4 d 7: 3, 1 qa 3; 13: 1, 1 qa 2 ad 2; Ql IV 7]

AD PRIMUM sic proceditur. Videtur quod non tantum episcopus ordinis sacramentum conferat. Quia manus impositio ad consecrationem aliquid facit. Sed sacerdotibus qui ordinantur non solum episcopus manus imponit, sed etiam sacerdotes adstantes. Ergo non solus episcopus confert ordinis sacramentum.

2. PRAETEREA, tunc unicuique datur potestas ordinis quando ei exhibetur quod ad actum sui ordinis pertinet. Sed subdiacono datur urceolus cum aqua, bacili et manutergio, ab archidiacono: similiter acolythis candelabrum cum cereo et urceolus

38, 1 leere Kännchen. Also spendet nicht nur der Bischof das Sakrament der Weihe.

3. Die Aufgaben einer Weihestufe können keinem übertragen werden, der nicht die entsprechende Weihe besitzt. Nun aber wird die Spendung der Niederen Weihen Geistlichen übertragen, die nicht Bischöfe sind, wie etwa den Kardinalpriestern. Also ist die Spendung der Weihen nicht Sache des bischöflichen Standes.

4. „Wem immer das Hauptsächliche aufgetragen ist, dem auch das Hinzukommende“ [Gregor IX.]. Nun aber ist das Sakrament der Weihe auf die Eucharistie hingeordnet wie das Hinzukommende auf das Hauptsächliche. Da nun der Priester die Eucharistie vollzieht, kann er auch die Weihen spenden.

5. Der Priester hat mehr Abstand vom Diakon als ein Bischof von einem anderen Bischof. Nun aber kann der Bischof einen Bischof weihen. Also kann auch der Priester einen Diakon weihen.

ANDERSEITS: Die Kultdiener werden durch die Weihen in vornehmerer Weise dem göttlichen Kult zugeordnet als die heiligen Gefäße. Nun aber ist die Weihe der Gefäße allein Sache des Bischofs. Also noch viel mehr die Weihe der Kultdiener.

2. Das Sakrament der Weihe ist erhabener als das der Firmung. Nun aber firmt allein der Bischof [III 72, 11:

QUAESTIO 38, 1

vacuus. Ergo non solus episcopus confert ordinis sacramentum.

3. PRAETEREA, illa quae ordinis sunt, non possunt alicui committi qui non habet ordinem. Sed conferre ordines minores committitur aliquibus qui non sunt episcopi, sicut presbyteris Cardinalibus. Ergo conferre ordines non est episcopalis ordinis.

4. PRAETEREA, „cuicumque committitur principale, et accessorium“.[1] Sed ordinis sacramentum ordinatur ad Eucharistiam sicut accessorium ad principale. Cum ergo sacerdos consecret Eucharistiam, ipse etiam poterit ordines conferre.

5. PRAETEREA, plus distat sacerdos a diacono quam episcopus ab episcopo. Sed episcopus potest consecrare episcopum. Ergo et sacerdos potest promovere diaconum.

SED CONTRA, nobiliori modo applicantur ad divinum cultum ministri per ordines quam vasa sacra. Sed consecratio vasorum pertinet ad solum episcopum. Ergo multo fortius consecratio ministrorum.

2. PRAETEREA, sacramentum ordinis est excellentius quam

[1] Decretales Gregorii IX, l. I, tit. 29, c. 21, §2 (Frdb II/165).

Bd. 29]. Also spendet um so mehr der Bischof allein das Sakrament der Weihe. 38, 1

3. Die Jungfrauen werden durch die [Jungfrauen-]Weihe nicht zu einer Stufe geistlicher Gewalt erhoben, wie die in der [priesterlichen] Ordnung Geweihten erhoben werden. Nun aber ist die Jungfrauenweihe allein Sache des Bischofs. Also gilt noch viel mehr, daß er allein das Weihesakrament spenden kann.

ANTWORT: Die bischöfliche Gewalt verhält sich zur Gewalt der untergeordneten Weihestufen wie die staatliche, die auf das allgemeine Wohl hinzielt, zu den untergeordneten Künsten [164] und Kräften, die auf ein besonderes Gut hinzielen (40, 6; vgl. Anm. [96]). Nun aber gibt die Staatskunst den untergeordneten Künsten das Gesetz: nämlich, wer welche Kunst ausüben soll, in welchem Umfang und in welcher Weise (Aristoteles). Und darum ist es Sache des Bischofs, für alle göttlichen Dienste andere einzusetzen. Darum firmt er allein: denn die Gefirmten werden in eine Art Amt gestellt, das darin besteht, den Glauben zu bekennen. Darum segnet auch er allein die Jungfrauen, die das Sinnbild der Christus angetrauten Kirche darstellen, deren Obsorge ihm hauptsächlich anvertraut ist. Er weiht auch die Weiheanwärter in die Dienste der Weihestufen ein und bestimmt durch seine Weihung die Gefäße, die sie gebrauchen sollen; so werden

QUAESTIO 38, 1

confirmationis. Sed solus episcopus confirmat. Ergo multo magis solus confert ordinis sacramentum.

3. PRAETEREA, virgines per benedictionem non constituuntur in aliquo gradu spiritualis potestatis, sicut ordinati constituuntur. Sed virgines benedicere est solius episcopi. Ergo multo magis solus ipse potest aliquos ordinare.

RESPONDEO dicendum quod potestas episcopalis habet se ad potestatem ordinum inferiorum sicut politica, quae conjectat bonum commune, ad inferiores artes et virtutes, quae conjectant aliquod bonum speciale, ut ex dictis patet. Politica autem, ut dicitur in 1 Ethicorum [c. 1] ponit legem inferioribus artibus: 1094 a 28
scilicet, quis quam debeat exercere, et quantum et qualiter. Et ideo ad episcopum pertinet in omnibus divinis ministeriis alios collocare. Unde ipse solus confirmat: quia confirmati in quodam officio confitendi fidem constituuntur. Ideo etiam solus ipse virgines benedicit, quae figuram gerunt Ecclesiae Christo desponsatae, cujus cura ipsi principaliter committitur. Ipse etiam in ministeriis ordinum ordinandos consecrat, et vasa quibus debent uti eis determinat sua consecratione: sicut et officia saecularia in civita-

38, 1 auch die weltlichen Ämter in den Gemeinwesen von dem verteilt, der die höhere Macht besitzt, wie etwa vom König.

Zu 1. Bei der Auflegung der Hände wird nicht der ‚Charakter' der Priesterweihe eingeprägt (37, 5), sondern die Gnade, die sie zur Ausübung ihrer Weihen geeignet macht [165]. Und weil sie überreichster Gnade bedürfen, darum legen die Priester mit dem Bischof denen die Hände auf, die zum Priesterstand erhoben werden; den Diakonen hingegen der Bischof allein.

Zu 2. Weil der Archidiakon gleichsam der ‚Vorsteher des Dienstes' ist [166], darum übergibt er selbst alles, was zu diesem Dienst gehört: so die Kerze, mit deren Vorantragung vor dem Evangelienbuch der Akolyth dem Diakon dient, und das Kännchen, mit dem er dem Subdiakon dient; ebenso übergibt er dem Subdiakon das, womit dieser den höheren Weihestufen dient. Doch besteht darin nicht die hauptsächliche Tätigkeit des Subdiakons, sondern darin, daß er mitwirkend mit der Materie des Sakramentes umgeht. Und darum empfängt er den ‚Charakter' bei der Überreichung des Kelches durch den Bischof. Der Akolyth hingegen empfängt den ‚Charakter' aus den Worten des Bischofs, während er das bereits Genannte von seiten des Archidiakons empfängt: und zwar eher beim Empfang des Kännchens als beim Empfang des Leuchters. Darum folgt nicht, daß der Archidiakon die Weihe spendet.

QUAESTIO 38, 1

tibus distribuuntur ab eo qui habet excellentiorem potestatem, sicut a rege.

AD PRIMUM ergo dicendum quod in impositione manuum non datur character sacerdotalis ordinis, ut ex dictis patet, sed gratia secundum quam ad exequendum ordinem sint idonei. Et quia indigent amplissima gratia, ideo sacerdotes manus cum episcopo imponunt eis qui in sacerdotes promoventur: sed diaconis solus episcopus.

AD SECUNDUM dicendum quod, quia archidiaconus est quasi ‚princeps ministerii', ideo omnia quae ad ministerium pertinent ipse tradit: sicut cereum, quo acolythus diacono servit ante Evangelium ipsum portando, et urceum, quo servit subdiacono; et similiter dat subdiacono ea quibus superioribus ordinibus servit. Sed tamen in illis non consistit principalis actus subdiaconi, sed in hoc quod cooperatur circa materiam sacramenti. Et ideo characterem accipit in eo quod datur ei calix ab episcopo. Sed acolythus accipit characterem ex verbis episcopi in hoc quod accipit praedicta ab archidiacono: et magis in acceptione urcei quam candelabri. Unde non sequitur quod archidiaconus ordinem conferat.

Zu 3. Der Papst, der die Fülle der hohepriesterlichen Gewalt besitzt, kann einem Nicht-Bischof übertragen, was zur bischöflichen Würde gehört, sofern dies nur nicht in unmittelbarer Beziehung zum wahren Leib Christi steht. Und darum kann in Kraft seines Auftrags ein einfacher Priester die Niederen Weihen spenden und firmen [167]; nicht aber ein Nichtpriester. Aber ein [einfacher] Priester kann nicht die Höheren Weihen spenden, die eine unmittelbare Beziehung zum wahren Leib Christi besitzen; denn diesen zu konsekrieren, besitzt der Papst keine größere Gewalt als ein einfacher Priester. 38, 1

Zu 4. Obwohl das Sakrament der Eucharistie an sich das größte Sakrament ist, so setzt es doch niemanden in ein Amt ein wie das Sakrament der Weihe. Und darum gilt der angegebene Grund hier nicht.

Zu 5. Um einem anderen das mitzuteilen, was man selbst besitzt, ist nicht nur die Rangnähe erforderlich, sondern auch die entsprechende Fülle der Gewalt. Und weil der Priester bei den hierarchischen Diensten nicht die volle Gewalt besitzt wie der Bischof, darum folgt nicht, daß er Diakone weihen könnte, obwohl jene Weihestufe ihm nahe steht.

QUAESTIO 38, 1

AD TERTIUM dicendum quod Papa, qui habet plenitudinem potestatis pontificalis, potest committere non-episcopo ea quae ad episcopalem dignitatem pertinent, dummodo illa non habeant immediatam relationem ad verum corpus Christi. Et ideo ex ejus commissione aliquis sacerdos simplex potest conferre minores ordines et confirmare: non autem aliquis non-sacerdos. Nec iterum sacerdos majores ordines, qui habent immediatam relationem ad corpus Christi, supra quod consecrandum Papa non habet majorem potestatem quam simplex sacerdos.

AD QUARTUM dicendum quod, quamvis sacramentum Eucharistiae sit maximum sacramentum in se, tamen non collocat in aliquo officio, sicut ordinis sacramentum. Et ideo non est similis ratio.

AD QUINTUM dicendum quod ad communicandum alteri quod quis habet, non exigitur solum propinquitas, sed completio potestatis. Et quia sacerdos non habet completam potestatem in hierarchicis officiis, sicut episcopus, ideo non sequitur quod possit diaconos facere, quamvis ille ordo sit sibi propinquus.

38, 2

2. ARTIKEL

Können Irrgläubige und von der Kirche Getrennte Weihen spenden?

1. Es ist etwas Größeres, Weihen zu spenden, als jemanden loszusprechen oder zu binden. Nun aber kann ein Irrgläubiger nicht lossprechen oder binden [19, 6]. Also kann er auch keine Weihen spenden.

2. Ein von der Kirche getrennter Priester kann die Wandlung vollziehen, weil der ‚Charakter' untilgbar in ihm bleibt, in Kraft dessen er dies vermag. Nun aber empfängt der Bischof keinerlei ‚Charakter' bei seiner Amtseinsetzung. Also ist es nicht notwendig, daß die bischöfliche Gewalt in ihm bleibe nach seiner Trennung von der Kirche.

3. In keiner Gemeinschaft kann, wer von der Gemeinschaft ausgestoßen wird, Ämter der Gemeinschaft verteilen. Nun aber bilden die Weihestufen Ämter in der Kirche. Also kann, wer aus der Kirche ausgestoßen wird, keine Weihen spenden.

4. Die Sakramente haben ihre Wirksamkeit aus dem Leiden Christi [III 62, 5: Bd. 29]. Nun aber hat der Irrgläubige keine Verbindung mit dem Leiden Christi:

QUAESTIO 38, 2

ARTICULUS II

Utrum haeretici et ab Ecclesia praecisi possint ordines conferre

[4 d 25: 1, 2 — III 64, 9]

AD SECUNDUM sic proceditur. Videtur quod haeretici et ab Ecclesia praecisi non possint ordines conferre. Majus est enim conferre ordines quam aliquem absolvere vel ligare. Sed haereticus non potest absolvere aut ligare. Ergo nec ordines conferre.

2. PRAETEREA, sacerdos ab Ecclesia separatus conficere potest quia in eo character indelebiliter manet, per quem hoc potest. Sed episcopus non accipit aliquem characterem in sui promotione. Ergo non est necesse quod episcopalis potestas remaneat in eo post separationem ejus ab Ecclesia.

3. PRAETEREA, in nulla communitate ille qui a communitate expellitur potest officia communitatis disponere. Sed ordines sunt quaedam officia Ecclesiae. Ergo ille qui extra Ecclesiam ponitur non potest ordines conferre.

4. PRAETEREA, sacramenta habent efficaciam ex passione Christi. Sed haereticus non continuatur passioni Christi: neque

weder durch seinen eigenen Glauben, da er ungläubig ist, noch durch den Glauben der Kirche, da er von der Kirche getrennt ist. Also kann er das Weihesakrament nicht spenden. 38, 2

5. Bei der Spendung einer Weihe ist eine Segnung erforderlich. Nun aber kann der Irrgläubige nicht segnen; im Gegenteil: seine Segnung wird in Fluch verwandelt, wie aus den im Text (des Lombarden) angeführten Stellen hervorgeht. Also kann er keine Weihen spenden.

ANDERSEITS: Wird ein zum Irrglauben abgefallener Bischof wieder versöhnt, so wird er nicht wiederum neu geweiht. Also hat er die Gewalt, die er besaß, Weihen zu spenden, nicht verloren.

2. Die Gewalt, Weihen zu spenden, ist größer als die mit den Weihen gegebene Gewalt selbst. Nun aber geht die mit den Weihen gegebene Gewalt nicht durch Irrglauben oder etwas dergleichen verloren [III 64, 9: Bd. 29]. Also auch nicht die Gewalt, Weihen zu spenden.

3. Wie der Taufende nur einen äußeren Dienst vollzieht, so auch der die Weihen Spendende, während Gott innerlich wirkt. Nun aber verliert ein von der Kirche Getrennter aus keinem Grunde die Gewalt zu taufen. Also auch nicht die Gewalt, Weihen zu spenden.

QUAESTIO 38, 2

per propriam fidem, cum sit infidelis; neque per fidem Ecclesiae, cum sit ab Ecclesia separatus. Ergo non potest sacramentum ordinis conferre.

5. PRAETEREA, in ordinis collatione exigitur benedictio. Sed haereticus non potest benedicere; quinimmo benedictio sua in maledictionem convertitur, ut patet per auctoritates in littera[1] inductas. Ergo non potest ordines conferre.

SED CONTRA est quod aliquis episcopus in haeresim lapsus, quando reconciliatur, non iterum reconsecratur. Ergo non amisit potestatem quam habebat ordines conferendi.

2. PRAETEREA, major est potestas conferendi ordines quam potestas ordinum. Sed potestas ordinum non amittitur propter haeresim vel aliquod hujusmodi. Ergo nec potestas conferendi ordines.

3. PRAETEREA, sicut baptizans exhibet tantum ministerium exterius, ita et conferens ordines, Deo interius operante. Sed nulla ratione aliquis ab Ecclesia praecisus amittit baptizandi potestatem. Ergo nec ordines conferendi.

---

[1] Petrus Lomb., Sent. IV 25, 1; cf. 13, 1; 19, 3 (QR II/408—410; 313; 369).

38, 2 ANTWORT: Hierzu werden im Text (des Lombarden; vgl. Gratian) vier Meinungen aufgeführt. Einige nämlich sagten: solange bestimmte Irrgläubige von der Kirche geduldet werden, haben sie die Gewalt, Weihen zu spenden, nicht aber, nachdem sie [von der Kirche] getrennt worden sind; ebenso auch nicht die Degradierten und andere dergleichen. Und das ist die erste Meinung.

Das aber kann nicht sein. Denn jede Gewalt, die mit einer Weihung erteilt wird, kann in keinem Falle aufgehoben werden, so wenig wie die Weihung nichtig gemacht werden kann: denn auch der Altar oder das Chrisma bleibt, einmal geweiht, für immer geweiht. Da nun die bischöfliche Gewalt mit einer Weihung verliehen wird, muß sie für immer bleiben, mag jemand noch so sehr sündigen oder von der Kirche getrennt werden.

Und darum haben andere gesagt: die von der Kirche Getrennten, die in der Kirche die bischöfliche Gewalt besaßen, behalten die Gewalt, andere zu weihen und [zu einem Amt] zu erheben; aber die von ihnen Erhobenen empfangen diese Gewalt nicht. Und das ist die vierte Meinung.

Aber auch das kann nicht sein. Denn wenn jene, die in der Kirche [zu einem Amt] erhoben wurden, die empfangene Gewalt behalten, vollbringen sie offensichtlich bei

QUAESTIO 38, 2

RESPONDEO dicendum quod circa hoc ponuntur in littera[1] quatuor opiniones. Quidam[2] enim dixerunt quod haeretici, quandiu ab Ecclesia tolerantur, habent potestatem ordines conferendi, non autem postquam fuerunt praecisi: similiter nec degradati et alii hujusmodi. Et haec est prima opinio.

Sed hoc non potest esse. Quia omnis potestas quae datur cum aliqua consecratione, nullo casu contingente tolli potest, sicut nec ipsa consecratio annullari: quia etiam altare vel chrisma semel consecrata perpetuo consecrata manent. Unde, cum episcopalis potestas cum quadam consecratione detur, oportet quod perpetuo maneat, quantumcumque aliquis peccet, vel ab Ecclesia praecidatur.

Et ideo alii[3] dixerunt quod praecisi ab Ecclesia qui in Ecclesia episcopalem potestatem habuerunt, retinent potestatem alios ordinandi et promovendi, sed promoti ab eis hoc non habent. Et haec est quarta opinio.

Sed hoc non potest esse. Quia si illi qui fuerunt in Ecclesia promoti, retinent potestatem quam acceperunt, patet quod, exe-

---

[1] Ib., 25, 1 (QR II/408—413).
[2] Gratianus, Decretum, p. II, causa 1, q. 1, 12a pars (Frdb I/395 s.).
[3] Ib., causa 9, q. 1, can. 3, appendix (Frdb I/601).

der Ausübung ihrer Gewalt eine gültige Weihe. Und somit teilen sie auch alle Gewalt mit, die mit einer Weihe verliehen wird. Und so haben die von ihnen Geweihten oder [zu einem Amt] Erhobenen dieselbe Gewalt wie sie selbst. 38, 2

Und darum haben andere gesagt: auch die von der Kirche Getrennten können Weihen und andere Sakramente spenden, sofern sie nur die richtige Form und Absicht einhalten, und zwar sowohl in bezug auf die erste Wirkung: die Spendung des Sakramentes, als auch in bezug auf die letzte Wirkung: die Verleihung der Gnade. Und das ist die zweite Meinung.

Aber auch das ist nicht haltbar. Denn eben dadurch, daß jemand mit einem von der Kirche getrennten Irrgläubigen Gemeinschaft hält, sündigt er [23, 3]. Und so tritt er als Heuchler zum Sakrament und kann keine Gnade erlangen, es sei denn bei der Taufe im Notfall.

Und darum sagen andere: sie spenden wahre Sakramente, verleihen aber nicht zugleich die Gnade; nicht wegen der Unwirksamkeit der Sakramente, sondern wegen der Sünden derer, die gegen das Verbot der Kirche von ihnen Sakramente empfangen. Und das ist die dritte Meinung, welche richtig ist [168].

Zu 1. Die Wirkung der Lossprechung ist nichts anderes

QUAESTIO 38, 2

quendo suam potestatem, veram consecrationem faciunt. Et ideo vere tribuunt omnem potestatem quae cum consecratione datur. Et sic ordinati ab eis, vel promoti, habent eandem potestatem quam et ipsi.

Et ideo alii dixerunt quod etiam praecisi ab Ecclesia possunt ordines conferre et alia sacramenta, dummodo formam debitam et intentionem servent, et quantum ad primum effectum, qui est collatio sacramenti, et quantum ad ultimum, qui est collatio gratiae. Et haec est secunda opinio.

Sed hoc etiam non potest stare. Quia ex hoc ipso quod aliquis haeretico praeciso ab Ecclesia in sacramentis communicat, peccat. Et ita fictus accedit, et gratiam consequi non potest; nisi forte in baptismo in articulo necessitatis.

Et ideo alii[1] dicunt quod vera sacramenta conferunt, sed cum eis gratiam non dant; non propter inefficaciam sacramentorum, sed propter peccata recipientium ab eis sacramenta contra prohibitionem Ecclesiae. Et haec est tertia opinio, quae vera est.

AD PRIMUM ergo dicendum quod effectus absolutionis non est

[1] Ib., causa 1, q. 1, 12a pars (Frdb I/395 s.).

38, 2 als die Nachlassung der Sünden, die in Kraft der Gnade erfolgt. Und darum kann ein Irrgläubiger nicht lossprechen; wie er auch in den Sakramenten keine Gnade verleihen kann. Und außerdem ist zur Lossprechung der Auftrag zur Amtsausübung erforderlich, den ein von der Kirche Getrennter nicht besitzt.

Zu 2. Bei der Amtseinsetzung des Bischofs wird diesem eine Gewalt verliehen, die für immer in ihm bleibt, obwohl sie nicht ‚Charakter' genannt werden kann [40, 5 Zu 2], weil der Mensch durch diese Weihe nicht unmittelbar auf Gott hingeordnet wird, sondern auf den mystischen Leib Christi. Und doch bleibt diese Gewalt untilgbar wie der ‚Charakter' und wird durch eine Weihung verliehen.

Zu 3. Die von Irrgläubigen Geweihten empfangen zwar die Weihe, nicht aber das Ausübungsrecht, mit dem sie in ihren Weihestufen erlaubterweise Dienst leisten können, aus dem Grunde, den der Einwand berührt.

Zu 4. Die Irrgläubigen stehen [in diesem Fall] durch den Glauben der Kirche in Verbindung mit dem Leiden Christi. Denn wenn sie auch an sich nicht in der Kirche sind, so sind sie doch in ihr, sofern sie [bei der Sakramentenspendung] die Form der Kirche bewahren.

Zu 5. Dieses [Argument] ist auf die letzte Wirkung der Sakramente zu beziehen, wie die dritte Meinung es ausspricht (Antw.).

QUAESTIO 38, 2

aliud quam remissio peccatorum, quae per gratiam fit. Et ideo haereticus non potest absolvere: sicut nec gratiam in sacramentis conferre. Et iterum ad absolutionem requiritur jurisdictio, quam non habet ab Ecclesia praecisus.

AD SECUNDUM dicendum quod in promotione episcopi datur sibi potestas quae perpetuo manet in eo: quamvis dici non possit character, quia per eam non ordinatur homo directe ad Deum, sed ad corpus Christi mysticum. Et tamen indelebiliter manet sicut character, et per consecrationem datur.

AD TERTIUM dicendum quod illi qui promoventur ab haereticis, quamvis accipiant ordinem, non tamen recipiunt executionem, ut licite possint in suis ordinibus ministrare, ratione illa quam objectio tangit.

AD QUARTUM dicendum quod per fidem Ecclesiae continuantur[1] passioni Christi. Quia, quamvis in ea non sint secundum se, sunt tamen in ea secundum formam Ecclesiae, quam servant.

AD QUINTUM dicendum quod hoc est referendum ad ultimum effectum sacramentorum, ut tertia opinio dicit.

[1] In Sent.; L: continuatur.

DIE HINDERNISSE DIESES SAKRAMENTES

Hierauf ist über die Hindernisse dieses Sakramentes nachzudenken.

Dazu ergeben sich sechs Einzelfragen:
1. Verhindert das weibliche Geschlecht den Empfang dieses Sakramentes?
2. das Fehlen des Vernunftgebrauchs?
3. die Leibeigenschaft?
4. die Tötung eines Menschen?
5. uneheliche Geburt?
6. das Fehlen von Gliedern?

1. ARTIKEL

Verhindert das weibliche Geschlecht den Empfang der Weihe?

1. Das Amt der Prophetie steht höher als das Amt des Priesters: denn der Prophet steht in der Mitte zwischen Gott und den Priestern, wie der Priester in der Mitte steht zwischen Gott und dem Volk [Hebr 5, 1]. Nun aber wird das Amt der Prophetie bisweilen Frauen zugestanden, wie aus 4 (2) Kön 22, 14 hervorgeht. Also kann ihnen auch das Amt des Priestertums zukommen.

QUAESTIO XXXIX

DE IMPEDIMENTIS HUJUS SACRAMENTI

Deinde considerandum est de impedimentis hujus sacramenti. Circa quod quaeruntur sex: 1. Utrum sexus femineus impediat hujus sacramenti susceptionem. — 2. Utrum carentia usus rationis. — 3. Utrum servitus. — 4. Utrum homicidium. — 5. Utrum illegitima nativitas. — 6. Utrum defectus membrorum.

ARTICULUS I

Utrum sexus femineus impediat ordinis susceptionem

[4 d 25: 2, 1 qa 1 — 2 qa 1 ad 4]

AD PRIMUM sic proceditur. Videtur quod sexus femineus non impediat ordinis susceptionem. Quia officium prophetiae est majus quam officium sacerdotis: quia propheta est medium inter Deum et sacerdotes, sicut sacerdos est inter Deum et populum. Sed prophetiae officium aliquando mulieribus est concessum, ut patet 4 Reg. Ergo et sacerdotii officium eis competere potest.

39, 1 2. Wie die Weihe eine gewisse Vollkommenheit bedeutet, so auch das Amt der kirchlichen Vorsteherschaft, das Martyrium und der Ordensstand. Nun aber wird im Neuen Bund den Frauen eine Vorsteherschaft aufgetragen, wie das bei den Äbtissinnen offensichtlich ist; und im Alten Bund bei Debora, welche über Israel zu Gericht saß (Ri 4, 4 ff.). Ebenfalls kommt ihnen auch das Martyrium zu und der Ordensstand. Also auch die Weihe der Kirche.

3. Die Gewalt der Weihen ist in der Seele begründet. Nun aber liegt das Geschlecht nicht in der Seele. Also bewirkt die Verschiedenheit des Geschlechts keinen Unterschied im Empfang der Weihen.

ANDERSEITS heißt es 1 Tim 2, 12: „Ich erlaube der Frau nicht, in der Kirche zu lehren, noch über den Mann zu herrschen“ [vgl. 1 Kor 14, 34].

2. Bei den zu Weihenden ist die Tonsur erforderlich, obwohl sie kein notwendiges Erfordernis des Sakramentes ist. Nun aber sind kleine und große Tonsur für Frauen nicht passend, wie aus 1 Kor 11, 6 hervorgeht. Also auch nicht der Empfang von Weihen.

ANTWORT: Für den Empfänger des Sakramentes ist einiges erfordert, was zum Zustandekommen des Sakramentes notwendig ist: fehlt es, so kann jemand weder das Sakrament noch die Sache [Wirkung] des Sakramentes [vgl. III 66, 1: Bd. 29] empfangen. Einiges hingegen ist

QUAESTIO 39, 1

2. PRAETEREA, sicut ordo ad quandam perfectionem pertinet, ita et praelationis officium, et martyrium, et religionis status. Sed praelatio committitur mulieribus in novo Testamento, ut patet de abbatissis: et in veteri, ut patet de Debbora, quae judicavit Israel, Judic. 4. Competit etiam eis martyrium, et religionis status. Ergo et ordo Ecclesiae.

3. PRAETEREA, ordinum potestas in anima fundatur. Sed sexus non est in anima. Ergo diversitas sexus non facit distinctionem in receptione ordinum.

SED CONTRA est quod dicitur 1 Tim. 2: „Mulierem in Ecclesia docere non permitto, nec dominari in virum.“

2. PRAETEREA, in ordinandis praeexigitur corona: quamvis non de necessitate sacramenti. Sed corona et tonsura non competunt mulieribus: ut patet 1 Cor. 11. Ergo nec ordinum susceptio.

RESPONDEO dicendum quod quaedam requiruntur in recipiente sacramentum quasi de necessitate sacramenti: quae si desunt, non potest aliquis suscipere neque sacramentum neque rem sacramenti. Quaedam vero requiruntur non de necessitate sacra-

erfordert, das nicht zum Zustandekommen des Sakramentes, sondern zur Erfüllung des Gebotes notwendig ist, aus Gründen der Angemessenheit dem Sakrament gegenüber. Fehlt nur dieses, so empfängt jemand das Sakrament, nicht aber die Sache des Sakramentes. Es ist also zu sagen: männliches Geschlecht ist zum Empfang der Weihen nicht nur in der zweiten Weise erfordert, sondern auch in der ersten. Wenn darum auch einer Frau gegenüber alles vollzogen wird, was bei den Weihen geschieht, so empfängt sie dennoch das Sakrament nicht. Da nämlich das Sakrament ein Zeichen darstellt, ist beim Vollzug des Sakramentes nicht nur die Sache, sondern auch das Zeichen erfordert; so ist schon gesagt worden (32, 1), bei der Letzten Ölung sei es erforderlich, daß der Empfänger krank ist, damit bezeichnet wird, daß er der Behandlung bedarf. Da nun beim weiblichen Geschlecht kein Zeichen für einen Vorrang vorliegen kann, weil die Frau einen Stand der Unterordnung einnimmt, darum kann sie das Sakrament der Weihe nicht empfangen [169]. 39, 1

Einige haben jedoch gesagt, das männliche Geschlecht sei nur zur Erfüllung des Gebotes notwendig, nicht aber zum Zustandekommen des Sakramentes, weil auch im Dekret der „Diakonisse" und der „Presbyterin" Erwähnung geschieht (Gratian). — Nun aber wird ‚Diakonisse' jene Frau genannt, die an einer Tätigkeit des Diakons

QUAESTIO 39, 1

menti, sed de necessitate praecepti, propter congruitatem ad sacramentum. Et sine talibus aliquis suscipit sacramentum, sed non rem sacramenti. Dicendum ergo quod sexus virilis requiritur ad susceptionem ordinum non solum secundo modo, sed etiam primo. Unde, etsi mulieri exhibeantur omnia quae in ordinibus fiunt, ordinem non suscipit. Quia, cum sacramentum sit signum, in his quae in sacramento aguntur requiritur non solum res, sed signum rei: sicut dictum est quod in extrema unctione exigitur quod sit infirmus ut significetur curatione indigens. Cum igitur in sexu femineo non possit significari aliqua eminentia gradus, quia mulier statum subjectionis habet; ideo non potest ordinis sacramentum suscipere.

Quidam autem dixerunt quod sexus virilis est de necessitate praecepti, sed non de necessitate sacramenti, quia etiam in Decretis fit mentio de „diaconissa"[1] et „presbytera".[2] — Sed ‚diaconissa' dicitur quae in aliquo actu diaconi participat, sicut

[1] Gratianus, Decretum, p. II, causa 27, q. 1, can. 23 (Frdb I/1055).
[2] Ib., p. I, d. 32, can. 19 (Frdb I/122).

39, 1 teilhat, so z. B. die Vorleserin der Homilie in der Kirche. ‚Presbyterin' aber wird die Witwe genannt, denn ‚Presbyter' bedeutet dasselbe wie ‚der Ältere' [170].

Zu 1. Die Prophetie ist kein Sakrament, sondern eine [besondere] Gabe Gottes [II—II 172, 1: Bd. 23]. Darum wird für den Propheten keine Zeichenbewandtnis erfordert, sondern nur die Sache [Gnadengabe] selbst. Und weil die Frau im seelischen Bereich sich der Sache nach nicht vom Manne unterscheidet — denn bisweilen findet sich eine Frau, die der Seele nach besser ist als viele Männer —: darum kann sie die Gabe der Prophetie empfangen und anderes dergleichen, nicht aber das Sakrament der Weihe.

Hieraus ergibt sich die Lösung Zu 2 und Zu 3.

[Zu 2.] Was allerdings die Äbtissinnen betrifft, so haben sie keine ordentliche Vorsteherschaft, sondern gleichsam nur eine übertragene, wegen der Gefahr des Zusammenwohnens von Männern mit Frauen. — Debora aber hatte einen Vorrang im weltlichen Bereich, nicht aber im priesterlichen; wie ja auch heute Frauen im weltlichen Bereich Herrschaft ausüben können.

QUAESTIO 39, 1

quae legit homiliam in ecclesia.[1] ‚Presbytera' autem dicitur vidua, quia presbyter idem est quod ‚senior'.[2]

AD PRIMUM ergo dicendum quod prophetia non est sacramentum, sed Dei donum. Unde ibi non exigitur significatio, sed solum res. Et quia secundum rem in his quae sunt animae mulier non differt a viro, cum quandoque mulier inveniatur melior quantum ad animam viris multis: ideo donum prophetiae et alia hujusmodi potest recipere, sed non ordinis sacramentum.

Et per hoc patet solutio AD SECUNDUM et TERTIUM.

De abbatissis tamen dicitur quod non habent praelationem ordinariam, sed quasi ex commissione, propter periculum cohabitationis virorum ad mulieres. — Debbora autem in temporalibus praefuit, non in sacerdotalibus: sicut et nunc possunt mulieres temporaliter dominari.

---

[1] L. c.
[2] L. c.

2. ARTIKEL 39, 2

Können Kinder und des Vernunftgebrauchs Entbehrende Weihen empfangen?

1. Die heiligen Vorschriften haben, wie es im Text (des Lombarden) heißt, für die Empfänger der Weihestufen ein nachgewiesenes, bestimmtes Alter angeordnet. Das aber wäre nicht der Fall, wenn Kinder das Sakrament der Weihe empfangen könnten. Also . . .

2. Das Sakrament der Weihe ist erhabener als die Ehe. Nun aber können Kinder und andere des Vernunftgebrauchs Entbehrende keine Ehe schließen. Also auch keine Weihen empfangen.

3. ,,Wer die Tat setzt, hat auch das Vermögen dazu" (Aristoteles). Nun aber erfordert eine in der Weihe begründete Tätigkeit den Gebrauch der Vernunft. Also [fordert ihn] auch die mit den Weihen gegebene Vollmacht.

ANDERSEITS: Wer schon vor den Unterscheidungsjahren [171] zu den Weihestufen erhoben wurde, dem wird gelegentlich gestattet, ohne deren Wiederholung sie auszuüben, wie aus den Rechtsbestimmungen Gregors IX. hervorgeht. Das aber wäre nicht der Fall, wenn er nicht

QUAESTIO 39, 2

ARTICULUS II

Utrum pueri, et qui carent usu rationis, possint ordines suscipere

[4 d 25: 2, 1 qa 2 — 7: 3, 2 qa 2]

AD SECUNDUM sic proceditur. Videtur quod pueri, et qui carent usu rationis, non possint ordines suscipere. Quia, ut in littera[1] dicitur, sacri canones in suscipientibus ordines certum et determinatum tempus statuerunt aetatis. Sed hoc non esset si pueri recipere possent ordinis sacramentum. Ergo, etc.

2. PRAETEREA, ordinis sacramentum est dignius quam matrimonium. Sed pueri, et alii carentes usu rationis, non possunt contrahere matrimonium. Ergo nec ordines suscipere.

3. PRAETEREA, ,,cujus est potentia, ejus est actus": secundum Philosophum, in libro de Somno et Vigilia [c. 1]. Sed actus ordinis requirit usum rationis. Ergo et ordinum potestas. 454 a 8

SED CONTRA, ille qui est ante annos discretionis promotus ad ordines, sine iteratione ipsorum quandoque in eis conceditur ministrare: ut patet Extra, de Clerico per saltum promoto.[2] Hoc

[1] Petrus Lomb., Sent. IV 25, 7 (QR II/415 sq.).
[2] Decretales Gregorii IX, l. V, tit. 29, c. un. (Frdb II/833).

 die Weihe empfangen hätte. Also kann ein Kind Weihen empfangen.

2. Kinder können andere Sakramente, bei welchen ein ‚Charakter' eingeprägt wird, empfangen, wie Taufe und Firmung. Also aus demselben Grunde auch die Weihen.

ANTWORT: Durch die Kindheit und andere Mängel, die den Vernunftgebrauch aufheben, wird dem Handeln ein Hindernis entgegengesetzt. Und darum kommen alle Sakramente, die eine Handlung des Empfängers fordern, solchen Menschen nicht zu: wie die Buße, die Ehe und dergleichen. Weil aber die eingegossenen Vermögen früher da sind als die [entsprechenden] Tätigkeiten wie auch die natürlichen Vermögen — während die erworbenen Vermögen später sind —; und weil mit Wegfall des Späteren nicht das Frühere aufgehoben wird, darum können Kinder und andere des Vernunftgebrauchs Entbehrende alle Sakramente empfangen, bei denen keine Tätigkeit des Empfängers zum Zustandekommen des Sakramentes erfordert ist, vielmehr eine geistliche Gewalt von Gott her verliehen wird; jedoch mit der Unterscheidung, daß bei den Niederen Weihen die Zeit des sittlichen Unterscheidens [171] nur um der Würde des Sakramentes willen als angemessen erfordert ist, nicht aber als notwendig geboten noch als notwendig zum Zustandekommen des Sakramentes. Darum können Kinder, wenn eine Notwendigkeit

autem non esset si ordinem non suscepisset. Ergo puer potest ordines suscipere.

2. PRAETEREA, alia sacramenta in quibus character imprimitur, possunt pueri suscipere, ut baptismum et confirmationem. Ergo pari ratione et ordines.

RESPONDEO dicendum quod per pueritiam et alios defectus quibus tollitur usus rationis, praestatur impedimentum actui. Et ideo omnia illa sacramenta quae actum requirunt suscipientis sacramentum, talibus non competunt: sicut poenitentia, matrimonium et hujusmodi. Sed quia potestates infusae sunt priores actibus, sicut et naturales, quamvis acquisitae sunt posteriores; remoto autem posteriori non tollitur prius: ideo omnia sacramenta in quibus non requiritur actus suscipientis de necessitate sacramenti, sed potestas aliqua spiritualis divinitus datur, possunt pueri suscipere, et alii qui usu rationis carent; hac tamen distinctione habita, quod in minoribus ordinibus requiritur discretionis tempus de honestate, propter dignitatem sacramenti, sed non de necessitate praecepti neque de necessitate sacramenti. Unde aliqui, si necessitas adsit et spes profectus, ad minores ordines

gegeben ist und Hoffnung auf Fortschritt besteht, vor den Jahren der Unterscheidung ohne Sünde zu den niederen Weihestufen erhoben werden, und sie empfangen die Weihe: denn wenn sie auch zu diesem Zeitpunkt noch nicht geeignet sind zu den Ämtern, die ihnen anvertraut werden, so werden sie doch durch Eingewöhnung später geeignet werden. — Zu den Höheren Weihen hingegen ist der Vernunftgebrauch erforderlich um der Würde des Sakramentes willen und mit der Notwendigkeit des Gebotes: einmal wegen des Gelübdes der Enthaltsamkeit, das mit ihnen [diesen Weihen] verbunden ist, und auch weil den Geweihten die Befassung mit Sakramenten anvertraut wird. — Zum Bischofsamt hingegen, mit dem Gewalt über den mystischen Leib empfangen wird, ist ein Akt des die Hirtensorge Übernehmenden erforderlich. Und darum ist es auch zum Zustandekommen der Bischofsweihe notwendig, daß der Empfänger den Vernunftgebrauch besitzt. 39, 2

Andere aber sagen, daß der Vernunftgebrauch bei allen Weihestufen zum Zustandekommen des Sakramentes erfordert ist. Doch wird deren Behauptung weder durch die Vernunft noch durch das Gewicht von Autoritäten gestützt.

Zu 1. Nicht alles, was zur Erfüllung des Gebotes notwendig ist, ist zum Zustandekommen des Sakramentes notwendig (Antw.).

Zu 2. Die Ehe wird durch Einwilligung begründet, die ohne Vernunftgebrauch unmöglich ist. Nun aber ist beim

QUAESTIO 39, 2

possunt ante annos discretionis promoveri sine peccato, et suscipient ordinem: quia, quamvis tunc non sint idonei ad officia quae eis committuntur, tamen per assuefactionem idonei reddentur. — Sed ad majores ordines requiritur usus rationis et de honestate et necessitate praecepti: propter votum continentiae, quod habent annexum; et quia etiam eis sacramenta tractanda committuntur. — Sed ad episcopatum, ubi in corpus mysticum accipitur potestas, requiritur actus suscipientis curam pastoralem. Et ideo est etiam de necessitate consecrationis episcopalis quod usum rationis habeat.

Quidam autem dicunt quod ad omnes ordines requiritur usus rationis de necessitate sacramenti. Sed eorum dictum ratione vel auctoritate non confirmatur.

AD PRIMUM ergo dicendum quod non omne quod est de necessitate praecepti, est de necessitate sacramenti, ut dictum est.

AD SECUNDUM dicendum quod matrimonium causat consensus, qui sine usu rationis esse non potest. Sed in receptione

39, 3 Empfang einer Weihe keinerlei [innere] Handlung von seiten des Empfängers erforderlich. Das ist daraus ersichtlich, daß keine Handlung von seiten der Empfänger bei ihrer Weihe zum Ausdruck gebracht wird. Und darum gilt der Vergleich nicht.

Zu 3. Tätigkeit und Vermögen gehören einem und demselben an; doch bisweilen geht das Vermögen voran wie das freie Entscheidungsvermögen seinem Gebrauch. Und so verhält es sich im vorliegenden Fall.

3. ARTIKEL

Hindert Leibeigenschaft [172] jemanden am Empfang der Weihen?

1. Körperliche Unterordnung widerstreitet geistlichem Vorrang nicht. Nun aber besteht beim Leibeigenen körperliche Unterordnung. Also ist er nicht gehindert, geistlichen Vorrang zu übernehmen, der bei der Weihe verliehen wird.

2. Was Anlaß zur Demut bietet, darf den Empfang eines Sakramentes nicht verhindern. Nun aber ist die Leibeigenschaft solcher Art; darum gab der Apostel den Rat, wenn jemand frei werden könne, möge er lieber als Sklave leben

QUAESTIO 39, 3

ordinis non requiritur aliquis actus ex parte recipientis. Quod patet ex hoc quod nullus actus ex parte eorum exprimitur in eorum consecratione. Et ideo non est simile.

AD TERTIUM dicendum quod ejusdem est actus et potentia: sed tamen aliquando potentia praecedit, sicut liberum arbitrium usum suum. Et sic est in proposito.

ARTICULUS III

Utrum servitus impediat aliquem a susceptione ordinum

[4 d 25: 2, 2 qa 1]

AD TERTIUM sic proceditur. Videtur quod servitus non impediat aliquem a susceptione ordinum. Subjectio enim corporalis non repugnat praelationi spirituali. Sed in servo est subjectio corporalis. Ergo non impeditur quin debeat suscipere praelationem spiritualem, quae in ordine datur.

2. PRAETEREA, illud quod est occasio humilitatis, non debet impedire susceptionem alicujus sacramenti. Sed servitus est hujusmodi: unde Apostolus consuluit quod, si aliquis possit fieri

(1 Kor 7, 21). Also darf sie nicht an der Erhebung in eine Weihestufe hindern. 39, 3

3. Es ist schimpflicher, wenn ein Geistlicher in die Sklaverei verkauft wird, als wenn ein Sklave in den geistlichen Stand erhoben wird. Nun aber kann ein Geistlicher erlaubterweise in die Sklaverei verkauft werden: weil der Bischof von Nola, nämlich der heilige Paulinus, sich selbst als Sklave verkauft hat (Gregor d. Gr.). Also kann erst recht ein Sklave in den geistlichen Stand erhoben werden.

ANDERSEITS: Es scheint, daß sie [die Leibeigenschaft] ein Hindernis bildet in Hinblick auf die notwendigen Bedingungen [zum Empfang] des Sakramentes. Denn eine Frau kann das Sakrament nicht empfangen aufgrund ihrer Unterordnung. Nun aber liegt eine größere Unterordnung beim Leibeigenen vor: denn die Frau wird dem Manne nicht als Magd gegeben; und darum ist sie nicht aus dessen Füßen gebildet [vgl. Gen 2, 21 f.]. Also empfängt auch ein Leibeigener das Sakrament nicht.

2. Von dem Augenblick an, wo jemand eine Weihe empfängt, ist er gehalten, in dieser Weihestufe Dienst zu leisten. Er kann jedoch nicht zugleich seinem fleischlichen Herrn dienen und in einem geistlichen Dienst. Also kann er offensichtlich keine Weihe empfangen: denn der Herr muß vor Schaden bewahrt werden.

ANTWORT: Beim Empfang einer Weihe wird der Mensch

liber[1], magis utatur servitute, 1 Cor. 7. Ergo non debet impedire a promotione ordinis.

3. PRAETEREA, magis est turpe clericum in servum vendi, quam servum in clericum promoveri. Sed licite clericus in servum vendi potest: quia episcopus Nolanus, scilicet beatus Paulinus, seipsum in servum vendidit, ut in (Gregorii) Dialogis [3, 1] legitur. PL
Ergo multo fortius potest servus in clericum promoveri. 77/217 AC

SED CONTRA, videtur quod impediat quantum ad necessitatem sacramenti. Quia mulier non potest suscipere sacramentum ratione subjectionis. Sed major subjectio est in servo: quia mulier non datur viro in ancillam; propter quod non est de pedibus sumpta. Ergo et servus sacramentum non suscipit.

2. PRAETEREA, aliquis ex quo suscipit ordinem, tenetur in ordine ministrare. Sed non potest simul ministrare domino suo carnali, et in spirituali ministerio. Ergo videtur quod non possit ordinem suscipere: quia dominus debet conservari indemnis.

RESPONDEO dicendum quod in susceptione ordinis mancipa-

[1] Conj. (Vg.); L om.: fieri liber.

39, 3 für die geistlichen Dienste in Beschlag genommen. Und weil niemand geben kann, was nicht sein ist, darum kann ein Leibeigener, der keine Verfügung über sich selbst hat, nicht zu den Weihestufen erhoben werden. Wird er trotzdem erhoben, so empfängt er die Weihe: denn die Freiheit ist nicht notwendig zum Zustandekommen des Sakramentes, sondern nur zur Erfüllung des Gebotes [Gratian]; da sie nicht die Vollmacht, sondern nur die Ausübung unmöglich macht. Und der gleiche Grund gilt für alle, die anderen verpflichtet sind: wie für die in Schuldhaft Gehaltenen [Gregor IX.] und dergleichen Personen.

Zu 1. Beim Empfang einer geistlichen Gewalt gibt es auch eine Verpflichtung zu Aufgaben, die körperlich zu vollziehen sind. Und darum wird er durch körperliche Unterordnung verhindert.

Zu 2. Es kann jemand einen Anlaß zur Demut aus vielem anderen finden, was für die Ausübung der Weihen kein Hindernis bildet. Und darum schließt das Argument nicht.

Zu 3. Der heilige Paulinus tat dies aus dem Überschwang der Liebe heraus, vom Geiste Gottes geführt. Das beweist der Ausgang jener Tat: denn durch seine Sklavenschaft sind viele seiner Herde aus der Sklaverei befreit worden. Darum darf es nicht zum Prinzip gemacht werden: denn „wo der Geist des Herrn, da ist Freiheit" (2 Kor 3, 17).

QUAESTIO 39, 3

tur homo divinis officiis. Et quia nullus potest dare quod suum non est, ideo servus, qui non habet potestatem sui, non potest ad ordines promoveri. Si tamen promovetur, ordinem suscipit: quia libertas non est de necessitate sacramenti, sed de necessitate praecepti[1]; cum non impediat potestatem, sed actum tantum. Et similis ratio est de omnibus qui sunt aliis obligati: ut ratiociniis detenti[2], et hujusmodi personae.

AD PRIMUM ergo dicendum quod in susceptione spiritualis potestatis est aliqua obligatio ad aliqua etiam corporaliter agenda. Et ideo per corporalem subjectionem impeditur.

AD SECUNDUM dicendum quod ex multis aliis, quae non praestant impedimentum executioni ordinum, potest aliquis occasionem humilitatis accipere. Et ideo ratio non sequitur.

AD TERTIUM dicendum quod beatus Paulinus ex abundantia caritatis, Spiritu Dei ductus, hoc fecit. Quod rei eventus probat: quia per ejus servitutem multi de grege suo sunt de servitute liberati. Et ideo non est ad consequentiam trahendum: quia, „ubi Spiritus Domini, ibi libertas", 2 Cor. 3.

---

[1] Gratianus, Decretum, p. I, d. 54, can. 1 (Frdb I/206); Decretales Gregorii IX, l. I, tit. 17, c. 1; tit. 18, c. 5 (Frdb II/135. 142).

[2] Decretales Gregorii IX, l. I, tit. 19, c. un. (Frdb II/144).

Zu 4. [Anders.] Die sakramentalen Zeichen stellen etwas dar aus einer natürlichen Ähnlichkeit heraus. Die Frau aber hat ihre Unterordnung von Natur, nicht so aber der Leibeigene. Und darum gilt der Vergleich nicht. 39, 4

Zu 5. [Anders. 2] Ist er mit Wissen und ohne Widerspruch des Herrn geweiht worden, so bekommt er eben dadurch die Stellung eines Freigeborenen. Wenn jedoch ohne dessen Wissen, dann ist der Bischof und der ihn zur Weihe vorgestellt hat, gehalten, dem Herrn das Doppelte des Preises des Leibeigenen zu entrichten, wenn sie wußten, daß er Leibeigener war. Andernfalls muß der Knecht, wenn er über eigenes Geld verfügt, sich selbst loskaufen [Gratian]; sonst würde er in die Knechtschaft seines Herrn zurückgeführt ohne Rücksicht darauf, daß er seine Weihe nicht ausüben kann.

4. ARTIKEL

Muß jemand wegen Tötung eines Menschen von den heiligen Weihen ausgeschlossen werden?

1. Unsere Weihen haben ihren Anfang genommen im Dienst der Leviten (Lombardus; Thomas 37, 1 Anders. 2).

QUAESTIO 39, 4

AD QUARTUM [S. c. 1] dicendum quod signa sacramentalia ex naturali similitudine repraesentant. Mulier autem habet subjectionem a natura, sed non servus. Et ideo non est simile.

AD QUINTUM [S. c. 2] dicendum quod, si est promotus sciente domino et non reclamante, ex hoc ipso efficitur ingenuus.[1] Si autem eo nesciente, tunc episcopus et ille qui praesentavit tenentur domino in duplum quam sit pretium servi, si sciverunt ipsum esse servum.[2] Alias, si servus habeat peculium, debet seipsum redimere:[3] alioquin redigetur in servitutem domini sui, non obstante quod ordinem suum exequi non potest.

ARTICULUS IV

Utrum propter homicidium aliquis debeat prohiberi a sacris ordinibus

[4 d 25: 2, 2 qa 2]

AD QUARTUM sic proceditur. Videtur quod propter homicidium aliquis non debeat prohiberi a sacris ordinibus. Quia ordines

[1] Gratianus, Decretum, p. I, d. 54, can. 20 (Frdb I/213).
[2] Ib., can. 9 (Frdb I/209).
[3] Ib.

39, 4 Nun aber haben die Leviten ihre Hände geweiht bei der Vergießung des Blutes ihrer Brüder (Ex 32, 26 ff.). Also darf im Neuen Bunde niemand wegen Blutvergießens vom Empfang der Weihen ausgeschlossen werden.

2. Niemand darf wegen eines Tugendaktes von einem Sakrament ferngehalten werden. Nun aber wird manchmal Blut aus Gerechtigkeit vergossen; so vom Richter, der als Amtsinhaber sündigen würde, wenn er es nicht vergösse. Also wird er um dessentwillen nicht am Empfang des Sakramentes gehindert.

3. Strafe gebührt nur einer Schuld. Nun aber tötet manchmal jemand ohne Schuld: so, wenn er sich verteidigt, oder auch zufällig. Also darf er sich nicht die Strafe der Irregularität [173] zuziehen.

ANDERSEITS stehen mehrere Rechtsbestimmungen (Gratian; Gregor IX.) und die Gepflogenheit der Kirche dagegen.

ANTWORT: Alle Weihestufen sind bezogen auf das Sakrament der Eucharistie, welches das Sakrament des Friedens ist, der uns geschenkt wurde durch die Ausgießung des Blutes Christi. Und weil die Tötung von Menschen dem Frieden am meisten entgegengesetzt ist und weil die Tötenden mehr denen gleichgestaltet sind, die

QUAESTIO 39, 4

nostri sumpserunt initium a levitarum officio: ut in praecedenti distinctione[1] dictum est. Sed levitae consecraverunt manus suas in sanguinis effusione fratrum suorum, ut patet Ex. 32. Ergo et in novo Testamento non debent aliqui ab assumptione ordinum prohiberi propter sanguinis effusionem.

2. PRAETEREA, propter actum virtutis nullus debet impediri ab aliquo sacramento. Sed aliquando sanguis effunditur per justitiam, sicut a judice: et peccaret habens officium si non effunderet. Ergo non impeditur propter hoc a sacramenti susceptione.

3. PRAETEREA, poena non debetur nisi culpae. Sed aliquis sine culpa quandoque homicidium committit: sicut se defendendo, vel etiam casualiter. Ergo non debet incurrere irregularitatis poenam.

SED CONTRA hoc sunt plura canonum statuta[2], et Ecclesiae consuetudo.

RESPONDEO dicendum quod omnes ordines referuntur ad Eucharistiae sacramentum, quod est sacramentum pacis nobis factae per effusionem sanguinis Christi. Et quia homicidium maxime contrariatur paci; et homicidae magis conformantur

[1] Petrus Lomb., Sent. IV 24, 10 (QR II/401 sq.).
[2] Gratianus, Decretum, p. I, d. 50, can. 4 (Frdb I/178); Decretales Gregorii IX, l. V, tit. 12, c. 8 (Frdb II/796).

Christus getötet haben, als dem getöteten Christus, dem alle Diener des genannten Sakramentes gleichgestaltet werden sollen: darum ist es zur Erfüllung des Gebotes notwendig, niemanden zu den Weihen zu erheben, der (einen) Menschen getötet hat, obwohl es nicht zum Zustandekommen des Sakramentes notwendig ist [174]. 39, 4

Zu 1. Das Gesetz des Alten Bundes verhängte die blutige Todesstrafe, nicht aber das des Neuen Bundes [175]. Und darum gilt nicht das gleiche für die Diener des Alten und des Neuen Bundes, der ein ‚süßes Joch' und eine ‚leichte Bürde' ist [Mt 11, 30].

Zu 2. Eine Irregularität [173] zieht man sich nicht nur wegen einer Sünde zu, sondern hauptsächlich wegen der Ungeeignetheit der Person zum Dienst am Sakrament der Eucharistie. Und darum sind der Richter und alle, die mit ihm zusammen ein Todesurteil vollziehen, irregulär [Gratian], weil Blutvergießung sich nicht für die Diener des genannten Sakramentes ziemt.

Zu 3. Keiner vollbringt eine Handlung, wenn er nicht ihre Ursache ist: darin besteht das Freiwillige im Menschen. Wer darum einen Menschen unwissend durch zufällige Tötung tötet, wird nicht ‚Menschentöter' (Mörder) genannt und zieht sich auch keine Irregularität [173] zu; es sei denn, er habe dem unerlaubten Vorhaben mit Fleiß

QUAESTIO 39, 4

occidentibus Christum quam ipsi Christo occiso, cui omnes ministri praedicti sacramenti debent conformari: ideo de necessitate praecepti est quod non sit homicida qui ad ordines promovetur; quamvis non sit de necessitate sacramenti.

AD PRIMUM ergo dicendum quod vetus lex inferebat poenam sanguinis, non autem nova lex. Et ideo non est simile de ministris veteris et novae legis, quae est ‚jugum suave' et ‚onus leve'.

AD SECUNDUM dicendum quod irregularitas non incurritur propter peccatum tantum, sed principaliter propter ineptitudinem personae ad sacramentum Eucharistiae ministrandum. Et ideo judex, et omnes qui in causa sanguinis ei participant, sunt irregulares[1], propter hoc quod effusio sanguinis non decet ministros dicti sacramenti.

AD TERTIUM dicendum quod nullus facit nisi illud cujus est causa, quod est voluntarium in homine. Et ideo ille qui ignorans hominem occidit homicidio casuali, non dicitur homicida, nec irregularitatem incurrit: nisi operam dederit illicitae rei, vel nisi omiserit debitam diligentiam[2], quia jam quodammodo efficitur

[1] Gratianus, ib., can. 8 (Frdb I/179).
[2] Decretales Gregorii IX, ib., c. 7 (Frdb II/796).

39, 5 Vorschub geleistet oder die gebührende Sorgfalt außer acht gelassen [Gregor IX.], weil es dann irgendwie freiwillig wird. Und dieses ist nicht aus dem Grunde, weil er keine Schuld hätte: denn Irregularität kann man sich auch ohne Schuld zuziehen. Und darum ist trotzdem auch irregulär, wer nicht sündigt, weil er bei der Selbstverteidigung in irgendeinem Falle einen Menschen tötet [Gratian].

5. ARTIKEL

Müssen die unehelich Geborenen vom Empfang der Weihen abgehalten werden?

1. „Der Sohn soll nicht das Unrecht seines Vaters tragen" [Ez 18, 20]. Er würde es aber tragen, wenn er aus diesem Grunde abgehalten würde, Weihen zu empfangen. Also . . .

2. Durch eigenen Mangel wird jemand mehr gehindert als durch fremden Mangel. Nun aber wird jemand nicht immer wegen unerlaubten Beischlafes vom Empfang der Weihen abgehalten. Also auch nicht wegen unerlaubten Beischlafes seines Vaters.

ANDERSEITS heißt es Dtn 23, 3 [2]: „Es soll kein Bastard", das heißt ein von einer Dirne Geborener, „in die

voluntarium. Nec hoc est propter hoc quod culpa careat: quia etiam sine culpa incurritur irregularitas. Et ideo etiam ille qui, se defendendo in aliquo casu non peccat homicidium committendo, nihilominus irregularis est.[1]

ARTICULUS V

Utrum illegitime nati debeant impediri a susceptione ordinum

[4 d 25: 2, 2 qa 3]

AD QUINTUM sic proceditur. Videtur quod illegitime nati non debeant impediri a susceptione ordinum. Quia „filius non debet portare iniquitatem patris". Portaret autem si propter hoc impediretur ab ordinibus suscipiendis. Ergo, etc.

2. PRAETEREA, magis impeditur aliquis propter defectum proprium quam alienum. Sed a susceptione ordinum propter illicitum concubitum suum non semper aliquis impeditur. Ergo nec propter illicitum concubitum patris sui.

SED CONTRA est quod dicitur Deut. 23: „Non ingredietur mamzer", hoc est de scorto natus, „ecclesiam Dei, usque in

---

[1] Gratianus, ib., can. 6 (Frdb I/179).

Kirche Gottes eintreten bis ins zehnte Geschlecht." Also darf er noch viel weniger zu den Weihestufen erhoben werden. 39, 5

ANTWORT: Die Geweihten werden vor anderen Menschen in eine gewisse Würde eingesetzt. Darum ist aus einem gewissen Anstand bei ihnen eine Makellosigkeit erforderlich, nicht als notwendig zum Zustandekommen des Sakramentes, sondern zur Erfüllung des Gebotes: sie sollen nämlich einen guten Ruf haben, mit guten Sitten geziert sein, keine öffentlichen Büßer [Gratian]. Und weil die Makellosigkeit des Menschen durch sündhafte Herkunft verdunkelt wird, darum werden die aus unehelicher Verbindung Geborenen vom Empfang der Weihen zurückgewiesen [Gregor IX.], es sei denn, man dispensiere sie; und ihre Dispens ist um so schwieriger, je schimpflicher ihre Herkunft ist [176].

Zu 1. Irregularität [173] ist keine Strafe für ein Vergehen. Und darum ist offenkundig, daß die unehelich Geborenen nicht die Ungerechtigkeit des Vaters deswegen tragen, weil sie irregulär sind.

Zu 2. Was durch eine Tat begangen wird, kann durch Buße und gegenteilige Tat getilgt werden; nicht aber, was aus der Natur stammt. Und darum verhält es sich mit der sündhaften Tat anders als mit dem sündhaften Ursprung.

QUAESTIO 39, 5

decimam generationem." Ergo multo minus debet promoveri ad ordines.

RESPONDEO dicendum quod ordinati in quadam dignitate prae aliis constituuntur. Ideo ex quadam honestate requiritur in eis claritas quaedam, non de necessitate sacramenti, sed de necessitate praecepti: ut scilicet sint bonae famae, bonis moribus ornati, non publice poenitentes.[1] Et quia obscuratur hominis claritas ex vitiosa origine, ideo etiam ex illegitimo toro nati a susceptione ordinum repelluntur[2], nisi cum eis dispensetur: et tanto est difficilior eorum dispensatio quanto eorum origo est turpior.

AD PRIMUM ergo dicendum quod irregularitas non est poena iniquitati debita. Et ideo patet quod illegitime nati non portant iniquitatem patris ex hoc quod irregulares sunt.

AD SECUNDUM dicendum quod ea quae per actum committuntur, possunt per poenitentiam et actum contrarium aboleri: non autem ea quae ex natura sunt. Et ideo non est simile de vitioso actu et de vitiosa origine.

---

[1] Gratianus, ib., d. 55, cann. 1. 3 (Frdb I/215. 216).
[2] Decretales Gregorii IX, l. I, tit. 17, c. 1; tit. 18, c. 5 (Frdb II/135. 142).

6. ARTIKEL

Soll jemand wegen des Fehlens von Gliedern [vom Empfang der Weihen] abgehalten werden?

1. ‚Einem Geschädigten soll nicht eine neue Schädigung zugefügt werden' [Gregor IX.]. Also darf keiner einer Weihe beraubt werden wegen des Schadens eines körperlichen Mangels.

2. Zur Tätigkeit einer Weihestufe ist die Unversehrtheit des Unterscheidungsvermögens dringender erfordert als die Unversehrtheit des Körpers. Nun aber können einige geweiht werden vor den Jahren der Unterscheidung [Art. 2]. Also auch mit einem Mangel ihres Körpers.

ANDERSEITS: Derartige Menschen waren vom Dienst des Alten Bundes [Lev 21, 17] ausgeschlossen. Also müssen sie erst recht im Neuen Bunde ausgeschlossen werden. — Was die Bigamie angeht, so wird darüber in der Untersuchung über die Ehe gehandelt (Fr. 66: Bd. 34) [177].

ANTWORT: Wie aus dem Gesagten hervorgeht (Art. 2 u. 5), wird jemand ungeeignet zum Empfang der Weihen entweder durch das Hindernis einer Tat oder durch fehlende Makellosigkeit der Person. Und darum sind die an ihren Gliedern Behinderten am Empfang der Weihe ge-

ARTICULUS VI

Utrum propter defectum membrorum debeat aliquis impediri

[4 d 25: 2, 2 qa 4]

AD SEXTUM sic proceditur. Videtur quod propter defectum membrorum non debeat aliquis impediri. Quia ‚afflictio non debet addi afflicto'.[1] Ergo non debet privari ordinis gradu propter poenam corporalis defectus.

2. PRAETEREA, plus exigitur ad actum ordinis integritas discretionis quam integritas corporis. Sed aliqui possunt promoveri ante annos discretionis. Ergo et cum corporis defectu.

SED CONTRA, tales prohibebantur a ministerio veteris legis. Ergo multo fortius debent in nova prohiberi. — De bigamia vero dicetur in tractatu de matrimonio.

RESPONDEO dicendum quod, sicut ex dictis patet, aliquis efficitur ineptus ad susceptionem ordinum vel propter impedimentum actus, vel propter impedimentum claritatis personae. Et ideo patientes defectum in membris impediuntur a susceptione ordinis

[1] Ib., l. III, tit. 6, c. 1 (Frdb II/481).

hindert, wenn der Mangel so ist, daß er einen auffälligen Makel mit sich bringt, durch den die Makellosigkeit der Person verdunkelt wird, wie etwa der Verlust der Nase, oder die Amtsausübung gefährdet werden kann. Sonst besteht kein Hindernis. Diese Unversehrtheit nun ist erfordert zur Erfüllung des Gebotes [Gratian], nicht aber zum Zustandekommen des Sakramentes. 39, 6

Hieraus ergibt sich die Lösung zu den Einwänden.

QUAESTIO 39, 6

si sit talis defectus qui maculam notabilem inferat, per quem obscuretur personae claritas, ut abscissio nasi; vel periculum in executione facere possit. Alias non impeditur. Haec autem integritas exigitur de necessitate praecepti[1], sed non de necessitate sacramenti.

Et per haec patet solutio AD OBJECTA.

---

[1] Gratianus, Decretum, p. I, d. 36, can. 1 (Frdb I/133).

DAS, WAS MIT DEM SAKRAMENT DER WEIHE ZUSAMMENHÄNGT

Hierauf ist über das nachzudenken, was mit dem Sakrament der Weihe zusammenhängt.

Dazu ergeben sich sieben Einzelfragen:

1. Sollen die Geweihten Haarkranz und Tonsur tragen?
2. Ist die Tonsur eine Weihestufe?
3. Verzichtet jemand durch Annahme der Tonsur auf körperliche Güter?
4. Muß es über der priesterlichen eine bischöfliche Gewalt geben?
5. Ist das Bischofsamt eine Weihestufe?
6. Kann es über den Bischöfen eine höhere Gewalt geben?
7. Sind die Gewänder der Kultdiener sinnvoll bestimmt?

1. ARTIKEL

Sollen die Geweihten Tonsur tragen?

1. Der Herr droht denen, die so geschoren werden, Gefangenschaft und Zerstreuung an nach Dtn 32, 42 [Vg], wo die Rede geht „von der Gefangenschaft der Feinde, deren Haupt entblößt ist"; und Jer 49, 32: „Ich will sie in

QUAESTIO XL

DE HIS QUAE SUNT ANNEXA SACRAMENTO ORDINIS

Deinde considerandum est de his quae sunt annexa sacramento ordinis.

Et circa hoc quaeruntur septem: 1. Utrum ordinati debeant habere coronae rasuram et tonsuram. — 2. Utrum corona sit ordo. — 3. Utrum per acceptionem coronae aliquis abrenuntiet corporalibus bonis. — 4. Utrum supra sacerdotalem debet esse potestas episcopalis. — 5. Utrum episcopatus sit ordo. — 6. Utrum supra episcopos possit esse aliqua potestas superior. — 7. Utrum vestes ministrorum convenienter sint institutae.

ARTICULUS I

Utrum ordinati debeant coronae rasuram deferre

[4 d 24: 3, 1 qa 1]

AD PRIMUM sic proceditur. Videtur quod ordinati non debeant coronae rasuram habere. Quia Dominus comminatur captivitatem et dispersionem his qui sic attonduntur: ut patet Deut. 32, „de captivitate inimicorum denudati capitis"; et Jer. 49, „Dispergam

alle Winde zerstreuen, die geschorenes Haar tragen.“ Nun aber gebührt den Dienern Christi nicht Gefangenschaft, sondern Freiheit. Also paßt es sich nicht, daß sie Tonsur tragen. 40, 1

2. Die Wirklichkeit muß dem Vorbild entsprechen. Nun aber geht ein Vorbild der Tonsur im Alten Bund voraus: die Tonsur der Nasiräer [178], wie im Text (des Lombarden) gesagt wird. Da nun die Nasiräer nicht für den Kultdienst bestimmt waren [Num 6, 1 ff.], kommt den Dienern der Kirche offensichtlich keine Tonsur zu. Das ist offensichtlich auch deswegen so, weil die Laienbrüder in den Orden, die ja keine Kultdiener der Kirche sind, die Tonsur erhalten.

3. Durch die Haare wird das Überflüssige versinnbildet: denn die Haare werden aus dem Überflüssigen [Nährstoff] hervorgebracht. Nun aber sollen die Diener des Altares alles Überflüssige von sich weisen. Also sollen sie das Haupt gänzlich rasieren und nicht nur in der Form eines Haarkranzes.

ANDERSEITS: Gott dienen ist herrschen ([Ps.-]Gregor). Nun aber ist die Krone ein Zeichen der Herrschaft. Also gebührt den zum göttlichen Dienst Eingesetzten eine Haarkrone.

QUAESTIO 40, 1

in omnem ventum eos qui attonsi sunt in comam“. Sed ministris Christi non debetur captivitas, sed libertas. Ergo coronae rasura et tonsura eis non competit.

2. PRAETEREA, veritas debet respondere figurae. Sed figura coronae praecessit in veteri lege in tonsura Nazaraeorum, sicut in littera[1] dicitur. Ergo, cum Nazaraei non essent ordinati ad ministerium divinum, videtur quod ministris Ecclesiae non debeatur tonsura vel rasura coronae. Et hoc etiam videtur per hoc quod conversi, qui non sunt ministri Ecclesiae, tonduntur in religionibus.

3. PRAETEREA, per capillos superflua significantur: quia capilli ex superfluis generantur. Sed ministri altaris omnem superfluitatem a se debent expellere. Ergo totaliter debent caput radere, et non in modum coronae.

SED CONTRA, quia, secundum Gregorium[2], servire Deo regnare est. Sed corona est signum regni. Ergo illis qui ad divinum ministerium applicantur, corona competit.

---

[1] Petrus Lomb., Sent. IV 24, 4 (QR II/395).

[2] Gregorius, In septem Psalmos poenitentiales, super Ps. 101, 23, n. 31 (PL 79/623 BC); Hugo de S. Victore, De sacramentis Christianae fidei II 3, 1 (PL 176/421 C); Petrus Lomb., l. c.

40, 1 2. „Die Haare sind zur Verhüllung gegeben" (1 Kor 11, 15). Nun sollen aber die Diener des Altares einen unverhüllten Geist haben. Also kommt ihnen die Rasur des Haarkranzes zu.

ANTWORT: Den für den göttlichen Dienst Eingesetzten kommt Rasur und Tonsur in Form einer Haarkrone zu, und zwar der Sinnbildlichkeit wegen. Denn die Krone ist Zeichen der Herrschaft und Vollendung: da sie kreisförmig ist [179]. Die für den göttlichen Dienst Verwendeten aber erlangen königliche Würde und sollen in der Tugend vollkommen sein.

Sie kommt ihnen auch zu unter dem Gesichtspunkt der Entfernung der Haare: der obere Teil des Kopfes wird rasiert, [um anzudeuten] daß ihr Geist nicht durch weltliche Beschäftigungen von der Beschauung des Göttlichen abgehalten werden soll; der untere Teil des Kopfes wird geschoren, [um anzudeuten] daß ihre Sinne nicht durch weltliche Dinge gefesselt werden sollen.

Zu 1. Der Herr bedroht jene, die dieses als Götzendienst taten.

Zu 2. Was im Alten Bund unvollkommen geschah, bildet dasjenige voraus, was im Neuen Bund geschieht. Was darum die Kultdiener des Neuen Bundes angeht, so wurden sie nicht nur durch die Ämter der Leviten im voraus versinnbildet, sondern durch alle diejenigen, die irgend-

QUAESTIO 40, 1

2. PRAETEREA, „capilli in velamen dati sunt": ut patet 1 Cor. 11. Sed ministri altaris debent habere mentem revelatam. Ergo competit eis rasura coronae.

RESPONDEO dicendum quod eis qui ad divina ministeria applicantur competit rasura et tonsura in modum coronae, ratione figurae. Quia corona est signum regni et perfectionis: cum sit circularis. Illi autem qui divinis ministeriis applicantur, adipiscuntur regiam dignitatem, et perfecti in virtute esse debent.

Competit etiam eis ratione subtractionis capillorum: et ex parte superiori per rasuram, ne mens eorum temporalibus occupationibus a contemplatione divinorum retardetur; et ex parte inferiori per tonsuram, ne eorum sensus temporalibus obvolvantur.

AD PRIMUM ergo dicendum quod Dominus comminatur illis qui hoc ad cultum daemonum faciebant.

AD SECUNDUM dicendum quod ea quae fiebant in veteri Testamento imperfecte repraesentant ea quae sunt in novo. Et ideo ea quae pertinent ad ministros novi Testamenti non solum significabantur per officia levitarum, sed per omnes illos qui

eine Vollkommenheit bezeugten. Nun bezeugten die Nasiräer aber eine gewisse Vollkommenheit mit der Ablegung des Haares, womit sie die Verachtung des Irdischen andeuteten. Sie schnitten es freilich nicht nach Art eines Kreuzes ab, sondern ganz und gar: weil die Zeit des königlichen und vollkommenen Priestertums noch nicht angebrochen war. 40, 2

In ähnlicher Weise erhalten auch die Laienbrüder die Tonsur wegen des Verzichts auf weltliche Dinge. Doch werden sie nicht [auf dem Scheitel] rasiert; weil sie nicht mit den Kultdiensten befaßt sind, in welchen sie die göttlichen Dinge geistig betrachten sollten.

Zu 3. In der Form des Haarkranzes soll nicht nur die Abstoßung der irdischen Güter, sondern auch die königliche Würde bezeichnet werden. Und darum soll das Haar nicht ganz und gar abgeschnitten werden. — Und auch, damit es nicht unziemlich aussähe.

2. ARTIKEL

Ist die Tonsur eine Weihestufe?

1. In den Tätigkeiten der Kirche entsprechen geistliche Dinge den körperlichen. Nun ist der Haarkranz ein körperliches Zeichen, welches die Kirche anwendet. Also entspricht ihm offensichtlich etwas innerlich Bezeichnetes.

aliquam perfectionem profitebantur. Nazaraei autem profitebantur perfectionem quandam in depositione comae, significantes temporalium contemptum. Quamvis non in modum coronae deponerent, sed omnino totum: quia nondum erat tempus regalis et perfecti sacerdotii.

Et similiter etiam conversi tonduntur propter renuntiationem temporalium. Sed non raduntur: quia non occupantur divinis ministeriis, in quibus divina oporteat eos mente contemplari.

AD TERTIUM dicendum quod non solum debet significari temporalium abjectio, sed etiam regalis dignitas in forma coronae. Et ideo non debet totaliter coma tolli. — Et etiam ne indecens videatur.

ARTICULUS II

Utrum corona sit ordo

[4 d 24: 3, 1 qa 2]

AD SECUNDUM sic proceditur. Videtur quod corona sit ordo. Quia in actibus Ecclesiae spiritualia corporalibus respondent. Sed corona est quoddam corporale signum quod Ecclesia adhibet. Ergo

 Und so wird bei der Tonsur ein ‚Charakter' eingeprägt, und sie ist somit eine Weihestufe.

2. Wie die Firmung und andere Weihen vom Bischof allein gespendet werden, so auch die Tonsur. Nun aber wird bei der Firmung und bei den anderen Weihen ein ‚Charakter' eingeprägt. Also auch bei der Tonsur. Und so ergibt sich dasselbe wie vorher.

3. Die Weihe bringt eine Würdestufe mit sich. Nun aber wird der Geistliche eben dadurch, daß er Geistlicher ist, in der Stufenordnung über das Volk erhoben. Also ist die Tonsur, durch welche er zum Angehörigen des geistlichen Standes wird, eine Weihe.

ANDERSEITS: Jede Weihe wird während der Feier der heiligen Messe erteilt. Nun aber wird die Tonsur auch ohne das Meßopfer erteilt. Also ist sie keine Weihe.

2. Bei der Spendung jeder Weihe wird eine verliehene Gewalt erwähnt. Nicht aber bei der Erteilung der Tonsur. Also ist sie keine Weihe.

ANTWORT: Die Diener der Kirche werden vom Volk abgesondert, um frei zu sein für den göttlichen Kult. Nun gibt es aber im göttlichen Kult einiges, das durch bestimmte Vermögen ausgeübt wird; dazu wird die geistliche Gewalt der Weihe verliehen. Anderes wieder gibt es, das von der gesamten Gemeinschaft der Kultdiener vollzogen wird: so die Darbringung des Lobes Gottes [im Stundengebet]. Und hierzu ist keinerlei Gewalt einer Weihestufe

videtur quod significatum interius ei respondeat. Et ita in coronatione imprimetur character, et erit ordo.

2. PRAETEREA, sicut ab episcopo solum datur confirmatio et alii ordines, ita et corona. Sed in confirmatione et aliis ordinibus imprimitur character. Ergo et in corona. Et sic idem quod prius.

3. PRAETEREA, ordo importat quendam dignitatis gradum. Sed clericus, hoc ipso quod clericus est, in gradu supra populum constituitur. Ergo corona, per quam efficitur clericus, est aliquis ordo.

SED CONTRA, nullus ordo datur nisi in missae celebratione. Sed corona datur etiam absque officio missae. Ergo non est ordo.

2. PRAETEREA, in collatione cujuslibet ordinis fit mentio de aliqua potestate data. Non autem in collatione coronae. Ergo non est ordo.

RESPONDEO dicendum quod ministri Ecclesiae a populo separantur ad vacandum divino cultui. In cultu autem divino quaedam sunt quae per potentias determinatas sunt exercenda: et ad hoc datur spiritualis potestas ordinis. Quaedam autem sunt

erforderlich, sondern nur eine Art Abordnung zu diesem 40, 2
Amt. Und diese Abordnung erfolgt durch die Tonsur. Und darum ist sie keine Weihe, sondern eine Vorstufe zur Weihe.

Zu 1. Zur Tonsur gehört tatsächlich innerlich etwas Geistliches, das ihr entspricht wie das Bezeichnete dem Zeichen. Doch ist dieses keinerlei geistliche Gewalt. Und darum wird mit der Tonsur kein ‚Charakter' eingeprägt, noch ist sie eine Weihe.

Zu 2. Obwohl mit der Tonsur kein ‚Charakter' eingeprägt wird, so wird doch der Mensch für den göttlichen Kult abgeordnet. Und darum muß eine solche Abordnung durch den Höchsten unter den Kultdienern erfolgen, nämlich durch den Bischof: der ja auch die Gewänder segnet und die Gefäße und alles, was für den göttlichen Kult verwendet wird.

Zu 3. Aus dem Umstand, daß jemand Geistlicher ist, folgt sein höherer Stand den Laien gegenüber; doch besitzt er deswegen noch nicht eine höhere Stufe der Vollmacht, die zu einer Weihestufe gehört.

QUAESTIO 40, 2

quae communiter a toto ministrorum collegio fiunt: sicut dicere divinas laudes. Et ad hoc non praeexigitur aliqua potestas ordinis, sed solum quaedam deputatio ad tale officium. Et hoc fit per coronam. Et ideo non est ordo, sed praeambulum ad ordinem.

AD PRIMUM ergo dicendum quod corona habet interius aliquod spirituale quod ei respondet sicut signum significato. Sed haec non est aliqua spiritualis potestas. Et ideo in corona non imprimitur character, nec est ordo.

AD SECUNDUM dicendum quod, quamvis per coronam non imprimatur character, tamen deputatur homo ad divinum cultum. Et ideo talis deputatio debet fieri per summum ministrorum, scilicet per episcopum: qui etiam vestes benedicit et vasa et omnia quae ad divinum cultum applicantur.

AD TERTIUM dicendum quod ex hoc quod aliquis est clericus, est in altiori statu quam laicus: non tamen habet ampliorem potestatis gradum, quod ad ordinem requiritur.

40, 3 ## 3. ARTIKEL

Verzichtet jemand durch Annahme der Tonsur auf weltliche Güter?

1. Wenn sie die Tonsur empfangen, sagen sie [die Kandidaten] selbst: „Der Herr ist der Anteil meines Erbes" [Ps 16 (15), 5]. Nun verschmäht es aber der Herr, unser Anteil zu werden zusammen mit den weltlichen Gütern (Hieronymus). Also verzichten sie völlig auf weltliche Güter.

2. Die Gerechtigkeit der Kultdiener des Neuen Bundes muß weit hinausgehen über die der Diener des Alten Bundes (Mt 5, 20). Nun aber haben die Diener des Alten Bundes, nämlich die Leviten, keinen Anteil genommen „vom Stammeserbe mit ihren Brüdern zusammen" [Num 18, 20]. Also dürfen es auch die Diener des Neuen Bundes nicht besitzen.

3. Hugo sagt: „Nachdem jemand Angehöriger des geistlichen Standes geworden ist, muß er von nun an durch Beiträge der Kirche erhalten werden." Das aber wäre nicht der Fall, wenn er sein väterliches Erbe behielte. Also verzichtet er offensichtlich damit, daß er Angehöriger des geistlichen Standes wird [auf dieses Erbe].

QUAESTIO 40, 3

ARTICULUS III

Utrum per acceptionem coronae aliquis renuntiet temporalibus bonis

[4 d 24: 3, 1 qa 3]

AD TERTIUM sic proceditur. Videtur quod per acceptionem coronae aliquis renuntiet temporalibus bonis. Ipsi enim dicunt, cum coronantur: „Dominus pars hereditatis meae." Sed, sicut dicit
PL 22/531 A Hieronymus [Epistola 52 (al. 2), n. 5], Dominus cum his temporalibus fieri dedignatur pars. Ergo abrenuntiant temporalibus.

2. PRAETEREA, justitia ministrorum novi Testamenti debet abundare super ministros veteris Testamenti: ut patet Matth. 5. Sed ministri veteris Testamenti, scilicet levitae, non acceperunt „partem hereditatis cum fratribus suis". Ergo nec ministri novi Testamenti habere debent.

PL 176/421 D 3. PRAETEREA, Hugo dicit [De sacramentis Christianae fidei 2, 3 c. 2] quod, „postquam aliquis est factus clericus, deinceps debet stipendiis ecclesiae sustentari". Sed hoc non esset si patrimonium suum retineret. Ergo videtur quod abrenuntiet in hoc quod clericus fit.

ANDERSEITS war Jeremia aus dem priesterlichen Stande (Jer 1, 1). Er aber hatte Besitz nach dem Erbrecht (Jer 32, 8 ff.). Also können Angehörige des geistlichen Standes väterliche Güter als Erbe besitzen. 40, 3

2. Wenn sie das nicht könnten, wäre kein Unterschied mehr sichtbar zwischen Ordensleuten und Weltgeistlichen [180].

ANTWORT: Mit der Annahme der Tonsur verzichten die Geistlichen weder auf ihr väterliches Erbe noch auf andere weltliche Güter. Denn nicht der Besitz irdischer Dinge widerstreitet dem göttlichen Kult, zu dem die Angehörigen des geistlichen Standes abgeordnet sind, sondern die allzu große Sorge um sie: denn „der Affekt ist [entscheidend] beim Bösen" (Gregor [d. Gr.]).

Zu 1. Der Herr verschmäht es, Anteil zu werden in dem Sinne, daß er auf gleicher Stufe mit anderem zusammen geliebt wird: so nämlich, daß jemand sein Ziel in Gott und zugleich in die Dinge dieser Welt verlegte. Hingegen verschmäht er nicht, Anteil derer zu werden, welche die Dinge dieser Welt so besitzen, daß sie durch sie nicht vom göttlichen Kult abgezogen werden.

Zu 2. Die Leviten im Alten Bund besaßen das Recht auf die väterliche Erbschaft. Doch empfingen sie keinen Anteil mit den anderen Stämmen, weil sie durch alle Stämme hindurch zerstreut werden sollten [Num 35, 1 ff.; Jos 21,

QUAESTIO 40, 3

SED CONTRA est quod Jeremias fuit de ordine sacerdotali: ut patet Jer. 1. Sed ipse habuit possessionem ex hereditatis jure: ut patet Jer. 32. Ergo clerici possunt habere patrimonialia bona.

2. PRAETEREA, si hoc non possent, non videretur tunc differentia inter religiosos et clericos saeculares.

RESPONDEO dicendum quod clerici, in hoc quod coronam accipiunt, non renuntiant patrimonio, nec aliis rebus temporalibus. Quia terrenorum possessio non contrariatur divino cultui, ad quem clerici deputantur, sed nimia eorum sollicitudo: quia, ut dicit Gregorius [Moralia, l. 10, c. 30 (vet. 28, rec. 17), n. 49], „affectus in crimine est". PL 75/948 A

AD PRIMUM ergo dicendum quod Dominus dedignatur pars fieri ut ex aequo cum aliis diligatur: ita scilicet quod aliquis ponat finem suum in Deo et in rebus mundi. Non tamen dedignatur fieri pars eorum qui res mundi ita possident quod per eas a cultu divino non retrahuntur.

AD SECUNDUM dicendum quod levitae in veteri Testamento habebant jus in hereditate paterna. Sed ideo non acceperunt partem cum aliis tribubus, quia erant per omnes tribus dispergen-

40, 4 1 ff.]: das hätte nicht geschehen können, wenn sie einen bestimmten Anteil [des Landes] übernommen hätten wie die anderen Stämme.

Zu 3. Wenn bedürftige Geistliche zu den heiligen Weihestufen erhoben werden, ist der sie weihende Bischof gehalten, für sie zu sorgen; andernfalls ist er nicht dazu gehalten. Diese wiederum sind aufgrund der empfangenen Weihe gehalten, der Kirche zu dienen. Das Wort Hugos aber ist von denen zu verstehen, die über keine Unterhaltsquellen verfügen.

4. ARTIKEL

Muß es über dem priesterlichen Stande eine bischöfliche Gewalt geben?

1. Wie im Text (des Lombarden) gesagt wird, ‚nahm der Priesterstand seinen Anfang mit Aaron'. Nun aber stand im Alten Bunde niemand über Aaron. Also darf es auch im Neuen Bunde keine Gewalt über der priesterlichen geben.

2. Eine Gewalt erhält ihre Rangordnung von ihren Tätigkeiten. Nun kann aber keine heilige Tätigkeit höher stehen, als den Leib Christi zu konsekrieren, worauf sich die Gewalt des Priesters erstreckt. Also darf es über der priesterlichen Gewalt keine bischöfliche Gewalt geben.

di: quod fieri non potuisset si unam determinatam partem cepissent, sicut aliae tribus.

AD TERTIUM dicendum quod, si sint indigentes clerici ad sacros ordines promoti, episcopus qui eos promovit tenetur eis providere: alias non tenetur. Ipsi autem ex ordine suscepto tenentur ecclesiae ministrare. Verbum autem Hugonis intelligitur de illis qui non habent unde sustententur.

ARTICULUS IV

Utrum supra sacerdotalem ordinem debeat esse aliqua potestas episcopalis

[4 d 24: 3, 2 qa 1 — III 82, 1 ad 4; 4 d 23: 1, 3 qa 3 ad 1; CG IV 76]

AD QUARTUM sic proceditur. Videtur quod supra sacerdotalem ordinem non debet esse aliqua potestas episcopalis. Sicut enim in littera[1] dicitur, ‚ordo sacerdotalis ab Aaron sumpsit exordium'. Sed in veteri lege nullus erat supra Aaron. Ergo nec in nova lege debet aliqua potestas esse supra sacerdotalem.

[1] Petrus Lomb., Sent. IV 24, 11 (QR II/404).

3. Bei der Darbringung des Opfers vertritt der Priester die Person Christi in der Kirche, der sich dem Vater für uns dargebracht hat. Nun aber ist in der Kirche niemand größer als Christus, denn „er selbst ist das Haupt der Kirche“ [Kol 1, 18; vgl. Eph 5, 23]. Also darf es keine Gewalt über der priesterlichen Gewalt geben. 40, 4

ANDERSEITS: Eine Gewalt ist um so höher, je größer der Bereich ist, auf den sie sich erstreckt. Nun aber erstreckt sich die priesterliche Gewalt Dionysius zufolge nur darauf, zu ‚läutern‘ und zu ‚erleuchten‘, die bischöfliche aber darauf, auch zu ‚vollenden‘ [vgl. 37, 2 Zu 1]. Also muß es über der priesterlichen Gewalt eine bischöfliche geben.

2. Die göttlichen Dienste müssen mehr Ordnung aufweisen als die menschlichen. Nun aber erfordert die Ordnung der menschlichen Ämter, daß in jedem Amt einer an die Spitze gestellt wird, welcher der Vorsteher dieses Amtes ist: so wird für die Kriegsleute der Heerführer an die Spitze gestellt. Also muß auch für die Priester einer an die Spitze gestellt werden, welcher Vorsteher der Priester ist. Und dieser ist der Bischof. Also muß die bischöfliche Gewalt über der priesterlichen stehen.

ANTWORT: Der Priester übt zwei Tätigkeiten aus: die

QUAESTIO 40, 4

2. PRAETEREA, potestas ordinatur secundum actus. Sed nullus actus sacer potest esse major quam consecrare corpus Christi, ad quod est potestas sacerdotalis. Ergo supra sacerdotalem potestatem non debet esse episcopalis.

3. PRAETEREA, sacerdos in offerendo gerit figuram Christi in Ecclesia, qui se Patri pro nobis obtulit. Sed in Ecclesia nullus est major Christo: quia „ipse est caput Ecclesiae“. Ergo nulla potestas debet esse supra sacerdotalem potestatem.

SED CONTRA, potestas tanto est altior quanto ad plura se extendit. Sed potestas sacerdotalis, ut Dionysius dicit [De Ecclesiastica hierarchia, c. 5, p. 1, § 7], extendit se ad ‚purgandum‘ et ‚illuminandum‘ tantum; episcopalis autem ad hoc et ad ‚perficiendum‘. Ergo supra sacerdotalem potestatem debet esse episcopalis. PG 3/508 C

2. PRAETEREA, divina ministeria debent esse magis ordinata quam humana. Sed humanorum officiorum ordo exigit ut in quolibet officio praeponatur unus qui sit princeps illius officii: sicut praeponitur militibus dux. Ergo et sacerdotibus debet aliquis praeponi qui sit sacerdotum princeps. Et hic est episcopus. Ergo episcopalis potestas debet esse supra sacerdotalem.

RESPONDEO dicendum quod sacerdos habet duos actus: princi-

40, 4 hauptsächliche besteht darin, den wahren Leib Christi zu konsekrieren; und die zweitrangige darin, das Volk auf den Empfang dieses Sakramentes vorzubereiten (37, 2. 4). Was nun die erste Tätigkeit betrifft, so hängt die Tätigkeit des Priesters von keiner höheren Gewalt ab als von der göttlichen. Was aber die zweite betrifft, so hängt sie auch von einer höheren menschlichen Gewalt ab. Denn jede Gewalt, die nicht in Tätigkeit übergehen kann, ohne daß bestimmte Anordnungen erfüllt werden, hängt von jener Gewalt ab, die diese Anordnungen erläßt. Der Priester aber kann nicht lossprechen und binden, wenn nicht die Rechtsprechungsgewalt jenes Vorsteheramtes vorausgesetzt ist, die ihm diejenigen unterordnet, die er losspricht [vgl. 17, 2 Zu 2; 19, 3]. Hingegen kann er jede von Christus bestimmte Materie konsekrieren, und es ist nichts anderes zum Zustandekommen des Sakramentes notwendig; obwohl aus einer gewissen Angemessenheit heraus eine bischöfliche Tätigkeit vorausgesetzt ist bei der Weihe des Altares, der Gewänder und dergleichen. Und so ist es offensichtlich, daß über der priesterlichen Gewalt die bischöfliche stehen muß in bezug auf die zweitrangige Tätigkeit des Priesters, nicht aber in bezug auf die hauptsächliche [181].

Zu 1. Aaron war Priester [Ex 28, 1] und Hoherpriester [Ex 39, 1 ff.], das heißt „Vorsteher der Priester" [Isidor]. Die priesterliche Gewalt hat also von ihm ihren Anfang

QUAESTIO 40, 4

palem, scilicet consecrare verum corpus Christi; et secundarium, scilicet praeparare populum ad susceptionem hujus sacramenti, ut prius dictum est. Quantum autem ad primum actum, actus sacerdotis non dependet ab aliqua superiori potestate nisi divina. Sed quantum ad secundum dependet ab aliqua superiori potestate et humana. Omnis enim potestas quae non potest exire in actum nisi praesuppositis quibusdam ordinationibus, dependet ab illa potestate quae illas ordinationes facit. Sacerdos autem non potest absolvere et ligare nisi praesupposita praelationis jurisdictione, qua sibi subdantur illi quos absolvit. Potest autem consecrare quamlibet materiam a Christo determinatam, nec aliud requiritur, quantum est de necessitate sacramenti: quamvis ex quadam congruitate praesupponatur actus episcopalis in consecratione altaris vel vestium et hujusmodi. Et ita patet quod oportet esse supra sacerdotalem potestatem episcopalem quantum ad actum secundarium sacerdotis, non quantum ad primum.

AD PRIMUM ergo dicendum quod Aaron sacerdos fuit et
PL pontifex, idest „sacerdotum princeps" [Isidorus, Etymologiae 7, 12
82/291 C n. 13]. Sumpsit ergo sacerdotalis potestas ab ipso exordium

genommen, insofern er Opfer darbringender Priester war, was auch den unter ihm stehenden Priestern erlaubt war. Nicht aber, insofern er Hoherpriester war: in Kraft dieser Gewalt durfte er einiges tun, was anderen nicht erlaubt war, z. B. einmal im Jahr ins Allerheiligste eintreten [vgl. Ex 30, 10; Hebr 9, 7].

Zu 2. Bezüglich jener Tätigkeit gibt es keine höhere Gewalt, jedoch bezüglich einer anderen (Antw.).

Zu 3. Wie die Vollkommenheiten aller Naturdinge vorbildhaft in Gott vorausbestehen, so ist Christus das Vorbild aller kirchlichen Ämter gewesen. Darum stellt jeder Diener der Kirche in irgendeiner Hinsicht das Abbild Christi dar, wie aus dem Text (des Lombarden) hervorgeht; so jedoch, daß derjenige höher steht, der Christus kraft einer höheren Vollkommenheit vergegenwärtigt. Der Priester aber vergegenwärtigt Christus darin, daß er in eigener Person einen Dienst vollzog; der Bischof hingegen darin, daß er andere Diener einsetzte und die Kirche gegründet hat. Darum ist es das Amt des Bischofs, etwas für den göttlichen Dienst in Beschlag zu nehmen, so daß der göttliche Kult in Ähnlichkeit mit Christus gebracht wird. Und aus diesem Grunde wird auch der Bischof in besonderer Weise ‚Bräutigam' der Kirche genannt wie auch Christus [vgl. Mt 9, 15 par].

inquantum fuit sacerdos sacrificia offerens: quod etiam minoribus sacerdotibus licebat. Sed non ab eo inquantum fuit pontifex: per quam potestatem poterat aliqua facere, ut ingredi semel in anno sancta sanctorum, quod aliis non licebat.

AD SECUNDUM dicendum quod quantum ad illum actum non est aliqua potestas superior, sed quantum ad alium, ut dictum est.

AD TERTIUM dicendum quod, sicut omnium rerum naturalium perfectiones praeexistunt exemplariter in Deo, ita Christus fuit exemplar omnium officiorum ecclesiasticorum. Unde unusquisque minister Ecclesiae quantum ad aliquid gerit typum Christi, ut ex littera[1] patet: et tamen ille est superior qui secundum majorem perfectionem Christum repraesentat. Sacerdos autem repraesentat Christum in hoc quod per seipsum aliquod ministerium implevit: sed episcopus in hoc quod alios ministros instituit et Ecclesiam fundavit. Unde ad episcopum pertinet mancipare aliquid divinis officiis, quasi cultum divinum ad similitudinem Christi statuens. Et propter hoc etiam episcopus specialiter ‚sponsus' dicitur ecclesiae, sicut et Christus.

---

[1] Petrus Lomb., Sent. IV 24, 1 (QR II/394).

40, 5 5. ARTIKEL

Ist das Bischofsamt eine Weihestufe?

1. [Ps.-]Dionysius nennt diese drei Weihestufen der kirchlichen Hierarchie: den Bischof, den Priester und den Diakon. Auch im Text (des Lombarden) wird gesagt: „Die Weihestufe der Bischöfe ist vierstufig" [: Patriarchen, Erzbischöfe, Metropolitanbischöfe, Bischöfe].

2. Weihestufe ist nichts anderes als eine Stufe der Vollmacht zur Spendung geistlicher Güter. Nun können die Bischöfe einige Sakramente spenden, welche die Priester nicht spenden können: wie die Firmung und die Priesterweihe. Also ist das Bischofsamt eine Weihestufe.

3. In der Kirche gibt es keine geistliche Gewalt, es sei denn die der Weihe oder die der Rechtsprechung. Nun aber gehört, was Sache der bischöflichen Gewalt ist, nicht zur Rechtsprechungsgewalt: denn sonst könnten diese Aufgaben einem Nichtbischof übertragen werden [vgl. 19, 3 Antw.], was falsch ist. Also gehören sie zur Weihegewalt. Also besitzt der Bischof eine Art von Weihegewalt, die der einfache Priester nicht besitzt. Und so ist das Bischofsamt eine Weihestufe.

ANDERSEITS: Eine Weihestufe hängt nicht von der

QUAESTIO 40, 5

ARTICULUS V

Utrum episcopatus sit ordo

[4 d 24: 3, 2 qa 2 — 7: 3, 1 qa 2 ad 3; 23: 1, 3 qa 3 ad 1; PVS 23; Ql III 6, 3 ad 5]

AD QUINTUM sic proceditur. Videtur quod episcopatus sit ordo. Primo, per hoc quod Dionysius [De Ecclesiastica hierarchia, c. 5, p. 1, § 6] assignat hos tres ordines ecclesiasticae hierarchiae, episcopum, sacerdotem et ministrum. In littera[1] etiam dicitur quod „est ordo episcoporum quadripartitus".

PG 3/505 D

2. PRAETEREA, ordo nihil aliud est quam quidam potestatis gradus in spiritualibus dispensandis. Sed episcopi possunt dispensare aliqua sacramenta quae non possunt dispensare sacerdotes: sicut confirmationem et ordinem. Ergo episcopatus est ordo.

3. PRAETEREA in Ecclesia non est aliqua spiritualis potestas nisi ordinis vel jurisdictionis. Sed ea quae pertinent ad episcopalem potestatem non sunt jurisdictionis: alias possent committi non-episcopo, quod falsum est. Ergo sunt potestatis ordinis. Ergo episcopus habet aliquem ordinem quem non habet sacerdos simplex. Et sic episcopatus est ordo.

SED CONTRA est quod unus ordo non dependet a praecedenti,

[1] Petrus Lomb., Sent. IV 24, 17 (QR II/406).

vorhergehenden ab unter dem Gesichtspunkt der Notwendigkeit zum Zustandekommen des Sakramentes. Nun aber hängt die bischöfliche Gewalt von der priesterlichen ab: weil niemand die bischöfliche Gewalt empfangen kann, wenn er nicht zuvor die priesterliche besitzt. Also ist das Bischofsamt keine Weihestufe. 40, 5

2. Die Höheren Weihen werden nur an Samstagen gespendet [182]. Nun aber wird die bischöfliche Gewalt an Sonntagen übertragen [Gratian]. Also ist sie keine Weihestufe.

ANTWORT: Der Begriff der Weihestufe kann in zweifacher Weise aufgefaßt werden. Einmal, insofern sie Sakrament ist [35, 5]. In diesem Sinn ist jede Weihestufe auf das Sakrament der Eucharistie hingeordnet (37, 4). Da nun der Bischof unter diesem Gesichtspunkt keine höhere Gewalt aufweist als der Priester, ist das Bischofsamt keine Weihestufe [183].

In anderer Weise kann die Weihestufe aufgefaßt werden, insofern sie ein Amt ist im Hinblick auf gewisse heilige Tätigkeiten. Und in diesem Sinn ist das Bischofsamt, da der Bischof über den Priester hinaus Vollmacht besitzt zu hierarchischen Tätigkeiten im Rahmen des mystischen Leibes, eine Weihestufe. Und in diesem Sinne sprechen die angeführten Gewährsstellen (E. 1).

Hieraus ergibt sich die Lösung Zu 1.

QUAESTIO 40, 5

quantum ad necessitatem sacramenti. Sed episcopalis potestas dependet a sacerdotali: quia nullus potest recipere episcopalem potestatem nisi prius habeat sacerdotalem. Ergo episcopatus non est ordo.

2. PRAETEREA, majores ordines non conferuntur nisi in sabbatis.[1] Sed episcopalis potestas traditur in Dominicis.[2] Ergo non est ordo.

RESPONDEO dicendum quod ordo potest accipi dupliciter. Uno modo, secundum quod est sacramentum. Et sic, ut prius dictum est, ordinatur omnis ordo ad Eucharistiae sacramentum. Unde, cum episcopus non habeat potestatem superiorem sacerdote quantum ad hoc, episcopatus non erit ordo.

Alio modo potest considerari ordo secundum quod est officium quoddam respectu quarundam actionum sacrarum. Et sic, cum episcopus habeat potestatem in actionibus hierarchicis respectu corporis mystici supra sacerdotem, episcopatus erit ordo. Et secundum hoc loquuntur auctoritates inductae.

Unde patet solutio AD PRIMUM.

---

[1] Gratianus, Decretum, p. I, d. 75, can. 4 (Frdb I/266).
[2] Ib., can. 1 (Frdb I/265).

40, 6 Zu 2. Die Weihe ist, sofern sie ein einen ‚Charakter' einprägendes Sakrament ist, wesentlich auf das Sakrament der Eucharistie hingeordnet, in dem Christus selbst enthalten ist: denn durch den ‚Charakter' werden wir Christus selbst gleichgestaltet. Wenn nun dem Bischof auch bei seiner Einsetzung eine bestimmte geistliche Gewalt verliehen wird im Hinblick auf bestimmte Sakramente, so hat diese Gewalt doch nicht die Bewandtnis des ‚Charakters' [38, 2 Zu 2]. Und darum ist das Bischofsamt keine Weihestufe, insofern die Weihe ein Sakrament ist.

Zu 3. Die bischöfliche Gewalt ist nicht nur eine Gewalt der Rechtsprechung, sondern eine Weihegewalt (Antw.), sofern das Wort ‚Weihe' in einem allgemeinen Sinne verstanden wird.

6. ARTIKEL

Kann jemand den Bischöfen in der Kirche übergeordnet sein?

1. Alle Bischöfe sind Nachfolger der Apostel. Nun aber ist die Gewalt, die einem unter den Aposteln verliehen wurde, nämlich dem Petrus (Mt 16, 19), allen Aposteln verliehen worden (Joh 20, 23; vgl. Mt 18, 18). Also sind die Bischöfe gleich, und der eine steht nicht über dem andern.

QUAESTIO 40, 6

AD SECUNDUM dicendum quod ordo, prout est sacramentum imprimens characterem, ordinatur specialiter ad sacramentum Eucharistiae, in quo ipse Christus continetur: quia per characterem ipsi Christo configuramur. Et ideo, licet detur aliqua potestas spiritualis episcopo in sui promotione respectu aliquorum sacramentorum, non tamen illa potestas habet rationem characteris. Et propter hoc episcopatus non est ordo, secundum quod ordo est sacramentum quoddam.

AD TERTIUM dicendum quod potestas episcopalis non est tantum jurisdictionis, sed etiam ordinis, ut ex dictis patet, secundum quod ordo communiter accipitur.

ARTICULUS VI

Utrum supra episcopos possit esse aliquis superior in Ecclesia

[4 d 24: 3, 2 qa 3 — CG IV 76; CEG II 32—36]

AD SEXTUM sic proceditur. Videtur quod supra episcopos non possit esse aliquis superior in Ecclesia. Quia omnes episcopi sunt Apostolorum successores. Sed potestas quae est data uni Apostolorum, scilicet Petro, Matth. 16, est data omnibus Apostolis, Joan. 20. Ergo episcopi sunt pares, et unus non est supra alium.

2. Der Ritus der Kirche muß dem Ritus der Juden ähnlicher sein als dem Ritus der Heiden. Nun aber ist die Unterscheidung der bischöflichen Würden und die Überordnung des einen über den anderen, wie im Text (des Lombarden) gesagt wird, „von den Heiden eingeführt", bestand aber nicht im Alten Bunde. Also darf auch in der Kirche nicht der eine Bischof über dem anderen stehen. 40, 6

3. Die höhere Gewalt kann nicht durch eine niedere verliehen werden noch die gleiche Gewalt durch die gleiche. Denn „ohne jeden Widerspruch gilt: was geringer ist, wird von dem Größeren gesegnet" (Hebr 7, 7). Darum weiht auch kein Priester einen Bischof oder einen anderen Priester; sondern der Bischof weiht den Priester. Nun aber kann ein Bischof jeden beliebigen Bischof weihen: denn auch der Bischof von Ostia weiht den Papst [184]. Also ist die bischöfliche Würde bei allen [Bischöfen] gleich. Und so darf kein Bischof einem anderen untergordnet sein, wie im Text (des Lombarden) gesagt wird [185].

ANDERSEITS liest man in den Entscheidungen des Konzils von Konstantinopel [s. Fn.]: „Wir stellen mit Verehrung fest, daß nach den Schriften und den Bestimmungen der kirchlichen Rechtsvorschriften der Ehrwür-

QUAESTIO 40, 6

2. PRAETEREA, ritus Ecclesiae magis debet esse conformis ritui Judaeorum quam ritui gentilium. Sed distinctio episcopalis dignitatis, et ordinatio unius super alium, ut in littera[1] dicitur, est „a gentilibus introducta": in veteri autem lege non erat. Ergo nec in Ecclesia episcopus unus super alium esse debet.

3. PRAETEREA, superior potestas non potest conferri per inferiorem, neque aequalis per aequalem: quia, „sine ulla contradictione, quod minus est, a majori benedicitur", Heb. 7. Unde etiam sacerdos non promovet episcopum neque sacerdotem: sed episcopus sacerdotem. Sed episcopus potest quemlibet episcopum promovere: quia etiam Ostiensis episcopus consecrat Papam. Ergo episcopalis dignitas in omnibus est aequalis. Et sic unus episcopus non debet alii subesse, ut in littera[2] dicitur.

SED CONTRA est quod legitur in Concilio Constantinopolitano:[3] „Veneramur, secundum Scripturas et secundum canonum definitiones, sanctissimum antiquae Romae Episcopum primum

[1] Petrus Lomb., Sent. IV 24, 17 (Frdb II/407).
[2] Ib.
[3] Potius: Anonymus, De fide S. Trinitatis (Libellus a S. Thoma examinatus in opusculo CEG), tr. II, tit. Syn. Nic. Ed. R. A. Verardo. In: Thomas Aquinas, Opuscula theol. Vol. I. Taurini—Romae (Marietti) 1954, p. 396 b (cf. CEG II 32: eadem ed., p. 340 b, cum nota 1); pro prima parte (usque ad „episcoporum"): Canones Nicaeno Arabici, interpr. Turriano, can. 39, vel interpr. Ecchellensi, can. 44 (Mansi II/965. 995); pro ultima parte: Concil. Constantinopolitanum I, can. 3 (Mansi III/559).

40, 6 digste Bischof des alten Rom der erste und oberste aller Bischöfe ist, und nach ihm der Bischof von Konstantinopel.“ Also steht ein Bischof über einem anderen.

2. Der heilige [Ps.-]Cyrillus, der Bischof von Alexandrien, sagt: „Damit wir alle Glieder bleiben in unserem apostolischen Haupte, dem Thron der römischen Hohenpriester, bei dem wir suchen müssen, was zu glauben und zu halten sei, ehren wir diesen und bitten ihn vor allen anderen. Denn es ist nur seine Aufgabe, zu tadeln, zu maßregeln, zu bestimmen, zu verfügen, zu lösen und zu binden anstelle dessen, der ihn auferbaut hat und der keinem anderen, sondern ihm allein seine eigene Fülle geschenkt hat; vor dem alle nach göttlichem Recht das Haupt neigen und die Fürsten der Welt gehorchen wie dem Herrn Jesus Christus selbst.“ Also sind die Bischöfe auch nach göttlichem Recht einem untergeordnet.

ANTWORT: Wo immer viele Herrschaftsbereiche auf eines hin zusammengefügt sind, muß es eine allumfassende Regierung geben, die über den Teilregierungen steht. Denn bei allen Kräften und Tätigkeiten gibt es eine Ordnung gemäß der Ordnung der Ziele (Aristoteles). Nun aber gilt: Das Gemeinwohl ist göttlicher als das Teilwohl [Aristoteles]. Und darum muß über der Regierungsgewalt, die das

QUAESTIO 40, 6

esse et maximum episcoporum, et post ipsum Constantinopolitanum episcopum.“ Ergo unus episcopus est super alium.

2. PRAETEREA, beatus Cyrillus, episcopus Alexandrinus, dicit:[1] „Ut membra maneamus in capite nostro Apostolico throno Romanorum Pontificum, a quo nostrum est quaerere quid credere et quid tenere debeamus, ipsum venerantes, ipsum rogantes prae omnibus. Quoniam ipsius solius est reprehendere, corripere, statuere, disponere, solvere et ligare, loco illius qui ipsum aedificavit, et nulli alii quod suum est plenum, sed ipsi soli dedit; cui omnes jure divino caput inclinant, et primates mundi tanquam ipsi Domino Jesu Christo obediunt.“ Ergo episcopi alicui subsunt etiam de jure divino.

RESPONDEO dicendum quod, ubicumque sunt multa regimina ordinata in unum, oportet esse aliquod universale regimen super particularia regimina. Quia in omnibus virtutibus et actibus, ut
1094 a 6 dicitur in 1 Ethicorum [c. 1], est ordo secundum ordinem finium.
b 10 Bonum autem commune est divinius quam bonum speciale [ib.]. Et ideo supra potestatem regitivam quae conjectat bonum speciale,

[1] Potius: Anonymus, ib., tit. Cyrill. Alex., p. 400 ab (cf. CEG II 34—36: eadem ed., pp. 341—344, cum notis).

Teilwohl betreut, eine allumfassende Regierungsgewalt stehen im Hinblick auf das Gemeinwohl; sonst bestände kein Zusammenhalt auf die Einheit hin. Und da nun die gesamte Kirche ‚ein einziger Leib' ist [vgl. Röm 12, 5; 1 Kor 12, 12 ff.], muß, wenn diese Einheit bewahrt werden soll, eine Regierungsgewalt im Hinblick auf die Gesamtkirche bestehen, und zwar über der bischöflichen Gewalt, kraft deren jede Teilkirche regiert wird. Und das ist die Gewalt des Papstes. Wer nun diese Gewalt leugnet, wird ‚Schismatiker' genannt im Sinne von ‚Spalter' der kirchlichen Einheit. Und zwischen dem einfachen Bischof und dem Papst gibt es noch andere Würdestufen, die den Einheitsstufen entsprechen, denen gemäß eine Vereinigung oder ein Verband einen anderen einschließt: so wie der Verband einer Provinz den Verband einer Stadt einschließt und der Verband eines Königreiches den Verband einer Provinz und der Verband der ganzen Welt den Verband eines Königreiches [186]. 40, 6

Zu 1. Obwohl allen Aposteln gemeinsam die Gewalt zu binden und zu lösen verliehen wurde, so ist sie doch zuerst allein dem Petrus verliehen worden, um in dieser Gewalt eine Ordnung zu versinnbilden; zugleich sollte gezeigt werden, daß diese Gewalt von ihm auf die anderen herabsteigen soll. Darum sagte er [Christus] ihm auch in der Einzahl: „Bestärke deine Brüder" [Lk 22, 32] und „Weide

oportet esse potestatem universalem respectu boni communis: alias non posset esse colligatio ad unum. Et ideo, cum tota Ecclesia sit ‚unum corpus', oportet, si ista unitas debet conservari, quod sit aliqua potestas regitiva respectu totius Ecclesiae, supra potestatem episcopalem, qua unaquaeque specialis ecclesia regitur. Et haec est potestas Papae. Et ideo illi qui hanc potestatem negant, ‚schismatici' dicuntur, quasi ‚divisores' ecclesiasticae unitatis. Et inter episcopum simplicem et Papam sunt alii gradus dignitatum, correspondentes gradibus unionis, secundum quos una congregatio vel communitas includit aliam: sicut communitas provinciae includit communitatem civitatis, et communitas regni communitatem unius provinciae, et communitas totius mundi communitatem unius regni.

AD PRIMUM ergo dicendum quod, quamvis omnibus Apostolis data sit communiter potestas ligandi et solvendi, tamen, ut in hac potestate ordo aliquis significaretur, primo soli Petro data est, ut ostendatur quod ab eo in alios ista potestas debeat descendere. Propter quod etiam ei dixit singulariter, „Confirma fratres tuos",

40, 6 meine Schafe" [Joh 21, 17]; das heißt nach den Worten des Chrysostomus: „An meiner Statt sollst du Vorsteher und Haupt der Brüder sein", damit sie dich an meiner Statt anerkennen, dich überall auf der Welt auf deinem Throne sitzend verkündigen und bestätigen.

Zu 2. Der Ritus der Juden war nicht in verschiedenen Reichen und Provinzen verbreitet, sondern nur in einem einzigen Volk. Und darum war es nicht nötig, unter dem Träger der obersten Gewalt andere Hohepriester zu unterscheiden. Der Ritus der Kirche hingegen wie auch derjenige der Heiden ist unter verschiedenen Nationen verbreitet. Und darum muß der Zustand der Kirche unter diesem Gesichtspunkt mehr dem Ritus der Heiden als dem der Juden gleichgestaltet sein.

Zu 3. Die Gewalt der Priester wird überragt von der Gewalt des Bischofs als von einer Gewalt anderer Gattung. Die Gewalt des Bischofs jedoch wird überragt von der Gewalt des Papstes als von einer Gewalt derselben Gattung. Und darum kann der Bischof jede hierarchische Tätigkeit, die der Papst bei der Verwaltung der Sakramente ausüben kann, selbst ausüben; nicht aber kann der Priester jede Tätigkeit, die der Bischof ausüben kann, bei der Spendung der Sakramente ausüben. Und darum sind

QUAESTIO 40, 6

PG 59/478 et „Pasce oves meas", idest: „Loco mei", ut dicit Chrysostomus [In Joannem, hom. 88 (al. 87), n. 1][1], „praepositus et caput esto fratrum", ut ipsi te in loco meo assumentes, ubique terrarum te in throno tuo sedentem praedicent et confirment.

AD SECUNDUM dicendum quod ritus Judaeorum non erat diffusus in diversis regnis et provinciis, sed tantum in una gente. Et ideo non oportebat quod sub eo qui habebat potestatem principalem alii pontifices distinguerentur. Sed Ecclesiae ritus, sicut et gentilium ritus, per diversas nationes diffunditur. Et ideo oportet quod, quantum ad hoc, magis gentilium ritui quam Judaeorum status Ecclesiae conformetur.

AD TERTIUM dicendum quod potestas sacerdotis exceditur a potestate episcopi quasi a potestate alterius generis. Sed potestas episcopi exceditur a potestate Papae quasi a potestate ejusdem generis. Et ideo omnem actum hierarchicum quem potest facere Papa in ministratione sacramentorum, potest facere episcopus: non autem omnem actum quem potest facere episcopus, potest facere sacerdos in sacramentorum collatione. Et ideo, quantum ad

[1] Anonymus, ib., tit. Joan. Chrys., n. 5: p. 404 b (cf. CEG II 35: eadem ed., p. 343 a).

alle Bischöfe unter dem Gesichtspunkt des bischöflichen Standes gleich. Und darum kann jeder Bischof einen anderen weihen. 40, 7

7. ARTIKEL

Sind die Gewänder der Kultdiener in der Kirche sinnvoll bestimmt?

1. Die Diener des Neuen Bundes sind mehr zur Keuschheit verpflichtet als die Diener des Alten. Nun aber gab es unter den Kleidungsstücken der Diener des Alten Bundes die ‚Beinkleider' zum Zeichen der Keuschheit [vgl. Ex 28, 42] [vgl. I—II 102, 5 Zu 10 m. Anm.: Bd. 13 — auch zu E. 2. 4—6 u. den Antworten]. Also müssen diese erst recht jetzt zu den Gewändern der Diener der Kirche gehören.

2. Das Priestertum des Neuen Bundes ist würdiger als das Priestertum des Alten. Nun aber besaßen die Priester des Alten Bundes ‚Mitren' als Zeichen der Würde [vgl. Ex 28, 40; 29, 9]. Also müssen auch die Priester des Neuen Bundes solche besitzen.

3. Der Priester steht den Weihestufen der Diener näher als der Bischofsstand. Nun aber gebrauchen die Bischöfe Gewänder der Diener, nämlich die ‚Dalmatik', das Gewand des Diakons; und die ‚Tunika', das Gewand des Subdia-

ea quae sunt episcopalis ordinis, omnes episcopi sunt aequales. Et propter hoc quilibet alium potest consecrare.

ARTICULUS VII

Utrum vestes ministrorum convenienter sint in Ecclesia institutae

[4 d 24: 3, 3]

AD SEPTIMUM sic proceditur. Videtur quod vestes ministrorum non convenienter sint in Ecclesia institutae. Ministri enim novi Testamenti magis tenentur ad castitatem quam ministri veteris. Sed inter alias vestes ministrorum veteris Testamenti erant ‚feminalia', in signum castitatis. Ergo multo fortius nunc esse debent inter vestes ministrorum Ecclesiae.

2. PRAETEREA, sacerdotium novi Testamenti est dignius quam sacerdotium veteris. Sed veteres sacerdotes habebant ‚mitras', quod est signum dignitatis. Ergo sacerdotes novae legis eas debent habere.

3. PRAETEREA, sacerdos est propinquior ordinibus ministrorum quam ordo episcopalis. Sed episcopi utuntur vestibus ministrorum: scilicet ‚dalmatica', quae est vestis diaconi; et ‚tunica',

40, 7 kons. Also müssen erst recht die einfachen Priester solche gebrauchen.

4. Im Alten Bunde trug der Hohepriester das ‚Schulterkleid‘, welches die ‚Last des Evangeliums‘ [vor-]bedeutete (Beda). Diese Last ist aber am meisten unseren Hohenpriestern auferlegt. Also müssen sie ein Schulterkleid tragen.

5. Im ‚Rationale‘ [einer Brusttasche], das die Hohenpriester des Alten Bundes gebrauchten, war eingeschrieben: ‚Lehre und Wahrheit‘ [vgl. Ex 28, 4. 30]. Nun aber ist die Wahrheit am hellsten im Neuen Bunde verkündigt worden. Also kommt es den Hohenpriestern des Neuen Bundes zu.

6. Das ‚goldene [Stirn-]Blatt‘ [vgl. Ex 28, 36], in dem der [verehrungs-]würdigste Name Gottes eingestochen war, war der würdigste Schmuck des Alten Bundes. Also müßte jener Schmuck am vordringlichsten auf den Neuen Bund übertragen werden.

7. Was die Diener der Kirche äußerlich tragen, ist Zeichen der ihnen innewohnenden Gewalt. Nun aber hat der Erzbischof keine Gewalt anderer Gattung als der einfache Bischof (Art. 6 Zu 3). Also darf er nicht das ‚Pallium‘ haben, das die Bischöfe nicht haben.

8. Die Fülle der Gewalt ruht beim Römischen Hohenpriester. Nun aber trägt er keinen ‚Stab‘. Also dürfen auch die anderen Bischöfe keinen tragen.

quae est vestis subdiaconi. Ergo multo fortius debent uti eis simplices sacerdotes.

4. PRAETEREA, in veteri lege pontifex deferebat ‚superhumerale‘: quod significabat ‚onus Evangelii‘, ut dicit Beda [De Tabernaculo 3, 4]. Hoc autem maxime pontificibus nostris incumbit. Ergo debent habere superhumerale.
PL 91/467 A

5. PRAETEREA, in ‚rationali‘, quo utebantur pontifices veteris legis, scribebatur ‚Doctrina et Veritas‘. Sed veritas maxime in nova lege declarata est. Ergo pontificibus novae legis competit.

6. PRAETEREA, ‚lamina aurea‘, in qua scriptum erat dignissimum nomen Dei[1], erat dignissimum ornamentum legis veteris. Ergo illud maxime debuit transferri in novam legem.

7. PRAETEREA, ea quae exterius geruntur in ministris Ecclesiae, sunt signa interioris potestatis. Sed archiepiscopus non habet alterius generis potestatem quam episcopus, ut dictum est. Ergo non debet habere ‚pallium‘, quod non habent episcopi.

8. PRAETEREA, potestatis plenitudo residet penes Romanum Pontificem. Sed ipse non habet ‚baculum‘. Ergo nec alii episcopi debent habere.

---

[1] Hieronymus, Epistola 64 (al. 128), n. 18 (al. 17) (PL 22/617 B); Innocentius III, De sacro Altaris mysterio I 30 (PL 217/786 A).

ANTWORT: Die Gewänder der Kultdiener versinnbilden die bei ihnen erforderte Eignung zur Befassung mit dem Göttlichen. Und weil es einiges gibt, was bei allen erfordert ist, und einiges, was bei den höheren Weihestufen und nicht in der gleichen Weise bei den niederen erfordert ist, darum sind einige Gewänder allen Kultdienern gemeinsam, andere hingegen nur den höheren zu eigen. 40, 7

[Vgl. Innozenz III.:] Und darum kommt allen Kultdienern das ‚Amikt' zu, das die Schultern bedeckt und die Kraft bezeichnet, die geistlichen Aufgaben zu erfüllen, für die sie in Anspruch genommen sind; ebenso die ‚Albe', welche die Reinheit des Lebens bezeichnet, und das ‚Zingulum', das die Zähmung der Fleischlichkeit bezeichnet.

Überdies trägt der Subdiakon den ‚Manipel', durch den das Abwischen der geringfügigen Flecken bezeichnet wird, weil der Manipel eine Art Schweißtuch zum Abwischen des Gesichts ist: denn sie [die Subdiakone] werden als erste zur Befassung mit dem Heiligen zugelassen [vgl. 37, 2 Antw.]. Sie haben auch eine ‚eng anliegende Tunika', durch die die Lehre Christi bezeichnet wird: weswegen im Alten Bunde ‚Glöckchen' an ihr hingen [vgl. Ex 28, 33]. Denn die Subdiakone werden als erste zur Verkündigung der Lehre des Neuen Bundes zugelassen.

Darüber hinaus hat der Diakon eine ‚Stola' über der

QUAESTIO 40, 7

RESPONDEO dicendum quod vestes ministrorum designant idoneitatem quae in eis requiritur ad tractandum divina. Et quia quaedam sunt quae in omnibus requiruntur, et quaedam requiruntur in superioribus quae non ita exiguntur in inferioribus; ideo quaedam vestes sunt omnibus ministris communes, quaedam autem superiorum tantum.

Et ideo omnibus ministris competit ‚amictus' humeros tegens, quo significatur fortitudo ad divina officia exequenda, quibus mancipantur[1] [Innocentius III, De sacro Altaris mysterio 1, 50]; et PL 217/792 D
similiter ‚alba', quae significat puritatem vitae [ib., 1, 51]; et 793 A
‚cingulum', quod significat repressionem carnis [ib., 1, 52]. 793 C

Sed subdiaconus ulterius habet ‚manipulum', quo significatur extersio minimarum macularum [ib., 1, 59], quia manipulus est 796 A
quasi sudarium ad extergendum vultum: ipsi enim primo ad sacra tractanda admittuntur. Habent etiam ‚tunicam strictam', per quam doctrina Christi significatur [ib., 1, 39]: unde et in veteri lege 788 D
in ipsa ‚tintinnabula' pendebant. Subdiaconi enim primo admittuntur ad doctrinam novae legis annuntiandam.

Sed diaconus habet amplius ‚stolam' in sinistro humero: in

[1] In Sent.; L: mancipatur.

40, 7 linken Schulter: zum Zeichen dafür, daß er zum Dienst bei den Sakramenten selbst eingesetzt wird. Und die ‚Dalmatik', ein weites Gewand, so genannt, weil es in den Gegenden Dalmatiens zuerst in Gebrauch kam [Isidor]: um zum Ausdruck zu bringen, daß er als erster zum Spender der Sakramente gemacht wird; denn er spendet das Heilige Blut, und bei der Spendung bedarf es weiter Gewänder.

Dem Priester hingegen wird die ‚Stola' um beide Schultern gelegt: um zu zeigen, daß ihm die Vollmacht gegeben wird, Sakramente zu spenden, [also] nicht als Diener eines andern; und darum fällt seine Stola herab bis zu den Knien. Er hat auch die ‚Kasel', welche die Liebe bedeutet: denn er vollzieht „das Sakrament der Liebe", nämlich die Eucharistie [vgl. III 73, 3 Zu 3: Bd. 30].

Den Bischöfen werden neun schmückende Kleidungsstücke über die [der] Priester hinaus zusätzlich angelegt: das sind Strümpfe, Sandalen, Gürtel, Tunika, Dalmatik, Mitra, Handschuhe, Ring und Stab: denn es sind neun Aufgaben, die sie über die [der] Priester hinaus erfüllen können: Geistliche weihen, Jungfrauen weihen, Hauptkirchen weihen, Geistliche absetzen, Synoden abhalten, Chrisma weihen, [heilige] Gewänder und Gefäße weihen. — Oder: Durch die ‚Strümpfe' wird die Geradheit der Schritte bezeichnet. Durch die ‚Sandalen', welche die Füße

QUAESTIO 40, 7

signum quod applicatur ad ministerium in ipsis sacramentis. Et ‚dalmaticam', quae est vestis larga, sic dicta quia in Dalmatiae partibus primo usus ejus fuit[1]: ad designandum quod ipse primo
794 D dispensator sacramentorum ponitur [ib., 1, 56], ipse enim sanguinem dispensat; in dispensatione autem largitas requiritur.

Sed sacerdoti in utroque humero ponitur ‚stola': ut ostendatur quod ei plena potestas dispensandi sacramenta datur, non ut ministro alterius; et ideo stola descendit usque ad inferiora. Habet
795 CD etiam ‚casulam', quae significat caritatem [ib., 1, 58]: quia „sacramentum" consecrat „caritatis", scilicet Eucharistiam.

Sed episcopis adduntur novem ornamenta super sacerdotes, quae sunt caligae, sandalia, succinctorium, tunica, dalmatica, mitra, chirothecae, anulus et baculus: quia novem sunt quae supra sacerdotes possunt, scilicet clericos ordinare, virgines benedicere, basilicas dedicare, clericos deponere, synodos celebrare, chrisma conficere, vestes et vasa consecrare. — Vel per ‚caligas' significatur rectitudo gressuum. Per ‚sandalia', quae pedes tegunt, con-

---

[1] Isidorus, Etymologiae XIX 22, 9 (PL 82/685 B); De divinis officiis [inter opera Alcuini], c. 39 (PL 101/1242 D). — Cf. Du Cange, Glossarium med. et inf. latinitatis. Ed. nova. T. 3. Niort 1884, s. v. Dalmatica.

bedecken, die Verachtung des Irdischen. Durch den ‚Gürtel‘, der die Stola an der Albe befestigt, die Liebe zur Ehrsamkeit. Durch die ‚Tunika‘ die Beharrlichkeit: weil von Josef gesagt wird, daß er eine ‚weit herabreichende Tunika‘ [vgl. Gen 37, 3. 23] trug, die bis zu den Fersen hinabreichte, durch welche die äußerste Frist des Lebens bezeichnet wird. Durch die ‚Dalmatik‘ die Freigebigkeit in den Werken der Barmherzigkeit. Durch die ‚Handschuhe‘ die Vorsicht im Werke. Durch die ‚Mitra‘ die Wissenschaft von beiden Testamenten, weshalb sie zwei Ecken hat. Durch den ‚Stab‘ die Hirtensorge, kraft deren er ‚die Umherschweifenden sammeln‘ soll, was die Krümmung an der Spitze des Stabes bezeichnet; ‚die Kranken stützen‘, was der Schaft des Stabes bezeichnet; aber auch ‚die Langsamen anstacheln‘, was der Sporn am Fuß des Stabes bezeichnet; woher der Merkvers stammt: „Sammle das Schweifende, stütze die Kranken, sporne an das Langsame.“ Durch den ‚Ring‘ die Sakramente des Glaubens, durch den die Kirche Christus angetraut wird; denn sie sind die Bräutigame der Kirche an Christi Statt [187]. 40, 7

Darüber hinaus tragen die Erzbischöfe das Pallium zum Zeichen ihrer bevorrechteten Gewalt; denn es bedeutet die ‚goldene Schmuckkette‘, welche die rechtmäßig Kämpfenden zu empfangen pflegten.

Zu 1. Den Priestern des Alten Bundes war Enthaltsam-

temptus terrenorum [ib., 1, 48]. Per ‚succinctorium‘, quo stola 792 A
ligatur cum alba, amor honestatis [ib., 1, 52]. Per ‚tunicam‘, 793 C
perseverantia [ib., 1, 55]: quia Joseph ‚tunicam talarem‘ dicitur 794 C
habuisse, quasi descendentem usque ad talos, per quos significatur extremitas vitae. Per ‚dalmaticam‘, largitas in operibus misericordiae [ib., 1, 56]. Per ‚chirothecas‘, cautela in opere [ib., 1, 57]. Per 794 D
‚mitram‘, scientia utriusque Testamenti: unde et duo cornua habet 795 B
[ib., 1, 60]. Per ‚baculum‘, cura pastoralis, qua debet ‚colligere 796 B
vagos‘, quod significat curvitas in capite baculi; ‚sustentare infirmos‘, quod ipse stipes significat baculi; sed ‚pungere lentos‘, quod significat stimulus in pede baculi; unde versus: „Collige, sustenta, stimula, vaga, morbida, lenta“ [ib., 1, 62]. Per ‚anulum‘, 796 D
sacramenta fidei, qua Ecclesia desponsatur Christo [ib., 1, 61]: ipsi 796 C
enim sunt Ecclesiae sponsi loco Christi.

Sed ulterius archiepiscopi pallium habent, in signum privilegiatae potestatis: significat enim ‚torquem auream‘ quam solebant legitime certantes accipere [ib., 1, 63]. 797 A

AD PRIMUM ergo dicendum quod sacerdotibus veteris legis

40, 7 keit nur für die Zeit auferlegt, während der sie zu ihrem Dienst anwesend waren. Und darum trugen sie zum Zeichen der in dieser Spanne zu bewahrenden Keuschheit bei der Darbringung von Opfern die Beinkleider [vgl. Ex 28, 43]. Den Dienern des Neuen Bundes hingegen ist dauernde Enthaltsamkeit auferlegt. Und darum gilt der Vergleich nicht.

Zu 2. Jene Mitra war kein Zeichen irgendeiner Würde: denn sie sah wie eine Pelzmütze aus (Hieronymus). Hingegen wurde die ‚Tiara', die ein Zeichen der Würde war, nur den Hohenpriestern verliehen: wie auch jetzt die Mitra.

Zu 3. Die Gewalt der Diener ist im Bischof als in ihrem Ursprung begründet; nicht aber im Priester, weil er diese Weihen nicht spendet. Und darum gebraucht eher der Bischof als der Priester die Gewänder der Diener.

Zu 4. Er gebraucht anstelle des Schulterkleides die Stola, welche dieselbe Bedeutung übernimmt wie einstmals das Schulterkleid.

Zu 5. Das Pallium tritt an die Stelle des ‚Rationale'.

Zu 6. Anstelle jenes [Stirn-]Blattes trägt unser Hoherpriester das Kreuz (Innozenz III.); so trägt er auch anstelle der Beinkleider die Sandalen, anstelle des Linnens [vgl. Ex 28, 4. 40] die Albe, anstelle des Gürtels das Zingulum, anstelle des hohepriesterlichen Gewandes [vgl. Ex 28, 4. 40] die Tunika, anstelle des Ephod [vgl. 1 Sam 2, 28 u. a.] das

QUAESTIO 40, 7

indicebatur continentia illo tantum tempore quo ad suum ministerium accedebant. Et ideo, in signum castitatis tunc servandae, in sacrificiorum oblatione feminalibus utebantur. Sed ministris novi testamenti indicitur perpetua continentia. Et ideo non est simile.

AD SECUNDUM dicendum quod mitra illa non erat signum alicujus dignitatis: fuit enim sicut quoddam galerum, ut Hieronymus dicit [Epistola 64 (al. 128), n. 13]. Sed ‚cidaris', quae erat
PL 22/614 B signum dignitatis, solum pontificibus dabatur: sicut et nunc mitra.

AD TERTIUM dicendum quod potestas ministrorum est in episcopo sicut in origine: non autem in sacerdote, quia ipse non confert illos ordines. Et ideo magis episcopus quam sacerdos vestibus ministrorum utitur.

AD QUARTUM dicendum quod loco superhumeralis utitur stola: quae ad idem significandum est ad quod erat superhumerale.

AD QUINTUM dicendum quod pallium succedit loco rationalis.

AD SEXTUM dicendum quod pro illa lamina habet pontifex
PL noster crucem, ut Innocentius [ib., 1, 53] dicit: sicut pro feminali-
217/793 D bus habet sandalia, pro linea albam, pro balteo cingulum, pro

Amikt, anstelle des ‚Rationale' das Pallium, anstelle der Tiara die Mitra. 40, 7

Zu 7. Obwohl er keine Gewalt anderer Gattung besitzt, so besitzt er doch dieselbe Gewalt in umfassenderer Weise. Und darum wird ihm, um diese Vollkommenheit zu versinnbilden, das Pallium überreicht, das ihn ringsherum umgibt.

Zu 8. Der Römische Hohepriester gebraucht nicht den Stab, weil Petrus diesen weggesandt hat, um einen seiner Jünger aufzuerwecken, der später Bischof von Trier geworden ist. Und darum trägt der Papst im Bistum Trier den Stab und an anderen Orten nicht [Innozenz III.] [188]. — Oder auch zum Zeichen, daß er keine eingegrenzte Gewalt hat, was die Krümmung des Stabes bezeichnet.

QUAESTIO 40, 7

podere tunicam, et pro ephod amictum, pro rationali pallium, pro cidari mitram.

AD SEPTIMUM dicendum quod, quamvis non habeat alterius generis potestatem, tamen eandem habet ampliorem. Et ideo, ad hanc perfectionem designandam, sibi pallium datur, quo undique circumdatur.

AD OCTAVUM dicendum quod Romanus Pontifex non utitur baculo, quia Petrus misit ipsum ad suscitandum quendam discipulum suum, qui postea factus est episcopus Treverensis. Et ideo in dioecesi Treverensi Papa baculum portat, et non in aliis locis
[Innocentius III, ib., 1, 62].[1] — Vel etiam in signum quod non habet 796 D
coarctatam potestatem, quod curvatio baculi significat.

---

[1] Decretales Gregorii IX, l. I, tit. 15, c. 1, § 9 (Frdb II/134).

ANMERKUNGEN

Vorbemerkung

Die Anmerkungen erheben keinerlei literarischen Anspruch, sondern wollen nur kleine (überwiegend vom Kommentator Burkhard Neunheuser gegebene, durch den Schriftleiter Paulus Engelhardt ergänzte) Hilfen zum Verständnis, zur historischen Einordnung und zum Gegenwartsbezug des Textes bieten. Darum folgen wir der Tradition der DThA und weisen ihre Autorschaft nicht im einzelnen nach.

[1] Zu S. 4. Im Kommentar selbst wird ausführlich Stellung genommen zur Deutung der „Schlüsselgewalt". Zur Exegese der hier angezogenen Schriftstelle vgl. die einschlägigen Schriftkommentare, etwa J. Schmid, Das Evangelium nach Matthäus. Regensburg [4]1959, 250 f.; ferner J. Jeremias, κλείς, in: ThWNT 3 (1938) 743—753; und LThK[2] 9 (1964) 422 (H. Vorgrimler) und 422—425 (L. Hödl).

[2] Zu S. 5. Das Argument beruht auf der Vg-Übersetzung „dispensatores", gibt aber auch einen Sinn bei einer wörtlichen Übersetzung des griechischen οἰκονόμοι: „Haushalter über Geheimnisse Gottes" (Zürcher Bibel) sind Inhaber von „Schlüsseln".

[3] Zu S. 5. Die Theologie unterscheidet „reatus culpae" = Schuldverhaftung, genauer: den Anklagezustand vor Gott, den die Sünde bewirkt; und ‚reatus poenae" = Strafverhaftung, genauer: den aus der Sünde folgenden Anklagezustand angesichts der Kirche, der auch nach geschehener Vergebung zur Ableistung irdischer und im Fegfeuer erwarteter Strafen verpflichtet.

[4] Zu S. 5. Dieser Gedanke schließt sich an Joh 19, 34 an und bezieht „Blut und Wasser" auf die kirchenkonstitutiven Sakramente Eucharistie und Taufe. Das Bild der aus der geöffneten Seitenwunde fließenden Sakramente, aus denen die Kirche auferbaut wird, die selbst als unmittelbar aus der Seitenwunde, als die neue Eva, hervorgehend gesehen wird, war den Vätern teuer. Es steht am Anfang der großen Herz-Jesu-Frömmigkeit, bestimmt auch die heutige Liturgie, etwa in der Präfation und anderen Texten des Herz-Jesu-Festes, und bleibt wertvoller Ausdruck für die Gegenwart der Heilstat Christi in den und durch die Sakramente. Zur Exegese vgl. A. Wikenhauser, Das Evangelium nach Johannes. Regensburg [3]1961, 218—221; O. Cullmann, Les sacrements dans l'Évangile Johannique. La vie de Jésus et le culte de l'Eglise primitive. Paris 1951, 81—83, 84—86.

[5] Zu S. 6. Der „limbus" (vgl. 69, 4—7: Bd. 35; anders Dante, Divina commedia II: Purgatorio), ein im Mittelalter örtlich vorgestellter „Zwischenraum" zwischen der eigentlichen Unterwelt der Hölle und der Erde; hier mit „Vorhölle" übersetzt. Er enthält nach dem Tode Christi den Aufenthaltsort der ohne persönliche Sünde ungetauft gestorbenen Kinder und den Reinigungsort („Fegfeuer"); vor dem Erlösungstode Christi enthielt er den Ort der alttestamentlichen Gerechten. Jesus Christus, „herabgestiegen in das Reich des Todes" (ökumenische Übersetzung des Apostolischen Glaubensbekenntnisses), holte diese in den Himmel

und verschloß damit ein für allemal diesen Teil des „limbus". Der theologische Grund für diesen bildhaft dargestellten Vorgang ist Christi Sieg über die Erbsünde. — Die an das mittelalterliche Weltbild geknüpften räumlichen Vorstellungen bedeuten uns nichts mehr. Die theologischen Fragen nach dem Schicksal der alttestamentlichen Gerechten, der ungetauft sterbenden Kinder und der noch einer Reinigung bedürftigen Verstorbenen werden heute in einem ungeteilteren Vertrauen auf Gottes Erlösungswillen und Christi Erlösungstat beantwortet.

[6] Zu s. 7. Hier ist infernum = „Unterwelt" im Vollsinn als Hölle verstanden. Es handelt sich natürlich um eine Sprache in Bildern. Der büßende Christ, der noch auf Erden lebt, war noch nicht in der Hölle, zu der er aber verurteilt worden wäre, wenn er nicht Buße getan hätte. Die Lossprechung von dieser Verurteilung bewahrt ihn also vor dem Eintreten in die Hölle, rettet ihn „vor der Pforten der Hölle" (Unterwelt). Daß dann aber noch weitere Strafen „zeitlicher" Art abzubüßen sind, hindert ihn daran, sofort in das Ewige Reich hinübergehen zu können. Er muß diese Sühne-Strafen erst noch ableisten, durch Buße hier auf Erden oder nach dem Tode durch den Läuterungsort.

[7] Zu S. 8. Entgegen einer früheren Übersetzungsgewohnheit lassen wir das Wort *character* (sacramentalis) unübersetzt. Die Übersetzung „sakramentales Mal" (vgl. III 63: Bd. 29) klingt uns zu äußerlich; die heute beliebtere Übersetzung „sakramentales Siegel" drückt zwar die Einprägung einer Qualität aus, aber auch nicht genügend deren seinsmäßig verändernde Bedeutsamkeit. Die kleinen Anführungszeichen sollen der Verwechslung mit dem psychologisch verstandenen Charakter vorbeugen.

[8] Zu S. 9. „Vermögen", angewandt auf die Schlüsselgewalt, besagt zunächst nichts anderes als einfach, daß derjenige, der die „Schlüssel" erhalten hat, mit ihnen entsprechend zu handeln „vermag". Das Wort hat aber darüber hinaus die technische Bedeutung von „Potenz" (potentia) innerhalb der von Thomas übernommenen aristotelischen Psychologie. Es bedeutet hier die „reale Möglichkeit oder Befähigung zum Akt" (Lotz, in: W. Brugger, Philosophisches Wörterbuch. Freiburg [15]1967, 285). Die Übernahme dieser Begrifflichkeit erlaubt dann die nähere Bestimmung dieses „Vermögens" durch die ihm eigenen Akte. Vgl. Anm. [126].

[8a] Zu. S. 11. Zu Übersetzung von *consecratio* mit „Weihung" vgl. Anm. [113].

[9] Zu S. 11. Wir übersetzen den engeren Wortsinn von *jurisdictio* in der Regel mit „Rechtsprechungsgewalt". Ihre Einheit mit und Unterschiedenheit von der Weihegewalt wird im Kommentar unter den Kennzeichnungen „Hirtenvollmacht", „hoheitliche (Hirten-)Gewalt" und „richterliche Gewalt" dargestellt.

Der bedeutende Unterschied zwischen Weihe- und Jurisdiktionsgewalt wird hier erklärt mit Hilfe des Bildes der Schlüsselgewalt: der Geweihte hat die Schlüssel, darf sie aber noch nicht

gebrauchen, bevor ihm sein Oberer einen bestimmten Teil der Herde anvertraut, über die er Jurisdiktionsgewalt besitzt. Im allgemeinen wird diese Jurisdiktionsgewalt für den ganzen Bereich einer Diözese gegeben; heute gilt diese Jurisdiktion dann auch über die Diözese hinaus (CIC can. 967 § 2); das ist ein Vorgang, der notwendig geworden ist durch die große Beweglichkeit des modernen Menschen, der mit Leichtigkeit sich innerhalb des ganzen nationalen Territoriums, ja weit darüber hinaus, bewegen kann.

[10] Zu S. 11. Der Ausdruck „verhärtet" führt uns in das innerste Geheimnis göttlicher Gnadenwahl ein; vgl. I 19—23 u. Kommentar von A. Stolz: Bd. 2; I—II 106—114 und Kommentar von Th.-A. Deman: Bd. 14. Thomas kann wagen, ihn zu benützen, da er der Heiligen Schrift entstammt: vgl. Röm 9, 14—18, besonders V. 18: „Er erbarmt sich dessen, dessen er sich erbarmen will, und wen er (verhärten) will, den verhärtet er." Wohl ist Gott frei in der Zuteilung seiner Gnade; doch verweigert er sie nie, ohne daß jemand vorher schon schuldig geworden wäre.

[11] Zu S. 12. Der Spender des Sakramentes, der Inhaber der Schlüsselgewalt, ist nur Werkzeug, und als solches läßt er nun eben doch zum Reiche zu, wenn auch Gott der eigentlich, hauptursächlich Zulassende ist. Die Formulierung des hl. Thomas in diesem seinen Frühwerk ist noch stark der Problemstellung der Frühscholastik verbunden. In berechtigtem Interesse, den Primat Gottes unangetastet zu lassen, sah diese im Tun des kirchlichen, sakramentalen Dienstes nur eine Disposition für die letzte Wirklichkeit, die allein von Gott abhängt. Der Thomas der Summa hat mit Hilfe des Werkzeug-Begriffes die beiden Ursächlichkeiten besser verbunden im Hinblick auf die Erreichung der letzten Wirklichkeit.

[12] Zu S. 14. Bei diesem sozialphilosophischen Vergleich handelt es sich um die *justitia distributiva,* die austeilende oder zuteilende Gerechtigkeit (vgl. II-II 61, 1—3: Bd. 18). In der schon bei Aristoteles vorgezeichneten Ständeordnung (vgl. Nik. Eth. V 6) bemißt sich die von den Herrschern zu vollziehende Zuteilung nach einem Verhältnis der zu verteilenden materiellen und geistigen Werte (z. B. Ehre) zur in Tüchtigkeit und Stand begründeten Würdigkeit des Empfängers. Einem solchen Gesellschaftsbild entspricht ein hierarchisches Verständnis der Schlüsselgewalt.

[13] Zu S. 17. Die Werke der Dreifaltigkeit nach außen sind immer gemeinsam. Obwohl dreifaltig in den Personen, wirkt die Dreifaltigkeit, eins in der Natur, als ein einiger Gott in einer einzigen Aktion. Doch hat man diese Aktion dann einer der Personen „appropriiert", zugeeignet. Vgl. zur Lehre von den Appropriationen I 39, 7 f. und den Kommentar dazu: Bd. 3, 471—476.

[14] Zu S. 20. Es bedarf der Heiligung des Stoffes bei der Taufe, immer und zum wenigsten jener Heiligung, die dem Wasser durch

das „Wort" der Taufformel mitgeteilt wird, auf daß es „Wasserbad im Wort" sein kann gemäß Eph 5, 26. Diese Heiligung wird gleichsam „entfaltet" in der Weihe des Taufwassers. Immer aber handelt es sich dabei um einen dynamischen Prozeß: es geht nicht um die Heiligung des Wassers, sondern um die Heiligung dessen, der in diesem durch das „Wort" erfüllten, werkzeuglich dienenden Wasser das „Bad der Wiedergeburt" empfängt (vgl. Tit 3, 5).

[15] Zu S. 22. Der Priester, Träger der Schlüsselgewalt, ist in der Tat „beseeltes Werkzeug". Thomas nimmt den Ausdruck aus Aristoteles, der ihn aber benutzt zur Kennzeichnung des untergeordneten Sklaven, der im Auftrag seines Herrn handelt. Man muß jedoch den Unterschied wohl beachten, der hier obwaltet. Der Priester handelt nicht nur „im Auftrag" wie der Sklave, sondern vermag die Schlüsselgewalt nur auszuüben in Kraft einer ihm mitgeteilten Vollmacht, die sein naturhaft schon beseeltes Tun noch einmal erhöht.

[16] Zu S. 22. Hier zeigt sich noch einmal die Lehre des frühen Thomas. In der STh hat er dem sakramentalen Tun höhere Bedeutung zugemessen; es disponiert nicht nur zur Gnade, sondern vermittelt sie, freilich nur werkzeuglich.

[17] Zu S. 22. Die frühe Scholastik verlangte einen hohen Grad der Vorbereitung, so hoch, daß dadurch dem Sakrament nicht viel zu tun übrigblieb. Thomas hat beide Faktoren schließlich in harmonischer Weise zu verbinden gewußt. Vgl. auch B. Poschmann, Buße und Letzte Ölung, 96 f.

[18] Zu S. 24. Die dritte, von Thomas selbst vorgetragene Meinung will zwar den Sakramenten bereits eine bedeutend größere Wirkkraft zuteilen, aber immer noch nur „vorbereitend und werkzeuglich". In der STh III 62, 1 hat er die werkzeugliche Ursächlichkeit allein betont. Vgl. Bd. 29, 46—51 und den Kommentar dazu: 493—498.

[19] Zu S. 24. Wenn als Vorbereitung echte (vollkommene) Reue verlangt wird, so tilgt sie zum wenigsten bereits die Schuld. Was kann dann noch das Sakrament (die Schlüsselgewalt) tun? Zum wenigsten macht der Inhaber der Schlüsselgewalt die Lösung von der Schuld offenbar. In der endgültigen Sicht des Aquinaten wirken aber immer vorbereitendes Tun des Büßers (als Quasi-Materie) und absolvierendes Tun der Kirche zusammen zum einen Effekt der Buße.

[20] Zu S. 25. Hier gilt das gleiche wie in den vorhergehenden Anmerkungen. Vgl. Bd. 29, 525—527.

[21] Zu S. 25. Wir müssen mit der STh sagen: die Schlüsselgewalt erstreckt sich auf den Nachlaß der Schuld nicht unmittelbar, sondern mittelbar, d. h. werkzeuglich; vgl. III 86, 6 *Antw.* (dazu Komm. Bd. 31, 494 f., 512—514), wo Thomas eindeutig der Schlüsselgewalt auch die Bewirkung des Schuldnachlasses zuspricht.

[22] Zu S. 27. Alle Sakramente schöpfen ihre Wirkkraft aus der passio Christi (Tod und Auferstehung, dem Pascha-Mysterium); aber je anders: die Taufe gleicht den Menschen „gänzlich dem Leiden Christi an . . .“; er empfängt ein neues Leben, ja wird ein „neuer Mensch“; in der Buße nimmt er die Wirkkraft des Erlösungswerkes Christi nicht so umfassend in sich auf; es handelt sich um eine Angleichung an die Heilstat Christi in der Art und Weise einer „Heilung“. Der Büßer muß auch seinerseits sich einsetzen und einen Teil des Sühnewerkes übernehmen.

[23] Zu S. 28. Wenn hier das Sündenbekenntnis, die Beichte, als „Last“ gesehen wird, so entspricht das den Tatsachen. Seine Sünde einem Menschen (wenn auch als Stellvertreter Gottes) beichten müssen ist eine wirkliche „Last“. In einem allmählich fortschreitenden Spiritualisierungsprozeß wurde diese Last besonders betont als wichtiger denn ein bloß körperliches, äußeres Bußwerk.

[24] Zu S. 29. Diese bleibende Verpflichtung zur Genugtuung auch nach der Lossprechung ist von großer Bedeutung. Sie erinnert daran, daß christliches Leben immer ein Leben der Buße (in umfassendem Sinn), ein Leben der Metanoia, des Umdenkens und des Sich-Einfügens in die Sühnetat Christi bleiben muß.

[25] Zu S. 31. Hier ist der legitime Ansatzpunkt zum Verständnis der in späterer Zeit weit verbreiteten „Andachtsbeicht“. Sie ist und bleibt sinnvoll, solange wir uns erinnern, daß das Bußsakrament in erster Linie ein Sakrament zur Heilung von Sünden ist und nicht vor allem ein Mittel zur Gnadenmehrung.

Auch die sog. „Laienbeichte“ (Bekenntnis der Sünden vor einem Laien, der nicht die Schlüsselgewalt besitzt) wird von hier aus leichter verständlich. Vgl. 8, 1—3: Bd. 31, 263—272 u. 565—573.

[26] Zu S. 32. Zum Verständnis des harten Ausdrucks „Verhärtung“ (durch Gott) vgl. oben das in Anm. [10] Gesagte.

[27] Zu S. 33. Alle Bilder „hinken“, so auch dies vom „Binden“ der Schlüsselgewalt. Aber die Gleichformung mit dem Leiden Christi verpflichtet uns eben auch zur Übernahme der Mühsal Christi, wenigstens zu dem Teil, der uns ihm angleicht. In diesem Sinn „bindet“ der Inhaber der Schlüsselgewalt, indem er uns zur Übernahme von Bußwerken verpflichtet, auf daß wir dann, in solcher Angleichung, durch Christi Leiden „gelöst“ werden von der Sünde.

[28] Zu S. 36. Alle Zeiten haben eine Stufung der zu übernehmenden Bußwerke gekannt: die „kanonische“ Buße des Altertums, die in Canones festlegte, was an öffentlicher Buße zu übernehmen sei; die Bußpraxis des frühen Mittelalters mit ihrer in Bußbüchern niedergelegten „Taxierung“ der Strafen und ihren „Redemptionen“ bzw. Umwandlungen und „Ablassungen“; unsere heutige Praxis (seit der Jahrtausendwende), die auch die auferlegte Buße staffeln will entsprechend den gebeichteten Sünden. Das alles hat zu geschehen in pastoraler Klugheit, ohne in kleinlich legalisti-

sche Kasuistik oder den schematischen Minimalismus zu verfallen, von dem die Praxis der auferlegten Buße in unserer Zeit oft bedroht ist.

[29] Zu S. 37. Christus, der Mittler, als Mensch (und zugleich Gottes Sohn, Gott), war das göttliche Werkzeug zu unserer Erlösung. Aber er besaß diese seine „werkzeugliche" Macht in ganz besonderer Weise, eben als der „eine Mittler zwischen Gott und den Menschen, der Mensch Jesus Christus" (1 Tim 2, 5), der gleichzeitig personal Gott ist; er ist an die Werkzeuge, deren er sich bedient, an die Sakramente, nicht gebunden, sondern kann souverän über sie hinausgehen. Vgl. III 64, 3 *Antw.*: Bd. 29.

[30] Zu S. 41. Im Kirchenrecht sind Irregularitäten bleibende Weihehindernisse (can. 1040; vgl. 39, 4 Zu 2). Darum wird der Ausdruck auch auf Kulthindernisse im Alten Bund angewandt (vgl. I—II 103, 2 *Antw.* m. Anm.: Bd. 13, 525).

[31] Zu S. 42. „Charakter" ist das (z. B.) durch ein Siegel von einem Prägenden Eingeprägte (vgl. Anm. [7]).

[32] Zu S. 45. Es handelt sich um jene Jurisdiktionsgewalt „in foro externo", d. h. im Bereich der äußeren (kirchlichen) Gerichtsbarkeit, die auch von nichtpriesterlichen Amtsträgern ausgeübt werden kann: wie z. B. Archidiakonen (Diakonen, die in bestimmten Bereichen den Bischof vertraten, ähnlich unseren heutigen Generalvikaren) (vgl. Anm. [166]) oder erwählten Bischöfen, die, ohne (schon) geweiht zu sein, doch die Leitung der Diözese schon übernommen haben, usw. Vgl. CIC can. 379 ff.

[33] Zu S. 46. Aristoteles und Thomas unterscheiden zwar verschiedenartige Herrschaftsformen, die zugleich verschiedenartige Rechtsordnungen darstellen, aber nicht die (neuzeitliche) Gewaltenteilung zwischen gesetzgebender, richterlicher und ausführender Gewalt. Vgl. zu dieser: Montesquieu, De l'esprit des lois (1748); dt.: Vom Geist der Gesetze (Auswahl). Stuttgart 1965.

[34] Zu S. 46. Die hier gegebene Wertung der Frau entspricht nicht mehr unserem heutigen Rechtsempfinden. Der wahre und entscheidende Grund für ihr Unvermögen, Trägerin der Schlüsselgewalt im Vollsinn zu sein, ist das Fehlen der Weihe-Vollmachten, die der Frau aufgrund der steten Praxis der Kirche seit dem apostolischen Zeitalter nicht gegeben werden. Vgl. dazu Fr. 39, 1 m. Anm. [169] und unseren Kommentar dazu S. 309 f. In Frauenklöstern bzw. Frauenkongregationen hat die Äbtissin bzw. die Generaloberin ein gewisses Maß an Regierungsgewalt „in foro externo". Es könnte gewiß, unserem heutigen Empfinden entsprechend, vergrößert werden, ausgedehnt auf den gesamten Bereich, für den die eigentliche Weihe-Vollmacht nicht gefordert ist.

[35] Zu S. 50. Das Bild von der „Taube" als Bezeichnung der Kirche in ihrer innersten Heiligkeit als Braut Christi ist hergenommen aus der typologischen Interpretation des Hohenliedes;

z. B. von 6, 9: es „ist nur eine meine Taube, meine Reine..." So spricht schon Tertullian, Adv. Valent. 3 (PL 2, 580 A), von „unserer Taube Haus", dem gottesdienstlichen Versammlungsort der wahren Kirche.

[36] Zu S. 58. So war das kirchliche Recht in früher Zeit tatsächlich. Doch ist diese harte Bestimmung, die das Beichten u. U. sehr erschweren konnte, inzwischen längst aufgehoben; vgl. CIC can. 991.

[37] Zu S. 61. Auch wenn der Unterschied zwischen Weihe- und Jurisdiktionsgewalt heute in vielen Fällen stark zurücktritt (in dem Sinn, daß zum Besten der Gläubigen der geweihte Priester seinen Dienst sofort gültig ausüben kann), so bleiben doch die Unterschiede. In einer wohlgeordneten kirchlichen Gemeinschaft weist der Bischof den Geweihten jenen Bereich zu, in dem sie normalerweise ihre Dienstvollmacht ausüben sollen.

[38] Zu S. 62. Vgl. Anm. [30]. Im alten (bis 1983 gültigen) Kirchenrecht wurden Irregularitäten „aus einem [herkunftsmäßigen, körperlichen, geistigen usw.] Mangel" und „aus einem Vergehen" (wie hier im Text) unterschieden. Vgl. CIC (1917) can. 984 f.

[39] Zu S. 64. Im neuen Kirchenrecht (1983) wird nicht mehr von Sünden gesprochen, deren Lossprechung sich der Bischof vorbehalten kann. Dem einfachen Priester ist nur eine Grenze gesetzt, wo eine Sünde mit einer Kirchenstrafe (Exkommunikation oder Interdikt; vgl. Fr. 21—24) verbunden ist. Aber auch dort kann er, wenn es sich nicht um eine öffentlich und formell verhängte Strafe handelt, den Beichtenden bei Gewissensnot lossprechen, muß ihn aber verpflichten, sich innerhalb eines Monats bei einem kompetenten Amtsträger (Bischof oder mit besonderen Vollmachten ausgestatteter Beichtvater) um Aufhebung der Kirchenstrafe zu bemühen (can. 1357).

[40] Zu S. 64. Die heutige Praxis ist hier strenger. Nach can. 977 ist die Absolution dessen, mit dem der Priester eine schwere Sünde gegen das 6. Gebot begangen hat, außer in Todesgefahr immer ungültig. Der Täter ist zudem exkommuniziert und kann von diesem Ausschluß nur gelöst werden durch den Apostolischen Stuhl (die Lösung ist dem Apostolischen Stuhl in ganz besonderer Weise reserviert): can. 1378 § 1.

[41] Zu S. 65. Das heißt also, daß auch der von der Sünde Absolvierte in bestimmten Fällen „irregulär" bleibt (für immer von bestimmten kirchlichen Diensten fernzuhalten): z. B. ein Mörder; can. 1041, 4°.

[42] Zu S. 70. Der CIC von 1917, can. 2257, definierte die Exkommunikation so: „... eine Zensur, durch die jemand ausgeschlossen wird aus der Gemeinschaft der Gläubigen mit bestimmten Folgen" (die 1983 in dem can. 1331 aufgezählt werden); z. B. er

verliert das Recht, an liturgischen Handlungen teilnehmen zu können; doch ist er nicht ausgeschlossen von der Verkündigung des Gotteswortes; er darf keine Sakramente empfangen usw.

[43] Zu S. 71. Auch heute noch gibt es Unterschiede des Grades der Exkommunikation: die mindere Form ist die des Interdiktes (can. 1332). Doch gibt es zumal im klösterlichen Brauchtum auch geringere Formen einer nur teilweisen „Exkommunikation", etwa von der Tischgemeinschaft, vom Chorgebet usw.

[44] Zu S. 82. Das Appellationsrecht ist im neuen CIC als Recht der Berufung an ein höheres Gericht (an einen höheren Richter) ausgestaltet (can. 1628—1640). Wie im alten Recht ist keine Berufung möglich gegen ein Urteil des Papstes oder des höchsten päpstlichen Gerichtes, der Signatura Apostolica (can. 1629, 1°). — Das mag in dem einen oder anderen Fall zu „menschlichen" Konflikten führen, die für den Betreffenden sehr schwer sein können. Im Glauben müssen wir aber die Zuversicht hegen, daß diese höchsten Instanzen, auch wenn ihre Entscheidungen durchaus nicht „unfehlbar", nicht irreformabel sind, in großer Weisheit und nicht ohne den Beistand des Hl. Geistes entscheiden.

[45] Zu S. 83. Diese Möglichkeit besteht heute bei Entscheidungen der Glaubenskongregation, deren Verfahren trotz mancher Verbesserungen noch nicht den Erfordernissen eines fairen Prozesses mit voller Achtung der Menschen- und Christenrechte genügt.

[46] Zu S. 86. Eine im bisherigen Gesetz nicht vorgesehene Exkommunikation kann wie jede Kirchenstrafe von denen verhängt werden, „die gesetzgebende Gewalt haben" (can. 1315 § 1). Dazu gehören auch die Diözesanbischöfe, die aber innerhalb eines Staates oder einer Region einheitlich vorgehen sollen (can. 1316). Auch höhere Ordensobere sind „ordinarii" (can. 134 § 1), zu deren Leitungsgewalt prinzipiell auch die gesetzgebende Gewalt gehört (can. 135). Nach dem Ordensrecht wird jedoch die gesetzgebende Gewalt vom Generalkapitel und eingeschränkt von den Provinzkapiteln ausgeübt (can. 631 f.). In bezug auf Strafen wird den Ordinarii im allgemeinen nur die Anwendung gesetzlich festgelegter Strafen unter einschränkenden Bedingungen (nur wenn pastoralbrüderliche Versuche, die Strafursache zu beseitigen, scheitern) aufgetragen (can. 1341). Weitere Zusammenhänge s. Komm.

[47] Zu S. 87. „Größere Feierlichkeit", d. h. jene Öffentlichkeit und Umständlichkeit rechtlichen Vorgehens, die den Fall in den Augen aller dartun und eben so eindrucksvoll die Gerechtigkeit, die Strafe und später die Genugtuung deutlich machen.

[48] Zu S. 88. Vgl. Anm. [32] und [166]. „Erwählte", noch nicht geweihte Bischöfe: z. Z. des hl. Thomas warteten manche sehr lange bis zum Empfang der Weihe. Heute verlangt das Kirchenrecht den Empfang der Weihe innerhalb von drei Monaten (can. 379; ähnlich im alten Recht can. 333), wobei allerdings im

Unterschied zum Mittelalter ein mindestens fünfjähriges Priestertum vorausgesetzt wird (can. 378 § 1, 4° = can. 331 § 1, 3° im bisherigen Recht).

[49] Zu S. 89. Der lateinische Text sagt hier u. ö.: „conficere, conficere corpus Christi“ (herstellen [bereiten], den Leib Christi bereiten), entsprechend der scholastischen Tendenz, die Eucharistiefeier ganz auf den Augenblick und die gewiß zentrale Tatsache der Wandlung, der Transsubstantiation, zu konzentrieren. Wir würden heute lieber sagen: „die Eucharistie, als Priester, feiern“.

[50] Zu S. 91. Argumentatives Umgehen mit Schriftworten verbunden mit hierarchischem Denken treibt in diesem Einwand eine sonderbare Blüte: der Mt 11, 11 gemeinte Johannes der Täufer ist der Größte der Irdischen; also ist Paulus ein Kleinerer auf Erden. Aber auch wenn er wie Johannes der Größte wäre, wäre er „der Kleinste im Himmelreich“, also im Sinne des Einwandes: ein Engel aus der niedrigsten Hierarchie, immer noch größer als Paulus. Also ... — Natürlich ist im Herrenwort über Johannes nicht Menschenwelt und Engelwelt, sondern der Äon vor dem anbrechenden Reich Gottes (bei Mt: „Himmelreich“) und das mit Jesus angebrochene Reich Gottes verglichen.

[51] Zu S. 93. Da läßliche Sünden durch den würdigen Empfang jedes Sakramentes getilgt werden, geschieht das auch in jeder Beichte; sie entgegenzunehmen, ist der absolvierende Priester kraft seiner Weihegewalt (und der einmal erteilten Jurisdiktion) immer berechtigt. — Heute kann jeder Priester auch seine schweren Sünden jedem Priester seiner Wahl beichten, wenn dieser Jurisdiktion besitzt.

[52] Zu S. 94. Hier sind die Grenzen einer „Kollektivschuld“ gezogen.

[53] Zu S. 95. Die Suspension (can. 1333 f.) in ihrer häufigsten Form verbietet einem Priester die Vornahme priesterlicher Amtshandlungen (can. 1333 § 1, 1°), schließt ihn aber nicht aus der kirchlichen Gemeinschaft, nicht vom Sakramentenempfang aus. Das Interdikt war eine Strafe, die in einem bestimmten Gebiet jeden öffentlichen Gottesdienst untersagte (außer in bestimmten Notfällen). Das Interdikt wurde im Mittelalter oft, leider auch manchmal aus mehr politischen Gründen angewandt. Es wurde bereits im CIC von 1917 (vgl. dort can. 2268—2277) aufgrund entsprechender Bestimmungen im Gebrauch sehr eingeschränkt. Im neuen CIC (can. 1332) ist fast nur noch der Name übriggeblieben und die Sache auf Einzelpersonen im Sinne einer eingeschränkten Exkommunikation („kleine Exkommunikation“) bezogen.

[54] Zu S. 99. Das Kirchenrecht von 1917 unterschied noch: *excommunicati vitandi* und *tolerati:* „zu meidende“ und „geduldete Exkommunizierte“ (can. 2258). Da es in der heutigen plurali-

stischen, säkularisierten bzw. laisierten Welt kaum noch möglich und auch nicht verständlich wäre, einen Exkommunizierten zu meiden, d. h. jeden Kontakt mit ihm zu vermeiden, fällt im neuen Kirchenrecht diese Unterscheidung fort. Kontaktverbot bezieht sich im äußersten Fall auf den Bereich des Gottesdienstes (vgl. can. 1331 § 2, 1°). In diesem Zusammenhang ist das Wort des Apostels 1 Kor 5, 9—11, das aus der Zeugnisaufgabe der Gemeinde zu verstehen ist, in bezug auf die Meidung exkommunizierter Christen (nicht aber der Sünder überhaupt) neu zu bedenken.

[55] Zu S. 107. Vgl. Anm. [53].

[56] Zu S. 109. Nach dem neuen Kirchenrecht hat sich der Apostolische Stuhl nur noch die Lossprechung von folgenden Exkommunikationen vorbehalten („reserviert"): wegen Verunehrung der konsekrierten species (can. 1367); Realinjurie gegen den Papst (can. 1370 § 1); absolutio complicis (vgl. Anm. [40]); Bischofsweihe ohne päpstlichen Auftrag (can. 1382; vgl. den Versuch in China und anderen kommunistischen Regimen, eine staatshörige Hierarchie aufzubauen); sowie Bruch des Beichtgeheimnisses (can. 1388).

[57] Zu S. 114. „Spiritualis" bedeutet sowohl „geistlich" (übernatürlich; vom Hl. Geist gewirkt) als auch „geistig" (auf den Menschengeist, die menschliche Vernunft bezogen — Gegensatz zu „materiell") und muß nach der jeweils vorherrschenden Bedeutung übersetzt werden.

[58] Zu S. 116. Eine *connexio* liegt zwischen allen wirklichen Tugenden vor, weil der Mensch nur als ganzer auf das Gute hin eingestellt sein kann (I-II 65: Bd. 11). Zwischen den Sünden liegt sie zwar hinsichtlich ihres negativen Aspektes vor: „der Abwendung des Willens von Gott" (hier Zu 1; vgl. 3 d 36, 5), nicht aber hinsichtlich ihres spezifischen Zieles. Deswegen führen sie mehr in die Zerstreuung als in die Einheit (I-II 73, 1: Bd. 12). Noch äußerlicher und weniger die menschliche Einheit berührend sind die Exkommunikationen. Darum kann bei ihnen von keiner Verbindung oder Verknüpfung im Menschen gesprochen werden (hier *Antw.;* Zu 1).

[59] Zu S. 117. Der scheinbar spielerische Einwand setzt eine entschiedene Theologie des Wortes Gottes voraus. Gottes Wort, das in der (fingierten) Mosesrede des Deuteronomium menschliche, das Zusammenleben gesetzlich regelnde Sprache wird, ist zugleich das sich treu bleibende Verheißungswort, das im 2. Timotheusbrief bezeugt wird. An dieser Voraussetzung kann die Antwort Zu 1 nicht rütteln. Sie muß vielmehr den Ablaß nach dem deuteronomischen Gerechtigkeitsprinzip der Entsprechung von Schuld und Strafe erklären. Ob diese Erklärung dem unbedingten Vergebungswillen des Vaters Jesu Christi entspricht, dürfte zweifelhaft sein.

[60] Zu S. 120. Die noch übrig bleibende Strafe, die durch Gottes Gnade und freie Mitarbeit abzuarbeiten ist (III 86, 4: Bd. 31), hängt mit den zu überwindenden „Restbeständen der Sünde" (III 86, 5; 89, 1 Zu 3) zusammen (vgl. 18, 3 Zu 1). Die Tilgung beider gehört zu den Wirkungen der Letzten Ölung (30, 1).

[61] Zu S. 121. Das Anm. [59] genannte Problem findet keine eindeutige Auflösung. Auch die freiwillige Übernahme der Strafen durch Christus und die sühnebereiten Glieder seines Leibes, der Kirche, bleibt im Horizont einer strengen, auf Anselm von Canterbury zurückgehenden Gerechtigkeitslehre (vgl. III 1, 2 Zu 2: Bd. 25). Zu deren kritischer Durchleuchtung vgl. H. Keßler, Die theologische Bedeutung des Todes Jesu. Düsseldorf 1970.

[62] Zu S. 125. Der Urtext spricht von einer „Absurdität": die Glaubensverkündigung der Kirche kann in ihrer Gesamtheit nicht fehlgehen. Das setzt allerdings voraus, daß die Verkünder auch wirklich den Glauben der Kirche und nicht persönliche fromme Meinungen vortragen. Hier mag im einzelnen manchmal gefehlt werden; der einzelne muß sich seiner Verantwortung bewußt sein. Dann aber dürfen wir zuversichtlich hoffen, daß, aufs Ganze gesehen, auch wenn wir im einzelnen nicht von „Unfehlbarkeit" sprechen wollen, die Verkündigung Wahres aussagt.

[63] Zu S. 127. Zweifellos kommt Gregor d. Gr. eine besondere Bedeutung zu in der Neuordnung des römischen Stationsgottesdienstes. Doch wurden Ablässe für den Besuch der Kirchen wohl erst im Laufe des Mittelalters gewährt. Die heutige Ordnung verknüpft diese Ablässe zunächst ganz allgemein mit dem Besuch von Kirchen überhaupt: Enchiridion Indulgentiarum. Normae et Concessiones (Editrice Vaticana 1968) n. 8; 20, 1; concessiones: 11 (S. 49); dann auch besonders 56 (S. 66): „Besuch der Stationskirche der Stadt Rom . . . für jeden Besuch am Stationstag ein Teilablaß (indulgentia partialis); für Teilnahme an den liturgischen Feiern: vollkommener Ablaß." Zur Deutung der Begriffe: ebd. n. 2 (S. 17): „Ein Ablaß ist ‚partialis' (unvollkommen) oder vollkommen, je nachdem er von der zeitlichen, für die Sünde geschuldeten (Buß-) Strafe teilweise oder ganz befreit."

[64[Zu S. 131 und 124. Zu den Beispielen (E. 3 f. Zu 3 f.) vgl. N. Paulus, Geschichte des Ablasses im Mittelalter vom Ursprunge bis zur Mitte des 14. Jahrhunderts, II. Paderborn 1923, 3—5, 298 f. Bei E. 3 handelt es sich möglicherweise um einen gefälschten Ablaß, der Honorius III. (1216—1227) zugeschrieben wurde. Zum ganzen Art. vgl. Paulus a. a. O., I (1922) 292—295.

[65] Zu S. 133. Der heikle, wunde Punkt ist freilich die Gewährung der Ablässe für (Geld-)Almosen. Nachdem einmal die mittelalterliche Sitte, das zu tun, mißbraucht wurde zu Nutzen der Erbauung von — pompösen — Kirchen und dieser Mißbrauch im Falle der Ablaßpredigt für die Peterskirche durch Tetzel zur Reformation geführt hat, ist die Gewährung eines Ablasses für ein Geldalmosen, obwohl, richtig vollzogen, an sich immer noch

möglich, ganz verschwunden. Das Enchiridion von 1968 sagt (im Anschluß an die Const. Apost. Pauls VI. „Indulgentiarum doctrina“ von 1967): „... ut tantum praecipuae preces et praecipua opera pietatis, caritatis et paenitentiae indulgentiis ditentur“ (n.1).

[66] Zu S. 133. Vgl. Paulus a. a. O., I 269 f.; II 5; s. Anm. [64].

[67] Zu S. 133. Vgl. a. a. O., I 296; II 42 f.

[68] Zu S. 135. Die lateinischen Worte beziehen sich auf die Gebetsverpflichtungen einer klösterlichen Gemeinschaft, zu der im weiteren Sinne auch *familiares,* d. h. unverheiratete Laien, die ständig in einer Klostergemeinschaft wohnen und Dienst leisten und auch den Habit tragen (als Mitglieder des entsprechenden III. Ordens), gehören. Ebenso sind die (lebenden und verstorbenen) Wohltäter des Klosters in die ständige Gebetsgemeinschaft einbezogen. Im weiteren Zusammenhang zeigt sich, daß die Überlegung grundsätzlich für jede Gemeinde gilt.

[69] Zu S. 137. Thomas setzt die seit Aristoteles anerkannte Unterscheidung der Hausgemeinschaft (politische Gemeinschaft im weiteren Sinne) und der politischen Gemeinschaft (im engeren Sinne) voraus. Die erstere, die *congregatio oeconomica* (von griech.: οἶκος = Haus), ist auch bis zur beginnenden Neuzeit der Träger wirtschaftlichen (ökonomischen im modernen Sinne) Tuns und Verhaltens. Mit der Industrialisierung sind Familie und Wirtschaftsprozeß getrennt worden. Zur Theorie des Aristoteles (und ihrer Weiterentwicklung durch K. Marx) vgl. im Anmerkungsteil v. Aristoteles, Nikomachische Ethik. Hg. v. G. Bien. Hamburg 1972, 288—293. — Die Kirche als „Volk“ ist für Thomas der politischen Gemeinschaft im engeren Sinne ähnlicher als der familialen Hausgemeinschaft; dieser ähneln die (heute so genannten) „Gliedkirchen“: Gemeinden in der Form des klösterlichen Konventes oder der Pfarrei. Diese politisch-hierarchische Konstruktion der Kirche wird in den reformatorischen Kirchen und innerhalb der katholischen Kirche seit dem II. Vaticanum in Frage gestellt oder zumindest durch das Selbstverständnis von Basisgemeinschaften ergänzt.

[70] Zu S. 138. In der heutigen Liturgie der Priesterweihe sagt der Bischof: „... denn mehr noch als die Apostel bedürfen wir der Hilfe in unserer Schwachheit“ (Liber de ordinatione diaconi, presbyteri et episcopi. Ed. linguae germanicae typica, 1971, S. 92).

[71] Zu S. 140. Im Enchiridion von 1968 heißt es: „Außer dem Papst ... können nur die in ordentlicher Weise Ablässe gewähren, denen das ausdrücklich vom Kirchenrecht gewährt ist“ (n. 8). Solche sehr begrenzten Rechte sind gegeben den Bischöfen (n. 1, 1), den Metropoliten und Patriarchen (n. 12 und 13), den Kardinälen (n. 14). Vgl. CIC can. 995.

[72] Zu S. 145. Das Enchiridion von 1968 bestimmt: „Fähig zur Gewinnung eines Ablasses ist nur der Getaufte, der nicht exkom-

muniziert, im Stande der Gnade wenigstens am Ende der Leistung der vorgeschriebenen Verpflichtungen und Untergebener dessen ist, der den Ablaß gewährt."

[73] Zu S. 154. Die Lösungen Zu 1 und Zu 2 hinterlassen doch wohl eine objektive Schwierigkeit. Sie hat dahin geführt, daß auch für schwere und schwerste Sünden eine öffentliche Genugtuung nicht mehr gefordert wird, jedenfalls nicht, wenn die Sünde nicht öffentlich bekannt wurde.

[74] Zu S. 155. Die Folgen der Öffentlichen, sogenannten Kanonischen Buße waren so schwerwiegend, daß sie praktisch den Ausschluß aus dem öffentlichen, auch kirchlichen Leben bedeuteten. Gerade die Unmöglichkeit, solche durchzusetzen, hat im Laufe der Jahrhunderte die Kanonische Buße in Wegfall kommen lassen. Immerhin gibt es auch heute noch bleibende Folgen bestimmter Sünden, auch nach erfolgter Lossprechung, nämlich jene Irregularität (vgl. Anm. [30] und [41]), die im alten Kirchenrecht „Irregularität aus einem Vergehen" (vgl. Anm. [38]) hieß. Sie schließt eine Übernahme kirchlicher Dienste ohne vorherige Dispens aus (neuer CIC, can. 1041, 2°—5°; 1044 § 1; 1047).

[75] Zu S. 159. Der an sich schöne und ergreifende Ritus findet sich noch im Pontificale Romanum Benedikts XIV, also des bis zum II. Vaticanum in Gebrauch befindlichen: 3. Teil: De expulsione publice paenitentium usw. Aber seit Jahrhunderten hatte der Ritus keine praktische Bedeutung mehr. In der vom II. Vaticanum gewünschten Reform des Pontificale ist an seine Stelle die gemeinsame Bußandacht getreten. Vgl. Ordo Paenitentiae (ed. typica 1974) Cap. 2 (n. 48—59) und Cap. 3 (n. 60—66) sowie die dort gegebenen Beispiele für einen Bußgottesdienst: n. 1—73 (S. 81—115).

[76] Zu S. 159. Heute sind diese Bräuche nicht mehr in Übung. Auch die Begründung im Hinblick auf die Situation der Frau entspricht nicht mehr unserer heutigen Kultur.

[77] Zu S. 164. Während für Thomas die Siebenzahl der Sakramente völlig feststand, wissen wir heute, daß diese Siebenzahl das Ergebnis theologischer Fixierungen der Frühscholastik, etwa um die Mitte des 12. Jahrhunderts, ist (vgl. III 65, 1 und den Kommentar dazu in Bd. 28). Die nunmehr mit dem Namen „Sakrament" bezeichneten Handlungen waren natürlich längst vorher gegeben, wurden nur anders geordnet und zusammengefaßt, etwa von den Vätern des 4./5. Jahrhunderts als die drei Mysterien bzw. Sakramente der Initiation (Einweihung in das christliche Leben). Der sogenannte Areopagite Dionysios, der für das Mittelalter mit dem Nimbus des Apostelschülers ausgezeichnet war, in Wirklichkeit aber ein unbekannter Autor etwa des 5. Jahrhunderts ist, nennt im Rahmen seiner kunstvollen Rangordnungen der „Kirchlichen Hierarchie" sechs Mysterien, d. h. die Erleuchtung = photismós (Taufe) (Kap. 2: PG 3, 392 A; BKV [1911] 110 f., 119); Synaxis (Eucharistie) (Kap. 3: 424 C; BKV 118);

Firmung = Mÿron (Kap. 4: 472 C; BKV 146 ff.); Weihe der Hierarchiestufen (Kap. 5: 500 D; BKV 172 f.); Ordnungen der Eingeweihten (drei Stufen: Büßer, Gläubige, Mönche) (Kap. 6: 530 D; BKV 180 ff.); Weiheriten für die Verstorbenen (Kap. 7: 552 D; BKV 189 ff.). Aus diesen Handlungen der Läuterung, Erleuchtung und Vollendung sind nach unserer heutigen Terminologie (und der des Aquinaten) „Sakramente": Taufe, Eucharistie, Firmung, Weihe der Hierarchiestufen und (in etwa) Buße, geworden. Die „Stufen der Hierarchie" aber sind der hierárches = Bischof, der hiereús = Priester und der leitourgós = Diakon. Thomas sieht richtig, daß, wenn innerhalb der Systematik des Areopagiten die anderen (von uns so genannten) Sakramente sich nicht finden, daraus kein Argument gemacht werden kann gegen ihre sakramentale Würde.

Vgl. zum Ganzen die immer noch unübertroffene Arbeit von B. Geyer, Die Siebenzahl der Sakramente in ihrer historischen Entwicklung. ThGl 10 (1918) 325—348 (freilich in Beschränkung auf die lateinische Theologie). Für die allgemeinere Problematik s. R. Schulte, in: MS 4/2 (1973) 46—155: Die Einzelsakramente als Ausgliederung des Wurzelsakraments; dort (152—155) auch weitere Literatur.

[78] Zu S. 166. Aristoteles bestimmt in seinem Begriffslexikon (Met. 5) auch Wesen und Arten des Einen (c. 6). In der Weiterentwicklung der Transzendentalienlehre, d. h. der Lehre von den allem Seienden zukommenden Bestimmungen, unterscheidet Thomas auf aristotelischer Grundlage „das ‚Eine' . . ., das mit dem Seienden zusammenfällt" und „die Eins als Element der Zahl" (I 11, 3 Zu 2; vgl. die gesamte Fr. 11 m. Anmerkungen und Kommentar in dem 1982 neugedruckten Bd. 1). Dieses letztere (mathematische) Eine wird hier in der Grundlegung der *Antw.* in seine Arten entfaltet. Dabei kommt es auf die Einheit als die Ganzheit eines Vielfältigen an — genauer: auf die Einheit einer sich in Raum und Zeit erstreckenden Symbolhandlung.

[79] Zu S. 168. Ein Aspekt der in Anm. [78] behandelten Einheit der sakramentalen Symbolhandlung in der Vielfalt ihrer sich in Raum und Zeit erstreckenden Elemente ist ihre Einheit bei einer Mehrheit von Spendern. — Eine Vielzahl von Spendern ist nicht nur in dem hier angenommenen Fall gegeben, daß der spendende Priester stirbt. Schon der Text des Jak-Briefes läßt „die" presbýteroi rufen. Dieser Gemeinschaftscharakter scheint auch bei der mittelalterlichen Ausbildung der Liturgie des Sakramentes betont worden zu sein. Im Pontificale Romano-Germanicum des 10. Jahrhunderts (ed. Vogel-Elze, Bd. 2) wird immer wieder von Priestern in der Mehrzahl gesprochen: Ordo 143, S. 258 ff. Priester sollen den Kranken und sein Haus mit geweihtem Wasser läutern (n. 2); alle legen die Hände auf (n. 7); „die einzelnen Priester salben den Kranken mit hl. Öl" (n. 12) in insgesamt 14 Salbungen (n. 14 bis 27). „Die Diener der hl. Kirche Gottes sollen an den einzelnen Tagen Vesper und Laudes für die Kranken singen" (n. 41) und „am Schluß sollen die Priester ein Segensgebet über den Kranken sagen, jeder eines" (n. 52). — Im Rahmen der stärkeren Betonung

des Gemeinschaftscharakters der liturgischen Handlungen ist ähnliches im neuen Ordo vorgesehen für den Fall, daß die Heilige Ölung einer großen Zahl von Kranken zugleich gespendet wird (n. 83—92). Doch handelt es sich wohl eher um die gleichzeitige Salbung vieler Kranker durch je einen Priester (n. 90), von denen jeder die Formel der Salbung zu sprechen hat, während der erste Zelebrant die einleitenden bzw. abschließenden Gebete spricht; also eine Art von Concelebratio ähnlich wie in der Messe.

Hingegen hat sich im Osten die gemeinschaftliche Feier des Sakramentes der Krankensalbung bis auf den heutigen Tag erhalten. Im byzantinischen Ritus (der griechischen und russischen Kirchen) spenden sieben Priester nach feierlicher Weihe des Öls die Salbungen; das Sakrament heißt deshalb „Heptapapadon" (J.-Ch. Didier, Im Angesicht des Todes, 1962, 31). Der ganze Ritus: J. Goar, Euchologion sive Rituale Graecorum. Venedig 1730; Neudruck Graz 1960, 332—346: Officium sancti Olei decantatum a septem Sacerdotibus congregatis in Ecclesia, vel in domo. Vgl. auch den Kommentar ebd. 349—357.

[80] Zu S. 171. Wir werden die hier gegebene Problematik erwägen müssen mit den Mitteln unseres heutigen theologischen Wissens. Mit MS 4/2 (R. Schulte) 134 können wir sagen: „das Problem der Einsetzung der Sakramente (ist) auf eine neue und breitere Grundlage zu stellen". „Sollen die Einzelsakramente vom einen μυστήριον im neutestamentlichen Verständnis als dessen ekklesiale Einzelaktuierungen begriffen bleiben, so ist die allgemeine ... Denkrichtung aufgewiesen." Christus ist das Urmysterium, das Wurzelsakrament; die einzelnen Sakramente sind dessen Entfaltung, vollzogen gewiß in seinem Auftrag, ohne daß wir indessen imstande wären, über die konkrete Art und Weise dieses Auftrages Genaueres aussagen zu können. Was die Evangelien uns berichten, ist nicht eine exakte „Biographie" des Lebens Jesu, sondern der Niederschlag der Verkündigung der Apostel, die in der machtvollen Kraft des Hl. Geistes das Evangelium des Auferstandenen bezeugt haben. Auch ohne im einzelnen die exakten Umstände berichten zu wollen, bietet ihre Verkündigung das Eigentliche der Botschaft Christi, selbst wenn wir in manchen Punkten die feineren Unterscheidungen, von denen Thomas hier in der Antwort spricht, nicht machen können.

[81] Zu S. 171. Die hier erwähnte Ölsalbung der Kranken durch die Apostel (Mk 6, 13) findet sich im Zusammenhang der Entsendung der Jünger zur Predigt der Frohbotschaft vom Reiche Gottes: Mk 6, 6 b—13 (Mt 9, 35; 10, 1. 7—11. 14; Lk 9, 1—6): sie sollen diese Frohbotschaft verkünden, Dämonen austreiben und heilen, „alle Krankheit und alle Schwäche". Die Apostel taten das, „predigten, man solle umkehren, sie trieben viele Dämonen aus und salbten viele Kranke mit Öl und heilten sie". Das alles besagt: Christus kam, das Reich Gottes aufzurichten, in dem auch alle menschlichen Leiden überwunden werden sollen. In der Sorge um die Sünder ist eingeschlossen auch das Erbarmen mit der leidenden, darniederliegenden Menschheit, den Kranken. Er gab selbst und durch die Apostel vielen Kranken die Gesundheit wieder, aber

nicht allen, nicht immer; die Heilungen waren ein Zeichen für das Eigentliche, für das eschatologisch noch zu Erwartende. Bei diesen Heilungen verwandten die Apostel Öl, damaligem Brauch entsprechend als eine äußere Medizin, mit der freilich Christus machtvoll eine besondere Wirkung verbunden hat. Das Ganze ist sicher eine Anregung gewesen, der später die Mahnung von Jak 5 und die Praxis des Ölbrauches in der Christenheit der ersten acht Jahrhunderte entspricht. Mehr kann man wohl nicht sagen. Die Zurückhaltung des hl. Thomas ist sehr berechtigt.

[82] Zu S. 171. Die hier gegebene Antwort ist ein typisches Beispiel für die Ehrfurcht, mit der man in jener Zeit der Meinung einer Autorität gegenübertrat. Auch wenn man mit ihr nicht übereinstimmt, wird sie nicht radikal von vornherein abgelehnt, sondern vorsichtig, „benigne", interpretiert bzw. umgedeutet. Wir werden heute freilich sagen müssen, daß die Formulierung des Magisters, der sich anschließend auf Jak 5 bezieht, vorzuziehen ist.

[83] Zu S. 174. Der Einwand hat immerhin sein Gewicht. Deshalb wurde in der nachkonziliaren Liturgiereform bestimmt, daß auch andere pflanzliche Öle verwendet werden können. Der neue Ordo benedicendi oleum catechumenorum et infirmorum et conficiendi chrisma sagt in n. 3: „Der dem Sakrament entsprechende Stoff (materia apta sacramenti) ist Olivenöl oder, gegebenenfalls, anderes aus Pflanzen gewonnenes Öl." Der Ordo der Krankensalbung wiederholt das in n. 20. Die Überlegung des Aquinaten hatte ihr gutes Recht, solange die Kirche sich im wesentlichen auf den Raum der Mittelmeerkultur bzw. Europas beschränkte; dort ist der Ölbaum eine Selbstverständlichkeit. Doch schon in Nordeuropa und erst recht in Amerika und Asien ist die Situation weithin anders. Die Hl. Schrift hat sich dazu nicht geäußert; sie spricht von „Öl", so wie es für ihren Raum und ihre Zeit selbstverständliche Gegebenheit war.

[84] Zu S. 176. Es unterliegt keinem Zweifel, daß der ursprüngliche Sinn der Sakramente der einer Symbolhandlung war, deren eigentliche Bedeutung und entscheidende Wirkkraft vermittelt wird durch das „Wort": Wasserbad im Wort (Eph 5, 26), Salbung des Kranken unter Gebet der Presbyter (Jak 5), Brotbrechen und Kelch unter Segensspruch (eucharistia, eulogia) mit den Herrenworten (1 Kor 11, 23 ff. und 10, 16 f.), Handauflegung und Weihegebet (Apg 13, 3; 6, 6). Schon bald (oder von Anfang an) wurde das begleitende Wort (Gebetswort, Anrufung des Gottesnamens: Epiklese!) aufgefaßt als eine Heiligung und Erfüllung des Stoffes: Gott, angerufen, wirkt durch den Stoff, der in diesem Erfülltsein mit Gotteskraft geheiligt wird. In einer allmählichen Entfaltung dieses ursprünglich sehr einfachen Vorganges bildet sich dann eine eigene Weihe des Stoffes aus. Wir sehen das erstmalig bei Tertullian in seiner Schrift „Über die Taufe" (Kap. 4) und deutlicher noch in der „Apostolischen Überlieferung" des Hippolyt von Rom (Kap. 21). Wir haben versucht, diese Zusammenhänge darzustellen in unserer Dissertation: B. Neunheuser, De benedictione aquae baptismalis. Eph Lit 44 (1930) 200—204 und

passim. Im 4. Jahrhundert hat sich diese Sicht in der Vätertheologie weithin durchgesetzt; die Weihe des Stoffes wird oft ganz analog zur „Weihe“ = Wandlung der eucharistischen Elemente gesehen; vgl. mein Buch: Taufe und Firmung, 1956, vor allem 60—70. — Thomas hat einer Überbetonung dieser Sicht ausdrücklich widersprochen: hier in der Antwort, und schon III 66, 1, gegen Hugo v. St. Viktor (ebd. Zu 2: Bd. 29).

[85] Zu S. 178. Die Weihe der hl. Öle wird stets vom Bischof vollzogen; so sagen es die ältesten Quellen, in denen von einer solchen Weihe die Rede ist; z. B. in Hippolyts „Apostolischer Überlieferung“ (Kap. 5; 21). Ursprünglich hat der Bischof sämtliche Weihen und Gebete vollzogen bzw. gesprochen. Bei der Ausdehnung der Gemeinden und dem Wachsen der Zahl der Gläubigen hat er wichtigste und elementarste Handlungen den presbýteroi übertragen, d. h. die Feier der Eucharistie, die Weihe des Taufwassers und die Spendung der Taufe. Thomas sieht das richtig: Die priesterlichen Vollmachten werden vom Bischofsamt hergeleitet durch Weihe und Entsendung des Priesters zur Verrichtung bestimmter Handlungen und durch die Weihe von Stoffen, ohne die der Priester andere Handlungen nicht vollziehen kann. So ist es der Brauch der Kirche in ihren Liturgien durch die Jahrhunderte geblieben. Freilich: die Kirche kann das Ausmaß dieser Entsendung und Entbindung priesterlicher Aufträge aus der Fülle des Priestertums im Bischofsamt verschieden bestimmen, entsprechend den sich ändernden Situationen und Bedürfnissen. Die Kirche hat in diesem Sinn heute gehandelt und bestimmt, daß das Öl für die Krankensalbung geweiht werden muß „vom Bischof oder von einem Priester, der von Rechts wegen oder durch besondere Erlaubnis des Hl. Stuhles die Vollmacht dazu hat“. „Im Notfall kann es jeder Priester“ (Ordo benedicendi oleum cat. et infirmorum ... n. 8 bzw. Ordo Unctionis ... n. 21). Normalerweise soll der Bischof die Öle (Katechumenen- und Krankenöl sowie das Chrisma) weihen in der eigens dafür bestimmten Messe am Morgen des Gründonnerstags (vgl. Missale Romanum, Missa Chrismatis; Ordo benedicendi ... n. 13—28), das Krankenöl am Ende des Kanons, vor den Worten „Per quem omnia ...“ (ebd. n. 11). Sollten aber am Morgen des Gründonnerstags die Priester an dieser Feier nicht teilnehmen können, kann der Bischof die Weihe (immer innerhalb der Missa Chrismatis) an einem anderen Tag, doch immer kurz vor Ostern, vornehmen.

[86] Zu S. 179. In dieser Antwort begegnen wir typisch mittelalterlichen Formulierungen und Auffassungen. „Das Sakrament der Eucharistie besteht in der Heiligung (Weihe) der Materie“ — das klingt hart für unser heutiges theologisches Empfinden. Doch ist der Inhalt der Aussage letztlich völlig korrekt: Zentrum der Eucharistie ist das „danksagende Hochgebet über Brot und Wein“, die danksagende Handlung, in der die Elemente verwandelt werden in Leib und Blut des Herrn, in der das Opfer Christi gegenwärtig wird, auf daß alsdann mit einer gewissen inneren Notwendigkeit die teilnehmenden Gläubigen die Opferspeise, Leib und Blut des Herrn, verkosten. — Ferner entspricht es der damals

allgemeinen Auffassung vom Verhältnis zwischen Bischofs- und Priester-Ordo, zu sagen: die Priesterweihe gibt die Vollmacht, in der Meßfeier den Leib des Herrn im Sakrament verwandelnd gegenwärtig zu machen; und darüber hinaus gibt es keine höhere sakramentale Vollmacht, während die Bischofsweihe Vollmacht gibt im Hinblick auf den mystischen Leib Christi, die Kirche; und als solche ist sie dem Ordo des Priestertums überlegen. Das ist zwar richtig. Doch sieht die heutige Theologie die Dinge, im Sinn der alten Kirche, umgekehrt: das Bischofsamt hat die Fülle (der Dienstgewalt, die Kirche zu leiten und das Meßopfer zu feiern), während das Priesteramt aus dieser Fülle nur die Vollmacht zur Feier der Messe empfängt.

[87] Zu S. 180. Einwand und Antwort Zu 2 zeigen, mit welchem denkerischen Ernst Thomas die *Analogie* der aristotelischen (naturphilosophischen) Materie-Form-Lehre zur Sakramentenlehre durchführt und zugleich ihre *Grenzen* (das Unähnliche, das sich in jeder Analogie mit dem Ähnlichen verbindet) bestimmt. Der Übergang von Natur zu Kunst verläuft so, daß naturgegebene Materie als das, woraus etwas geformt wird, stufenweise veredelt wird (z. B. Abschlagen des Marmors aus dem Steinbruch; erstes Behauen, Formung einer Statue) und dazu stufenweise qualifizierteren Bearbeitern übergeben wird. Der „Übergang" von Natur zur Materie einer sakramentalen Symbolhandlung enthält einen „Sprung": Naturgegebenheiten wie Wasser, Öl, Brot und Wein werden mit dem Eintritt in den sakramentalen Bereich „Werkzeuge" göttlichen Wirkens. Darum ist es angemessen, daß dieser „Sprung" durch einen hochrangigen Diener Gottes, im Falle der Ölweihe durch den Bischof, vermittelt wird.

[88] Zu S. 182. Die Meinung derer, die keine Form als notwendig für das Sakrament der Krankensalbung annehmen, spiegelt in etwa die Geschichte des Sakramentes wider. Es bestand tatsächlich bis etwa ins 8. und 9. Jahrhundert hinein, wie wir oben sahen (Anm. [79], [81], [84]), in der Anwendung des geweihten Öls durch die Gläubigen allein, während nichts von einer dabei notwendigen Gebetsformel gesagt wird. Es mag auch gedacht sein an die andere Tatsache, daß die begleitenden Gebets-Worte immer wieder wechselten bei einer Vielzahl von Salbungen der verschiedenen Körperteile; vgl. Pont. Romano-Germanicum n. 143, 13—30 (Vogel-Elze II, S. 260—263).

[89] Zu S. 183. Man kann kaum sagen, daß die „Form"-Gebete der Krankensalbung unmittelbar aus apostolischer Überlieferung stammen. Sie wurden konkret wohl erst nach dem 8. Jahrhundert fixiert. Vorher werden die „presbyteri", falls sie die Salbungen vornahmen, im Sinne von Jak 5 „gebetet" haben. In diesem Sinne könnte man vielleicht von apostolischer Überlieferung sprechen.

[90] Zu S. 183. Vgl. Anm. [84].

[91] Zu S. 184. Der eigentliche Ort der Frage liegt beim Bußsakrament (III 84, 3 m. Anm. [10], [12] f. u. Komm. S. 488—490:

Bd. 31). Dort rechtfertigt Thomas die indikativische Form, die das vergebende Tun Gottes anzeigt; hier begründet er die deprekative (fürbittende) Form durch die kirchliche Praxis (*Anders.* 1) und das grundlegende Zeugnis des Apostels Jakobus (*Anders.* 2), aber auch sachlich — u. a. durch die nicht eindeutige Wirkung (besonders, was die körperliche Genesung betrifft).

[92] Zu S. 187. Richtiger wird man zunächst sagen, daß die liturgische Feier der Krankensalbung eine Gesamthandlung ist, in der das Ganze der hl. Handlung und der sie begleitenden Lesungen, Gebete, Gesänge und Formeln das Sakrament konkret bildet: Handlung und Wort, oder in scholastischer Formulierung: Materie und Form. Nur bei der Frage, was absolut notwendigerweise zum eigentlichen Wesen dieser hl. Handlung gehört, muß die Antwort mit Thomas gegeben werden wie hier im Text.

[93] Zu S. 189. Die neue Form spricht in der gleichen Verhaltenheit wie Jak 5; ohne die körperliche Heilung (die ja nicht immer gegeben wird) ausdrücklich zu erwähnen, spricht sie von „Heilung“ und „Erleichterung“, was im Sinne von Gesamtheit und letzter, vor allem auch geistlicher Erleichterung zu verstehen ist, eben darum aber das körperliche Heil auch nicht ausschließt, ja es eingeschlossenermaßen erbittet: „... der Herr helfe dir ..., auf daß er dich von Sünde befreit, heile und in Gnaden dir Erleichterung gebe“ (n. 76 des neuen Ordo). Vgl. Anm. [96].

[94] Zu S. 192. Die Taufe als „eine Art geistlicher Wiedergeburt“ wurde ursprünglich durch Untertauchen und Wiederauftauchen symbolisiert. Auch die reduzierten Taufriten sind nicht nur eine „Abwaschung“ (III 66, 1: Bd. 29), sondern ein Unterwassergesetztwerden. Man kann auch an das Wiedergeborensein nach einem erfrischenden Bad denken.

[95] Zu S. 195. So richtig das hier Gesagte ist, wird man doch erneut stärker betonen, daß der Ritus eine Gesamthandlung ist, in der jeder Teil das Seine gibt und doch die Gesamtwirkung, wie der Fachausdruck lautet, „in indivisibili“ bleibt, ein ungeteiltes, unteilbares Ganzes bildet.

[96] Zu S. 198. Gelegentlich — nach den Leonina-Editoren (Supplementum: in Bd. 12, 2. Teil, S. VI b n. 18 der herausgeberischen Praefatio) wahrscheinlich dreimal — schreibt der Kompilator des Supplements den Sentenzenkommentar so mechanisch ab, daß er gar nicht auf die von ihm selbst vorgenommene Umstellung achtet (vielleicht hat er auch das Abschreiben zuwenig überwacht). So heißt es hier „ut dicetur“: „wie noch gesagt werden wird“, nämlich im SK zwei Artikel später. Im Supplement hingegen liegt die Verweisstelle bereits zurück. So auch 38, 1 *Antw.* Umgekehrt verhält es sich o. 29, 9 Zu 3.

[97] Zu S. 198. „Sache und Sakrament“ im Sinne von „Wirklichkeit und Zeichen“ ist jener von der Frühscholastik geprägte Ausdruck, der im Gesamtgefüge der sakramentalen Handlung,

dem Dreiklang des äußeren Zeichens (sacramentum tantum), der unmittelbaren Wirkung und der letzten und eigentlichen Wirkung (res tantum) das mittlere Element darstellt: res et sacramentum, d. h. eine unmittelbare Wirkung, die aber bezeichnend auf die letzte und eigentliche Wirkung hinweist (vgl. Petrus Lombardus, IV d 4, 1: ed. Quaracchi II ³1981, 251; Thomas, III 73, 1 Zu 3: Bd. 30; erster Zeuge dieser Terminologie mag sein: Hugo von St. Viktor, De sacramentis christianae fidei II 8, 7: PL 176, 466 C bis 467 B; und die seiner Schule entstammende Summa Sententiarum 6, 3: PL 176, 140 A.) Diese Dreiteilung hat ihren guten Sinn bei den Sakramenten, die als unwiederholbar ein unauslöschbares Merkmal einprägen, den „Charakter", der gegeben sein kann, auch wenn aus bestimmten Gründen das eigentliche Ziel der Begnadung nicht erreicht wird: Taufe, Firmung, Ordo; auch bei der Eucharistie läßt sich diese Dreiteilung anwenden: die mittlere Wirklichkeit ist hier der Leib bzw. das Blut des Herrn, die natürlich da sind, um gegessen und getrunken zu werden. Bei den anderen Sakramenten läßt sich das Schema nur mit einer gewissen Künstlichkeit anwenden. Ein Charakter wird nicht gegeben, da das Sakrament ja wiederholt werden kann. Manche möchten aber doch eine „mittlere Wirkung" annehmen, etwa die hier (Zu 3) genannte „innere Frömmigkeit", „geistliche Salbung", die dann zum letzten und eigentlichen Effekt führen würde. Notwendig ist diese Annahme gewiß nicht.

[98] Zu S. 203. Thomas erklärt die Begebenheiten, die hier aus der Geschichte erzählt werden, aus der Sicht seiner Zeit, die den Brauch einer von Laien vollzogenen Ölsalbung seit mehreren Jahrhunderten nicht mehr kannte. In der Tat aber war das Sakrament in den früheren Jahrhunderten oft von jedwedem Gläubigen durch Salbung mit geweihtem Öl vollzogen worden. — Die durch die charismatische Erneuerungsbewegung der Theologie in den Blick gebrachte Heilungsgabe (1 Kor 12, 9) wird von Thomas in seiner Lehre von den freigewährten Gnadengaben vor allem als Mittel zur Erweckung oder Festigung von Glaubensüberzeugung (vgl. I-II 111, 4 *Antw.* u. Zu 3: Bd. 14) und weniger als etwas Heilschaffendes (immerhin angedeutet in II-II 178, 1 Zu 4: Bd. 23) behandelt. Das dieser Gewichtung zugrundeliegende intellektualistische Glaubensverständnis hat seine Zuspitzung im I. Vaticanum gefunden, das die Heilungswunder Christi als äußere „argumenta" für die Wortoffenbarung Christi versteht (DS 3009 = NR 36). Hingegen betont das II. Vaticanum den engen und wechselseitigen Zusammenhang von Wort- und Tatoffenbarung (DV 2. 4), der uns die volle Heilswahrheit erschließt (vgl. DV 11). Damit ist der Weg zu einem erneuerten Verständnis der Weitergabe des ganzheitlichen Heils für Leib und Seele eröffnet.

[99] Zu S. 203. Die in Anm. [77] dargestellte Gliederung der Mysterien nach den neuplatonisch-mystisch verstandenen Stufen der Reinigung, Erleuchtung und Vollendung (Gotteinigung) bestimmt auch die „Stufen der Hierarchie": Diakon als Amt der Reinigung, Priester als Amt der Erleuchtung, Bischof als Amt der Vollendung. Vgl. 37, 2 E. 1 u. Zu 1; Ps.-Dionysius, Kirchliche Hierarchie. BKV 171 f.

[100] Zu S. 204. Heute ist die feierliche, d. h. liturgisch entfaltete Taufspendung amtliche Aufgabe des Diakons (vgl. LG 29).

[101] Zu S. 205. Innozenz I. hatte auf die entgegengesetzte Schwierigkeit geantwortet: Wenn auch, zweifellos, der einfache Priester normalerweise das Sakrament spendet, so kann natürlich der Bischof, falls er es tun möchte, selbstverständlich es ebenfalls spenden: Ad Decentium, ep. 25, 8. 11 (PL 20, 559 A—B). — An der gleichen Stelle sagt der Papst, das Sakrament könne aber nicht (öffentlichen) Büßern gespendet werden, bevor sie nicht, mit der Kirche versöhnt, wiederum zu den Sakramenten zugelassen sind.

[102] Zu S. 208. Die Praxis der Ostkirchen ist freilich weithin eine andere. Nur die russisch-orthodoxe Kirche spendet das Sakrament (wie die Abendländische Kirche) allein körperlich Kranken. Hingegen verstehen die übrigen autokephalen Kirchen unter den „Kranken" des Jakobusbriefes auch die „geistig" Kranken, d. h. alle, die durch und in Sünden „krank" sind, die unter Traurigkeit leiden usw. Vgl. K. Lübeck, Die heilige Ölung in der orthodoxen griechischen Kirche. ThGl 8 (1916) 318—341; hier: 332 f. — Die heutigen Bestimmungen des neuen (lateinischen) Ritus erklären näherhin, daß vor einer Operation die Krankensalbung gespendet werden kann, falls eine „gefährliche Krankheit" die Ursache der Operation ist: n. 10. Ebenfalls Altersschwachen kann die Salbung gegeben werden, auch wenn eine eigentliche akute Krankheit nicht vorliegt (n. 11).

[103] Zu S. 209. Der CIC von 1917 sah bei einem Fötus, bei dem eine Lebendgeburt unwahrscheinlich ist, eine Taufe im Mutterleib vor (can. 746 § 1. 5). Der neue CIC spricht nur noch von lebenden Frühgeburten (can. 871).

[104] Zu S. 210. Das ist die Ansicht des Mittelalters gewesen, die auch heute noch vielfach vorherrschend ist. Gewiß muß es sich um eine gefährliche Krankheit handeln („conferenda est fidelibus qui propter infirmitatem vel senium periculose aegrotant": n. 8); aber nicht nur um eine Krankheit, die unmittelbar zum Tode wäre. Die Krankensalbung ist in keiner Weise nur ein Sakrament der Sterbenden; vielmehr eines, das, wenn es so Gottes Wille ist, zur Genesung helfen soll. Es muß deshalb zeitig gespendet werden, da Gott (normalerweise) kein Wunder wirkt. Entsprechend wird nicht mehr von der „Letzten" Ölung gesprochen, sondern von der Krankensalbung. In n. 13 wird ausdrücklich zum rechtzeitigen Empfang gemahnt; man soll die Krankensalbung „voll Glauben (-skraft) und mit der (ganzen) Hingebung des Herzens empfangen", d. h. also dazu auch wirklich (noch) fähig sein, „und man soll nicht dem schlechten Brauch folgen, den Empfang hinauszuschieben".

[105] Zu S. 212. Die Antwort ist natürlich zu verstehen aus dem Brauch einer Zeit, die allein die Kindertaufe zu berücksichtigen hatte. Zu ihrem gültigen Empfang ist kein Akt des freien Willens erfordert; das Kind kann ihn ja noch nicht setzen. Bei der Erwachsenentaufe muß natürlich unterschieden werden. Zum

wenigsten ist der freie Wille erfordert, das Sakrament zu empfangen (zum gültigen Empfang); darüber hinaus sind zum „fruchtbaren", d. h. eigentlich entscheidenden Empfang selbstverständlich alle Akte des freien Willens erfordert, die für eine echte Bekehrung nötig sind: Abkehr von der Sünde, Hinwendung zu Gott. Das ist selbstverständlich so, auch wenn das Sakrament „ex opere operato" wirkt, in Kraft göttlicher Heilstat und nicht ob des verdienstlichen Tuns des Täuflings; dieser hat aber der Heilstat Gottes — frei — zu antworten (vgl. III 68, 3 f., 7 f.: Bd. 29).

[106] Zu S. 213. Unter „Kind" *(puer)* ist hier das unmündige Kind zu verstehen, nicht aber das erwachsene Kind, das den Sinn des Sakramentes schon verstehen kann. Entsprechend heißt es im neuen Ordo n. 12: „Kindern *(pueris)* kann die heilige Salbung bereits gespendet werden zu einem Zeitpunkt, wo sie einen solchen Vernunftgebrauch erlangt haben, daß sie durch dieses Sakrament gestärkt werden können *(confortari possint)*."

[107] Zu S. 214. Thomas denkt nicht in den im Alten Testament und im Volksglauben sich findenden Ursache-Wirkung-Zusammenhängen, die zu der Frage führen: „Womit habe ich das verdient?" Die aktuelle Sünde kann jedoch, wie Thomas in der STh (I-II 85, 5 Zu 3: Bd. 12) ausführt, in einem doppelten Sinne krank machen: Einmal unmittelbar, wie etwa bei der Maßlosigkeit im Essen; zum anderen durch die Schwächung der psychosomatischen Harmonie: dabei denkt er an die Wirkungen des Gnadenentzuges, der sich zwar unmittelbar in der Unordnung der seelischen Handlungen auswirkt, aber wohl mittelbar auch das immer gefährdete psychosomatische Gleichgewicht (*temperata complexio:* ebd. 85, 6 *Antw.*) schwächt. Vor allem aber ist die Tendenz zur Krankheit eine Folge des durch die Erbsünde bedingten Verlustes jener Gnade, „durch die nicht nur die unteren (triebhaften) Seelenkräfte der Vernunft unterworfen waren, sondern auch der gesamte Körper ohne Versagen in die Ordnung der Seele eingefügt war" (ebd. 85, 5 *Antw.*).

[108] Zu S. 215. Bezüglich der zu salbenden Körperstellen herrscht immer ziemliche Verschiedenheit. Thomas sagt richtig, daß man jene Stellen wählte, die als eigentliche Wurzel der Sünden, der geistigen Krankheit, angesehen wurden. Der bisher gültige Ritus tat das in einer gewissen Fülle, in fünf bis sieben Salbungen. Jetzt wurde, vor allem aus praktischen Gründen, vereinfacht: gesalbt werden Stirn und Hände, als Wurzel der Gedanken- und Tatsünden. In Notfällen genügt die Stirnsalbung oder eine andere Körperstelle (n. 23). Ausdrücklich wird aber die Freiheit belassen, „unter Berücksichtigung von Eigenart und Brauchtum der Völker", die Zahl der Salbungen zu vermehren oder die zu salbenden Stellen anders zu bestimmen. Das ist Aufgabe der Parikularritualien (n. 24).

[109] Zu S. 218. Die Erklärungen des Aquinaten sind schöne Konvenienzgedanken, die sich an die damalige Praxis anschließen. Diese Praxis wurde heute geändert, vor allem eben aus

praktischen Gründen, die schon längst zum Wegfall der Salbung der Lenden und oft auch der Füße geführt hatten. Schließlich überhaupt, um den Ritus zu vereinfachen im Sinne von SC 21 und 34 sowie 75.

[110] Zu S. 219. Wir würden heute lieber nicht von „Unreinheit der Geschlechtsteile" sprechen; aber diese sind dennoch derart in Ehrfurcht zu verbergen, daß eine Salbung nicht in Frage kommt. Das gleiche Empfinden hatte bereits zum Wegfall der Lendensalbung geführt.

[111] Zu S. 220. Die Antwort spricht zwar richtige Grundgedanken aus, dennoch ist sie heute hinfällig, da eindeutig bestimmt wurde, daß in Notfällen die Salbung der Stirn, ja jeder (noch) geeigneten Körperstelle genügt: n. 23

[112] Zu S. 223. Auch hier gibt Thomas einen in sich recht ansprechenden Konvenienzgrund für die tatsächlich bestehende Praxis seiner Zeit. Die Überlegung ist aber heute hinfällig, da die Krankensalbung mit Nachdruck nicht mehr ein Sakrament der Sterbenden, also keine „Letzte" Ölung, sein soll, sondern ein solches für Kranke, deren Genesung man durchaus erhoffen darf, deren Genesung der Empfang des Sakramentes sogar fördern möchte. Vgl. im neuen Ordo n. 4 und 13, und zuvor schon die ausdrückliche Feststellung des Konzils in SC 73, LG 11 und die entsprechenden Worte Pauls VI. in seiner Const. Apost. „Sacram Unctionem Infirmorum" (im neuen Ordo, ed. typica, S. 9).

[113] Zu S. 225. Zum Sinnzusammenhang und zur Sinnfülle von *ordo* vgl. Komm. Dort ist auch ausgeführt, wie Thomas die lange Zeit eingeführten und geltenden sieben Stufen als Gesamtsakrament sieht, so daß die Priesterweihe die zusammenfassende und sinngebende Spitze dieser Stufenordnung darstellt. Die Übersetzung muß sich jeweils dem Zusammenhang anpassen: geht es um die Stufung der kirchlichen Dienste, dann legt sich der — mit einem Beiwort zu ergänzende — Gebrauch des unmittelbaren Übersetzungwortes „Ordnung" nahe; geht es um die sakramentale Eigenart dieser Stufenordnung, dann ist von „(Sakrament der) Weihe" zu sprechen; handelt es sich eindeutig um die Vollendung dieser Weihestufen, dann kann „Priesterweihe" gesagt werden (wie es auch in den Übersetzungen kirchenrechtlicher und liturgischer Aussagen geschieht). Dabei ist schon jetzt darauf hinzuweisen, daß für Thomas die Bischofsweihe jenseits dieser Stufenordnung steht (vgl. 40, 5). Diese Weihe ist eine *consecratio,* die es auch sonst im außersakramentalen, aber zuweilen auf Sakramentales bezogenen Bereich gibt. Für *consecratio* wählen wir — auch wenn das etwas künstlich ist — das Übersetzungswort „Weihung". Man kann auch von „Heiligung" sprechen, da es um die Überführung in den Bereich des *sacrum,* des Kultisch-Heiligen, geht.

[114] Zu S. 226. Die Menschen sind ihrer Natur nach, ihrem Menschsein nach gleich; die individuellen Unterschiede sind

primär durch materielle Vervielfältigung bedingt; die seelischen Unterschiede beruhen auf der Hinordnung der von Gott jeweils neu geschaffenen Seele auf ihren Körper (vgl. I 76, 5: Bd. 6). Da die Engel völlig immaterielle Geistwesen sind, fällt bei ihnen das materiebedingte Individuationsprinzip fort; jeder Engel ist in sich selbst zugleich als Individuum und als so geartetes Wesen durchbestimmt; darum unterscheidet sich jeder Engel vom anderen dem Wesen oder der Natur nach (I 50, 4: Bd. 4). Die von der Tradition (besonders Ps.-Dionysius) bezeugte geordnete Vielfalt der Engelwelt (vgl. Anm. [117]) ist auf dem Hintergrund dieser Wesensverschiedenheit zu denken und ist in rein geistigen Unterschieden, genauer: in der verschieden gestuften Nähe ihrer geistigen Offenheit zu Gott hin bestimmt (I 108: Bd. 8; vgl. hier Zu 3). — Mögen uns auch die philosophischen und theologisch-traditionsbestimmten Grundlagen dieser Unterscheidung fraglich geworden sein, so bleibt doch das Ergebnis von Zu 3 bedeutsam: jede menschliche und somit auch kirchliche Hierarchie besteht nicht in einer wesentlichen, sondern in einer funktionalen Über- und Unterordnung. Eine wesentliche Korrektur dieses trotz allem hierarchisch bestimmten Kirchenbildes ergibt sich, wenn man mit dem II. Vaticanum das Gewicht nicht einseitig auf die gestufte Amts*gewalt*, sondern auf die verschiedenartigen *Dienste* am Ganzen des Gottesvolkes legt (LG 9. 10. 12. 28 u. a. fassen beide Aspekte zusammen, ohne zu einer theologisch befriedigenden Verhältnisbestimmung zu gelangen).

[115] Zu S. 226. Der Apostel sagt Röm 13, 1: „Es gibt keine (Herrscher- oder Regierungs-)Gewalt außer von Gott.“ Er fährt dann fort: „die (tatsächlich) gegebenen aber sind von Gott bestellt“. Vulgata: „quae autem sunt, a Deo ordinatae sunt“; der griechische Urtext: ... τεταγμέναι εἰσίν. Wenn also auch dieser Schrifttext kein Beleg sein kann, so ist der hier ausgesprochene Gedanke, zweifellos ein Lieblingsmotiv des Aquinaten und seiner Zeit, vielfach aus der Schrift zu belegen. Vgl. 1 Kor 14, 33: „Gott ist nicht (ein Gott) der Ungeordnetheit, sondern des Friedens“; 14, 40: „Alles geschehe wohlgeformt und gemäß der Ordnung“. Vgl. Kol 2, 5: „voll Freude sehe ich eure Ordnung ...“; ferner Weish 11, 20: „Nach Maß und Zahl und nach Gewicht hast alles du geordnet“ und überhaupt die ganze Weisheits-Literatur, z. B. Sir 1, 1—9.

[116] Zu S. 227. Der „ständische“ Aufbau der Welt ist überwiegend statisch. Die von Thomas mit Recht betonte Mittelstellung der Kirche läßt sich auch heilsgeschichtlich wenden (vgl. I-II 106, 4 gegen den Geist-Triumphalismus des Joachim von Fiore und seiner Nachfolger: Bd. 14). Dann ist mit ihr jeder Gleichsetzung von Kirche und Reich Gottes (z. B. Kirche als „Reich Gottes auf Erden“) ein Riegel vorgeschoben. Gegenüber der Gefahr eines katholischen Triumphalismus betont das II. Vaticanum die Vorläufigkeit der Kirche (z. B. LG 9. 48; DV 8).

[117] Zu S. 228. „Stufenordnung bei den Engeln“ (ordo in angelis), das sind geniale spekulative Konstruktionen, die sich gewiß auf einige Schrifttexte (wie Eph 1, 21; Kol 1, 16) berufen

können, im wesentlichen aber auf die neuplatonisch bestimmten Gedankengänge des Dionysios Areopagita zurückgehen. Er war für das Mittelalter, und im allgemeinen somit auch für Thomas, eine sehr große Autorität, da man ihn mit dem von Paulus bekehrten Areopagiten (Apg 17, 34) identifizierte. Seit seinen Einteilungen der Engel in dreimal drei Ordnungen und seit Gregor d. Gr. spricht die abendländische Theologie gerne von neun Chören der Engel, denen dann auch entsprechende Ordnungen in der kirchlichen Hierarchie entsprechen würden. Vgl. dazu: R. Haubst, Engel II. f. LThK² 3 (1959) 867—872; zum Ps.-Areopagiten Dionysios vgl. ebd. 402 f. (H. C. Graef).

[118] Zu S. 229. Die Definition des Magisters Petrus Lombardus im 4. Buch seiner Sentenzen, d. 24 c. 13 (ed. Quaracchi, II. ³1981, 405) wird von Thomas ehrfurchtsvoll übernommen und seiner allgemeinen Sakramentsauffassung angepaßt. Sie gilt dann für alle jene heiligen Handlungen (d. h. sinnfälligen Handlungen, signa sacra, sacramenta), die, in den sieben Ordnungsstufen (der bisher sog. 4 Niederen und 3 Höheren Weihen), eine geistliche (Dienst-)Gewalt übertragen. Der im Sinne des Aquinaten eigentlich unscharfe Ausdruck des Magisters ist jedoch gar nicht so unglücklich. Er versteht, wie Thomas dann auch erklärt, unter „signaculum“ (= Siegel) die Besiegelung, Bezeichnung, durch die der Kandidat „geweiht“, bevollmächtigt wird, derart, daß ihm diese „Weihe“ ein unauslöschliches Merkmal einprägt. Es wäre also die „Weihe“ eine Siegelung, die ein Siegel, einen „Charakter“, einprägt, kraft dessen der Geweihte Gnade empfängt und dauernd gekräftigt ist zur Ausübung seines Auftrages. — Immerhin würden wir heute andere Definitionen vorziehen. Etwa: „Durch das Sakrament des Ordo, in verschiedener (d. h. dreifacher) Stufung mitgeteilt, wird die heilige Hierarchie bestellt: so wird der kirchliche Dienst (ministerium), von Gott eingesetzt, in verschiedenen Ordnungsstufen ausgeübt von denen, die seit alters (ab antiquo) Bischöfe, Presbyter, Diakone genannt werden“ (Paul VI. in der Const. Apost. „Pontificalis Romani recognitio“, im Anschluß an LG 28). — Am besten würde man das hier gebrauchte Wort „ordo“ durch ein Fremdwort wiedergeben: Ordination, sakramentale Bevollmächtigung oder Weihe, nicht nur des Priesters, sondern auch des Bischofs und Diakons (ja für Thomas aller sieben Stufen).

[119] Zu S. 231. Zugrunde gelegt wird hier die damals klassische Dreiteilung: sacramentum tantum — sacramentum et res — res tantum, d. h. Nur-Sakrament (äußere Zeichenhandlung) — Sakrament und Sache (hier Charakter, unauslöschliches Merkmal) — Nur-Sache (letzte Wirklichkeit, Bewirkung des Sakramentes: die Gnade). Das mittlere Glied ist das eigentlich Bleibende, was stets, auch wenn bei einem sündigen Priester die Gnade fehlen sollte, ihn gültig seine Diensthandlungen setzen läßt. Vgl. Anm. [97].

[120] Zu S. 231. Thomas hatte den ‚Charakter‘ theologisch gedeutet als eine geistliche Bevollmächtigung zum Vollzug kultischer Handlungen; vgl. III 63, 2 u. 66, 9 (Bd. 29). Die Deutung ist

aber ein theologisches Schema, das mehr oder minder gut der Wirklichkeitsfülle der Sakramente entspricht. Wir sehen hier, daß der Dienstauftrag des Ordo-Sakramentes für dieses von wesentlicherer Bedeutung ist als Recht und Pflicht zum Empfang der anderen Sakramente in der Taufe, die in erster Linie Teilnahme am Pascha-Mysterium Christi, Wiedergeburt aus Wasser und Hl. Geist, ist.

[121] Zu S. 232. Wir sehen hier die Schwierigkeit, die das Wort „Ordo" nicht nur für die Übersetzung (vgl. Anm. [113]), sondern auch schon in seinem ursprünglichen Sinn bereitet. Ordo = Ordnung ist einmal das Gesamtgefüge der wohlgeordneten kirchlichen Dienste; dann aber auch die einzelne Stufe innerhalb der Gesamtordnung: der Ordo des Priesters oder des Diakons. Endlich bedeutet Ordo, zumal in der Zusammenstellung „Sakrament des Ordo", auch die Ordination, kraft deren jemand den betreffenden Ordo in der Weihe empfängt.

[122] Zu S. 233. Zur Übersetzung von *consecratio* mit „Weihung" vgl. Anm. [113].

[123] Zu S. 233. „Sakrament", Übersetzung des griechischen μυστήριον, ursprünglich im NT verwendet zur Bezeichnung des göttlichen Heilswillens, der Heilstat (vgl. etwa Eph 1, 9, lat. und griech. Text!), insbesondere der Heilstat Christi (vgl. etwa Kol 1, 26—27 und 2, 2, griech. Text!), wird, vor allem seit Tertullian und Cyprian, verwendet zur Kennzeichnung der Taufe und Eucharistie. Erst die Frühscholastik hat das Wort auch für andere Riten ausdrücklich gebraucht und schließlich die Siebenzahl der Sakramente festgelegt. Siehe Anm. [77] und den Kommentar Bd. 29, 418 f. (= Anm. [86] u. [88]) sowie 508 f.

[124] Zu S. 234. Das „materielle Element", das gemäß der Definition von „Sakrament" hier gefunden werden muß, waren für die Theologen jener Jahrhunderte die Dienstgeräte des betreffenden Ordo, also für den Priester Kelch und Patene mit Hostie. Seit Pius XII. und dann endgültig in der Neuordnung der nachkonziliaren Liturgie ist es wieder, wie im Altertum, nur die Handauflegung.

[125] Zu S. 234. Die feierliche Mönchsprofeß wird auch wegen der mit ihr verbundenen Segnung durch die Kirche Mönchsweihe (consecratio monachi) bzw. Jungfrauenweihe genannt. Ebenso sprechen wir von einer Abtsweihe (benedictio Abbatis). Diese Riten wurden in älterer Zeit ebenfalls „sacramenta" oder „mystéria" genannt, etwa im Sinne der „sacramenta minora" („kleine" Sakramente) bei Hugo von St. Viktor. Nachdem das Wort „Sakrament" den sieben Haupthandlungen vorbehalten wurde, werden jene anderen Riten meistens als „Sakramentalien" (sacramentalia maiora) bezeichnet. Nicht entsprechende Übersteigerungen der Liturgie der Abtsweihe wurden deshalb im neuen Ordo benedictionis Abbatis et Abbatissae von 1970 unterdrückt.

[126] Zu S. 236. *Potestas* = Gewalt, Vollmacht, ist eine spezielle Form von *potentia* = Möglichkeit, Vermögen, Fähigkeit. Möglichkeit ist immer Möglichkeit einer Wirklichkeit *(actus)*, Vermögen immer Vermögen einer Tätigkeit (*actus* oder *actio*, die eine Verwirklichung des Vermögens ist). Was einer oder etwas kann, wird aber nur sichtbar in dem, was er oder es tut. So ist auch eine Vollmacht hingeordnet auf ihre Ausübung, in der sie gesellschaftlich sichtbar wird. Vgl. Anm. [8].

[127] Zu S. 236. Die „forma" des Ordo-Sakramentes ist heute wieder das Weihegebet nach der Handauflegung. Thomas selbst denkt freilich, wie aus E. 2 u. 4 klar erhellt, an die Formeln, mit denen die Dienstgeräte überreicht wurden. Doch gelten seine Ausführungen ohne Schwierigkeit auch von den Weihegebeten, die allerdings die Beauftragung in demütiger Bitte um die Entsendung des Hl. Geistes aussprechen.

[128] Zu S. 237. Die — entscheidende — Autorität oder Machtvollkommenheit kommt nicht dem Bischof, einem Menschen, sondern allein Christus zu, dessen Diener oder Werkzeug der Bischof ist. Und insofern kommt ihm nun doch „Gewalt" über den Priester zu; denn er verleiht ihm ja durch sein werkzeugliches Tun die priesterliche Vollmacht.

[129] Zu S. 237. Zu E. 4 findet sich weder im SK noch im Supplement eine Antwort. Ein Herausgeber, Nicolai (Paris 1660), fügt eine längere Antwort ein des Inhalts: die sakramentale Gnade der anderen Sakramente ist unmittelbar auf das ewige Heil des Empfängers bezogen; bei der Weihe ist sie hingegen auf die gute Ausübung kirchlicher Dienstleistungen bezogen, so daß auf das Heil des Empfängers, das er vermittels ihrer guten Ausübung verdient, eigens hinzuweisen ist.

[130] Zu S. 238. Obgleich die Beispiele von den „Niederen Weihen" (vgl. 37, 3) genommen sind, bekommt der Einwand seine Kraft von der Bedeutung, die man damals den für alle Weihestufen vorgesehenen Übergabezeremonien zuschrieb (vgl. Anm. [131]). Aber auch unter dieser Voraussetzung hat die „Materie" eine andere Funktion als bei den anderen Sakramenten (*Antw.;* Zu 3).

[131] Zu S. 240. Die Antwort des Aquinaten ist sehr entsprechend, solange man die „Darreichung der Materie" (der Amtsgeräte) für wesensnotwendig hielt. Das ist jetzt aber nicht mehr der Fall. Früher hat man den physischen Kontakt mit geradezu peinlicher Skrupulosität verlangt. Thomas selbst spricht hier mit einer großen Weite theologischer Schau. Er betont zu Recht das Tun des weihenden Bischofs (der heute in der Handauflegung beauftragt) und verlangt die physische Berührung nur in schlichter Unterordnung unter die damals als wesentlich betrachteten Worte, die zur Überreichung der Geräte gesprochen wurden.

[132] Zu S. 243. Die Dienst-Beauftragung im Ordo-Sakrament ist nicht ein bloß natürliches Beauftragen zu einem funktionellen

Tun, sondern Berufung und Befähigung zu einem Dienst der Auferbauung des Leibes Christi in der Kraft Hl. Geistes. Auch wenn der Dienstauftrag in extremen Grenzfällen vollzogen werden kann von einem Sünder (der also der Gnade bar ist), er ist immer eine Gabe des Hl. Geistes. Um sie recht verwenden zu können, ist an sich die Gnade des Geistes erfordert. In diesem Sinne ist die „Amtsgnade" immer auch ein Charisma, gegeben freilich in erster Linie zum Dienst an den anderen, nicht unmittelbar zur persönlichen Heiligung, obwohl der treu vollzogene Dienst an den anderen auch zur persönlichen Heiligung führt, führen muß. Vgl. 1 Kor 12, 1—11. 27—31; Eph 4, 7—16; Anm. [129].

[133] Zu S. 246. Thomas spricht hier im Sinne der theologischen und liturgischen Situation seiner Zeit: zum Ordo-Sakrament gehören die 4 Niederen und die 3 Höheren Weihen, zusammen also 7 Weihestufen; und als solche prägen sie alle das unauslöschliche Merkmal, den Charakter, ein. Das Bischofsamt hingegen galt jener Zeit nicht als Ordo im eigentlichen Sinn, nicht als Sakrament; deshalb wurde auch die geistliche Bevollmächtigung, die es vermittelte, nicht als „Charakter" bezeichnet (vgl. 40, 5 Zu 2).

[134] Zu S. 246. Die Formulierung deutet auf die alte Arkandisziplin zurück, mit der die Uneingeweihten von den Geheimnissen ferngehalten wurden. Sie ist bis in die erste Hälfte des 5. Jahrhunderts lebendig, zeigt noch Spuren in den östlichen Liturgien. Thomas greift wahrscheinlich auf Ps.-Dionysius zurück (Kirchliche Hierarchie, Kap. 3 § 7 a: BKV 131 f.; vgl. 37, 2).

[135] Zu S. 247. Diese Auffassung ergibt sich logisch aus der universalen und uralten Praxis der Kirche, den einmal gespendeten Ordo nicht ein zweites Mal zu spenden, auch nicht nach erfolgter Laisierung und dann erneuter Rückkehr in den kirchlichen Dienst. „Charakter" will zunächst nichts anderes besagen als eben diese Tatsache: der einmal Geweihte bleibt für immer gekennzeichnet. Was dieses Kennzeichen in sich ist, bleibt freilich eine weitere Frage, in deren Beantwortung bis heute noch keine völlige Übereinstimmung erreicht wurde. Die Tatsache dieser nicht aufhebbaren Kennzeichnung sagt aber auch eindringlich, gegen manche Tendenzen heutiger Theologen: der in der Weihe gegebene Dienstauftrag ist keine rein natürliche Berufung in eine bloße Dienstfunktion, die man beliebig wieder abwerfen kann! Der einmal Geweihte bleibt gekennzeichnet für den Dienst und die Nachfolge Christi.

[136] Zu S. 249. Der „fromme Glaube", von dem Thomas hier spricht, ist im Sinn des Satzes „supplet Ecclesia" (die Kirche ergänzt das Fehlende) oder der sog. „oikonomía" der orthodoxen Theologie von großer Bedeutung, heute erneut im Dialog betr. Gültigkeit der Sakramente (besonders der Weihen) außerhalb der Gemeinschaft der katholischen Kirche. In Fällen, wo wesentliche Elemente, die vom kirchlichen Gesetz vorgeschrieben sind, fehlen würden, besagt jenes Prinzip, nach C. Vagaggini: „Die Kirche kann die Gültigkeit des Sakramentes nicht derart an die mate-

rielle Korrektheit des vom kirchlichen Gesetz vorgeschriebenen Ritus binden, daß das Fehlen dieser Korrektheit die Ungültigkeit des Sakramentes besagen würde bei großem geistlichen Nachteil des schuldlosen Einzelnen und noch viel weniger zum Nachteil der Gemeinschaft, und das um so mehr , wenn es sich um einen Fall des sog. error communis (allgemeinen Irrtums) handelt." So Vagaggini, Possibilità e limiti del riconoscimento dei ministeri non cattolici. Riflessioni a partire dalla prassi della ‚economia' e della dottrina del ‚carattere', in: Ministères et célébration de l'Eucharistie. Sacramentum I (Studia Anselmiana 61). Roma 1973, 275. Er stützt sich dabei u. a. auf einen Aufsatz von Y. Congar, Propos en vue d'une théologie de l'„Economie" dans la tradition latine, in: Irénikon 45 (1972) 155—293; er sagt dort: In den genannten Fällen „bleiben die Betreffenden immer noch innerhalb des großen Sakramentes des Heils, das die Kirche selbst ist" (205).

Das Fehlen der Taufe wäre allerdings das Fehlen eines Faktors nicht mehr nur kirchlichen, sondern göttlichen Rechtes. Immerhin könnte jenes Prinzip des „supplet Ecclesia" darauf angewandt werden, wenn wenigstens ein Akt des Glaubens (und der „Begierdetaufe") die nötige Voraussetzung für das In-der-Kirche-Stehen geben würde.

[137] Zu S. 250. Wir können die Begriffe und technischen Bezeichnungen der Sakramente kaum auf die Situation der Apostel anwenden. Sie empfingen den Hl. Geist durch den Auferstandenen nach Joh 20 am Tage der Auferstehung, nach Apg 2 am Pfingstsonntag. Es handelt sich wohl um zwei Gesichtspunkte oder Momente eines einzigen Geschehens, das die Berufung in den Apostedienst war, ohne daß wir den ersten Akt als „Priesterweihe", den zweiten als „Firmung" bezeichnen könnten.

[138] Zu S. 252. Die heutige Praxis ist im wesentlichen noch die gleiche. Zum gültigen Empfang ist die Taufe nötig: can. 1024 des CIC. Davon unterschieden ist der „erlaubte" Empfang; zu ihm ist u. a. erfordert der Empfang der vorhergehenden Weihe- bzw. Dienststufen: can. 1031 § 1; 1035. Wenn also auch hier die „Gültigkeit" nicht angetastet ist, so werden gut abgemessene Zwischenräume zwischen den einzelnen Weihen in den zitierten Canones ausdrücklich vorgesehen und sind in den Bestimmungen für die Neuordnung noch stärker betont: jeder soll den Dienst, zu dem er geweiht ist, längere Zeit wirklich ausüben, bevor er auf eine höhere Stufe gerufen wird.

[139] Zu S. 258. Die Formulierung ist dem, der die reformatorische Entgegensetzung von „Gesetz und Evangelium" im Ohr hat, verdächtig. Im Mittelalter jedoch ist jede aus der vorsehenden Schöpfer- und Erlösermacht Gottes kommende Ordnung in der Welt „Gesetz" (vgl. Bd. 13 Komm. 535—543). Die Heilige Lehre enthält die Offenbarung des Alten und Neuen Bundes, das „Alte" und „Neue Gesetz" (I-II 98—108: Bd. 13 u. 14). Allerdings bringt Zu 1 doch eine Engführung auf das Gesetz als Handlungsanweisung.

[140] Zu S. 258. In E. 2 wird aus der „Kenntnis des Gesetzes“ (E. 1) die „Kenntnis der Heiligen Schriften“ (des Alten und Neuen Bundes). Auch dieser Ausdruck steht im Mittelalter für die Gesamtheit der das Glauben und Handeln bestimmenden Offenbarung. — In der heutigen Liturgie der Diakonenweihe findet sich eine Aufforderung zur Glaubensfestigkeit und zum Stehen in der Hoffnung als Voraussetzung der Predigt des Wortes Gottes (De ordinatione ... S. 16 bzw. 79 f.).

[141] Zu S. 259. Es handelt sich um geschichtliche Tatsachen, freilich im allgemeinen um außerordentliche Fälle, oft um solche charismatischer Berufung; in jüngerer Vergangenheit ist das sprechendste Beispiel die Priesterweihe des theologisch ungenügend gebildeten, aber heiligen Pfarrers von Ars, J. B. Vianney. Doch können solche außerordentlichen Fälle natürlich nicht die Norm für das allgemeine Verhalten in der Ausbildung der Kandidaten zu den Weihestufen sein.

[142] Zu S. 260. Die heutige Praxis der Kirche verlangt von allen zu Weihenden ein Mindestmaß echten theologischen und pastoralen Wissens (vgl. can. 1032). Auch der Priester in einem in strenger Klausur von der Welt abgeschlossenen Kloster darf sich nicht begnügen mit dem bloßen Wissen, wie man richtig die Messe feiert. Aber der Grad seines Wissens, und vor allem seine Art, kann sich sehr wohl und muß sich unterscheiden von dem theologisch-pastoralen Wissen, das heute vom künftigen Diözesan-Priester verlangt ist. — Zum Ausdruck „sacramenta conficere“ = die Sakramente vollziehen (wörtlich: herstellen) vgl. Anm. [49]. Wir würden heute lieber sagen: die Eucharistie feiern.

[143] Zu S. 261. „Kein allzu großes Wissen“ im Sinne von Gelehrsamkeit; wohl aber Weisheit und die Fähigkeit, Rechenschaft über das Glaubensgut abzulegen, was nun wiederum heute kaum gelingen wird ohne ein gutes Maß auch an Wissensstoff, bei dem relativ hohen Grad sogenannter allgemeiner Bildung der Gesellschaft.

[144] Zu S. 261. „Richtig vortragen“ ist natürlich mehr als bloßes „aussprechen“. Der Lector (Leser) der alten Zeit hatte zudem oft aus einer Handschrift vorzulesen, in der kaum Interpunktion, ja nicht einmal ein deutlicher Abstand zwischen den einzelnen Wörtern vorgegeben war. Daraus sinngemäß zu lesen war eine wirklich hohe Kunst. Auch heute noch bedarf es zum richtigen, sinngemäßen und gut verständlichen Lesen einer guten Bildung, stimmlich und im Hinblick auf das Verständnis des Inhalts. Vgl. R. Kliem, Tisch des Wortes — nein danke. Wort und Antwort 24 (1983) 31 f.

[145] Zu S. 263. Wir pflegen zwar oft zu sagen, die Sakramente spendeten uns Gnade; doch ist es korrekter, mit Thomas zu betonen, daß Christus die Gnade spendet, nicht ein bloßer Mensch. Dieser ist ebenso wie das sakramentale Zeichen nur das Werkzeug, dessen sich Christus bedient. Dies Werkzeug tut seinen Dienst, auch wenn es, in Ausnahmefällen, ein sündiges Werkzeug ist.

[146] Zu S. 263. Der unter dem Namen des Johannes Chrysostomus zitierte Autor, dessen unvollendeter Matthäuskommentar in lateinischer Übersetzung vorliegt, schließt eine innerkirchliche Polemik an die Worte Jesu gegen „die Schriftgelehrten und Pharisäer" (Mt 23, 2) an. Obgleich er später von der „ordinatio" der Priester zugunsten der Gläubigen spricht, ist der E. 1 zitierte polemische Satz, wie Thomas Zu 1 richtig sieht, auf den „Priester" im weiteren Sinne bezogen. Diesen weiteren Sinn interpretiert Thomas mit Hilfe der bei Isidor von Sevilla gegebenen und z. T. bis heute anerkannten Etymologie (die allerdings von Walde-Hofmann, Lateinisches etymologisches Wörterbuch, II, Heidelberg [3]1954, 460, als unzutreffend beurteilt wird). Richtig ist an dieser, daß der Wortteil „sacer" auf Opfer zu beziehen ist (Walde-Hofmann, II, 459 f.). Thomas wandelt, um dem Autor gerecht zu werden, den Sinn von „heilig" ins Ethisch-Religiöse — mit Recht. Der heiligmäßige Laienchrist kann in der Tat durch Beispiel, Wort und Handlungen viel „Priesterliches" tun zur Auferbauung des Leibes Christi, zumal auch im Sinn des allgemeinen Priestertums aller Gläubigen. Das macht ihn aber nicht zum „Priester" im Sinn des amtlichen Dienstauftrages, der im Sakrament des Ordo gegeben wird.

[147] Zu S. 266. Das hier Gesagte ist wohl zu beherzigen auch in der heutigen Situation des mangelnden Priesternachwuchses. Das Zitat aus dem Klemensbrief ist dem Corpus Juris entnommen. Es handelt sich um eine apokryphe Schrift aus dem Bereich der Pseudo-Klementinen; vgl. etwa B. Altaner, Patrologie. [6]1960, 83.

[148] Zu S. 267. Gewiß sind immer wieder Unwürdige geweiht worden. Aber ebenso gewiß hat sich die Kirche immer wieder bemüht, durch vorherige Befragung derer, die es wissen müßten, sich zu vergewissern, daß die zu Weihenden würdig sind. Deshalb zu Beginn der Weihen die Frage: „Weißt du, ob sie würdig sind?" Die Antwort lautet im neuen Ritus, den tatsächlichen Verhältnissen besser entsprechend: „Aufgrund der Befragung des christlichen Volkes und des Urteils der zuständigen Männer bezeuge ich die Feststellung ihrer Würdigkeit."

[149] Zu S. 270. In Notfällen kann jeder Priester, auch der laisierte, der Apostat oder Sünder, priesterliche Handlungen vollziehen; würde er das in der Gesinnung der Buße, Reue und Liebe tun, würde er keine Sünde dadurch begehen.

[150] Zu S. 272. Die scheinbar rein abstrakte Diskussion in E. 2 und Zu 2 gibt Aufschluß, wie Thomas die Ganzheit des gestuften Weihesakramentes und die Zuordnung der Weihestufen zu dieser Ganzheit versteht. Die drei im Klugheitstraktat (3 d 33, 3, 1 qa. 1 sol.; II-II 48 *Antw.:* Bd. 17 B) unterschiedenen Weisen von Ein-Teilung lassen nur eine Möglichkeit offen: Die Weihestufen können keine Ganzheitsteile *(partes integrales)* sein (wie „Wand, Dach und Grundmauer Teile des Hauses": II-II 48); denn in diesem Fall wären sie ganz verschiedene und verschieden zu benennende, dem Ganzen nur funktional zugeordnete Teile (E. 2). Sie können

auch nicht Unterteile *(partes subjectivae)* einer logisch umfassenden Gattung sein (wie „Mensch und Esel" Arten von Seienden sind, die dem umfassenden, aber nicht realen Gattungsbegriff ‚Sinnenwesen' *[animal]* bzw. dem noch umfassenderen Gattungsbegriff ‚belebter Körper' untergeordnet sind: E. 2); denn in diesem Fall hätte der umfassende Begriff *ordo* nur logische Bedeutung und keine Realität. Vielmehr sind sie Mächtigkeitsteile *(partes potentiales).* Wie im Menschen das Vegetative und das Sensitive ‚seelisch' oder ‚Seele' ist und genannt werden kann, weil es am Ganzen der vom Geist bestimmten Menschenseele teilhat, so sind auch die untergeordneten Weihestufen *ordines* und können mit der Bezeichnung des Ganzen — *ordo* — bezeichnet werden; denn sie haben Anteil an dem Einen — dem ordo als Priesterweihe —, in dem sich das volle Wesen von ordo findet (Zu 2). Der aus der platonischen Tradition stammende Begriff der (An-)Teilhabe dient Thomas dazu, den Gesamtbereich der Wirklichkeit als Einheit in gestufter Verschiedenheit zu begreifen. Diese Sicht erlaubt es, die in den Weihestufen sich darstellende (diese allerdings übergreifende) kirchliche Hierarchie nicht als äußeres Herrschaftsverhältnis, sondern als innerlich begründete Stufung einer Einheit — der Kirche als des Mystischen Leibes Christi — zu verstehen. — Heute läßt sich diese Sicht als Verständnishilfe für das Verhältnis von Diakonat, Priesteramt und Bischofsamt benutzen. Die Gesamtstruktur der Kirche als Gottesvolk, dem verschiedenartige Dienste zugeordnet sind, bedarf heute einer anderen, geschichtlich-kommunitären Begrifflichkeit (vgl. Anm. [69], [114] u. [116]).

[151] Zu S. 274. Der Hohepriester des NT ist nur einer: Jesus Christus (Hebr 3, 1 usw.) An seinem Priestertum haben alle „Diener" in verschiedener Stufung Anteil. Die Fülle dieser Anteilnahme ist nach der heutigen, durch das II. Vaticanum bestätigten Sicht im Bischofsdienst gegeben. Sein Dienst wird entfaltet in den untergeordneten Stufen des Priesters, Diakons und der zum Helfen berufenen unteren Dienste des Akolythen und Lesers. Sie alle helfen dazu, daß das Volk Gottes sich als „priesterliches" Volk betätigen kann. Die Situation ist also von der des AT völlig verschieden. Dort gab es in der Tat eine Vielzahl von Priestern im eigentlichen Sinn.

[152] Zu S. 274. Vgl. 34, 4 *Antw.* m. Anm. [126].

[153] Zu S. 282. Die von Thomas hier gedeuteten sieben Stufen sind die geschichtliche Entfaltung des neutestamentlichen Dienstes. Während Bischof, Priester und Diakon, als von den Aposteln selbst vorgenommene Entfaltung, „göttlichen Rechtes" sind, müssen wir in allen anderen Stufen geschichtlich bedingte kirchliche Institutionen sehen. Sie kommen und gehen, je nach den Bedürfnissen der wechselnden Zeiten. Erstmalig ist die Siebenzahl klar belegbar in der apokryphen Schrift des 5./6. Jahrhunderts „Statuta Ecclesiae antiqua", die allerdings noch den Grad des *psalmista* hinzufügt. Die Schrift ist zwar nicht römischen Ursprungs, hat aber römische Dokumente benutzt und entspricht dem Brauch Roms, das um die Mitte des 3. Jahrhunderts diese

sieben Stufen hatte: sie werden in einem Brief des Papstes Cornelius aufgezählt (= ep. 9, 3, an Fabios von Antiochien: PL 3, 765 A—767 A; überliefert von Eusebius in seiner Hist. Eccl. 6, 43 = GChS [Eusebius II/2, ed. Schwartz 1908] 618, 15—17); vgl. M. Andrieu, Les Ordines Romani, 3. Bd., 542 f.; der Text der Statuta ebd., 617—619. Mit kleineren Schwankungen bleibt das für alle folgenden Jahrhunderte, zunächst im Pontificale Romano-Germanicum (ed. Vogel-Elze I n. 14 und 15 ff. = 1. Bd. S. 12—19 ff.), dann im Pontificale des 12. Jahrhunderts (1—10: ed. Andrieu, 1. Bd., S. 123—152) bis zum Pontificale Romanum unserer Tage. Erst die nachkonziliare Reform hat im Pontificale Romanum 1968 die Weihestufen der ursprünglichen Form und den heutigen Verhältnissen angepaßt: Das Sakrament des Ordo umfaßt allein die Stufen des Diakons, Priesters und Bischofs. Alle übrigen Ordnungen sind als „Sakraments"-Handlungen abgeschafft. Geblieben ist nur, neben einem Ritus der „Zulassung unter die Kandidaten zum Diakonat und Priestertum", die „Berufung zum Lektor und Akolythen" (von 1972).

[154] Zu S. 282. Ps.-Dionysius hat die ursprüngliche Situation richtig geschildert. Doch Thomas weiß sich der liturgischen Wirklichkeit seiner Zeit in der abendländischen römischen Kirche verpflichtet.

[155] Zu S. 283. Richtig ist in all diesen Überlegungen: die kirchlichen Dienste haben sich aus dem Apostolat allmählich entwickelt, zunächst zu jener dreifachen Stufung von Bischof, Presbyter und Diakon (unmittelbar oder doch mittelbar im Auftrag Christi und somit göttlichen Rechtes); in rein kirchlicher Institution entfalteten sich aus dem Diakonat die verschiedenen „niederen" Dienststufen; die Kirche kann sie deshalb auch verändern, umgestalten, neue einsetzen; und sie hat es im Laufe der Jahrhunderte und Jahrtausende getan.

[156] Zu S. 283. Vgl. Anm. [114] u. [117].

[157] Zu S. 284. Der Psalmista ist in der Tat oft im Zusammenhang mit den anderen Dienststufen genannt worden (vgl. Anm. [153]): Statuta Ecclesiae antiqua n. 10 (Andrieu, Les Ordines Romani, 3. Bd., 619). Es heißt aber ausdrücklich: „Er kann ohne Wissen des Bischofs, auf bloße Beauftragung des Priesters hin, das Amt zu singen übernehmen; dabei sagt der Priester zu ihm: ‚Hab acht! Was du mit dem Munde singst, glaube mit dem Herzen; was du glaubst, bekräftige es im Werk'." Ähnlich noch das Pont. Romano-Germanicum des 10. Jahrhunderts (Vogel-Elze, Bd. 1, 14 f.) n. XV, 8 und die späteren Pontifikalien des Mittelalters. Immer aber ist deutlich erkennbar, daß es sich um eine Bezeichnung mit dem Wort *ordo* „im weiten Sinne" handelt, wie Thomas hier feststellt.

[158] Zu S. 285. Ordines sacri = „heilige Weihestufen", so werden auch heute noch, wenn auch seltener, die Grade des Bischofs, Presbyters und Diakons bezeichnet. (Der Ritus selbst

vermeidet das Wort „sacer".) Der Subdiakonat wurde gestrichen und mit der zweiten der „niederen" Dienststufen, dem Akolythat, verbunden. — Thomas übernimmt den Zusammenhang von kultbezogener Heiligkeit und Enthaltsamkeit, der in der heutigen Zölibatsdiskussion in Frage gestellt wird.

[159] Zu S. 288. Die genaue Zuteilung von Dienstobliegenheiten unterliegt natürlich auch dem Wechsel der Zeiten, zumal bei den von der Kirche selbst eingesetzten „niederen" Diensten. Offiziell hat der „Leser" „dem Dienst am Glauben, der im Wort Gottes verwurzelt ist, sich zu widmen. Er hat während der liturgischen Handlung das Wort Gottes vorzutragen, Jugendliche und Erwachsene im Glauben und zu würdigem Empfang der Sakramente zu unterweisen und die Botschaft vom Heil denen zu künden, die davon noch nichts wissen". Der Akolyth hat vor allem bei der Eucharistiefeier zu helfen, in der Unterstützung von Priestern und Diakonen „und die hl. Kommunion als außerordentlicher Austeiler, auch den Kranken, auszuteilen" (Pont. Rom. n. 4).

[160] Zu S. 289. Hier ist die Analogie von Materie und Form nicht auf die Struktur des Sakramentes bezogen, sondern auf den Empfänger des Sakramentes (der Eucharistie): er ist in seiner Offenheit für die Gnade und die eucharistische Gnadenspendung gleichsam Materie; entsprechend dem Naturvorgang einer stufenweisen Disposition (z. B. des Samens) zum Empfang einer neuen Form (z. B. des neuen Lebewesens) wird der Mensch stufenweise (z. B. zunächst durch die Wortverkündigung und dann durch die sakramentale Lossprechung) auf die erneuernde Form der eucharistischen Gnadenfülle vorbereitet.

[161] Zu S. 290. Hier denkt Thomas mit der Tradition vor allem an die Mannaspeisung in der Wüste (Ex 16, 2—36; vgl. Joh 6, 31—33), aber auch an die geheimnisvolle Stärkung des Elija in seiner verzweifelten Müdigkeit (3 [1] Kön 19, 3—8).

[162] Zu S. 295. Die auf Isidor von Sevilla zurückgehende Etymologie bezieht sich auf die lat. Übersetzung *ceroferarii*. Das von Thomas angeführte griech. Wort ἀκόλουθος bedeutet eigentlich „der Nachfolger" (das Verbum ist im ntl. Griech. das Kennwort für die, die Jesus nachfolgen). Sie folgen in Gottesdienst und Prozession mit ihren Kerzen dem „Licht der Welt" (Joh 8, 12), Christus.

[163] Zu S. 296. Mit aller Bestimmtheit muß gesagt werden: im Altertum und seit Pius XII. erneut wird das Wesen der Weihe in Handauflegung und Weihegebet erblickt. Das Überreichen des Kelches usw. deutet das dort Geschehene nur aus. Im Mittelalter hat sich innerhalb dieses Gesamtgefüges der Akzent langsam verschoben vom Weihegebet auf den ausdeutenden Ritus, der zum wesentlichen Moment erklärt wurde. Doch hat die liturgische Praxis stets das Ganze festgehalten; nur die Ausdeutung, die theologische Erklärung, hat die Akzente verschoben. Thomas gibt hier indessen eine erstaunlich richtige Deutung des ganzen Geschehens, innerhalb dessen der Handauflegung (mit Weihe-

gebet) doch noch eine große Bedeutung zukommt, während in der Überreichung des Kelches sehr richtig die Beauftragung zum Tun gesehen wird. Dies Letztere ist auch im heutigen, neuen Ritus festgehalten: dem neugeweihten Priester werden die Opfergaben des Volkes übergeben, auf daß er sie auf dem Altar bereite für die Meßopferfeier.

[164] Zu S. 301. Zum hierarchischen Kirchenverständnis, das Vergleiche mit einer hierarchisch verstandenen Staatsgesellschaft erlaubt, vgl. Anm. [69], [114], [116] f. u. [150]. — Aristoteles verbindet im methodischen Einleitungskapitel der Nik. Eth., auf das Thomas verweist, die Hierarchie menschlicher Tätigkeiten und der sie strukturierenden „Künste" mit der Ordnung praktischer Wissenschaften in der Polis, dem (Stadt-)Staat. So ist die Staatskunst in dem doppelten Sinn von Regierungskunst und Politikwissenschaft die umfassende und höchste Kunst. Damit wird die „bischöfliche Gewalt" als ein das allgemeine Wohl der Kirche lenkendes Herrschaftswissen gekennzeichnet.

[165] Zu S. 302. Thomas besteht darauf, daß der ‚Charakter' die priesterliche Vollmacht gibt, während die Handauflegung die Gnade vermittelt; denn für ihn ist der ‚Charakter' ganz allgemein eine ‚potentia', ein Vermögen zum Vollzug priesterlicher Handlungen.

[166] Zu S. 302. Der Archidiakon, ursprünglich nichts anderes als der ‚Erste der Diakone', hat im Laufe der Zeit als Gehilfe des Bischofs eine immer höhere Bedeutung gewonnen, manchmal zum Nachteil der bischöflichen Autorität selbst. Erst das Konzil von Trient vermochte seine Machtbefugnisse energisch zu beschränken. Seine Stelle nimmt heute im allgemeinen der (vom Bischof abhängige) Generalvikar ein. Seine Funktionen im Weiheritus, soweit sie noch geblieben sind, nehmen heute „vom Bischof beauftragte Priester" ein (vgl. De Ordinatione presbyteri n. 12). Vgl. A. Franzen, in: LThK² 1 (1957) 824 f. Ferner Anm. [32].

[167] Zu S. 303. Die Gewährung entsprechender Vollmachten durch den Papst ist heute durch das allgemeine Kirchenrecht für die Firmung geregelt: CIC can. 882—885. 887 f. Die „Niederen Weihen" entfallen; vgl. Anm. [153], [155] u. [158].

[168] Zu S. 307. In der Geschichte schwankte die Beurteilung der Gültigkeit der von Häretikern und Schismatikern gespendeten Weihen. Im allgemeinen hat sich die von Thomas vertretene Ansicht durchgesetzt. Doch steht die Frage heute erneut inmitten des Gesprächs der Bestrebungen des Ökumenismus. Wir können nach 400, ja nach 900 Jahren der Trennung nicht mehr die Normen in Anwendung bringen, die gültig sind gegenüber dem, der heute oder gestern die Kirche verläßt, sich von ihr trennt. Das II. Vaticanum hat in seinem Dekret UR (De Oecumenismo) eine neue Grundlage zur erneuten Erwägung der Problematik geschaffen. Vgl. etwa den Aufsatz von C. Vagaggini, Possibilità e limiti del riconoscimento dei ministeri non cattolici . . ., in: Ministères et

célébration de l'Eucharistie. Roma 1973, 250—320. Die Fragen sind je verschieden im Hinblick auf die Ostkirchen, die Anglikanischen Kirchen und die protestantischen Kirchen (Lutheraner, Reformierte).

[169] Zu S. 311. Der christlichen Frau wurde mancher Auftrag kirchlichen Dienstes gegeben im Laufe der Geschichte, außerhalb der immer möglichen charismatischen Betätigung, vor allem in Nächstenliebe und Lehre: der Dienst der Diakonisse, der Äbtissin, der Oberin einer Frauenkongregation. Auch wenn das wohl nie einen Dienst unmittelbar am Altar der Eucharistie bedeutet hat, so wären von daher auch heute durchaus manche Formen kirchlichen Dienstes erneut denkbar, auch mit einer entsprechenden Beauftragung und Weihe. Vgl. Anm. [34].

[170] Zu S. 312. Gratian führt ziemlich unsystematisch, nachdem er den Zölibat und entsprechende Verhaltensweisen für alle Kleriker vom Subdiakon an aufwärts betont hat, ein Beispiel Gregors d. Gr. an, wie ein Presbyter — hier sicher ein Priester — vom Empfang seiner Weihe an mit seiner früheren Frau wie mit einer Schwester zusammenlebte. Sie wird „presbytera sua" — frei übersetzt: „seine Pfarrfrau" — genannt. Im folgenden (in der Fn. des lat. Textes zitierten) Kanon will er offensichtlich mögliche Mißverständnisse richtigstellen und zitiert ein Konzil des 4. Jahrhunderts, nach dem *presbyterae* Witwen usw. sind und nicht geweiht werden dürfen.

[171] Zu S. 313. „Discretionis tempus" ist jenes Alter, in dem Kinder nicht nur Gut und Böse unterscheiden können, sondern sich auch grundlegend entscheiden (vgl. I-II 89, 6 *Antw.:* Bd. 12). Ob diese Zeit der Unterscheidung und Entscheidung ins 7. Lebensjahr zu verlegen ist, wie es lange zur Begründung der Frühkommunion hieß, dürfte anzuzweifeln sein. Thomas scheint eher an die Pubertätszeit zu denken (Ql III 11 [5, 1]).

[172] Zu S. 316. „Servitus" dürfte hinsichtlich mittelalterlicher Gesellschaftsverhältnisse mit „Leibeigenschaft" übersetzt werden. Da „servus" auch „Sklave" bedeutet, können in der Argumentation Beispiele aus der Sklaverei zur ntl. Zeit und aus der Spätantike angeführt werden. Gemeinsam ist dem Sklaven und dem Leibeigenen die rechtliche Unfähigkeit, über sich zu verfügen.

[173] Zu S. 320. Zur Irregularität vgl. Anm. [30] u. [41].

[174] Zu S. 321. Die im Kirchenrecht allgemein geregelten Fälle haben in den Jahren nach dem blutigen Geschehen des Zweiten Weltkrieges oft eine sehr aktuelle Bedeutung. Soll und kann ein Offizier, der für den Tod vieler verantwortlich ist, die Weihen empfangen? Unter welchen Bedingungen?

[175] Zu S. 321. Thomas selbst vertritt die Erlaubtheit, ja Notwendigkeit der Todesstrafe (II-II 64, 2: Bd. 18), mit alttesta-

mentlichen und gesellschaftsphilosophischen Argumenten, aber nicht im Namen des „Neuen Gesetzes“.

[176] Zu S. 323. Unser heutiges Empfinden möchte eher milder urteilen und den sowieso oft benachteiligten unehelichen Kandidaten den Zugang zu den Weihen ermöglichen. Dennoch war die Zurückhaltung der Kirche, bei allem Mitleid mit jenen unglücklichen Menschen, berechtigt. Es geht nicht nur darum, die Heiligkeit der Ehe zu betonen, aus der allein Nachwuchs erwachsen sollte; oft sind auch die Unehelichen infolge der Umstände ihrer Erzeugung, Geburt und Erziehung tatsächlich charakterlich weniger geeignet. Im neuen CIC fällt die „Illegitimität“ als Irregularität fort (vgl. can. 1040 ff. mit can. 984, 1° von 1917). Damit ist dem heutigen Rechtsbewußtsein Rechnung getragen.

[177] Zu S. 324. Hier handelt es sich nicht nur um die Bigamie im engeren Sinne, sondern auch um die sog. „bigamia successiva“, also die Tatsache, daß jemand nach dem Tode seiner ersten Frau wieder geheiratet hat. In diesem Sinne verstehen viele Exegeten die Bedingungen 1 Tim 3, 2 u. Tit 1, 6.

[178] Zu S. 327. Die Übersetzung verbessert das Mißverständnis, das im Wort *Nazaraei* liegt.

[179] Zu S. 328. Der Kreis gilt seit dem Altertum als vollkommene geometrische Figur. Vgl. F. Krafft, Kreis, Kugel. HWPh 4 (1976) 1211—1226. — Die Tonsur war schon lange außer Gebrauch gekommen; sie ist nun offiziell abgeschafft. Das heißt aber nicht, daß ihr nicht doch zu ihrer Zeit eine hohe symbolische Bedeutung zugekommen ist, die wir nur mit großem Bedauern als verloren ansehen möchten. Sie war im Ablegen des männlichen Haarschmuckes, der Zierde und des Vorrechtes des freien Mannes, ein Bekenntnis zum Verzicht auf die Güter der Welt, die ein Christ an sich frei in Anspruch nehmen könnte. In ihrer konkreten Gestaltung als Haarkranz oder -krone war sie dann außerdem das Zeichen, daß solcher Verzicht zu einer neuen, königlichen, Würde führen kann in der Verwirklichung des „königlichen Priestertums“, zu dem alle Getauften berufen sind, zu dem aber der sich auf den kirchlichen Dienst Vorbereitende in besonderer Weise gerufen wird.

[180] Zu S. 333. Berufung zum Priestertum besagte nie die Verpflichtung zur vollkommenen Armut etwa im Sinne des Ideals der mittelalterlichen Mendikantenorden der Franziskaner und Dominikaner (nicht einmal, an sich, wie das Beispiel der Ostkirchen zeigt, den Verzicht auf die Ehe bzw. die Verpflichtung zum Zölibat). Über die hier von Thomas geforderte innere Freiheit gegenüber den irdischen Gütern hinaus darf man aber sagen, daß heute, in der Zeit unserer sozialen Spannungen und eines neu erwachten sozialkritischen Bewußtseins, vom Priester auch ein gewisses Maß äußerer „Armut“ (Genügsamkeit, Einfachheit, Bereitschaft zur helfenden Mitteilung der eigenen Güter an die Bedürftigen) durchaus erwartet werden kann.

[181] Zu S. 336. Im Verhältnis von Bischof und Priester hat ebenfalls, ähnlich wie in der Frage nach dem Wesen der Weihehandlungen, eine Akzentverschiebung stattgefunden. Nicht wird die bischöfliche Dienstleistung als eine eigentlich akzidentelle Hinzufügung zur entscheidenden Grundwirklichkeit priesterlichen Auftrages gesehen, sondern umgekehrt: der Bischof hat die Fülle des Priestertums, aus der er einen freilich wichtigen Teil an den Priester weitergibt. Vgl. A. M. Landgraf, Die Lehre vom Episkopat als Ordo, in: Dogmengeschichte der Frühscholastik III/2 (Regensburg 1955) 277—302.

[182] Zu S. 339. Die heutige Regelung CIC can. 1010: möglichst an Sonn- oder gebotenen Festtagen.

[183] Zu S. 339. Hier gilt das gleiche wie in Anm. [181]: der Bischof stellt die höchste Verwirklichung des Ordo dar. Er ist der eigentliche (führende, präsidenziale) Träger auch der eucharistischen Feier, in der er die Kirche zum Leib Christi auferbaut. Er gibt aber aus der Fülle seines Auftrages dem Priester als seinem Gehilfen den Auftrag zur Feier der Eucharistie weiter. Das ist die eindeutige Lehre des II. Vaticanums (vgl. LG 21).

[184] Zu S. 341. Ist der gewählte Papst noch nicht Bischof (was in den letzten Jahrhunderten nicht vorkam), wird er in der Regel vom Kardinaldekan geweiht (can. 355 § 1).

[185] Zu S. 341. Petrus Lombardus übt eine gewisse Kritik an den Stufungen innerhalb des Bischofsamtes, indem er sie auf heidnische Traditionen zurückführt.

[186] Zu S. 343. In einer bedeutsamen, langsamen Entwicklung ist aus der oft sehr polemisch geführten Diskussion über das Verhältnis von päpstlicher Zentralgewalt und bischöflichen Rechten in der Überwindung episkopalistischer Strömungen schließlich vom I. Vatikanischen Konzil die Lehre vom päpstlichen Jurisdiktionsprimat und der päpstlichen Unfehlbarkeit herausgestellt worden. Die gewissen Einseitigkeiten der Definitionen von 1870, durch die zeitbedingte Suspendierung des Konzils besonders verstärkt, sind auf dem II. Vaticanum behoben worden. Das Konzil hat, unter erneutem Bekenntnis zur Lehre des I. Vaticanums, die Bedeutung des Bischofsamtes und der bischöflichen Kollegialität auch für die Leitung der Gesamtkirche klar gelehrt (vgl. LG 22—24). Die praktische Verwirklichung des Zusammenspiels zwischen Papst und Bischöfen (vor allem auch durch die regelmäßigen „Bischofssynoden") bedarf allerdings noch mancher Anstrengung. Die Lösung der hier vorliegenden Schwierigkeiten ist von großer Bedeutung auch für die Rolle, die der Primat als Lehre und Praxis in der Frage der Einheit aller christlichen Kirchen spielt.

[187] Zu S. 349. Die nachkonziliare Liturgiereform hat gewiß eine Vereinfachung der liturgischen Gewandung, die übrigens vom gesunden Empfinden weiter Kreise des Volkes Gottes bereits seit längerem gewünscht und tatsächlich anfangsweise bereits

verwirklicht worden war, verlangt und durchgeführt. Aber sie hat ebenso bestimmt Bestrebungen zurückgewiesen, die eine liturgische Gewandung überhaupt ablehnen möchten. Liturgische Kleidung mag sich entwickelt haben aus der Festtagskleidung des gehobenen römischen Bürgerstandes. Doch schon bald hat sich diese Kleidung fixiert, „institutionalisiert", während die weltliche Kleidung, der Mode folgend, sich wandelte. So wurde sie zum Zeichen des hl. Dienstes, den der Bischof oder Priester oder Diakon zu verrichten hat. Es ist durchaus sinnvoll, diese Gewandung in ihrer Zeichenhaftigkeit, gleichzeitig aber echten konkreten Bedeutung in einfachen, schlichten, nicht zu aufwendigen Formen zu bewahren. Der Zeichencharakter darf die Funktionalität des Gewandes nicht aufheben oder verdunkeln; die Gewänder müssen wirkliche Gewänder sein, die ein Mann, zum Dienst in der Kirche berufen, mit Anstand und Würde tragen kann.

[188] Zu S. 351. In die mittelalterlichen Rechtsbestimmungen (Dekretalien; vgl. Fn. zum lat. Text) ist nur ein allgemeiner Hinweis auf die „historia" aufgenommen. Hingegen findet sich die Trierer Lokaltradition in dem Werk des Papstes Innozenz III. „Über das heilige Geheimnis des Altars" I c. 62 (Angabe im lat. Text mit Randleiste): „Der Römische Hohepriester gebraucht nicht den Hirtenstab, weil der selige Apostel Petrus seinen Stab Eucharius, dem ersten Bischof von Trier, den er zusammen mit Valerius und Maternus zur Predigt des Evangeliums im deutschen Volk bestimmt hat, übersandt hat. Ihm [Eucharius] folgte im Bischofsamt Maternus, der durch den Stab des hl. Petrus vom Tode erweckt worden war. Diesen Stab bewahrt die Kirche von Trier bis heute mit großer Verehrung." — Eucharius, Valerius und Maternus dürften tatsächlich die ersten Bischöfe von Trier gewesen sein — allerdings etwa in der zweiten Hälfte des 3. Jahrhunderts (vgl. H. Weisweiler — E. Ringling, Trier. Köln 1969, 6. Textseite).

KOMMENTAR

Erster Teil

DIE SCHLÜSSELGEWALT DER KIRCHE

(Fr. 17—27)

EINLEITUNG

§ 1 Der Rahmen: Traktat über das Bußsakrament

Thomas selbst hatte im Prolog zu seinem Traktat über das Bußsakrament (III Fr. 84) den zu behandelnden Stoff in sechs Abschnitte eingeteilt. Die ersten vier Abschnitte wurden in Band 31 der DThA behandelt. Da Thomas den geplanten Traktat in der Summa nicht mehr vollenden konnte, wurden die fehlenden Teile durch seinen Schüler Reginald von Piperno aus dem Kommentar zu den Sentenzen des Petrus Lombardus in der Form des sogenannten Supplementum (Suppl.) ergänzt. Nachdem in den vorhergehenden Teilen die auf das Sakrament selbst bezüglichen Fragen (III 84) sowie die nach seinen Wirkungen (III 86—89), seinen Teilen (III 90; Suppl. 1—15) und seinen Empfängern (Suppl. 16) besprochen worden sind, ist nun, entsprechend der thomasischen Einteilung, die Rede von der priesterlichen Vollmacht, die mit dem Bildwort von der „Schlüsselgewalt" bezeichnet wird (Fr. 17—27). Es folgt ein eigener sechster Teil, der nur die kurze Frage 28 umfaßt; sie handelt von der geschichtlichen, uns heute gänzlich unbekannten, jedenfalls nicht mehr üblichen Form der feierlichen, öffentlichen Buße einzelner.

Während dieser letzte Teil mehr den Charakter eines Anhangs trägt, ist zunächst ausführlich zu sprechen von all den Fragen, die sich auf die Schlüsselgewalt beziehen oder mit ihr zusammenhängen. Das geschieht in dreifacher Weise: In Fr. 17—20 wird die Schlüsselgewalt in sich, in ihrem Sinn, ihrer Wirkkraft, ihrem Träger und ihrem Geltungsbereich untersucht. Es folgt in Fr. 21 bis 24 die mit dem Fragengebiet der Schlüsselgewalt aufs engste zusammenhängende theologische Behandlung der Exkommunikation und in Fr. 25—27 die Untersuchung der vor allem geschichtlich nur von daher ganz zu verstehenden Problematik des Ablasses.

Von grundlegender Wichtigkeit ist naturgemäß der Bereich der unmittelbar mit der Sinndeutung der Schlüsselgewalt gegebenen Fragen. Die entscheidende Frage ist hier: welche Gewalt ist von Gott den Menschen, den Aposteln, der Kirche gegeben, Sünden nachzulassen? Es leuchtet sofort ein, daß hier in der besonderen Sicht des Bußsakramentes die Frage nach dem Wesen der Kirche überhaupt, insbesondere nach dem Wesen des kirchlichen Amtes, gestellt ist: hat die Kirche, hat das kirchliche Amt die Vollmacht erhalten, Sünden nachzulassen, und wenn ja, in welchem Sinne, in welchem Umfange, in welcher Weise?

Damit werden Fragen aufgegriffen, die im vorigen Band bereits zur Sprache gekommen sind. Unser geschichtlicher Überblick über das Werden des Bußsakramentes im Laufe der kirchlichen Dogmenentwicklung (Bd. 31, S. 475—481) hat gerade zu zeigen

17—27 Einl. versucht, wie die Kirche in ihrer Praxis in gewiß immer neuen Formen und in doch im Grunde wesentlich gleicher Weise diesen von Gott ihr gegebenen Auftrag ausgeübt und wie sie ihn verstanden hat. Insbesondere ist das Verständnis des Aquinaten selbst vom Sakrament der Buße (III 84), von dessen Verhältnis zur Tugend der Buße (III 85), von seinen Wirkungen, Teilen und von den Empfängern der Buße nur zu deuten im Zusammenhang mit dem angestrengten Ringen der Theologen des 12. Jahrhunderts um das Problem, wie das subjektive Bemühen des büßenden Sünders mit der Autorität der amtlichen Kirche zu verbinden und in der Einheit des einen Sakramentes der Buße zusammenzufassen sei. Eine und dieselbe Problematik, bisher betrachtet unter dem Gesichtspunkt der Synthese in der Frage nach dem Sakrament, das beide Faktoren umgreifen soll, und unter dem des Empfängers des Sakramentes, also des Büßenden, seiner Tugendakte und der ihm vermittelten Gnadengaben, also des Sündennachlasses, steht nun zur Diskussion aus der Sicht des kirchlichen Amtes, des autoritativ vollzogenen Sündennachlasses: welche Vollmacht hat der Diener dieses Sakramentes?

Die Frage ist in der Frühscholastik mit Leidenschaft behandelt worden. Thomas hat an die vor ihm gegebenen Lösungen anknüpfen können. Leider hat er die Lösung, die er selbst in der Summa Theologiae geben wollte und in den ersten von ihm noch ausgeführten Fragen zu geben schon begonnen hatte, in diesem besonderen Fragenkreis nicht mehr vollenden dürfen. Dem Supplementum liegt ein Jugendwerk, der Sentenzenkommentar, zugrunde, der sich gerade in diesen speziellen Fragen ganz charakteristisch von der reiferen Arbeit der Summa unterscheidet. Es wird unsere Aufgabe sein, diese Unterscheidungen als Niederschlag geschichtlich bedingter Entwicklung getreu festzuhalten und doch den Versuch zu wagen, sie, getreu den Anweisungen des späten Thomas, sinngemäß zu vollenden und auszubauen.

Auf jeden Fall steht Thomas ganz im Fluß der Entwicklung einer Theologie der Schlüsselgewalt, von der die literarischen Zeugnisse der Frühscholastik eindrucksvoll zeugen.[1] „Der Ausdruck claves, der selbstredend in diesem Zusammenhang niemals in alltäglicher Bedeutung, sondern im übertragenen Sinne genommen wird, ist kein theologischer Begriff, sondern ein biblisches Bildwort. Begriff und Bild sind nicht das nämliche; sie hängen ebensosehr zusammen, wie sie sich unterscheiden ... Der Begriff deutet das Bild und hellt es auf. Und ohne die bildliche Anschaulichkeit bleibt der Begriff in seiner Ausdruckskraft eindruckslos ..."[2] Die theologische Erörterung der Schlüsselgewalt ist auch für Thomas ganz gegründet auf das Schriftwort von den Schlüsseln bei Mt 16, 19 a: „Ich werde dir die Schlüssel des Himmelreiches geben" (17, 1 *Anders.*). Von diesem Schriftwort ausgehend entwickelt Thomas die entscheidende und grundlegende Problematik der Schlüsselgewalt in ihrem ganzen Umfang. Muß es Schlüsselgewalt in der Kirche überhaupt geben? Ist nicht durch

---

[1] Vgl. L. Hödl, Die Geschichte der scholastischen Literatur und Theologie der Schlüsselgewalt. 1. Teil. Münster 1960 (=BGPhMA 38 [4]).
[2] A. a. O., 1.

die Erlösungstat Christi bereits alles geschehen? Warum jetzt noch Schlüssel? Das Himmelreich ist doch durch Christi Tat bereits geöffnet! Und wenn es noch einer Schlüsselgewalt bedarf, um Verschlossenes zu öffnen, gehört sie allein Christus zu, nicht aber menschlichen Dienern der Kirche. Wenn diese Diener aber doch eine Schlüsselgewalt besitzen, so weitet sich die Frage aus: was soll, was ist die Kirche, was das kirchliche Amt, im Verhältnis zur Gottheit, der Göttlichen Dreifaltigkeit, und zu Christus? (17, 1) 17—27 Einl.

§ 2 Lehre von den „Schlüsseln" in Schrift und Tradition

Bevor aber der Kommentar dazu gegeben werden kann, ist es notwendig, auszuholen und die Grundlagen und den Umfang der Lehre von den Schlüsseln in der Hl. Schrift und der Exegese der Schrift durch die Väter und moderne Exegeten zu erörtern.

Ausgangspunkt ist der zitierte Schrifttext Mt 16, 19. Er bekommt sein Gewicht durch den Zusammenhang: Nach dem Bekenntnis des Petrus zu Caesarea Philippi, daß Jesus der Christus sei, preist ihn der Herr selig ob solcher vom Vater geoffenbarten Erkenntnis und sagt dann (V. 18): „Du bist Petrus, und auf diesen Felsen will ich meine Kirche bauen, und die Pforten der Unterwelt werden sie nicht überwältigen. (19 a:) Und ich werde dir geben die Schlüssel des Königreiches der Himmel, (19 b:) und was du binden wirst auf Erden, wird gebunden sein im Himmel, (19 c:) und was du lösen wirst auf Erden, wird gelöst sein im Himmel."

Neuere Exegese hat mit Recht betont, daß der Inhalt der in diesen Worten des Herrn dem Petrus übertragenen Schlüssel (-gewalt) nicht ohne weiteres durch die im folgenden ebenfalls übertragene Vollmacht zu binden und zu lösen erläutert und näher erklärt wird, erst recht nicht ohne weiteres damit zu identifizieren ist (CChrL).[3] Das schließt freilich nicht aus, daß die beiden Bereiche doch sehr eng miteinander zu verbinden sind, so sehr, daß es wohl verständlich ist, wenn die Tradition sie bereits mit Tertullian (De pudicitia 21; CChrL 2, 1327; BKV 24, 466; Scorpiace 10: 1087 f.; BKV 213 f.) tatsächlich gleichgesetzt hat; auch Thomas tut es hier Art. 1 und 2. Zunächst ist die Schlüsselgewalt etwas Größeres und Umfassenderes. Die „Schlüssel" sind Inbegriff der Gewalt über das Hauswesen; wer sie hat, besitzt die Gewalt über das Ganze, ist der Herr, ist bevollmächtigt. Zur Kennzeichnung der erhabenen Macht des verklärten Herrn heißt es deshalb von ihm in der Geheimen Offenbarung, daß er die Schlüssel hat: „Ich habe die Schlüssel des Todes und der Unterwelt" (1, 18); „Er hat den Schlüssel Davids, er schließt auf und niemand schließt zu, er schließt zu und niemand öffnet" (3, 7). Ist in diesen Bildworten dem Herrn die schlechthin absolute Macht des Heils zugesprochen, so dient das gleiche Bildwort an anderen Stellen zur Bezeichnung einer Teilvollmacht (20, 1, wo ein Engel den Schlüssel zum Abgrund hat) oder der Übertragung einer Vollmacht (9, 1 f., wo der Schlüssel zum Schlund des Abgrundes gegeben wird, damit dieser geöffnet werde). Kurz: der Inhaber der

[3] H. Vorgrimler, Schlüsselgewalt I. LThK² 9 (1964) 422.

17—27 „Schlüssel" ist Inhaber der Gewalt. Bei Mt 16, 19 a werden dem
Einl. Petrus, der 16, 18 zum Fundament der Kirche bestimmt wurde, die von der Unterwelt nicht überwunden werden kann, vom Herrn die Schlüssel zum Königreich der Himmel, zur Basileia, übergeben, d. h. er wird von dem, der souveräner Inhaber aller Schlüsselgewalt über dieses Reich ist, beauftragt, bevollmächtigt, dieses Reich im Namen Christi zu verwalten, zu betreuen. Hier ist gewiß universale Verwaltungsvollmacht gemeint, aber im Bilde der Schlüssel, die öffnen und unter Umständen auch verschließen sollen. Der Bevollmächtigte soll im Namen Christi den Zugang zur Heilsgemeinde, zur Ekklesia, in der das Reich da ist, vermitteln, gewähren und unter Umständen verweigern. Man kann deshalb mit Recht die Schlüsselgewalt des Petrus und seiner Nachfolger bezeichnen als „die Summe der Ämter, Dienste und Gewalten, die Jesus Christus zum Heil der Menschen seiner Kirche eingestiftet hat".[4]

Nun ist aber die richterliche Bevollmächtigung im Hinblick auf die Sünde, ihren Nachlaß oder Nichtnachlaß zweifellos eine der wichtigsten Betätigungen dieser Schlüsselgewalt; deshalb ist es verständlich, daß Thomas mit der gesamten Tradition vor ihm im „Binden und Lösen" von Mt 16, 19 bc die hervorragende Betätigung der Schlüsselgewalt gesehen hat. Doch ist der universale Umfang der Urbedeutung entschieden festzuhalten. Er kommt in 17, 1 *Antw.* noch deutlich zur Geltung. Der Zugang zum Reich wird durch die Sünde unmöglich gemacht. Alles Heil in der ganzen Weite dieses Begriffes und seiner Wirklichkeit, der Eingang in das Reich des Vaters und Christi, erwächst aus der Erlösung von der Sünde, besteht im Freibleiben von ihr, im Geöffnetsein der Pforte zum Reich, in der Freiheit des Eintretendürfens und Dortverbleibenkönnens.

Das schenkt die souveräne Macht, der Heilswille des Dreifaltigen Gottes; er hat die Schlüssel „autoritativ", im „Ursprung" zu eigen. „Der eine Mittler zwischen Gott und den Menschen, der Mensch Jesus Christus" (1 Tim 2, 5), hat durch sein Leiden die Sünde, das Hindernis, das im Wege stand, hinweggenommen, die Pforte zum Reich geöffnet; niemand wird sie wieder schließen. Ihm gebührt die „Schlüsselgewalt des Vorzugs" vor allen anderen Dienern des Heils. Grundsätzlich ist die Pforte zum Reich aufgeschlossen. Aber der Herr hat den Zugang zum Reich, als dem Bereich des Heils überhaupt, im Konkreten, im Hinblick auf den Einzelnen seiner Kirche anvertraut, die aus seiner Seite am Kreuz geboren wurde, deren Sakramente aus der geöffneten Seitenwunde des Gekreuzigten hervorgegangen sind. Und deshalb kommt den Dienern oder Spendern dieser Sakramente, dem Petrus, den Aposteln und allen von ihnen Beauftragten, ebenfalls eine gewisse Vollmacht zu, nicht aus eigener Anmaßung, sondern in Kraft der Bevollmächtigung Gottes, in Kraft der erlösenden Heilstat des Gekreuzigten und Auferstandenen. Sie besitzen, d. h. sie empfingen, die Schlüssel nur zum „Dienst". All das aber ist zu verstehen in der universalen Weite der gesamten Heilsvermittlung. Heil, Eingang in das Reich (soweit dies in der Ekklesia

---

[4] L. Hödl, Schlüsselgewalt II. Ebd., 422—425; Zit. Sp. 422.

bereits jetzt, anfangsweise, in der Hoffnung auf endgültige eschatologische Vollendung, da ist), Gnade, In-Christus-Jesus-Sein, das alles wird gewährt in der Erlösung von der Sünde, der Erbschuld und aller persönlichen Sünde, in der wir täglich immer wieder fehlen. Die Gewalt der Sündenvergebung ist von all dem nur ein, freilich ein sehr gewichtiger Teil. 17—27 Einl.

Von diesem besonders wichtigen Teil ist nun hier im Bußtraktat eigens die Rede. Es handelt sich um die Betätigung dessen, was Mt 16, 19 b und 19 c dem Petrus übertragen wird, was aber in gleicher Weise Mt 18, 18 den Aposteln bzw. den Jüngern insgesamt übertragen wird. Die letzte Stelle steht in einem Zusammenhang, der deutlicher spricht von Sünde, Zurechtweisung, von Versöhnung, von Urteil und Ausschluß im Angesichte der ganzen Kirche. „Wenn dein Bruder gegen dich gesündigt hat, gehe hin und überführe ihn zwischen dir und ihm allein. Wenn er dich hört, hast du deinen Bruder [dir] gewonnen. Wenn er dich nicht hört, so nimm mit dir noch einen oder zwei, damit aufgrund der Aussage zweier oder dreier Zeugen jedwedes [Entscheidungs-]Wort festgelegt sei. Wenn er auch sie nicht hört, sage es der Kirche (der Gemeinde); wenn er auch die Kirche nicht hört, sei er dir wie ein Heide und Zöllner. Wahrlich, ich sage euch, was immer ihr auf Erden binden werdet, wird auch im Himmel gebunden sein, und was immer ihr auf Erden lösen werdet, wird auch im Himmel gelöset sein" (Mt 18, 15—18). Der Auferstandene wird diesen Auftrag noch einmal wiederholen, ohne Bild, in vollendeter Klarheit (Joh 20, 21—23): „Der Friede sei mit euch. Wie mich der Vater gesandt hat, so sende auch ich euch. Und nachdem er dies gesagt hatte, hauchte er sie an und sprach: Empfanget den Heiligen Geist. Wenn immer ihr jemandem die Sünden nachlasset, dem sind sie nachgelassen, wem immer ihr sie belasset, dem sind sie belassen."

Unsere Frage ist nun, wie das „Binden und Lösen" von Mt 16 und 18 sich verhält zum „Nachlassen und Belassen" von Joh 20. Während man in neuerer Zeit die beiden Begriffspaare voneinander trennte und das „Binden und Lösen" mit der allgemeinen Vollmacht des Primats von Mt 16, 19 verband, werden sie neuerdings wieder aufs engste zueinander in Beziehung gesetzt.[5]

Freilich ist die Ausdeutung von „Binden und Lösen" bis auf den heutigen Tag sehr umstritten. Wir können die Fragen um ihre Überlieferung innerhalb der Hl. Schrift zurückstellen. Die Worte sind uns überkommen in der vom Geiste Gottes inspirierten Schrift, in der die Verkündigung der Kirche, der Apostel über Jesus, sein Wort, seine Stiftung und Beauftragung sich niedergeschlagen hat. Das ist genügend als Ausgangspunkt unserer Betrachtung. Alle Ausleger sind sich einig, daß wir auszugehen haben vom ursprünglichen hebräischen bzw. aramäischen Sprachgebrauch der Zeitgenossen Jesu, insbesondere der Rabbinen. Er kennt das „Binden und Lösen" vor allem als Lehrentscheidung, kraft dessen etwas für verboten oder erlaubt erklärt wird. Seltener

[5] Vgl. H. Vorgrimler, Das „Binden und Lösen" in der Exegese nach dem Tridentinum bis zum Beginn des 20. Jahrhunderts. ZkTh 85 (1963) 460—477 u. die dort zit. Lit.

17—27 ist die Bedeutung bezeugt: durch Bann aus der Gemeinde aus-
Einl. schließen, in sie wieder aufnehmen.

Aufgrund dieses Befundes möchten die einen in unseren Stellen vor allem die Bevollmächtigung zur Lehrentscheidung sehen: „autoritative Verkündigung und Vermittlung des Heils der Gottesherrschaft“;[6] andere hingegen vertreten mit Nachdruck die Deutung: „den Bann verhängen und aufheben, aus der Gemeinde ausstoßen und in sie wieder aufnehmen“.[7] Es scheint, daß diese zweite Ansicht festzuhalten ist, zumal wenn wir (mit Vorgrimler) bedenken, daß die Binde- und Lösegewalt zwar ein Teil der Schlüsselgewalt, aber keineswegs mit ihr identisch ist. Das ist um so wahrscheinlicher, als diese Deutung auch der Bußpraxis der Urkirche entspricht, wie sie Mt 18, 15 ff. angedeutet wird. Dabei braucht dieses Durchscheinen einer urkirchlichen Praxis in einem als Herrenwort überlieferten Ausspruch in keiner Weise sekundär zu sein. Binden — das ist das Ausschließen aus der Gemeinschaft der Kirche, nach vorausgegangener, stufenweise gegliederter Verwarnung (gemäß Mt 18, 15—17); Lösen — das ist die Gewalt, nach Umkehr *(metanoia)* und vollzogener Buße in diese Gemeinschaft wieder aufzunehmen, von den Sünden und den durch sie gegebenen Banden zu lösen. Dieses, das Lösen, d. h. das Nachlassen der Sünden, ist die entscheidende Vollmacht, das Ziel aller Erlösertätigkeit des Herrn und aller Verkündigung der Apostel, nicht ohne Absicht im Auftrag des Auferstandenen deshalb an die erste Stelle gesetzt (Joh 20, 23).

Diese Vollmacht zum Sündennachlaß innerhalb eines ausgesprochen geordneten Bußverfahrens wird Mt 18 und Joh 20 den Aposteln insgesamt zugesprochen; ja, man muß sagen, selbst das (und nicht etwa die Übertragung schlechthin an alle Jünger) wird aus dem unmittelbaren Wortlaut der genannten Stellen nur als Wahrscheinlichkeit gefolgert werden können, durch den Hinweis auf entsprechende Parallelen im alten Israel; der genaue Nachweis und die überzeugende Begründung lassen sich erst gewinnen „im Rahmen einer Untersuchung der kirchenstiftenden Worte Jesu im gesamten [Überlieferungsbereich] ...“[8]

Das Problem ist ziemlich komplex. Die Binde- und Lösegewalt wird ja zuerst in Mt 16 dem Petrus allein zugesprochen. Im größeren Zusammenhang eben der kirchenstiftenden Tat des Herrn wird die Schlüsselgewalt in ihrem umfassenden Sinn „autoritativer Verkündigung und Vermittlung des Heils der Gottesherrschaft“,[9] als „Vollmacht, durch Verwaltung des Gerichts- und Gnadenwortes die Gemeinde geistlich zu leiten“,[10] der Kirche zugesprochen, aber dieser Kirche, so wie sie vom Herrn selbst und dann in der Praxis der Urgemeinde und der frühchristlichen Zeit überhaupt hierarchisch gegliedert ist: Diese Gewalt des Sündennachlasses ist der Kirche gegeben im Rahmen und als Teil der Gesamtleitungsgewalt, ihren Priestern (wie das vor allem die Scholastik betont hat) aber, insofern sie den Bischöfen

---

[6] A. Vögtle, Binden und Lösen. LThK² 2 (1958) 480—482; Zit.: 480.
[7] F. Büchsel, δέω (λύω). ThWNT 2 (1935) 59 f.
[8] A. Vögtle, a. a. O.
[9] Ebd.
[10] J. Jeremias, κλείς. ThWNT 3 (1938) 743—753; Zit. 751.

untergeordnet sind; ohne den Bischof, seine Weihe und seinen autoritativen Auftrag ist niemand priesterlicher Inhaber dieser Gewalt, ja kann der Priester diese Gewalt nicht ausüben. Und noch einmal: auch die Bischöfe sind untergeordnet der Gewalt des ersten der Apostel bzw. seines Nachfolgers, des Papstes; d. h. niemand wird zum Bischof bestellt, ohne daß er, in Gemeinschaft mit dem Apostolischen Stuhl zu Rom, geweiht ist, ja, ohne daß er von daher seine Jurisdiktionsgewalt empfängt. Erst neuere theologische Entwicklung läßt wiederum stärker alle Gewalt, auch die rechtliche der Sendung und Beauftragung (Jurisdiktionsgewalt) wurzelhaft schon in der Bischofsweihe selbst gegeben sein. Das ist vor allem in den Bestimmungen des 2. Vatikanischen Konzils deutlich geworden.[11] 17—27 Einl.

Wichtig ist endlich, daß gemäß dem Tenor der zitierten Herrenworte (Mt 16 u. 18; Joh 20) all diese Bevollmächtigung sich nicht etwa nur erstreckt auf die rein äußerliche Vollmacht, aus dem Verband der Kirche, der brüderlichen Gemeinde, auszuschließen und darin wieder aufzunehmen; vielmehr ist dies Zur-Kirche-Gehören in seinen letzten Tiefendimensionen zu verstehen als ein In-Christus-Sein. Wer derartig bindet und löst, wer in diese entscheidende Heilsgemeinschaft aufzunehmen oder aus ihr auszuschließen vermag, hat damit, nicht durch eigene Anmaßung, sondern kraft der erbarmenden Berufung durch den, der in souveräner Macht allein die Schlüssel trägt, die entsprechende Verwaltervollmacht erhalten, die über dieses Heil, die Zugehörigkeit zum Reich Gottes entscheidet. Wie immer im einzelnen das Wie zu deuten ist, in der Tat hat die Kirche, gemäß der Aussage der neutestamentlichen Texte, und zwar in ihren Amtsträgern, den Priestern, in Unterordnung unter die Apostel, die Bischöfe und den Nachfolger Petri, die Vollmacht, kraft des Heiligen Geistes, im Namen des Herrn, Sünden nachzulassen bzw. sie zu behalten und so in entscheidender Weise, wiederum natürlich nur in Bevollmächtigung, in Erfüllung eines Auftrages, den Zugang zum Reich Gottes zu erschließen oder zu verschließen.

Mag also immerhin im Text der „Sentenzen" des Petrus Lombardus und bei seinem Kommentator Thomas eine gewisse Verengung dessen vorliegen, was an größerem Umfang „Schlüsselgewalt" im NT besagt, die scholastische Theologie und, mehr noch, die gesamte Überlieferung seit Tertullian hat nicht zu Unrecht die spezifische Gewalt der Diener und Spender des *Bußsakramentes* in Beziehung zur „Schlüsselgewalt" gesetzt.

Innerhalb des Fragenbereiches, der mit dem Titel „Schlüsselgewalt" in der scholastischen Theologie abgesteckt ist (vgl. S. 379 f.), nimmt Fr. 17 die entscheidenden Bestimmungen vor. 17, 1 *Antw.* entwirft den S. 400 nachgezeichneten theologischen Zusammenhang Dreifaltigkeit — Christus — Kirche. Die genauere Interpretation zeigt, von welchen Problemen dabei ausgegangen wird. 17

[11] Vor allem LG 21 f. (auch Nota explicativa praevia n. 2, in der offiziellen Ausgabe des Konzils-Sekretariats von 1966, S. 216). S. auch ChrD 3 f. 25. Vgl. J. Lécuyer, Die Bischofsweihe als Sakrament. In: G. Baraúna (Hg.), De Ecclesia. Beiträge zur Konstitution „Über die Kirche" des Zweiten Vatikanischen Konzils. Freiburg 1966, II 24—43, bes. 34—38. S. auch: K. Mörsdorf, Kirchengewalt. LThK² 6 (1961) 218—221; ders., Jurisdiktion. LThK² 5 (1960) 1220; Hödl, Schlüsselgewalt. LThK² 9 (1964) 425.

Erster Abschnitt
WESEN UND PROBLEME DER SCHLÜSSELGEWALT
(Fr. 17—20)

Erstes Kapitel
SCHLÜSSELGEWALT UND KIRCHLICHES AMT
(Fr. 17)

17, 1 1. Gibt es in der Kirche Schlüsselgewalt? (Art. 1). — Die biblische Grundlage ist ohne weiteren Kommentar *Anders.* 1 genannt: Nach dem Messiasbekenntnis des Petrus, nach der Verheißung des Primates an Petrus, auf den, als auf das Felsenfundament, der Herr seine Kirche bauen will, sagt Jesus feierlich, er werde ihm die Schlüssel des Himmelreiches geben (Mt 16, 19 a). Die neuere Exegese lehrt uns, hier zunächst Kirche und Himmelreich (= Gottesreich) klar und deutlich voneinander zu unterscheiden; es ist die Aufgabe der auf Petrus gegründeten Kirche, den Zugang zum Himmelreich zu erschließen. Und zwar ist es Petrus, der hier die Schlüssel empfängt. Er wird dadurch nicht nur zum „Pförtner" bestellt, vielmehr „nach einer verbreiteten orientalischen Vorstellung zum mächtigen Vorsteher des Gebäudes erklärt",[1] dessen Schlüssel er erhält. Die folgende Vershälfte (19 b) sagt erklärend, worin diese Schlüsselgewalt besteht: „Petrus empfängt die Gewalt, so zu binden und zu lösen, daß, was er tut, auch im Himmel, d. h. bei Gott Geltung hat."[2]

Thomas geht auf diesen Inhalt der Schlüsselgewalt ausführlich im Art. 2 ein. Aber schon Art. 1 wird klar, daß diese Gewalt zur Öffnung der verschlossenen Pforte des Reiches oder des Himmels in der Gewalt über die Sünden besteht *(Antw.)*. Das ist legitimste Exegese dieser Schriftstelle Mt 16, 19, auch im Zusammenhang mit den ähnlichen und weiterführenden, die Nachlaßgewalt auch auf die anderen Apostel übertragenden Stellen Mt 18, 18 und Joh 20, 23 (S. 400 f.). Die Kirchenväter haben diese Worte denn auch fast ausnahmslos im Sinn der Sündenvergebungsgewalt verstanden; früheste Zeugnisse dafür finden wir bei Tertullian (De pudicitia 21: CChrL 2, 1327; BKV 24, 466) und Origenes (Komm. zu Mt t. XII, 14: CGS Origenes 10, 96—100). Die Worte der Schrift sind von einer solchen Klarheit und Eindringlichkeit, daß gerade die protestantische Exegese mit allem nur nötigen Nachdruck von „völliger Identität des kirchlichen und göttlichen Urteils" spricht: „Ihr [der Kirche] Handeln ist das gegenwärtige Handeln Gottes selbst".[3]

Immerhin wird man das insofern etwas einschränken müssen, als nur die Vollmacht, aus der Gemeinde, aus der Kirche auszuschließen und zu ihr zuzulassen, den Zugang auch zum Gottesreich erschließt. Diese leichte Reserve läßt auch leichter das Zögern der Theologie nach der Zeit der Kirchenväter verstehen, wenn es gilt,

[1] H. v. Campenhausen, Kirchliches Amt und Geistliche Vollmacht in den ersten drei Jahrhunderten. Tübingen 1953, 141.
[2] J. Schmid, Das Evangelium nach Matthäus. Regensburg[4] 1959, 250.
[3] H. v. Campenhausen, a. a. O., 137.

die Vollmacht der Kirche, ihres Amtes, ihrer Diener im Hinblick auf den Sündennachlaß näher zu umgrenzen. Der gegenwärtige Artikel des hl. Thomas läßt dieses Zögern, das in der Frühscholastik seinen Höhepunkt erreichte, noch deutlich genug erkennen. Es war durchaus nicht leicht, bei der besinnlichen Betrachtung der Texte, ihrer spekulativen Durchdringung und der synthetischen Verbindung der verschiedenen in Frage kommenden Momente das Verhältnis von göttlicher Erlösungsmacht und menschlicher, von Gott selbst gewollter und ermöglichter Hilfestellung zur Heilsvermittlung richtig darzustellen und zu deuten. 17, 1

Thomas beginnt seine Erklärung *(Antw.)* mit der Auswertung des Bildwortes von den Schlüsseln. Sie sind das Amtszeichen, und mehr: das wichtigste Gerät des Verwalters. Die Apostel, die Diener der Kirche, sind gemäß 1 Kor 4, 1 „Diener Christi und Verwalter der Mysterien Gottes" (vgl. *Anders. 2* m. Anm. [2]). Man wird diese göttlichen Mysterien in umfassendem Sinne verstehen müssen: es sind die göttlichen Heilsgüter in ihrer Gesamtheit, die Sakramente, das Wort, das Leben, der Zugang zur Gottesherrschaft. Zu all dem den Zugang erschließen, das heißt wahrhaft, die Schlüsselgewalt besitzen: die Autorität zur Zulassung zu diesen Heilsgütern und zu ihrer rechten Betreuung in der anfangsweisen Verwirklichung, die sie in der Kirche besitzen, und damit auch in ihrer letzten Vollendung, ihrem endgültigen Besitz, zu dem die Kirche vorbereiten soll. Vom körperlich-materiellen Bereich her ist das Bild des Schlüssels genommen; er öffnet die Pforte zu den Schätzen, die der Verwalter zu vergeben hat. Die Pforte des Reiches aber, d. h. der Kirche hienieden und dann der eschatologischen Gottesherrschaft, ist in entscheidender Weise verschlossen durch die Sünde. Die Macht, diese Pforte wieder öffnen zu können, ist in der Tat Schlüsselgewalt. Sie ist „autoritativ", im Sinn des letzten Ursprungs, allein bei Gott, der Allerheiligsten Dreifaltigkeit. So sagt es die Schrift, wenn auch zunächst aus dem Munde von Gegnern (deren Argument aber anerkannt wird, nur mit einer anderen Folgerung im Hinblick auf die Person Christi): „Wer kann Sünden nachlassen außer allein Gott?" (Lk 5, 21). Die Theologie aller Zeiten hat das klar gesehen; insbesondere hat die mittelalterliche Theologie es aufs stärkste betont, auf die Gefahr hin, die Machtfülle des kirchlichen Amtes dadurch zu verringern.

Die Schwierigkeiten, die sich nun dennoch einstellten, entstanden aber daraus, daß die Wirklichkeit der Heilsvermittlung komplizierter ist, als es die radikale Einseitigkeit dieser einen Sicht zunächst erkennen läßt. Gott der Herr hat uns das Heil geben wollen durch die Menschwerdung seines Sohnes, den er zu uns gesandt hat, „damit jeder, der an ihn glaubt, nicht verlorengehe, sondern das ewige Leben habe" (Joh 3, 16). Jesus hatte, als der mit der Gottheit hypostatisch in der Einheit der Person verbundene Mensch, die Macht, die Pforte zum Leben zu öffnen (vgl. E. 2; III 49, 5: Bd. 28). Thomas hat an anderen Stellen diese Christus dem Herrn als Menschen zukommende „Vorzugsgewalt" ausführlich erörtert. Sie kommt ihm zu gegenüber aller Dienstleistung von seiten der Kirche, ihrer Diener und Sakramente; doch ist auch sie etwas Zweites, Untergeordnetes, Zweitursache und Werkzeug gegenüber der Gottheit. Ist die erste Überlegung ein

17, 1 allen Theologen der damaligen Zeit vertrauter Gedanke, so ist die Auffassung von der Menschheit Christi als dem „Werkzeug (Organon) der Gottheit" eine Anschauung, die der Aquinate von den griechischen Kirchenvätern, wie Cyrill von Alexandrien und Johannes von Damaskus, übernommen hat, die in seiner soteriologischen und christologischen Konzeption von Anfang an grundlegend und zentral ist und die als eine für ihn ganz spezifisch kennzeichnende Lehre bezeichnet werden muß (vgl. III 64, 3: Bd. 29; 48, 5 f.; 49, 1, 5: Bd. 28[4]). Der Begriff der „werkzeuglichen Ursache" insbesondere ist für Thomas die Klammer, um das Zusammenwirken von Gottheit, Menschheit Christi und Sakrament in der konkreten Erlösung und Heilung des Menschen zu fassen. „Sofern Christus Gott ist, wirkt Er in den Sakramenten als Urheber; sofern Er Mensch ist, wirkt Er bei den inneren Wirkungen der Sakramente verdienend und hervorbringend, dieses jedoch nur werkzeuglich. Denn das Leiden Christi, das Ihm der menschlichen Natur nach zukommt, ist bei unserer Rechtfertigung sowohl Verdienstursache wie auch Wirkursache; zwar nicht Hauptwirkursache oder Urheber, sondern Werkzeug, sofern Seine Menschheit Werkzeug Seiner Gottheit ist" (III 64, 3 *Antw.*: Bd. 29). Diese Auffassung ist auch im Sentenzenkommentar (dem ja das Supplementum entnommen ist) durchaus schon gegeben, wenn auch nicht immer mit der gleichen Klarheit wie in der späteren Summa. Es ist deshalb völlig entsprechend, daß wir die Texte des Supplementum im Lichte der Summa lesen und verstehen; wir dürfen mit Recht annehmen, daß Thomas selbst so gehandelt hätte, wäre ihm die Vollendung des Bußtraktates in der Summa vergönnt worden.

So ist also die Menschheit Christi werkzeugliche Ursache der Gottheit zur Bewirkung unseres Heiles; Christus selbst aber seinerseits hat sich zur Durchführung dieser unserer Heilsverwirklichung der Kirche und ihrer Sakramente als der vorzüglichen Betätigungsweisen der Kirche bedienen wollen. Aus der geöffneten Seite des am Kreuz sterbenden Christus ist, nach einem den alten Vätern teuren Bilde, die Kirche geboren worden, jene Kirche, die im Vollzug ihrer Sakramente sich aufbaut (vgl. Anm. [4]). „In ihnen bleibt die Wirkkraft des Leidens *(Antw.)*; in ihnen wirkt das Leiden Christi gegenwärtig, so wie in der werkzeuglichen Ursache die Hauptursache wirkend gegenwärtig ist.[5] Deshalb kann und muß man den Sakramenten, bzw. ihren Spendern, der Kirche oder ihren Dienern, ebenfalls die Macht zusprechen, die Sünden zu tilgen, zu entfernen und damit die Pforte zu öffnen zum Leben, zum Reiche Gottes, natürlich in gar keiner Weise so, daß sie dazu aus eigener Macht imstande wären, „sondern [nur] durch die Kraft Gottes [als der Hauptursache] und des Leidens Christi [als der werkzeuglichen Erstursache]"

[4] Vgl. J. Backes, Die Christologie des hl. Thomas von Aquin und die griechischen Kirchenväter. Paderborn 1931; Th. Tschipke, Die Menschheit Christi als Heilsorgan der Gottheit. Freiburg 1940 (=FThSt 55).

[5] Vgl. über diese grundlegenden Zusammenhänge P. Wegenaer, Heilsgegenwart. Das Heilswerk Christi und die virtus divina in den Sakramenten, unter besonderer Berücksichtigung von Eucharistie und Taufe. Münster 1959.

(Antw.). In diesem Sinne kommt der Kirche und ihren Dienern „Schlüsselgewalt" zu. 17, 1

In solcher Darlegung der Zusammenhänge ist im Grunde die Antwort auf die *Einwände* bereits gegeben. Doch liegt deren besonderer Wert darin, daß sie die hier gegebene Problematik mit Nachdruck herausstellen. Besonders die Antworten Zu 1 und Zu 2 tun das in einer Weise, die geradezu verblüffend modern ist. Die beiden Einwände betonen, daß die Erlösung bereits in Christus geschehen ist; er hat uns durch sein Blut „einen neuen, lebendigen Weg erschlossen durch den Vorhang hindurch, als Eintritt in das Allerheiligste" (vgl. Hebr 10, 19 f.). Der Zugang zum Himmel (oder in dem anderen Bilde, nach Zu 2, zum Paradies) steht nach Gottes ewiger Heilsplanung in Christus von Ewigkeit her allen Menschen an sich offen (vgl. Eph 1, 3—5), ist den Kindern Adams aber verschlossen durch den Sündenfall des Stammvaters, ist jedoch nun wieder erschlossen, und zwar allen denen, die sich zu Christus bekennen, die an ihm teilhaben „durch den Glauben und die Sakramente des Glaubens" (vgl. III 62, 6; 62, 5 Zu 2; 61, 4: Bd. 29). Diese tun nicht etwa das Ungenügen der Heilstat Christi kund, sondern geben vielmehr gerade dem Menschen die Möglichkeit, in Kontakt mit der allgenügenden Erlösung Christi zu kommen, so daß auch für den einzelnen Christus durch sein Leiden die Erbsünde und jedwede andere Sünde tilge, auf daß vermittels des Glaubens und der Glaubenssakramente die Heilstat Christi hier und jetzt gegenwärtig wirke (vgl. Bd. 28, 452—456). Die entscheidende Tat ist ein für allemal bereits gesetzt; die Unterwelt ist verschlossen, vernichtet, so daß nun keiner mehr in sie hinabsteigen muß (falls er sich nicht dem heilenden Tun Christi durch erneute Sünde und durch Verhärtung entzieht), so daß ein jeder, der sich von Christus ergreifen läßt, in das „Paradies" hinaufsteigen kann (Zu 2). Man kann unter katholischen Theologen noch darüber streiten, wie näherhin diese „Aktualpräsenz" (J. Betz), diese wirkende Gegenwart der Heilstat Christi erklärt werden soll, darin aber sind sich alle eins, daß die eine Heilstat Christi uns vermittels des Glaubens und der Sakramente erreicht, im Gegensatz zur Sicht der Reformatoren des 16. Jahrhunderts und vieler ihrer Folger bis heute in der protestantischen Theologie, die in der Betonung dieser Mittelstellung des Glaubens und der Sakramente eine Gefährdung der Allgenügsamkeit der Christustat sehen. Diese ist aber keineswegs gegeben. Allerdings hat Gott seiner Kirche in der Übertragung der „Schlüsselgewalt" im Rahmen jener sakramentalen Vermittlung eine echte Mitwirkung gegeben, jedoch — wie schon zitiert — natürlich nicht aus eigener Kraft, sondern „aus der Kraft Gottes und des Leidens Christi" *(Antw.);* sie ist nach der reiferen Lehre der Summa eine echte werkzeugliche Mitwirkung auch auf das Endziel hin, die Vermittlung der Gnade, der Zugang zum Leben. Hier, Zu 3, ist Thomas zurückhaltender; er spricht nur von der Gewalt, durch das Verhängen von zeitlichen Sündenstrafen, das Hinauszögern endlicher, völliger Wiederaufnahme in die kirchliche Gemeinschaft auch vom endgültigen Eingang in das Reich des Ewigen Lebens zurückzuhalten — und durch den Nachlaß solcher Strafverhaftung den Zugang zu öffnen.

17, 2 2. Der Inhalt der Schlüsselgewalt (Art. 2 und 3). — Die Frage, ob die Schlüsselgewalt in der Gewalt, zu binden und zu lösen, besteht (Art. 2), schließt sich sinngemäß an das Vorhergehende an. Die Antwort ist schon vorgegeben in dem Schriftwort Mt 16, 19, das die Grundlage von Art. 1 darstellt. Die zweite Hälfte des Verses erläutert die erste: In der Verleihung der Schlüssel wird die Gewalt gegeben, zu binden und zu lösen. Zwei Bilder ergänzen sich; der Schlüssel eröffnet den Zugang, d. h. er löst von allen Hemmnissen; er verschließt, d. h. er bindet so, daß der Eintritt nicht möglich ist. Schriftinterpretation führt zum gleichen Ergebnis. Die Übertragung des Schlüssels besagt die Übertragung der Vollmacht zu geistlicher Leitung der Gemeinde, näherhin der richterlichen „Vollmacht, über die Ungläubigen das Gericht zu verhängen und den Glaubenden die Vergebung" zukommen zu lassen.[6] „Hinter dem δεῖν καὶ λύειν von Mt 16, 19; 18, 18 steht unfraglich das hebräische *asar* und *hitir* bzw. das aramäische *schera asar* der Rabbinen."[7] Dabei handelt es sich nicht um ein zauberhaftes Binden. Die übliche Bedeutung bei den Rabbinen ist gewiß: „durch Lehrentscheidung für verboten oder erlaubt erklären, eine Verpflichtung auferlegen oder aufheben". Doch kommt diese Bedeutung hier kaum in Frage. Dagegen ist ebenfalls die Bedeutung „den Bann verhängen und aufheben, aus der Gemeinde ausstoßen und in sie wieder aufnehmen nachgewiesen, freilich selten". Sie ist hier also zum wenigsten möglich und ist positiv anzunehmen, weil sie den Anschluß ermöglicht an Mt 18, 17; sie paßt auch für Joh 20, 23 und entspricht dem Verständnis der Kirchenväter, die sie seit Tertullian, De pudic. 21, und Origenes, Comm. in Mt. t. XII, 14, fast ausnahmslos vertreten. „Deshalb spricht die überwiegende Wahrscheinlichkeit — mehr läßt sich nicht behaupten — für die Deutung: den Bann verhängen und aufheben."

Man wird sagen dürfen, daß die Formulierung des Magisters Petrus Lombardus, die Thomas seinem Artikel zu Grunde legt, dieser Deutung durchaus gerecht wird: Die „Schlüssel" besagen die Gewalt des kirchlichen Richters, die Würdigkeit der Büßenden prüfend, über sie richtend, zu lösen von all dem, was aus der Gemeinschaft der Kirche (und damit Gottes) ausschließt, oder zu binden, indem dieser Ausschluß nicht fortgenommen wird.

Die weitere Frage ist nun, was ist das für eine Gewalt? Wie verhält sie sich zu jener geistlichen Gewalt, die im „Charakter", dem „Siegel" der sakramentalen Priesterweihe gegeben wird? Ist die Schlüsselgewalt mit der Weihegewalt des Priestertums identisch? Darauf wird die Antwort gegeben vor allem Zu 1 und Zu 2. E. 3 und 5 erörtern erneut die grundsätzliche Frage, ob denn diese Schlüsselgewalt der Kirche und ihrer Diener überhaupt nötig sei, da es doch allein Gott zustehe, die zu seiner Gemeinschaft wieder zuzulassen, die seine Gnade bereitet hat. Schließlich fragt E. 4, ob, falls die Schlüsselgewalt anzunehmen ist, es nicht ausschließlich Aufgabe der Kirche sei, zum Eingang in das Reich Gottes zu verhelfen, nicht aber, richterlich davon auszuschließen. Thomas

---

[6] J. Jeremias, κλείς. ThWNT 3 (1938) 743—753.
[7] F. Büchsel a. a. O., 59 f. Hier auch die folgenden Zitate.

antwortet, indem er, gestützt auf das methodische philosophische Prinzip, daß ein Vermögen von seiner aktuellen Betätigung her definiert werden muß, von der Betätigung der Schlüsselgewalt auf deren wesentliche Struktur schließt. Dabei wird noch einmal deutlich: die Schlüsselgewalt ist keine absolute Gewalt, sondern nur die dienende, vermittelnde geistliche Vollmacht, das, was Christus durch seine Heilstat ganz allgemein schon bewirkt hat, konkret dem einzelnen zukommen zu lassen. Ihr Träger ist der kirchliche Richter, der richterlich darüber zu befinden hat, ob dieser einzelne würdig ist oder nicht, den Zugang zu dem von Christus erschlossenen Reich zu erhalten; entsprechend diesem richterlichen Befund hat alsdann der Richter den Zugang entweder freizugeben oder verschlossen zu lassen. Die Gewalt, solches zu tun, ist geistliche Gewalt, im Sakrament der Weihe, des Ordo, vermittelt, in dem der Priester kraft des priesterlichen Weihecharakters Christus verähnlicht wird und Anteil an seiner priesterlichen Gewalt erhält, um vor allem die Eucharistie zu feiern und in ihr den Leib und das Blut des Herrn zu spenden sowie den von Christus bewirkten Sündennachlaß dem einzelnen zu vermitteln. Die Nachlaßgewalt ist also wurzelhaft und wesentlich die gleiche Gewalt wie die zur Feier der Eucharistie; sie ist von ihr nur gedanklich verschieden, im Hinblick auf die je andere Wirkung (Zu 1). Dabei kann diese Gewalt sich zur Vermittlung des Sündennachlasses nur betätigen, falls dem Priester über den betreffenden Christen eine Hirtenvollmacht erteilt worden ist (Zu 2). 17, 2

Zur näheren Bestimmung der Eigenart dieser Gewalt hat man neuerdings unterscheiden wollen zwischen „hoheitlicher" und „richterlicher" Gewalt der Kirche.[8] Die Unterscheidung ist sehr subtil, und es geht kaum an, der Lossprechung den Charakter richterlichen Urteils gänzlich absprechen zu wollen. Richtig ist allerdings, daß die sakramentale Lossprechung ein Akt von „ganz einzig dastehender Unvergleichbarkeit" ist, ganz im Dienst der Heilsbetätigung.[9] Die Lossprechung ist keine Betätigung eines richterlichen Strafurteils. In früheren geschichtlichen Formen des kirchlichen Bußverfahrens kannte man eine richterliche Ausstoßung des Sünders aus der kirchlichen Gemeinschaft zu Beginn des Bußverfahrens. Sie ist formell heute nicht mehr in Übung; geblieben ist nur, abgesehen davon, daß der (schwere) Sünder sich selbst der Möglichkeit beraubt hat, am eucharistischen Tisch teilzunehmen, die Auferlegung der Buße, die grundsätzlich auch heute noch ein ausgesprochen richterlicher Akt ist. Die sakramentale Lossprechung selbst aber steht im Zeichen der Gnade; sie löst den Büßenden von seiner „Bindung" im Ausschluß, erschließt ihm wieder die Gemeinschaft mit der Kirche und dadurch mit Gott; sie ist, im Zusammenwirken mit der Bußtat des Büßenden, die Ursache seiner Begnadigung. Aber sie ist es in der Weise eines richterlichen Befundes über die Gesinnung des

---

[8] Vgl. K. Mörsdorf, Der hoheitliche Charakter der sakramentalen Lossprechung. TThZ 57 (1948) 335—348; J. Ternus, Die sakramentale Lossprechung als richterlicher Akt. ZkTh 71 (1949) 214—230; U. Horst, Das Wesen der „potestas clavium" nach Thomas v. Aquin. MThZ 11 (1960) 191—201; dort auch weitere Literaturangaben (besonders bei K. Mörsdorf).

[9] Ternus, a. a. O., 228.

17, 2 Büßenden; sie ist also keine beliebige Begnadigung, sondern Gnadenvermittlung gemäß der zugrunde liegenden zweigliedrigen Bußgewalt, zu binden oder zu lösen. Dabei ist natürlich richtig, daß das „Binden" nur erklärender, nicht konstitutiver Natur ist; der Sünder hatte sich ja selbst schon durch die Todsünde „gebunden" (d. h. ausgeschlossen); das „Binden" des Priesters kann das im Grunde nur feststellen. Das „Lösen" ist von anderer Art; es stellt nicht nur etwas fest, sondern gibt nach Feststellung der Bußgesinnung in sakramentaler Weise, werkzeuglich-vermittelnd, kraft der Weihegewalt, die Wiederaufnahme in die kirchliche Gemeinschaft und dadurch in die Gemeinschaft mit Gott, die Gnade, gewiß nicht aus eigener Machtvollkommenheit, sondern in Auswirkung der Macht Christi, der durch sein Werkzeug, den Priester, solches vermittelt. In moderner Sprache könnte man, die beiden Ansichten miteinander verbindend, die Betätigung der Schlüsselgewalt nennen: einen Akt hoheitlicher Gewalt der Kirche, ja, einen Akt der „freiwilligen Rechtspflege" (Mörsdorf), aber nun doch, darin sich von jedem außersakramentalen Strafgericht, sei es weltlicher oder kirchlicher Form, unterscheidend, in der Weise eines richterlichen Befindens im Sinne des Bindens oder Lösens. Dieser Akt erfließt aus der Weihegewalt, die gegeben ist nicht zur Verdammnis, sondern zur Heilung und Versöhnung, aber aufgrund richterlicher Entscheidung über die Geeignetheit derer, die kraft kirchlicher Beauftragung dem Richter als dem Hirten anvertraut sind.

Die Schlüsselgewalt ist allerdings ein sehr umfassendes Vermögen, und man kann sie nicht auf den Akt der Lossprechung allein beschränken, wenn dieser auch ihre höchste Äußerung ist. Es ist das besondere Anliegen des Aquinaten, zu zeigen, daß diese Gewalt in ihrem wesentlichen Kern eine ist mit der geistlichen Gewalt, die im Weihesakrament verliehen wird; diese kann sich aber nur auswirken, wenn ihr kraft der hoheitlichen Hirtengewalt der Kirche die Beichtgewalt über einen bestimmten Teil der Herde Christi (z. B. dem Pfarrer für seine Gemeinde; zur heutigen Rechtslage vgl. Anm. [9]) zugeteilt worden ist. Diese geistliche Gewalt des Priesters, werkzeugliche Gewalt, ihm mitgeteilt von Christus als dem Urquell aller priesterlichen Gewalt im Neuen Testament, ist im Gesamtgefüge des Bußsakramentes (das seinerseits natürlich auch nur Werkzeug in der Hand Christi und schließlich Gottes ist) die entscheidende Kraft zum Nachlaß der Sünde, wie Thomas das selbst in III 86, 6 *Antw.* gesagt hat; sie hat also nicht nur vorbereitenden Charakter im Sinne einer Wiederzulassung zum sakramentalen Gottesdienst der Kirche. Doch bedeutet die Wirkung der Schlüsselgewalt natürlich auch dies, die Wiederzulassung, aber insofern sie das äußere Zeichen ist für den vermittels ihrer wirklich gegebenen Sündennachlaß und für die Mitteilung der Gnade (vgl. III 84, 1 u. 3: Bd. 31).

17, 3 Der folgende Art. 3 möchte den im Bild der „Schlüssel" dargestellten Inhalt der Schlüsselgewalt näher bestimmen. Von den „Schlüsseln" ist in der Mehrzahl die Rede. Bei der Treue gegenüber dem Schriftwort, das für die Exegese des Mittelalters typisch ist, konnte man an diesem sprachlichen Befund

nicht vorübergehen. Schon Beda der Ehrwürdige macht darauf 17, 3
aufmerksam, daß in dieser Mehrzahl von übertragenen Schlüsseln die Unterscheidung sichtbar wird zwischen der eigentlichen Binde- und Lösegewalt und dem dafür notwendigen Schlüssel des „Unterscheidungswissens" (hom. 16 zu Mt 16, 19: PL 92, 222 D). Über einen Beda fälschlich zugeschriebenen Text und die Glossa ordinaria (eine Zusammenstellung von Vätererklärungen zur Bibel — aus früheren Elementen im 12. Jh. zusammengestellt) gelangte diese Bestimmung in die von Petrus Lombardus (4 d. 18, 2) zusammengestellte Definition der Schlüssel. Aus didaktischen Gründen hat Thomas Art. 2 diese Definition ohne den voranstehenden und jetzt (Art. 3) in der Interpretation nachgeholten Anfang von der „discernendi scientia" zitiert.

Die Erklärung, die Thomas gibt, entspricht dem lebendig verstandenen Amt des Bindens und Lösens. Soll der Priester wirklich richterlich entscheiden darüber, ob er, im Namen und im Auftrag Christi, jemanden ob seiner Sünden aus der Gemeinschaft der Kirche auszuschließen und unter die Büßer einzureihen oder ob er den Sünder nach verrichteter Buße (oder doch wenigstens nach Erklärung seiner Bereitschaft, diese zu übernehmen) wieder voll in die kirchliche Gemeinschaft aufnehmen darf, so muß er ein echtes, gutes Unterscheidungswissen haben; bildlich gesprochen heißt das, er muß „zwei Schlüssel" haben; die eine Schlüsselgewalt „betrifft das Urteil über die Eignung des Loszusprechenden, und die andere betrifft die Lossprechung selbst" *(Antw.)*. Der „Schlüssel des Wissens" zeigt im konkreten Fall an, wem das verschlossene Schloß der kirchlichen Gemeinschaft zu öffnen ist (Zu 1).

Die in Art. 3 mit klarer Bestimmtheit vorgetragene Lehre von den beiden Schlüsseln ist freilich, wie so vieles auf diesem ganzen Gebiet der „Schlüssel", Endresultat langer und mühsamer Überlegung. Es war weniger die Tatsache an sich, daß kluges Unterscheidungswissen für den Beichtvater erfordert ist (worüber wohl niemand einen Zweifel gehegt hat; eher hat man festgestellt, daß dies Wissen gar manchem Priester abgeht...), als die Überlegung, ob auf dieses Wissen das Bild vom „Schlüssel" anwendbar sei und man infolgedessen überhaupt von zwei Schlüsseln sprechen dürfe (vgl. Zu 1—3 und selbst Zu 4—5, wo die Unsicherheit bezüglich dieses Bildes deutlich wird in der Behauptung, man könne auch von noch mehr Schlüsseln sprechen). Mehrere Theologen des 12. Jahrhunderts (Petrus Comestor, Petrus v. Poitiers und der Praepositinus) vertraten aber die Meinung, daß kein Priester so unwissend sei, daß er nicht doch wenigstens einen ganz kleinen Schlüssel *(clavicula)*, ein Mindestmaß des nötigen Wissens, habe. Stephan Langton hat jenes Gleichnisbild von den zwei Schlüsseln als erster gebraucht, das auch hier Zu 1 gebracht wird.[10]

---

[10] Zum ganzen vgl. Hödl, a. a. O., 381.

DIE WIRKUNG DER SCHLÜSSELGEWALT

(Fr. 18)

Die Frage nach der Wirkung der Schlüsselgewalt ist in neuer Form die entscheidende Grundfrage der gesamten Bußtheologie. Art. 1 formuliert sie in aller Schärfe: Erstreckt sich die Schlüsselgewalt auf die Nachlassung der Schuld? Wir haben im geschichtlichen Rückblick zu Beginn des Kommentars in Band 31 (S. 480 f.) bereits gehört, daß die frühe Scholastik in einer für unser heutiges Empfinden eher seltsamen und befremdenden Weise eine negative Antwort zu geben geneigt war, während Thomas, als Abschluß einer entgegengesetzten Richtung, die Bedeutung des kirchlichen Faktors klar erkannt hat (vgl. dort auch S. 483—486; 488—490). Das theologische Kernproblem, ob Todsünden nachgelassen werden können, wird in III 86 behandelt (Kommentar dazu: S. 507 ff.). Es wird noch einmal gestreift in Suppl. 8 (Kommentar dazu: S. 565 ff.), wo aber im Vordergrund die Erörterung der Vollmacht steht, das Beichtbekenntnis entgegenzunehmen. Schon an dieser letzten Stelle (S. 565) wurde auf unsere Fr. 18 hingewiesen, wo die Problematik der Schlüsselgewalt erörtert werden soll.

Wenn und insofern Schlüsselgewalt nach der Voraussetzung der scholastischen Theologie, wie wir in Fr. 17 gesehen haben, vor allem die Gewalt zu binden und zu lösen besagt, so wird nunmehr konkret gefragt: was vermag sie „zu binden und zu lösen"?; vermag sie auch die Schuld der Sünde selbst nachzulassen (Art. 1), oder hat sie nur die dafür geschuldete Strafe zu erlassen bzw. zunächst im Rahmen des kirchlichen Bußverfahrens aufzuerlegen (Art. 2)? Art. 3 beschäftigt sich insbesondere mit dem „Binden", der Auferlegung der Strafe und der etwa nötigen Belassung der Schuld (durch Nicht-Lossprechen).

Vorausgesetzt werden darf hier, was wir in Band 31 schon feststellten: das Buß-Sakrament in seiner Gesamtheit bewirkt den Sündennachlaß, den uns die Heilstat Christi als kostbare Gabe erwirkt hat. Innerhalb des Gesamtgefüges dieses Sakramentes kommt dem priesterlichen Entscheid die bestimmende, wesentliche Bedeutung zu, derart freilich, daß dieses priesterliche Tun mit dem subjektiven Tun des Büßenden als einem wesentlichen Bestandteil des Sakramentes sich verbinden muß zur Ganzheit des Sakramentes. Dieser letztere Gesichtspunkt wird hier noch einmal aufgegriffen; was ist, genau genommen, die Wirkung der Schlüsselgewalt, der priesterlichen, der kirchlichen Handlung im Bußvollzug?

Das von Thomas benutzte „Lehrbuch", das Buch der Sentenzen des Petrus Lombardus, das er in seinem Frühwerk, aus dem das Supplementum nach seinem Tode zusammengestellt wurde, kommentiert hat, sagt eindeutig mit der Mehrzahl der zeitgenössischen Magistri, daß Gott allein (durch die Reue im Herzen des Büßenden) die Sünde und die ewige Strafe (durch Schuld des ewigen Todes) löse (IV d. 18 c. 4: QR II 357—359). Dennoch wird den Priestern „die ihnen gewährte Gewalt, Sünden nachzulassen und

zu behalten“, keineswegs genommen, „da die Wahrheit das deut- 18
lich im Evangelium lehrt“ (c. 5: S. 359); das heißt aber: die Priester sollen „die Menschen als [von Gott] gebundene oder gelöste dartun“; die Priester des Neuen Testamentes haben danach nur die gleiche Gewalt, wie sie der alttestamentliche einst hatte, der die vom Aussatz bereits Gereinigten als rein erklärte. Sie binden ferner, indem sie den ihre Sünden Bekennenden eine Genugtuungsbuße auferlegen, und endlich auch, indem sie Unbußfertige durch die Exkommunikation aus der kirchlichen Gemeinschaft ausschließen (alles c. 6: S. 361 f.).

Diese Ansicht des Lombarden war zwar zu seiner Zeit die allgemeinere, blieb aber keineswegs unbestritten. Trotz der Verwahrung des Lombarden, er nehme den Priestern die ihnen gegebene Gewalt nicht, hat man dieser Ansicht zu Recht vorgeworfen, sie führe das neutestamentliche Priestertum auf die alttestamentliche Stufe zurück, ja beraube es seiner gottgegebenen Gewalt; diese Vorwürfe kamen vor allem aus dem Kreise der Schule von St. Viktor.[1] Thomas hat klar zeigen können, daß der göttlichen Macht, allein Sünden nachzulassen, nichts genommen wird, wenn Gott sich ein menschliches Werkzeug, den Priester, zugesellt, der, von seiner Kraft erfüllt, im Zusammenwirken mit ihm, d. h. also im Zusammenwirken mit dem Büßer, den Gottes Gnade innerlich zur Reue bewegt, den Sünder von Schuld und Strafe losspricht.

1. Nachlassung der Schuld durch die Schlüsselgewalt 18, 1
(Art. 1). — Art. 1 ist ganz erfüllt von dieser Problematik des Magisters Lombardus (Zu 1—3, in beiden *Anders.* u. in der *Antw.*). Thomas gibt die Lösung aus der Gesamtsicht seines sakramentalen Systems. Jedes der (sieben neutestamentlichen) Sakramente bewirkt die Gnade im Empfänger in werkzeuglicher Ursächlichkeit (vgl. III 62: Bd. 29), ein jedes entsprechend seiner Eigenart; bei der Taufe ist die werkzeugliche Ursache das (durch das Wort bestimmte, geweihte) Wasser, bei der Buße aber ist diese werkzeugliche Ursache das Wort des Priesters allein. In der *Antw.* werden beide Elemente zunächst völlig parallel gesehen. Es „verhält sich die Schlüsselgewalt im Priester zur Wirkung des Bußsakramentes wie die Kraft, die im Taufwasser liegt, zur Wirkung der Taufe“. Das gilt, wie im folgenden klar wird, allerdings mit einer Einschränkung: bei der Buße, die ja nur Erwachsenen gespendet wird, kommt den Akten des Empfängers eine entscheidende Bedeutung zu; sie „nehmen die Stelle der ‚Materie‘ ein“ (III 84, 1 Zu 2: Bd. 31; vgl. den Komm. S. 482—486). Ja, das Tun des Priesters und des Büßenden zusammen sind die Ursache, die werkzeugliche Ursache in der Hand des souverän wirkenden Heilandgottes für die letzte „Wirklichkeit“ des Sakramentes, den Nachlaß der Sünde (III 84, 1 Zu 3).

Trotz der gewissen Einschränkung, die in dem Satz liegt, die Schlüsselgewalt „bewirke nicht, sondern bereite vor“ auf die Nachlassung der Schuld *(Antw.)*, ist die Ansicht des Aquinaten doch klar und in völliger Übereinstimmung mit der Lehre der Summa selbst in III 84. Das richterliche Wort des Inhabers der

[1] Vgl. Hödl, Geschichte..., 382 f.

18, 1 Schlüsselgewalt und das Tun des Büßenden in Reue, Bekenntnis und Bereitschaft zur Übernahme der Genugtuungsbuße sind zusammen die werkzeugliche Ursache der Nachlassung der Schuld: Hauptursache ist allein Gott und in seiner Kraft das Erlösungsleiden Christi: Gott bedient sich des priesterlichen Wortes und des büßenden Tuns des Büßers (der durch Gottes Gnade bewegt wird) als des Werkzeuges, das zwar nicht unmittelbar die Gnade bewirkt, wohl aber darauf vorbereitet.

Nur diese letztere Aussage bedeutet für das Verständnis der thomasischen Lehre in ihrem Zusammenhang eine wirkliche Schwierigkeit. Sie betrifft aber nicht eigentlich die Lehre von der Buße bzw. der Schlüsselgewalt, die vielmehr ganz klar ist, sondern eine Einzelfrage der allgemeinen Sakramentenlehre: Wie wirken die Sakramente? Hier, wie überhaupt im Sentenzenkommentar, von dem das Supplementum nur ein Auszug ist, scheint Thomas den Sakramenten nur eine vorbereitende Ursächlichkeit zuzusprechen, während er in der Summa III 62, 1 (Bd. 29) auf diese Einschränkung verzichtet und den Sakramenten eine wirkliche werkzeugliche Ursächlichkeit zuschreibt. Die Schwierigkeit löst sich am leichtesten, wenn wir einen Fortschritt in der Lehre des Meisters annehmen (vgl. den Komm. in Bd. 29, S. 493—498, besonders 495).[2]

Noch einmal sei jedoch gesagt: diese Einzelfrage beeinträchtigt nicht die klare Entscheidung für ein echtes Wirken der Schlüsselgewalt in Hinordnung auf die Tilgung der Sündenschuld. Das wird erneut deutlich aus der Antwort Zu 1. Hier wendet Thomas sich, gewiß mit der bescheidenen Verhaltenheit, mit der man damals die Ansicht eines angesehenen Magisters ablehnte, gegen die Lehre des Sentenzenbuches des Petrus Lombardus. Er bewahrt das entscheidende Wort vom „Sichtbarmachen" dessen, was Gottes Macht bewirkt hat, gibt ihm aber einen tieferen Sinn: der Priester macht nicht nur wie im Alten Testament sichtbar, was einst im Neuen Testament durch Christus gewirkt werden wird, vielmehr vermittelt er das, was Christus bereits gewirkt hat, und zwar so, daß er dies Wirken Christi als jetzt gegenwärtiges bezeichnet und im Hinblick auf seine Wirkung „vorbereitend und werkzeuglich" beiträgt (vgl. Anm. [18]).

Die Lösung wird noch einmal kompliziert durch die Lehre der damaligen Theologie, der auch Thomas sich anschließt (Fr. 1—3; 5, 1: Bd. 31; vgl. Komm. S. 533 ff. u. 550 ff.): für die Wirksamkeit des Sakramentes ist die Reue so sehr notwendig, daß normalerweise durch sie der Nachlaß der Sünden schon gegeben ist; aber auch in diesem Fall würde die Schlüsselgewalt das Ihre tun, insofern sie „der Absicht nach gegeben ist" *(Antw.);* ja, sollte die Vorbereitung ungenügend gewesen sein (natürlich: trotz guten Willens, ohne

---

[2] Die hier zur Diskussion stehenden Probleme sind freilich im einzelnen umstritten. Bedeutende Autoren vertreten oder, besser, vertraten die Ansicht, Thomas habe die im Sentenzenkommentar ziemlich ausführlich vorgetragene Lehre niemals ausdrücklich widerrufen; deshalb seien die allerdings anders lautenden knappen Formulierungen der Summa vom Sentenzenkommentar her zu verstehen und zu deuten; so zuletzt noch L. Billot in seinem Thomas kommentierenden Sakramententraktat II. Rom [6]1924. Vgl. im einzelnen die allgemeine Sakramentenlehre: DThA Bd. 29, S. 46—68 u. 493—499. Siehe auch B. Poschmann, Buße und Letzte Ölung (Lit.), 92—96.

jede *fictio*!), so würde sie nun das Fehlende ergänzen und durch Umwandlung des (wie gesagt, immer nötigen) guten Willens und einer beginnenden Reue in echte Zerknirschung den Nachlaß der Sünde bewirken (vgl. Bd. 31, Komm., S. 539 ff. und 551 f.). 18, 1

Abschließend sei noch einmal betont: trotz der Ungeklärtheiten, die durch den allgemeinen Stand der Theologie, wie er sich naturgemäß in diesem Frühwerk (dem Sentenzenkommentar) widerspiegelt, gegeben sind, ist die Lehre des Aquinaten doch eindeutig zu erkennen in ihrer Grundintention, wie sie auch in den reifen Werken der Spätzeit zum Ausdruck kommt: das richterliche Wort des Inhabers der Schlüsselgewalt bewirkt, gemeinsam mit dem Bußetun des Sünders, in Kraft der Gnade und des Leidens Christi, den Nachlaß der Sünde, in keiner Weise also selbstherrlich, sondern immer nur als dienendes Werkzeug in der Hand Gottes, im Auftrag und im Dienste Christi, gemäß der Eigenart sakramentaler Werkzeugursächlichkeit.

2. Erlaß der Strafe durch die Schlüsselgewalt (Art. 2). — 18, 2
Der Art. 2 bestätigt das Gesagte, indem er einen Teilaspekt aus der zur Zeit der Kommentierung der Sentenzen des Lombarden üblichen Problematik herausgreift. Der Inhalt von Art. 1 sei noch einmal zusammengefaßt. Es gibt keinen Sündennachlaß durch das Sakrament der Buße (und keine Gnadenmitteilung durch dasselbe) ohne entsprechende Bereitung, vorher oder doch wenigstens während des Vollzuges des Sakramentes. Dieser Vorbereitung aber ist die Wirksamkeit der Schlüsselgewalt immer zugeordnet, entweder *in voto*, dem Verlangen nach (gemäß dem der Büßende sich der Autorität der Schlüssel unterwerfen will, ohne welche Unterwerfungsbereitschaft keine echte Reue möglich ist), oder tatsächlich als hier und jetzt ausgeübte. Die Schlüsselgewalt tut aber, so oder so, nichts aus eigener Macht, sondern nur im Auftrag Gottes, lösend, absolvierend, im Zusammenwirken mit dem persönlichen Tun, dem Bereuen, des Büßenden und Beichtenden. Gott ist derjenige, der das Entscheidende tut: er läßt nach; doch tut er es, indem er sich eines Werkzeuges bedient, und zwar hier im Falle des Bußsakramentes eines aus zwei Faktoren (als Materie und Form bezeichneten) zusammengesetzten Werkzeuges: der Bußtat des Büßenden und der Betätigung der Schlüsselgewalt durch den Priester. Die Art dieses werkzeuglichen Tuns wird hier „disponieren" genannt. In solchem disponierenden Tun „löst" der Inhaber der Schlüsselgewalt also wirklich, wenn auch immer nur dienend, vorbereitend, im Auftrag Gottes, von der Schuld und, wie Art. 2 ergänzt, von der „ewigen Strafe". Mit um so größerem Rechte erläßt der Priester in Ausübung seiner ihm übertragenen Schlüsselgewalt einen Teil der „zeitlichen Strafe" *(Antw.)*. Wenigstens das vermag er; denn sonst würde er nach der Meinung jener Theologen, die ihm die Möglichkeit des Nachlasses der Sünde und der ewigen Strafe absprechen (vgl. *Anders. 2* u. Art. 1 Zu 1: die zweite der dort genannten Weisen), überhaupt nichts bewirken *(Anders. 2)*, was gänzlich „dem Evangelium widersprechen würde".

Zeitliche Strafe — das ist jenes Maß von Buße, das der Büßende zu tragen hat gerade in Erkenntnis jener totalen Genugtuung, die

18, 2 Christus selbst geleistet hat (Zu 4 u. Zu 2), also die, entsprechend geschichtlichem Brauche, von der Kirche auferlegte Bußtat.

18, 3 3. Ist die Schlüsselgewalt auch zum Binden da? (Art. 3 u. 4). — Im Rahmen des Bildes von der Schlüsselgewalt und der damit zusammenhängenden anderen Bildaussage vom Lösen und Binden ist es nunmehr logisch, auch vom Binden zu sprechen (Art. 3): Kann es Aufgabe der kirchlichen Autorität bzw. ihres Dienstbeauftragten, des Priesters, sein zu „binden", die Sünden zu „behalten"? Das ist zunächst ausdrücklich zugesichert in den entsprechenden Schriftworten: „Was immer ihr auf Erden binden werdet, wird auch im Himmel gebunden sein" (Mt 16, 19). Aber wie wollen wir dieses Binden verstehen? Die dienende Vollmacht des Priesters ist niemals eine willkürliche; sie ist untergeordnet der göttlichen Macht und muß ihr stets „konform" bleiben! *(Antw.)*.

Gott aber beläßt niemanden unmittelbar in seiner Schuld, wohl aber mittelbar, indem er durch Unterlassen eines an sich möglichen, aber nicht nötigen, nicht geschuldeten Eingreifens jemanden in der Schuld beläßt, die dieser frei auf sich genommen hat. Hier liegt gewiß ein unergründliches Mysterium vor, die Tiefe des göttlichen Heilswaltens. Wir können auf die darin gegebene Problematik an dieser Stelle nicht eingehen (vgl. I 23: Bd. 2; I—II 79: Bd. 12). Eines nur muß auch hier unbedingt festgehalten werden: Gott verstößt niemanden ohne dessen eigenes Verschulden. Um wieviel weniger vermag sein Diener dergleichen zu tun! Der Priester hat keinen Auftrag, irgend jemanden in seiner Schuld zu verhärten, zu belassen; doch gehört es zum Auftrag des Bindens, daß er in bestimmten Situationen (wenn keine Reue von seiten des Büßenden gegeben ist oder der Wille zur Genugtuung fehlt und dergleichen) nicht losspricht, nicht „löst" und damit tatsächlich den anderen als in seiner Schuld noch gebunden aufweist. Bei solchem Tun ist aber jede Willkür selbstherrlichen Richtens ausgeschlossen: die Schlüsselgewalt ist eine „vernünftige Gewalt", die in weiser Diskretion, in der Kunst der Unterscheidung der Geister, ausgeübt werden muß *(Anders.* 2).

Die Bindegewalt des Priesters ist hingegen größer im Hinblick auf die Zuerteilung der Strafe. Der Sünder ist durch seine Schuld gebunden, auch insofern er durch sie dem göttlichen Strafgericht verfallen ist. Indem der Priester diese Verfallenheit bestätigt und aufweist, „bindet" er ihn gewissermaßen, zeigt er ihn als noch „Gebundenen". Aber er bindet den reuigen Sünder auch unmittelbar, indem er ihm ein ganz bestimmtes Maß von Straf- oder Bußtat auferlegt. Solche Auferlegung von Bußwerken ist nicht blindes Rächen oder Quälen, vielmehr „Medizin, die alle Unlauterkeit der Sünde läutern soll" (Zu 1). Schön wird in der Antwort Zu 3 daran erinnert, daß alles Bußtun, zu dem der Priester bindend verpflichtet, nichts anderes letztlich ist als ein „Sich-gleichförmig-Machen" mit dem Leiden Christi: wir tun das Bußwerk, um so immer tiefer in das Leiden Christi eingeführt zu werden, das allem irdisch-menschlichen Bußtun die entscheidende *efficacia*, Wirklichkeit und Wirkkraft gibt.

18, 4 Art. 4 betont noch einmal den Ausschluß jeglicher Will-

kürhandlung seitens der priesterlichen Autorität: der Urteils- 18, 4
spruch des priesterlichen Dienstes muß stets geregelt bleiben *divino instinctu*: „durch göttliche Eingebung“ (Zu 1).

Drittes Kapitel 19

DIENER UND AUSÜBUNG DER SCHLÜSSELGEWALT

(Fr. 19)

Das Thema dieser Frage berührt sich aufs engste mit dem der Fr. 8 über den Beichtvater, den Diener des Bekenntnisses der Sünden (Bd. 31; vgl. den Komm. dazu S. 565—575). Für uns Heutige ist der Inhalt sogar beide Male fast der gleiche, da wir eine „Beichte“ fast unmittelbar identifizieren mit der Gesamthandlung des Bußsakramentes. Die Alten, und so auch hier Thomas, haben aber klar geschieden zwischen der Handlung des Bekenntnisses (abzulegen gewiß vor einem „verordneten“ Beichtvater, aber in bestimmten Fällen sogar einem Laien vorlegbar; vgl. a. a. O.) und der Ausübung der Schlüsselgewalt seitens des Priesters. Diese Handlungen sind derart voneinander verschieden, daß sie ja bis etwa um die Jahrtausendwende im Bußvollzug auch zeitlich voneinander getrennt waren: nach dem Bekenntnis folgte erst die Genugtuung; erst nach ihrer zuweilen Tage und Wochen beanspruchenden Verrichtung erfolgte die Lossprechung in Kraft der Schlüsselgewalt (vgl. Bd. 31, S. 478—480).

So ist also jetzt noch einmal zu fragen, wer der Diener (Gottes) im Ausüben der Schlüsselgewalt ist oder sein kann und wer sie ausüben kann und unter welchen Bedingungen. Das geschieht in der etwas kasuistischen Weise und jener geradezu bohrenden Neugier der frühscholastischen Theologen. Recht verstanden und innerhalb der großen heilsgeschichtlichen Sicht, die hier im Rahmen der Summa des Aquinaten gegeben ist, wird uns in der Beantwortung der Fragen ein tieferes echtes Wissen um das Geheimnis des Sündennachlasses durch die Kirche gegeben.

Konnten auch die alttestamentlichen Priester Sün- 19, 8
den nachlassen? Hatten also auch sie „Schlüsselgewalt“? (Art. 1). — Die Antwort des Aquinaten ist eindeutig: er verwirft die Meinung mancher, die von „unvollkommenen“ Schlüsseln im AT sprachen; sie waren nur eine Art Vorbild, Figura, Typos der in Christus kommenden wirklichen Schlüssel: Die Gewalt der Priester des Alten Bundes reichte nicht bis in die himmlische Wirklichkeit; sie vermochten nur hinzuführen zu den Vorbildern der himmlischen Wirklichkeiten; sie besaßen also nur die Schlüssel zu einem irdischen Zelt (Zu 1), sie konnten den Zugang erschließen zu dem von irdischen Händen errichteten Zelt, gemäß der ebenso eindeutigen Lehre des Hebräerbriefes (Zu 3 u. *Antw.*).

Kann das Bild von den Schlüsseln auch gebraucht 19, 2
werden im Hinblick auf Christus? (Art. 2). — Der Grund, eine so seltsame Frage überhaupt zu stellen, ist gegeben im Gedanken, daß die Schlüsselgewalt der Kirche eine dienende

19, 2 Vollmacht ist, die als solche natürlich Christus nicht zukommen kann. Insofern er Gott ist, besitzt er alle Vollmacht zum Sündennachlaß in höchster und eigener Autorität, als Mensch ist sie ihm übergeben als dem mit der Gottheit unmittelbar verbundenen Werkzeug unserer Erlösung (vgl. III 26, 2 m. Komm. 525—534: Bd. 26; III 64 m. Komm. S. 503 ff.: Bd. 29). Christus besitzt deshalb die Schlüsselgewalt anders als die irdischen Diener: *clavem excellentiae,* „die Schlüsselgewalt des Vorzugs" *(Antw.).*

19, 1—2 Die Antworten der beiden ersten Artikel sind aber eigentlich im Rahmen christlicher Theologie selbstverständlich: Alle Schlüsselgewalt zum Nachlaß der Sünden ist von Christus mitgeteilt, kann also nicht vor ihm, vor der Mitteilung jener Gewalt durch ihn, d. h. im AT, gegeben sein. Ebenso selbstverständlich besitzt Christus, der die Schlüsselgewalt mitteilt, diese Gewalt im ursprünglichen Sinn. Die Bevollmächtigung der ihm Dienenden, seiner Werkzeuge, tastet in gar keiner Weise die Vollgewalt Christi an. Er wollte sich seiner Jünger als seiner Werkzeuge bedienen; dieser sein Willensentschluß beraubt ihn natürlich nicht seiner Macht und Freiheit, entsprechend dem bekannten Satz der großen scholastischen Theologie „Christus ist an seine Sakramente nicht gebunden" (vgl. III 64, 3 *Antw.;* 64, 7 *Antw.;* 66, 6 *Antw.;* 67, 5 Zu 2; 72, 6 Zu 1: Bd. 29).

19, 3 Schwierig ist aber nun die Beantwortung der Frage, wer genau der Inhaber der Schlüsselgewalt ist (Art. 3). – Es ist zunächst die Kirche. Für Thomas und seine Zeit ist das, jedenfalls im Hinblick auf den Nachlaß der Sünden, die Hierarchie: Bischöfe und Priester; Thomas selbst spricht hier nur von den Priestern. Den Priestern ist die Ausübung der Schlüsselgewalt der Kirche anvertraut in Kraft ihrer ihnen vom Bischof gegebenen Weihegewalt und darüber hinaus aufgrund der ihnen wiederum von ihrem Bischof oder sonstigen kirchlichen Oberen erteilten Hirtengewalt über einen bestimmten kirchlichen Sprengel. Die diesen Tatsachen zugrunde liegende Problematik wurde bereits behandelt in Bd. 31: 8, 4 (Komm. S. 573 f.) und in diesem Bd. zu Fr. 17 (Anm. [9]; Komm. S. 402 f.). Unter Voraussetzung des dort Gesagten, daß die Priester solche Weihe und Hirtengewalt empfangen, wird nun betont, daß solche Gewalt im eigentlichen Sinn, insofern sie also werkzeuglich den Nachlaß der Sünden vermittelt, allein den Priestern zukommt, nicht aber jenen kirchlichen Amtsträgern, die zwar Jurisdiktion oder Hirtengewalt besitzen, jedoch nicht die Priesterweihe. Diese Letzteren können also nur in einem vorbereitenden Sinn etwas verfügen betreffs der äußeren Zugehörigkeit zur Kirche oder eines äußeren Ausschlusses aus ihr. Dergleichen ist heute nur noch selten der Fall; immerhin trifft es zu für einen erwählten und noch nicht geweihten Bischof (obwohl auch er heute immer bereits Priester ist: vgl. Anm. [32]) und, innerhalb bestimmter Grenzen, für die nichtpriesterlichen höheren Oberen von laikalen Ordensgemeinschaften, wie Generalobere und Generaloberinnen, sowie Äbtissinnen.

Die Antwort, die Zu 4 gegeben wird und die untergeordnete Stellung der Frau betrifft, ist in ihren Argumenten freilich sehr

zeitbedingt. Niemand wird heute mehr die Ansicht des Aristoteles 19, 3
sich zu eigen machen können; und die im genannten Umfang zu sehende Hirtengewalt, die weiblichen Oberen gegeben wird, darf auch nicht nur als Konzession zur Vermeidung von Unkeuschheitsvergehen angesehen werden; sie steht Frauen in Frauenkommunitäten in einer selbstverständlichen Weise zu, auch wenn ihnen im Hinblick auf die Gewalt eigentlicher Sündenvergebung männliche Priester übergeordnet bleiben, die allein im Besitz der priesterlichen Weihegewalt sein können (vgl. dazu 39, 1).

Auch in diesem Zusammenhang erhebt sich nun erneut die 19, 4
Frage, ob nicht der Heilige, obwohl nicht Priester, dennoch die Schlüsselgewalt besitze (Art. 4). Das Problem ist im Grunde das gleiche wie das im Zusammenhang mit der Frage über den Beichtvater erörterte von der Bußgewalt des Mönchtums und anderer sogenannter „Pneumatiker“ (vgl. Fr. 8: Bd. 31; m. Komm. S. 565—574, bes. S. 565—570). Die Darlegungen in der *Antw.* sind philosophischer Natur. Sie zeigen, daß ein dienendes Werkzeug nicht etwa wirkt in Kraft der eigenen Vollkommenheit, sondern in Kraft der bevollmächtigenden, der eigentlich entscheidenden Hauptursache.

Dem entspricht von der anderen Seite, daß dann auch der böse, 19, 5
sündige Priester sehr wohl richtig und gültig von den Sünden lösen kann (Art. 5). Immer kehrt eindrucksvoll der Grundgedanke wieder, daß es Christus selbst ist, der wirkt, machtvoll wirkt, auch und gerade vermittels der von ihm gewählten Werkzeuge. Ihre konkrete Beschaffenheit kann die Wirkkraft der Hauptursache in ihrem wesentlichen Tun nicht beeinträchtigen.

Anders hingegen verhält es sich im Falle, daß der die Schlüssel- 19, 6
gewalt ausübende Priester die Gemeinschaft der Kirche verlassen hat (Art. 6), sei es, daß er sich im formellen Schisma von der kirchlichen Einheit, der Gemeinschaft mit dem Bischof oder dem Apostolischen Stuhl in Rom, getrennt hat, sei es, daß er von dieser Einheit abgefallen ist durch formelle Irrlehre, sei es endlich, daß er aus der kirchlichen Gemeinschaft ausgeschlossen ist durch formellen Richterspruch, durch Suspension (Enthebung von seinem Amt und dessen Ausübung), durch Absetzung von seiner priesterlichen Würde, was heute nur noch aktuell ist in der Form der Rückführung in den Laienstand (vgl. CIC can. 290—293). Beachtlich ist die Begründung in der *Antwort;* sie erinnert an die Unauslöschlichkeit der Dienstbeauftragung durch die Weihe (also die Unverlierbarkeit des priesterlichen Charakters: vgl. u. 35, 2): Die letzte Grundlage der Vollmacht des Sündennachlasses bleibt erhalten; so sehr, daß in äußersten Notfällen, wie Todesgefahr, die Kirche auch solchen an sich ihrer Hirtengewalt beraubten Priestern die nötige Vollmacht wiederum für diesen Fall zur Verfügung stellt (vgl. can. 976). Solche Priester können aber im Normalfall die Schlüsselgewalt nicht mehr ausüben, weil ihnen durch ihren Schritt bzw. durch den Richterspruch der Kirche die Herde entzogen ist, über die sie ihre Gewalt betätigen könnten.

Das alles gilt freilich nur im Rahmen der hier gesetzten Begrenzungen im strengen Sinn des Wortes. Es ist selbstverständ-

19, 6 lich, daß die genannten Aussagen nicht zutreffen für den Fall, daß Priester (und ganze Kirchen) ohne jede persönliche Schuld nicht mehr in Gemeinschaft mit dem Apostolischen Stuhl stehen, wie das für die Kirchen der Orthodoxie der Fall ist. Dazu ist heute die besonnene Doktrin des 2. Vatikanischen Konzils im Dekret über den Ökumenismus *Unitatis redintegratio* einzusehen, vor allem n. 14—16.

20 Viertes Kapitel

DER BEREICH DER SCHLÜSSELGEWALT

(Fr. 20)

Diese Frage ist in ganz besonderer Weise von kirchenrechtlicher Art und damit natürlich auch dem Wandel des Kirchenrechtes unterworfen. Doch werden auch diese kirchenrechtlichen Momente in ihrer grundsätzlichen Bedeutung gewürdigt, so daß die gegebenen Antworten in ihrem tiefen Kern heute noch gültig sind, auch wenn die konkrete äußere Gestalt des Rechtes sich gewandelt hat.

20, 1 Die Betätigung der Schlüsselgewalt ist Ausübung richterlicher Gewalt. Ihr gebührt die Wohlgeordnetheit, fern von aller Willkür (Art. 1). Wenn das schon im Bereich der zeitlich-irdischen Rechtsprechung erfordert ist, so noch mehr und entschiedener im Bereich des geistlichen Rechtes. In Analogie zum irdischen Recht, wo nicht jeder Richter jeden richten kann, muß deshalb eine ähnliche Ordnung auch für die Träger der Schlüsselgewalt gelten *(Anders.* 2).

Sosehr die grundlegende Weihegewalt den Priester ohne jede Einschränkung befähigt, Sünden nachzulassen, so ist es doch durchaus sinngemäß, daß die Jurisdiktion oder Hirtengewalt das Recht zur Ausübung dieser Gewalt konkret festlegt. Es ist das eine Sache der Vernünftigkeit, der Ordnung, notwendig um des Gemeinwohls willen, zur Wahrung des Friedens. Thomas sieht diese Dinge stärker, der kirchenrechtlichen Situation und Tendenz seiner Zeit entsprechend, von der Warte einer zentralen Kirchenleitung aus, die allein im Vollsinn die Hirtengewalt besitzt und die den untergeordneten Trägern der Schlüsselgewalt nur einen entsprechenden Teil der Gesamtherde zur Betreuung anvertraut. Es scheint, als ob in Zu 1 das verstanden ist von der päpstlichen Zentralgewalt (in der Nachfolge Petri, dem Mt 16, 19 die Schlüssel allein gegeben werden) im Verhältnis zu den ihr untergeordneten Trägern der Gewalt. Das ist gewiß die Meinung einer großen Gruppe der Lehrer des kirchlichen Rechtes, zumal in der entsprechenden Deutung der Primatslehre des 1. Vatikanischen Konzils (Sessio IV, cap. 3: DS 3059—3061). Die stärkere Berücksichtigung und Neueinschätzung der bischöflichen Gewalt im 2. Vatikanischen Konzil (vgl. vor allem in der Kirchenkonstitution *Lumen gentium* n. 19) hat uns gelehrt, diese Zusammenhänge stärker, zum wenigsten auch, zu sehen im Verhältnis vom Bischof als dem Träger der höheren Gewalt zu seinen von ihm mit Teilaufträgen bedachten Priestern. Solche Sicht

entspricht auch weitgehend der geschichtlichen Entwicklung. Der Bischof, als einer der Nachfolger der Apostel, besitzt in seiner Ortskirche, also in der Gemeinde, der er bei der Feier der Eucharistie, um einen Altar vereint, vorsteht, die richterliche Gewalt, zu binden und zu lösen (natürlich immer als dienendes Werkzeug des wahren Hirten, der Christus ist). Ihm stehen seine Priester als Gehilfen und Inhaber eines geringeren Dienstauftrages zur Seite, um nach seiner Anweisung und in seinem Auftrag den Teil der Herde zu betreuen, den der Bischof dem einzelnen zugewiesen hat. Grundsätzlich ist das auch heute noch so; der päpstliche Jurisdiktionsprimat hat in diesem Zusammenhang mehr den Sinn der Kontrolle und Oberaufsicht, freilich auch, gemäß dem heute geltenden Recht für die abendländische Kirche, die Aufgabe, den Sprengel des Bischofs zum Besten des Gesamtwohls der Kirche abzugrenzen (can. 373), ja, den Bischof als Leiter dieses konkreten Sprengels zu ernennen oder doch zu bestätigen (can. 377). Ausdruck dieses Sachverhaltes ist bis in unsere Zeit, daß bestimmte Teile der Hirtengewalt dem Apostolischen Stuhl reserviert bleiben: die Lösung von der Exkommunikation besonders schwerer Sünden; im neuen CIC nur noch: Mißbrauch der Eucharistischen Gestalten (can. 1367), Mißbrauch der beichtväterlichen Gewalt betreffs Sünden gegen die Keuschheit, die der Beichtvater mit dem Pönitenten begangen hat (can. 1378 § 1), Realinjurie gegen den Papst (can. 1370 § 1), Bischofsweihe ohne päpstlichen Auftrag (can. 1382), Bruch des Beichtgeheimnisses (can. 1388). 20, 1

Der Sinn solcher Reservierung ist ganz offensichtlich, die Lossprechung in bestimmten Fällen schwererer Sünden zu erschweren, nicht sie unmöglich zu machen, damit durch solche Erschwerung den Gläubigen die Größe der Sünde und die Höhe der sie verbietenden heiligen Verpflichtung eindringlicher bewußt werde und sie, auch in der Überwindung dieser Erschwerung, intensiver Buße tun können.

Grenzen der Lossprechungsvollmacht des einfachen Priesters z. Z. des hl. Thomas (Art. 2). — Die in der *Antw.* genannten Fälle sind natürlich sehr zeitbedingt. Der erste Fall scheidet aus, da der Brauch „öffentlicher Buße“ (vgl. Fr. 28) heute nicht mehr existiert (vgl. auch Bd. 31, S. 478—480). Ebenso ist der Fall der Brandstiftung nicht mehr eigens zu nennen. 20, 2

Weniger zahlreich als im alten Recht sind die Besserungsstrafen *(censurae)*, deren Lossprechung vom allgemeinen Recht den Bischöfen vorbehalten ist, so z. B. die Lossprechung für die Erziehung der Kinder in nichtkatholischer Religion (bzw. das Versprechen, solches zu tun) (can. 1366).

Was die kirchliche Eheschließung betrifft, sind die Deutsche Bischofskonferenz und der Rat der Evangelischen Kirche in Deutschland übereingekommen, daß eine Trauung konfessionsverschiedener Brautpaare sowohl nach katholischer wie nach evangelischer Ordnung erlaubt wird, auch unter Beteiligung der beiden Pfarrer (vgl. das amtliche Ritual „Gemeinsame kirchliche Trauung“ von 1971; 4. Auflage 1977; vgl. can. 1127 § 3). Die Strafen, die mit den genannten und ähnlichen Sünden verbunden sind und

20, 2 gegebenenfalls auch der höheren kirchlichen Autorität zur Lossprechung vorbehalten bleiben, sind: die Exkommunikation (can. 1331; vgl. u. Fr. 21—24); das Interdikt, d. h. das Verbot gottesdienstlicher Handlungen, vor allem Feier des Meßopfers und Spendung der Sakramente (can. 1332); die Suspension, d. h. die Enthebung eines Geistlichen von seinem Amte (can. 1333 f.).

Alle diese Strafen sollen dem Sünder eine solche Last auflegen, daß er, davon gebeugt, sich zur Buße bereitet und die Loslösung von dem entsprechenden Oberen erbittet. Sie sind freilich eine Last nur für den wahrhaft gläubigen Menschen, der es zu würdigen weiß, was der Ausschluß aus der kirchlichen Gemeinschaft, was das Entbehrenmüssen des Gottesdienstes oder die Entfernung aus dem priesterlichen Dienst im geistlichen Leben bedeutet. Es ist ebenfalls einleuchtend, daß solche Strafen nur in größter Umsicht angesetzt werden können.

Gegenüber vielfachem Mißbrauch dieser Strafen, auch zum Erzwingen sehr irdisch-politischer Ziele in den Jahrhunderten mittelalterlicher Kirchengeschichte, betont das heutige Kirchenrecht im CIC mit Recht, daß die genannten Strafen, besonders die allgemein und unmittelbar (ohne vorherigen Richterspruch) auferlegten (also sog. *censurae latae sententiae),* zumal die Exkommunikation, nicht zugeteilt werden sollten außer mit großer Umsicht und Besonnenheit (can. 1318). In ihrer Handhabung sind zudem vielerlei Klauseln zu beachten; sie können nur auferlegt werden, wenn es sich um schwere, äußere Vergehen handelt, und zwar vollendete Handlungen, in der Haltung der *contumacia,* d. h. der hartnäckigen Verstocktheit (can. 1321).

Endlich ist wohl zu beachten, daß jegliche Reservation aufhört, wenn es sich um die Lossprechung eines Kranken in Todesgefahr handelt (can. 976). Es geht in all diesem Strafrecht, in diesen Fragen des Lösens und Bindens, nicht um stolzes, selbstherrliches Ausüben der Macht, sondern um erbarmendes, liebendes Dienen an den Sündern, denen u. U. auch durch „Binden", d. h. durch Belassen der Sünden, Verweigerung der Lossprechung, durch Auferlegen von Strafen, von denen nicht jeder Priester freisprechen kann, eine Hilfe, eine Medizin zur Heilung gegeben werden soll, auch wenn solche Medizin und Heilung nicht ohne Mühe und Schmerzen erlangt werden können.

20, 3 Wie sehr in all diesen Zusammenhängen Barmherzigkeit obwaltet gegenüber Sündern, zu denen alle ohne Ausnahme gehören, zeigt Art. 3, in dem ausdrücklich festgestellt wird, daß in Kraft der mitgeteilten Jurisdiktion der Untergeordnete auch seinen Oberen von Sünden und Strafen freisprechen kann. Auch Bischöfe und der Papst sind Sünder und müssen als solche im Bußsakrament einem einfachen Priester sich unterwerfen zur Lossprechung, auch wenn natürlich diese einfachen Priester die Schlüsselgewalt von dem betreffenden Bischof oder Papst vorher zugeteilt erhalten haben.

Zweiter Abschnitt 21—27

FOLGEN DER SCHLÜSSELGEWALT

(Fr. 21—27)

Erstes Kapitel

DIE EXKOMMUNIKATION

(Fr. 21—24)

I. Begriffsbestimmung, Angemessenheit, Ursache 21

(Fr. 21)

Mit dieser Frage beginnt der zweite Abschnitt der Abhandlung über die Schlüsselgewalt (vgl. 17 Prol.) bzw. des 5. Teiles des ganzen Bußtraktates (vgl. III 84, Prol.: Bd. 31).

Die Exkommunikation ist eine der wichtigsten Folgen, die sich aus der Schlüsselgewalt ergeben, näherhin aus der Macht zu verschließen, auszuschließen, zu binden: die über einen Sünder verhängte Strafe der Ausschließung. Das Thema ist ein außerordentlich heikles; es umfaßt schwierigste, das innerste Wesen der kirchlichen Struktur und Verfassung berührende Fragen, ferner die Erörterung des Verhältnisses von Sünde, Buße und Strafe, endlich ein genaues Wissen um die so komplizierte Entwicklung der Bußdisziplin von den Zeiten des Urchristentums an und die damit zusammenhängende allmählich deutlicher werdende Unterscheidung eines eigentlichen Strafrechtes vom Bußrecht. Diese Grundsatzfragen stehen mehr oder minder deutlich bereits hinter den Ausführungen des Aquinaten; sie haben aber ihre eigentliche Wucht erst erhalten in den Auseinandersetzungen seit dem Spätmittelalter über die Verfassung der sichtbaren Kirche Christi auf Erden. Die theologischen Entfaltungen im Zusammenhang mit dem Zweiten Vatikanischen Konzil haben schließlich allen Fragen ein ganz neues Gesicht gegeben.

Der Kirchenbann oder die *Exkommunikation* ist, wie der Name sagt, die Bannung aus der Kirche, der Ausschluß aus der Kirchengemeinschaft. Er ist als solcher Ausschluß die schwerste oder härteste Strafe, die aufzuerlegen die Kirche beansprucht. Die anderen Beuge- oder Besserungsstrafen, von denen Thomas aber ausdrücklich nicht spricht, sind geringere Formen des Ausschlusses, teilweiser Ausschluß, nämlich *Interdikt*, d. h. Verbot des Gottesdienstes für einen bestimmten Ort (heute abgeschafft) oder für bestimmte Personen, sowie die *Suspension*, d. h. die strafweise Amtsenthebung eines Klerikers, der Ausschluß vom Vollzug seines geistlichen Dienstes. Die Exkommunikation ist die schwerwiegendste Strafform, auch, zumal im Mittelalter, die am meisten gebrauchte. Ihr wendet sich deshalb Thomas in besonderer Weise zu; auch wir müssen unser ganzes Interesse auf sie konzentrieren.

Die *Legitimität des Kirchenbannes* wird bis in unsere Gegenwart hinein teilweise aufs heftigste bekämpft, vor allem von denen, die in der Kirche eine rein geistige Gemeinschaft sehen, einen nur von der Liebe, nicht aber vom Rechte bestimmten und bestimmbaren Bund. Für andere ist sie zum wenigsten ein bedenk-

21 licher Ausfluß der wachsenden Institutionalisierung der Kirche, Erweis der immer mehr zunehmenden Verrechtlichung der Kirche Jesu Christi. Hinzu kommen natürlich die geschichtlichen Tatsachen häufigen Mißbrauches der Exkommunikation in den kirchenpolitischen, ja schließlich oft rein irdischen Auseinandersetzungen des Mittelalters.

Es ist interessant, zunächst einmal die immer wieder neue Abwehr der Kirche gegenüber entsprechenden Äußerungen zu verfolgen.

Es ist zunächst ein Verkennen der Selbständigkeit der Kirche, wenn die Anhänger eines Staatskirchentums im 18. und 19. Jahrhundert der Kirche das Recht absprachen, „die Verletzungen ihrer Gesetze durch zeitliche Strafen zu ahnden"; ja, ohne Genehmigung oder doch wenigstens Zustimmung seitens der staatlichen Gewalt habe die Kirche und der Apostolische Stuhl überhaupt keine Rechte, die irgendwie die „äußere Ordnung betreffen". Pius IX. hat diese Ansichten feierlich verworfen in der Enzyklika *„Quanta cura"* vom 8. 12. 1864 und im gleichzeitig veröffentlichten *Syllabus* (vgl. DS 2893 f; 2924; 2919). So gültig der kirchliche Standpunkt in dieser Hinsicht an sich ist, so sehen wir Heutigen vielleicht doch etwas nüchterner; die genannten Grundsätze sollten nämlich in jener Zeit der Auseinandersetzung um die weltliche Macht in Italien (hie Kirchenstaat — hie Piemont und ein geeintes Italien) auch den Einsatz kirchlicher Strafen rechtfertigen in einer schließlich doch hochpolitischen Sache.

Von größerem Gewicht scheint uns die Verurteilung der staatskirchlichen und überhaupt ekklesiologischen Ansichten der Synode von Pistoia durch Pius VI. in der Constitutio *„Auctorem fidei"* von 1794 zu sein. Dort wird ausdrücklich als häretisch bzw. zur Häresie führend die Lehre erklärt, die sagt, es sei Mißbrauch kirchlicher Autorität, wenn sie eingesetzt werde jenseits der Grenzen von Glaubenslehre und Sitte in der Ausdehnung auf Dinge der äußeren Ordnung, und wenn *per vim* (durch Gewalt) etwas verlangt werde, was nur zu erreichen ist durch Überzeugung und Folgen in innerer Freiheit: „als ob die Kirche nicht von Gott die Gewalt erhalten habe, nicht nur durch Rat und Überzeugungsgründe zu führen, sondern auch zu gebieten durch Gesetze sowie die Abirrenden und Hartnäckigen durch äußeren Gerichtsspruch und heilsame Strafen zu zügeln und zu zwingen" (DS 2604 f; zu vergleichen sind ferner DS 2644—2650, wo die konkreten Formen des kirchlichen Strafrechtes, wie Reservierung von bestimmten Fällen, Exkommunikation und Suspension, in ihrer Bedeutung als geistliche Mittel verteidigt werden). In ähnlicher Weise wurde das Recht zu exkommunizieren und die verpflichtende Kraft der Exkommunikation verteidigt gegen Quesnel durch Clemens XI. (1713: DS 2490—2493).

Aber schon in der Aufzählung der Irrtümer Martin Luthers durch Leo X. in der Bulle *„Exsurge Domine"* von 1520 wird der Satz verworfen: „Die Exkommunikationen sind rein äußerliche Strafen und berauben nicht der Teilnahme an den gemeinsamen geistlichen Gebeten der Kirche" (DS 1473; vgl. 1474). Ebenso mußte die wirkliche Gültigkeit der Exkommunikation (im Sinne des „auch im Himmel gebunden sein") verteidigt werden gegen

Wyclif und Hus (DS 1161 ff., 1180, 1217—1229, 1263—1268, 1271 bis 1273). 21

Erstmalig sind derartige Gedankengänge vorgetragen durch Marsilius v. Padua, Rektor der Pariser Universität im Jahre 1312; er leugnete die Unterschiede in der Jurisdiktionsgewalt von Papst, Bischof und einfachem Priester (DS 944), ferner das Recht der Kirche, Beugestrafen zu verhängen ohne Genehmigung des Kaisers (DS 945). Ansätze zu solcher Leugnung der kirchlichen Rechtsgewalt finden wir aber schon angedeutet in der Formel des 2. Laterankonzils (1102): „Ich verurteile jede Häresie, besonders aber die, welche den Bestand der Kirche heute in Verwirrung bringt, indem sie lehrt und behauptet: der Kirchenbann und jegliches Binden der Kirche sei zu verachten . . .“ (vorgeschrieben als Formel für alle abendländischen Metropoliten: DS 704).

Aus dem Untergrund des Mittelalters haben sich also immer wieder spiritualisierende Tendenzen erhoben; sie haben sich sehr oft, das werden wir im geschichtlichen Rückblick heute doch wohl sagen müssen, auch ergeben aus dem nicht unberechtigten Protest gegen ungebührlichen Einsatz solcher Strafen in Bereichen, die zum wenigsten „gemischte“ Fragen betrafen, wie die vielfältigen Auseinandersetzungen zwischen Kaiser und Papst und überhaupt zwischen geistlicher und weltlicher Gewalt. Die Verwicklungen gehen zurück auf die Verquickung der beiden Gewalten etwa durch die Ottonen (die ihre Reichsmacht wesentlich auf die Bischöfe stützten), Karl den Großen und seine mit weltlichen Machtmitteln betriebenen (in sich oft sehr segensreichen) kirchlichen Reformen, schließlich aber auf die geschichtliche Tat Konstantins des Großen, durch den oder doch wenigstens im Anschluß an dessen Beispiel und Vorgehen die Kirche mehr und mehr mit dem weltlichen Bereich verbunden wurde. Es ist das geschichtliche Phänomen der „konstantinischen Wende“, der „konstantinischen Zeit“ oder „Epoche“. Das alles ist heute in ganz besonders lebhafter Weise wieder aktuell zum Problem geworden. Hat die Kirche nicht doch zu sehr Formen übernommen, die ihre Berechtigung haben mögen im Bereich des irdischen, des staatlichen Rechtes, die sich aber weniger ziemen für den ganz von der Liebe und dem Appell an den freien Entscheid des mündigen Gewissens geprägten Bereich des Reiches Gottes auf Erden in der Gestalt der Kirche? Die geschichtswissenschaftliche Würdigung dieser Epoche neigt heute eher zu einer negativ-tadelnden Antwort. In solcher Haltung vermag man dann wohl auch eher die kritische Stellungnahme zu jenen Protesten gegen den Kirchenbann zu verstehen. Er wird gesehen als ein allzusehr im irdischen Bereich sich auswirkendes Strafen der geistlichen Macht.

Besonders empfindlich ist man dabei gegenüber dem Versuch, durch Strafe — Beuge- oder Besserungsstrafe! — den Willen des Sünders zu „brechen“. Im Sinne dieser Überlegungen, die schließlich jenen mittelalterlichen Protesten zugrundelagen, argumentiert man auch heute, die Kirche besitze Strafgewalt nur gegenüber dem Christen, der sich freiwillig zu ihr bekenne.[1]

[1] Vgl. E. Eichmann—K. Mörsdorf, Lehrbuch des Kirchenrechtes, 3. Bd. Paderborn ^{6}1950, 298.

21 Diese Ansicht wurde vor allem von J. Klein[2] vorgetragen. Er meint, die Kirche könne Beugestrafen im eigentlichen Sinn nicht auferlegen, da der einzelne entscheidend nicht so sehr von der Institution des Sakramentes der Taufe als vielmehr von der im Glaubensakt gelegenen freien personalen Entscheidung bestimmt sei. Hier scheint uns wirklich die entscheidende Schwierigkeit zu liegen.

Wohl ist es richtig, daß niemand zur Kirche gehört, es sei denn durch die Taufe, der der Glaubensakt immanent ist; er ist bei der heute üblichen Kindertaufe legitim durch Stellvertreter vorweggenommen, „muß" aber in personaler Tat vom mündigen, erwachsenen Christen nachgeholt werden. Dies „Müssen" scheint uns der entscheidende Punkt zu sein. Um seine Deutung ging es u. a. der Erklärung des 2. Vatikanischen Konzils „Über die Religionsfreiheit" (vgl. n. 10: „daß der Mensch Gott freiwillig durch seinen Glauben antworten muß, daß dementsprechend niemand gegen seinen Willen zur Annahme des Glaubens gezwungen werden darf, ist ein Hauptbestandteil der katholischen Lehre"; ferner n. 1: „Da nun die Religionsfreiheit, die die Menschen zur Erfüllung ihrer Pflicht zur Gottesverehrung beanspruchen, die Freiheit vom Zwang in der bürgerlichen Gesellschaft bedeutet, läßt sie die überlieferte katholische Lehre von der moralischen Pflicht der Menschen und der Gemeinschaften gegenüber der wahren Religion und der einzigen Kirche Christi unangetastet"). Die Kirche kann demgemäß den einzelnen an diese seine vor Gott bestehende sittliche Pflicht erinnern (vgl. in der gleichen Erklärung n. 3: „. . . ein jeder hat die Pflicht und also auch das Recht, die Wahrheit im Bereich der Religion zu suchen . . .") und demjenigen, der es versäumt, dieser Pflicht nachzukommen, sei es durch Unterlassen des formalen Glaubensaktes, sei es durch Versäumen der Handlungen, in denen solcher Glaube sich konkretisiert (Gottesdienstbesuch, Sakramentenempfang, christliches Leben wenigstens gemäß den Grundnormen) bedeuten, daß er sich außerhalb der Gemeinschaft der Kirche stellt und deshalb auch der Heilsfrüchte dieser kirchlichen Gemeinschaft verlustig wird: sie schließt ihn aus, nicht um ihn schlechthin zu verdammen, sondern um ihn, sofern er ehrlich die Wahrheit und das Heil sucht, zu mahnen, zu bessern, zur vollen Gemeinschaft der Heilsgüter der Kirche zurückzurufen. Dieses Recht der Kirche wird erst dann in etwa fragwürdig, wenn in einer ganz christlich gewordenen Gesellschaft (also z. B. tatsächlich im christlichen Abendland des Mittelalters) der Ausschluß aus der kirchlichen Gemeinschaft, immer indirekt und oft, durch das formelle Anrufen des weltlichen Armes, auch direkt, zum Ausschluß aus der bürgerlichen Gemeinschaft wird; in diesem Falle wird dann jemand durch äußere, irdische Gewalt zum Glauben gezwungen, was offenbar dem Grundgesetz des Evangeliums Christi widerspricht. Das ist aber nicht der Wille der Kirche, die bis in den CIC hinein an der Freiwilligkeit des Glaubensaktes festhält (vgl. can. 748 § 2). Das Konzil hat freimütig zugestanden, daß in dieser Hinsicht Fehler gemacht worden sind: „Gewiß ist bisweilen im Leben des Volkes

---

[2] Grundlegung und Grenzen des kanonischen Rechts. Tübingen 1947.

Gottes auf seiner Pilgerfahrt inmitten des Wechsels der menschlichen Geschichte eine Weise des Handelns vorgekommen, die dem Geist des Evangeliums wenig entsprechend, ja sogar entgegengesetzt war ..." (a. a. O., n. 12). 21

Die ursprüngliche Lehre ist klar schon im Neuen Testament ausgesprochen. „Wenn jemand den Herrn nicht liebt, er sei Anathema" (1 Kor 16, 22), d. h. ausgeschlossen, „dem Satan übergeben zum Untergang des Fleisches, auf daß der Geist gerettet werde am Tage des Herrn" (1 Kor 5, 5; vgl. 21, 2 E. 3; *Anders.*). Ein derartiger Ausschluß ist also keineswegs eine Verdammung für immer; das ist schon hier klar ausgesprochen, wird aber noch deutlicher in den Worten des Apostels in 2 Kor 2, 6—11, die die Wiederaufnahme des Sünders in die Gemeinschaft besagen: „Für jenen [Sünder] genügt diese Zurechtweisung [und Demütigung] durch die Gemeinde, so daß jetzt vielmehr ihr ihn in Gnaden wieder aufnehmen und trösten müßt, damit er nicht durch zu große Trauer zugrunde gerichtet werde. So mahne ich euch: laßt gegen ihn die Liebe walten ... Wem ihr Gnade gewährt, dem schenke auch ich sie; ... um euretwillen im Angesichte Christi, damit wir nicht vom Satan überlistet werden ..."

Die Handlungsweise des Apostels, ergreifend sowohl in der Schärfe des Strafurteils als in der sorgenden Liebe um den Sünder und seine Wiederaufnahme in die Gemeinschaft, entspricht voll und ganz dem Wort des Herrn selbst: „... Wenn dein Bruder (auch die zwei und drei, die zu Zeugen herangezogen sind) nicht hört, sage es der Kirche (der Gemeinde); wenn er auch die Kirche nicht hört, sei er dir wie ein Heide und Zöllner" (mit denen man keine Gemeinschaft haben darf) (Mt 18, 15—17; vgl. 21, 2 *Anders.* 2). Dann folgt die bekannte Aussage, daß das auf Erden Gebundene auch im Himmel Gültigkeit besitzt, vor Gott (Mt 18, 18).

Herrenwort, apostolische Praxis, schließlich die ganze alte Überlieferung sprechen also der Kirche die Macht zu, ja die Pflicht, den (schweren) Sünder aus der kirchlichen Gemeinschaft auszuschließen, durch Ausschluß aus der Gemeinschaft des Gebetes und der Eucharistie und darüber hinaus aus der Lebensgemeinschaft überhaupt: „mit einem solchen nicht einmal essen" (1 Kor 5, 11). Das Besondere der altchristlichen Praxis ist es aber, daß noch nicht unterschieden wird „zwischen innerem und äußerem Bereich, und der für die urchristlichen Gemeinden vielfach bezeugte Ausschluß aus der Gemeinschaft ist nicht nur Strafe, sondern zugleich Feststellung, daß der ausgestoßene schwere Sünder nicht zur lebendigen Christusgemeinschaft gehört ... Umgekehrt ist die Aufhebung des Ausschlusses zugleich Wiederzulassung zur inneren Kirchengemeinschaft".[3] Die geschichtliche Entwicklung des gesamten Bußwesens ist aufs engste mit der Entwicklung der Exkommunikation verbunden. Der schwere Sünder, der durch seine Sünde ohne weiteres ohne die Gnade Gottes ist und deshalb innerlich auch der kirchlichen Gnadengemeinschaft verlustig gegangen ist, wird von den Inhabern der Schlüsselgewalt, vor denen er sich als Sünder bekannt hat, auch formell und äußerlich aus der kirchlichen Gemeinschaft ausge-

---

[3] Eichmann—Mörsdorf, a. a. O., 297.

21 schlossen, „exkommuniziert". Die Aufhebung dieses Ausschlusses gibt ihn der *pax ecclesiae*, der kirchlichen Gemeinschaft, zurück und eben damit auch der Gnadengemeinschaft mit Gott.

Im Maße jedoch, daß innerer und äußerer Bereich klarer unterschieden werden, ist auch eine doppelte Form der Exkommunikation zu unterscheiden: Die freiwillig übernommene Buß-Exkommunikation ist das wesentliche Element der „kanonischen Buße" der klassischen Väterzeit.[4] Von ihr ist wohl zu unterscheiden jene Zwangsexkommunikation, in der der Sünder, auch und gerade wenn er nicht unmittelbar willig ist, ausgeschlossen wird, um ihn zu strafen, um seine Hartnäckigkeit zu brechen, um ihn zu bessern, ihn zu bewegen zur freien Übernahme der kirchlichen Ausschließung als Bußtat.[5]

Das Große dieses Strafmittels des Ausschlusses ist es, daß der Ausschluß zwar im äußeren Bereich getätigt wird, jedoch auch nach innen wirkt, jedenfalls zunächst und an sich. Der Gebannte ist auch vor Gott jener Gnadengüter verlustig, die ihm die kirchliche Gemeinschaft vermitteln kann und wird. Das aber nicht etwa in blinder Rachsucht (seitens der Kirche und der kirchlichen Oberen), sondern nur so lange, wie die Hartnäckigkeit des Sünders andauert; er braucht nur zu wollen (allerdings in der Unterwerfung unter den Spruch der Kirche, in der Bereitschaft, Buße zu tun), so kann und muß er vom Banne der Ausschließung gelöst werden.

Kennzeichnend für den Geist, in dem dies Strafmittel angewendet werden soll, sind die wahrhaft pastoralen Mahnungen des Konzils von Trient:[6] „Die Bischöfe und die anderen Inhaber ordentlicher Hirtengewalt seien eingedenk: sie sind Hirten, nicht Schläger; und sie sollen so ihren Untergebenen vorstehen, daß sie nicht über sie herrschen, vielmehr sie lieben als ihre Söhne und Brüder; sie sollen dahin streben, sie durch Aufruf und Mahnung so vom Unerlaubten abzuschrecken, daß sie nicht, falls sie gesündigt haben, durch entsprechende Strafen gezüchtigt werden müßten. Wenn sie aber wirklich doch gesündigt haben in menschlicher Schwachheit, soll ihnen gegenüber des Apostels Vorschrift befolgt werden: sie sollen sie rügen, beschwören, schelten in aller Güte und Geduld; denn oft vermag gegenüber den zu Tadelnden mehr das Wohlwollen als die Strenge, mehr die Ermahnung als die Drohung, mehr die Liebe als die Macht. Wenn aber ob der Schwere des Vergehens doch die Strafrute gebraucht werden muß, dann soll mit Sanftmut die Strenge obwalten, mit Barmherzigkeit das Gericht, mit Milde die Festigkeit; es werde so bewahrt ohne Rauheit die Zucht, wie sie für die Menschen heilbringend und notwendig ist; so mögen die Getadelten gebessert werden, oder aber, falls sie nicht einkehren wollen, mögen die übrigen durch solch heilsames Beispiel der Zucht von den Lastern abgeschreckt werden."

Es heißt das Wesen der Kirche als der zwar geistigen und doch sich äußerlich, in Formen menschlicher Gemeinschaft kundtuen-

---

[4] Vgl. Bd. 31, 475—480 u. Poschmann, Buße u. Letzte Ölung, 42—64.
[5] Vgl. Poschmann, a. a. O., 46 Anm. 11.
[6] Sessio 13, De reformatione, cap. 1: CT 7/1 (1961) 204 f.; COD 674 f.; zit. im CIC (1917) can. 2214 § 2.

den Gemeinschaft des Volkes Gottes völlig verkennen, wenn man ihr das Recht zu solchem Vorgehen, gemäß dem Wort des Herrn und dem Beispiel der Apostel, absprechen wollte. Wohl ist die Ausübung dieser Gewalt, die eben in den äußerlich-sichtbaren Bereich der menschlichen Sozialsphäre eindringt, stets gefährdet, der Gefahr des Mißbrauches ausgesetzt. Und die Geschichte zeigt, daß nur zu oft die Träger der Schlüsselgewalt dieser Gefahr auch teilweise oder ganz erlegen sind. Solche Gefährdung hebt aber in keiner Weise die sinnvolle Berechtigung der gegebenen Vollmacht auf, mahnt zur Umsicht und Behutsamkeit in ihrem Vollzug und zu einem immer wahrhaft „geistlichen" Einsatz. 21

Auf diesem Hintergrund haben wir nun die Doktrin der Frage 21 zu sehen.

Was ist die Exkommunikation oder der Kirchenbann? (Art. 1) — Wie das Wort schon sagt, ist sie Ausschluß aus der kirchlichen Gemeinschaft. Zur eingehenderen Bestimmung ist erfordert, daß das Maß des Ausschlusses genauer umgrenzt wird. Thomas unterscheidet zwei Formen: den Ausschluß von jedweder Gemeinschaft mit den Gläubigen, die sog. *excommunicatio maior* (großer Kirchenbann), und den Ausschluß nur vom Empfang der Sakramente, die *excommunicatio minor* (kleiner Kirchenbann). Die große Exkommunikation wird näher gekennzeichnet durch einen Merkvers. Seine Aufzählung der einzelnen Momente zeigt die Härte der Strafe, wie sie damals und erst recht in den früheren Jahrhunderten verhängt wurde. Alle Härte dieser Strafe ist jedoch bestimmt zur Besserung und Bekehrung des Sünders, wie vor allem aus den Antworten auf die *Einwände* erhellt (vgl. auch 2 Zu 3: Der Exkommunizierte „wird dem Satan übergeben, aber nicht als zu Verdammender, sondern als zu Bessernder ..."). 21, 1

Wichtig ist auch die Feststellung (1 Zu 2), daß der Ausschluß des Kirchenbannes bedingt sein muß durch jenen Selbstausschluß aus der Gemeinschaft der Gnade mit der Kirche, der durch die schwere Schuld der Sünde getätigt wurde, „wodurch man von der Liebe abgespalten ist, auch wenn keine Exkommunikation stattgefunden hat". Die Exkommunikation macht diesen Zustand auch nach außen sichtbar (allerdings nur dann, wenn die Folgen jener Sünde bekannt geworden sind und die ganze Gemeinschaft und ihre heilige Ordnung betreffen). Liegt aber kein Ausschluß aus der Gnadengemeinschaft der Kirche durch schwere Sünde vor, wäre also die Exkommunikation zu Unrecht verhängt worden, so würde der Ausschluß die innere Gemeinschaft mit der Kirche, das Stehen in der Liebe Gottes auch nicht nehmen (Zu 2), obwohl auch in diesem Fall „der Ausgeschlossene in Demut gehorchen müßte (und das wäre für ihn verdienstliche Tat) oder um Lösung vom Banne bitten oder Berufung an den höheren Richter einlegen; würde er aber [jene ungerechte Exkommunikation] einfach für nichts erachten, so würde er eben dadurch schwer sündigen" (Art. 4).

Wie die Exkommunikation sich geschichtlich entwickelt hat, bis sie jene Form gefunden, wie sie zur Zeit des hl. Thomas üblich war, so hat sie sich auch in der Folgezeit weiter entwickelt. Ihre heutige Form ist festgelegt durch das kanonische Recht des Codex, can. 1331 — sehr vereinfacht gegenüber dem alten CIC, can.

21, 1 2257—2267. Man unterscheidet heute nicht mehr zwischen kleinem und großem Bann, nennt allerdings das personale Interdikt gelegentlich den „kleinen Kirchenbann“.[7]

Die Exkommunikation wurde im CIC (1917), can. 2257 § 1 u. 2 definiert als „eine Zensur (Beugestrafe), durch die jemand ausgeschlossen wird von der Gemeinschaft der Gläubigen, mit den Wirkungen, die im einzelnen in den betreffenden Canones aufgezählt werden und nicht voneinander trennbar sind. Man nennt sie auch *Anathema* [wörtlich: Verwünschung oder Verfluchung], zumal wenn sie in der feierlichen Form des [alten] Pontificale Romanum [pars 3 = „anathema, i. e. solemnis excommunicatio pro gravioribus culpis“] ausgesprochen wird.“

Im Hinblick auf die konkrete Ausführung und die größere oder geringere Notwendigkeit, darauf zu bestehen, wird im alten Recht dann noch unterschieden zwischen dem Gebannten, der (schließlich doch noch innerhalb der Gemeinschaft) geduldet wird *(toleratus)*, und dem, der zu meiden ist *(vitandus)*. Für den Letzteren galt: jeder gesellschaftliche Verkehr mit ihm war zu meiden, außer seitens Ehegatten, Eltern, Kindern, Dienern u. ä. und überhaupt, falls ein vernünftiger Grund entschuldigt (CIC [1917] can. 2267). Im übrigen aber gilt von jeder Exkommunikation: sie beraubt des Rechtes zur Teilnahme am Gottesdienst in der Form einer liturgischen Dienstleistung (can. 1331 § 1, 1°) oder Sakramentenspendung u. ä. Ebenfalls kann der Ausgeschlossene kein Sakrament mehr empfangen (can. 1331 § 1, 2°).

Es ist aber wichtig, gut zu sehen und zu würdigen, daß die Exkommunikation, auch abgesehen von ihrer zeitbedingten heutigen milderen Anwendung und Durchführung, immer nur eine einstweilige Ausstoßung aus der Kirchengemeinschaft ist; sie ist eine „Beugestrafe“, dazu bestimmt, die Verhärtung des Sünders zu treffen und zu „brechen“. Sie muß deshalb aufgehoben werden, sobald dies Ziel erreicht ist. Sie ist ferner niemals Ausschluß aus der Kirche an sich, „sondern Absonderung von der aktiven Kirchengemeinschaft. Der Gebannte wird vereinsamt, damit er in sich gehe und seine Verhärtung aufgebe; zugleich wird die kirchliche Gemeinschaft vor der Gefahr verderblicher Ansteckkung geschützt. Der Bann nimmt also nicht das Personsein in der Kirche (can. 87 [von 1917; ähnlich im neuen Recht can. 96]); d. h. die kirchliche Rechtsfähigkeit bleibt in aktiver und in passiver Hinsicht als allgemeines Vermögen bestehen.“[8] Insbesondere bleiben deshalb, gemäß can. 96, die Pflichten der kirchlichen Gliedschaft erhalten; der Gebannte bleibt der Autorität der Kirche auch weiterhin unterworfen, grundlegend z. B. vor allem, indem er verpflichtet ist, sich um die Aufhebung des Bannes zu bemühen, auch und gerade um baldmöglichst wieder am vollen Gottesdienst teilnehmen zu dürfen, das Opfermahl der Kommunion zu empfangen, zumal zur österlichen Zeit; er bleibt z. B. auch

[7] Vgl. N. Ruf, Das Recht der katholischen Kirche nach dem neuen Codex Iuris Canonici. Freiburg 1983, 346.

[8] Eichmann—Mörsdorf, a. a. O., 382. Der Schutz der „kirchlichen Gemeinschaft vor der Gefahr verderblicher Ansteckung“ scheint im neuen Recht keine Rolle mehr zu spielen; es nimmt damit Selbstverständlichkeiten moderner gesellschaftlicher Kommunikation auf.

kirchensteuerpflichtig. Selbst seine Rechte als Glied der Kirche sind nur soweit verwirkt, als sie durch das kirchliche Gesetz (can. 1331) genannt werden. Bestimmte Jurisdiktionsakte können auch vom Gebannten gültig gesetzt werden; z. B. kann er gültig — und wenn die Strafe nicht ausdrücklich verhängt ist, auch erlaubterweise — absolvieren, wenn Gläubige ihn darum bitten u. a. dgl. (can. 1335). 21, 1

Aus dem Gesagten, der Eigenart dieser Strafe und den mit ihr unmittelbar verbundenen Einschränkungen, ist klar ersichtlich, daß es sich bei der Exkommunikation zwar um ein mit rechtlichen Kategorien zu würdigendes Phänomen handelt, daß es aber doch immer ein Mittel der geistlich-geistig wirkenden Kirche Christi zur Heilung und Heiligung glaubender Menschen bleibt (Art. 2). Die Exkommunikation, eine Beugestrafe, macht deshalb in ihrer Weise ebenfalls deutlich, „daß die Kirche kein Verein ist, aus dem man austreten und ausgeschlossen werden kann, sondern das neue Gottesvolk, in das man durch Gott im sakramentalen Geschehen der heiligen Taufe hineingeboren wird. Der Gebannte bleibt konstitutionelles Glied der Kirche, aber im Bereich der tätigen Gliedschaft ist er im wesentlichen nicht mehr aktives, sondern bloß passives Glied der Kirche“.[9] 21, 2

Ob der Härte, die nun freilich auf jeden Fall mit Strafen dieser Art verbunden ist, die Berechtigung der Exkommunikation leugnen wäre gleichbedeutend mit offenbarem Widerspruch wider das Wort der Schrift, das Wort des Herrn (Mt 18, 17) und die Praxis des Apostels (1 Kor 5, 3—5), die mit Recht im *Anders.* zitiert werden. Eine solche Denkweise ist sentimentaler, humanitärer Idealismus, der verkennt, daß Gott selbst, der allbarmherzige, der die Liebe in höchster, personaler Vollendung ist, gleichzeitig auch der allgerechte Gott ist, der alles richten wird im letzten und furchtbaren Gericht, in dessen Hände zu fallen furchterregend ist (Hebr 10, 31). Etwas von der Größe solchen Richtens ist auch der Kirche mitgegeben, nicht durch Anmaßung menschlicher Herrschsucht und Rachsucht, sondern um des Heiles willen, „zur Wahrung der Liebe“ (Regel des hl. Benedikt, Prolog). Die Kirche straft durch die Exkommunikation, absondernd und ausschließend, auf daß der Sünder durch solche Schläge in sich gehe, sich selbst überlassen seine Ohnmacht erkenne und deshalb den Weg zu Gott in seiner Kirche zurückfinde. Die Kirche verhängt ihre Strafen aus solcher Sicht des Glaubens in der liebenden Sorge um das letzte Heil der Ihren; nur im Glauben und einer durch ihn vermittelten Sicht der Situation des Menschen, seiner Sündhaftigkeit und seiner Bestimmung zum ewigen Leben, das durch Christus in seiner Kirche vermittelt wird, kann deshalb die Strafe der Exkommunikation verstanden werden. Die Exkommunikation kann deshalb auch nur Wirkkraft haben unter Menschen des Glaubens. Wo der Glaube fehlt, versagt ihre Kraft. Das besagt auch, daß in Zeiten des Glaubensschwundes und der Glaubenskrise die Exkommunikation nur sehr behutsam verwendet werden kann. Eine Medizin, die eher die Krankheit vermehrt als sie heilt, ist keine Medizin mehr,

[9] A. a. O., 383.

21, 2 sondern Gift. Ein Ausschluß, eine Bannung oder *maledictio*, die in solchem Zusammenhang „vorsätzlich verharrt in dieser Intention" zu vernichten, ist immer und „unter allen Umständen verboten" (Zu 1).

21, 3 Heikel ist die in Art. 3 berührte Frage, ob jemand um eines von ihm verursachten zeitlichen Schadens willen exkommuniziert werden kann. Thomas stellt mit Nachdruck fest, daß dergleichen nur möglich und erlaubt ist, wenn jemand in der Verursachung solchen Schadens schwer gesündigt, gegen die Liebe sich schwer versündigt hat; mehr noch, nur dann, wenn der Täter sich auf seine böse Tat versteift, hartnäckig sie verteidigt oder sich dem kirchlichen Richterspruch nicht stellen will, sich ihm entzieht. Entscheidend ist immer die innere Gesinnung und der sittliche Wille. Wie jede Strafe, so kann erst recht die Exkommunikation nur verhängt werden wegen eines Vergehens, das sittlich schuldbar, schwer schuldbar ist (can. 1321 § 1).

Grundsätzlich ist das also zu allen Zeiten klar. Schwieriger ist es, in bestimmten Fällen, zumal denen „gemischter" Art, wo sowohl kirchliche wie weltliche Belange betroffen sind, richtig zu entscheiden, ob hier wirklich sittliche Schuld vorliegt. Vielfach, zumal in vielen kirchenpolitischen Auseinandersetzungen der Vergangenheit, ist hier die Waffe der Exkommunikation gebraucht worden gegen einen Täter, der seine zeitlichen Rechte gegen eine kirchliche Obrigkeit verteidigt oder gar mit Gewalt zu erreichen gesucht hat, ohne daß eine wirkliche sittliche Schuld vorlag. Es gehört zur Tragik menschlichen Waltens, daß hier Irrtümer, Mißverständnisse und echte Fehlgriffe immer wieder vorkommen können.

21, 4 Die hohe Glaubensauffassung einer ganz christlichen Zeit wird freilich auch eine solche ungerechte Exkommunikation (Art. 4) in Demut ertragen, Unrecht erleidend und so vermehrte Gnade von Gott erhaltend *(Antw.)*. Auch hier wird man allerdings sagen müssen, daß solch ein schweigendes und demütiges Sich-Unterwerfen seine Grenze hat. Es gibt Rechte (auch solche zeitlicher Art), auf die man nicht verzichten darf, für die man sich einsetzen muß, mit den Mitteln, die im entsprechenden Zusammenhang legitim sind. Es handelt sich um das uralte Problem, wie wir im weltlichen, bürgerlichen, politischen Leben die hohen Anforderungen der Bergpredigt verwirklichen können: „Wenn jemand dich auf die rechte Wange schlägt, so biete ihm noch die andere dar" (Mt 5, 39, bzw. die ganze Stelle: 5, 38—48). Dies Wort ist bekanntlich zu vereinen mit der Praxis des Herrn bei Joh 18, 22 f., der dem ihn Schlagenden sagt, daß er ihn nicht ohne Grund schlagen darf.

Eine letzte Entscheidung ist immer nur möglich in der Abwägung dieser verschiedenen Normen aus der jeweiligen Situation. Ausdrücklich erwähnt Thomas in der *Antw.* das Recht der Berufung an den höheren Oberen. Wie immer aber entschieden wird: eine Geringschätzung oder Verachtung der kirchlichen Autorität ist niemals erlaubt. Dem Glaubenden ist die Autorität „unverletzlich" auch dann, wenn in entsprechender Weise und in

Freimütigkeit gegen ihren Entscheid Protest oder Berufung eingelegt wird. 21, 4

II. Träger der Exkommunikationsgewalt und die von der Exkommunikation Betroffenen 22

(Fr. 22)

Die in Fr. 22 behandelten Fälle wollen Beispiele sein, an denen deutlich wird, was die Schlüsselgewalt zu lösen und zu binden konkret besagt. Auf den ersten Blick möchte man hier bloße Kasuistik sehen. Thomas gibt aber die Antwort stets aus der Sicht der letzten theologischen Zusammenhänge.

22, 1 Die Schlüsselgewalt, die im persönlichen Bußgericht (im Bußsakrament, in der Beichte) im Dienst Gottes den Sünder richtet in seinem innersten Verhältnis zu Gott, ist jedem zur Beichte bevollmächtigten Priester übergeben. Die größeren Strafen hingegen, die das Verhältnis des Sünders zur Gemeinschaft in der Öffentlichkeit betreffen, können nur von denen verhängt werden, die für diesen Bereich Jurisdiktion besitzen (Art. 1 *Antw.).* Im Grunde genommen sagt auch der CIC das gleiche in einer entsprechenden, etwas abstrakten Weise: can. 1315 § 1: „Wer gesetzgebende Gewalt hat, kann auch Strafgesetze erlassen." Der alte CIC ergänzte erklärend can. 2220: „Wer nur richterliche Gewalt hat, vermag nur rechtmäßig festgelegte Strafen aufgrund des Rechtes aufzuerlegen." Das wird deutlicher durch die im Recht anderswo gegebenen näheren Bestimmungen. So kann man sagen: „Die gesetzgebende Gewalt für die Gesamtkirche liegt beim Papst, dem Allgemeinen Konzil und im gewissen Umfange bei den Kardinalkongregationen, für die Diözesen und die diözeseähnlichen Gebietskörperschaften bei den Ortsoberhirten (...) und für die Personalkörperschaften bei deren Personaloberhirten, im klösterlichen Bereich auch bei den Ordenskapiteln exempter priesterlicher Verbände ..."[10]

Konkret besagt das also, daß wohl die Bischöfe (von Diözesen), nicht aber Pfarrer exkommunizieren können. Die Exkommunikation, die von klösterlichen Oberen verhängt wird, hat nur dann den Charakter einer eigentlichen Exkommunikation (im Sinne des kirchlichen Rechtes), wenn sie von höheren, priesterlichen Oberen (z. B. dem Abt oder dem Provinzial) für deren Untergebene ausgesprochen wird, und zwar in ganz bestimmten vom Rechte vorgesehenen Fällen. Doch kennen viele Klöster daneben noch eine mildere Form der „Exkommunikation", des Ausschlusses aus der betreffenden klösterlichen Gemeinschaft, als Ausschluß vom gemeinsamen Tisch und sonstigen gemeinsamen Handlungen (wie Rekreation, Teilnahme an Kapitelssitzungen usw.). Diese können von den zuständigen Oberen, auch von Frauen (wie Äbtissinnen und Provinzialoberinnen), verhängt werden.

22, 2 Außer diesen uneigentlichen Exkommunikationen konnten Exkommunikationen zur Zeit des hl. Thomas in bestimmten Fällen

[10] A. a. O., 340.

22, 2 von einem Nicht-Priester verhängt werden (Art. 2). Nach dem CIC von 1917 (can. 219) galt das noch für einen gewählten Papst, falls er, was heute freilich praktisch nicht mehr vorkommt, Kardinal wäre, ohne Priester zu sein. Im neuen Recht (can. 332 § 1) ist die Bischofsweihe für die päpstliche Jurisdiktion vorausgesetzt.

22, 3 Es ist logisch, daß der Exkommunizierte, also der aus der kirchlichen Gemeinschaft Ausgeschlossene, niemanden mehr exkommunizieren kann, da ja sein eigener Ausschluß ihn an der Ausübung der ihm zustehenden Weihe- und Hirtengewalt (Jurisdiktion) hindert (Art. 3 *Antw.*). Bis zum formellen Ausspruch der Exkommunikation kann zwar ein Priester noch Sakramente gültig spenden, wenn er darum gebeten wird (can. 1335); der formell Exkommunizierte kann aber nur bei Todesgefahr andere absolvieren und von der Exkommunikation lösen (can. 976); niemals jedoch dürfte er oder kann er diese Strafe verhängen (vgl. can. 1331 § 2 n. 2).

22, 4 Das Recht von 1917 legte noch genau fest, wer von der Strafe der Exkommunikation getroffen werden kann und wer nicht (can. 2227 u. 1557; vgl. Art. 4): Nur der Papst kann richten die Oberhäupter der Staaten, die Kardinäle, Legaten und in bestimmten Fällen die Bischöfe; die vom Apostolischen Stuhl bestimmten Gerichtshöfe haben zu urteilen über Bischöfe, Diözesen und exempte Ordensgemeinschaften. Diese Bestimmungen fallen im vereinfachten neuen Recht fort.

22, 5 Die Exkommunikation kann, da sie ja nur für sittliche Schuld ausgesprochen werden darf, nur physische Personen, also Individuen, treffen (Art. 5).

III. Der Verkehr mit den Exkommunizierten

(Fr. 23)

23, 1 Die in Art. 1 behandelten Probleme wurden im Recht von 1917 konkret geregelt durch die Unterscheidung zwischen zu duldenden und zu meidenden Exkommunizierten. Der gesellschaftliche Verkehr mit dem Geduldeten war, wie der Name sagt, geduldet, also erlaubt; diese Exkommunikation beschränkte sich auf den Ausschluß vom Gottesdienst und von den Gnaden der kirchlichen Gemeinschaft. Hingegen war gesellschaftlicher Verkehr mit dem zu Meidenden an sich aufs strengste untersagt: „Die Gläubigen müssen die Gemeinschaft im profanen Bereich mit einem zu Meidenden vermeiden, außer es handle sich um den Gatten, die Eltern, Kinder, Diener, Untergebene, und ganz allgemein, wenn nicht ein vernünftiger Grund entschuldigt“ (can. 2267; zum neuen Recht s. Anm. [54]).

23, 3 Die Dehnbarkeit dieser Bestimmung legt nahe, daß die von Thomas im Art. 3 vertretene mildere Ansicht gewiß die richtige war: Die Übertreter des genannten Gebotes sündigten nach

seiner Auffassung im allgemeinen nicht schwer, „sondern nur, wenn sie am Vergehen des Exkommunizierten sich beteiligen, oder (als Kleriker) mit ihm Gemeinschaft haben bei der Gottesdienstfeier, oder wenn sie handeln in Geringschätzung (Verachtung) der Kirche (der kirchlichen Autorität)“ *(Antw.)*. Das war auch im wesentlichen das Recht des alten CIC: can. 2338 § 2 f. 23, 3

IV. Die Lösung von der Exkommunikation (Fr. 24) 24

Die in Fr. 24 ausgesprochenen Ansichten sind im wesentlichen auch noch heute gültiges Recht.

Die kleine Exkommunikation (d. h. der bloße Ausschluß vom Sakramentenempfang) konnte von jedem Beichtvater gelöst werden; doch besteht sie als solche nicht mehr. Bezüglich der großen, der eigentlichen Exkommunikation, von der hier also allein die Rede ist, wird die allgemeine Bestimmung von can. 2248, 1 (1917) vorausgesetzt: sie wird nur durch rechtmäßige Lossprechung getilgt. Das besagt und ist auch im neuen Recht ausgesprochen: die Exkommunikation, als Beugestrafe, wird nie auf bestimmte Zeit ausgesprochen, sondern auf unbestimmte Zeit, bis nämlich die Bosheit oder Verhärtung des Sünders „gebeugt“ oder behoben ist; dann aber muß sie aufgehoben werden, sobald darum gebeten wird (can. 1358 § 1), gegebenenfalls unter Auflage einer neuen Sühnestrafe zur Leistung einer entsprechenden Genugtuung (ebd. § 2), die aber eben nicht mehr Ausschluß ist. 24, 1

Lossprechen vom Bann können nur diejenigen, die dazu vom Recht befugt sind. Das ist genau festgelegt. Zunächst ist zu unterscheiden zwischen den ausdrücklich verhängten Exkommunikationen, deren Lossprechung einem höheren Oberen vorbehalten ist (can. 1355 § 1), und den nicht ausdrücklich verhängten, die von jedem Beichtvater im sakramentalen Bereich behoben werden können (can. 1357 § 1); lossprechen im äußeren Bereich kann auch im letzteren Fall nur derjenige, der Jurisdiktion über den Sünder besitzt, d. h. der höhere Obere (Ordinarius [loci]; can. 1355 § 2, 1357 § 2).

Besonders schwerwiegend sind die Exkommunikationen, die dem Hl. Stuhl „reserviert“ sind, deren Lossprechung ihm also vorbehalten ist. Diese Reservierung bzw. die Notwendigkeit, sich an den Hl. Stuhl eigens zu wenden, erschwert natürlich die Lossprechung. Das ist gewollt: Es soll das Gewicht und der Ernst der Strafe bzw. des gestraften Vergehens dadurch deutlicher zu Bewußtsein kommen. Zu den betreffenden Vergehen s. Anm. [56].

Um aber auch in den Fällen so schwerer Vergehen Barmherzigkeit obwalten zu lassen und u. U. schnell Hilfe bringen zu können, sind im Falle von Todesgefahr und sonstigen dringenden Fällen allen Beichtvätern die entsprechenden Vollmachten gegeben (can. 976; vgl. 1357 § 3).

Die These von Art. 3, daß jede Exkommunikation, mit der ein und derselbe behaftet ist, einer eigenen Lossprechung bedarf, findet sich jetzt vereinfacht durch die Möglichkeit eines allgemeinen Erlasses, in can. 1359. 24, 3

Zweites Kapitel

DER ABLASS

(Fr. 25—27)

25 I. Der Ablaß in sich

(Fr. 25)

Zur Schlüsselgewalt gehört als Ergänzung auch der Ablaß, der Nachlaß von Sündenstrafen, gemäß dem Prolog zu Fr. 17. Wenn schon alle die Buße betreffenden Fragen, nicht zuletzt die betreffs der Schlüsselgewalt in sich, kompliziert und, aufs engste mit der geschichtlichen Entwicklung der Bußdisziplin verbunden, nicht leicht verständlich sind, so gilt das in noch höherem Maße vom gesamten Ablaßwesen. Es ist überhaupt nur von den Ursprüngen unserer Bußpraxis her einigermaßen zu verstehen. Bestimmte Fehlentwicklungen wurden zu Anfang des 16. Jahrhunderts der äußere Anlaß zur Reformation und der seit dieser Zeit noch andauernden Spaltung der Christenheit. Wohl hat die innerkirchliche Reform, besonders auf dem Konzil von Trient und in seiner Folge, die Ablaßpraxis geläutert und von jenen Fehlentwicklungen befreit. Dennoch bedarf, wie gerade auf dem 2. Vatikanischen Konzil klar erkenntlich wurde, auch heute noch der Ablaß in seiner Theologie und praktischen Durchführung einer Neubesinnung und Neugestaltung. Das bleibt im wesentlichen eine Aufgabe der nächsten Zukunft.

Doch zunächst müssen wir versuchen, den Ablaß in seiner geschichtlichen Entstehung und Entwicklung zu verstehen. Die Unabgeschlossenheit dieser Besinnung zeigt im einzelnen die Stellungnahme zur Vorlage einer Neuordnung des Buß- und Ablaßwesens durch den Papst an das Konzil in der 157. und 158. Generalkongregation (Acta Synodalia Ss. Concilii Vaticani II, vol. IV pars VI, 1978, S. 292—307 u. 315—335). Auf der 156. Generalkongregation war den Vätern der Text einer Vorlage „De s. Indulgentiarum recognitione" in ausführlichen Referaten gegeben worden (ebd. 131—197). Unter den kritischen Urteilen der Bischofskonferenzen sind besonders bemerkenswert die ausführlichen Gutachten der Kardinäle König (S. 323—331) und Döpfner (S. 332—335). Die Bischöfe wünschten ein erneutes Studium der schwierigen Fragen in aller Ruhe nach dem Konzil, in einem neuen Dokument. Das ist dann in etwa die Constitutio Apostolica Pauls VI. von 1967 „Indulgentiarum doctrina" (AAS 59 [1967] 1—24; Kaczynski, Enchiridion ... Nr. 694—728).

Wir besitzen als Grundlage für diesen Rückblick auf die geschichtliche Entwicklung heute mehrere gute Arbeiten. Zunächst das große grundlegende und das geschichtliche Material in Fülle darbietende Werk von N. Paulus, Geschichte des Ablasses im Mittelalter (3 Bände, Paderborn 1922—1923); dazu kann ergänzend treten J. A. Jungmann, Die lateinischen Bußriten in ihrer geschichtlichen Entwicklung (Innsbruck 1932). Auf diesen geschichtlichen Tatsachen aufbauend gibt B. Poschmann eine mehr dogmatische Darstellung zur Klärung der Wesensart des

Ablasses: Der Ablaß im Licht der Bußgeschichte (Bonn 1948). Eine letzte Zusammenfassung unter Akzentuierung der Gesichtspunkte der neuesten Entwicklungen bietet K. Rahner in seinem Beitrag über den Ablaß in Sacramentum mundi I (Freiburg 1967) 20—33 (im wesentlichen identisch mit dem Artikel des gleichen Verfassers im LThK² 1 [1957] 46—53). 25

Das spätere Buch von B. Poschmann (HDG IV/3 [1951]; darin über den Ablaß: 112—123) wird heute gut ergänzt durch die an dessen Stelle getretene neue Arbeit von H. Vorgrimler, Buße und Krankensalbung (HDG IV/3 [1978]), 203—214, besonders 212—214: Die Erneuerung der Ablaßtheologie. Auch hier wird festgestellt, daß das Konzil selbst, aus Zeitmangel, keine Entscheidung geben konnte und daß die Konstitution „Indulgentiarum doctrina" von 1967 im wesentlichen die Ansicht der von den Konzilsvätern sehr kritisierten Vorlage (die sich vor allem auf die Arbeit von Kardinal Ch. Journet stützte) wiedergibt, aber doch auch „den Einfluß der Ablaßtheologie Poschmanns und Rahners erkennen läßt" (214).

Ablaß, das ist in der vom can. 992 des CIC gegebenen traditionellen Definition „der vor Gott [gültige] Nachlaß einer für die Sünden geschuldeten zeitlichen Strafe, für Sünden, die im Hinblick auf die Schuld bereits getilgt sind; der Christgläubige erlangt ihn, wenn er entsprechend bereitet ist und die festgelegten Bedingungen erfüllt, in Kraft der Kirche, die als Dienerin der Erlösung den Schatz der genugtuenden Werke und Leiden verteilt und zuwendet." Dazu can. 994: „Jeder Gläubige kann unvollkommene oder vollkommene Ablässe entweder für sich selbst gewinnen oder Verstorbenen zuwenden in der Weise der Fürbitte."

Dieser Ablaß begegnet uns erstmalig erst im 11. Jahrhundert, hat also als solcher vorher nicht existiert. Sein Entstehen ist aber eng mit der bisherigen Entwicklung der kirchlichen Bußpraxis verbunden. Wir müssen diese unter dem besonderen Gesichtspunkt der Grundlegung und Ermöglichung des Aufkommens des Ablasses kurz überschauen (vgl. auch den geschichtlichen Überblick zu Anfang unseres Kommentars in Bd. 31, S. 475—481).

Wichtig ist, daß von Anfang an dem nach der Taufe Sündigenden Nachlaß durch die Kirche nur gewährt wird, wenn er selbst in persönlicher Tat büßend sich beteiligt und so der in Christus geschehenen Genugtuung sich „konformiert", an dieser Anteil nimmt. Die Mühsal solchen Bußtuns ist derart wesentlich erfordert, daß es nach Thomas (und das ist einer der Höhepunkte seiner Bußlehre!) als „Quasi-Materie" Wesensteil des Sakramentes ist (III 84, 2: Bd. 31 m. Komm.: 486—488). Die Kirche hat aber die Gläubigen durch ihr fürbittendes Gebet von Anfang an unterstützt, „damit sie nicht durch allzu große Trübsal vernichtet würden" (2 Kor 2, 7). Die Gemeinschaft, der Leib der Kirche leidet und sühnt mit dem einzelnen. Tertullian sagt: „condoleat universum (corpus) et ad remedium conlaboret necesse est: Der ganze Leib muß mitleiden und zur Heilung sich mit-mühen" (De paen. 10: PL 1, 1356 A). In besonderer Weise waren Fürbitter die heiligen „Bekenner", d. h. die für das Zeugnis Christi den Verfolgungen, dem Gefängnis und der Marter ausgesetzten Brüder, wie

25 wir vor allem aus der Praxis zur Zeit Tertullians und Cyprians wissen. In anderen Fällen sind es die „vollkommenen" Christen, die kniefällig und wachend mit den Büßern mitleiden, um derentwillen die Buße wirklich getan werden kann und gültig ist.[1] In diesem Sinne kann Ambrosius sagen: „Es weine für dich die Mutter Kirche und wasche deine Schuld mit ihren Tränen ab" (De paen. 2, 10. 92: PL 16, 540 B). Zu diesen Helfern im Rahmen der Gemeinschaft der Kirche gehören vor allem die Bischöfe und Priester. Es war überall „selbstverständlich, daß es vor allem Sache der Bischöfe und Priester sei, den Büßern zu helfen. Cyprian und Ambrosius versichern, daß sie mit ihnen ‚mitleiden'; nach Gregor I. gehört dieses Mitleiden zu den unentbehrlichen Eigenschaften eines guten Priesters..."[2] Dies fürbittende Sicheinsetzen für den Büßer, dies Erleichtern und Fruchtbarmachen der Bußtat durch die Kirche, ihre Glieder und vor allem ihre Priester hat sich in der zweiten Hälfte des 1. Jahrtausends allmählich zu sogenannten „Absolutionen" verdichtet, d. h. zu formellen Fürbittgebeten vor allem der Bischöfe, daß Gott den betreffenden Gläubigen „absolviere" von seinen Sünden. Dabei handelt es sich nicht um den sakramentalen Nachlaß der Sünden(-schuld), sondern eben um die Fürbitte bei jener Bußtat, die gemäß damaliger Bußpraxis zum Nachlaß führte.[3] Diese Absolutionen dringen kurz vor 1000 auch in die eigentliche Bußordnung ein, auch als stärkerer Ausdruck der priesterlichen Vollmacht zu lösen, immer aber zur Erleichterung der Bußtat, zunächst vor der sakramentalen Lossprechung, dann, nachdem Beichte und Lossprechung von der Jahrtausendwende an allmählich zusammengelegt werden, auch als Hilfe und zur Förderung bei der Genugtuungstat nach der Lossprechung. Man erhoffte sich, wie der Wortlaut der Formeln zeigt, von diesen „Absolutionen" bzw. diesem Fürbittgebet einen wenigstens teilweisen Nachlaß gerade der Strafen, die nach dem Tode noch abzutragen wären, Nachlaß, von Gott gegeben, durch die Fürbitte der dazu beauftragten Kirche und ihrer Diener erfleht.[4]

Absolutionen dieser Art wurden einzelnen Personen gegeben, aber auch größeren Gruppen, z. B. Wohltätern einer Kirche, Teilnehmern an einer guten Sache, wie an einem gerechten Verteidigungskrieg,[5] schließlich aber auch als Generalabsolution der Gesamtheit der Gläubigen am Gründonnerstag und Aschermittwoch (im Zusammenhang mit der Büßerrekonziliation).[6] In derartigen Absolutionen oder Fürbittgebeten der Priester und Bischöfe sollte der Segen der Lösegewalt den Gläubigen zugute kommen und die Wirkung der Beichtabsolution weiterführen, auf daß ihre — immer erforderte — Bußtat fruchtbarer werde vor Gott und so die im Jenseits abzubüßende Strafe gemindert werde, nicht im Sinne einer völligen Gewißheit oder irgendeines echten Anspruches, sondern im Sinne der Hoffnung auf die Erhörbarkeit des

---

[1] Vgl. Poschmann, Der Ablaß..., 7—9.
[2] Poschmann, a. a. O., 10.
[3] A. a. O., 15—18.
[4] Vgl. a. a. O., 18—31.
[5] Vgl. a. a. O., 16 u. 31.
[6] A. a. O., 31—36.

Gebetes der Kirche. Diese Praxis ist insgesamt in ihren ursprünglichen Formen und deren Entwicklung nur möglich auf dem Hintergrund einer echten Glaubenshaltung, in der alle überzeugt sind, ernste Buße tun zu müssen, und in heilsamer Furcht stehen vor der im Gerichte Gottes zu erwartenden Sühnestrafe im Jenseits auch nach Nachlaß der Sündenschuld auf Erden. 25

Die genannten Formen kommen zwar dem, was man später Ablaß nennt, schon nahe, sind aber durchaus noch nicht Ablaß. Es handelt sich „trotz der Bezugnahme auf die Schlüsselgewalt nicht um einen richterlichen und demgemäß konkret bestimmten Erlaß der Strafe; die Schlüsselgewalt bietet vielmehr nur die Gewähr für eine größere Kraft der Fürbitte bzw. des Bußwerkes. Ein Ablaß liegt erst vor, wenn der kirchliche Obere die volle Buße oder einen bestimmten Teil derselben erläßt in der Voraussetzung, daß Gott diesen Gnadenerlaß anerkennt und auf die entsprechende Sündenstrafe verzichtet“.[7]

Das grundsätzlich Neue der im 11. Jahrhundert aufkommenden Ablässe liegt darin, daß durch die Betätigung der Lösegewalt seitens des kirchlichen Oberen irdisch-kirchliche Bußtat ganz oder zum Teil erlassen wird in der sicheren Hoffnung, daß Gott auch seinerseits Sühnestrafen im anderen Leben nicht auflegen wird. Das etwas Beklemmende an diesem Wandel ist aber: „Der Ablaß war nicht mehr bloß ein Angeld für die Zeit nach dem Tode, sondern auch eine überaus willkommene Entlastung im irdischen Leben. Und gerade das war es, was ihm eine so schnelle und unaufhaltsame Verbreitung verschaffte.“[8] Der Ablaß ist also ein Akt kirchlicher Jurisdiktion, insofern eine bestimmte, an sich zu leistende Bußtat erlassen wird; daß gleichzeitig damit Erlaß der Strafe bei Gott in Aussicht gestellt wird, ist natürlich nicht Akt der hoheitlichen Gewalt, der Jurisdiktion (das wäre glatter Unsinn oder gotteslästerliche Anmaßung), sondern Bitte, die der Herr gemäß seinem eigenen Wort gewiß erhören wird, ohne daß wir wissen, wieweit.

In der Bestimmung der konkreten Ausmaße des Ablasses tritt nun noch einmal die geschichtliche Voraussetzung hervor. In Ablösung der „kanonischen Buße“ hatten die Kommutationen oder Redemptionen im frühen Mittelalter[9] die ursprünglich einmalige, lebenslange Buße umgetauscht oder abgelöst durch gleichsam tarifmäßig taxierte Bußleistungen von so und so viel Tagen oder Monaten oder Jahren.[10] Von diesen Leistungen wird nun autoritativ entweder die Gesamtheit oder ein bestimmter Teil erlassen (abgelassen), unter der Bedingung freilich, daß der Büßende ein anderes, manchmal sehr beträchtliches Bußwerk setzt. Das hohe sittliche Ethos dieser neuen Praxis wird am ehesten deutlich in den Kreuzzugsablässen, die von den ältesten Ablässen am bekanntesten sind. „Die Forderung, die an die Kreuzfahrer gestellt wurde, die Übernahme unsäglicher Strapazen und Gefahren, der Einsatz von Gut und Leben, war gewiß derart, daß sie als voller Ausgleich für die Leistung der vollen

---

[7] A. a. O., 43.
[8] A. a. O., 45.
[9] Vgl. Bd. 31, Anm. [26], S. 415 f. u. Anm. [177], S. 470.
[10] Vgl. Bd. 31, Komm., S. 479 f.

25 Buße bewertet werden konnte ... Urban II. bezeichnet demgemäß denn auch in dem auf der Synode von Clermont 1095 verkündeten Kreuzablaß, der vorbildlich für die Folgezeit wurde, die Teilnahme an der Kreuzfahrt direkt als einen Ersatz für die ganze Buße: Quicunque pro sola devotione, non pro honoris vel pecuniae adeptione, ad liberandam ecclesiam Dei Hierusalem profectus fuerit, iter illud pro omni paenitentia reputetur."[11] Ablässe dieser Art können und müssen „vollkommene" genannt werden, weil sie alle kirchlichen Bußstrafen „vollkommen" erlassen, nicht aber weil sie auch sämtliche zeitlichen Sündenstrafen in der anderen Welt hätten tilgen können; denn das vermochte auch die bisherige kanonische Buße nicht. Wieweit auch Gott selbst im kommenden Leben Strafe erlassen würde, hing weitgehend immer von der Liebe des Büßenden bzw. des Ablaßempfängers und letztlich von Gottes Barmherzigkeit ab. Nicht-vollkommene Ablässe tragen diesen Namen nur, insofern sie die irdisch-kirchliche Strafe nur teilweise erlassen, also eine Strafe von 40 oder 100 Tagen usw., ohne irgend etwas aussagen zu wollen über das Ausmaß dessen, was Gott tun würde.[12]

„Wie so oft im Leben ging auch beim Ablaß die Praxis der Theorie voraus. Man machte von ihm Gebrauch, ohne sich des Neuen, das er darstellte, bewußt zu sein, und betrachtete ihn unter dem Gesichtspunkt der beim Bußverfahren üblichen Redemptionen oder Absolutionen. Deswegen dauerte es geraume Zeit, bis die Theologie ihn zur Kenntnis nahm und zum Gegenstand kritischer Beurteilung machte."[13] Man konnte das so unbefangen tun, da von Anfang an all diesem Tun die Überzeugung zu Grunde lag, daß das fürbittende Gebet der Kirche dem wirklich ernst Buße Tuenden zu Hilfe eilen konnte.

Die kritische Betrachtung aber setzte nun gerade an dem schwachen Punkte des Ablasses ein, daß er nämlich eine Erleichterung verschaffte, eine Abschwächung der früheren strengeren Bußpraxis bedeutete und das sehr oft auf dem Wege über ein hilfreiches Werk, das zu leisten war, aber leicht in die Nähe einer Käuflichkeit von der einen Seite und der Habgier von der anderen Seite geraten konnte. Jedenfalls hören wir vom Ablaß zum ersten Mal bei Abaëlard im Rahmen seines Protestes gegen einen solchen Mißbrauch. „Mit Entrüstung geißelt er das Treiben mancher ... Priester, die weniger aus Unkenntnis denn aus Habgier ihre Untergebenen täuschten, indem sie ihnen für Geld die Strafen der auferlegten Genugtuung erließen oder ermäßigten."[14] In gleicher Weise tadelt er das Vorgehen der Bischöfe, die in Erwartung reicher Opfergabe den Gläubigen bald den dritten, bald den vierten Teil der Buße erließen (Ethica 25: PL 178, 672 f.). Grundsätzlich bleibt Abaëlard durchaus im Rahmen der damals üblichen Auffassung von der Bedeutung des persönlichen Bußwerkes und der relativ begrenzten Kraft der priesterlichen Absolution, die eher den Charakter der Fürbitte hat.[15] In der hier

[11] Poschmann, a. a. O., 55.
[12] Vgl. a. a. O., 56 f.
[13] Poschmann, Buße ... (HDG IV/3), 116 f.
[14] Poschmann, Ablaß, 65.
[15] Vgl. a. a. O., 63 ff.

erwähnten Praxis der Bischöfe ist der eigentliche Ablaß gegeben. 25
Abaëlards Kampf gegen den Mißbrauch war durchaus legitim, selbst wenn er, wie manchmal auch auf anderem Gebiete, dabei übers Ziel schoß und die Schlüsselgewalt der Bischöfe überhaupt bestritt, was ihm, auf Betreiben des hl. Bernhard, die Verurteilung durch die Synode von Sens 1040 zuzog (PL 182, 1053 f.).

Zunächst hören wir vom Ablaß nichts weiteres; weder die Viktoriner noch der Magister Petrus Lombardus erwähnen ihn. In der zweiten Hälfte des 12. Jahrhunderts rückt er aber immer stärker in das Blickfeld der Magistri mit einem bunten Vielerlei von Meinungen, das erst von der Hochscholastik einigermaßen geklärt wird.[16] Das Motiv der Fürbitte der Kirche für den Büßenden wird nun fortentwickelt zum Theologumenon des „Kirchenschatzes". Diese Lehre wird erstmalig klar ausgesprochen (nicht, wie bisher oft angenommen wurde, von Alexander von Hales, sondern) von Hugo von St. Cher 1230.[17] Die neue Ansicht ermöglicht ein tieferes Verständnis der neuen Praxis ganz im Rahmen der bisherigen Bußtheologie und -praxis: „Für alle erlassenen Sündenstrafen wird Gott ein vollwertiger Ersatz geboten."[18] Es kann nicht genug betont werden, daß solche Gedanken an sich zunächst sich durchaus im Rahmen der bisher überlieferten Bußlehre bewegten. Aber bisher hatte man sich auf den „thesaurus ecclesiae", das Blut Christi und das der Märtyrer, berufen im Sinne von Fürbitte. „An eine direkte Ausnutzung des Kommutationswertes [Tauschwertes] ihrer Verdienste hatte man nicht gedacht. Daß die Kirche eine rechtliche Verfügungsgewalt über diese Verdienste habe, ist (aber) ein Anspruch, der jetzt zum ersten Mal gemacht wurde."[19] Freilich, auch diese Schlußfolgerung lag noch in der Linie folgerichtiger Entwicklung. Lebendige Theologie wird immer sich bewußt sein (und war es auch im Grunde), daß die Kirche in diesem Tun zwar rechtlich entscheidet über das Maß der auf Erden zu übernehmenden Sündenstrafe, daß aber das Äquivalent vor Gott zwar im Vertrauen auf Christus und seine Heiligen gläubig erhofft werden darf, sein eigentliches Ausmaß jedoch allein dem barmherzigen und doch gerecht die Herzen der Büßenden wägenden Gott überlassen bleibt.

„Die großen Theologen der Scholastik haben die Theorie noch näher zu bestimmen gesucht. Insbesondere hat Thomas ihre Grundgedanken bis zur letzten Konsequenz durchgeführt."[20] Er tat es im Sentenzenkommentar, dessen wesentlicher Inhalt uns in den vorliegenden Fragen des Supplementum dargeboten wird. Bei aller Reife und Konsequenz der Fortentwicklung begegnen wir dabei immer wieder doch auch den Spuren der bisherigen Entwicklung.

1. Theologische Deutung und Begründung des Ablasses (Art. 1). — Der erste Artikel gibt die entscheidende Begründung; er spiegelt dabei das Ringen der Theologen des 12. Jahrhunderts 25, 1

[16] Vgl. die Darstellung bei Poschmann, Buße, 117; Ablaß, 69—82.
[17] Poschmann, Buße, 119; Ablaß, 82.
[18] Poschmann, Ablaß, 83.
[19] Ebd.
[20] Poschmann, Buße, 119.

25, 1 wider. Die Darlegung läßt klar erkennen, daß die Praxis der Ablaßverleihung längst geübt wird. Sie erinnert daran, daß entsprechendes Handeln in der Kirche immer üblich war *(Anders.* 1); das Gebet der Kirche, der vielen, die vereint im Namen Christi beten, hat die Gewißheit, erhört zu werden *(Anders.* 2). Das Tun der Kirche kann nicht eitel und vergeblich sein *(Anders.* 2 u. *Antw.).* Wenn aber das Tun der Kirche nicht sinnwidrig sein soll (und die Gläubigen, die zur Sühne verpflichtet sind, betrügen soll) und insofern sich all ihr Tun letztlich auf die Herrenworte stützt: „Was immer du auf Erden lösen wirst, wird auch im Himmel gelöst sein" (Mt 16, 19), muß der im Ablaß gewährte Nachlaß der Sündenstrafen (deren irdisches Maß die Kirche autoritativ festlegt) auch vor dem jenseitigen Gericht Gottes gültig sein für alle die, die bereut, bekannt und die Lossprechung der Sünden erhalten haben *(Antw.).* Der entscheidende Grund ist die Einheit des Mystischen Leibes Christi, der Kirche. Die in den Sündenstrafen der Kirche „taxierte" Strafe für die Sünde wird abgetragen, auch wenn der Sünder selbst, kraft des Erlasses, nicht alles selbst abträgt, aber durch die überreichen Genugtuungstaten und -leiden Christi (und der in seiner Kraft handelnden und leidenden Heiligen). Die verklärten Glieder des Leibes springen ein für die auf Erden noch kämpfenden. Grundsätzlich ist ein solches Füreinandereinstehen möglich (vgl. 13, 2: Bd. 31, m. Komm. S. 602 f.).

Die Verfügungsgewalt über diesen von den Heiligen erworbenen Reichtum steht dem Haupt der Gemeinschaft zu *(Antw.).* Das ist in sich zwar logisch, ist aber doch auch in diesem Zusammenhang des Nachlasses der Sündenstrafen durch Gott von einer geradezu erschreckenden Konsequenz. Sie ist nur tragbar, wenn wir uns bewußt bleiben, daß hier nur in Bildern, Analogien und in Annäherung an die unfaßbare, nicht taxierbare, nicht verfügbare göttliche Wirklichkeit gesprochen werden kann. Über das Ausmaß dessen, was Gott wirklich nachläßt, können wir nichts Bestimmtes aussagen, auch wenn wir zuversichtlich hoffen dürfen, daß Gott die Gebete seiner Kirche, wie er es versprochen hat, sicher erhören wird. Das Bewußtsein von diesen Zusammenhängen ist bei Thomas, abgesehen davon, daß seine Erörterung über das Recht der Kirche stets doch den Gesichtspunkt mystischer Gnadenwirklichkeit bewahrt, am deutlichsten in Zu 4. Der *Einwurf* (4) selbst ist noch ganz gedacht aus dem hohen Ethos der alten Bußauffassung: Buße tun dürfen ist gesehen nicht so sehr als Last, sondern zum Heil, zur Auferbauung; dem Sünder diese Möglichkeit verkürzen wäre dann nicht zu seinem wahren Nutzen. Thomas rechtfertigt dennoch den Ablaß aus einer gleichfalls hochwertigen Auffassung und einem wahrhaft geistlichen Verständnis desselben: der in ihm vermittelte Beistand der Heiligen (in der Mitteilung ihrer Verdienste aus dem sogenannten „Kirchenschatz") stärkt zum Meiden des Bösen; die Gnade vermag mehr als unser eigenes Tun! Dennoch gilt es, in all dem Maß zu halten: der Ablaß darf nicht gegeben werden „inordinate", maßlos, im Widerspruch gegen die sinnvolle Ordnung dieser Zusammenhänge. Das mit dem Ablaß verbundene gute Werk muß immer in einer gewissen Proportion stehen zum Maß des mitgeteilten Erlasses und auch der an sich zu leistenden Buße; ja, in keiner

Weise soll der Ablaß vergessen machen, daß wir immer weiter Buße tun müssen, auch wenn wir dazu durch eine besondere Auflage nicht mehr verpflichtet wären, um des größeren Verdienstes willen, vor allem aber, weil wir ja nicht wissen, wieviel Gott letztlich von uns verlangt. Im Schlußsatz von Zu 4 ist der entscheidende Sachverhalt wenigstens angedeutet: wir haben in diesen Dingen keine letzte Gewißheit, sondern bleiben immer angewiesen auf die Barmherzigkeit des gerechten Gottes. 25, 1

2. Das Problem der Quantität (Art. 2). — Der 2. Artikel macht noch einmal die Schwierigkeiten offenbar, die man in jenen Jahrhunderten der ersten theologischen Reflexion über die neue Praxis empfand und die wir in gleichem, wenn nicht noch höherem Maße heute empfinden: das Peinliche der Taxierung und das rechte Verhältnis zwischen Sünde, zu leistender Buße und dem Erlaß des Ablasses. Die *Einwürfe* zeigen das mit aller wünschenswerten Deutlichkeit. Thomas wendet konsequent das theologische Prinzip des Schatzes der „Überfülle der Verdienste der Kirche“ an. Ein Nachlaß der (auf Erden von der Kirche auferlegten) Sündenstrafen ist nicht gegen die Gerechtigkeit; denn „die Strafe wird nicht [einfach] erlassen, sondern die Strafe, die einer zu tragen hätte, wird von einem anderen übernommen“ (etwas freiere Übersetzung des Schlußsatzes der *Antw.*). Es geht bei der Erwägung des Ablasses nicht um die Proportion zwischen Schuld und konkret geleistetem Sühnewerk (das ja infolge des Ablasses unter Umständen auf ein geringes Maß reduziert wird), sondern um die Proportion zwischen der zu tilgenden Strafe und den Verdiensten Christi und der Heiligen (Zu 4). Infolgedessen ist mit aller Bestimmtheit festzuhalten: die Ablässe gelten gemäß ihrer wörtlichen Aussage, die nicht unproportioniert ist, sich nicht zum Unheil des Büßenden auswirkt, ob der Fülle der Gnaden, die von Christus und seinen Heiligen her durch den Inhaber der Schlüsselgewalt ausgeteilt wird — allerdings immer unter bestimmten Voraussetzungen: die entsprechende Autorität muß vorhanden sein (Fr. 26); die Empfangenden (vgl. Fr. 27) müssen mit dem Träger der Autorität in Liebe verbunden sein, d. h. in kirchlicher Gemeinschaft und dadurch in der Gnade Gottes stehen; es muß schließlich das mit dem Ablaß verbundene (kleinere) Sühnewerk zur Ehre Gottes und zum Heil des Nächsten dienen (*Antw.* im Schlußteil); schließlich gilt aber immer noch auch, ja nicht in letzter Linie: der Wortlaut des Maßes der Ablässe wird gemessen allein an der (alten) Bußpraxis der Kirche: es wird ein Nachlaß gewährt von so und so viel kirchlicher Buße, wie er einst für bestimmte Sünden auferlegt wurde (in der sicheren Hoffnung, daß Gott diesen Nachlaß auch anrechnet für ein für uns nicht näher bestimmbares Maß von im Jenseits noch zu leistender Sühne). Entweder wird im „vollkommenen“ Ablaß die ganze jemandem auferlegte irdische Kirchenbuße erlassen oder ein Teil davon, ein oder mehrere Tage, 40 Tage (eine Quadragene, d. h. eine vierzigtägige Fastenzeit), ein oder mehrere Jahre. Da diese Praxis nunmehr seit vielen Jahrhunderten nicht mehr besteht, wurde in der neuesten Reform-Konstitution zum Ablaß mit Recht die Terminologie eingeführt: vollkommener und Teil-Ablaß (vgl. auch 25, 2

25, 2 CIC can. 993). Jedem ungebührlichen Rechnen soll vorgebeugt werden.

Wohl zu beachten ist auch, daß durch diese Ablässe niemals die Bereitschaft zu persönlicher Bußtat ausgelöscht oder auch nur vermindert werden darf; zumal solche Buß- und Sühnewerke größeres Verdienst erwerben im Hinblick auf das eigentliche ewige Ziel, „das unendlich wertvoller ist als jede Tilgung (jeder Nach- oder Ablaß) zeitlicher Strafen" (Zu 2).

25, 3 3. Ablaß für Geld und Krieg? (Art. 3). — Im Rahmen dieser Überlegungen ist es auch selbstverständlich, daß die mit einem Ablaß verbundenen (kleineren) Sühne- oder Bußtaten sehr wohl auch einen irdisch-zeitlichen Charakter haben können, wie die damals im Vordergrunde stehende Teilnahme an einem Kreuzzug, eine Pilgerfahrt (z. B. nach Rom oder Jerusalem), ein Almosen (zur Erbauung einer Kirche u. dgl.; vgl. 2 Zu 3; hier: *Anders.* u. *Antw.*); Voraussetzung ist aber stets, daß diese Werke auf das geistliche Wohl hingeordnet sein müssen (und natürlich, daß jene Bedingungen erfüllt sind, die in der *Antw.* von Art. 2 aufgestellt wurden).

26 II. Spender der Ablässe (Fr. 26)

Die Lehre des hl. Thomas ist eindeutig: nicht jeder Pfarrer vermag Ablässe zu erteilen, wohl aber die legitimen Inhaber von Hirtengewalt (Jurisdiktion) (Art. 1), selbst wenn sie, wie im Falle von Erwählten zu einem höheren kirchlichen Amt, noch nicht Priester sind, oder falls ein Nicht-Priester (Diakon oder niederer Kleriker) mit einem kirchlichen entsprechenden Auftrag betreut wird (ein Archidiakon, gemäß mittelalterlicher Praxis, oder ein päpstlicher Legat) (Art. 2; vgl. Anm. [32], [48] u. [166]). Ebenso kann ein Ablaß gültig gewährt werden von einem kirchlichen Amtsträger, der im Stande der Todsünde befindlich ist; gemäß aller kirchlichen Überlieferung, von Cyprian und Augustinus her, nimmt die Sünde dem mit einem kirchlichen Dienst Betrauten nichts von seinen Dienstvollmachten; denn der Diener der Kirche vermag hier nichts kraft eigener (schlechter oder guter) Verdienste, sondern „auf Grund der in den Schätzen der Kirche geborgenen Verdienste" Christi und seiner Heiligen (Art. 4 *Antw.*).

26, 1 Der Nachdruck, der in Art. 1 dem Nachweis gegeben wird, daß die Pfarrer keine Ablässe geben können, ist geschichtlich bedingt. Innerhalb der allmählichen Entwicklung der Bußpraxis war „für die Ermäßigung der Bußstrafe in erster Linie der Beichtvater zuständig, so daß man anfangs ... die Ablaßgewalt auch dem Pfarrer zusprach, ja die Wirkung jedweder Ablaßbewilligung vielfach von der Erlaubnis des Beichtvaters abhängig machte ... Das hörte auf, als mit der Thesauruslehre die Ablaßgewalt grundsätzlich von der sakramentalen Bußgewalt unterschieden wurde."[21] Ein „Verfügungsrecht" über den Schatz der Ver-

[21] A. a. O., 120; vgl. Ablaß, 89 ff.

dienste der Kirche steht nur dem zu, „der einer Kirche als Leiter gegeben ist“ *(Antw.),* und zwar nicht jener Kirche, die wie eine kleine Familie in der Pfarrei verwirklicht wird, sondern der Diözese, der Bischofskirche, die allein eine „politische Gemeinde“ (analog) genannt werden kann, weil sie (Verwirklichung des) Volk(es) Gottes im Vollsinn ist (vgl. heute LG n. 26) *(Antw.).* 26, 1

Das ist denn auch schon zur Zeit des hl. Thomas die allgemeine Praxis (Art. 3 *Anders.*). Die Vollgewalt der Erteilung von Ablässen ist beim Papst, der Ablässe zu geben vermag, „wie er will“, d. h. in unbeschränktem Ausmaß, „freilich unter Voraussetzung eines legitimen Grundes“ (*Antw.*, wodurch natürlich der Vordersatz von unbeschränkter Vollmacht wiederum erheblich eingeschränkt wird). Die Bischöfe haben diese Vollmacht „gemäß der Anordnung (Zuteilung) des Papstes“ (ebd.). 26, 3

Wir würden heute, gemäß der Dogmatischen Kirchenkonstitution des Zweiten Vatikanischen Konzils, die, gewiß beschränkte, Vollmacht eher anders begründen; sie haben ihre Hirtenvollmachten kraft göttlichen Rechtes, auch wenn diese Macht entsprechend kirchlicher Überlieferung beschränkt ist auf ihre Teildiözese und auch bzgl. des Umfanges. Die Ernennung bzw. Bestätigung durch den Papst konkretisiert das göttliche Recht auf eine bestimmte Teilkirche und ihre legitime Betreuung durch diesen konkreten Bischof.

Der CIC bestimmt in can. 995 § 1 (trotz einiger Nuancen in der Formulierung in Übereinstimmung mit der Lehre des Aquinaten): „Außer der höchsten Autorität der Kirche können nur diejenigen Ablässe erteilen, denen diese Vollmacht vom Rechte zuerkannt oder vom Römischen Bischof gewährt ist.“ Vgl. Anm. [71].

III. Die Empfänger des Ablasses (Fr. 27)

Die Bedingung, daß zur fruchtbaren Wirkung eines Ablasses der Empfänger des Ablasses im Stande der Gnade sein muß (Art. 1), ist ganz elementar; denn der Diener der Kirche vermag nichts über irgendwelche Sündenstrafen, vor allem betreffs ihres Nachlasses, zu bestimmen, wenn nicht zuvor Gott die Sündenschuld nachgelassen hat; das gilt für alles Ablaßwesen und schon für den eigentlich sakramentalen Bereich *(Antw.).* Thomas erinnert an die universale Praxis der Kirche, gemäß der in allen Ablaßverkündigungen hinzugefügt wird: sie werden erteilt denen, „die wahrhaft reuig sind und gebeichtet haben“ *(Antw.).* Das ist geltendes Recht bis auf den heutigen Tag (vgl. can. 992; 996 § 1: „. . . im Stande der Gnade, mindestens bei Beendigung der vorgeschriebenen Werke“; ferner Art. 2 u. Anm. [72]). Das darf so universal sehr wohl behauptet werden, auch wenn hier und da unverantwortliche Anpreisung eines Ablasses darüber hinwegsehen wollte. 27, 1

Merkwürdig mutet auf den ersten Blick die Frage an, ob Ordensleute Ablässe gewissen könnten (Art. 2)! Auch das ist zu verstehen aus dem Wandel der Bußpraxis und -auffassung. Waren 27, 2

27, 2 manche frühscholastische Magistri „der Meinung, daß der Ablaß nur gelte, wenn der Sünder unverschuldeterweise seine Buße nicht mehr selbst verrichten könne", so fand man den Ablaß in besonderer Weise unpassend für Ordensleute, die durch ihr eigenes Leben aufgefordert waren, zu büßen und zu sühnen; sie bedurften der Ablässe nicht. Nach Albert dem Großen könne der Ablaß gut sein für weltlich gesinnte Ordensleute. „Echte Ordensleute aber bedürften der Ablässe nicht, stellten vielmehr ihre eigenen überschüssigen Verdienste für die Spendung von Ablässen an andere zur Verfügung."[22] Thomas bringt diese Ansichten ohne Namensnennung, entsprechend seiner vornehmen Art des theologischen Dialoges, in den *Einwänden*. Er lehnt solche Ansicht ab; auch die Ordensleute bedürfen der Hilfe der Ablässe; denn auch sie können „nicht ohne Sünde leben" (Zu 1).

Sosehr also die Ablässe an sich „nur" eine Hilfe sind, aus dem Gnadenschatz der Kirche gewährt, zur Hilfe beim eigenen persönlichen Bußwerk, so wird doch allmählich dieser Gedanke weniger betont; in den Vordergrund tritt das andere Motiv, daß eben Gnadenhilfe gewährt wird, die allen zugute kommen soll, dem eifrigen Christen (wie den Ordensleuten) unter Umständen eher als schlechten Ordensleuten und Christen. „So wurde die Bemühung um Ablässe, in der man ursprünglich etwas Unvollkommenes, wo nicht gar Anstößiges fand, mit der Zeit geradezu ein Zeichen besonderer Frömmigkeit."[23] Die Bewegung ist heute eher rückläufig; doch wäre es, wie K. Rahner mit Recht in seinem Artikel zur Sache[24] feststellt, unrecht, die wirkliche Bedeutung auch dieser unserer Unterstützung durch die von der Kirche uns gewährte Gnadenhilfe, den von da aus uns gewährten Erlaß an Strafe, zu übersehen; richtig gesehen fordert der Ablaß uns auf, mit solcher Hilfe desto freudiger unseren Anteil an der Bußtat wirklich zu leisten.

27, 3 Einzige Bedingung zur Erlangung eines Ablasses ist also, wie schon gesagt (Art. 1), der Gnadenstand und die Erfüllung der Bedingung, unter der ein Ablaß gegeben worden ist (Art. 3 *Antw.*). Nach heutiger, durch den CIC bestätigter Praxis genügt dabei der Wille, die Intention, die vorgeschriebenen Bedingungen in der vorgeschriebenen Weise zur rechten Zeit zu erfüllen (can. 996 § 2).

27, 4 Die etwas seltsame Frage, ob ein Ablaß auch dem Erlasser dienlich sein könne (Art. 4), ist natürlich so zu beantworten, daß der Obere sich (allein!) zwar keinen Ablaß erteilen kann, wohl aber den anderen gewährten Ablaß auch für sich selbst zu gewinnen vermag. Die Gründe, die zum Erlaß eines Ablasses nötig sind, fallen nämlich für den Bischof fort, er ist bereits an sich durch seinen bischöflichen Amtsauftrag angehalten, für das Wohl seiner Kirche und die Forderung der Ehre Gottes sich einzusetzen.

---

[22] Poschmann, Ablaß, 93; Albert d. Gr., In Sent. IV 20, 18 qa. 2 (Borgnet 29/854); Bonaventura, In Sent. IV 20, 2, 1, 4 (QR 4/537).
[23] Poschmann, Ablaß, 93.
[24] LThK² 1 (1959) 46—53; Sacramentum mundi I (1967) 20—33.

Die Zuwendung des Ablasses für Verstorbene ist erst für etwa die Mitte des 13. Jahrhunderts erstmalig bezeugt. Voraussetzung für die Ausbildung einer solchen Ansicht mußte natürlich die Überzeugung sein, daß auf Grund eines Nachlasses der kirchlichen Buße auch Strafen im Jenseits (im ,,Fegfeuer") nachgelassen wurden. Da das um jene Zeit allgemeine Lehre war, so finden wir in der Tat bald, ,,daß die Gläubigen eigenmächtig, vielfach auch von Predigern aufgefordert, die ihnen zuteil gewordenen Ablässe — in erster Linie den Kreuzzugsablaß, aber auch andere — den Seelen im Fegfeuer zuwendeten".[25] So mußten sich denn auch bald die Theologen um eine Deutung dieser Zuwendung und ihr tieferes Verständnis bemühen. Hugo von St. Cher, der als erster das tut, lehnt aber diese Zuwendung völlig ab.[26] Eine positive Stellungnahme finden wir bei Albert,[27] der die Gültigkeit dieser Zuwendung in der Schlüsselgewalt begründet sieht; hingegen will Bonaventura sie nur als möglich gelten lassen: ,,fürbittweise . . . und nicht durch einen Akt der Gerichtsbarkeit".[28] Merkwürdigerweise spricht Thomas in unserer Frage (27) von der Zuwendung des Ablasses an Verstorbene überhaupt nicht. Ob das nicht doch eher gedeutet werden muß als kluge Reserve gegenüber einer noch nicht wirklich von der Kirche anerkannten theologischen Meinung? Vgl. aber 71, 10 (Bd. 35) im Zusammenhang mit den Fürbitten für die Toten, aber mit positivem Hinweis auf jurisdiktionell ausgesprochene Ablaßbedingungen. ,,Grundsätzlich blieb . . . die Frage, ob Ablässe für Verstorbene möglich seien, auch weiterhin offen".[29] Noch um die Mitte des 15. Jahrhunderts wurde er von manchen als nutzlos erklärt. Nachdem aber in der zweiten Hälfte des 15. Jahrhunderts auch die Päpste diese Zuwendung (in den ersten sicher echten Dokumenten) billigten, verstummte der Widerspruch allmählich.[30]

71, 10 (Bd. 35)

Aus der Praxis der Kirche muß der Theologe folgern, daß derartiges möglich ist, freilich innerhalb dessen, was überhaupt von seiten der Kirche für Verstorbene getan werden kann. Daß die Kirche über die Toten keine Jurisdiktion besitzt, ist selbstverständlich; sie vermag also auch hier nur das, was sie aus dem allgemeinen Kirchenschatz in anderen Fällen bereitstellt zur Unterstützung der Bußtat dessen, der den Ablaß erhält, in diesem Fall fürbittend einzusetzen für den betreffenden Verstorbenen, für den der Ablaßempfänger sich einsetzen möchte. Die ,,Taxierung" des Ablasses bezieht sich natürlich, wie in allen Fällen, nur auf das Maß kirchlicher Buße, das dem Lebenden erlassen wird. Die Kirche möchte jedoch die dafür angebotene Sühnetat des Kirchenschatzes in diesem Falle einem Verstorbenen zukommen lassen. Wieviel das ist, bleibt allein der Barmherzigkeit Gottes überlassen. Es ist klar, daß bei solcher ,,Fürbitte" die persönliche Einsatzbereitschaft des Ablaßempfängers und die Würdigkeit des Verstorbenen (zu seinen Lebzeiten) auch beträchtlich ins Gewicht

---

[25] Poschmann, Buße, 121; vgl. Paulus, Ablaß, II 167—171.
[26] Vgl. Paulus, a. a. O., II 171.
[27] Poschmann, a. a. O. u. Paulus, a. a. O., II 172.
[28] Paulus, a. a. O.
[29] Poschmann, a. a. O.
[30] A. a. O., 121 f.

71, 10 (Bd. 35) fallen werden, selbst wenn dem „Fürbitt"-Gebet der Kirche auch in diesem Fall ein hohes Maß von Erhörbarkeit zugesichert ist.[31] So ist in etwa auch die Ansicht des hl. Thomas (71, 10; vgl. Komm. S. 535 f.: Bd. 35).

Das wird in schönen, ganz und gar der Tradition entsprechenden Worten in einer Ablaßbewilligung des Papstes Sixtus IV. vom Jahre 1476 zum Ausdruck gebracht; aber diese Zuwendung gilt nur per modum suffragii, in der Form einer Fürbitte (DS 1398; vgl. 1405 f.).

28

Zweiter Teil

DER FEIERLICHE VOLLZUG DER BUSSE

(Fr. 28)

Man darf in dieser letzten Frage des Bußtraktates nicht nur ein Anhängsel sehen; das entspricht kaum der Intention des hl. Thomas. Hat er doch noch im Prolog zu III 84 (Bd. 31), am Anfang des Bußtraktates der Summa, also in einem reifen Alterswerk, das er leider nicht mehr vollendet hat, ausdrücklich den feierlichen Vollzug des Sakramentes als letzten Teil genannt. Fr. 28 ist also nicht etwa nur ein Anhang nach Behandlung eines so untergeordneten Elementes, wie es der Ablaß ist, sondern ein eigener Teil, der auf den bedeutenden Teil über die Vollmacht der priesterlichen Kirchendiener (über die Schlüsselgewalt) folgt. Man darf und muß aus dieser Anordnung folgern, daß Thomas sich hier nicht etwa nur einer geschichtlichen Reminiszenz gebeugt hat, sondern daß er wenigstens die Bedeutung dieser „solemnitas", dieser „Feierlichkeit" gespürt hat, auch wenn nun in der dem Sentenzenkommentar entnommenen Fr. 28 tatsächlich nur Kümmerformen und geschichtliche Überbleibsel besprochen werden, die schon damals kaum mehr praktische Bedeutung hatten und seit dem Ende des Mittelalters auch diesen letzten Rest an wirklicher Geltung verloren haben. Daß hier aber doch ein kostbares Erbstück unter geschichtlich bedingten Formen sich birgt, das erhalten und in neuer Gestalt dargeboten werden muß, hat der Aquinate richtig durch seinen Ansatz im Prolog zu III 84 gezeigt.

Das 2. Vatikanische Konzil hat in der Konstitution über die Hl. Liturgie das aufgegriffen, nicht nur in seiner allgemeinen Forderung einer kritischen Durchsicht der liturgischen Bücher und so auch des Pontificale Romanum (vgl. n. 23 u. 25), sondern besonders in n. 72: „Ritus und Formeln des Bußsakramentes sollen so revidiert werden, daß sie Natur und Wirkung des Sakramentes deutlicher ausdrücken"; und in n. 110: „Die Buße der vierzigtägigen Fastenzeit sei nicht bloß eine innere und individuelle Übung, sondern auch eine äußere und soziale. Die Bußpraxis soll je nach den Möglichkeiten unserer Zeit und der verschiedenen Gebiete wie auch nach den Verhältnissen der Gläubigen gepflegt und von den in Art. 22 benannten Autoritäten empfohlen werden." Die im neuen Ordo Paenitentiae vorgesehenen gemeinsamen Bußfeiern wollen dieser Mahnung des Konzils entsprechen. Zum besseren

---

[31] Vgl. Rahner, Ablaß. Sacramentum mundi I (1967) 30.

Verständnis der vorliegenden Frage ist zunächst die geschichtliche Situation kurz zu schildern, innerhalb derer zur Zeit des Aquinaten eine „feierliche Buße" geübt wurde oder noch in Übung war. 28

Wie in der Einleitung zum ganzen Traktat (Bd. 31, S. 478 ff.) bereits geschildert wurde, entwickelte sich aus der Bußauffassung der Frühzeit im 4.—6. Jahrhundert die „kanonische Buße", d. h. die Fixierung einer heroischen Praxis öffentlicher einmaliger Buße gemäß den Canones der Kirche. Sie allein war die sakramentale Buße, und zwar für die Hauptsünden, während für die kleineren Sünden des täglichen Lebens und geheime Sünden in den meisten Fällen andere Mittel privater Bußtat, nicht aber die sakramentale kirchliche Buße eingesetzt wurde. Als sich aus dieser Praxis ob ihrer bisweilen an das Irreale grenzenden Schwierigkeiten jene neue Weise entwickelte, die etwa um die Jahrtausendwende zur heutigen Form unseres Beichtsakramentes führte, blieb die „feierliche Buße" als eine Ausnahmeform für wenige besonders skandalöse, schwere, öffentliche Vergehen. Man versuchte so etwa seit dem 9. Jahrhundert, das alte Bußgut zu retten, mit einigem, aber doch nicht großem und lange anwährendem Erfolg. Die für diese Buße vorgesehenen Riten begegnen uns schon im Pontificale Romano-Germanicum des 10. Jahrhunderts,[1] von wo sie in die römischen Pontifikalien des Mittelalters übergingen.[2] Das heutige Pontificale Romanum enthält sie noch im Teil III als Ritus der „Ausschließung der öffentlichen Büßer am Aschermittwoch" und der „Wiederaussöhnung der Büßer am Gründonnerstag". Es handelt sich dabei um Texte und Riten, die wirklich ergreifend sind, aber heute nicht mehr vollzogen werden können und schon seit Jahrhunderten in Wegfall gekommen waren.

Da also dieser liturgische Bußritus sich nicht mehr durchsetzen konnte, kam allmählich neben der „feierlichen Buße" eine sogenannte „öffentliche Buße" auf, etwa seit dem 12. Jahrhundert; sie wird in Anlehnung an die Bußübung der „Vierzig-Tage-Zeit" der Fasten gerne „Carena" genannt[3] und besteht vor allem in einer (Buß-)Wallfahrt, etwa nach Rom, Jerusalem, Santiago de Compostela. Die *poenitentia solemnis,* die feierliche Buße, kam demgemäß nur noch in Frage, wenn überhaupt, „für enorme Sünden, wie Vatermord"[4], nach dem im Pontificale vorgesehenen Ritus. Die einfache „öffentliche Buße" hingegen wurde für andere schwere Sünden verhängt von jedem Priester, „ohne jede Feierlichkeit durch Überreichung des Pilgerkleides und Pilgerstabes".[5]

Aus diesen kurzen Hinweisen auf die geschichtliche Situation wird leicht verständlich, was Thomas in Fr. 28 im einzelnen sagt.

---

[1] Ed. Vogel-Elze II, n. 99, 44—80: S. 14—23; n. 99, 212—251: S. 56—67.

[2] Vgl. das Pontificale des 12. Jh.: M. Andrieu, Le Pontifical Romain au Moyen-Age, Bd. 1, S. 214—219 (n. 30); Pontificale des W. Durandus: a. a. O., Bd. 3, S. 552—557 u. 557 bis 569 (III 1, 1—25 u. 2, 1—44).

[3] Vgl. J. A. Jungmann, LThK^2 2 (1958) 940; Jungmann, Bußriten, 68 f.

[4] So ein Zeugnis aus dem 12./13. Jh.: vgl. Poschmann, Buße, 82; B. Teetart, La confession aux laïques dans l'Eglise Latine depuis le VIIIe jusqu'au XIVe siècle. Brügge 1926.

[5] Poschmann, ebd.

28, 1 1. Bedeutung des feierlichen Bußvollzugs (Art. 1). — Im *Anders. 1* erinnert Thomas daran, daß es sich hier letztlich nicht um bloße Äußerlichkeiten handelt, vielmehr um jene „Feierhandlung", die zu jedem Sakrament gehört, um seine innere Wesensart auch im sinnenfälligen Zeichen sichtbar werden zu lassen, gegen allen Sakramentenminimalismus. Freilich müssen wir nun heute entschiedener, mit dem 2. Vatikanischen Konzil, sagen, daß diese Feierlichkeit sich in Formen vollziehen muß, die dem Empfinden der Gläubigen unserer Gegenwart wirklich zugänglich und verständlich sind. Es ist nicht mehr tragbar, daß unter Verkümmerung der wesentlichen Belange das Pontificale nur Texte bietet, die wohl ein Dokument großer geschichtlicher Vergangenheit sind, tatsächlich aber für den wirklichen Vollzug völlig unbrauchbar wurden.

Im *Anders. 2* wird die Feierliche Buße als sinnvoll aufgezeigt um jener Entsprechung willen, die zwischen sehr schwerer Sünde und der Notwendigkeit großer Bußtat besteht gemäß der hochgemuten Auffassung gläubiger christlicher Jahrhunderte der Frühzeit. Die Weise, in der sich diese Bußtat offenbart, ist heute eine andere als im frühen Mittelalter; der Geist echter Bußgesinnung, der sich auch in die Tat umsetzt, müßte der gleiche bleiben oder wieder werden.

28, 2 2. Einmaligkeit und Wiederholung des feierlichen Bußvollzugs (Art. 2 u. 3). — Die Antworten von Art. 2 sind ganz besonders stark gebunden an die geschichtliche Situation, gemäß der die kanonische Buße und ihre Nachfolgerin, die „feierliche Buße", nur einmal übernommen werden konnten. Diese außerordentlich strenge Buße war gleichbedeutend, wie Thomas richtig feststellt, mit „einem Versprechen, den Bußstand ewig zu wahren" *(Antw.)*.[6] Allerdings fügt er sofort, entsprechend der entwickelten Praxis, hinzu, daß dem Sünder die Möglichkeit zu erneuter Buße keineswegs verschlossen ist, nur die Form der „feierlichen Buße".

Das ist zwar einsichtig unter den damaligen Verhältnissen; doch brauchen wir, entsprechend unserer heutigen Praxis, hier eine andere Form. Gewiß können auch unsere neuen Formen öffentlicher und gemeinsamer Buße(-Andacht) nicht zu oft vollzogen werden („damit sie nicht durch zu häufige Wiederholung ihr Ansehen verlieren": *Antw.*), aber sie müssen wiederholbar sein, etwa einmal im Jahre.

28, 3 Die von Thomas behandelten konkreten Fragen, ob es geziemend sei, die „feierliche Buße" auch Frauen und Klerikern zu gewähren (Art. 3), sind wiederum sehr zeitbedingt, offenbaren aber doch in ihrer Weise noch einmal, daß bei allem Wechsel der äußeren Formen und auch der Terminologie die innere Bußgesinnung das Entscheidende ist. Bestimmte harte und fast grausame Formen äußerer Buße wurden deshalb Frauen nicht auferlegt (wie Abschneiden der Haare) oder Klerikern ob der Würde ihres Dienstes in der Kirche. Man mag gemäß heutigem Empfinden darüber streiten, ob der Zu 2 angegebene Grund wirklich stichhal-

[6] Vgl. Poschmann, a. a. O., 54—57.

tig ist, „daß durch jene Bußform die Weihestufe nicht der 28, 3
Geringschätzung preisgegeben werde". Wir würden heute eher darauf bestehen, daß ein Kleriker, gerade „weil seine Sünde schwerer wiegt als die eines Laien" (Zu 2), auch ebenso, wenn nicht härter gestraft werde als der Laie. Das ist doch wohl auch das Empfinden der Kirche, wenn sie im alten Pontificale Romanum den erschütternd furchtbaren Ritus erhalten hat der Degradation eines Klerikers, bevor er dem weltlichen Gericht zur Bestrafung übergeben wird (3. Teil). An die Stelle der *degradatio* ist im neuen CIC die *dimissio,* die Entlassung aus dem geistlichen Stand, getreten (can. 1336 § 1, 5°).

Die von Thomas hier erwähnte Form der einfachen „öffentlichen Buße" *(Antw.)* existiert als formelle Handlung nicht mehr, wenn auch der CIC in can. 1340 § 1 einige öffentliche Bußen in allgemeiner Form aufführt. Solche Bußen sind nicht unwiederholbar.

Da aber alle Buße Heilung erstrebt, ist bei schweren Sünden mit großer Umsicht dieser Heilungsprozeß zu bedenken; es ist deshalb angebracht, daß die Verhängung der Formen öffentlicher Buße, eben in foro externo, dem Bischof vorbehalten bleibt (Zu 3; vgl. CIC can. 1340 § 3).

EXKURS 28

Der feierliche Vollzug des Sakraments der Buße — heute

Was der Aquinate theoretisch noch als Thema eines wesentlichen Teils seines Buß-Traktates ansehen wollte (III 84, *Vorw.*), was aber infolge der Verkümmerung des Ritus praktisch keine Bedeutung mehr hatte, so daß die Feier des Sakramentes weithin zu einem relativ „privaten" Tun des einzelnen Büßers vor dem Beichtvater in der Verborgenheit des Beichtstuhles wurde, hat durch das Konzil und die ihm folgende Liturgiereform erneut Bedeutung gewonnen. Ritus und Formeln der Buße sollten „Natur und Wirkung des Sakramentes deutlicher zum Ausdruck bringen" (SC 72). Der soziale Aspekt der Buße, die Bedeutung der Kirche im Buß-Prozeß sollten nicht übersehen werden (SC 109 b). Besonders aber: „Die Buße in der ‚Vierzig-Tage-Zeit vor Ostern' soll nicht nur innerlich und individuell, sondern auch nach außen kundgetan und gemeinschaftlich sein. Der praktische Vollzug der Buße soll gefördert werden, entsprechend den Möglichkeiten unserer Zeit und der verschiedenen Länder ..." (SC 110).

Im Sinne dieser Anweisungen wurde die neue „Buß-Ordnung" (Ordo Paenitentiae) gestaltet und in der römischen Editio typica 1974 veröffentlicht.

In den Vorbemerkungen wird kurz die theologische Bedeutung und Neuorientierung gezeigt. Das „Mysterium der Wiederversöhnung" hat seinen Platz innerhalb der Heilsgeschichte (n. 1—2), konkret aber muß die Wiederversöhnung der Büßer innerhalb des Lebens der Kirche gesehen werden (n. 3—7): Die Kirche ist heilig und doch immer der Läuterung bedürftig; Buße muß deshalb stets einen bedeutenden Platz im Leben und in der Liturgie der Kirche finden; sie ist eine Wiederversöhnung mit Gott, aber auch mit der

28 Kirche, „ob der übernatürlichen Verbindung aller miteinander" (n. 5). „Die ganze Kirche, als priesterliches Volk, wirkt [deshalb] im Vollzug des Versöhnungswerkes, das ihr vom Herrn übergeben und anvertraut wurde, in verschiedener Weise mit. Nicht nur ruft sie durch die Verkündigung des Gotteswortes zur Buße, sondern sie legt auch Fürsprache für die Sünder ein und kommt dem Büßenden mit mütterlicher Hilfe und Sorge entgegen, auf daß er seine Sünden erkenne und bekenne und Barmherzigkeit von Gott, der allein Sünden nachlassen kann, erlange. Aber mehr noch wird die Kirche zum Werkzeug der Bekehrung und Lossprechung des Büßenden durch den Dienst[-auftrag], der von Christus den Aposteln und ihren Nachfolgern anvertraut wurde" (n. 8).

Mit Betonung spricht ein Abschnitt „von der Feier (de celebratione) des Buß-Sakraments" (12—35) und noch einmal besonders von Buß-Feiern außerhalb des eigentlichen Sakraments (n. 36—37). Bereits die Einzelbeichte wird etwas aufgelockert und so geordnet, daß selbst sie den Charakter einer kleinen „Feier" gewinnen kann, mit einer (nicht nur formellen, sondern „humanen") Begrüßung, nach Möglichkeit sogar einer kurzen Schriftlesung, einer Aufforderung zum Reue-Gebet und der Lossprechung. Der Priester breitet die Hände über den Büßenden aus und sagt: „Gott, der barmherzige Vater, hat durch den Tod und die Auferstehung seines Sohnes die Welt mit sich versöhnt und den Heiligen Geist gesandt zur Vergebung der Sünden. Durch den Dienst der Kirche schenke er dir Verzeihung und Frieden. So spreche ich dich los von deinen Sünden im Namen des Vaters und des Sohnes und des Heiligen Geistes"; der Büßer soll antworten: „Amen" (n. 46).

Kommt so schon bei der Feier „der Wiederversöhnung einzelner Büßer" (n. 41—47) der Gemeinschaftscharakter der Buße gut zum Ausdruck, so ist das naturgemäß noch stärker der Fall in den beiden Ordnungen „zur Wiederversöhnung mehrerer Büßer" mit „individuellem Bekenntnis und Einzellossprechung" (Kap. 2: n. 48—59) und „mit allgemeinem Bekenntnis und allgemeiner Lossprechung" (Kap. 3: n. 60—66).

In beiden Fällen steht am Anfang ein feierlicher Wortgottesdienst mit Lied, Gebet, Verlesung der Hl. Schrift und Homilie. Alles ist hingeordnet auf die Verwirklichung von Buße: Metanoia, Umkehr, Hinwendung zu Christus, Bereitschaft zur Sühne, lebendige Reue und Entschlossenheit zur Erneuerung christlichen Lebens. Es folgen, etwa in Form eines Gläubigengebets, Gebete der Reue und der Bitte um Barmherzigkeit; darauf wird je nach dem Charakter der Feier das Sündenbekenntnis privat vor den Priestern abgelegt, die die Lossprechung geben (n. 55), oder es wird nach einem allgemeinen Bekenntnis (z. B. in der Form des Confiteor) die allgemeine Lossprechung erteilt in einem längeren Gebet an Gott den Vater, den Sohn und den Hl. Geist (n. 61—62). Den Abschluß bildet ein feierliches Dankgebet oder ein Dankhymnus (n. 56 f. bzw. 63) und die Entlassung (n. 58 f.).

Die konkreten Bedingungen, unter denen diese Bußfeiern mit allgemeinem Bekenntnis und allgemeiner Lossprechung gestattet sind, wurden von der Glaubenskongregation sorgfältig geklärt in den „Normae pastorales circa absolutionem sacramentalem generali modo impertiendam" (AAS 64 [1972], 511). Sie sind im neuen

Ordo wiedergegeben in n. 31—34. Normalerweise werden für die Feier des Bußsakraments das Einzel-Bekenntnis und entsprechende Einzel-Absolution verlangt. Der Gemeinschaftscharakter der Bußfeier soll also verwirklicht werden, auch wenn am Schluß alle einzelnen das Bekenntnis ablegen, wie das in dem soeben erwähnten Ordo in Kapitel 2 vorgesehen ist. Doch gibt es Ausnahmefälle, z. B. wenn bei großer Büßer-Zahl mehrere Priester zum Anhören der Beichte nicht da sind; dann kann der Ortsbischof bestimmen, unter welchen Bedingungen die allgemeine Lossprechung erteilt werden darf. Nur in besonders dringenden Fällen kann auch der einzelne Priester diese Entscheidung treffen, muß aber sobald wie möglich den Bischof davon unterrichten (n. 32). Die Gläubigen aber, denen die allgemeine Lossprechung erteilt wurde, müssen, bevor sie erneut eine solche erhalten, spätestens aber innerhalb eines Jahres, ihre (schweren) Sünden in Einzelbeichte einem Priester bekennen (n. 34). 28

Schließlich sieht aber der neue Ordo Paenitentiae auch die Möglichkeit von Buß-Feiern vor, die nicht den sakramentalen Charakter haben, in denen also keine Lossprechung erteilt wird (im Anhang des neuen Ordo: S. 81—115). In solchen Feiern sollen „der Geist und die Kraft (virtus; auch = Tugend) der Buße gefördert und die [spätere] Feier des Sakraments der Buße fruchtbar vorbereitet werden“ (n. 1). Das entspricht durchaus der umfassenden Bedeutung der Buße, wie sie Thomas im Vorwort zur Fr. 84 des Bußtraktates der III (dazu Kommentar S. 475: Bd. 31) würdigt. „Tuet Buße“, oder „Kehret um!“, bleibt ja eine der Grundforderungen des Neuen Testamentes; Bußgesinnung und Bußtat durchdringen zuinnerst das Ethos der evangelischen Verkündigung. Die gemeinsame Feier der Buße vermag diese Gesinnung besser zu verwirklichen als die zu individualisierte, zu häufige Beichte der letzten Jahrhunderte. Aber nachdem wir so den Geist und die Wirklichkeit der Buße immer lebendig in uns erhalten, gerade auch in der gemeinsamen Feier, ist die Feier des eigentlichen Sakramentes, und zwar immer wieder auch mit persönlich-individuellem Bekenntnis, der echte Höhepunkt, in dem sich unsere Bußgesinnung und -tat verbindet mit dem sakramentalen Tun der Kirche und der Träger der Schlüsselgewalt zur Vermittlung der umfassenden Sühne, die Christus am Kreuz uns erworben hat.

Praktische Hilfen zur Gestaltung von Buß-Gottesdiensten werden heute in manchen Formen geboten. Wir weisen hin auf D. Cremer, Laßt euch versöhnen. Bußgottesdienste: Modelle — Texte — Erfahrungen. Würzburg—Innsbruck [3]1972. Auf S. 190 f. weitere Literaturangaben „Zum Thema Beichte und Buße“. Ferner: Buße und Buß-Sakrament. Studientagung ... in St. Ottilien. St. Ottilien 1972.

Dritter Teil
KRANKENSALBUNG
(Fr. 29—33)

EINLEITUNG
Geschichte von Praxis und Verständnis der Krankensalbung

Der Kommentar des Aquinaten spiegelt eine bestimmte Situation in der dogmengeschichtlichen Entfaltung und Verwirklichung dieses Sakramentes wider. Für ihn ist es bereits eine Selbstverständlichkeit, daß die Salbung des (Schwer-)Kranken durch den Priester mit vom Bischof geweihtem Öl, vollzogen gemäß Jak 5, 14—15, ein Sakrament im Vollsinn des Wortes ist, eines von den sieben.

§ 1 Geschichte von Praxis und Liturgie der Krankensalbung

Die Liturgie der Spendung der Salbung ist fertig ausgebildet, so wie sie etwa bezeugt ist im „Ordo ad ungendum infirmum" des Pontificale secundum consuetudinem et usum romanae Curiae des 13. Jahrhunderts.[1] Es ist im wesentlichen die Form, wie sie uns aus dem Rituale Romanum der nachtridentinischen Zeit geläufig ist, die elastisch freie Anpassung und Kürzung des Ritus, der bereits im Pontificale Romanum des 12. Jahrhunderts[2] und grundlegend in der sehr breiten Darstellung des Pontificale Romano-Germanicum des 10. Jahrhunderts gegeben ist.[3] Für die Zeit des hl. Thomas war die Existenz der liturgischen Form des Sakramentes und seine Rückführung auf den Jakobusbrief kein Problem. Für uns heutige Theologen ist das schwieriger; wir sehen klarer die sehr komplizierte Geschichte einer allmählichen Entfaltung der Krankensalbung als einer selbständigen priesterlichen Handlung.

Wir kennen relativ frühe Zeugnisse für eine Weihe von Öl zur Krankensalbung, vielleicht schon das Gebet zur Ölweihe in Hippolyts „Apostolischer Überlieferung" (Kap. 5);[4] aber die handschriftliche Überlieferung ist sehr unsicher; eine klare Beziehung auf Krankenheilung finden wir erst in der späteren Überlieferung vor allem im Palimpsest von Verona.[5] Eindeutiger hingegen sind die Weihegebete des 4. Jahrhunderts: Im Euchologion des Serapion (17, 2 und 29, 1: Funk II 178 f. und 190 ff.) sowie in den Apostolischen Konstitutionen (8, 29: Funk I 532). Diese Gebete erflehen eindeutig „eine Kraft, die Gesundheit bewirkt, die Krankheiten vertreibt" (Ap. Konst.), eine „heilende Kraft" (Serapion 17, 2: S. 180), „Heilkraft, die den damit Gesalbten und es Verwendenden diene zur Vertreibung aller Krankheit und Schwäche . . .; sie sei Heilmittel zum Leben und zur Rettung, zur

[1] M. Andrieu, Le Pontifical romain au moyen-âge, II 49 (Bd. 2, S. 490—492).
[2] A. a. O., I 49 A (Bd. 1, S. 266—269); 50 (S. 274—277).
[3] Ed. Vogel-Elze, II. n. 143 (S. 258—270).
[4] Ed. B. Botte, Münster 1963, 18 f.
[5] B. Botte, a. a. O., XVII; 18^2.

Gesundheit und zur Ganzheit von Seele, Leib und Geist, zur vollkommenen Kräftigung“ (29, 1: S. 192).

Die hier zu Grunde liegende Auffassung von der Heilkraft des vom Bischof geweihten Öls, das die Gläubigen selbst bei Krankheiten verwenden, ist die ausdrückliche Ansicht auch der offiziellen römischen Autorität. Papst Innozenz I. antwortete dem Bischof Decentius von Gubbio im Jahre 416 auf dessen Fragen bezüglich der Krankensalbung folgendes: „... Du hast zitiert, was der hl. Jakobus in seinem Briefe geschrieben hat: ‚Ist jemand krank unter euch, so rufe er die Presbyter; sie sollen über ihn beten, ihn salben mit Öl im Namen des Herrn: und das Gebet des Glaubens wird den Leidenden heilen, der Herr wird ihn aufrichten, und wenn er gesündigt hat, ihm Nachlaß geben‘ (Jak 5, 14 f.). Ohne Frage muß das von den kranken Gläubigen verstanden werden, die mit dem heiligen Öl des Chrisma (= Salböl) gesalbt werden können. Dies vom Bischof geweihte Öl dürfen nicht nur die Priester, sondern auch alle Christen verwenden in ihrer und der Ihren Krankheitsfällen ... [Öffentlichen] Büßern darf man es aber nicht geben, denn es ist eine Art Sakrament (genus sacramenti) ...“ (ep. 25, 8.11; PL 20, 560 A u. 561 A = DS 216). Die Unsicherheit des fragenden Bischofs bezieht sich nicht auf den hier geschilderten Sachbestand, sondern auf die eigentlich seltsame Frage, ob auch der Bischof selbst (und nicht nur der Presbyter) das tun dürfe, was der Papst natürlich entschieden bejaht.

Die Umgestaltung zu einer vom Priester (allein) zu vollziehenden liturgischen Handlung wird erstmals vom 8. Jahrhundert an bezeugt. Beda Venerabilis († 735) ist wohl der erste sichere Zeuge: „... nunc Ecclesiae consuetudo tenet, ut infirmi oleo consecrato ungantur a presbyteris et oratione comitante sanentur“ („... heute bestimmt die Gewohnheit der Kirche, daß die Kranken von den Priestern mit geweihtem Öl, von Gebet begleitet, gesalbt und so geheilt werden“: In ep. Jac. 5 [PL 93, 39 C]). Aber auch er sieht die andere Praxis des Gebrauches des geweihten Öls durch die Laien selbst als durchaus möglich und kirchlicher Gewohnheit entsprechend an; immerhin verlangt er die Beichte der (schweren) Sünden vor dem Priester (a. a. O. 39 D—40 A; vgl. auch Expos. in Marci Ev. 2. Buch, Kap. 6: PL 92, 188 B). Die Kapitulare Karls d. Gr. und die Bischöfe seiner Zeit bestehen aber bereits mit größerem Nachdruck auf der Pflicht der Priester „... de infirmis et poenitentibus ut morientes sine sacrati olei unctione et reconciliatione et viatico non deficiant“ („... hinsichtlich der Kranken und Büßer, daß sie in Todesgefahr nicht ohne die Salbung mit geweihtem Öl, Wiederversöhnung [Lossprechung] und Wegzehrung [Kommunion] hinscheiden“; vom Jahr 769: MGH Cap. I 45).[6]

Aus einer Fülle von Riten und Gebeten erwächst so schnell die Sammlung des im Pontificale Romano-Germanicum gegebenen Ordo, der die Praxis wenigstens aus dem Beginn oder der ersten Hälfte des 10. Jahrhunderts wiedergibt.

Wenn somit auch die liturgische Feier des Sakramentes, wie wir

---

[6] Vgl. P. Browe, Die letzte Ölung in der abendländischen Kirche des Mittelalters. ZkTh 55 (1931) 518 f.

29—33 Einl. sie heute kennen, erst etwa seit dem 9./10. Jahrhundert sich ausgebildet hat, so geht der kirchliche Brauch der Verwendung von geweihtem Öl und überhaupt von Öl zur Salbung von Kranken auf früheste Zeiten der christlichen Gemeinden zurück. Der vom Priester vollzogene Ritus ist die Entfaltung und allmähliche Ausgestaltung dieses ursprünglichen Brauches, wobei seit Innozenz I., also seit der ersten Hälfte (wenigstens) des 5. Jahrhunderts, ausdrücklich auch auf den Text des Jakobusbriefes Bezug genommen wird. Anfang und Ausgangspunkt dieser liturgisch-sakramentalen Handlung ist aber eben die Salbung von Kranken mit Öl. „Die Anwendung des Öls zur Krankenheilung war in der ... [alten] Kulturwelt, sowohl im Judentum wie im Heidentum, allgemein üblich.“[7] Solche Krankensalbung ist, im Rahmen ihrer Entsendung durch den Meister, auch von den Aposteln vorgenommen worden: Mk 6, 7—13: „Und er rief die Zwölf herbei und begann sie auszusenden, zu zwei und zwei, und er gab ihnen Gewalt über die unreinen Geister ... Und sie gingen fort und verkündigten, daß man Buße tue (umdenke), und sie trieben viele Dämonen aus, und sie salbten viele Kranke mit Öl und heilten sie.“ Markus allein berichtet diese Krankensalbung, während die anderen Synoptiker nur von Heilungen sprechen. Gewiß ist an jener Stelle bei Mk noch nicht vom Sakrament im späteren Sinne die Rede (wie viele Theologen des Mittelalters meinten).[7] Zweifellos hat aber der Herr eine besondere Sorge für die Kranken gezeigt. Schon zu Beginn seiner öffentlichen Tätigkeit heißt es von ihm: „Er verkündete die Frohbotschaft vom Reiche und heilte alle Kranken und jedes Gebrechen unter dem Volke ...“ (Mt 4, 23). Mt sieht darin die Erfüllung des Prophetenwortes (Jes 53, 4): „Er hat unsere Krankheiten auf sich genommen und unsere Gebrechen getragen“ (Mt 8, 17). Christus hat sich also in besonderer Liebe den Kranken zugewandt. „Sie brauchen als erste die Botschaft vom Königtum Gottes, den Trost der kommenden Welt ... Sie sind aber auch am empfänglichsten für die Frohbotschaft, weil sie ihrer von Herzen bedürfen, darum stehen sie dem Erbarmen Gottes besonders nah ... Der krank Darniederliegende ... lebt die Wahrheit vom elenden Menschen, darum kann ihn die Wahrheit vom erbarmenden Gott erreichen ...“[8] In seiner Sorge für die Kranken läßt Christus die Apostel, damaligem Brauch entsprechend, auch eine Ölsalbung vornehmen, Zeichen einer wunderbaren, charismatischen Heilung, zu der er seine Jünger befähigt. Es geht dabei zunächst nur um leibliche Heilung; sie ist aber im Rahmen der gesamten Tätigkeit Christi transparent auf innere geistliche Heilung hin. Die mittelalterliche Theologie hat deshalb zu Recht hier (zum wenigsten in etwa) eine „insinuatio“ („Andeutung“) des späteren Sakramentes gesehen.

In diesem Sinn muß vor allem Jak 5, 14 f. verstanden werden. In Weiterführung des bei Mk 6, 13 geschilderten Brauches hat man, so müssen wir aufgrund von Jak 5, 14 f. annehmen, sich um die Kranken bemüht, Trost, Aufrichtung, Heilung vermittelnd, durch Gebet, Glauben und im Hinblick auf jenes letzte Heil, das der

[7] Poschmann, Buße und letzte Ölung, 125; dort auch Belege.
[8] H. Spaemann, Sakrament der Krankensalbung, 24.

Kranke sucht und auch und erst recht im Tode findet.[9] Freilich: 29—33
außer bei Jakobus hören wir von einer solchen Salbung der Einl.
Kranken durch die Presbyter in den frühen Jahrhunderten, bis zum Briefe des Papstes Innozenz von 416, nichts. Wohl aber ist reich bezeugt der Gebrauch des Öls seitens der Gläubigen; besonders ist schon bald bezeugt die Weihe dieses Öls zum Gebrauch der Kranken und für sie. Ja, die Gebete zur Weihe des Krankenöls sind die frühesten Zeugnisse überhaupt für einen irgendwie in den Bereich des Sakralen, der heiligen Zeichen oder sacramenta gehörenden Gebrauch dieses Öls für die Heilung der Kranken.

Frühestes Zeugnis ist das schon erwähnte Gebet in der „Apostolischen Überlieferung" Hippolyts von Rom aus dem Anfang des 3. Jahrhunderts (c. 5: De oblatione olei). (Ein Gebet aus der koptischen Version der Didache ist nicht sicher genug, auf jeden Fall als koptischer Text später als Hippolyt.[10]) Hippolyts Gebet lautet in der Rekonstruktion von B. Botte[11]: „Wenn jemand Öl darbringt, so soll er (der Bischof) danksagen in gleicher Weise wie bei der Darbringung von Brot und Wein — dabei braucht er nicht die gleichen Worte zu verwenden, soll aber doch sinngemäß sich ausdrücken; er soll also sagen: ‚Wie du, o Gott, in der Heiligung dieses Öls Heiligkeit (anderer Text [Palimpsest von Verona]: Gesundheit) gibst denen, die damit gesalbt werden und die es empfangen, (nämlich) dies Öl, mit dem du die Könige, die Priester und die Propheten gesalbt hast, so möge es Stärkung gewähren denen, die davon kosten, und Gesundheit denen, die es gebrauchen'."[12]

Ähnliche Gebete, nicht ohne eine gewisse Beeinflussung durch Hippolyt, finden wir im 4. Jahrhundert bei Serapion und im 8. Buch der Apostolischen Konstitutionen (s. S. 454 f.). Allerdings wird mit dem Öl zusammen auch Wasser geweiht, was die eigentlich „sakramentale" Bedeutung im Sinne des Jakobusbriefes zu vermindern scheint; es handelt sich ganz allgemein um Mittel, durch die Weihe des Bischofs gekräftigt, Heil zu vermitteln. Wir finden, wenn auch nicht viele, so doch genügende Zeugnisse für den Brauch, daß die Gläubigen ihre Kranken mit dem geweihten Öl gesalbt haben. Johannes Chrysostomus bezeugt dies: In Mt hom. 32, 6 (PG 57, 384). Sulpicius Severus, Dialog. 3, 3 (PL 20, 213) berichtet ein entsprechendes Ereignis im Leben des hl. Martinus (vgl. Vita b. Genovefae, 52: MGH Scr. Rer. Merov. III 236). Caesarius von Arles empfiehlt das Öl als von der Kirche gewährte Medizin: Sermo 50, 1 (Morin I 216); 52, 5 (Morin I 222; vgl. Vita s. Caesarii 2, 17: MGH Scr. Rer. Merov. III 490). Andererseits haben wohl auch die Bischöfe und Priester selbst das Öl verwendet, um Kranken Heilung zu vermitteln. Immerhin sagt Innozenz I. klar genug, daß das Öl „nicht nur von den Priestern, sondern von allen Gläubigen in eigener Not oder in

---

[9] Vgl. die Kommentare z. St.; Poschmann, a. a. O., 125 f.

[10] Vgl. Didier, Im Angesicht des Todes, 24, gegen Poschmann, a. a. O., 127.

[11] Botte, a. a. O., 18 f.

[12] Meine Übers. aus der französ. Rekonstruktion Bottes. Vgl. zur Deutung: Didier, a. a. O., 25; A. Chavasse, Etude sur l'onction des infirmes dans l'Eglise latine du IIIe — XIe siècle. T. 1, Du IIIe siècle à la réforme carolingienne. Lyon 1942, 29—39.

29—33 Einl. der Not der Ihren zur Salbung verwendet werden darf“ (Ep. 25, 8.11: PL 20, 560 A).

Doch dringt die priesterliche Salbung allmählich vor. „Sichere Zeugnisse für die sakramentale Ölung (d. h. die vom Priester im Sinne von Jak 5 vollzogene) treffen wir in größerer Zahl . . . vom 8./9. Jahrhundert an.“[13] Auch die Synoden der Zeit empfehlen und ermahnen die Priester entsprechend.[14]

Der älteste Weihetext der römischen Liturgie für dies entweder von Laien oder vom Priester verwendete Öl findet sich im Sacramentarium Gelasianum Vetus[15]: „Emitte, quaesumus, domine, spiritum sanctum paraclytum de caelis in hac pinguidine olei, quam de viride ligno producere dignatus es ad refectionem mentis et corporis. Et tua sancta benedictio sit omni unguenti, gustanti, tangenti tutamentum corporis animae et spiritus, ad evacuandos omnes dolores, omnem infirmitatem, omnem egritudinem mentis et corporis, unde uncxisti sacerdotes, reges et prophetas et martyres, chrisma tuum perfectum, a te, domine, benedictum, permanens in visceribus nostris, in nomine domini n. J. Chr.: per quem haec omnia, domine, semper bona creas.“ „Sende, wir bitten dich, Herr, deinen Heiligen Geist, den Beistand, vom Himmel her in dieses köstliche Öl, das du vom grünen Ölbaum zur Wiederherstellung von Geist und Leib hervorzubringen dich gewürdigt hast. Und dein heiliger Segen gereiche jedem, der damit salbt, der es genießt und der es berührt, zum Schutz für Leib, Seele und Geist, zum Vertreiben aller Schmerzen, aller Schwäche, aller Krankheit des Geistes und Leibes. Darum hast du ja die Priester, Könige, Propheten und Märtyrer mit deinem vollkommenen, von dir, Herr, gesegneten Chrisma gesalbt, das in unserem Inneren bleibt; [sende deinen Geist] im Namen unseres Herrn Jesus Christus; durch ihn schaffst du, Herr, immerdar die guten Gaben.“ Wir finden das gleiche Gebet im Gregorianum,[16] im Pontificale Romano-Germanicum des 10. Jahrhunderts.[17] Von dort ist es übergegangen in das Pontificale Romanum, bis in unsere Tage.

Erst die Liturgiereform im Anschluß an das II. Vaticanum hat den Text, dessen Substanz auch jetzt noch bewahrt bleibt, stark modifiziert[18]: „Deus, totius consolationis Pater, qui per Filium tuum infirmantium languoribus mederi voluisti, orationi fidei adesto propitius: emitte, quaesumus, Spiritum Sanctum Paraclitum de caelis in hanc pinguedinem olei, quam de viridi ligno producere dignatus es ad refectionem corporis, ut tua sancta benedictione sit omni, qui hoc unguento perungitur, tutamen corporis, animae et spiritus, ad evacuandos omnes dolores, omnes infirmitates omnemque aegritudinem. Sit oleum tuum sanctum, Domine, a te benedictum in nomine Domini n. J. Chr. (Qui . . .)“ „Gott, Vater allen Trostes, der du durch deinen Sohn die Schwächen der Kranken heilen wolltest, stehe gnädig dem Gebet des Glaubens bei: sende, wir bitten dich, deinen Heiligen Geist, den

---

13 Browe, a. a. O., 518.
14 A. a. O., 518 f.
15 Ed. Mohlberg, 382.
16 Ed. Lietzmann, n. 77, 5.
17 Ed. Vogel-Elze II, n. 99, 261 (S. 70).
18 Ordo benedicendi oleum . . . infirmorum. Ed. typica. 1971, n. 20.

Beistand, vom Himmel her in dieses köstliche Öl, das du vom 29—33
grünen Ölbaum zur Wiederherstellung des Leibes hervorzubrin- Einl.
gen dich gewürdigt hast, damit es durch deinen heiligen Segen jedem, der mit diesem Öl gesalbt wird, zum Schutz für Leib, Seele und Geist, zum Vertreiben aller Schmerzen, aller Schwächen und jeder Krankheit gereiche. So werde dein heiliges Öl, Herr, von dir gesegnet im Namen unseres Herrn Jesus Christus. (Der . . .)" Die Korrekturen betreffen vor allem die Anpassung an die wirkliche Situation der nur noch durch den Priester zu spendenden Salbung, ferner eine größere Folgerichtigkeit des Aufbaues, der dann auch die Erinnerung an die Salbung der Priester, Könige und Propheten zum Opfer gefallen ist, die eher zur Chrismasalbung gehört.

§ 2 Offizielle Riten im Vergleich

Die zunächst der Initiative des einzelnen Priesters überlassene konkrete Gestaltung des Ritus dieser Salbungen eines Kranken mit dem vom Bischof feierlich geweihten Öl hat sich bald „institutionalisiert"; den Niederschlag der Riten und Gebete finden wir im Pontificale Romano-Germanicum von 950, das im Rahmen der Obsorge für einen Kranken (n. 135—149) verschiedene Ordines einer Krankensalbung bringt: Ordo ad visitandum et unguendum infirmum;[19] Item ad consignandum hominem sanum sive infirmum;[20] Ordo ad unguendum infirmum.[21]

Die genannten Ordines sind eher Sammlungen von Riten und Gebeten, die wohl vom Priester frei gewählt werden konnten. Sie sind jedenfalls von erstaunlicher Länge und bieten eine große Zahl von Orationen als „Alia", also als Wahltext.

Der Ordo n. 139 ist folgendermaßen aufgebaut: Gruß und Segen des Priesters. Besprengung mit Weihwasser. Sieben Bußpsalmen. Eine kurze Litanei von Allen Heiligen. Preces: mehrere den Psalmen entnommene Verse. Gebet über den Kranken (n. 139, 7 bis 40): 33 Orationen, z. T. noch mit nachfolgenden Psalmversen. Sie erflehen in den verschiedensten Wendungen und Segnungen Hilfe und Heil, ohne daß aber Salbungen erwähnt werden. Möglicherweise schließt sich sofort die Messe an: Missa pro infirmo.[22] Daran fügt sich[23] eine Oratio an pro reddita sanitate, für einen genesenden Kranken. Dann[24] folgt noch einmal eine Reihe von Orationen und Segnungen. Darauf[25] folgt der eigentliche Ordo ad unguendum infirmum, der Ritus der Krankensalbung. Hier haben wir die Grundform der Riten im Pontificale Romanum des 12. Jahrhunderts,[26] die ihrerseits das Fundament der Riten darstellen, die zu Anfang der Neuzeit in das Rituale Romanum Pauls V. von 1614 aufgenommen wurden und bis zur Neuordnung nach dem II. Vaticanum in Gebrauch blieben.[27]

---

[19] Ed. Vogel-Elze II, n. 139 (S. 246—256).
[20] A. a. O., n. 142 (S. 257 f.).
[21] A. a. O., n. 143 (S. 258—270).
[22] A. a. O., n. 140 (S. 256 f.).
[23] A. a. O., n. 141 (S. 257).
[24] A. a. O., n. 142 (S. 257 f.).
[25] A. a. O., n. 143 (S. 258—270).
[26] Ed. Andrieu, (Anm. 1), I 49 A—50 (Bd. 1, S. 266—277).
[27] Der neue Ordo unctionis infirmorum eorumque pastoralis curae. Ed. typica. 1972.

29—33 Einl. Der Aufbau des Ritus im Römischen Pontificale des 12. Jh.[28] ist folgender: 1. Besprengung mit Weihwasser. 2. Sieben Bußpsalmen. 3. Litanei und Gebet. 4.—7. Segnung des Bußgewandes und Gebet. 8. Das vorbereitende Gebet, das sich auf Jak 5, 14 bezieht. 9.—24. Salbungen von Augen, Ohren, Nase, Lippen, Zunge und Hals, Schultern, Brust, Händen, Füßen, Nabel (oder an einem Ort größeren Schmerzes) und abschließende Oratio(nes). 25.—27. Beichte und Kommunion, Segen. Dem zweiten Ordo[29] wird ein sehr langer Ritus des Krankenbesuchs[30] vorausgeschickt, dem die Salbungshandlung folgen kann, aber nicht muß. Der Ritus der Krankensalbung selbst[31] hat folgenden Aufbau: 1. Besprengung. 2. Vorbereitungsgebet (Jak 5, 14). 3.—5. Psalmen und Oratio. 6. bis 10. Handauflegung, Orationen und Psalm. 11.—18. Die Salbungen: Augen; Ohren; Nase; Lippen; Hände; wo es Brauch ist: Brust, Nabel. 19. Vater unser und Verse. 20.—21. Oratio usw. 22.—25. Segen (4 Formeln). Nach Beendigung dieser Gebete empfängt der Kranke (nachdem ihm der Mund [vom Öl] abgewaschen wurde) den Leib des Herrn.

Der Ritus nach dem Pontificale Romano-Germanicum[32] ist sehr ausführlich: 1. Ermahnungen. 2. Besprengung. 3. Vorbereitungsgebet (Jak 5, 14). 4.—6. Der Kranke kniet, Gebet und Psalm. 7.—11. Handauflegung, Gebete, Psalm. 12.—30. Die Salbungen; begleitet von entsprechenden ausdeutenden Formeln: Haupt, Augen, Ohren, Nase, Lippen, Hals, Zunge, Brust, Herz, Schultern, Hände, Füße, an der Stelle des größten Schmerzes, an allen Gliedern, abschließende Orationen. 31. Hymnus „Christus, du Heilmittel des himmlischen Vaters“ (9 Strophen). 32.—36. Orationen. 37. Kommunion unter beiden Gestalten, und zwar eine Woche lang. 38. bis 40. Orationen vor Empfang der Kommunion. 41. Täglich sind Vesper und Laudes für die Kranken zu singen. 42.—54. Orationen und Absolutionen. 55.—57. Beichtbekenntnis und Buß-Ermahnungen. 58. Kommunion. Das Ganze enthält viele Wiederholungen; es ist mehr eine Sammlung von vielerlei tatsächlich verwendeten Gebeten, aus denen man offenbar frei wählen kann. Die Ordnungen des Pontificale Romanum des 12. Jh.s sind bemüht auszuwählen, zu kürzen. Das Pontificale Romanum secundum consuetudinem et usum Romanae curiae („nach Gewohnheit und Brauch der römischen Kurie“) bietet die letzte Stufe, bevor die Krankensalbung endgültig aus dem Pontificale ausscheidet, da sie ja keine spezifisch bischöfliche Handlung ist.[33]

In Nr. 48 des genannten Pontificale Romanum finden wir einen Ritus des Krankenbesuchs. Es folgt Nr. 49: „(ausführlicher und angepaßter) Ritus der Krankensalbung“.[34] Auch hier steht noch

---

[28] Ed. Andrieu, a. a. O., I 49 A (Bd. 1, S. 266—269).
[29] A. a. O., I 50 (S. 274 ff.).
[30] A. a. O., I 49 B (S. 270—274).
[31] A. a. O., I 50 (S. 274—277).
[32] Ed. Vogel-Elze. II, n. 143 (S. 258—270).
[33] Vgl. Pontificale Guilelmi Durandi, Prologus: ed. Andrieu. III, S. 327: „Von den Sakramenten der Taufe ... (und) der Letzten Ölung wird hier nichts gesagt: sowohl, weil wir über sie in unseren Synodenregelungen gesprochen haben, als auch, weil sie Sache jedes Priesters sind.“ Vgl. J. Berthelé et M. Valmery, Instructions et constitutions de Durand le Spéculateur (Archives du département de l'Hérault V 1). Montpellier 1900, 44.
[34] Ed. Andrieu, a. a. O., Bd. 2, S. 490—492.

am Anfang die Rezitation der sieben Bußpsalmen. Die eigentliche Handlung beginnt dann mit 2. u. 3.: zwei Vorbereitungsgebete mit Hinweisen auf Jak 5, 14 zur Wahl. 4. Handauflegung und dazugehöriges Gebet gegen „die Kraft des Teufels". 6.—11. Die Salbungen von Augen, Ohren, Nase, Mund, Händen, eventuell noch Füßen und Lenden, jeweils mit der uns heute noch geläufigen Formel: „Per istam sanctam unctionem et suam piissimam misericordiam, parcat tibi dominus quicquid ... vitio deliquisti. Amen."[35] 12.—14. Gebete (zur Wahl) um den Beistand Gottes/Christi für den Kranken. Nr. 50 bringt dann einen Ritus der Krankenkommunion.[36] 29—33 Einl.

Im Pontificale des 13. Jahrhunderts ist jene Form ausgebildet, die im wesentlichen auch dem hl. Thomas und seiner Zeit zur Verfügung stand, ohne daß allerdings in allen Kirchen völlige Gleichförmigkeit gegeben wäre. Immerhin blieb die im Pontificale der Kurie niedergelegte Form maßgebend vor allem für die wesentlichen Elemente, besonders die Zahl der Salbungen und das sie begleitende Bittgebet (die Formel).

Das II. Vaticanum wünschte eine Reform des Ritus: „Die Zahl der Salbungen soll den Umständen angepaßt werden; die Gebete, die zum Ritus der Krankensalbung gehören, sollen so revidiert werden, daß sie den verschiedenen Verhältnissen der das Sakrament empfangenden Kranken gerecht werden" (SC 75).

Das Konzil forderte auch, einen Ritus zu schaffen, in dem die Feier dieses Sakramentes in einen Zusammenhang mit der vorhergehenden Beichte und der nachfolgenden Kommunion eingeordnet werden kann. Entsprechend wurde der neue Ritus gestaltet. Diese Neuordnung, zum Teil in Länderritualien (wie der Collectio rituum für die deutschen Diözesen von 1950) schon vorweggenommen, wurde verwirklicht durch die Instruktion vom September 1964 und den neuen Ritus von 1972.[37]

Die ihm vorangesetzte Constitutio Apostolica Pauls VI. faßt kurz die Geschichte der Krankensalbung zusammen und bestimmt einige, den Erfordernissen der Gegenwart entsprechende Änderungen und Vereinfachungen. In feierlicher Formulierung heißt es abschließend: „Das Sakrament der Krankensalbung wird den gefährlich Kranken gespendet, indem man sie an Stirn und Händen mit Olivenöl — oder, wenn die Verhältnisse es nahelegen, mit einem anderen pflanzlichen Öl —, das vorschriftsmäßig geweiht ist, salbt..."

Der neue Ordo Unctionis Infirmorum eorumque Pastoralis Curae hat nicht nur entschlossen den bisher üblichen Titel der *Extrema Unctio,* der „Letzten Ölung", ersetzt durch den der Hl. Schrift und der älteren Tradition gemäßeren der *Unctio Infirmorum,* „Krankensalbung", sondern den Ritus ganz bewußt eingeordnet in den größeren Zusammenhang einer feierlichen liturgischen Handlung und der gesamten Krankenseelsorge. Indem die Kirche das tut, „dient sie Christus selbst in den leidenden Gliedern seines Mystischen Leibes; sie folgt dabei dem Beispiel des Herrn

[35] A. a. O., S. 491 f.
[36] A. a. O., S. 493—495.
[37] S. Fn. 27. Die offizielle deutschsprachige Form im Komm. zu 29, 9.

29—33 Jesus, der umherging, Wohltaten spendend und alle heilend
Einl. (Apg 10, 38), und gehorcht seinem Auftrag, die Kranken zu betreuen (vgl. Mk 16, 18)" (Dekret der Gottesdienst-Kongregation vom 7. XII. 1972). In diesem Sinn hat das Konzil eine Überprüfung des Ritus verlangt und die Spendung dieses Sakramentes der ganzen Kirche anvertraut, um den Kranken Erleichterung und Heil zu vermitteln, und sie ermahnt, „sich dem Leiden und dem Tode Christi vereint zu wissen und so zum Wohle des Volkes Gottes beizutragen" (LG 11).

Der neue Ordo sieht deshalb in einem 1. Kapitel einen gut gestalteten Ritus der Krankenkommunion vor. Das 2. Kapitel beschreibt den normalen Ritus der Krankensalbung (s. o. S. 461), das 3. Kapitel den der Spendung der Wegzehrung; erst im 4. Kapitel wird der „zusammenhängende Ritus" geboten, wie er in den vielen Fällen gespendet wird, wo der Kranke dem Tode unmittelbar nahe ist, in der sinnvollen Ordnung von Buß-Sakrament, Salbung und Wegzehrung.

Der normale Ritus sieht vor, daß die Beichte normalerweise vor Beginn der feierlichen Spendung vorweggenommen wird. Der Priester beginnt nach einem Gruß und der Besprengung mit Weihwasser (als Erinnerung an die Taufe) (n. 68) mit einer kurzen Ansprache mit Verweis auf Jak 5, 14 f. (n. 70) oder der gewohnten Oration (s. n. 239). Es folgt der Bußakt, ähnlich wie in der Messe, oder die Beichte (n. 71). Danach wird ein kurzer Text der Hl. Schrift gelesen, z. B. Mt 8, 5—10. 13 (oder ein anderer, aus der Fülle von Vorschlägen in n. 152—229), eventuell mit einer kurzen Erklärung. Eine „Litanei", d. h. Bittgebete in der Form des von der Messe her üblichen Gläubigengebets, kann hier oder nach der Salbung oder u. U. an beiden Stellen angefügt werden. Nach einer Handauflegung, ohne Gebet (n. 74), schließt sich an entweder die Weihe des Öls (die in bestimmten Fällen, wie oben gesagt, auch von einem Priester vorgenommen werden kann) oder aber, was das Normale sein wird, ein Lobgebet über das Öl (n. 75 u. 75 bis).

Die Feier erreicht nun ihren Höhepunkt, die eigentliche „Heilige Salbung" an Stirne und Händen mit der einmal gesprochenen Formel: „Durch diese heilige Salbung und seine gütige Barmherzigkeit helfe dir der Herr durch die Gnade des Heiligen Geistes, R. Amen, auf daß er dich, von Sünden befreit, heile und dir in Gnaden Erleichterung schenke. R. Amen" (n. 76).

Zur Auswahl wird angeboten eine von zwei Orationen (n. 77); die erste bittet dabei ausdrücklich um Wiederherstellung der Gesundheit des Kranken: „auf daß er, durch die Tat deiner Barmherzigkeit wiederhergestellt, erneut befähigt sei, die früheren Dienste zu leisten". Als letzter Abschluß wird gemeinsam das Herrengebet gesprochen (n. 78), und der Priester segnet mit einer der feierlichen Segensformeln (n. 79). Der ganze Ritus kann auch innerhalb der Messe gefeiert werden, nach Evangelium und Homilie, beginnend mit dem Litaneigebet (n. 80—82).

Der „zusammenhängende" Ritus war vom Konzil ausdrücklich gewünscht worden, und zwar in der neuen Anordnung einer sinnvolleren Reihenfolge von Buße, Salbung und Wegzehrung (SC 74). Ein solcher Ritus ist zwar nicht schlechthin das Ideal (das vielmehr jede der Handlungen in ihrem Eigengewicht belas-

sen möchte); aber er ist in vielen Fällen gefordert von der praktisch gegebenen Situation: der Priester kann nicht mehrere Male kommen; oder er wird zu spät gerufen und muß alle Sakramente auf einmal spenden. 29—33 Einl.

In diesem Ritus ist wiederum eine liturgische Gesamthandlung aufgebaut, in der die einzelnen Elemente sich sinnvoll ergänzen und zu den beiden Höhepunkten der Salbung und schließlich der Wegzehrung hinführen.

Nach dem einleitenden Bußakt (bzw. u. U. der Beichte) kann der Priester sofort den sogenannten Apostolischen Segen spenden (n. 122): „indulgentiam plenariam et remissionem omnium peccatorum..." oder in einer anderen Formel, die das Gemeinte wohl richtiger zum Ausdruck bringt: „... der allmächtige Gott lasse dir nach alle Strafen des gegenwärtigen und des zukünftigen Lebens, er öffne dir die Pforten zum Paradies und führe dich zu den ewigen Freuden." In einer Kürzung des Ritus, im Hinblick auf die Lage des Kranken, folgt sofort ein Glaubensbekenntnis, ein kurzes Litaneigebet und, nach der Weihe des Öls bzw. dem Lobgebet über das Öl, die Salbung selbst, das Herrengebet und die Spendung der Wegzehrung in unmittelbarem Anschluß: „Siehe das Lamm Gottes..." — „Selig, die zum Mahle des Lammes geladen sind" — „Der Leib Christi." „Amen." Und: „Er selbst behüte dich und führe dich zum ewigen Leben." „Amen." Danach ein entsprechendes Schlußgebet und der Segen des Priesters.

§ 3 Zur Dogmengeschichte der Krankensalbung

Um den Text des hl. Thomas zu kommentieren und ihn in seiner konkreten geschichtlichen Situation zu deuten, wollen wir nach der vorangehenden liturgisch orientierten Darstellung der Geschichte der Krankensalbung die aus der Liturgie gewachsenen und sie wiederum deutenden dogmengeschichtlichen Zusammenhänge zusammenfassen, die Thomas vorfindet und die später seine Wirkungsgeschichte bezeugen. Erst dann werden wir auch in seinem Geist die Interpretation des Sakramentes geben können, wie es die Kirche heute feiert und versteht.

Wir setzen an den Anfang dieser knappen Überschau die lehramtlichen Entscheidungen, in denen dieser Prozeß der Entwicklung, auch noch nach Thomas, seinen Abschluß bis heute gefunden hat.

Wir finden diese lehramtlichen Feststellungen im Dekret für die Armenier, das auf dem Unions-Konzil von Ferrara-Florenz (1438—1455) im Jahre 1439 aus dem Opusculum „De articulis fidei et Ecclesiae sacramentis" des hl. Thomas entnommen wurde (DS 1310—1313 u. 1324 f.). Das Konzil von Trient hat 1551 in der Sessio XIV im wesentlichen diese Lehre noch einmal ausgesprochen (DS 1695—1699: Kap. 1—3; ferner DS 1716—1719: Kanon 1—4). Die Canones bieten die Lehre der Tradition in knappster Präzision: 1. „Die Letzte Ölung ist wahrhaft und im eigentlichen Sinn ein von Christus unserem Herrn eingesetztes Sakrament, vom seligen Apostel Jakobus kundgetan, (also) nicht nur ein von den Vätern übernommener Ritus oder eine (rein) menschliche Erfindung" (wir

29—33 Einl. formulieren positiv das, was der Canon negativ sagt und mit dem Banne der Ausschließung belegt). 2. „Die heilige Krankenölung vermittelt Gnade, läßt Sünden nach und läßt die Kranken aufleben; sie hat also zu wirken nicht aufgehört und nicht nur einst in der [außerordentlichen] Gnadengabe der Heilungen bestanden.“ 3. „Ritus und konkrete Form der Letzten Ölung, wie sie Brauch sind in der Heiligen Römischen Kirche, widersprechen nicht den Worten des seligen Apostels Jakobus; es ist also nicht notwendig, sie zu ändern, noch können Christen ihren Empfang zurückweisen ohne Sünde.“ 4. „Die ‚Ältesten der Kirche‘, die nach der Mahnung des seligen Jakobus herbeigerufen werden sollen zur Salbung des Kranken, sind die vom Bischof geweihten Priester, nicht aber die physisch Ältesten einer Gemeinde; deshalb ist der eigentliche Spender der Letzten Ölung nur der Priester.“

Der Ritus der Römischen Kirche, wie wir ihn kennen aus dem Rituale Romanum und der allgemeinen Praxis in unseren Landen, ist der konkrete Ausdruck dieser lehramtlichen Entscheidung. Wir entnehmen dem Titulus V des Rituale Romanum (1925) nur einige charakteristische Stellen, die das belegen. Es heißt in der Einleitung zu Kap. 1 De Sacramento Extremae Unctionis: „Das Sakrament der Letzten Ölung ist von Christus dem Herrn eingesetzt als himmlische Arznei, heilbringend nicht nur für die Seele, sondern auch für den Leib. Obwohl es an sich nicht unbedingt (de necessitate medii) zum Heil erfordert ist, so darf doch niemand es verachten oder zu empfangen versäumen; mit allem Eifer und aller Sorgfalt ist es den schwer Erkrankten zu spenden, und zwar, wenn möglich, so zeitig, daß sie noch in voller geistiger Bewußtheit zur Erlangung der reicheren Sakramentsgnade selbst durch ihren Glauben und fromme Willenskraft beitragen können, während sie die Heilige Ölung empfangen.“ In n. 20 dieses einleitenden Kapitels heißt es ausdrücklich: „Die ‚Form‘ dieses Sakraments ist, gemäß dem Brauch der Heiligen Römischen Kirche, jene feierliche Bitte, die der Priester bei den einzelnen Salbungen ausspricht: Durch diese heilige Salbung und seine gütige Barmherzigkeit verzeihe dir der Herr, was immer du gefehlt hast durch Blicke bzw. durch Hören usw. Amen.“ Aus den Rahmengebeten der heiligen Handlung bringen wir nur das Schlußgebet, das besonders eindrucksvoll auch auf die zu erhoffende leibliche Genesung hinweist: „Heiliger Herr, allmächtiger Vater, ewiger Gott, du gießest deine Segensgnade den kranken Körpern ein und behütest deine Schöpfung in mannigfacher Milde: stehe gütig bei auf die Anrufung deines Namens; befreie deinen Diener von der Krankheit, schenke ihm Gesundheit, richte ihn auf mit deiner Rechten, stärke ihn mit deiner Kraft, behüte ihn mit deiner Macht und gib ihn deiner heiligen Kirche mit aller ersehnten Gesundheit wieder. Durch Christus, unseren Herrn.“

Das 2. Vatikanische Konzil hat an diesem Gesamtbild einige bemerkenswerte Korrekturen angebracht, deren liturgische Seite wir schon besprochen haben. Es sagt in der Liturgie-Konstitution in n. 73: „Die ‚Letzte Ölung‘, die auch — und zwar besser — ‚Krankensalbung‘ genannt werden kann, ist nicht nur das Sakrament derer, die sich in äußerster Lebensgefahr befinden. Daher ist der rechte Augenblick für ihren Empfang sicher schon

gegeben, wenn der Gläubige beginnt, wegen Krankheit oder Altersschwäche in Lebensgefahr zu geraten.“ 29—33 Einl.

Dieser Sinndeutung folgen wir, wenn wir in diesem Kommentar soweit wie möglich von der Krankensalbung sprechen. Wir werden sehen, daß die Lehre des hl. Thomas trotz einer anderen Akzentsetzung für diese Sinndeutung offen ist. Aus historischer Treue verwenden wir aber im deutschen Text des Supplementum die wörtliche Übersetzung: Letzte Ölung.

Das Sakrament der Krankensalbung hat in den eben dargestellten verschiedenen Formen der vom Konzil inspirierten liturgischen Feier den rechten Ort gefunden, um in der Tat das wirkkräftige sakramentale Zeichen zu sein, kraft dessen der Kranke sich eingebettet weiß in die Obsorge der Kirche, zu seinem Heil hier auf Erden und seiner Heilung, wenn Gottes Wille es so fügt, für das Ewige Leben, und das alles in der Eingliederung in das österliche Heilsmysterium Christi, seines Leidens, Sterbens und seiner Auferstehung.

Obwohl die Krankensalbung immer schon eingebettet war in einen Rahmen von liturgischen Gebeten, so ist es doch nötig, eigens auf die Neuordnung und ihre stärkere Betonung von Gebet und Gotteswort im Rahmen einer Gesamthandlung, deren Höhepunkt die Salbung selbst ist, hinzuweisen, da die mittelalterliche Theologie, und in ihrem Rahmen auch der Aquinate, den Eindruck hervorrufen könnte, als beschränke sich das Sakrament auf die bloße Salbung (bzw. die Salbungen) und die sie begleitende Formel. Aber auch für jene Zeit war es selbstverständlich, die liturgische Ordnung vorauszusetzen. Thomas sagt in 32,4 *Antw.* ausdrücklich: „Dies Sakrament erfordert akthafte Andacht (actualem devotionem)“, jene „innere Andacht“ der „geistlichen Salbung“, von der er 30, 3 Zu 3 gesprochen hatte. Diese zu erlangen dient die Gesamthandlung, die in idealer Weise die Gottestat *(ex opere operato)* und das Bemühen des Menschen in Glauben und in Bewegtsein durch den Hl. Geist *(ex opere operantis)* verbindet.

Trotz einiger Verschiedenheiten im einzelnen ist so das Sakrament der Krankensalbung zur Gnadenvermittlung und auch zur Heilung des Kranken seit dem 15. Jahrhundert, ja im Grunde seit dem 13. Jahrhundert selbstverständlicher Besitz der abendländischen Kirche und ihrer Theologie. Die Proteste der Reformation haben daran, wenigstens für den Bereich der Römischen Kirche, nichts geändert. Immerhin offenbart sich in ihren Bedenken die Problematik der liturgischen und dogmengeschichtlichen Situation in dem Jahrtausend vor dieser Zeit.

Erstes Kapitel

DIE KRANKENSALBUNG ALS SAKRAMENT

(Fr. 29)

Die letzte Ölung ist ein Sakrament (Art. 1). — Aus dem dogmengeschichtlichen Überlick ist die Bedeutung und der Sinn dieser Feststellung leicht erklärlich. Die Hl. Ölung, die Krankensalbung (und deshalb in manchen Fällen, aber durchaus nicht 29, 1

29, 1 immer, die „Letzte" Ölung), ist ein Sakrament, eines von den sieben heiligen, heiligenden Zeichen, die auf Christus wenigstens mittelbar zurückgehen und in einer bestimmten Weise heiligmachende Gnade, wahres Christus-Heil vermitteln. So die lehramtliche Aussage der Kirche (s. oben).

Das ist auch die allgemeine Lehre der Theologen, sobald der zu Grunde gelegte Begriff des Sakraments in seiner Festlegung auf die heutigen sieben Sakramente geklärt ist. Dieser Prozeß ist vollzogen etwa in der Frühscholastik, spätestens beim Lombarden, den Viktorinern, der Summa Sententiarum, also im 12. Jahrhundert.

Diese relativ späte Klärung nimmt aber der heiligen Salbung nichts von ihrer Größe und Würde; sie ist ja von alters her Ölsalbung im Namen des Herrn, unter Gebet, zur Heilung und zum Nachlaß der Sünde. Sie findet sich schon längst, aber nicht unter dem Oberbegriff „Sakrament", sondern als eine von vielen Salbungen, als eine von vielen Mysterien, als ein Teil der heiligen Handlungen am Kranken, ja als eine der Handlungen am Schluß der (allmählich ans Ende des Lebens verlegten) Büßeraussöhnung.

Aber gerade als solche Handlung erfüllt sie ebenfalls von jeher aufs beste alle Bedingungen, die für das nunmehr sogenannte „Sakrament" erfordert sind: Einsetzung (wenn nicht unmittelbar durch den Herrn, dann in seinem Auftrag) durch die Apostel, Zeichenhandlung, mit dem Ziel der Vermittlung wirklichen und umfassenden Heils (der Gnade). Die Krankensalbung ist wegen dieser ihrer hohen Würde klar zu scheiden von anderen „sacramenta" minora (nach dem Sprachgebrauch der Summa des Hugo von St. Viktor), den jetzt sogenannten (bloßen) *sacramentalia,* die in der Vermittlung des Heils durch die Hauptsakramente nur eine untergeordnete Rolle haben *(Antw.).* Sie ist deshalb mehr als ein Exorzismus, mehr als die Salbung der Katechumenen in der Taufe (vgl. Zu 1), sie ist eine selbständige Handlung, nicht nur ein Teil-Sakrament; sie vermittelt den Nachlaß der Sünde (Jak 5, 15), ist also echte geistliche Medizin und deshalb, entsprechend wiederum der Eigenart aller Sakramente, die Werkzeuge des heilenden Christus sind, ein wahres „Sakrament". Indem sie derart läutert, erleuchtet sie auch, schenkt Gnade in ihrem vollen, positiven Sinn. Daß sie vom Areopagiten nicht unter die heiligen Mysterien gezählt wird, hängt mit dessen besonderer Systematik zusammen (Zu 3), ist eine Frage der Benennung mit einem Namen, der die in sich stehende Krankensalbung in die Reihe der sieben Sakramente einfügt.

Trotz der gemeinsamen Art bestehen freilich doch große Unterschiede zwischen den Hauptsakramenten der Taufe (und Firmung) und Eucharistie einerseits und Sakramenten wie Buße, Ehe und eben der Krankensalbung andererseits. So ist die Benennung der Krankensalbung als ein Sakrament, auch wenn sie nicht alles über die Eigenart dieser Handlung auszusagen vermag, durchaus legitim und berechtigt. Diese Namensgebung macht im Grunde keine Schwierigkeit, wenn nur die Bedeutung des dogmengeschichtlichen Vorgangs richtig verstanden wird. Die Entscheidung fällt viel früher: sie liegt darin, daß die Kirche seit dem 4. Jahrhundert, seit dem 2. und 3. Jahrhundert, ja seit dem

Jakobusbrief der Krankensalbung eine solche geistliche Bedeutung zumißt. Diese Bedeutung ihr abzusprechen, wie das die protestantische Theologie mit wenigen Ausnahmen bis heute tut, ist nur dann erforderlich, wenn man einen apostolischen Auftrag ohne ausdrückliche Beauftragung durch den Herrn selbst radikal ablehnt, natürlich erst recht, wenn man, allerdings gegen den klaren Ausspruch der Hl. Schrift auch für die Hauptsakramente (der Taufe und der Eucharistie), jedwede „sakramentale" Gnadenvermittlung ablehnt.[1] 29, 1

Die Einheit des Sakramentes der Letzten Ölung (Art. 2). — Die Problematik dieses Artikels wird verständlich aus der Gegenüberstellung der überlieferten liturgischen Praxis und der zur Deutung des Sakramentsbegriffes zu Grunde gelegten spekulativen Kategorien. Das Sakrament ist ein „heiliges Zeichen", aufgebaut aus Materie und Form, aus dem sinnenfälligen Element und dem bestimmenden Wort. Die liturgische Praxis kennt nun, wie die Dokumente es klar zeigen, eine Vielzahl von Salbungen und eine Vielzahl von begleitenden Formeln. Natürlich fügen sich alle diese Elemente, Salbungen und Formeln zu der einen größeren Einheit der Salbung dieses Kranken zusammen; er wird an all den Stellen gesalbt, die im Sinne der Symbolik des menschlichen Körpers Ausgangspunkt geistiger Entscheidungen, der Sünde, sein können. In diesem Zusammengefügtsein aller Einzelhandlungen zur Gesamthandlung liegt die Einheit des Sakraments, nicht in dem einen Öl, das verwendet wird. Mit Recht betont Thomas auch hier, fast entrüstet (E. 2), daß in der Handlung, nicht im Element das Sakrament gegeben ist, auch wenn das einer theologischen Richtung der Väterzeit, die noch bei Hugo von St. Viktor etwas durchscheint,[2] nicht ganz entspricht; dort wurde in der Tat der Erfülltheit auch des Elementes eine große Bedeutung zugemessen. 29, 2

Daß das in sich eine Sakrament aus verschiedenen Teilen zusammengesetzt ist, entspricht ja auch durchaus der Situation bei den anderen Sakramenten: die Taufe wird, wenn auch nicht in absolut notwendiger Weise, durch mehrere Untertauchungen gespendet *(Anders. 1, Antw.)*, die Eucharistie umfaßt notwendig Speise und Trank *(Antw.)*. So vollendet sich auch die Krankensalbung in der Salbung der entscheidend wichtigen Körperteile, wenn auch hier, für den Notfall, die Salbung eines Körperteils genügt. Eine eigentliche Schwierigkeit außer der dialektischen Frage nach dem Verhältnis von Ganzheit und untergeordneten Teilen liegt hier nicht.

Einsetzung durch Christus (Art. 3). — Der Artikel spiegelt in der *Antwort* wie in *Einwänden* und ihrer Auflösung die besondere Situation wider, in der dieses Sakrament in der Tat in 29, 3

---

[1] Vgl. zur evangelischen Theologie: Fendt, Oelung, Letzte. RGG²IV (1930), 641 f.; R. Mayer, Ölung, letzte, RGG³ IV (1960), 1586; s. aber auch (lange vor seiner Konversion): H. Schlier, Die Ölsalbung der Kranken. In: ἀλειφω. ThWNT (1933), 230—232.

[2] Ausdrücklich in der Tauflehre genannt: III 66, 1 E. 2, Antw., Zu 2 (Bd. 29; dort auch Komm. S. 512 f.).

29, 3 der Hl. Schrift und der kirchlichen Überlieferung uns begegnet. Wir wissen von ihm nur aus dem Jakobusbrief (E. 2, *Antw.*, Zu 1 u. 2). Anderseits ist es von solcher Bedeutung, spendet gemäß der Überlieferung so sehr den Sündennachlaß, die Gnade, daß es ohne Auftrag Christi als solches nicht gedacht werden kann. Wir müssen also einen Auftrag Christi annehmen, sozusagen „postulieren“, sei es, daß wir im Sinne der ersten Meinung *(Antw.)* nur einen ganz allgemeinen Auftrag des Herrn annehmen, kraft dessen die Apostel das Sakrament „eingesetzt“ haben (E. 2: die Ansicht des Magisters Petrus Lombardus), sei es, daß Christus es zwar eingesetzt habe, den Aposteln aber die Bekanntgabe desselben überließ (2. Meinung der *Antw.).* Das entspräche, wie Thomas darlegt, besser der Würde der Sakramente, die zu den wesentlichen Grundlagen der christlichen Lebensordnung (des neutestamentlichen „Gesetzes“) gehören; und sie vermögen Gnade nur zu vermitteln, sie haben nur dann Wirkkraft, wenn sie ihnen von Gott gegeben ist. Das wäre gewiß sinnvoll, wie Zu 1 ausgeführt wird; denn die Krankensalbung ist natürlich nicht von der gleichen absoluten Heilsnotwendigkeit wie Taufe, Eucharistie und auch Buße.

Aber nichtsdestoweniger — wir wissen davon nichts. Das einzige, was die Evangelien berichten, ist der Gebrauch von Öl bei Krankenheilung durch die Apostel. Wir können uns, wie oben versucht wurde darzutun, wohl eine Vorstellung machen, wie es vor sich gegangen sein mag. Eine bestimmte Sicherheit besitzen wir nicht. Wir können nur sagen, daß die Apostel eine solche Krankenbetreuung mit solchen Wirkungen nicht haben anordnen können, wenn sie nicht in der einen oder anderen Weise dazu durch Christus befugt waren. Es ist dann eine Sache des theologischen Empfindens, welcher der so vorauszusetzenden Möglichkeiten man den Vorzug gibt. Thomas selbst hält es für entsprechender, daß der Herr die Einsetzung selbst vorgenommen hat und den Aposteln es überließ, zur geeigneten Zeit und in der passenden Weise diesen Brauch kundzutun, anzuordnen. Wer (aber) hingegen eine solche Beauftragung für nicht annehmbar hält, anderseits aber ein ausdrückliches Zeugnis für die Einsetzung durch den Herrn selbst verlangt, muß den Ritus der Krankensalbung für rein menschlichen bzw. positiv-kirchlichen Brauch halten, dem keine „sakramentale“ Bedeutung im eigentlichen Sinn zukommt. Das ist die Position der protestantischen Theologie (vgl. E. 1).

29, 4 Olivenöl (Art. 4). — Es fällt uns modernen Menschen schwer, die Bedeutung dieses Artikels und der folgenden beiden recht zu würdigen. Irgend etwas Bestimmtes aussagen können wir auf jeden Fall nur im Anschluß an die geschichtliche Überlieferung. Und da besteht kein Zweifel, daß das Öl, das in neutestamentlicher und überhaupt antiker Zeit zu Krankenheilungen verwendet wurde, ganz schlicht das Öl des Mittelmeerraumes und seiner Kultur war, das Öl des Olivenbaumes. Das wird in der gleichen Schlichtheit von Thomas im *Anders.* 1 (vgl. E. 3) geltend gemacht gegenüber allen Spitzfindigkeiten damaliger Theologen. Das Olivenöl war (und ist) ein medizinisches Heilmittel, benutzt vor allem zur Linderung der Schmerzen, zur Heilung von Wunden (vgl. Jes

1,6: „Beulen, Striemen, frische Wunden ... mit Öl gekühlt"; Lk 29, 4
10,34: der Samariter verbindet die Wunden und tut Öl und Wein darauf).[3] Es wurde in der Antike und der späteren Volksmedizin viel gebraucht und hat auch wohl heute noch als Linderungsmittel seine Stellung. Die Überzeugung von seiner heilenden und apotropäischen (Unheil abwehrenden) Kraft spielt dabei gewiß zuweilen ins Abergläubische hinein. Die Kirche hat das Öl als Ausdruck und Mittel der Heilung jedenfalls übernommen und seine Kraft durch eine Weihe vermehrt, dadurch gleichzeitig bekennend, daß sie die eigentliche Heilung erwartet durch das erflehte, durch göttliche Güte gewährte Erbarmen des wahren Heilandes. Ausdruck und Mittel der Heilung kann aber das Öl nur sein, wenn es wirklich echtes Öl ist. Das war damals im Mittelmeerraum nur das Öl des Olivenbaums; völlig auszuscheiden hat jedwede Form des Erdöls (Petroleum), das als solches zu Heilzwecken nicht gebraucht werden kann. Anders würde es sich verhalten mit anderen pflanzlichen Ölen.

Die Entscheidung fällt hier letztlich das kirchliche Brauchtum bzw. die kirchenamtliche Bestimmung. Sie war bisher eindeutig gegeben durch die Festlegung des can. 937 und 945 im CIC von 1917.

Das ist nun geändert durch die Bestimmung Papst Pauls VI. in seiner Const. Apost. „Sacram Unctionem Infirmorum" von 1972. Es heißt dort: „Da Olivenöl ... in einigen Gegenden ganz fehlt und nur schwer beschafft werden kann, bestimmen wir, auf Bitten vieler Bischöfe, daß es freisteht, fernerhin auch anderes Öl zu verwenden. Doch muß es pflanzliches Öl sein, da dies dem Olivenöl am ähnlichsten ist." Diese Bestimmung ist in die neuen Ordnungen der Ölweihe (1971) und der Krankensalbung (1972) eingegangen (Anm. [83]). Der CIC von 1983 spricht entsprechend ohne nähere Bestimmung von „Öl" (can. 998 f.).

Die Kongruenzargumente des Aquinaten behalten für die anderen pflanzlichen Öle ihre Bedeutung. Doch sind sie nicht entscheidend. Den Ausschlag gibt allein die Autorität der Kirche.

Ölweihe (Art. 5). — Bezüglich der Weihe steht fest, daß bereits 29, 5
älteste Zeugnisse (nach dem Jakobusbrief allerdings erst), wie Hippolyt, die Weihe des Öls bezeugen und daß diese Weihe in wachsendem Maße an Bedeutung gewonnen hat; ferner, daß sie heute zur Gültigkeit des Sakraments vorgeschrieben ist.

Die Beweise des hl. Thomas in der *Antwort* sind zwar schön und offenbaren gut seine Auffassung von der Eigenart und Größe dieses Sakramentes, überzeugen aber uns Heutige kaum mehr hinsichtlich der Weihe selbst. Ihre Notwendigkeit erhellt nur aus der Erwägung der größeren dogmengeschichtlichen und liturgischen Zusammenhänge. Eine Weihe des Öls in der Apostolischen Zeit selbst ist nicht bezeugt und auch als solche wohl kaum anzunehmen.

Thomas sieht richtig den Unterschied zwischen Ölung (sowie allen anderen Sakramenten) und der Eucharistie. Während in

[3] Genaueres s. bei H. Schlier, ἔλαιον. ThWNT 2 (1935) 468—470; im LThK² 7 (1962): V. Hamp, Ölbaum, Öl (1138 f.); B. Löwenberg, Öle, heilige: liturgisch (1143 f.); H. Schauerte, ebd., Rel. Volkskunde (1144 f.).

29, 5 dieser nicht nur im hl. Mahl gegessen und getrunken wird, sondern im Eucharistiegebet über die Speiseelemente das Todesgedächtnis des Herrn vollzogen und die Speise in Leib und Blut Christi umgestaltet wird, haben alle anderen Sakramente einen ausgesprochen dynamischen Charakter; bei ihnen geht es nicht um die Heiligung einer Materie, sondern nur um deren Gebrauch, also um das Wasserbad im Worte, die Salbung mit Chrisam im Namen des Herrn und hier um Krankensalbung unter Gebet. Wie wir in anderem Zusammenhang bezüglich der Taufe zu zeigen versuchten,[4] ist aber in der Spendung dieser Sakramente das „Wort" schon ganz früh, von Anfang an, als Epiklese des Gottesnamens über das anzuwendende Element aufgefaßt worden, das, durch diese Epiklese mit Gotteskraft erfüllt, befähigt wird, sakramental zu wirken. Aus diesem epikletischen Sakramentswort muß sich schon früh, etwa im Verlauf des 2. Jahrhunderts, eine eigentliche Weihe des Elementes herausgelöst und liturgische Selbständigkeit gewonnen haben. Die Väter des 4. Jahrhunderts haben jedenfalls die Heiligung und Erfüllung des Elementes in ihren Versuchen, die theologische Bedeutung der Sakramente zu erklären, betont. Während das aber bei der Taufe nie zur absoluten Forderung einer Taufwasserweihe führte, war das von den Anfängen an anders bei der Ölweihe, zumal der Krankenölung. Da im Anfang das Öl auch von Laien verwendet wurde und das Verständnis des „sakramentalen" Gebrauches dieses Öles bis ins 8. und 9. Jahrhundert verschieden blieb, mußte mit einer gewissen Notwendigkeit die Weihe des Öls durch Bischof oder Priester als eigentlich konstituierendes Moment stärker betont sein. Mit Recht sagt deshalb J. Betz: „Die älteste Zeit legt alles Gewicht auf den Besitz des pneumatischen Öls als solchen und auf dessen Weihe als das seine Wirksamkeit begründende Moment ... Das Epiklesegebet gilt der Patristik als das eigentlich sakramentale, die pneumatische Wirkung des Öles begründende Wort (Jak 5, 14: ‚Öl im Namen des Herrn!')."[5]

Die Übersteigerung der Wertung des Weihegebetes klingt noch nach in der ersten in der Antwort hier zitierten und von Thomas ausdrücklich zurückgewiesenen Auffassung: in der Heiligung des Öls durch den Bischof vollziehe sich das Sakrament, das dann ohne weitere Formel einfach „gebraucht" werden könne. Aus dieser Überbewertung erklärt sich schließlich auch die Unbestimmtheit bezüglich Art und Zahl der Salbungen und der sie begleitenden Gebete. Trotz der nunmehr als endgültig festgestellten Vorrangstellung der Salbungsformel (die in Verbindung mit den umrahmenden liturgischen Gebeten das konstituierende Moment ist) bleibt natürlich, entsprechend der Praxis der Kirche, die Weihe des Öls durch den Bischof (bzw. einen beauftragten oder im Notfall zuständigen Priester) notwendig. Das Öl bleibt Werkzeug in der Hand des Heilenden, und das kommt zum Ausdruck sowohl in der Bereitung des Öls durch die Weihe wie in seiner Anwendung bei der Salbung durch den die Formel sprechenden Priester (Zu 1).

---

[4] B. Neunheuser, De benedictione aquae baptismalis. EphLit 44 (1930) 194; 200—204; Taufe und Firmung. HDG IV/2[2] (1983) 45 ff.

[5] HThG[1], 860.

W e i h e d u r c h d e n B i s c h o f (Art. 6). — Die Überlieferung hat stets, wo von einer Weihe die Rede ist, diese dem Bischof zugesprochen (vgl. Anm. [85]). Es entspricht der hierarchischen Ordnung, daß der Bischof diese Weihen vollzieht, auf daß dann die ihm untergeordneten Helfer, eben die einfachen Priester (vgl. Fr. 31), das so geweihte Öl verwenden bei der Spendung des Sakramentes. Aber wenn auch die Weihe selbst unbedingt nötig ist (das Gegenteil wurde als „leichtfertige und dem Irrtum äußerst nahe Meinung" von der Kirche zurückgewiesen: DS 2997 u. 2763, im Jahre 1611 und 1842), so kann doch in bestimmten Fällen ein einfacher Priester die Weihe ausführen; das ist der Brauch in den Ostkirchen und für die lateinische Kirche ausdrücklich festgelegt durch CIC can. 999, 1°: ... auch durch einen Priester, „der durch das Recht [in dieser Hinsicht] dem Diözesanbischof gleichgestellt ist". Der neue Ordo der Ölweihe (1971) präzisiert: ... sei es durch allgemeine Rechtsbestimmung oder kraft besonderer Bevollmächtigung durch den Apostolischen Stuhl (n. 21). Durch das allgemeine Recht vermögen es die Priester, die durch das Kirchenrecht eine Stellung wie die eines Diözesanbischofs einnehmen, z. B. die Apostolischen Präfekten und die „gefreiten" Äbte („abbates nullius"). Damit dürfte die entsprechende Bestimmung des CIC von 1917 can. 945[6] so weiterbestehen, daß sie zur Interpretation des neuen can. 999, 1° herangezogen werden kann. Neu hingegen ist die im Ordo der Ölweihe (n. 21) vorweggenommene Bestimmung can. 999, 2°: „Im Notfall kann jeder Priester beim Vollzug des Sakramentes selbst" die Ölweihe vornehmen. 29, 6

Die Ölweihe soll zwar „normalerweise" vom Bischof am Gründonnerstag vollzogen werden (n. 21), doch soll, je nach den Umständen, für eine häufigere Erneuerung des Öls gesorgt werden (n. 22). Das Öl soll immer so sein, daß seine Zeichenhaftigkeit als heilendes Öl, als Medizin, klar erkenntlich ist.

D i e „F o r m (e l)" d e r K r a n k e n s a l b u n g (Art. 7). — Kirchliche Lehre, universale liturgische Praxis, aber auch die theologische Meinung fast aller Magistri jener Zeit lassen keinen Zweifel aufkommen: auch dieses Sakrament der Krankensalbung wird in seinem eigentlichen Sinn entscheidend bestimmt durch eine „Formel" von Gebetsworten, die entsprechend der allgemeinen Sakramentenlehre (vgl. III 60, 6 u. 7: Bd. 29) „Form" genannt wird. 29, 7

Die in der *Antw.* erwähnte Meinung, der Thomas so entschieden widerspricht als einer Beeinträchtigung der dem Sakrament eigentümlichen Wirkweise, ist aber, dogmengeschichtlich gesehen, nicht so töricht, wie es zunächst scheinen möchte. Wie wir oben sahen, hat man tatsächlich durch Jahrhunderte hindurch das Öl einfach als eine Art „Medizin", ohne eine Gebetsformel, jedenfalls ohne eine bestimmte, verwendet (vgl. Anm. [88]). Und noch wenig vor den Zeiten des Aquinaten wurde die Gebetsform in den verschiedensten Weisen gebraucht; selbst der schließlich bis zur Liturgiereform nach dem II. Vaticanum vorgeschriebene Ritus kannte mehrere, auf die einzelnen Salbungen verteilte Orationen.

[6] In der Form des CIC von 1917, can. 945, gegen die Thesen von S u a r e z und E s t i u s: P o s c h m a n n, Buße und Letzte Ölung, 134.

29, 7 Die Notwendigkeit einer Gebetsform wird aber richtig begründet durch theologische Überlegungen: Das Sakrament kann als wirkmächtiges Zeichen nur bestehen, wenn die an sich vieldeutige Materie, also die Ölsalbung, in ihrer Zielsetzung bestimmt wird, eben durch das Wort. Wir wissen freilich nichts von einer „Einsetzung" dieses Wortes durch Christus, müssen aber annehmen, daß die apostolische Urgemeinde (also der Verfasser von Jak 5) so nur handeln und sprechen konnte kraft einer wie immer gearteten Bevollmächtigung durch den Herrn (Zu 1).

Die *Einwände* sprechen alle aus einem im Unterbewußtsein damals noch vorhandenen Wissen um die schwierige dogmengeschichtliche Entwicklung der Liturgie oder der Feier des Sakramentes der Krankensalbung. Die *Antworten* suchen eine Lösung zu geben aus der Sicht der damaligen Systematik der Sakramentslehre. Die Hl. Schrift hat für die Christenheit der ersten Jahrhunderte keine ein für allemal festgelegten Sakraments-Formen überliefert. Die entscheidenden, bestimmenden „Worte" sind in ihrer konkreten Gestalt erst allmählich festgeprägt worden (vgl. Zu 1). Das gilt, wie wir heute wissen, selbst für Taufe und Firmung; wieviel mehr für die anderen Sakramente. Aber die allgemeinen Grundsätze, die Thomas im Geist der Sakramentenlehre seiner Zeit hier ausspricht und anwendet, behalten ihre Gültigkeit auch jetzt noch: Was wesentlich ist (und im Laufe der Zeit als solches immer klarer erkannt wurde), bleibt und muß bleiben: also hier ein Bittgebet (dessen konkrete Form von der Kirche festgelegt wird), durch welches der akthafte Vollzug der spezifischen Heilswirklichkeit dieses Sakramentes verwirklicht wird (Zu 3). Die Gesamtgestalt der Riten und Gebete, die zusammen die Feierhandlung ausmachen, gehört zur „Vervollständigung" des Sakramentes (Zu 2) und kann sich ändern.

29, 8 Tatsächlich sind die in diesem Sakrament verwendeten Bestimmungsworte immer ein Bittgebet gewesen (Art. 8 *Anders.* 1); so schon gemäß Jak 5 *(Anders.* 2). Die Theologie des Mittelalters zog im allgemeinen eine indikative Formel vor und war durch die Bittgebete dieses Sakramentes eher betroffen, wie die *Einwände* von Art. 8 gut zeigen. Doch hat man sehr wohl gewußt, daß auch die indikative Aussage der Sakramentsform nur das werkzeugliche Mittel in der Hand des eigentlichen Urhebers des sakramentalen Heils ist. Heute möchten wir, entsprechend dem Brauch der frühen Kirche und der ältesten Liturgien, allüberall eher die demütig bittende, deprekative Formel vorziehen, vor allem in der Hinzufügung einer ausdrücklichen Bitte um die Wirksamkeit des Hl. Geistes, in der Deutung selbst indikativer Formeln in einem „epikletischen" Sinn. In der *Antwort* werden mehrere Gründe angeführt, die gut dartun, wie sehr das Bittgebet gerade hier recht am Platz ist.

29, 9 Im Hinblick auf die Vielfalt von Gebeten, die uns aus der Liturgiegeschichte gerade für das Sakrament der Krankensalbung bekannt sind, haben die Argumente der kurzen *Antwort* und der *Antworten* zu den *Einwänden* im Art. 9 freilich nur einen relativen Wert. Sie zeigen, daß die Gebetsworte, wie sie die

Römische Kirche bis vor kurzem durch Jahrhunderte hindurch verwendet hat, sehr wohl ihren guten Sinn hatten. Sie sind dennoch in der nachkonziliaren Liturgiereform modifiziert worden, um Sinn, Bedeutung und erhofftes Heil noch deutlicher und klarer zum Ausdruck zu bringen. Die Constitutio Apostolica Papst Pauls VI. „Sacram Unctionem Infirmorum" hat, dem Auftrag des Konzils (SC 75 und passim) entsprechend, bestimmt, daß die Sakraments-Form der Krankensalbung, bei der Salbung von Stirn und Händen einmal gesprochen, lautet: „Durch diese heilige Salbung und seine gütige Barmherzigkeit helfe dir der Herr durch die Gnade des Heiligen Geistes, auf daß er dich, von Sünden befreit, heile und in Gnaden dir Erleichterung schenke." 29, 9

Zweites Kapitel 30—33

THEOLOGISCHE EINZELFRAGEN ZUR KRANKENSALBUNG

(Fr. 30—33)

I. Genaueres zur Wirkung der Krankensalbung 30

(Fr. 30)

Die einzelnen Artikel von Fr. 30 sind aus der dogmengeschichtlichen Situation zu verstehen, in der Thomas lebte und arbeitete: Wie stehen Buße und Salbung zueinander? Welches kann, wenn zuvor die Buße gefordert ist, noch die besondere Wirkung der Salbung sein? Wie sind geistliche und leibliche Heilung gegeneinander abzugrenzen? Muß nicht gegen die Überbetonung der leiblichen, medizinalen Wirkung der Ölsalbung (mit den Gefahren eines „magischen" Mißverständnisses) die geistliche Heilung mehr, sozusagen – auch entsprechend der Erfahrung – fast allein betont werden? Wie ist das Sakrament in jene Systematik der allgemeinen Sakramentenlehre einzuordnen, in der man unterscheidet zwischen „Zeichen", „Wirklichkeit und Zeichen" und „Wirklichkeit"? Die Antworten des Aquinaten sind besonnen und so ausgeglichen, daß sie im wesentlichen auch heute noch Geltung haben, auch wenn wir uns von den subtilen Schul-Differenzen der mittelalterlichen Theologie weithin gelöst haben und von der Schrift her und vom liturgischen Vollzug aus eine umfassendere Antwort anstreben.

Das Sakrament ist ein Sakrament der Kranken, wie der Jakobusbrief und die liturgische Praxis der Kirchen zeigen, auch wenn im einzelnen der Umfang des Krankseins verschieden begrenzt werden kann. Das Sakrament, in der Einheit von Ölsalbung und Glaubens-Gebet, vermittelt „Heilung" für den Darniederliegenden (σώσει = salvabit) und seine „Aufrichtung" (ἐγερεῖ = alleviabit) durch den Herrn, und schließlich, falls er in Sünden noch ist, Nachlaß der Sünden (Jak 5, 15). Im Laufe der Geschichte hat die theologische Überlegung die einzelnen Momente dieses sehr komplexen Gesamtvorganges verschieden betont.

30, 1 Thomas weist den Nachlaß der Sünden in Art. 1 entschieden dem Buß-Sakrament zu, der Salbung nur in Ausnahmefällen; ihre Hauptwirkung ist die Tilgung jener „Mängel, durch welche der Mensch geistlich geschwächt wird, so daß ihm die Vollkraft fehlt zu den Akten des Lebens ..." *(Antw.)*

30, 2 Die Krankensalbung schenkt aber auch leibliche Heilung (Art. 2), freilich nicht immer, sozusagen automatisch, in Kraft der Öl-Medizin, sondern „durch göttliche Kraft", die die „beifolgende" Wirkung leiblicher Heilung nur schenkt, wenn das zur eigentlich entscheidenden geistlichen Heilung beiträgt *(Antw.)*.

30, 3 Es ist folgerichtig, daß dann dieses Salbungs-Sakrament auch häufiger gespendet werden kann, sooft der Kranke in seiner Schwäche und Hinfälligkeit der Stärkung bedarf; das Sakrament prägt nicht jenes untilgbare Siegel ein, das eine weitere Spendung ausschließt, den sogenannten „Charakter" (Art. 3); vielmehr entspricht hier der inneren Wirklichkeit des Sakramentes, die man als „Sache und Sakrament" bezeichnet hat, eine geistliche Salbung, die jenen Zustand innerer Frömmigkeit (Zu 3) vermittelt, kraft derer die eigentliche „Sache" (d. h. die letzte Wirklichkeit, die letzte Wirkung des Sakramentes der Krankensalbung) die Behebung der „geistlichen Schwäche", der sogenannten „reliquiae peccati" (der „Sündenreste"), ist (Art. 1 *Antw.* u. Zu 2).

30 Die heutige Theologie, der dann auch die Neugestaltung des Ritus, der Liturgie der Krankensalbung weitgehend verpflichtet ist, möchte das alles in einen größeren Zusammenhang stellen und ganzheitlicher deuten. Die verschiedenen Gesichtspunkte, die im Laufe der dogmengeschichtlichen Entwicklung unterschiedlich betont wurden, sollen zusammengefaßt, am Wort des Evangeliums und des Jakobusbriefes ausgerichtet und in der liturgischen Feier zum Ausdruck gebracht werden.

Schmerzen und Krankheiten gehören zu unserer irdischen Existenz; sie bedrücken uns in stärkstem Ausmaß. Christus selbst hat unsere Mühsale auf sich genommen (vgl. Jes 53, 4; Mt 8, 17), er hat sich barmherzig und liebevoll gerade auch der Kranken angenommen, oft, freilich nicht immer, hat er ihre Gebrechen geheilt zum Zeichen, daß die messianische Zeit angebrochen ist, die Zeit des eigentlichen Heils, der Aufrichtung des Gottesreiches, das in seiner eschatologischen Vollendung alle Tränen endgültig abwischen und den Tod für immer überwinden wird (vgl. Offb 21, 4).

In der Zwischenzeit der Kirche müssen auch wir um die Kranken uns sorgen, ihnen helfen, ihre Leiden als Anteil an den Leiden Christi zu tragen und sie mit Christus zu überwinden, auf daß sie heil seien, vor allem in der Erlangung des entscheidenden Heils der Gemeinschaft mit der Heilstat Christi in der Überwindung aller Sünde und sündhaften Schwäche, in der Hoffnung auf die Offenbarung des letzten und völligen Heils des ganzen Menschen in der Auferstehung der Toten, ja, wenn es so Gottes Wille ist und dem eigentlichen Heil dient, auch schon in leiblicher Heilung jetzt

bereits, um besser noch und entschiedener als Christ inmitten der 30
Welt leben und Gott dienen zu können.

Es heißt darum in den Vorbemerkungen des neuen Ordo Unctionis infirmorum eorumque pastoralis curae in n. 6: „Dies Sakrament schenkt dem Kranken die Gnade des Heiligen Geistes, durch die der ganze Mensch Hilfe findet zum Heil, durch die er aufgerichtet wird im Vertrauen auf Gott und gestärkt gegen die Versuchungen des Bösen und die Angst vor dem Tod. Derart vermag er dann die Übel nicht nur tapfer zu ertragen, sondern auch sie zu bekämpfen und die Gesundheit wiederzuerlangen, wenn das für sein geistliches Heil ersprießlich ist; auch gewährt es, falls nötig, den Nachlaß der Sünden und die Vollendung der christlichen Buße."

II. Der Spender des Sakramentes der Krankensalbung 31

(Fr. 31)

Die hier gestellten Fragen werden wiederum verständlich aus der geschichtlichen Entwicklung. Jahrhunderte lang haben in der Tat die Gläubigen selbst das vom Bischof geweihte Öl zur Salbung verwendet (vgl. Art. 1), wie das von Papst Innozenz I. ausdrücklich als erlaubt bezeichnet wird (ep. 25, 8. 11, an Decentius: DS 216). Es ist logisch, in solcher Situation dann natürlich auch einem Diakon diese Vollmacht zuerkennen zu wollen (vgl. Art. 2). Andererseits kommt dem Bischof, der die Öle zu weihen hat, eine solche Bedeutung zu, daß man ihn als den Spender hervorheben könnte, ähnlich wie bei der Firmung (Art. 3 E. 1 u. 2).

Die Antworten, die auf diese Fragen hier gegeben werden, sind noch heute gültig, auch wenn wir die Begründung weniger aus systematischen Überlegungen wie denen des Areopagiten (vgl. Art. 1 *Antw.;* Art. 2 E. 1, *Antw.*, Zu 1; Art. 3 *Antw.;* dazu Anm. [77] u. [99]) herleiten möchten. Wir sind uns klarer bewußt, wie viel hier positive Anordnung und Disziplin der Kirche ist. Manches ist im Laufe der Jahrhunderte geändert worden. Der neue Ordo bestimmt eindeutig: „Der eigentliche Spender der Krankensalbung ist allein der Priester. Bischöfe, Pfarrer und ihre Mitarbeiter, Priester, denen die Sorge für die Kranken und Alten in den Heilstätten anvertraut ist, und die Oberen der Ordenspriestergemeinschaften sind die ordentlichen Träger dieses Dienstes" (n. 16; vgl. CIC can. 1003).

III. Die Empfänger des Sakramentes der Krankensalbung 32

(Fr. 32)

Die hier behandelten Probleme könnten auf den ersten Blick den Eindruck einer peinlichen Kasuistik machen. Sie bieten indessen die Gelegenheit, jedesmal in der Beantwortung Wesentliches zum tieferen Verständnis des Sakramentes der Krankensalbung zu sagen.

32, 1 Zunächst ist mit aller Bestimmtheit festzuhalten, daß die Salbung ein Sakrament für Kranke (Art. 1) ist, zu deren Heilung. Es vermittelt seine spezifische Gnade also in der Weise von Heilung und kann deshalb dort nicht gespendet werden, wo gar nichts zu heilen ist. Freilich hat E. 1 doch ein gewisses Gewicht. In den Ostkirchen wird das Sakrament in der Tat auch denen gespendet, die, obwohl leiblich gesund, als Sünder und insofern sie in Sünde sind, der Heilung bedürfen. Doch haben die abendländischen Kirchen und insbesondere die Römische Liturgie die „Kranken" des Jakobusbriefes (5, 14) immer nur als körperlich Kranke verstanden. In diesem Sinne ist die *Antwort* des hl. Thomas gültig: die Zeichenhaftigkeit des Sakramentes verlangt als Ansatz auch für die letztlich intendierte geistliche Heilung eine körperliche Krankheit.

32, 2 In der Deutung wiederum dessen, was als leibliches Kranksein zu verstehen ist (Art. 2), gingen die Meinungen im Laufe der Jahrhunderte sehr auseinander. Der Jakobusbrief gibt keine nähere Bestimmung (E. 1). Ursprünglich, in der Zeit, wo die Gläubigen selbst das geweihte Öl benutzt haben, wird man die Grenzen nicht zu eng gezogen haben. Im Maße aber, in dem man die geistliche Heilung als Wirkung betonte und für die Heilung von allen Sündenresten die Buße voraussetzte, die man gerne, wegen der mit ihr verbundenen Verpflichtungen zur Bußtat im Fall einer Wiedergenesung, möglichst lange hinausschob, wollte man die Ölung nur in schwerer Krankheit, und zwar bei Todesgefahr spenden. Sie wurde so zum eigentlichen Sterbesakrament, zur „Letzten Ölung" *(Anders.)*. So versteht sie auch Thomas *(Antw.)*. So wird sie leider auch heute noch von vielen Gläubigen verstanden und gefürchtet! Die Liturgie selbst hingegen und die von Thomas gegebene Deutung haben nie die Möglichkeit leiblicher Heilung außer acht gelassen; die Liturgie hat davon gesprochen und deshalb, da man mit offenbaren Wundern normalerweise nicht rechnen darf, eine rechtzeitige Spendung, auch vor Eintritt der Todesgefahr, vorausgesetzt.

Wir betonen heute, daß die Krankensalbung, die also nicht mehr „Letzte Ölung" genannt werden soll, so rechtzeitig gespendet werden muß, daß der Kranke mit Verständnis und Andacht wirklich an der Spendung teilnehmen kann (vgl. can. 1001 f.), was grundsätzlich auch vom Aquinaten (indirekt) betont wird (Art. 3 u. 4). Positiv wird gesagt, man solle sorgfältig sich darum bemühen, das Sakrament den Gläubigen zu spenden, „die infolge Krankheit oder Alter in Gefahr sind (periculose aegrotant)" (n. 8). Dabei solle man sich in der Bestimmung des Grades dieser Krankheit keine Sorgen machen, sondern sich ein vernünftiges kluges Urteil bilden, u. U. in gemeinsamer Beratung mit dem Arzt. Vor einer Operation könne das Sakrament gespendet werden, wenn eine gefährliche Krankheit Anlaß zu dieser Operation ist (n. 10).

32, 4 Kindern kann es gespendet werden, wenn sie den Sinn der Krankheit und des heilenden Sakramentes verstehen (n. 12; vgl. Anm. [106]). Das entspricht grundsätzlich der Meinung von Art. 4,

wenn auch die pastorale Praxis in damaliger Zeit mehr verlangte als wir heute, etwa nach den Dekreten von Pius X. über die Frühkommunion der Kinder. 32, 4

Ähnlich entspricht Art. 3, betr. der Spendung an geistig Kranke, im grundsätzlichen der Regelung von n. 14 des Ordo: Sie können das Sakrament empfangen, wenn anzunehmen ist, sie hätten es in lichten Augenblicken erbeten. 32, 3

In Art. 5—7 ist die Rede von den Salbungen selbst und den Körperstellen, die gesalbt werden. Thomas setzt den Brauch seiner Zeit voraus und gibt in Art. 6 eine schöne Deutung dafür, daß gerade die fünf Sinne des Menschen als die Quelle seiner, unter Umständen sündigen, Schwäche gesalbt werden. Es ist jedenfalls nicht nötig, den ganzen Körper zu salben (Art. 5). Wie die Geschichte zeigt, herrschte hier in der Praxis große Verschiedenheit, d. h. auch Freiheit. Die Kirche hat heute, auch aus praktischen Gründen, im Hinblick gerade auch auf die Situation so mancher hinfälligen Kranken (vgl. Art. 7, betr. der Verstümmelten!), die Salbung auf die Zweizahl eingeschränkt: an Stirne und Händen, wobei die begleitenden Worte nur einmal gesagt werden (n. 23); im Notfall genügt sogar (wie auch schon früher) eine einzige Salbung auf der Stirne, ja an einer anderen Stelle des Körpers, wie es die besondere Situation nahelegt (n. 23). Andererseits wird aber auch die Freiheit belassen, daß die Zahl der Salbungen vermehrt wird und auch noch andere Stellen des Körpers gesalbt werden, entsprechend Art und Brauchtum der betreffenden Völker (n. 24). 32, 5—7

IV. Der wiederholte Empfang des Sakramentes (Fr. 33)

Auch hier wird die Antwort gegeben aus der Sicht, daß dies Sakrament, wie alle Sakramente, wirkt, insofern es Zeichen, echtes Zeichen ist. Dies Zeichen ist hier die medizinale Heilung des Kranken. So wie nun ein Kranker nach seiner Heilung, falls er erneut erkrankt, wiederum um ärztliche Sorge bittet, Medizin nimmt und sich erneut heilen läßt, ist es auch mit diesem Sakrament geistlicher Heilung (Art. 1). 33, 1

Das gleiche gilt, wenn eine Krankheit sich lange hinzieht (vgl. Art. 2); wie der Kranke immer wieder erneut Heilmittel erhält, mehrfach operiert wird, so kann und soll er auch erneut die Krankensalbung empfangen (n. 9), falls er in derselben Krankheit nach vorübergehender Besserung erneut gefährdet ist, den Gefahren der Mutlosigkeit und der Bedrängnis durch die Schwere der Krankheit und auch durch die Nähe des Todes ausgesetzt ist. 32, 2

Vierter Teil

DAS SAKRAMENT DER WEIHE

(Fr. 34—40)

EINLEITUNG

Der Text des hl. Thomas spricht nicht nur von der Priesterweihe, sondern allgemeiner vom „Sakrament des Ordo“. Ordo in diesem Zusammenhang ist ein nicht leicht mit einem einzigen Wort eindeutig zu übersetzender Begriff (vgl. Anm. [113]). Umschreibend könnte man etwa sagen: das Sakrament der Gesamt-Ordnung kirchlicher Dienste. Mehr noch als in den anderen Fragen dieses Ergänzungsteils der Summa, der ja von späterer Hand zusammengestellt wurde aus dem Text des Aquinaten in seinem früheren Werk, dem Kommentar zu den Sentenzen des Magisters Petrus Lombardus, ist hier Thomas einzuordnen in den Rahmen der Theologie seiner Zeit und die ihm vorgegebene liturgische Wirklichkeit, die seit Jahrhunderten die kirchlichen Dienste zusammenfaßte zur „Ordnung der sieben Weihestufen“, gekrönt von dem weithin nicht als Sakrament verstandenen Episkopat (vgl. 40, 5).

Da diese beiden Grundgegebenheiten unterdessen, vor allem in der liturgischen und theologischen Entwicklung seit dem 2. Vatikanischen Konzil, sich stark gewandelt haben, sind auch die Überlegungen dieser Fragen nur noch gültig, insofern der Aquinate in ihnen eine grundsätzliche Stellungnahme zur Theologie der sakramentalen Weihen bietet; in vielen Einzelheiten hingegen haben seine Antworten nur noch dogmengeschichtliches und zeitgeschichtliches Interesse. Um in unserem Kommentar beides richtig würdigen zu können, müssen wir zunächst die liturgischen und theologischen Voraussetzungen der damaligen Zeit und schließlich die letzten biblischen und patristischen Grundlagen der kirchlichen Dienste und der sie vermittelnden Weihen darstellen und würdigen.

§ 1 Theologie und Liturgie seit dem 12. Jahrhundert

Unmittelbare Vorlage des Supplementums sind die Sentenzen des Petrus Lombardus selbst, deren Inhalt Thomas im (ursprünglichen) Kommentar ausdrücklich kurz beschreibt, um dann seinen Kommentar anzuschließen.

Selbstverständlich gehört der „Ordo“ zu den sieben Sakramenten (IV d 2 c. 1: QR II 239); unter ihnen „stärken uns Eucharistie und Ordo mit Gnade und Kraft“ (ebd. S. 240). In der Distinctio 24 handeln Kapitel 1—3 (QR II 393 f.) von der Zahl der kirchlichen Ordnungen (= Ordines); im Text selbst spricht der Lombarde dann von der „Erörterung der heiligen Ordination“ (QR II 393). Er sagt: „Sieben sind die Stufen oder Ordines (Ordnungen) geistlicher Offizien, wie es durch die Lehren der heiligen Väter offenbar überliefert wird, und wie es gezeigt ist im Beispiel unseres Hauptes, nämlich Jesu Christi, der die Offizien aller in sich dargestellt hat und diese Ordnungen (Ordines) seinem Leibe, der

die Kirche ist, zu bewahren hinterlassen hat" (c. 1: S. 393 f.). 34—40
„Sieben sind sie wegen der siebenförmigen Gnade des Heiligen Einl.
Geistes ..." (c. 2: S. 394). „Im Sakrament des siebenförmigen Geistes sind also sieben kirchliche Stufen, d. h. Türhüter (Ostiarier), Leser, Exorzisten, Akoluthen, Subdiakone, Diakone, Priester (sacerdotes); alle aber heißen Kleriker, d. h. [des Erbes] Teilhaftige" (c. 3: 394). Vom Bischof ist hier keine Rede. Doch wird er in Kap. 14 f. erwähnt: „Es gibt noch weitere Namen, zwar nicht für die Ordines, aber für Würden und Offizien" (14: 405): Bischof (episcopus) und Pontifex (15 f.: 406); die Ordnung (ordo!) der Bischöfe wird in vier Stufen unterteilt: Patriarchen (deren erster der Römische ist), Erzbischöfe, Metropoliten, Bischöfe (17 nach Isidor[1]: 406). Schließlich werden in Kap. 18 und 19 noch erwähnt der „Seher" (vates) und der Kantor (nach Isidor: 407). Die kurzen Erörterungen, die diesen Definitionen beigegeben sind, bieten dem Aquinaten das Gerüst seiner Fragen und Antworten.

Die liturgische Tradition, die in dieser Lehre sich ausspricht, finden wir in etwa in den Pontifikalien, deren Grundtyp das Pontificale Romanum des 12. Jahrhunderts wiedergibt. Es beginnt „Im Namen des Herrn ... [mit dem] Ordo de septem ecclesiasticis gradibus" = „Ordo der sieben kirchlichen Stufen".[2] Anschließend folgen Gebete zur Aufnahme in den Klerikerstand (Einkleidung, Tonsur und Bart-Tonsur) sowie, ohne besondere Rubrik, Gebete zur Bestellung des Psalmisten, ohne weitere Förmlichkeit,[3] und dann die Ordinatio der sieben Stufen, zunächst in großer Kürze die (später sogenannten) vier Niederen Weihen und der Subdiakonat, dann ausführlich die Ordinatio von Diakon und Presbyter,[4] sowie Berufung, Examinierung und Weihe des Bischofs.[5] Ohne auf Einzelheiten einzugehen, können wir doch sagen: im großen und ganzen entspricht alles der Form, die wir im Pontificale Romanum unserer Tage bis zur Reform des 2. Vatikanischen Konzils gekannt haben. Bei den sogenannten Niederen Weihen (und dem Subdiakonat) liegt aller Nachdruck auf der Überreichung der Dienstinsignien, der kurze Orationen folgen. Bei der Ordination von Diakon und Priester und der Weihe des Bischofs folgen auf die Handauflegung und das große Weihegebet die Riten der Bekleidung mit der Stola und der Überreichung der Dienstinsignien mit den entsprechenden Formeln, sowie beim Priester die Salbung der Hände mit Öl und beim Bischof die Salbung des Hauptes mit Chrisma. Der Ritus selbst trifft keine Entscheidung, wo das eigentliche Wesen der Weihe zu suchen ist.

Thomas konnte aufgrund dieser Gegebenheiten kaum anders antworten, als er und mit ihm auch nach ihm alle Theologen bis in die ersten Jahrzehnte unseres Jahrhunderts es getan haben: Das Wesen der Weihe liegt nicht so sehr in Handauflegung und Weihegebet, als vielmehr in der Überreichung der Insignien, als

---

[1] Isidor v. Sevilla (um 560—636), Etymologiae VII 12, 4—10. Dieses für das MA mit seinen Etymologien und definitorischen Erklärungen und Einteilungen maßgebende Werk ist in den Fnn. zum lat. Text häufig angeführt. Vgl. auch Anm. [146] u. [162].

[2] M. Andrieu, Le Pontifical Romain ... I: Le Pontifical Romain du XIIe siècle, 124.

[3] A. a. O., 124 f.

[4] A. a. O., 125—137.

[5] A. a. O., 138—154.

34—40 Einl. der Materie oder dem Stoff, und in den begleitenden Formeln, als der Form des Sakramentes.

§ 2 Ursprünglicher Ritus und Umbruch im 10. Jahrhundert

Diese liturgische Situation aber ist eine Neuerung, die dem ursprünglichen römischen Ritus zugewachsen ist aus dem Geist und den Schöpfungen der fränkisch-germanischen Kirchen.

Der klare Zeuge dieser Neuerung ist das Pontificale Romano-Germanicum des 10. Jahrhunderts, jene bedeutende Kompilation aus dem Kloster St. Alban in Mainz um 950. Hier werden im Zusammenhang der Riten die Überreichung der Insignien und die Salbungen von Händen bzw. Haupt zum sprechendsten Ausdruck der Ordinatio.[6] Im Missale Francorum, aus der 1. Hälfte des 8. Jahrhunderts,[7] sind diese Neuerungen erstmals greifbar; sie wollen den in sich bereits bestehenden Weiheritus den schlichten Gläubigen einer neuen Kulturwelt sichtbarer machen.

In den vorhergehenden Dokumenten, den Ordines Romani 34 und 39 sowie 35 und 36,[8] wo aber bereits erste fränkisch-germanische Einflüsse sich zeigen, gibt es für die Weihen von Diakon, Priester und Bischof noch keine Überreichung von Insignien und keine Salbung; alles ist konzentriert auf Handauflegung und großes Weihegebet. Dem entsprechen die Texte der römischen Sakramentarien bis hinauf zum ältesten, dem Sacramentarium Veronense (Leonianum).[9] Von den anderen (sog. Niederen) Weihen ist keine Rede. Doch kennt die römische Kirche einige dieser niederen Dienststufen schon seit Jahrhunderten. Der Ordo Romanus 34 beschreibt die ordinatio des Akoluthen, ein Ritus von denkbar großer Einfachheit unmittelbar vor der Kommunion: Überreichung der linnenen Säckchen zur Aufnahme des Eucharistischen Brotes.[10] Es scheint, daß die Überreichung der Insignien über einen entsprechenden Brauch bei der Bestellung der niederen Dienststufen auch in die höheren Weihen eingedrungen ist.

Während diese höheren Weihestufen (Diakon, Presbyter, Bischof) seit Beginn des 2. Jahrhunderts voll ausgebildet und sicher bezeugt sind, ist betreffs der niederen Dienste eigentlich alles in Fluß bis zum Pontificale Romano-Germanicum des 10. Jahrhunderts. Immerhin werden alle vier niederen Dienste bereits erwähnt in den Statuta Ecclesiae antiqua, einem apokryphen Werk des 5./6. Jahrhunderts, das wohl gallischen Ursprungs ist, aber sicher römisches Material verwendet; freilich werden daneben auch noch andere Ordines genannt, die nun doch die noch flüssige Entwicklung des Ganzen andeuten. In diesem Dokument werden alle Weihestufen kurz charakterisiert: Bischof, Priester, Diakon durch Handauflegung (der Bischof auch durch Auflegung des Evangeliums) und Weihegebet; der Subdiakon „empfängt keine

---

[6] Ed. Vogel-Elze I, 3—82 u. 194—245.

[7] Ed. Mohlberg, n. 1—44 (S. 3—14).

[8] Ed. Andrieu, Ordines, III, 603—613; IV, 3—46 (m. Einl.); 111—205 (m. Einl.); 273 bis 286.

[9] Ed. Mohlberg, n. 942—954 (S. 118—122).

[10] Ed. Andrieu, Ordines, III, S. 603 u. 546 f. (Einl.).

Handauflegung", sondern die Insignien;[11] der Akoluth empfängt 34—40
seine Insignien; und so weiter: Exorzist, Lektor, Ostiarius und Einl.
Psalmista. Letzterer aber „empfängt sein Offizium auf das Geheiß des Priesters allein, auch ohne Wissen des Bischofs", unter einem Gebet des Priesters. Dann folgen im gleichen Rhythmus und Ton die Sanctimonialis virgo (gottgeweihte Jungfrau), die Witwe oder gottgeweihte Frau, Braut und Bräutigam sowie die von der Kirche unterstützten Witwen.[12] Doch werden für die letzteren Stände bzw. Ordnungen des christlichen Lebens keine Gebete und Riten für eine etwaige Bestellung angegeben.

Die Situation in der Römischen Kirche zu Anfang des 3. Jahrhunderts kann in etwa der „Apostolischen Überlieferung" Hippolyts von Rom entnommen werden.[13] Nach Bischof, Priester und Diakon (jeweils Handauflegung und Weihegebet[14]) folgen: Bekenner (confessores), die ohne Handauflegung durch das Weihegebet zu Priestern oder Diakonen bestellt werden können;[15] Witwe: sie wird nicht ordiniert, sondern berufen;[16] Lektor: ohne Handauflegung berufen durch Überreichung des Buches;[17] Jungfrau: sie erhält keine Handauflegung, sie wird es durch ihren Entschluß;[18] Subdiakon: „Keine Handauflegung; man beruft ihn, auf daß er dem Diakon (helfend) folge."[19] Im Kap. 14[20]: „Wer behauptet, die Gabe der Krankenheilung zu haben, erhält keine Handauflegung; die Tatsachen werden beweisen, ob er die Wahrheit sagt." In Kap. 15 ff.[21] folgen dann die Anweisungen für die Aufnahme in den Katechumenat.

Das Ganze zeigt, wie lebendig die kirchlichen „Ordnungen" noch innerhalb des Gesamtrahmens eines kirchlichen Lebens stehen, in dem die charismatischen Gaben ihre Bedeutung bewahrt haben. Die einzigen kirchlichen Dienststufen, die sich schon fest konsolidiert haben, sind die des Bischofs, des Priesters und des Diakons.

§ 3 Neutestamentliche Grundlage

Sie sind auf die Hl. Schrift selbst zurückzuführen; allerdings mit Bedacht. Das Problem der Anfänge der kirchlichen Dienstämter ist ein sehr schwieriges und kompliziertes. Am Anfang steht Jesus Christus selbst, der gekommen ist, zu dienen und nicht, bedient zu werden. Er ist der große diákonos (vgl. Mt 20, 26. 28 par.), der Diener und Mittler des Heiles und als solcher der eine Hohepriester des Neuen Bundes (vgl. Hebr 3, 1; 4, 14 ff. usw.). Er hat als seine Werkzeuge die Zwölf berufen (vgl. Mk 3, 13—19 par.), die wir

---

[11] Ed. Andrieu, Ordines, III, App. zu ordo 34, n. 5 (S. 618).
[12] A. a. O., S. 616—619.
[13] Ed. Botte.
[14] Kp. 2—8 (ed. Botte, S. 4/5—26/27).
[15] Kp. 9 (S. 28/29).
[16] Kp. 10 (S. 30/31).
[17] Kp. 11 (S. 30/31).
[18] Kp. 12 (S. 32/33).
[19] Kp. 13 (S. 32/33).
[20] S. 32/33.
[21] S. 32/33—40/41.

34—40 Einl. gewohnt sind „Apostel“ zu nennen, obwohl diese Bezeichnung umfassender ist.

Sie sind die Zeugen der Auferstehung und des ganzen Lebens und Lehrens des Herrn Jesus. Zu ihnen gehören nicht nur die „Elf“, sondern auch Matthias, der anstelle des Verräters aus der Schar derer erwählt wurde, die solche Zeugenschaft geben können; zu ihnen gehört Paulus, der, unmittelbar von Gott, von Jesus Christus selbst berufen, in anderer Weise Zeuge ist. Aber auch Barnabas gilt als Apostel. Das Apostelkollegium leitet unter der Führung des Petrus die Urgemeinde von Jerusalem. In einer etwas späteren Zeit, da die Apostel zum Teil bereits fortgezogen zu sein scheinen, wird diese Leitung ausgeübt von dem Herrenbruder Jakobus und den „Ältesten“ (= presbý teroi); vgl. Apg 15, 2—4; 21, 18 und Gal 1, 19. In einer weiteren Entwicklung sehen wir, daß die Apostel, insbesondere Paulus, nachdem sie das Evangelium verkündigt und eine neue ekklesía = Gemeinde gegründet hatten, bei ihrem Weggang „in den einzelnen Gemeinden Älteste (= presbýteroi) einsetzten“ (Apg 14, 23). Zur Bewältigung der Aufgaben haben die Apostel in Jerusalem außerdem die „Sieben“ bestellt, für den Tischdienst (die diakonía der Tische) (Apg 6, 2—6); sie werden bestellt durch Gebet und Handauflegung. Freilich hören wir in der Folgezeit von diesem „Dienst an den Tischen“ nichts mehr; [der Diakon] Philippus predigt ebenfalls das Evangelium (Apg 8) in Samaria und in vielen anderen Städten; ebenso handelt Stephanus (Apg 6, 8—15 u. 7, 1 bis 60). In den Briefen des Apostels Paulus erscheinen diese Nachfolger oder Stellvertreter der Apostel als „epískopoi“ und „diákonoi“, wörtlich also als „Aufseher“ und „Diener“ (Phil 1, 1 und 1 Tim 3, 1 u. 8). In diesen kollegialen Leitungsgruppen der „Ältesten“ oder „Aufseher“ und „Diener“ hat sich aber, offenbar bald nach dem Tode der Apostel selbst, eine hierarchische Stufung herausgebildet, in der neben mehr charismatischen „Aposteln“ und „Propheten“ (Didache 11—13) die „Aufseher“ und „Diener“ größere Bedeutung gewinnen, bis schon bei Ignatius von Antiochien zu Beginn des 2. Jahrhunderts in einer klaren und bestimmten Ordnung ein einzelner „Aufseher“, nunmehr schon im technischen Sinn „Epískopos“ = Bischof genannt, über dem ihm untergebenen Kollegium der „presbýteroi“, ebenfalls nunmehr im technischen Sinn „Priester“ genannt, und der „Diener“, jetzt = Diakone, steht.[22]

Die besondere Stellung dieser drei Dienste ist bei Hippolyt zu Beginn des 3. Jahrhunderts ganz selbstverständlich; sie werden in besonderer Weise durch Handauflegung und feierliches Gebet zu ihrem Dienst bestellt. Daneben stehen niedere Dienststufen, wie Witwe, Lektor und Subdiakon,[23] die sich deutlich, auch in der Art und Weise ihrer Bestellung, von jenen drei oberen Stufen unterscheiden. Sie dienen den wechselnden Bedürfnissen der Kirchen und haben mit dem Wechsel dieser Bedürfnisse Namen und Zahl im Laufe der Jahrhunderte vielfach geändert.

---

[22] Vgl. den Brief an die Trallianer 2, 1—3 (ed. Bihlmeyer—Schneemelcher, 93).
[23] Apostolische Überlieferung Kp. 10—13 (ed. Botte, S. 30/31 f.).

Es ist deshalb in jeder Hinsicht folgerichtig und korrekt, wenn, in Ausführung des Wunsches des 2. Vatikanischen Konzils (SC 76) nach einer Revision des Weiheritus, sowohl in den Zeremonien als in den Texten entsprechende Änderungen vorgenommen wurden.

Dabei wurde in der Constitutio Apostolica Pauls VI. „Pontificalis Romani recognitio" zunächst bestimmt, daß jene Weiheriten vor allem zu beachten seien, „durch welche im Sakrament der ‚Ordnung', in verschiedenartiger Stufung gespendet, die heilige Hierarchie begründet wird: ‚So wird der kirchliche Dienst kraft göttlicher Einsetzung in verschiedenen Ordnungsstufen ausgeübt von denen, die schon von alters her Bischöfe, Priester und Diakone genannt werden' (LG 28)." Endgültig wird im Sinne des Konzils (LG 21) die alte Streitfrage gelöst, daß der Episkopat die „Fülle des Sakraments der ‚Ordnung'" darstellt, daß die Bischofsweihe die Gnade des Hl. Geistes mitteilt und den heiligen Charakter einprägt, „auf daß die Bischöfe, in hervorragender und sichtbarer Weise, die Aufgaben Christi des Lehrmeisters, Hirten und Pontifex übernehmen und an seiner Statt handeln" (LG 21, zit. in Const. Apostol. des Papstes). In ähnlicher Weise werden die Dienstobliegenheiten von Priester und Diakon mit den Worten vor allem des Konzils kurz erörtert (LG 28 f. sowie PO 1). Erneut wird bestätigt, was schon Pius XII. in der Constitutio Apostolica „Sacramentum Ordinis" von 1947 bestimmt hatte: Die wesentlichen Elemente der Weihe sind (als Materie) allein die Handauflegung und (als Form) die entsprechenden Worte des Weihegebetes.

Die bisherigen „Niederen Weihen" als solche werden abgeschafft (mit ihnen auch der Subdiakonat). Im Hinblick auf die völlig veränderte Situation und um die Echtheit des funktionellen Vollzuges in etwa wenigstens zu sichern, werden aus der Fülle der traditionellen Dienststufen beibehalten und in neuer Form konkret ausgerichtet der Dienst des Lektors und des Akoluthen. Desgleichen wird die Tonsur und der bisherige Ordo der Aufnahme in den Klerikerstand abgeschafft und an deren Stelle ein Ritus der „Zulassung als Kandidaten des Diakonen- und Priesteramtes" geboten.

Das alles ist nunmehr zu beachten, wenn wir uns dem Text des Aquinaten zuwenden.

Erstes Kapitel

DAS WESEN DES SAKRAMENTES DER WEIHE

(Fr. 34)

Soll es einen Priesterstand in der Kirche geben? (Art. 1) — Es sei noch einmal daran erinnert, daß der lateinische Text nicht eigentlich von „Priesterweihe" spricht, sondern von „ordo" = „Ordnung" (vgl. Anm. [113], [118] und [121]). Die hier gestellte Frage lautet also im Grunde so: Soll es in der Kirche ein Ordnungsgefüge kirchlicher Dienste geben, eine Stufung von höheren und niederen (Amts- oder Dienst-)Graden und die damit 34, 1

34, 1 gegebene Überordnung der einen und Unterordnung der anderen? E. 1 zeigt das Phänomen solcher Überordnung bzw. „praelatio" = „Prälaten-Würde"; es war ein brisantes Thema nicht nur der damaligen Zeit in den Kämpfen gegen eine zu reiche, zu egoistische, zu weltliche, verweltlichte Schicht von „Prälaten" und überhaupt einen übersteigerten Klerikalismus, sondern ist es in anderer Weise auch und gerade heute. Ist „Ordnungsgefüge" nicht ein dem Ideal des Evangeliums widersprechendes klerikalistisches Machtstreben, klerikale Herrschsucht?

Christus selbst hat sich erniedrigt, entäußert in Menschwerdung und Gehorsam bis zum schmachvollen Tod am Kreuz (vgl. Phil 2, 8); er kam nicht, um bedient zu werden, sondern um zu dienen (vgl. Mk 10, 45); er hat, obwohl „Meister und Herr", den Jüngern die Füße gewaschen, um ein Beispiel zu geben, wie sie ebenfalls die niedrigsten Dienste übernehmen sollten (vgl. Joh 13, 13—15), nicht Herrscher, wie die irdischen Machthaber, sondern die Geringsten (vgl. Lk 22, 24—27). Die Apostel entsprachen dem; sie sind der Abschaum aller (vgl. 1 Kor 4, 9—13).

Immer wieder wurden Versuche gemacht, diesem Ideal zu entsprechen; Gregor der Große nannte sich „Diener der Diener Gottes", die Leiter der Franziskanerbrüder nannten sich „Ministri", d. h. Diener. Aber beide Titel sind erneut im Laufe der Jahrhunderte Ausdruck hoher Würden und wirklicher höchster Überordnung geworden. Wie kann es solche klerikale Überordnung geben, wo doch alle Christen Inhaber des „königlichen Priestertums" (1 Petr 2, 9) des Neuen Bundes sind in der Anteilnahme an dem einen Priestertum des einen Hohenpriesters Jesus Christus? Die alte Kirche hat ja gerade zur Wahrung dieses Sachverhaltes auf den Namen hiereús = sacerdos für ihre Dienste verzichtet und ihnen zur Bezeichnung ihrer Dienstaufgaben als Stellvertreter und Nachfolger der Apostel unverfängliche Titel gegeben: „Aufseher" (= epískopos), „Ältester" (= presbýteros). Erst in viel späteren Jahrhunderten haben diese Namen sich verfestigt, um eigentlich kultische Überordnung zu bezeichnen: den „Bischof", den „Priester", wofür im Lateinischen auch der alte Titel „sacerdos" wieder gebraucht wird. Aber der Sinn hat sich gewandelt: alle diese Stufen sind nur Dienst-Stufungen, um den Gottesdienst und das christliche Leben des „priesterlichen" Gottesvolkes zu ermöglichen, das mit Hilfe des „Dienstes" von wenigen dazu bestellten Männern Anteil nimmt am Heilstun des einen Hohenpriesters Jesus Christus.

Diese „Dienste" aber, in all ihrer Vielfalt, müssen, entsprechend apostolischer Tradition, „geordnet" sein; denn „Gott ist ein Gott nicht der Un-Ordnung, sondern des Friedens" (1 Kor 14, 33). Es gibt verschiedene Gnadengaben, verschiedene Dienste, aber in ihnen allen wirkt der eine Gott, der eine Geist (vgl. 1 Kor 12; Röm 12, 3—8). Christus selbst hat diese verschiedenen Dienste eingeteilt „zur Herrichtung der Heiligen, zum Werk der diakonía, zur Auferbauung des Leibes des Christus" (Eph 4, 12). Das alles aber, in Liebe, in der Bereitschaft, einander in Ehrerbietung zuvorzukommen (vgl. Röm 12, 10), ist „Ordnung". Ordnung = Ordo ist geradezu ein „Zauberwort" theologischer Synthese des großen Mittelalters. Das bleibt gültig, auch wenn das Schriftzitat

im *Anders*. 1 anders gelesen werden muß: die existierenden Gewalten sind von Gott bestellt, geordnet (Röm 13, 1; vgl. Anm. [115]). 34, 1

Eine der Quellen für diesen spekulativen Grundbegriff ist auch die Theologie des geheimnisvollen „A r e o p a g i t e n", des unbekannten großen Denkers aus der Schule christlicher Neuplatoniker und der Welt eines Gregor von Nyssa. In seiner gewaltigen Schau der „Hierarchie" der Kirche und der Himmlischen Welt hat er dieses Ordnungsprinzip zu Grunde gelegt, das für die mittelalterlichen Denker die willkommene Kategorie bot, die Größe Gottes darzutun, in Schöpfung und Erlösung. Er, der in seinem innergöttlichen Leben die vollendete Ordnung der göttlichen innertrinitarischen Lebensvorgänge ist, erschafft die Engelwelt in neun Chören, die in lichtvoller Ordnung sich folgen, sich „beeinflussen" (vgl. Anm. [117]), während die sichtbare Welt in anderer Weise die göttliche Ur-Ordnung widerspiegelt im Stufenbereich der Seinsgrade und der Lebensformen. Ihnen entspricht die innere und äußere Ordnung der Kirche, in der ihre ganze Schönheit sichtbar wird (vgl. *Antw.;* Anm. [77] u. [99]). Überordnung bedeutet hier Verpflichtung zum Dienst und zur Auferbauung der unteren Ordnungen; Unterordnung ist nicht Knechtschaft, sondern Reichtum des Empfangendürfens. Im „Verdienst", in der Gnade bedeutet diese Unter- oder Überordnung keinen Maßstab. Entscheidend ist, daß jeder an seiner Stelle das Seine tut, um so die Harmonie, die Schönheit, die „Ordnung" des Ganzen zu gewährleisten.

I s t d i e v o m M a g i s t e r P e t r u s L o m b a r d u s g e g e b e n e D e f i n i t i o n a n g e m e s s e n ? (Art. 2) — Der Magister gibt diese Definition, nachdem er die sieben Ordines kurz beschrieben hat. Er fragt, was das nun sei, was hier „Ordo" genannt werde; es sei „ein Siegel, ein Prägemal, durch das dem Ordinierten eine geistliche Vollmacht und ein Offizium übergeben wird. Der geistliche Charakter also bei solcher Erhebung (Beförderung) zur Vollmacht heißt Ordo oder Stufe. Und diese Ordines (Ordnungs-Stufen) heißen Sakramente; denn bei ihrem Empfang wird eine heilige Wirklichkeit (res), d. i. Gnade, mitgeteilt, die bezeichnet wird durch das, was (bei diesem Empfang) geschieht" (vgl. Anm. [118]). 34, 2

Die Schwierigkeiten, die diese Definition bereitet und die entsprechend in den *Einwänden* geltend gemacht werden, rühren vor allem her vom Wandel der Terminologie. Während beim Magister die Begriffe noch in Fluß sind, setzt Thomas eine bereits sehr verfestigte Begrifflichkeit voraus. Signaculum = Siegel ist ursprünglich ein Prägemal, ein Zeichen, das identisch sein kann mit Zeichen schlechthin, während in einer späteren Zeit es vom (äußeren) Zeichen, dem Sakrament, unterschieden ist und reserviert bleibt für das innere Zeichen, den „Charakter" (das unauslöschliche Merkmal oder „Sakrament und Sache [= res]"; vgl. Anm. [97] u. [119]). Wir würden heute etwa übersetzen (und interpretieren): Symbolhandlung, die dem durch sie Aus-Gezeichneten eine geistliche Vollmacht übergibt oder verleiht.

Bedenken könnte heute erwecken der Begriff der Vollmacht

34, 2 oder „Gewalt“, zumal in der Deutung der Antwort Zu 3: „wirkmächtiges Vermögen mit einem Vorrang“. Doch ist das Wort durchaus im neutestamentlichen Sinn zu verstehen: „Wer unter euch der erste sein will, sei aller Diener [= Sklave]“ (Mk 10, 44). Der hier verliehene „Vorrang“ besteht nicht in einer weltlichen Vorrangstellung, bloßer „Prälatur“, sondern in der Bevollmächtigung, im Namen Christi wirkmächtig zu dienen, zu helfen, christliches Leben in den der Obhut Anvertrauten möglich zu machen und sie vor Schaden zu bewahren.

Das Gesagte gilt heute, wo die Siebenzahl der Dienste nicht mehr existiert (zur Traditionsgeschichte vgl. Einl. sowie Anm. [153]—[159]), dennoch in gleicher Weise von den drei Ordnungsstufen, die das Sakrament des Ordo bilden: Diakonat, Presbyterat und Episkopat. Sie sind in der Tat die (nach außen sichtbar gemachte) symbolische Berufung und Bevollmächtigung, in der die geistliche Vollmacht mitgeteilt wird zu einer der genannten drei Stufen. In analoger Weise gilt das auch noch von den Diensten des Lektors und Akoluthen und der Bestellung zu ihnen.

34, 3 Ist der „Ordo“ ein Sakrament? (Art. 3) — Die hier berührte Problematik ist zu verstehen zunächst wiederum im Rahmen der zeitbedingten Auseinandersetzungen. Der Begriff des „Sakraments“, wie er in der Summa (III Fr. 60: Bd. 29) klar gegeben ist, wurde entwickelt von jenen heiligen Handlungen aus, die bereits in den frühen Jahrhunderten, wenigstens seit Tertullian, *mysterion* bzw. *sacramentum* genannt wurden (vgl. Anm. [123]) und in der Tat ganz wesentlich an die Zeichenbedeutung eines stofflichen Elementes gebunden waren: das Wasserbad der Taufe, die Ölsalbung der Firmung, das Herrenmahl mit Brot und Wein (vgl. Anm. [84]). Bei der Ausdehnung dieses Begriffes auch auf andere Handlungen, wie Buße, Ehe und so auch Priesterweihe (Ordo), ergaben sich Schwierigkeiten, die oft nicht ohne sehr künstliche Konstruktionen überwunden wurden (vgl. Anm. [87]). Beim Ordo führt das u. a. auch zur Betonung der zu überreichenden Amtsinsignien (vgl. Einl. § 1; Anm. [124] und [131]. Thomas ist Zu 1 relativ zurückhaltend; es ist leicht möglich, seine Antwort auszudehnen auf die Handauflegung als das zum Wesen eines Sakramentes gehörige „stoffliche Element“. So entscheidet heute die Constitutio Apostolica Pauls VI. in der Übernahme der Erklärung Pius’ XII. von 1947: der Stoff des Sakramentes der Priesterweihe ist allein die Handauflegung (vgl. Einl. § 4; Anm. [127]).

Der Begriff des Sakramentes wurde nun aber in der Tat im Laufe der Jahrhunderte ausgedehnt auch auf die Handlungen des Ordo, bis im Verlauf des 12. Jahrhunderts die Siebenzahl der „Sakrament“ genannten Handlungen sich durchgesetzt hat und in allen Aufzählungen der sieben Sakramente sich auch das des Ordo fand. Das bedeutete eine allmähliche Klärung und Ausscheidung dieser Handlungen aus allen anderen ähnlichen Weihehandlungen, die in einem weiterem Sinn des Wortes auch „sacramenta“ (oder mysteria) genannt wurden; hierhin gehören die Abtsweihe, die Jungfrauen- und Mönchsweihe sowie die Königssalbung (vgl. Anm. [125]).

Bezüglich des Ordo-Sakramentes blieben aber manche Fragen ungelöst oder umstritten; jedenfalls werden sie heute anders beantwortet als zu Zeiten des hl. Thomas. Für Thomas und seine Zeit war das Gesamtgefüge der sieben Dienststufen Sakrament, zusammengesetzt aus vier niederen und drei höheren Weihen; obwohl man sich deutlich bewußt war, daß von diesen sieben nur zwei Weihen in den Canones der Überlieferung in eigentlichem Sinn „ordines sacri", „heilige Weihe-Stufen", genannt werden: der Diakonat und Presbyterat. Der Magister sagt in seinem Text (d. 24 c. 12: S. 405) ausdrücklich, daß es so in der Rechtsüberlieferung bestimmt ist kraft apostolischer Einsetzung (vgl. Apg 6, 5 und 1 Tim 3, 2); die Stufen des Subdiakonats und Akoluthats hingegen (und erst recht die anderen niederen Ordnungen) sind aus kirchlicher Einsetzung entstanden. Merkwürdigerweise schied für die damalige Theologie der Episkopat aus. 34, 3

Seit dem II. Vaticanum ist eindeutig festgelegt: Das Sakrament des Ordo umfaßt die drei Stufen des Diakons, Priesters und Bischofs. Daß dem so ist, wissen wir aus der Überlieferung, in der die wenigen Grundaussagen der Hl. Schrift, die vom Dienst der Apostel und ihrer Nachfolger bzw. Gehilfen sprechen, sich geklärt haben. „Durch die Bischofsweihe wird die Fülle des Ordo-Sakramentes mitgeteilt, ... als die Summe heiligen Dienstes ... Aus der Überlieferung, deutlich geworden vor allem in den liturgischen Handlungen und dem Brauch der Kirche sowohl des Ostens als des Westens, wird ersichtlich: durch Handauflegung und die Worte der Weihe wird die Gnade des Hl. Geistes derart mitgeteilt ..., daß die Bischöfe, in besonderer und sichtbar-greifbarer Weise, das Werk Christi des Lehrers, Hirten und Pontifex tragen und an seiner Stelle handeln" (LG 21). Die Bischöfe ihrerseits geben „den Dienstauftrag (munus ministerii) in verschiedener Stufung an verschiedene Untergeordnete rechtsmäßig weiter. So wird der kirchliche Dienst, von Gott eingesetzt, in verschiedenen Stufen (ordinibus) ausgeübt von jenen, die seit alters Bischöfe, Priester und Diakone genannt werden" (LG 28). Von den Diakonen heißt es dann weiter, ihnen „werden die Hände aufgelegt, ‚nicht zum Priestertum, sondern zum Dienst'. Denn gestärkt durch die sakramentale Gnade dienen sie, in der Diakonie der Liturgie, des Wortes und der Liebe, dem Volke Gottes in Gemeinschaft mit dem Bischof und seiner Priesterschaft" (LG 29). So auch hat das Konzil von Trient schon entschieden: Sessio 23, 1—4 u. Can. 1—8 (DS 1763—1778).

Der Hinzutritt zu diesen Dienst-Stufen aber ist „sakramentaler Akt", ein Sakrament, d. h. ein sichtbarer Ritus: die Handauflegung — begleitet von einem Weihegebet, einer Epiklese der Gnade des Hl. Geistes zur Heiligung und zur Übertragung der Vollmacht der betreffenden Dienststufe. Die Tatsächlichkeit dieses Vorganges erhellt aus der Sendung Christi, ferner aus deren Fortführung in der Sendung der Apostel, der Kirche überhaupt als des Ur-Sakraments. Die Übertragung dieser Dienst-Obliegenheiten ist aber derart geistlich, daß sie nicht verstanden werden kann ohne die Heiligung des Empfangenden; der Hl. Geist, der zum Dienst befähigt, heiligt den Beauftragten, schenkt ihm die Gnade Christi, bzw. er mehrt sie, läßt sie wachsen.

34, 4 Ist die Form dieses Sakramentes angemessen formuliert? (Art. 4) — Die „Form", von der hier die Rede ist, weil auch der Text des Magisters sie voraussetzt und sie bei der Aufzählung der einzelnen Stufen, wenigstens der drei ersten (d. 24 c. 5—7: 396—398) auch ausdrücklich zitiert, sind die Auftragsworte des Bischofs bei der Überreichung der entsprechenden Insignien. Es sind die uns aus dem Weiheritus des nachtridentinischen Pontificale bekannten Worte. Bei der Überreichung der Schlüssel an den Ostiarier: „Handelt so, daß ihr Rechenschaft vor Gott ablegen könnt über die Dinge, die mit diesen Schlüsseln verschlossen werden." Bei der Überreichung des Lektionars für den Lektor: „Nimm dies Buch und sei ein Künder des Wortes Gottes; dann wirst du, falls du deinen Dienst getreu erfüllt hast, das Erbe haben mit denen, die das Wort Gottes gut betreut haben (von Anfang an)." Dem Exorzisten wird gesagt: „Nimm dies Buch [der Exorzismen] und empfange die Vollmacht, die Hände aufzulegen über die [vom Bösen Geist] Besessenen wie über die Katechumenen." Bei den folgenden Stufen (c. 8—10: 399—403) begnügt sich der Magister mit der Schilderung der Überreichung der Insignien und der Aufzählung der Obliegenheiten, nennt aber keine „Formel" mehr. Bei der Weihe der Presbyter (c. 11: 403—405) spricht er weder von der Handauflegung noch von einem begleitenden Gebet. Thomas hält sich streng an den vorliegenden, von ihm zu kommentierenden Text und erwähnt nur flüchtig die dort genannten Formeln (E. 2 u. 4; vgl. Anm. [127]), die immerhin gut die Eigenart aller übrigen Formeln umschreiben.

Aus dem Wissen um die geschichtliche Entwicklung, in der die Kirche viele dieser Ämter eingesetzt hat, ihre Weiheformeln verschiedenartig ordnete, die Akzente verschieden setzte und schließlich für die eigentlichen sakramentalen Weihestufen des Diakonates, Presbyterates und Episkopates zu den ursprünglichen Weiheriten zurückkehrte, müssen wir heute eine andere Antwort geben.

Die „Form" der hier in Frage kommenden drei Stufen des Ordo-Sakraments sind allein „die Worte, welche die sinnenfällige Handlung näher bestimmen, durch welche eindeutig die sakramentalen Wirkungen bezeichnet werden — d. h. die Vollmacht des Ordo und die Gnade des Hl. Geistes — und welche von der Kirche als solche anerkannt und gebraucht werden". So mit den Worten Pius' XII. Papst Paul VI. in der Constitutio Apostolica „Pontificalis Romani". Im einzelnen sind gemäß der Entscheidung des Papstes im gleichen Dokument diese „Formen" die folgenden:

Für die Weihe der Diakone ist „der sinnenfällige Stoff (die Materie) die Handauflegung des Bischofs . . . vor dem Weihegebet; die Form [das bestimmende Wort] besteht aus den Worten dieses Weihegebetes, von denen die folgenden von der Natur der Sache her nötig und deshalb für die Gültigkeit des Aktes unbedingt erforderlich sind: ‚Sende auf sie, Herr, wir bitten dich, den Hl. Geist, durch den sie vermittels seiner siebenförmigen Gnade gestärkt werden zum Werk des getreuen Vollzuges ihres Dienstes'."

Für die Weihe der Priester: „. . . die Handauflegung des Bischofs . . . vor dem Weihegebet; . . . das Weihegebet . . . (mit den

entscheidenden Worten) ,Gib, wir bitten dich, allmächtiger Vater, 34, 4
diesen deinen Dienern die Würde des Presbyteriums; erneuere in ihrem Inneren den Geist der Heiligkeit; mögen sie von dir, Gott, die Gabe des Verdienstes der zweiten Ordnungsstufe empfangen und festhalten und die Norm eines gesitteten Lebens durch das Beispiel ihres Wandels kundtun'."

„Bei der Weihe des Bischofs ist der Stoff die von den weihenden Bischöfen vollzogene Handauflegung ... vor dem Weihegebet; die Form ist ... (in den entscheidenden Worten): ,Und jetzt entsende über diesen Erwählten jene Kraft, die von dir ausgeht, den Ursprungsgeist, den du deinem geliebten Sohn Jesus Christus gegeben, den er dann den heiligen Aposteln geschenkt, die ihrerseits die Kirche an den verschiedenen Orten gegründet haben als dein Heiligtum, zum nie endenden Ruhm und Lobpreis deines Namens'."

Die Antworten des Aquinaten lassen sich ohne größere Schwierigkeit der heutigen Liturgieform anpassen: Im Weihegebet der drei Stufen wird in der Tat die Dienst-Verpflichtung der betreffenden Stufe zum Ausdruck gebracht durch die Nennung der Akte, zu denen der Auftrag erteilt wird; gewiß als „befehlender" Auftrag (vgl. *Antw.*), aber doch noch viel mehr und entscheidend in der demütigen Bitte an Gott, er möge zu diesen Akten seine Gnade schenken.

Durch das Gesagte muß auch der Inhalt des Art. 5 gedeutet 34, 5
werden. Der „Stoff", die sinnenfällige Materie, dieses Sakramentes ist nicht (mehr) die Darreichung der Instrumente oder Insignien, sosehr sie auch den in der Weihe gegebenen Auftrag versinnbildlichen können, sondern wieder, wie es im Ritus immer bewahrt geblieben ist, die Handauflegung des Bischofs. Gerade sie verdeutlicht zeichenhaft, daß, wie Thomas in der *Antw.* sagt, „die geistliche Gewalt auch von dem stammt, der das Sakrament spendet". Der Bischof gibt, vermittelt, durch sein Bittgebet in der Handauflegung die geistliche Dienstvollmacht, den Auftrag zum Dienst am Volk Gottes, den er selbst von den Aposteln, von Christus empfangen hat.

Zweites Kapitel 35

DIE WIRKUNG DIESES SAKRAMENTES

(Fr. 35)

Im Mittelpunkt der Frage stehen die Artikel 1 und 2: Verleiht das Ordo-Sakrament heiligmachende Gnade, verleiht es einen „Charakter"? Die Artikel 3—5 sind von geringerer Bedeutung, ergänzen aber unser Wissen um das Verhältnis des Ordo zu den anderen Sakramenten und um das Verhältnis der einzelnen Ordines untereinander.

Thomas geht in seinem Aufweis, daß durch das Sakrament 35, 1
des Ordo Gnade bewirkt wird (Art. 1), von der Tatsache aus, daß der Ordo eben ein Sakrament ist. Ist dem so, dann ist es logisch

35, 1 zu schlußfolgern: Wie alle Sakramente bewirkt auch der Ordo, was er in seiner „zeichenhaften" Handlung andeutet, ist auch er Ursache, werkzeugliche Ursache der Gnade *(Anders.* 1 u. 2). Überholt ist heute freilich der Rückgriff auf die siebenfache Stufung *(Anders.* 1); wir haben es im Sakrament des Ordo nur zu tun mit den Stufen des Episkopats, Presbyterats und Diakonats. Sie vermitteln einen Dienstauftrag, geistliche Vollmachten. Diese Vollmacht (zum Dienst in der Auferbauung des Leibes Christi, der Kirche) kann richtig betätigt werden nur in der Kraft Christi, in der Kraft des Hl. Geistes; sie ist nicht einfach die Berufung in ein irgendwie „funktionelles" Amt, wie das in der weltlichen Gesellschaft vielfach der Fall ist. Der Geist Christi wird gegeben, heiligt den Empfänger und kräftigt ihn, seinen Dienst in Heiligkeit zu vollziehen. In diesem Sinne ist das Schriftwort zu verstehen zu Beginn der *Antwort* (Dtn 32, 4): „Gottes Werke sind vollkommen"; er gibt den Auftrag und gleichzeitig alles Nötige, um ihn gut und wirklich auszuführen, „congrue", sinngemäß.

Daß dem so ist, zeigt das einstimmige Zeugnis der Überlieferung, vor allem der liturgischen. Der Apostel mahnt in 2 Tim 1, 6 seinen Jünger, die ihm durch Handauflegung gegebene „Gnade Gottes" lebendig sich auswirken zu lassen, insofern sie ein „pneuma, ein Geist, der Kraft und Liebe und Nüchternheit" ist. Entsprechend bittet der älteste uns überkommene Weihetext, das Gebet der Bischofsweihe in Hippolyts „Apostolischer Überlieferung",[1] daß Gott dem Kandidaten gebe, seine Herde zu leiten „ohne Makel, indem er dir diene Tag und Nacht . . ., daß er dir wohlgefalle durch seine Güte und sein lauteres Herz, in der Darbringung eines dir angenehmen Wohlgeruches, durch deinen Sohn Jesus Christus . . ."

Ähnlich bittet heute der Bischof bei der Priesterweihe: „. . . erneuere in ihrem Inneren den Geist der Heiligkeit . . ., laß sie die Norm eines gesitteten Lebens kundtun durch das Beispiel ihres Lebenswandels." Für die Diakone heißt es: „Sende ihnen . . . den Hl. Geist, durch den sie zur Betätigung ihres Dienstes . . . in der Kraft deiner siebenförmigen Gnade gestärkt werden. Überreich sei in ihnen die Gestalt jeglicher kraftvoller Tugend, Liebe . . ., Obsorge . . ., Autorität vereint mit schlichter Bescheidenheit, Reinheit und Unschuld und die Observanz geistlicher Zucht. In ihrem sittlichen Wandel mögen erstrahlen deine Gebote . . ., sie mögen in Christus fest und beharrlich ausharren, auf daß sie, in der Nachahmung deines Sohnes . . ., gewürdigt werden, mit ihm zu herrschen im Himmel."[2]

Kurz, der Gesamttenor aller Weihegebete ist: dem hohen Auftrag, zu dienen für den Aufbau der Kirche, möge entsprechen die Heiligkeit des Lebens, die grundgelegt werde durch die Gnade, die Gott dazu gibt.

35, 2 Wie immer aber der Lebenswandel und die Würdigkeit der zu Weihenden und der Geweihten sein mag, die einmal geschehene Ordination wird nie wiederholt (Art. 2 *Anders.* 2; Zu 2; vgl. Anm.

[1] Kap. 3 (ed. Botte, S. 6/7—10/11).
[2] Eigene Übersetzung.

[135]), auch nicht nach schwersten Sünden, auch nicht nach 35, 2
Schisma und Abfall zur Häresie. Die Nicht-Wiederholbarkeit der Ordination und die Gültigkeit der Vollmachtsbetätigung, auch wenn ihr Inhaber ein sündiger, schlechter Christ ist, im Laufe der dogmengeschichtlichen Entwicklung seit Cyprian und Augustinus immer wieder mit Nachdruck vertreten, wird gedanklich festgehalten in der Lehre von einem eingeprägten, unauslöschlichen Siegel, dem ‚Charakter' (Art. 2). Die Scholastik hat sich sehr bemüht, seinen tieferen theologischen Sinn zu erhellen, ohne zu einer letztlich überzeugenden und einheitlichen Doktrin zu gelangen. Thomas selbst hat in der allgemeinen Sakramenten-Lehre (III 63: Bd. 29) immerhin eine vorzügliche und bis heute nicht überholte, sinngemäße Deutung gegeben. Das Ordo-Sakrament vermittelt in seiner tiefsten, fundamentalen Wirksamkeit, eben diesem untilgbaren ‚Charakter', eine „geistliche Vollmacht" (Zu 1) zum Spenden der Sakramente, zum Dienst in der Auferbauung der Kirche, die bleibt, auch wenn der Träger ein Sünder oder Schismatiker ist oder wird; doch verlangt sie zu wirklich entsprechender Betätigung eben auch die Gnade. Ohne auf diese letzten theologie-systematischen Feinheiten einzugehen, hat das Konzil von Trient die Lehre vom Charakter der Sakramente und damit auch des Ordo-Sakramentes übernommen und gegen die Angriffe der Reformatoren verteidigt (Sess. 7, 9: DS 1609).

Die Lehre vom Charakter entspricht der Dreiteilung des Sakraments, wie sie damals allgemeine Ansicht war: Nur-Sakrament, Sache-Sakrament, Nur-Sache (sacramentum tantum, res et sacramentum, res tantum; vgl. Anm. [97] u. [119]). Dem mittleren Glied entspricht bei der Taufe, der Firmung und dem Ordo das unauslöschliche Merkmal, der Charakter; denn diese drei Sakramente können, einmal gültig gespendet, nie wiederholt werden.

Thomas und viele seiner Zeitgenossen haben aber aufgrund der liturgischen Gegebenheiten der siebenfachen Stufung des Ordo, der in eben diesen Stufen nie wiederholt werden kann, angenommen, daß alle sieben Ordinationen jenes Merkmal, den Charakter, einprägen. Die Beweisführung in der *Antwort* ist schlüssig, insofern sie sich auf die Nicht-Wiederholbarkeit stützt. Dennoch müssen wir heute sagen, daß die beiden Dienststufen des Lektorats und Akoluthats, obwohl nicht wiederholbar, dennoch keinen „sakramentalen" Charakter geben, weil sie selbst nicht zum Sakrament gehören, wie wir es heute verstehen. Ihre Ordination ist ein schlichtes „Sakramentale", das Gnade verleiht nur „ex opere operantis", aufgrund des Glaubens und des personalen Einsatzes des Spenders und Empfängers.

Die übrigen Artikel (3—5) dieser Frage entsprechen in ihren 35, 3—5
Antworten der auch heute noch gültigen Praxis der Kirche. Niemand kann das Sakrament des Ordo empfangen (und also auch nicht seinen „Charakter" und die darin gegebene Vollmacht des Dienstes), ohne vorher getauft zu sein und durch die Taufe in die Gemeinschaft der Kirche eingegliedert zu sein, die Kindschaft Gottes empfangen und dadurch das Recht und die Pflicht zu aktiver Teilnahme an den Handlungen des kirchlichen Gottes-

35, 3—5 dienstes (bzw. Sakramente empfangen zu können) erhalten zu haben (Art. 3). Das gilt strenggenommen aber nur von der Taufe; von der Gesamtinitiation, und insbesondere von der Firmung, kann man nur sagen, daß es „zweckmäßig“ ist, vor Empfang des Ordo alle Sakramente der Initiation erhalten zu haben, also ein Christ im Vollsinn zu sein, bevor man berufen und befähigt wird, dienend sich einzusetzen für die Auferbauung der Kirche durch die Spendung der Sakramente an die Glieder der Kirche (Art. 4 *Antw.;* Zu 1 u. 2).

36 Drittes Kapitel

DIE ERFORDERLICHEN EIGENSCHAFTEN DER EMPFÄNGER

(Fr. 36)

Auf die Frage, welches die Voraussetzungen sind für den Empfang der geistlichen Vollmachten des Ordo-Sakramentes, müßte die Antwort eigentlich leicht und eindeutig sein: Der Apostel verlangt von denen, die er als „Älteste“ (presbýteroi) oder „Aufseher“ (epískopoi) über die von ihm gegründeten Gemeinden gesetzt hat, sie „sollen ohne Tadel sein“ (1 Tim 3, 2), fähig, die ihnen anvertraute Herde wirklich zu leiten (3, 4 f.), und einen guten Leumund auch bei den Nichtchristen haben (3, 7). Ähnliches verlangt er von den Kandidaten zum Diakonat: „Sie sollen erst geprüft werden und ihren Dienst tun ohne Tadel“ (3, 10). Die gleiche pastorale Mahnung spricht der Titus-Brief aus: 1, 5—9. Die Priester-Bischöfe, die der Apostelschüler einsetzt, sollen „ohne Tadel sein“, von solchem Lebenswandel, wie es sich ziemt für den „Hausverwalter Gottes“ (1, 7). Sie sollen ferner die der Lehre entsprechende Glaubensverkündigung festhalten und so „fähig sein, in gesunder Lehrweisheit zu mahnen und die Widersprechenden ihres Irrtums zu überführen“ (1, 9). Dieser apostolischen Mahnung hat die gesamte Überlieferung und alles Bemühen der verantwortlichen Leiter der Kirche bis auf den heutigen Tag zu entsprechen gesucht.

36, 1 Die von Thomas in Art. 1 *Anders.* 1 gebrachten Zeugnisse über den erforderlichen Lebenswandel, der Glossa (zur Hl. Schrift) und einem Kommentar des hl. Hieronymus zu Tit 2, 15 entnommene Beispiele, stehen für zahllose andere bis zu den Dekreten des II. Vaticanum: LG (bes. Kap. 3 u. 5), ChrD (bes. Kap. 2), OT, PO. Ebenso eindeutig ist das Zeugnis der Weihetexte in den Liturgien der verschiedenen Kirchen des Ostens und des Westens. Der Bischof mahnt die zu weihenden Diakone u. a.: „. . . Wie einst die von den Aposteln zum Dienst der Caritas Erwählten müßt auch ihr Männer sein mit einem guten Leumund, voll des Hl. Geistes und der Weisheit. Im Glauben verwurzelt und gegründet, sollt ihr euch erweisen als lautere und untadelige [Männer] vor Gott und den Menschen, wie es sich ziemt für Diener Christi und Spender der Mysterien Gottes . . .“ Den Kandidaten zum Priestertum wird gesagt: „. . . Kündet allen das Wort Gottes, das ihr selbst [zuvor] mit Freuden empfangen habt. Übt euch ein in das Gesetz

des Herrn, trachtet danach, das Gelesene im Glauben zu erfassen, das Geglaubte zu lehren, das Gelehrte im Leben zu verwirklichen ..." Im Weihegebet über den Bischof aber heißt es u. a.: „... Gib ... diesem deinem Diener ..., daß er deine heilige Herde weide und das Hohepriestertum vor dir verwalte ohne Tadel, daß er dir diene Tag und Nacht und ohne Unterlaß dich versöhne und dir die Opfergaben deiner heiligen Kirche darbringe ... Er sei dir wohlgefällig in Sanftmut und reinem Herzen, in der Darbringung eines lieblichen Wohlgeruches ..." 36, 1

Über all das besteht kein Zweifel. Freilich, die Problematik des Art. 1 erwächst aus der geschichtlichen Wirklichkeit, daß die Diener der Kirche arme, sündige Menschen sind und in vielem immer wieder versagen; daß ferner im Laufe der Geschichte tatsächlich Unwürdige geweiht wurden und daß infolgedessen die Frage gestellt werden muß, ob solche Unwürdige, solche Sünder, das Sakrament überhaupt gültig empfangen können. Thomas gibt die Antwort, wie sie von der Großkirche von jeher gegeben wurde im Kampf gegen spiritualistische und häretische Übersteigerungen in den Bußkämpfen schon des 3. Jahrhunderts, in den Auseinandersetzungen mit den Schismatikern im 4. Jahrhundert (in Afrika zur Zeit des hl. Augustinus vor allem) und im Mittelalter im Kampf gegen Katharer und verwandte spiritualistische Sekten. Die Unwürdigkeit des Empfängers bedingt nicht die Gültigkeit bzw. Ungültigkeit seiner Weihe *(Antw.)* und der entsprechenden Amtshandlungen (vgl. Art. 5); denn der Träger des Ordo-Sakramentes handelt nicht in eigener Person, sondern „in persona Christi", als Stellvertreter Christi. Dies grundlegende Prinzip, das die Objektivität des kirchlichen Dienstes garantiert, soll aber in keiner Weise vergessen machen, daß das Sakrament an sich danach verlangt, von Heiligen heilig empfangen zu werden, daß seine Ausübung die stete Pflicht zur entsprechenden Selbstheiligung, der Gleichformung an das Ideal eines Dieners Christi, eines Verwalters der Mysterien Christi mit sich bringt.

Darum verfehlt sich der Bischof, der unwürdige Kandidaten oder solche, die nicht bereit sind, ihre Schwäche zu überwinden und einen entsprechenden Lebenswandel zu führen, zu den Weihen zuläßt (Art. 4). 36, 4

Ebenso sündigt der Priester oder Diakon oder Bischof, der im Stande der Sünde seine (auch dann noch gültigen) Amtsobliegenheiten erfüllt (Art. 5). 36, 5

Diese Forderung eines vorbildlichen Lebenswandels bedeutet aber anderseits nicht, daß Christen, die mustergültig leben, damit ohne weiteres einen Anspruch auf die Weihen hätten (Art. 3). Sosehr die Weihen Heiligung verlangen, die in ihnen gegebene Ordnung ist zu unterscheiden vom Bereich des Verdienstes und des Charismas der Heiligkeit. Daß durch diese Unterscheidung eine beständige Spannung in das kirchliche Leben hineingetragen wird, liegt auf der Hand. Diese Spannung bedeutet zwar fruchtbarste Anregung zum Streben nach Heiligkeit, ist aber infolge der Schwäche der Diener der Kirche, die arme 36, 3

36, 3 Menschen bleiben, immer wieder auch Anlaß zu Ärgernis und Verfall geworden.

36, 2 Eine zweite wichtige Frage betrifft die Voraussetzungen des zur Ausübung der geistlichen Vollmachten nötigen theologischen Wissens (Art. 2). Die Problemstellung und die Antworten des Thomas sind von solcher Ausgeglichenheit und Weisheit, daß sie heute noch ihre volle Gültigkeit besitzen, auch wenn sie natürlich im konkreten Rahmen heutiger Möglichkeiten erwogen werden müssen.

Die *Einwände* kommen aus der Welt des Intellektualisten oder Rationalisten. Hier wird, zuweilen auch heute noch, vom Priester und Bischof eine ausgesprochen wissenschaftliche, eine Universitätsbildung verlangt, zunächst die echte Kenntnis der Hl. Schrift und ihrer Exegese, dann der gesamten Theologie und darüber hinaus eine umfassende Bildung in allen Fragen des modernen Geisteslebens und auch des sozialen Raumes. Dem stellt Thomas im *Anders.* 1 u. 2 die Tatsache entgegen, daß in der Geschichte immer wieder Männer geweiht wurden, die diese Fülle des Wissens nicht besaßen und dennoch viele priesterliche Aufgaben gut erfüllt haben, z. B. in der Verborgenheit eines kontemplativen Klosters oder in bestimmten Bereichen der Seelenführung, wo mehr eigentliche Lebensweisheit als Wissenschaft erfordert ist. Andere wurden geweiht, weil sie für solche Bereiche als gute Priester Dienste tun konnten, einfach aufgrund der Heiligkeit ihres Lebens. In der *Antwort* wird dann der eigentlich entscheidende Grund angegeben: die Kandidaten für die verschiedenen Ordo-Stufen bedürfen so viel an wissenschaftlicher Bildung, an Kenntnis der Hl. Schrift, der Glaubens- und Sittenlehre, als nötig ist, um ihr jeweiliges Amt auszuüben. Alle Priester jedoch bedürfen des entsprechenden Wissens, um vor allem die Eucharistie feiern zu können (Zu 1), um das Wort Gottes zum wenigsten „richtig aussprechen" zu können (Zu 3), d. h. in der heutigen Situation: lesen, verkünden und schlicht auslegen zu können; andere, die zur eigentlichen Seelsorge berufen werden, müssen wissen, „was das Volk glauben und vom Gesetze beobachten muß" (Zu 1). Auch heute noch wäre es denkbar, daß man in bestimmten Verhältnissen Männer zu Diakonen und selbst zu Priestern (etwa innerhalb eines Klosters, für die Seelsorge in manchen Missionsländern) weiht, die zwar nicht alle Fragen der theologischen Wissenschaften beantworten können, sich nicht in Hebräisch und Griechisch (und vielleicht auch nicht Lateinisch) auskennen, die aber ausgezeichnet sind durch Heiligkeit des Lebens, eine echte Lebensweisheit und natürlich ein Minimum an theologischen Kenntnissen besitzen.

Für die Ausbildung der Kandidaten zu den Stufen des Ordo-Sakramentes wird aber im allgemeinen heute doch mehr zu fordern sein. Das ergibt sich notwendig aus dem relativ hohen Bildungsstand aller in den meisten Ländern der modernen Gesellschaft.

Das II. Vaticanum hat hier entsprechende Richtlinien aufgestellt. Die Liturgie-Konstitution SC sagt mit Recht: „Es gibt keine

Hoffnung (daß die Gläubigen aktiv an der Liturgie teilnehmen, um aus ihr den Geist echten Christentums zu schöpfen), wenn nicht zuvor die Seelenhirten zutiefst von Geist und Kraft der Liturgie erfaßt sind und Lehrmeister solcher Haltung geworden sind. Deshalb ist es dringend nötig, vor allem für die liturgische Unterweisung des Klerus Sorge zu tragen" (n. 14). Solche Unterweisung verlangt nicht nur trockene, etwa historische und archäologische und rubrizistische Bildung, sondern, nach dem Studium der einzelnen Disziplinen, das Wissen um „das Mysterium Christi und die Heilsgeschichte" (n. 16) und schließlich das lebendige Vertrautsein mit „jenem liebenswürdigen und lebendigen Sinn für die Hl. Schrift ..., den die ehrwürdige Überlieferung der Liturgiefamilien des Ostens und des Westens bekundet" (n. 24). Doch genügt die Unterweisung für die Aufgaben priesterlichen Dienstes in der lebendigen Feier der Liturgie noch nicht. Das Konzil hat sich in dem Dekret OT eingehend mit der „institutio sacerdotalis", der „priesterlichen Ausbildung", beschäftigt. Nach der Forderung, die Berufe junger Menschen zum Priestertum zu fördern (n. 2 f.), heißt es: „Die gesamte Ausbildung muß danach streben, die Kandidaten zu wahren Seelenhirten zu formen nach dem Beispiel unseres Herrn Jesus Christus, des Lehrmeisters, Priesters und Hirten; sie müssen vorbereitet werden zum Dienst des Wortes: sie sollen das geoffenbarte Gotteswort immer besser verstehen, im Bedenken sich aneignen, in Wort und Leben zum Ausdruck bringen; zum Dienst des Gottesdienstes und der Heiligung: sie sollen im Gebet und in der Tat heiliger liturgischer Feierhandlungen das Heilswerk durch das Eucharistische Opfer und die Sakramente hinstellen; zum Dienst des Hirten: sie sollen es verstehen, den Menschen Christus darzustellen, der nicht kam, bedient zu werden ..., und sie sollen, Diener aller geworden, viele gewinnen" (n. 4). Gewiß wird der Akzent vor allem auf die eigentlich „geistliche" Bildung gelegt (n. 8—12). Aber dann handelt ein eigener Abschnitt von der „Revision der kirchlichen Studien" (n. 13—18). Es werden verlangt jene Gymnasialstudien, die in den betreffenden Ländern Voraussetzung höherer Studien sind (n. 13). Es folgt ein Programm philosophischer und theologischer Studien, die den Zugang erschließen sollen zu einem tieferen Verständnis des Mysteriums Christi in seiner Beziehung zur Menschheitsgeschichte, für das gesamte Leben der Kirche und besonders den Seelsorgedienst (n. 14). 36, 2

Gewiß wird im folgenden ein erstaunlich reiches Programm philosophisch-theologischer Studien entworfen (n. 15—18); denn das konkrete Maß, das zur Zeit des Aquinaten hier und da für einen Diakon oder Priester genügen konnte (vgl. Zu 3), entspricht natürlich den heutigen Anforderungen in keiner Weise mehr. Doch auch hier wird betont: „Einheit und Gediegenheit der Bildung sollen sorgfältig erstrebt werden, unter Vermeidung des Zu-viel von Disziplinen und Vorlesungen; Fragen, die keine aktuelle Bedeutung mehr haben oder höheren akademischen Studien zu überlassen sind, sollen ausgeschlossen bleiben" (n. 17). Nur ausgesuchte Kandidaten sollen endlich einer höheren wissenschaftlichen Ausbildung zugeführt werden, so daß „sie den verschiedenen Bedürfnissen des Apostolates genügen können"

36, 2 (n. 18). Ein eigenes Kapitel erinnert schließlich daran, daß auch eine „pastorale Bildung" im engeren Sinn des Wortes zu vermitteln ist (n. 19—21). Die Kandidaten sollen sorgfältig ausgebildet werden „in allem, was unmittelbar ihren heiligen Dienst betrifft, vor allem in Katechese und Predigt (Verkündigung), im liturgischen Dienst und der Sakramentenspendung, in den Werken der Caritas, im Bemühen, den Irrenden und Ungläubigen begegnen zu können, und in den übrigen Aufgaben der Seelsorge . . ." (n. 19).

Das Dokument ist ein sprechendes Zeugnis für die Sorge der Kirche heute um die wirklich entsprechende wissenschaftlich-theologische, spirituelle und pastorale Ausbildung aller derer, die eine der geistlichen Vollmachten priesterlichen Dienstes im Rahmen des Ordo-Sakramentes übernehmen. In analoger Weise hat die Kirche aller Zeiten immer wieder sich bemüht um den rechten Bildungsstand ihrer Diener zum Besten der Gläubigen in der Auferbauung des Leibes Christi, der Kirche (vgl. Eph 4, 12), in positiver Anweisung und Obsorge der bischöflichen Hirten und Konzilien und im Bemühen um Reform, wo immer im Laufe der Geschichte menschliche Schwäche ein Eingreifen nötig machte, angefangen von den mahnenden Worten der Bischöfe, von den Vorschriften der karolingischen Kapitularien bis zu den Reformdekreten des Trienter Konzils und etwa der Studienreform Papst Pius' XI. „Deus scientiarum Dominus" von 1932.

37 Viertes Kapitel

DIE UNTERSCHEIDUNG DER ORDNUNGSSTUFEN, IHRE SPEZIFISCHEN AUFGABEN UND DIE EINPRÄGUNG DES ‚CHARAKTERS'

(Fr. 37)

Wenn wir die geschichtliche Entwicklung des Ordo-Sakramentes vom Standpunkt unseres heutigen Wissens überschauen, haben wir keine Schwierigkeit, grundsätzlich mit dem Aquinaten übereinzustimmen, wenn er sagt, daß der kirchliche Dienst sich in verschiedene Dienste, in verschiedene Weihegrade aufgeteilt hat (Art. 1). Wie viele diese Grade sind (Art. 2), hängt von der konkreten Entscheidung der Kirche ab, die auf die Bedürfnisse der Zeiten Rücksicht nehmen muß. Thomas fand zu seiner Zeit die sieben Stufen des Ordo vor, eingeteilt in die vier niederen Weihen und die drei höheren, „heiligen" Weihen des Subdiakonates, Diakonates und Presbyterates (vgl. Art. 3). Das Bischofsamt und seine Weihe stehen zwar über all dem, gehören aber nach Meinung der damaligen Zeit nicht zum Sakrament des Ordo (vgl. 40, 5).

Die Kirche hat nun heute, in Berücksichtigung eben der heutigen Verhältnisse, die Dienste des einen Ordo anders geordnet. In einer tieferen Erfassung des Wesens der kirchlichen Dienste hat die Theologie dem Bischofsamt die Stellung zurückgegeben, die ihm in der Alten Kirche zukam; das II. Vaticanum hat diese Ansicht ausdrücklich bestätigt. Deshalb sehen wir heute das eine Sakrament des Ordo in seiner ganzen Fülle im Amt des

Bischofs konzentriert als dem unmittelbaren Nachfolger und Stellvertreter des apostolischen Dienstes. Aus ihm und zu seiner Hilfe entfalten sich Presbyterat und Diakonat. Diese drei Stufen bilden heute das Sakrament, die eigentlichen, „heiligen“ Weihen, während nach heutigem Verständnis alle anderen Dienste bloße Beauftragungen sind, die wohl mit einer Segnung und Gebet verbunden sind, aber nicht zum Sakrament selbst gehören. Der Subdiakonat ist ganz aufgehoben bzw. mit dem Dienst des Akoluthen verbunden, so daß dieser, falls eine Bischofskonferenz das wünscht, auch „Subdiakon“ genannt werden kann (so Paul VI. im Motu Proprio „Ministeria quaedam“, IV). 37

Was Thomas im einzelnen sagt zur Begründung der sieben Weihestufen (Art. 2), ist klug und entsprechend, um den damaligen Brauch der Kirche verständlich zu machen, und zwar im Aufweis des Verhältnisses der einzelnen Dienste zur Eucharistiefeier. Wir Heutigen wollen die drei Stufen des eigentlichen Sakramentes umfassender deuten vom Auftrag des Bischofs her. Er ist beauftragt, die Gemeinde zu leiten, auf daß sie Kirche sei, vor allem in der Feier der Eucharistie, in der Verkündigung des Wortes und der Spendung der Sakramente sowie im Gotteslob des Stundengebetes. Um das richtig tun zu können, bedarf er der Hilfe der Priester (vor allem für die Feier der Messe), der Diakone für die Verkündigung des Wortes Gottes und auch für die Spendung der Sakramente; er bedarf auch der Hilfe weiterer Christen, für den Vortrag der Lesungen aus der Hl. Schrift und für den Altardienst. Solche Dienste können von jedem Laien, Mann oder Frau, geleistet werden. Eine eigentliche Dienst-Stufe, wenn auch von nicht-sakramentaler Art, wäre dazu nicht nötig gewesen. Der Papst, Paul VI., hat dennoch, um den Anregungen der Überlieferung in etwa auch heute noch zu entsprechen, die beiden „Dienste“, ministeria, des Lektors und des Akoluthen, anstelle der früheren vier „Niederen Weihen“ und des Subdiakonats, geschaffen. Mit einer Segnung, der Überreichung eines Zeichens, das den neuen Dienst symbolisieren soll, und einem Gebet werden Männer zu diesem Dienst in einem offiziellen, amtlichen Sinn bestellt. Alle Kandidaten zu den sakramentalen Weihen müssen diese Dienste, nachdem sie damit in der Segnung amtlich bestellt wurden, eine Zeitlang (etwa 6—12 Monate oder mehr oder weniger) ausüben, gleichsam als Bereitung auf die höheren Dienste des Diakonats und Priestertums (CIC can. 1035). 37, 2

Der Art. 5, der mit den vorhergehenden keinen unmittelbaren Zusammenhang hat, ist gewissermaßen ein Nachtrag. In der Vorbemerkung zur Fr. 37 heißt sein Titel richtiger: Wann werden die Malzeichen der Weihestufen eingeprägt? (und im Urtext des Sentenzenkommentars ausdrücklich „in den einzelnen Weihestufen“: 4 d 24, 2 prol.); denn die damalige Theologie, und Thomas folgt hier der damals allgemeinen Ansicht (vgl. 35, 2), nahm die Einprägung eines Malzeichens für jede der sieben Stufen an. Das macht die Behandlung dieses Problems gerade an dieser Stelle verständlich. Aber Thomas beschränkt sich in der *Antwort* auf die Erörterung der Priesterweihe allein. Dabei 37, 5

37, 5 sehen wir noch einmal, daß er die Antwort gibt im Rahmen der damals allgemeinen Ansicht: nicht die Handauflegung (s. E. 2 u. Zu 2), sondern die Überreichung der Geräte bzw. Amtsinsignien ist die entscheidende „Materie“ des Sakramentes.

Immerhin berücksichtigt Thomas die gesamte liturgische Handlung, die also auch für ihn noch ein Ganzes ist. In ihr „bereitet“ der Bischof die Kandidaten durch Ermahnung und Segnung; er gibt ihnen die Fülle der Gnade durch die Handauflegung, um sie so fähig zu machen für die Ausübung ihres priesterlichen Dienstes. Aber erst in der Überreichung des Kelches (gefüllt mit dem Mischwein) und der Patene (mit der Hostie) übergibt er ihnen die geistliche Vollmacht des Priestertums (vgl. *Anders.*); denn die begleitenden Worte sagen: „Empfange die Vollmacht, Gott das Opfer darzubringen ...“ Damit ist zwar eine wirklich gute Deutung der damaligen Liturgie gegeben. Da aber in ihr die ausdeutenden Zeichen zu stark betont wurden, hat die Liturgiereform nach dem II. Vaticanum, in konsequenter Beachtung der Entscheidung Papst Pius' XII. über das Wesen der Weihehandlungen, die Gesamtwirkung wiederum wie in der Alten Kirche allein der Handauflegung und dem Großen Weihegebet zugesprochen. Der beibehaltene Ritus der Überreichung der Opfergaben der Messe wird nunmehr anders gedeutet. Er ist die Aufforderung zum erstmaligen Vollzug der empfangenen heiligen Gewalt: „Nimm hin die Opfergabe des heiligen Gottesvolkes, um sie Gott darzubringen ...“

Fünftes Kapitel

DER SPENDER DES SAKRAMENTES

(Fr. 38)

38, 1 Spender des Ordo-Sakramentes ist der Bischof (Art. 1). — Das ist uralte Überlieferung der Kirche, selbstverständlich für Thomas ebenso wie für uns heute. So bestimmt es bereits Hippolyt in der „Apostolischen Überlieferung“[1]: „Wenn man einen Presbyter ordiniert, lege ihm der Bischof die Hand aufs Haupt, während die Priester ihn gleichfalls berühren ...“ Mit gleicher Selbstverständlichkeit sprechen alle Ordines, von den Statuta Ecclesiae antiqua des 5./6. Jahrhunderts bis zu den Pontifikalien des Mittelalters und der Gegenwart. Entsprechend lautet die scharfe Abwehr des Trienter Konzils gegen die Lehren der Reformatoren: „Wenn jemand sagt, die Bischöfe seien nicht eine höhere Stufe als die der Priester, oder sie hätten nicht die Vollmacht zu firmen und zu weihen, oder diese ihnen eigene Gewalt sei ihnen mit den Presbytern gemeinsam ..., der sei ausgeschlossen“ (sessio 23 can. 7 = DS 1777). Der CIC bestätigt das (can. 1012). Der CIC von 1917 fügte noch jene Einschränkungen hinzu, die ebenfalls uralter Praxis entsprechen: „Ordentlicher Spender der heiligen Weihen ist der geweihte Bischof; außerordentlicher derjenige, der, obwohl ohne bischöfliches Merkmal, von Rechts wegen oder durch besonderes Indult des Apostolischen

[1] Kp. 7 (ed. Botte, 20/21).

Stuhls die Vollmacht erhielt, einige Ordines zu spenden" (can. 951). Die zuletzt erwähnte außerordentliche Vollmacht betraf im allgemeinen nur die Spendung der Niederen Weihen der bisherigen Form durch Apostolische Präfekten, Äbte und andere Ordensobere. Die Formulierung des Codex war allerdings sehr allgemein gehalten, und das wohl nicht ohne Absicht. In der Tat liegen hier größere Probleme vor. 38, 1

Sie sind in unseren Tagen gleichsam neu entdeckt worden im Zusammenhang des ökumenischen Gesprächs, näherhin bei der Erörterung der Gültigkeit bzw. der Anerkennung der Ämter in den Kirchen der Reformation. Wo in diesen Kirchen, insbesondere in der lutherischen Kirche, eine eigentliche Ordination mit Übertragung geistlicher Vollmachten angenommen wird, handelt es sich offenbar um eine Weitergabe dieser Vollmachten in einer (ursprünglich) presbyteralen Sukzession. Vom katholischen Standpunkt stellt sich daher die Frage nach der Gültigkeit einer presbyteralen Ordination.

Mit einem gewissen Erstaunen stellen wir nun fest, daß eine solche durchaus nicht a priori auszuschließen wäre. Das ist die Ansicht einer stets wachsenden Zahl von Theologen.[2]

Da steht zunächst das erneut kritisch geprüfte Zeugnis des NT; aus ihm ergibt sich „nicht eindeutig, daß in nachapostolischer Zeit nur Bischöfe als Ordinatoren gewirkt haben".[3] Wo uns dort der Ausdruck „epískopos" begegnet, besagt er nicht notwendig den monarchischen Episcopus, wie wir ihn seit dem 1. Klemensbrief und seit Ignatius von Antiochien kennen. Episkop und Presbyter bezeichnen ursprünglich die gleiche Funktion.

Immerhin gilt das nur für die Frühzeit, die unmittelbar nachapostolischen Jahre; es wäre denkbar, daß für diese Zeit besondere Maßstäbe anzulegen sind und daß die Kirche für später anderes bestimmt hätte. Nun sagt uns aber die Kirchengeschichte, daß es auch später Fälle presbyteraler Ordination gegeben hat. Wir können dabei alles übergehen, was nicht absolut als sicher zu gelten hat.[4] Es gibt aber sichere Fälle, wo, mit päpstlicher Erlaubnis, presbyterale Ordinationen stattgefunden haben. Daß Bonifaz IX. (1400), Martin V. (1427), Innozenz VIII. (1489) Äbten diese Vollmachten gegeben haben, steht außer Zweifel. Die entsprechenden Dokumente sind leicht zu finden: DS 1145 f., 1290, 1435. Aber nicht nur wurden tatsächlich in den genannten Fällen Priester und Diakone von Priestern (mit päpstlicher Bevollmächtigung) geweiht; auch theoretisch wurde diese Ansicht vertreten. Die Meinung der Theologen war zwar geteilt; Thomas entscheidet an der hier zu besprechenden Stelle (*Antw.* u. Zu 3) negativ. Aber „fast alle mittelalterlichen Kanonisten waren seit Huguccio († 1210) der Auffassung, daß ein ordinierter Priester gültige Ordinationen, auch zum Presbyterat, vornehmen könne, sobald

---

[2] Vgl. H. Schütte, Der Minister Eucharistiae außerhalb der apostolischen Sukzession. Zur Möglichkeit einer presbyteralen Sukzession. In: Ministères et célébration de l'Eucharistie = Studia Anselmiana 61 (Sacramentum I). Rom 1973, 210—249. Vgl. den ganzen Bd. u. die umstrittene, aber für weitere Diskussionen grundlegende Arbeit: Reform und Anerkennung kirchlicher Ämter. Ein Memorandum der Arbeitsgemeinschaft ökumenischer Universitätsinstitute. München / Mainz 1973.

[3] Schütte a. a. O., 216.

[4] Für Fälle wahrscheinlicher Ordination vgl. Schütte a. a. O., 217 f.

38, 1 ihn der Papst dazu ermächtige".[5] Von daher „werden die weitgehenden Weiheprivilegien, die einige Päpste des späten Mittelalters gewährten, ohne weiteres verständlich."[6]

In allem handelt es sich freilich um Ausnahmefälle. Sie zeigen aber an, daß, unter bestimmten Voraussetzungen (praktisch: durch besondere Bevollmächtigung des Papstes), die dem Priester gegebene geistliche Vollmacht in sich auch enthält die Vollmacht, Diakone oder Priester zu weihen. Diese Vollmacht muß indes eigens „entbunden" werden. Der CIC von 1917 (can. 951) widersprach in seiner vorsichtigen Formulierung dem nicht. Diese hatte allerdings, wird gesagt, die Niederen Weihen im Auge. Mit deren Wegfall fällt im neuen CIC die Behandlung von Weihen, die nicht von Bischöfen gespendet werden, fort. Man braucht in dieser rechtlichen Regelung keine Stellungnahme zur historisch-theologischen Diskussion zu sehen. Ordentlicher Spender der Weihen des Diakons und Priesters ist jedenfalls nur der Bischof.

38, 2 Bezüglich der Gültigkeit der von einem Häretiker oder Schismatiker gespendeten Weihen hat Thomas im Art. 2 eine klare und eindeutige Stellung eingenommen, inmitten einer noch großen Unsicherheit, wie die in der *Antwort* zitierten Meinungen es belegen.

Die Unsicherheit geht zurück auf die großen Kontroversen der ersten christlichen Jahrhunderte. Es standen sich gegenüber der hl. Martyrerbischof Cyprian von Karthago (mit seiner Ansicht, daß Sakramente, gespendet von einem Bischof, der als Häretiker, Schismatiker oder Sünder den Hl. Geist nicht in sich trägt, immer ungültig sind) und die heiligen Bischöfe der römischen Kirche, ein Cornelius und Stephanus (mit der Lehre von der objektiven Gültigkeit der Sakramente, unabhängig von der Würde ihres Spenders). Augustinus hat sich kraftvoll für diese römische Lehre eingesetzt: solche Sakramente sind objektiv gültig, aber praktisch wirkungslos, vermitteln also keine Gnade; „... ordinatio mansit integra, quia in praecisione fuerat vitium ..., non in sacramentis, quae ubicumque sunt ipsa sunt."[7]

Die Handauflegung, die das Konzil von Nicäa (325) für wieder in die Großkirche aufgenommene Kleriker vorschrieb, war kein (Re-)Ordinationsritus, sondern nur eine Rekonziliationssegnung, wie das Konzil von Nicäa im Jahre 787 ausdrücklich feststellte.[8] Die griechische Kirche hat sich dieser Meinung aber nicht angeschlossen und hält z. T. auch heute noch die außerhalb der Kirche vollzogenen Weihen für ungültig und reordiniert deshalb. Auch im Abendland dauerte es lange, bis sich die Theologie allgemein zu einer eindeutigen Stellungnahme durchgerungen hatte. Die endgültige Lehre ist die vom hl. Thomas hier vertretene.

Alle stimmen überein, daß eine einmal gültig gespendete Weihe nicht wiederholt werden kann; sie prägt einen unauslöschlichen

---

[5] Schütte, a. a. O., 231.

[6] L. Ott, zit. bei Schütte, a. a. O.

[7] „... Die Ordination blieb unversehrt, weil der Fehler in der Trennung [von der Kirche] lag ..., nicht in den Sakramenten: denn diese bleiben sie selbst, wo immer sie vollzogen werden" (Contra ep. Parmeniani 2, 13 [28]: PL 43, 70).

[8] Anastasii Interpretatio Synodi VII Generalis, Actio I (PL 129, 219 B—220 A).

Charakter ein, der im Falle der Bischofsweihe freilich nicht 38, 2
‚Charakter' genannt werden könne, da der Episkopat kein eigentliches Sakrament sei, wie Thomas und seine Zeitgenossen annahmen (vgl. Zu 2; 40, 5 Zu 2). Zur Frage stand nur, unter welchen Voraussetzungen eine Weihe gültig sein kann.[9]

Eine ganz andere Frage ist es allerdings, ob man bei den Amtsträgern der nicht-katholischen kirchlichen Gemeinschaften die Kategorien noch anwenden kann, die einst geschaffen wurden gegenüber Häretikern und Schismatikern, die sich formell von der Kirche getrennt haben. Nach Jahrhunderten der Trennung sind die Christen anderer kirchlicher Gemeinschaften heute — zum wenigsten — guten Glaubens, also auf keinen Fall mehr formelle Häretiker oder Schismatiker. Von der Lauterkeit ihres Glaubens und ihrer Christusliebe spricht das Dekret über den Ökumenismus UR in beredter Weise (n. 20 ff.). Freilich, es bleiben Unterschiede, insofern jene „vor allem ob des Fehlens des Ordo-Sakraments die echte und vollständige Substanz des Eucharistischen Mysteriums nicht bewahrt haben" (n. 22); dennoch besitzen sie viel des Echten, so daß „die Lehre vom Herrenmahl, den übrigen Sakramenten, vom Gottesdienst und den Dienstämtern der Kirche das Thema eines Dialoges sein muß" (ebd.). Die Frage, die hier heute neu gestellt werden muß, ist nun: inwieweit kann den Ämtern dieser getrennten kirchlichen Gemeinschaften eine Gültigkeit zuerkannt werden? Gerade aufgrund der (außerordentlichen) Möglichkeit, die Ämter unter bestimmten Voraussetzungen auch durch eine presbyterale Sukzession weitergeben zu können, braucht diese Frage nicht von vornherein negativ beantwortet zu werden. Gewiß erfordert die Anerkennung der Gültigkeit jener Ämter noch weitere Schritte (auch der formalen Anerkennung seitens der Kirchen untereinander, die demütige Bitte, daß der Geist Gottes ergänze, was dem menschlichen Bemühen fehlte, auf daß ein kirchlicher Dienst heute gültig sei, der ursprünglich nicht von Bischöfen, sondern von einfachen Presbytern [etwa der Reformationszeit] weitergegeben wurde). Solche Fragen bilden das Thema der Ausführungen in den bereits zitierten Arbeiten.

Sechstes Kapitel
DIE HINDERNISSE DIESES SAKRAMENTES
(Fr. 39)

Hindert das weibliche Geschlecht den Empfang (dieses Sakramentes) der Weihe? (Art. 1) — Die Antwort des hl. 39, 1
Thomas ist eindeutig, wie sie es für alle Jahrhunderte der kirchlichen Überlieferung bis dahin gewesen war und bis in unsere Tage blieb. Auch der neue CIC hat im Can. 1024 in lapidarer Kürze das noch einmal festgelegt: „Die heilige Weihe kann nur ein getaufter Mann gültig empfangen." Aber bereits seit geraumer Zeit war hier ein Wandel eingetreten. Mit größtem Nachdruck wird die Frage gestellt: Warum soll nicht auch die Frau zum

[9] Vgl. Fr. 39; aber auch: A. Schebler, Reordination. LThK[1] 8 (1936) 829—831.

39, 1 Priestertum gerufen werden können? Von vielen, von Frauen und Männern, wird sie positiv beantwortet: Sie könnte berufen werden; ja, man fordert geradezu von der Kirche, daß sie im Rahmen des Einsseins aller in Christus, gemäß Gal 3, 28, den Frauen den Zugang zum Ordo-Sakrament eröffne. Und manche, freilich nicht alle, nicht-katholischen Gemeinschaften haben bereits Frauen ordiniert, auch zur Feier des Abendmahles.

Die Frage muß auf jeden Fall neu bedacht werden, und eine Antwort müßte gesucht und gefunden werden in aller Ruhe und Sachlichkeit. Die Gründe, die Thomas anführt, überzeugen nicht mehr. Die im *Anders.* 1 angeführte Schriftstelle (und ähnliche andere) wird von den Exegeten in anderer Weise erklärt; jedenfalls sei sie zu verstehen aus der damals allgemeinen Wertung bzw. Unterbewertung der Frau in ihrer sozialen Stellung inmitten des gesellschaftlichen Lebens jener Kulturwelt. Daß *Anders.* 2 hinfällig ist, wird ohne weiteres klar, wenn wir bedenken, daß es keine Tonsur (= corona) mehr gibt, daß ferner die männliche und weibliche Haarmode sich völlig geändert haben. So richtig das zu Eingang der *Antwort* angeführte Prinzip ist, es stützt sich in der konkreten Anwendung auf den zur Diskussion stehenden Fall auf eine Auffassung, die wir Heutigen nur mit einiger Beklemmung lesen: „Da im weiblichen Geschlecht keinerlei Vorrang der Stufe [der Ordnung] (eminentia gradus) bezeichnet werden (zeichenhaft zum Ausdruck gebracht werden) kann — denn die Frau lebt im Stand der Unterwerfung —, kann sie das Sakrament des Ordo nicht empfangen." Alle anderen Beweisgründe müssen letztlich zurückgeführt werden auf den einen: die Kirche hat dies Sakrament nie Frauen gespendet. Heute aber wird neu gefragt: Warum? Aus welchem Grunde? Aus einem ontologischen, einem Wesensgrund? Oder nur, weil in der damaligen Kulturwelt eine Berufung der Frau undenkbar war (während das heute nicht mehr der Fall zu sein brauchte)?

Der Ausschluß der Frau vom Priestertum kann jedenfalls nicht begründet werden durch ihre Inferiorität. Sie ist nicht inferior, sondern gleichberechtigt dem Manne, nicht nur weil die modernen Verfassungen das ausdrücklich sagen (vgl. das Grundgesetz der BRD, Art. 3: „Alle Menschen sind vor dem Gesetz gleich. Männer und Frauen sind gleichberechtigt. Niemand darf wegen seines Geschlechtes ... benachteiligt ... werden"). Das ist eine letzte, säkularisierte Konsequenz aus dem christlichen Grundsatz von Gal 3, 28: „Da (d. h. für die Getauften) gibt es nicht mehr Jude noch Hellene, nicht mehr Sklave noch Freier, nicht mehr männlich und weiblich; denn alle seid ihr einer in Christus Jesus." Aber das schließt natürlich weder biologisch noch psychologisch noch theologisch-pastoral die Andersartigkeit von Mann und Frau aus. Beide sind gleichberechtigt, je sich selbst ihrer Eigenart entsprechend zu verwirklichen. Gleichberechtigung kann nicht besagen, daß die Frau Mann sein soll, in falschem Emanzipationsstreben dem Mann nachstrebt, es ihm gleichtun will bis zur Vermännlichung. Letzteres gelingt, biologisch, doch nicht, führt jedoch zur Verfälschung des wahren Frauseins.

Ist das geklärt, so stellt sich aber erneut die Frage: Schließt das wahre Frausein die Ordinierung zum Priester-Ordo aus?

Man wird wohl zunächst antworten müssen: Es gibt keinen Grund, der im Wesen des weiblichen Geschlechtes läge, der eine solche Berufung a priori ausschlösse. Die kritische Überprüfung aller der Hl. Schrift entnommenen Gegengründe berechtigt zum Urteil von J. Peters[1]: „Exegetisch lassen sich keine zwingenden Gründe anführen, die für den Ausschluß der Frau vom kirchlichen Amt sprechen." 39, 1

Eine derartige Stellungnahme besagt aber nun wiederum nicht, daß Frauen das Sakrament des Ordo empfangen sollen, jedenfalls nicht sofort. Die Frage bedarf noch vieler weiterer Klärung. Eine Zulassung der Frau würde den Bruch mit der universalen Praxis von den Zeiten Christi an bedeuten; sie würde im gegenwärtigen Augenblick auf den entschiedenen Widerstand der Ostkirchen stoßen und uns diese erneut noch einmal entfremden.

Vor allem aber ist zu fragen: Ist denn die Zulassung der Frauen zum Ordo-Sakrament wirklich nötig? Ist sie nicht eine Forderung, die in der Atmosphäre des Kampfes um die Gleichberechtigung (der in sich berechtigt ist) erhoben wird, nur um es dem Manne gleichzutun, auch in diesem Sakrament, das nun noch einmal gesehen wird in einer Perspektive, die wir mit aller Energie überwinden möchten, nämlich in der des Herrschens, des „klerikalistischen" Machtstrebens? Alle Christen sind im Eins-Sein in Christus in Kraft der Taufe und Firmung gerufen zur Würde des „priesterlichen Gottesvolkes", d. h. zur aktiven Teilnahme am Gottesdienst der Kirche, mit dem Auftrag, das dort Gefeierte inmitten der Welt zu verwirklichen. Der Mann tut das in männlicher Weise, die Frau in weiblicher Art. Vieles kann und muß von beiden getan werden. Anderes wird besser dem einen oder dem anderen zugewiesen. Der Dienst mit der Waffe kommt dem Manne zu, der Frau ziemt es eher, Leben zu fördern. Bestimmte Schwerarbeiten sollten nur vom Mann getan werden, während die Frau besser und erfolgreicher andere Arbeiten ausführt, die vielleicht weniger physische Muskelkraft, aber dafür andere Qualitäten verlangen, die dem Manne eher fehlen würden.

Aus konkreten, gewiß auch zeitbedingten Gründen, schließlich aber auch aus praktischen Gründen hat Christus, und ihm folgend die Kirche aller Zeiten, den Dienst (und nicht etwa die Herrschaft, es sei denn in den Fehlentwicklungen des „Klerikalismus") der Leitung des priesterlichen Gottesvolkes dem Manne anvertraut. Einer muß diesen Dienst in Demut und Totaleinsatz leisten; alle aber müssen aktiv teilnehmen am Gottesdienst, müssen die Kirche sein, müssen sie verwirklichen inmitten der Welt. Das wird sehr wohl heute als hohes Ideal gesehen, etwa in der neuen Wertung des Laientums (vgl. LG, Kap. 4: Über die Laien, n. 30—38). Die harte Forderung nach der Priesterweihe der Frau entspringt oft dem Wunsche einer falsch verstandenen Emanzipation in Gleichmacherei, um — wie der Mann — herrschen zu können . . .!

Diese Überlegungen schließen nun aber in keiner Weise aus, daß, durchaus entsprechend ältester Tradition, die leider später

[1] Die Frau im kirchlichen Dienst. Concilium 4 (1968) 293—299; Zit. 297; zitiert v. J. L. Acebal, La partecipazione delle donne ai sacri misteri. In: G. Concetti (Hg.), Il prete per gli uomini d'oggi. Rom 1975, 821—854; Zit. S. 854.

39, 1 oft unter dem Herrschaftsanspruch des Mannes verdunkelt wurde, die Frau gerufen wird zu vielen Diensten in der Kirche, die sie gut und besser als der Mann verrichten kann, im Sinne etwa der altchristlichen Diakonissen, der Äbtissinnen. In diesen Aufgabenbereichen sollte sie die Stellung haben, die ihr als mündiger, erwachsener Christin zukommt; sie sollte ferner, wie das einst geschah, dafür auch den Segen der Kirche empfangen, in heiligen Handlungen, die ein „Sakramentale" sein könnten, ähnlich wie die kirchlichen Gebete und Riten, mit denen heute ein Mann zum Dienst des Lektors und des Akoluthen berufen wird, ohne daß er dadurch „Kleriker" wird.[2]

39, 2–6 Die anderen Hindernisse für einen Empfang des Ordo-Sakramentes (Art. 2—6). — Die hier aufgezählten Fälle, die einem Empfang des Sakramentes entgegenstehen, sind im wesentlichen die gleichen geblieben bis heute. Sie entsprechen der Sorge um einen würdigen Empfang von geistlichen Vollmachten, die für das Leben und den geistlichen Fortschritt der Kirche von so hoher Bedeutung sind.

Das kanonische Recht bestimmt im einzelnen, wie in heutiger Zeit die Sorge um solche Würdigkeit der Empfänger sich konkret aussprechen muß.

Can. 1031 § 1 verordnet, daß der Diakonat nicht gegeben werden soll vor Vollendung des 23. Lebensjahres; dasselbe Mindestalter gilt für den ständigen Diakonat, bei verheirateten Anwärtern das vollendete 35. Lebensjahr (§ 2). Can. 1032 § 1 f. verlangt außerdem die Absolvierung des theologischen Studiums vor Empfang der Weihe, d. h. die Beendigung des 5. Jahres für die Diakone. Die Priesterweihe kann frühestens sechs Monate später empfangen werden (can. 1031 § 1). In der Regel will man die Kandidaten zum Priestertum eine längere Zeit („tempus congruum": can. 1037 § 2) als Diakone wirken lassen.

39, 2 Wenn es auch wohl heute noch gilt, daß Kandidaten eines noch jugendlichen Alters (etwa: Knaben von 8 bis 10 Jahren) gültig zum Dienst des Lektors oder Akoluthen berufen werden könnten, so verlangt man doch heute allgemein ein höheres Alter. Der CIC von 1917 bestimmte im can. 976 § 1, daß niemand die Tonsur erhalten dürfe „vor Beginn des Theologie-Studiums". Das Motu proprio Pauls VI. „Ministeria quaedam" zur Neuordnung der Ordines Minores verlangt für die Zulassung zu der Institution des Lektorats und Akoluthats u. a. „ein entsprechendes Alter und besondere Eigenschaften gemäß näherer Festlegung durch die Bischofskonferenz" (VIII b). Auf jeden Fall ist verlangt, sowohl für Thomas und seine Zeit (Art. 2, *Antw.:* „um der Würde des Sakramentes willen") wie mehr noch heute, „der Wille, in Treue

---

[2] Vgl. zum ganzen, außer dem bedeutenden Beitrag von Acebal im zitierten Buch von G. Concetti: B. D. Dupuy, Theologie der kirchlichen Ämter. MS 4/2 (1973) 488—525. Zum Thema s. auch B. Neunheuser, Die Frau in der Liturgie. Notitiae 15 (1979) 164—177; W. Kasper, Die Treue der Frau zu ihrer Berufung. Die christliche Frau 69 (1980) 60—72; H. v. d. Meer, Priestertum der Frau? Eine theologiegeschichtliche Untersuchung. Freiburg 1969. (Quaestiones Disputatae 42).

Gott zur Verfügung zu stehen und dem christlichen Volke zu dienen" (Ministeria quaedam VIII c). Wir würden deshalb, obwohl es, streng genommen, zur Gültigkeit nicht unbedingt erfordert ist, ein entsprechendes Alter energischer verlangen, als Thomas es tut *(Antw.* u. Zu 2). 39, 2

Bei der Spendung der höheren Weihen geht jetzt immer ein Dialog voraus zwischen Bischof und Kandidat, in dem dieser seine ausdrückliche Bereitschaft zur bewußten Erfüllung seiner durch die Weihe zu übernehmenden Pflichten ausspricht.

Die übrigen Hindernisse werden im CIC heute so ausgedrückt: can. 1024: „*Gültig* empfängt die Weihen nur ein getaufter Mann"; can. 1025 § 1: *erlaubterweise* derjenige, der die von den Canones, gemäß Urteil des zuständigen Ordinarius, verlangten Eigenschaften hat und von keiner Irregularität oder keinem anderen Hindernis betroffen ist. 39, 2—6

Voraussetzungen für eine Weihe, für ihre Erlaubtheit, sind laut can. 1033: Empfang der Firmung; can. 1029: voller Glaube und entsprechender Lebenswandel, entsprechendes Wissen; can. 1035 § 1: Empfang der beiden Diensteinweisungen zum Lektor und Akoluthen, die entsprechende Zeit des Dienstes in den einzelnen Stufen; can. 1016—1019: Zugehörigkeit zu einer Diözese oder einem Orden; entsprechende weitere Vorbedingungen für die Bischofsweihe laut can. 1013.

Irregulär (so daß sie die Weihen erlaubterweise nicht empfangen dürfen) waren nach dem alten Recht (can. 984 des CIC von 1917): unehelich Geborene (es sei denn, sie seien später legitimiert worden oder hätten feierliche Gelübde in einem Orden abgelegt); diese Irregularität und Diskriminierung besteht nicht mehr (vgl. can. 1040); ebenfalls nicht die der körperlich Behinderten, can. 1029 spricht nur positiv von den „entsprechenden physischen Qualitäten". Nach can. 1041, 1° bleiben irregulär: Irrsinnige und psychisch Kranke (nach dem Urteil von Fachleuten für das Amt Ungeeignete). Ferner gemäß can. 1041, 2°: Apostaten, Häretiker, Schismatiker; 3°: wer eine Ehe eingehen wollte, obwohl durch eine gültige Ehe oder Ordensgelübde bereits gebunden; 4°: Mörder oder Helfer zu einer erfolgten Abtreibung; 5°: Selbstverstümmelte; solche, die andere verstümmelt oder einen Selbstmordversuch unternommen haben; 6°: wer ohne Berechtigung einen priesterlichen Akt bereits zu setzen versuchte.

Gemäß can. 1042 endlich sind in einfacher Weise verhindert, die Weihe zu empfangen: 1°: Verheiratete (außer sie sind zum ständigen Diakonat bestimmt); 2°: wer eine Tätigkeit ausübt, die Klerikern nicht erlaubt ist; 3°: kürzlich erst Konvertierte (wenn sie sich nicht bereits bewährt haben).

Das kirchliche Recht hat mit großer Sorgfalt aus der Erfahrung der Jahrhunderte festgelegt und im einzelnen beschrieben, was alles erforderlich ist, auf daß einer nicht nur in gültiger, sondern auch in erlaubter und würdiger Weise die geistlichen Vollmachten des Dienstes in der Kirche empfangen kann. Das neue Recht hat veraltete Bedingungen ausgeschieden.

DIE TONSUR ALS AUFNAHME IN DEN KLERIKERSTAND

(Fr. 40, 1—3)

Der hier beschriebene Ritus hieß bis zu den neuen Bestimmungen von Papst Paul VI. nach dem 2. Vatikanischen Konzil: „De clerico faciendo", was übersetzt etwa heißt: „Aufnahme in den Klerikerstand." Er bestand im wesentlichen aus zwei Handlungen: aus der eigentlichen Tonsur, in der der Bischof symbolisch einige Haare wegschnitt (und dem entsprach bis etwa in die Jahre des Zweiten Weltkrieges eine dauernd getragene Tonsur, d. h. für den Weltklerus eine ungefähr talergroße Rasur auf der Höhe des Scheitels, für — viele — Ordensleute ein mehr oder minder großer Haarkranz rings um den Kopf); dann die Einkleidung des Kandidaten mit einem Chorrock (Superpelliceum). Das Ganze gliederte in den Klerikerstand ein und ließ der Privilegien dieses Standes teilhaftig werden. Der Ritus konnte zu jeder Zeit und jeder Stunde, auch außerhalb der Kirche, vollzogen werden. Der offiziell „prima tonsura" (= Erste Tonsur) genannte Ritus konnte nur denen gespendet werden, „die den Vorsatz haben, zum Priestertum weiterzugehen, und von denen man vermuten darf, daß sie einmal würdige Priester würden" (can. 973 § 1 des CIC von 1917).

Erste Texte für entsprechende Gebete beim Haarschneiden und zur Aufnahme unter die Kleriker finden sich bereits im Pontificale Romano-Germanicum des 10. Jahrhunderts.[1]

Nach damaligem Brauch nahm man das (feierliche) Haarschneiden bereits bei Knaben vor, die für den geistlichen Stand (und die vorbereitenden Studien) bestimmt waren. Zum Zeichen der Einreihung in diesen engeren Dienst Christi und der Kirche legte der Kandidat etwas vom Schmuck des freien Mannes, eben die Haare, ab. Das blieb der Sinn dieses Brauches bis in unser Jahrhundert, auch wenn die äußere Form der Tonsur immer bescheidener und weniger auffällig wurde. Der Ritus bedeutete aber nicht nur Ablegen des weltlichen Schmuckes, sondern gerade ob der Dienstverpflichtung in der Kirche Christi auch eine neue Würde; sie wurde konkret in der Form der Tonsur, einem Haarkranz oder einer Haarkrone, symbolisiert gesehen: Die Kleriker tragen jetzt schon das Gleichbild einer Krone, auf daß sie dereinst das ewige Erbe im himmlischen Reich für immer gewinnen mögen.

Trotz des Reichtums dieser (typisch mittelalterlichen) Symbolik wurde in der Neuordnung der ganze Ritus abgeschafft; praktisch hatte die Symbolik der Tonsur sich längst ganz verflüchtigt; die Aufnahme in den Klerikerstand war zu sehr verfrüht. Sie wird heute richtiger mit der Diakonatsweihe verbunden; mit ihr erst wird für den lateinischen Ritus auch das Versprechen der Ehelosigkeit verbunden.

Hingegen wurde ein eigener Ritus geschaffen, der unabhängig von den Diensten des Lektors und Akoluthen, die auch Laien gegeben werden können, die „Zulassung unter die Kandidaten zum Diakonat und Presbyterat" betont (vgl. can. 1034 § 1). Der

---

[1] Ed. Vogel-Elze n. I—III (1. Bd., 3—7).

Entschluß der Kandidaten wird entsprechend im Zwiegespräch zwischen Bischof und Kandidaten formuliert und unter Gebet durch den Segen des Bischofs bekräftigt (vgl. das Motu proprio Pauls VI. „Ad Pascendum"). Doch bedeutet diese Aufnahme unter die Kandidaten nicht mehr die Eingliederung in den Klerikerstand, wohl jedoch, naturgemäß, den festen Entschluß, „das eigene Leben dem Dienst in der Kirche zu widmen zur Verherrlichung Gottes und zum Heil der Seelen" (Ad Pascendum I a und b). 40, 1—3

Achtes Kapitel
BISCHOFSAMT, BISCHOFSWEIHE UND HIERARCHIE
(Fr. 40, 4—6)

Die Artikel 4 u. 5 enthalten eine doppelte Problematik: einmal die Frage nach Existenz und Ursprung des Bischofsamtes, dann die weitere, ob die Bischofsweihe ein Sakrament bzw. ein Teil des Ordo-Sakramentes ist. 40, 4—5

Wir haben eben bereits festgestellt (Einl. u. 4. Kap.), daß die Dienstgewalt oder der Dienstauftrag des Episkopats sich im Laufe des 1. Jahrhunderts mit den anderen Stufen der nachapostolischen Diakonie aus dem Auftrag der Apostel entwickelt hat. Das Apostelkollegium, von Jesus Christus entsandt, das Evangelium zu verkünden, Zeugnis abzulegen von der Auferstehung des Herrn, hat in den je neu gegründeten Gemeinden πρεσβύτεροι („Älteste") bzw. ἐπίσκοποι („Aufseher") eingesetzt, unter Handauflegung und Gebet, die unter den Aposteln und dann anstelle der Apostel die Gemeinden leiten und der eucharistischen Feier vorstehen sollten. Für gleiche Aufgaben haben sie die „Sieben" berufen (vgl. Apg 6, 5 f.), wie wir mit großer Wahrscheinlichkeit wohl annehmen dürfen.

Am Anfang stand deshalb, wie wir mit ziemlicher Sicherheit sagen können, das Apostelkollegium unter der Führung des Petrus und später des Herrenbruders Jakobus, dem ein Kollegium von Presbytern oder Episkopen untergeordnet war. In den paulinischen Kirchen scheint der Autorität des Apostels unter- und nachgeordnet zu sein zunächst ein gleiches Kollegium von Presbytern oder Episkopen, aber bald auch ein einzelner vom Apostel Beauftragter (vgl. Tit 1, 5 und die Briefe an Tim). Dies Kollegium aber hat sich bald allüberall konzentriert auf den Leitungs-Dienst eines Apostelschülers, der andere Presbyter bzw. Episkopen und Diakone als Gehilfen zur Seite hat. Diese Entwicklung ist nach einer ersten Bezeugung im 1. Klemensbrief (also etwa im letzten Jahrzehnt des 1. Jahrhunderts) abgeschlossen in den Briefen des Ignatius von Antiochien zu Anfang des 2. Jahrhunderts.

Hier besitzt der Bischof eindeutig die Fülle des Leitungsdienstes, während die Presbyter und Diakone ihm in harmonischer Ordnung zugesellt sind. Was man nun „presbyter" (= Priester) nennt, ist nicht etwa der ursprüngliche Dienstgrad, dem dann zur höchsten Leitung eine weitere Stufe übergeordnet worden wäre. Vielmehr ist der nunmehr in einem Träger konzentrierte Dienst

40, 4—5 des (jetzt) „Bischof" (ursprünglich sowohl Presbyter wie Episkop im gleichen Sinne) Genannten die Fülle des Leitungsamtes, dem zur Hilfe beigegeben sind in einem von da an gleichbleibenden Sinn die Priester und Diakone. Die Liturgie aller Zeiten bezeugt das eindeutig, von Hippolyt an (zu Beginn des 3. Jahrhunderts) über sämtliche Weiheordnungen, auch zur Zeit des hl. Thomas bis zur Neuordnung unserer Tage nach dem II. Vaticanum. Auch der sogenannte Areopagite Dionysius (Art. 5, E. 1) spricht richtig von diesen drei Stufen.

Aber in einer merkwürdigen Neuorientierung hat seit dem Ambrosiaster[1] und vor allem seit Hieronymus[2] das theologische Interesse sich auf die Priester konzentriert, die beim Wachsen der kleineren Gemeinden, zumal auf dem flachen Land, tatsächlich die Leitung der kleineren Gemeinden (wenn auch entsandt vom Bischof und unter seiner Leitung) übernommen haben. Sie feierten die Eucharistie und spendeten die meisten Sakramente (im Osten auch die Firmung). Was konnte die Bischofsweihe diesem erhabenen Auftrag noch hinzufügen, wenn nicht eine bloß rechtliche Beaufsichtigung und Leitung? Trotz der anderen Sprache der liturgischen Texte setzte sich diese theologische Sicht derart durch, daß es zur Zeit des hl. Thomas und in seiner Folge in den weiteren Jahrhunderten allgemeine Überzeugung wurde, das Priestertum sei in seiner entscheidenden Funktion im einfachen Priester zu sehen. Seine konsekratorische Gewalt über den wahren Leib Christi gibt ihm diese zentrale Stellung, der die bischöfliche Leitung über die Kirche als den mystischen Leib Christi keine wesentlich neuen Elemente hinzufügen kann.

Die Theologie unserer Tage hat den Weg bereitet zurück zur Sicht der alten Kirche und zum vollen Verständnis des eigentlichen Sinnes der liturgischen Weiheriten. Das Weihegebet des Priester-Ordo und die im alten Pontificale gegebene Mahnung des Bischofs über die priesterlichen Pflichten haben im Priester immer nicht das eigentliche Zentrum gesehen, sondern den Helfer dessen, in dem, wiederum nach den Worten des bischöflichen Weihegebetes, die „summa ministerii" (= die Fülle des Priestertums) gegeben ist. Die Priester stehen zum Bischof in einem ähnlichen Verhältnis, wie einst die siebzig Ältesten zu Moses: der Bischof hat wie Moses die eigentliche entscheidende Dienst-Aufgabe; die „siebzig" Ältesten, wie die Priester, sollen ihm helfen; nicht aber ist der Priester der Mittelpunkt des Dienst-Auftrages, dem nur zur Führung im allgemeinen ein „Aufseher", d. h. der Bischof, vorgesetzt wird. Das 2. Vatikanische Konzil hat die Folgerung aus alledem gezogen und feierlich erklärt: „. . . Das Heilige Konzil lehrt, daß durch die Bischofsweihe die Fülle des Ordo-Sakramentes gegeben wird (plenitudinem conferri sacramenti Ordinis); sie wird im liturgischen Brauch der Kirche und in den Formulierungen der heiligen Väter genannt das Hohe-Priestertum, Gipfel-Höhepunkt (summa) des hl. Dienstes" (LG 21); dazu werden in der Anmerkung 19 die entsprechenden Texte

[1] In 1^{am} ep. ad Tim. 3, 8—10 (PL 17, 496 BC) — um 366—384.
[2] In ep. ad Tit. 1, 1. 5 (PL 26, 597 AB).

zitiert aus der Apost. Überlieferung Hippolyts, dem Sacramenta- 40, 4—5
rium Leonianum (Veronense) und Gelasianum. Damit ist dann auch gegeben, daß dies Sakrament der Fülle des Priestertums, da es, einmal gültig gespendet, nicht wiederholt werden kann, das unauslöschliche Merkmal, den ‚Charakter', einprägt.

Zu bemerken ist noch, daß im Konzil ein ursprünglicher Text gelautet hatte, die Bischofsweihe stelle den höchsten Grad des Ordo-Sakramentes dar. Man hat das in die jetzige Fassung umgeändert: Sie gibt die Fülle des Ordo-Sakramentes; denn die niederen Stufen sind nicht die Vorbereitung auf das Bischofsamt als auf die höchste Stufe; vielmehr ist umgekehrt der bischöfliche Ordo die Quelle der anderen, die Entfaltung seiner Fülle in untere Grade, die an dieser Fülle teilhaben.[3]

Der Art. 6 handelt in großer Kürze vom päpstlichen Primat 40, 6
und von den Ordnungen der Metropoliten und Primaten (bzw. Patriarchen). In beiden Fällen haben die Dinge, mehr noch als in der Entfaltung der sakramentalen Ordnung der kirchlichen Dienste, sich geschichtlich entwickelt, freilich in sehr verschiedener Weise. Während die allmähliche Entfaltung des päpstlichen Primats eine Entwicklung „göttlichen Rechtes" genannt werden muß, sind die Ordnungen der Metropoliten und Primaten und Patriarchen Ordnungsstufen, die innerhalb eines, wenn auch sehr bedeutsamen, kirchlichen Rechtes bleiben und bis zum heutigen Tag auch stetem Wechsel unterworfen geblieben sind.

Ausgangspunkt der Lehre des 2. Vatikanischen Konzils ist der Auftrag und die Sendung Christi, der als Ewiger Hirte die heilige Kirche auferbaut hat, indem er die Apostel entsendet, so wie er selbst vom Vater gesandt wurde.

„Er wollte, daß ihre Nachfolger, [die von den Aposteln eingesetzten „Ältesten" oder „Episkopen", d. h. in der schließlichen Entwicklung:] die Bischöfe, Hirten in seiner Kirche sein sollten bis zur Vollendung der Weltzeit" (LG 18). Das ist der Grund für den Leitungsdienst des Bischofskollegiums in seiner Gesamtheit im Hinblick auf die ganze Kirche und die einzelnen Ortskirchen. Aber das Konzil fährt fort und sagt: „Damit aber der Episkopat selbst ein einziger und unteilbarer sein könnte, ordnete er den heiligen Petrus den übrigen Aposteln über und errichtete in ihm den ewigen und sichtbaren Urgrund und das Fundament der Einheit des Glaubens und der Gemeinschaft. Diese Lehre von der Einsetzung, der steten Dauer, der Gewalt und der Eigenart des heiligen Primats des Römischen Bischofs und von seinem unfehlbaren Lehramt legt das Heilige Konzil allen Gläubigen erneut als fest zu glauben vor; im gleichen Unterfangen aber möchte es weitergehen und die Lehre von den Bischöfen, den Nachfolgern der Apostel, die mit dem Nachfolger Petri, Christi Stellvertreter und dem sichtbaren Haupt der ganzen Kirche, das Haus des Lebendigen Gottes lenken, vor allen bekennen und erklären" (ebd.).

In diesem Sinn erörtert das Konzil in LG 19 ff. die Einsetzung

[3] J. Lécuyer, Die Bischofsweihe als Sakrament. In: G. Baraúna, Die Ecclesia. Freiburg—Frankfurt 1966, II, 24—43 (m. Lit.).

40, 6 des apostolischen Auftrages an die Zwölf, die Entfaltung dieses Auftrages in der kirchlichen Hierarchie der Bischöfe. Die Bischöfe aber sind zu solchem Kollegium vereint nur, wenn sie mit dem Haupte des Kollegiums, dem Papste, Gemeinschaft haben (LG 22 f.).

Die Art und Weise, wie die Gesamtheit der Bischöfe und der Papst in der Leitung der Kirche zusammenwirken, hat sich im Laufe der Jahrhunderte oft gewandelt. Nach einer starken, freilich verständlichen Überbetonung der päpstlichen Zentralgewalt im Gefolge der Definitionen des 1. Vatikanischen Konzils von 1869/70, das die geplante Behandlung der bischöflichen Gewalt nicht mehr durchführen konnte, hat das II. Vaticanum die notwendige Ergänzung geschaffen, unter ausdrücklicher Bewahrung der Lehren des I. Vaticanums (LG 18). Es ist Aufgabe des Papstes, der Bischöfe insgesamt, und insbesondere der Bischofssynoden, die von Papst Paul VI. nach dem Konzil eingesetzt wurden und mehrfach bereits tagten, den konkreten Weg der gemeinsamen Arbeit zu finden (vgl. Anm. [186]).

Das Konzil hat aber ausdrücklich betont, daß die Bischöfe innerhalb des Bischofskollegiums und unter dem päpstlichen Primat ihren Hirtendienst in den einzelnen Ortskirchen kraft göttlichen Rechts ausüben (LG 26 f.). Es wird ferner anerkannt, daß Gottes Vorsehung die Dinge so geordnet hat, daß mehrere der von den Aposteln gegründeten Ortskirchen im Laufe der Geschichte zu Gemeinschaften zusammengewachsen sind, die inmitten der Einheit und Gemeinschaft der Gesamtkirche „ihre eigene Disziplin, ihre eigene Liturgie, ihr besonderes theologisches und geistliches Erbgut besitzen" (LG 23). Unter diesen ragen hervor besonders die „alten Patriarchatskirchen, von denen wiederum andere Kirchen, gleichsam als Töchter, ihren Ursprung nahmen, mit denen sie in einer engeren Weise ... verbunden bleiben" (ebd.). Das gilt aber nur für die Patriarchate des Ostens. Die wenigen Patriarchen der abendländischen Kirche (wie die von Venedig und Lissabon) und die abendländischen Metropoliten (Erzbischöfe) haben eine geringere Bedeutung und sind späteren Ursprungs kirchenrechtlicher Art.

Von allen aber gilt, was das Konzil abschließend sagt: „Die auf Einheit hinzielende Vielfalt (und Verschiedenartigkeit) der Ortskirchen zeigt die Katholizität der ungeteilten Kirche in leuchtender Weise. In gleicher Weise können die Bischofskonferenzen (coetus episcopales) heute einen vielfältigen und fruchtbaren Beitrag erstellen, daß das Empfinden (affectus) für Kollegialität zur konkreten Anwendung und Verwirklichung geführt werde" (ebd.).

DIE GEWÄNDER DER DIENER DER KIRCHE
(Fr. 40, 7)

Dieser letzte Artikel zeigt uns noch einmal in großer Deutlichkeit die Zeitbedingtheit dieses Teils des Sentenzenkommentars bzw. des aus diesem zusammengestellten Supplementum. Das Mittelalter hatte an der Vielzahl liturgischer Gewänder und Insignien, die seit der christlichen Spätantike sich im allgemeinen Brauch der Kirche eingebürgert hatten, große Freude. Ohne viel über den historischen Ursprung dieser Gewänder nachzudenken, nahm man das Traditionsgut der Kirche an und erblickte darin ebenso viele kostbare Hinweise, Symbolelemente, die in die tiefere Bedeutung der kirchlichen Dienste einführen konnten.

Uns Heutigen liegt diese zuweilen reichlich gesucht erscheinende Symbolik nicht mehr sonderlich. Einiges ist ganz in Wegfall gekommen; anderes wird stärker in seinem geschichtlichen Ursprung gesehen. Dann ist das liturgische Gewand ein auszeichnendes Gewandstück, das den Diener der Kirche ganz allgemein als solchen kenntlich machen und in etwa aus dem Alltag herausheben soll zur Betonung seines Dienstauftrages: für das Gottesvolk, im Gottesdienst, am Altar. Wir wünschen in diesen Gewändern das funktionelle Zeichen zu sehen, das die einzelnen Dienste klar voneinander scheidet, ohne daß wir viel eine geheimnisvolle Sinnbildbedeutung im einzelnen suchen würden. Echte Gewänder, aus echtem Stoff, einfach, nicht kostbar, nicht überladen mit Bildern (denn es ist ja nicht der Sinn eines Gewandes, Bilder-Rahmen zu sein), aber dennoch deutliches Zeichen, das den Träger als Diener und Vermittler der gottesdienstlichen Tat des Volkes Gottes kennzeichnet.

So ist wohl auch der Ursprung der liturgischen Kleidungsformen zu sehen, wenn auch manches sich im Dunkel frühester Geschichte verliert. Man darf aber mit großer Wahrscheinlichkeit sagen, daß die besonderen Gewänder der kirchlichen Dienste erwachsen sind — nicht so sehr aus der unmittelbaren Übernahme der Insignien kaiserlicher Hof- oder Staatswürdenträger (obwohl da gewiß Analogien gegeben sind), als vielmehr aus dem Feiertagsgewand des römisch-hellenistischen Bürgers einer guten Mittelschicht. Im Wandel der Moden hat sich dieses Gewand allmählich fixiert und ist schließlich typisches Zeichen des priesterlichen Dienstes geworden, während das Alltags- und Feiertagsgewand des Bürgers andere Formen gefunden hat. Einmal fixiert, hat aber dann das kirchliche Gewand ebenfalls sich als solches entwickelt und sich dem Wandel der Moden in seiner Weise angepaßt, so daß wir unterscheiden müssen und können zwischen gotischen, barocken, klassizistischen und modernen kirchlichen Gewandstücken. Die neuesten Forschungsergebnisse[1] mahnen zur Vorsicht. Vieles hat sich erst spät zu den Formen ausgebildet, die Thomas zu seiner Zeit bereits als überliefertes Gut kannte und die

[1] B. Sirch, Der Ursprung der bischöflichen Mitra und päpstlichen Tiara. St. Ottilien 1975.

40, 7 auch wir heute noch besitzen. Sie sind (entgegen etwa den Hypothesen von Th. Klauser[2]) kaum unmittelbar aus den Hofbräuchen der christlich-römischen Kaiser abzuleiten. Erst in späterer Zeit, also nach dem 8./9. und nach dem 10. Jahrhundert, ist die, wie gesagt, aus dem Feiertagsgewand entwickelte liturgische Kleidung unter dem Einfluß des symbolischen Denkens der fränkisch-germanischen Völker und nicht zuletzt auch durch Rückgriff auf die Vorbilder des Alten Testamentes zu dem geworden, was hier Thomas beschreibt.

So sehr übrigens der Aquinate dem Symbolgeschmack seiner Zeit verpflichtet ist, so ist doch bemerkenswert, daß er seine Deutungen oft im Anschluß an den wirklichen, geschichtlichen Sachverhalt gibt (z. B. betr. Manipel, Dalmatik: *Antw.*).

Aber auch wenn wir heute die symbolische Deutung der liturgischen Kleidung nicht mehr recht schätzen, ein Verzicht auf diese „sakralen" Zeichen kirchlicher Dienstordnungen, wie er von manchen gewünscht wird, wäre sehr zu bedauern. Ein Mindestmaß von Symbolverständnis ist notwendig, um die Würde und hohe Verpflichtung der Dienste wirklich zu sehen und einigermaßen zu verstehen.

---

[2] Der Ursprung der bischöflichen Insignien und Ehrenrechte. Krefeld [2]1953.

KONKORDANZ ZU DEN MARGINALIEN UND FUSSNOTEN DES TEXTTEILS

Die Belege der Väterzitate im Corpus Scriptorum Ecclesiasticorum Latinorum (CSEL) und im Corpus Christianorum seu nova Patrum collectio, series Latina (CChrL), soweit die im Bande zitierten Werke dort erschienen sind

Seite	PL	CSEL	CChrL
5	37/1785A	—	40 /1991
8	26/118 AB	—	77 /142
19	35/1840B	—	36 /529
44	16/468 B	73 /122	—
47	42/929 D	—	50 /238
50	43/191 D	51 /287	—
54	35/1958B	—	36 /667
73	32/1268A	74 /85	29 /271
81	26/118 A	—	77 /142
94	33/1066D	57 /595	—
126	33/112 D	34I/107	—
156	33/656 B	44 /403	—
176	92/358 B	—	120 /83
214	42/929 A	—	50 /237
332	22/531 A	54 /421	—
333	75/948 A	—	143 /572
346	91/467 A	—	119A/98
346	22/617 B	54 /604	—
350	22/614 B	54 /599	—

VERZEICHNIS DER ABKÜRZUNGEN

1. Allgemeine Abkürzungen

a. = articulus
al. = alias
can. = canon
c(ap). = caput, capitulum
d. = distinctio
dub. = dubium
ed. = editio, edidit
ep. = epistula
Fn. = Fußnote
fol. = folio
hom. = homilia
lect. = lectio
l. = liber
m. = membrum
n. = numerus
p. = pars / pagina
par = (synoptische) Parallelstelle(n)
prol. = prologus
q. = quaestio
qa. = quaestiuncula
rec. = recensio, recens
s. = sequens
sol. = solution
SS. = Sancti
s. v. = sub verbo
t. = tomus
tit. = titulus
tr. = tractatus
vet. = vetus
Vg. = Vulgata
vol. = volumen
z. St. = zur Stelle
Alle sonstigen Abkürzungen verstehen sich von selbst.

2. Werke des hl. Thomas, soweit in diesem Band angeführt

CEG = Contra errores Graecorum, ad Urbanum IV Pontificem Maximum.
CG = Summa contra gentiles.
CI = Contra impugnantes Dei cultum et religionem.
In I (II) Cor = In S. Pauli Apostoli epistolam primam (secundam) ad Corinthios expositio (lectura).
In Eth = In decem libros Ethicorum Aristotelis ad Nicomachum expositio (sententia).
In Io = In evangelium S. Ioannis lectura.
In Mt = In evangelium S. Matthaei lectura.
In I Tim = In S. Pauli Apostoli epistolam primam ad Timotheum.
Mal = Quaestiones disputatae de malo.

PVS = De perfectione vitae spiritualis.
Ql = Quaestio de quodlibet (quodlibetalis).
SK = Sentenzenkommentar (Scriptum super libros Sententiarum Magistri Petri Lombardi; Zitation, wie in der DThA üblich, oft ohne Werkangabe, da aus der Art der Zitation deutlich ist, um welches Werk es sich handelt, z. B. 4 d 18: 1, 1 qa 1).
STh = Summa theologiae (Zitation meist ohne Werkangabe, z. B. III 62, 5 Zu 2 = III. Buch, 62. Frage, 5. Artikel, Antwort zum 2. Argument).
Suppl = Supplementum tertiae partis Summae theologiae (= Exzerpte aus dem SK).

3. Zeitschriften, Sammelwerke, Konzilsdokumente und anderes

AAS = Acta Apostolicae Sedis, Rom 1909 ff.
BGPhMA = Beiträge zur Geschichte der Philosophie (ab 27, 1928—30: und Theologie) des Mittelalters, Münster 1891 ff.
BKV = Bibliothek der Kirchenväter (83 Bde.), Kempten 1911 ff.
CChrL = Corpus Christianorum seu nova Patrum collectio. Series Latina, Turnhout—Paris 1953 ff.
CChrM = Corpus Christianorum. Continuatio mediaevalis, 1971 ff.
ChrD = „Christus Dominus": Dekret des II. Vat. über die Hirtenaufgabe der Bischöfe in der Kirche.
CIC = Codex Iuris Canonici (1983); Verweise auf den alten CIC (1917) sind durch Jahreszahl o. ä. gekennzeichnet.
COD = Conciliorum Oecumenicorum Decreta. Ed. Centro di Documentazione, Istituto per le Scienze Religiose, Bologna. Freiburg [2]1962, [3]1973.
CSEL = Corpus scriptorum ecclesiasticorum latinorum, Wien 1866 ff.
CT = Concilium Tridentinum, ed. Societa Goerresiana, Freiburg 1901 ff.
DS = Denzinger—Schönmetzer, Enchiridion symbolorum: Neubearbeitung des „Denzinger" (1854 ff.) mit neuer Numerierung, Freiburg 1963 (ff.).
DThA = Die Deutsche Thomas-Ausgabe, 1933 ff.
DV = „Dei Verbum": Dogmatische Konstitution des II. Vat. über die göttliche Offenbarung.
EphLit = Ephemerides liturgicae, Rom 1887 ff.
Frdb = Corpus Iuris Canonici (s. LITERATURVERZEICHNIS 2.).
Gl. = Glossa (ordinaria, Petri Lombardi etc.).
HDG = Handbuch der Dogmengeschichte, Freiburg 1951 ff.
HThG[1] = Handbuch Theologischer Grundbegriffe (s. LITERATURVERZEICHNIS 3.) (das Neue HThG, 1984 f., konnte noch nicht benutzt werden).
HWPh = Historisches Wörterbuch der Philosophie, Basel—Stuttgart 1971 ff.
Isidor, Etym. = Isidori Etymologiarum sive Originum libri XX. Ed. Lindsay. 2 Bde., Oxford 1911 (ff.).
L = Ed. Leonina (Sancti Thomae Opera omnia), Rom u. a. 1882 ff.
LG = „Lumen gentium": Dogmatische Konstitution des II. Vat. über die Kirche.

LThK^2 = Lexikon für Theologie und Kirche, 2. Aufl., Freiburg 1957 ff.
LuM = Liturgie und Mönchtum. Laacher Hefte, Maria Laach 1948 ff.
MGH = Monumenta Germaniae Historica, Hannover—Berlin 1826 ff.
MS = Mysterium Salutis. Grundriß heilsgeschichtlicher Dogmatik, 5 Bde., Zürich—Einsiedeln—Köln 1965—1976.
Nik. Eth. = Aristoteles, Nikomachische Ethik.
NR = Neuner—Roos, Der Glaube der Kirche in den Urkunden ihrer Lehrverkündigung. 5. Aufl. Hg. v. K. Rahner, Regensburg 1958.
OT = „Optatam totius": Dekret des II. Vat. über die Ausbildung der Priester.
P = Ed. Piana (STh 1570).
PG = Patrologia Graeca, Paris 1857 ff.
PL = Patrologia Latina, Paris 1844 ff.
PO = „Presbyterorum ordinis": Dekret des II. Vat. über Dienst und Leben der Priester.
QR = Ed. Quaracchi (Collegium S. Bonaventurae).
RGG^2(^{3}) = Die Religion in Geschichte und Gegenwart. 2. Aufl., Tübingen 1927—1932 (3. Aufl., 1956 ff.).
RivLit = Rivista liturgica, Badia di Finalpia 1914 ff.
SC = „Sacrosanctum Concilium": Konstitution des II. Vat. über die heilige Liturgie.
Sent. = Sententiae Petri Lombardi.
SK = Sentenzenkommentar (s. o. 2.).
Tb = Ed. Teubner.
ThGl = Theologie und Glaube, Paderborn 1909 ff.
ThWNT = Theologisches Wörterbuch zum Neuen Testament (s. LITERATURVERZEICHNIS 3.).
TRE = Theologische Realenzyklopädie (s. LIT. VERZ. 3.).
TThS = Trierer Theologische Studien, 1941 ff.
TThZ = Trierer Theologische Zeitschrift (bis 1944: Pastor Bonus), Trier 1888 ff.
UR = „Unitatis redintegratio": Dekret des II. Vat. über den Ökumenismus.
ZkTh = Zeitschrift für katholische Theologie, Innsbruck (Wien) 1877 ff.

LITERATURVERZEICHNIS

1. Wissenschaftliche Hilfsmittel

Deferrari, R. J. — Barry, M. I. — McGuiness, J. I., A Lexicon of St. Thomas Aquinas based on the Summa Theologica and selected Passages from his other Works. Baltimore 1956.

Deferrari, R. J. — Barry, M. I., A complete Index of the Summa Theologica of St. Thomas Aquinas. Baltimore 1956.

Indices auctoritatum omniumque rerum notabilium occurrentium in Summa Theologiae et in Summa contra Gentiles S. Thomae de Aquino. Ed. Leonina [=L] t. XVI.

Index Thomisticus. S. Thomae Aquinatis operum omnium indices et concordantiae ... Consociata plurium opera atque electronico IBM automato usus digessit R. Busa SJ. Stuttgart — Bad Canstatt 1974 ff.

Schriftstellen-, Namens- und Sachverzeichnisse in den einzelnen Bänden der Marietti-Ausgabe der *Thomas*-Werke (s. u. 2.).

2. Dogmatische, liturgische, rechtliche Quellen

Albertus Magnus, Opera omnia. Ed. Borgnet. Paris 1890/99, 38 tt.

— Opera Omnia. Edenda curavit Institutum Alberti Magni Coloniense Bernhardo Geyer praeside [= Editio Coloniensis]. Münster 1951 ff., bisher 13 tt.

Alexander de Hales, Quaestiones disputatae ‚antequam esset Frater'. Ed. studio et cura PP. Collegii S. Bonaventurae. Quaracchi [=QR] 1960.

— Glossa in quatuor libros Sententiarum Petri Lombardi. Ed. studio et cura PP. Collegii S. Bonaventurae. 4 voll., Quaracchi [=QR] 1951—1957.

— Summa theologica: s. Summa Halensis.

Apostolische Konstitutionen. Ed. F. X. Funk, Didascalia et Constitutiones Apostolorum I. Paderborn 1905.

Aristoteles, Opera. Ed. Bekker [u. a.], 5 Bde. Berlin 1831/70; Neudruck 1960/61.

Bonaventura, Opera Omnia. Ed. studio et cura PP. Collegii S. Bonaventurae. Quaracchi [= QR] 1882/1902, 10 tt.

Caesarius v. Arles, Sermones. Ed. G. Morin. CChrL 103/104.

Codex Iuris Canonici auctoritate Ioannis Pauli PP. II promulgatus. Vatikanstadt 1983. Lat.-dt.: Kevelaer 1983.

Conciliorum Oecumenicorum Decreta [= COD]. Ed. Centro di Documentatione, Bologna. Basel—Barcelona—Freiburg—Rom—Wien ³1973.

Concilium Vaticanum II. Lat.-dt. m. Komm.: LThK², Erg.-Bd. 1—3. Freiburg 1966—1968. Dt. m. Einleitungen: K. Rahner—H. Vorgrimler, Kleines Konzilskompendium. Herder-Bücherei 270—273. Freiburg 1966 ff.

Corpus Iuris Canonici. Ed. Friedberg [= Frdb]. T. I: Gratian, Decretum. Leipzig 1879; Nachdr. Graz 1955. T. II: Decretalia. Leipzig 1881; Nachdr. Graz 1955.

[Ps.-] Dionysios Areopagites, Opera. PG 3—4; Krit. Text der lat. Übersetzung in: Dionysiaca I und II. Paris 1937 ff.

Enchiridion symbolorum, definitionum et declarationum de rebus fidei et morum. Quod primum edidit Henricus Denzinger et quod funditus retractavit, auxit, notulis ornavit Adolfus Schönmetzer SI. Barcelona—Freiburg—Rom 1965 [= DS; nach Nummern zitiert].

Guillelmus Antissiodorensis, Summa aurea. Paris 1500 (Pigouchet), Nachdruck Frankfurt/M. 1964.

Hippolyte, La Tradition apostolique de saint —. Essai de reconstitution par B. Botte OSB (griech.-lat.-französ.) (Liturgiewissenschaftliche Quellen und Forschungen 39). Münster 1963, Neudr. 1965.

Ignatius Antiochenus, Epistulae. Ed.: Bihlmeyer, Apostolische Väter. ²1956.

Isidorus Hispalensis, Etymologiarum sive Originum libri XX. Ed. W. M. Lindsay. 2 voll. Oxford 1911/1962.

Kaczynski R., Enchiridion documentorum Instaurationis liturgicae. Turin 1976.

Missale Francorum. Ed. Mohlberg OSB.

Ordines Romani: Andrieu M., Les Ordines Romani du haut moyen-âge (Spic Sacr Lov 11. 23. 24. 28). 1931—1956.

Ordo benedicendi oleum . . . infirmorum. Vatikanstadt 1971.

Ordo Paenitentiae. Vatikanstadt 1974. Dt.: Die Feier der Buße. Studienausgabe 1974. Kommentare: EphLit 89 (1975) 163—316; RivLit 58 (1971).

Ordo Unctionis Infirmorum eorumque pastoralis curae. Vatikanstadt 1972. Dt.: Die Feier der Krankensakramente. ¹1975, ²1976. Kommentare: EphLit 89 (1975) 321—467.

Patres Apostolici. Ed. F. X. Funk. Tübingen ²1906.

Patrologia Graeca [= PG]. Ed. J. P. Migne. Paris 1857 ff.

Patrologia Latina [= PL]. Ed. J. P. Migne. Paris 1844 ff.

Paul VI., Const. Apostolica „Indulgentiarum doctrina“ (1967); „Pontificalis Romani recognitio“ (1968).

Petrus Lombardus, Sententiae in IV libris distinctae. Ed. Quaracchi [= QR]. Lib. III—IV. Grottaferrata ³1981.

Pius XII., Const. Apostolica „Sacramentum Ordinis“ (1947). AAS 40 (1948) 5—7; vgl. DS 3857—3861.

Pontificale Romano-Germanicum: Vogel C.—Elze R. (Ed.), Le Pontifical Romano-Germanique du dixième siècle (Studi e Testi 226 f.). Vatikanstadt 1963.

Pontificale Romanum (MA): Andrieu M., Le Pontifical romain au moyen-âge (Studi e Testi 86. 88. 89). Vatikanstadt 1938 bis 1941.

Pontificale Romanum. Regensburg 1891 ff.

Rituale Romanum. Vatikanstadt 1925.

Sacramentarium Gelasianum. Ed. L. C. Mohlberg. Rom ³1981.

Sacramentarium Gregorianum: Lietzmann H., Das Sacramentarium Gregorianum nach dem Aachener Urexemplar (Liturgiewiss. Quellen u. Forschungen, 3). Münster ⁴1967.

Sacramentarium Veronense (Leonianum). Ed. Mohlberg. Rom 1956.

Serapion von Thmuis, Euchologion. Ed. Funk, Didascalia et Constitutiones Apostolorum II. Paderborn 1905.
Summa Halensis = [Ps.-] Alexander de Hales, Summa theologica. Ed. studio et cura PP. Collegii S. Bonaventurae. Quaracchi [= QR] 1924 ff., bisher 5 Bde. = Pars I—III.
Thomas von Aquin. Scriptum super Sententiis Magistri Petri Lombardi (Sentenzenkommentar [= SK]). Ed. Vivès, Opera Omnia. Paris 1852/73, fotomechan. Neudruck New York 1948/49, tt. 6—8; jüngste Editionen: Lib. I—II: ed. Mandonnet, 2 voll. Paris 1929; lib. III—IV dd. 1—22: ed. Moos, 2 voll. Paris 1933/47; lib. III in zweibändiger Neuauflage (I: dd. 1—21; II: dd. 22—40). Paris 1956; für lib. IV dd. 23—50 liegt keine neuere Edition vor.
— Alle anderen in diesem Band herangezogenen Werke des hl. Thomas, also die Kommentare zu Aristoteles, Matthäus, Johannes, Paulus, die Quaestiones disputatae, Quodlibeta, CG, STh, Opuscula, werden zitiert nach der Turiner Ausgabe [Ed. Marietti], Turin 1948 ff. (z. T. wieder in Neuauflagen). Wo L schon vorliegt, übernimmt die Ed. Marietti deren Text (= Leonina Manualis). Für die Einzeltitel der in diesem Band herangezogenen Thomas-Werke s. VERZEICHNIS DER ABKÜRZUNGEN 2.
Wilhelm von Auxerre s. Guillelmus Antissiodorensis.

3. *Lexika, Sammelwerke*[1]

Die Religion in Geschichte und Gegenwart. Dritte, völlig neu bearbeitete Auflage. Hrsg. von K. Galling. Tübingen 1956 ff. [= RGG³].
Handbuch der Dogmengeschichte. Hrsg. von M. Schmaus, J. R. Geiselmann, A. Grillmeier, L. Scheffczyk. Freiburg/Br. 1951 ff. [= HDG].
Handbuch theologischer Grundbegriffe. Hrsg. von H. Fries. 2 Bde., München 1962/63; Neuauflage als Taschenbuch in 4 Bänden im dtv. 1970/71 [= HThG¹].
Lexikon für Theologie und Kirche. Zweite, völlig neu bearbeitete Auflage. Hrsg. von J. Höfer und K. Rahner. Freiburg/Br. 1957 ff. [= LThK²].
Mysterium Salutis. Grundriß heilsgeschichtlicher Dogmatik. Hrsg. von J. Feiner und M. Löhrer. Einsiedeln—Zürich—Köln 1965—1976, 5 Bde. in 7 [= MS].
Theologische Realenzyklopädie (= TRE). Berlin—New York 1977 ff.
Theologisches Wörterbuch zum Neuen Testament. Hrsg. von G. Kittel, fortges. von G. Friedrich. Stuttgart 1933 ff. 9 Bde. [= THWNT].

[1] Diese Liste dient einer bequemeren Zitation der unter 4. sowie in Anmerkungen u. Kommentar aufgeführten Einzeltitel. Sie enthält demgemäß nur solche Sammelwerke, aus denen mehrere Titel herangezogen werden.

4. *Einzeluntersuchungen*

a) Buße[2]

Asmussen J. P. u. a., Beichte. TRE 5 (1980) 411—439.

Benrath G. A., Ablaß. TRE 1 (1977) 347—364.

Liturgie et remission des péchés (= Referate der Studienwoche von S. Serge/Paris, 1973). EphLit. Subsidia. Rom 1975.

Nikolasch F., Die Feier der Buße. Theologie und Liturgie. Würzburg 1975.

Paulus N., Geschichte des Ablasses im Mittelalter vom Ursprunge bis zur Mitte des 14. Jahrhunderts. 3 Bde. Paderborn 1922 f.

Poschmann B., Der Ablaß im Licht der Bußgeschichte (Theophaneia, 4). Bonn 1948.

Ders., Buße und Letzte Ölung, HDG [1]IV/3 (1951) 1—123. Dort seine früheren Werke zitiert.

Rahner K., SJ, Frühe Bußgeschichte in Einzeluntersuchungen (Schriften XI). Einsiedeln 1973.

Ders., Ablaß. Sacramentum mundi I (1967) 20—33 (im wesentl. identisch: LThK[2] 1 [1957] 46—53).

Vorgrimler H., Buße und Krankensalbung. HDG [2]IV/3 (1978) 3—214.

Ders., Der Kampf des Christen mit der Sünde. MS V (1976) 349—461 (Lit. 458—461).

Wißmann H., u. a., Buße. TRE 7 (1981) 430—496.

b) Krankensalbung

Autori vari, Il Sacramento dei Malati. Aspetti antropologici e teologici della malattia. Liturgia e Pastorale (= Quaderni de Rivista Liturgica Nuova Serie, 2). Turin 1975.

Betz J., Krankensalbung. HThG[1] I (1962) 859—865 (m. Lit.).

Chavasse A., Gebete für die Kranken und das Sakrament der Krankensalbung. In: Martimort A.-G. (Hg.), Handbuch der Liturgiewiss. II. Freiburg 1965, 114—128.

Didier J.-Ch., Im Angesicht des Todes (Letzte Ölung) (Der Christ in der Welt VII/8). Aschaffenburg 1962.

Feiner J., Die Krankheit und das Sakrament des Salbungsgebetes. MS V (1976) 494—550 (Lit. 548—550).

La maladie et la mort du chrétien dans la liturgie (= Referate der Studienwoche S. Serge/Paris 1974). EphLit. Subsidia 1. Rom 1975.

Poschmann B., Buße und Letzte Ölung. HDG [1]IV/3 (1951) 125—138.

Spaemann H., Das Sakrament der Krankensalbung. LuM 25 (1959) 22—38.

Triacca, A. M., SDB, Per una rassegna sul Sacramento dell'Unzione degli Infermi. EphLit 89 (1975) 397—467 (Lit., vor allem seit 1900).

Vorgrimler H., Buße und Krankensalbung. HDG [2]IV/3 (1978) 215—234 (215: Schrifttum).

[2] Diese Liste ergänzt das Literaturverzeichnis in DThA Bd. 31, 621 f.

c) Priesterweihe

Dupuy B. D., OP, Theologie der kirchlichen Ämter. MS IV/2 (1973) 488—525 (Lit. 524 f.).
Fransen P., SJ, Priestertum. HThG[1] II (1963) 340—350.
Ders., Weihen, heilige. Sacramentum mundi IV (1969) 1249—1293 (Lit. 1290—1293).
Gewieß J.—Karrer O., Amt. HThG[1] I (1962) 31—49.
Kleinheyer B., Die Priesterweihe im römischen Ritus. Eine liturgiewissenschaftliche Studie (TThS 12). 1962.
Niermann E., Priester, Priestertum. Sacramentum mundi III (1969) 1273—1281 (Lit. 1279—1281).
Ott L., Das Weihesakrament. HDG IV/5 (1969) (m. Lit.).

ALPHABETISCHES NAMEN- UND SACHVERZEICHNIS

Vorbemerkungen:

1. Die *kursiv* gedruckten Ziffern beziehen sich auf Anmerkungen und Kommentar. Wo Thomas-Text und Anmerkung oder Einwand und Lösung unter einem Sachgesichtspunkt zusammengehören, sind die Seitenangaben durch / zusammengefaßt.

2. *Kursiv* gedruckt sind Verweise auf andere Schlagworte.

3. Innerhalb der alphabetisch geordneten Hauptschlagworte sind die Gliederungsschlagworte nicht alphabetisch, sondern nach sachlichen Gesichtspunkten geordnet.

4. Wiederholte Schlagworte sind mit den Anfangsbuchstaben abgekürzt. Sonstige Abkürzungen verstehen sich von selbst.

5. Personen, auch biblische, sind dann ins Sachverzeichnis aufgenommen, wenn sie selbst Gegenstand der Darstellung sind. Wo sie dagegen als Autoren vorkommen und/oder zitiert werden, finden sie sich im alphabetischen Autorenverzeichnis bzw. im Falle biblischer Autoren im Verzeichnis der Stellen aus der Heiligen Schrift. Wenn wichtige unpersönliche Dokument- oder Werktitel als Beleg vorkommen, sind sie ebenfalls im Autorenverzeichnis aufgeführt.

A

B

C

D

H

I

Z

ALPHABETISCHES AUTORENVERZEICHNIS

Häufiger zitierte Autoren des Altertums und Mittelalters werden nach ihren Werken aufgeschlüsselt. Wichtige verfasserlose Dokument- oder Werktitel sind hier ebenfalls mit ihren Belegstellen verzeichnet. Für *Kursivdruck* und Schrägstrich / gilt dasselbe wie im Namen- und Sachverzeichnis. Zitate in Fußnoten sind nicht eigens gekennzeichnet.

INHALTSÜBERSICHT

DIE SCHLÜSSELGEWALT DER KIRCHE

17. Frage
Die Schlüsselgewalt der Kirche
S. 3—17

18. Frage
Die Wirkung der Schlüsselgewalt
S. 18—37

19. Frage
Die Diener der Schlüsselgewalt und deren Ausübung
S. 38—56

20. Frage

Welchen Menschen gegenüber die Schlüsselgewalt ausgeübt werden kann

S. 57—68

21. Frage

Die Exkommunikation

S. 69—83

22. Frage

Von denen, die exkommunizieren und exkommuniziert werden können

S. 84—97

23. Frage

Der Verkehr mit Exkommunizierten

S. 98—107

24. Frage

Die Lossprechung von der Exkommunikation

S. 108—116

25. Frage

Der Ablaß

S. 117—133

26. Frage

Wer Ablässe gewähren kann

S. 134—142

27. Frage

Die Empfänger des Ablasses

S. 143—151

31. Frage
Der Spender des Sakramentes der Letzten Ölung
S. 201—206

32. Frage
Wem und an welchem Körperteil das Sakrament der Letzten Ölung gespendet werden soll
S. 207—220

33. Frage
Über die Wiederholung des Sakramentes der Letzten Ölung
S. 221—224

DAS SAKRAMENT DER WEIHE

34. Frage
Das Sakrament der Weihe
S. 225—240

35. Frage
Die Wirkung des Sakramentes der Weihe
S. 241—253

36. Frage
Die Beschaffenheit der Empfänger dieses Sakramentes
S. 254—270

37. Frage
Die Unterscheidung der Weihen, deren Vollzüge und die Einprägung des ‚Charakters'
S. 271—298

38. Frage

Die Spender dieses Sakramentes

S. 299—308

39. Frage

Die Hindernisse dieses Sakramentes

S. 309—325

40. Frage

Das, was mit dem Sakrament der Weihe zusammenhängt

S. 326—351

KOMMENTAR

S. 395—512

Erster Teil

Die Schlüsselgewalt der Kirche

(Fr. 17—27)

Erster Abschnitt

Wesen und Probleme der Schlüsselgewalt

(Fr. 17—20)

Zweiter Abschnitt

Folgen der Schlüsselgewalt

(Fr. 21—27)

Zweiter Teil

Der feierliche Vollzug der Buße

(Fr. 28)

Dritter Teil
Krankensalbung
(Fr. 29—33)

Vierter Teil
Das Sakrament der Weihe
(Fr. 34—40)

MITARBEITER DIESES BANDES

Den Kommentar verfaßte P. Dr. Burkhard Neunheuser OSB. — Die von P. lect. Bernward Dietsche (†) stammende Übersetzung wurde von P. Dr. Burkhard Neunheuser OSB durchgesehen und von P. Dr. Paulus Engelhardt OP überarbeitet. — Die Anmerkungen verfaßten P. Dr. Burkhard Neunheuser OSB und P. Dr. Paulus Engelhardt OP. — Die Redaktion des lateinischen Textes besorgte P. Leo Gerken OP, der auch das Autoren- und Schriftstellenverzeichnis erarbeitete. — Das Namen- und Sachverzeichnis erstellten P. Dr. Burkhard Neunheuser OSB und P. Leo Gerken OP. — Die Einleitung schrieb P. Dr. Paulus Engelhardt OP.

Den Kommentar verfaßte P. Dr. Burkhard Neunheuser OSB. Die von P. [illegible] Bernhard [illegible] stammende Übersetzung wurde von P. Dr. Burkhard Neunheuser OSB durchgesehen und von P. Dr. Paulus Engelhardt OP überarbeitet. Die Anmerkungen verfaßten P. Dr. Burkhard Neunheuser OSB und P. Dr. Paulus Engelhardt OP. Die Redaktion des lateinischen Textes besorgte P. Leo Gerken OP, der auch das Autoren- und [illegible]verzeichnis anfertigte. Das Namen- und Sachregister stellten P. Dr. Burkhard Neunheuser OSB und P. Leo Gerken OP. Die Schlußredaktion hatte P. Dr. Paulus Engelhardt OP.